姑溪河—石臼湖流域先秦时期聚落考古调查与研究

王春法 主编

中国国家博物馆
安徽省文物考古研究所　编著

科学出版社
北　京

内 容 简 介

姑溪河—石臼湖流域大部分位于安徽省东部马鞍山市当涂县境内。2008~2011年，中国国家博物馆与安徽省文物考古研究所合作，选择在这个区域进行区域系统调查。经过调查，我们探索出一套适宜江南丘陵和冲湖积平原地貌的调查方法，共发现自马家浜文化时期至两周时期遗址80余处，散点10余处，新发现遗址的数量是原已知遗址数量的3倍。基于调查发现不同时期聚落的信息，得以对此区域内先秦时期的长程社会变迁做出观察，对认识长江中下游地区先秦时期尤其是新石器时代文化社会的变迁具有重要意义。

本书可供考古和历史学专家学者、文博工作者及大专院校相关专业师生阅读、参考。

图书在版编目（CIP）数据

姑溪河—石臼湖流域先秦时期聚落考古调查与研究/王春法主编；中国国家博物馆，安徽省文物考古研究所编著.—北京：科学出版社，2019.5
ISBN 978-7-03-055729-2

Ⅰ.①姑⋯ Ⅱ.①王⋯ ②中⋯ ③安⋯ Ⅲ.①长江流域-文物-考古-调查研究-当涂县 Ⅳ.①K877.5

中国版本图书馆CIP数据核字（2017）第293614号

责任编辑：雷 英 刘 能 / 责任校对：邹慧卿
责任印制：肖 兴 / 封面设计：美光设计

科学出版社 出版
北京东黄城根北街16号
邮政编码：100717
http://www.sciencep.com

中国科学院印刷厂 印刷
科学出版社发行 各地新华书店经销

*

2019年5月第 一 版　开本：787×1092 1/8
2019年5月第一次印刷　印张：33 插页：36
字数：466 000
定价：368.00元
（如有印装质量问题，我社负责调换）

编辑委员会

主　　任：王春法
副 主 任：黄振春
编　　委：王春法　黄振春　冯靖英　李六三
　　　　　陈成军　古建东　白云涛　谢小铨

主　　编：王春法
副 主 编：黄振春　陈成军

统　　筹：戴向明　宫希成　吴卫红
执行主编：庄丽娜
编　　务：庄丽娜
执　　笔：庄丽娜
绘　　图：王文武　吕赵力
修　　复：申红俊
摄　　影：庄丽娜　郭梦涵

序

中国国家博物馆馆长　王春法

中国国家博物馆的前身是1912年成立的国立历史博物馆筹备处，2003年2月在中国历史博物馆和中国革命博物馆的基础上合并组建成为中国国家博物馆。经过一百多年的艰难探索和开拓创新，中国国家博物馆已经发展成为代表国家珍藏民族集体记忆、保存优秀文化基因的国家最高收藏机构，在文物收藏保护、学术研究、陈列展览、社会教育、对外文化交流方面发挥着重要的平台作用，在促进中华优秀传统文化创造性转化和创新性发展，继承革命文化，弘扬社会主义先进文化，构建与主流价值观和主流意识形态相适应的中华文化物化话语表达体系，发挥国家文化客厅作用，促进中外文明交流互鉴、坚定文化自信、建设社会主义文化强国方面，负有特殊使命，发挥独特作用。特别是2012年11月29日习近平总书记率领十八届中央政治局常委参观"复兴之路"展览并发出实现中华民族伟大复兴中国梦的伟大号召以来，中国国家博物馆由此成为中国梦的启航之地，在引导人民群众增强"四个意识"、坚定"四个自信"、践行"两个维护"、弘扬社会主义核心价值观、增强文化自觉与文化自信方面的功能定位更加明确、作用更加突出。

考古工作始终是中国国家博物馆工作的重要组成部分。早在20世纪20年代初期，国立历史博物馆筹备处就在华北和中原地区开展古迹古物调查，其中在河北钜鹿宋代故城与河南信阳古墓等处出土的考古发掘成果还成为国立历史博物馆正式开馆时的重要展品。1956年，中国历史博物馆组建考古部，后因故撤销，1979年在国家文物局支持下恢复建制。1987年和1997年，中国历史博物馆先后在考古部下成立水下考古研究室和遥感与航空摄影考古研究室，使考古部成为国内唯一同时拥有水、陆、空三位一体研究能力的专业考古机构。2003年中国国家博物馆组建成立后，原考古部一分为三，分别成立田野考古部、水下考古研究中心和遥感与航空摄影考古研究中心，旋于2008年合并为综合考古部。2015年，根据国家统一安排，水下考古研究中心整合到国家文物局水下遗产保护中心，原三峡考古工作办公室后续工作并入综合考古部。

自恢复建制近40年来，中国国家博物馆考古工作者立足学术研究，筚路蓝缕，顽强奋进，先后在10多个省市开展了规模不等的田野考古调查与发掘、水下考古和遥感与航空摄影考古工作，发表了一批具有重要学术价值的考古调查和发掘报告。20世纪七八十年代，国博学者相继参与了河南登封王城岗、山西夏县东下冯、宁夏海原菜园、山西平朔露天煤矿区战国秦汉古墓群等重要遗址的发掘与研究工作。自20世纪80年代中后期开始，国博学者又先后主持发掘山西垣曲古城东关、古城南关商城遗址，并在河南渑池班村遗址开展了国内首次多学科综合考古发掘和研究工作，为拓展考古学研究领域进行了创造性的尝试和探索。进入21世纪以来，国博学者对江苏连云港孔望山早期道教、佛教遗址和早期秦文化重要遗址进行了田野考古调查和发掘，并对山西垣曲盆地、运城盆地开展了为期数年的大规模田野调查与研究，对晋西南聚落考古与早期国家和文明起源问题进行了深入的探索。近些年来，国博学者又陆续对山西忻州滹沱河流域、安徽姑溪河流域、山东滕州薛河流域、河北张家口等地区，以及山东秦汉八主祠遗址、陕西关中秦汉离宫别馆遗址进行了广泛深入的调查，并选择多处重要遗址进行了发掘，获得了丰硕的成果。

与此同时，水下考古和遥感与航空摄影考古也取得了引人瞩目的进展。国博水下考古学者先后在辽宁、广东、福建、山东、浙江和西沙群岛等海域开展了一系列水下考古调查与发掘，获得了大量重要发现。其中辽宁绥中三道岗、广东阳江南海一号、福建平潭碗礁一号和大练岛一号、西沙群岛华光礁一号等沉船遗址发掘和全国沿海水下文物普查及其相关研究成果的出版，成为中国水下考古事业发展壮大的重要历史见证。国博航空考古学者继河南洛阳地区汉魏故城、隋唐城、邙山古墓群、偃师商城、二里头遗址航空摄影考古调查后，又主要在内蒙古东南部对夏家店下层文化山城、辽上京和中京及辽祖陵、元上都等进行了飞行勘察并出版了完整的航空摄影考古报告，近年在山西、安徽、浙江、福建、山东等地的考古调查工作也有良好的进展。

根据形势发展需要和国家博物馆的功能定位，2018年，中国国家博物馆进行了工作格局重塑、流程再造和组织重构，在原综合考古部的基础上组建了中国国家博物馆考古院，理顺工作体制，明确工作机制，健全规章制度，加强阵地建设，使中国国家博物馆的考古工作进入一个全新的时代。按照统筹兼顾、综合平衡、突出重点、带动全局的原则，国博考古院下设田野考古、边疆与民族地区考古、科技考古、环境考古四个研究所以及公众考古办公室，主要任务是服务国家和国博事业发展全局，通过深入扎实的考古活动，扩大国家博物馆藏品来源，丰富考古发掘品种类形态，为立体化地呈现和阐释中华文化多元一体、中外文明交流互鉴提供代表性物证，为深化对中华文明整体性和多样性的认识提供物证支撑。经过深入研究探讨，中国国家博物馆决定在调整优化内地田野考古项目、巩固做好山西绛县西吴壁夏商时期冶铜遗址、陕西宝鸡吴山等秦汉祭祀遗址等考古工作的前提下，逐步将工作重点向西北地区和边疆民族地区倾斜，重点围绕国家"一带一路"战略，探索反映东西方文化交流互鉴、古代丝绸之路形成与变迁的代表性物证，并于2018年9月与新疆维吾尔自治区文物局等机构签署了战略合作框架协议。在未来一段时间内，国博考古院还将在西部地区建立多处考古工作站，立足西北、辐射周边，扩大领域、拓展视野，探索向中亚地区派遣考古工作队联合实施考古调查与发掘工作，通过科技考古、环境考古等手段，努力在服务"一带一路"战略中体现国博特色、做出国博贡献。

习近平总书记高度重视中华优秀传统文化的创造性转化和创新性发展，突出强调弘扬传统文化、保护和利用好我国丰富文化遗产的重要性，对文博工作提出了新的更高要求。党的十九大报告明确指出，文化自信是一个国家、一个民族发展中更基本、更深沉、更持久的力量；没有高度的文化自信，没有文化的繁荣兴盛，就没有中华民族伟大复兴。中国国家博物馆作为国内唯一能够完整系统反映中华优秀传统文化、革命文化和社会主义先进文化的国家最高历史文化艺术殿堂，责任重大，使命崇高。值此报告出版之际，回顾国博考古工作的发展历程，既是为了及时总结国博考古工作的主要进展，更是为了通过深入贯彻落实好习近平总书记关于弘扬传统文化、加强文化遗产保护研究的重要指示精神，进一步明确未来国博考古工作的方向目标。不忘初心、方得始终。我相信，有党中央的坚强领导，有文化和旅游部及国家文物局的指导支持，在文博领域兄弟单位的配合协同下，经过中国国家博物馆全体干部职工特别是国博考古院全体专家学者的共同努力，中国国家博物馆的考古工作必定会越来越好，在中国的考古事业中占有越来越重要的地位，为增强文化自信、建设中国特色社会主义文化强国做出应有的贡献！

目　录

第一章　绪论·······················（1）
　　第一节　自然环境················（1）
　　　　一、地貌·······················（1）
　　　　二、水文·······················（2）
　　　　三、气候·······················（2）
　　　　四、区域地质演变·············（3）
　　第二节　区域历史沿革············（3）
第二章　调查概况及工作方法·······（5）
　　第一节　调查概况················（5）
　　　　一、区域考古工作概况········（5）
　　　　二、课题缘起及目标···········（5）
　　　　三、调查范围··················（6）
　　第二节　调查方法及经过·········（6）
　　　　一、田野工作方法·············（6）
　　　　二、信息采集和处理方法·····（8）
　　　　三、遗址与聚落的确认方法···（9）
　　　　四、调查经过··················（10）
　　第三节　资料整理方法与过程···（10）
　　　　一、整理思路和方法··········（10）
　　　　二、报告整理和编写过程·····（10）
第三章　调查材料·····················（12）
　　第一节　Ⅰ区青山河流域（太白镇）·······（12）
　　　　一、渡口遗址··················（13）
　　　　二、金家遗址··················（16）
　　　　三、庙墩遗址··················（17）
　　　　四、窑墩遗址··················（18）

　　　　五、船村遗址··················（22）
　　　　六、船头遗址··················（23）
　　　　七、三界村遗址···············（25）
　　　　八、船头村遗址···············（25）
　　　　九、包子山遗址···············（27）
　　　　十、船头山遗址···············（29）
　　　　十一、高家屋遗址············（31）
　　　　十二、大庙遗址···············（33）
　　　　十三、新庄遗址···············（33）
　　　　十四、孙家村遗址············（34）
　　　　十五、公场遗址···············（35）
　　　　十六、孙家庄遗址············（36）
　　　　十七、散点··················（38）
　　第二节　Ⅱ区大青山东麓（护河镇）·······（40）
　　　　一、薛村遗址··················（41）
　　　　二、王大下遗址···············（44）
　　　　三、郑家遗址··················（45）
　　　　四、散点······················（46）
　　第三节　Ⅲ区甑山—白纻山西麓（城关镇）·····（48）
　　　　一、钓鱼台遗址···············（49）
　　　　二、五星山遗址···············（49）
　　　　三、坨塘遗址··················（50）
　　　　四、陆家甸遗址···············（53）
　　　　五、浦塘遗址··················（53）
　　　　六、浦塘西遗址···············（57）
　　　　七、高田遗址··················（59）

八、甘家坳遗址 …………………………（59）

第四节　Ⅳ区甑山南麓—白纻山马寺山—大官山
　　　　之间（城关镇）………………………（60）

　　一、戴马遗址 …………………………（60）

　　二、前高遗址 …………………………（62）

　　三、立新遗址 …………………………（63）

　　四、杭大遗址 …………………………（67）

　　五、尹家村遗址 ………………………（68）

　　六、大唐庄遗址 ………………………（69）

　　七、小唐庄遗址 ………………………（70）

第五节　Ⅴ区十里长山以南、姑溪河北岸
　　　　（姑孰镇）………………………………（70）

　　一、前进村遗址 ………………………（71）

　　二、周陶村遗址 ………………………（72）

　　三、四围遗址 …………………………（74）

　　四、老坝遗址 …………………………（79）

　　五、老坝头遗址 ………………………（80）

　　六、山上村遗址 ………………………（81）

　　七、杨塘坟遗址 ………………………（82）

　　八、陈墩遗址 …………………………（87）

　　九、老坟山遗址 ………………………（89）

　　十、团团山遗址 ………………………（90）

　　十一、散点 ……………………………（92）

第六节　Ⅵ区花津河与丹阳河流域（丹阳镇和
　　　　新市镇）………………………………（92）

　　一、朱岗渡遗址 ………………………（93）

　　二、周村遗址 …………………………（98）

　　三、袁岗遗址 …………………………（99）

　　四、小岗头遗址 ………………………（100）

　　五、船墩头遗址 ………………………（101）

　　六、小船墩遗址 ………………………（105）

　　七、小庄遗址 …………………………（107）

　　八、小坟山遗址 ………………………（109）

　　九、登庄遗址 …………………………（109）

　　十、三甲村遗址 ………………………（111）

　　十一、栗山遗址 ………………………（113）

　　十二、诸家坊遗址 ……………………（115）

　　十三、吕村遗址 ………………………（116）

　　十四、龙山遗址 ………………………（117）

　　十五、猪山遗址 ………………………（120）

　　十六、锤墩山遗址 ……………………（121）

　　十七、新庄遗址 ………………………（122）

　　十八、小陈塔遗址 ……………………（124）

　　十九、大楼山遗址 ……………………（125）

　　二十、小楼山遗址 ……………………（126）

　　二十一、小耳墩遗址 …………………（128）

　　二十二、老庄Ⅰ遗址 …………………（129）

　　二十三、老庄Ⅱ遗址 …………………（130）

　　二十四、团林遗址 ……………………（130）

　　二十五、洪塘坝遗址 …………………（132）

　　二十六、上河东遗址 …………………（134）

　　二十七、泉墩遗址 ……………………（134）

　　二十八、夏村遗址 ……………………（136）

　　二十九、廖家甸遗址 …………………（136）

　　三十、黄花坝遗址 ……………………（138）

　　三十一、散点 …………………………（139）

第七节　Ⅶ区丹阳湖北岸（新市镇）…………（140）

　　一、釜山遗址 …………………………（141）

　　二、周家村遗址 ………………………（141）

　　三、东夏庄遗址 ………………………（143）

　　四、张家甸遗址 ………………………（144）

　　五、戎塘遗址 …………………………（150）

第八节　Ⅷ区博望河流域（博望镇）…………（152）

　　一、小村遗址 …………………………（152）

　　二、朱象村遗址 ………………………（153）

　　三、孙堡村遗址 ………………………（155）

　　四、柘墩头遗址 ………………………（158）

　　五、柘墩头南遗址 ……………………（160）

六、船墩山遗址……………………（160）
　　七、护林土墩墓群…………………（161）
　　八、散点…………………………（162）
　第九节　芜湖附近地区………………（163）
　　一、楚王城遗址……………………（163）
　　二、蒋公山遗址……………………（164）

第四章　区域考古学文化与聚落分析………（169）
　第一节　先秦时期区域考古学文化发展序列及
　　　　　性质…………………………（169）
　第二节　聚落景观与变迁………………（172）
　　一、聚落景观………………………（172）
　　二、聚落变迁………………………（176）
　第三节　聚落人口估算…………………（184）
　第四节　聚落经济………………………（186）

附表……………………………………………（188）
　附表一　遗址登记表……………………（188）
　附表二　采集点数据登记表……………（189）
　附表三　剖面登记表……………………（189）
　附表四　浮选登记表……………………（189）
　附表五　钻探登记表……………………（190）
　附表六　加速器质谱（AMS）碳-14测试
　　　　　报告……………………………（190）
　附表七　各期聚落信息表………………（191）

附录一　区域聚落考古的比较分析…………（195）
附录二　崧泽时代的皖江两岸………………（204）
附录三　姑溪河流域考古调查植物遗存
　　　　分析………………………………（239）
后记……………………………………………（247）

插图目录

图 1-1-1　石臼湖遥感影像图 …………………（1）
图 2-1-1　调查范围内遗址分布图 …………（插页）
图 2-2-1　图例 …………………………………（9）
图 3-1-1　Ⅰ区遗址分布图 ……………………（12）
图 3-1-2　渡口遗址剖面 P1 示意图 …………（13）
图 3-1-3　渡口和金家遗址聚落分布图 ………（13）
图 3-1-4　渡口遗址采集陶片纹饰 ……………（14）
图 3-1-5　渡口遗址采集遗物 …………………（15）
图 3-1-6　渡口遗址采集遗物 …………………（15）
图 3-1-7　金家遗址采集遗物 …………………（16）
图 3-1-8　金家遗址采集陶片纹饰 ……………（16）
图 3-1-9　庙墩遗址聚落分布图 ………………（17）
图 3-1-10　庙墩遗址采集遗物 …………………（17）
图 3-1-11　庙墩遗址采集陶片纹饰 ……………（18）
图 3-1-12　窑墩遗址剖面 P1 示意图 …………（18）
图 3-1-13　窑墩遗址聚落分布图 ………………（19）
图 3-1-14　窑墩遗址采集遗物 …………………（20）
图 3-1-15　窑墩遗址采集遗物 …………………（21）
图 3-1-16　窑墩遗址采集遗物 …………………（21）
图 3-1-17　窑墩遗址采集陶鬲足 ………………（22）
图 3-1-18　窑墩遗址采集陶片纹饰 ……………（22）
图 3-1-19　船村、船头、公场和三界村遗址聚落
　　　　　分布图 …………………………（23）
图 3-1-20　船村遗址采集遗物 …………………（23）
图 3-1-21　船头遗址采集遗物 …………………（24）
图 3-1-22　船头遗址采集陶片纹饰 ……………（25）
图 3-1-23　三界村、公场和新庄遗址采集陶片
　　　　　纹饰 ……………………………（25）
图 3-1-24　船头村遗址聚落分布图 ……………（26）
图 3-1-25　船头村遗址采集遗物 ………………（26）

图 3-1-26　船头村遗址采集陶片纹饰 …………（26）
图 3-1-27　包子山遗址聚落分布图 ……………（27）
图 3-1-28　包子山遗址采集遗物 ………………（28）
图 3-1-29　包子山遗址采集陶鼎足 ……………（28）
图 3-1-30　高家屋和船头山遗址聚落分布图 …（30）
图 3-1-31　船头山遗址采集遗物 ………………（30）
图 3-1-32　船头山遗址采集陶鬲足 ……………（31）
图 3-1-33　船头山遗址采集陶片纹饰 …………（32）
图 3-1-34　高家屋遗址采集遗物 ………………（32）
图 3-1-35　高家屋遗址采集陶片纹饰 …………（33）
图 3-1-36　大庙和新庄遗址聚落分布图 ………（33）
图 3-1-37　大庙和新庄遗址采集遗物 …………（33）
图 3-1-38　大庙遗址采集陶片纹饰 ……………（34）
图 3-1-39　孙家村和孙家庄遗址聚落分布图 …（34）
图 3-1-40　孙家村遗址采集遗物 ………………（35）
图 3-1-41　公场遗址采集遗物 …………………（35）
图 3-1-42　孙家庄遗址采集遗物 ………………（36）
图 3-1-43　孙家庄遗址采集遗物 ………………（37）
图 3-1-44　孙家庄遗址采集遗物 ………………（38）
图 3-1-45　孙家庄、下埠和宏福地点采集陶片
　　　　　纹饰 ……………………………（38）
图 3-1-46　散点采集遗物 ………………………（39）
图 3-2-1　Ⅱ区遗址分布图 ……………………（40）
图 3-2-2　薛村遗址聚落分布图 ………………（41）
图 3-2-3　薛村遗址剖面 P1 示意图 …………（42）
图 3-2-4　薛村遗址采集陶鬲足 ………………（42）
图 3-2-5　薛村遗址采集遗物 …………………（42）
图 3-2-6　薛村遗址采集遗物 …………………（43）
图 3-2-7　薛村遗址-喜鸭墩采集陶片纹饰 ……（43）
图 3-2-8　薛村遗址-顾家坟采集陶片纹饰 ……（44）

图 3-2-9	王大下遗址聚落分布图 …………………（44）	图 3-4-12	杭大遗址聚落分布图 …………………（67）
图 3-2-10	王大下遗址采集陶鬲足 …………………（45）	图 3-4-13	杭大和尹家村遗址采集遗物 ……………（68）
图 3-2-11	王大下遗址采集印纹硬陶纹饰 …………（45）	图 3-4-14	立新和杭大遗址采集陶片纹饰 …………（68）
图 3-2-12	郑家遗址聚落分布图 ……………………（46）	图 3-4-15	尹家村遗址聚落分布图 …………………（68）
图 3-2-13	郑家遗址采集遗物 ………………………（47）	图 3-4-16	尹家村遗址采集遗物 ……………………（69）
图 3-2-14	郑家遗址采集印纹硬陶纹饰 ……………（47）	图 3-4-17	尹家村遗址采集陶片纹饰 ………………（69）
图 3-2-15	青山中学地点采集陶片纹饰 ……………（48）	图 3-4-18	大唐庄和小唐庄遗址聚落分布图 ………（69）
图 3-3-1	Ⅲ区遗址分布图 …………………………（48）	图 3-4-19	大唐庄和小唐庄遗址采集遗物 …………（70）
图 3-3-2	钓鱼台遗址聚落分布图 …………………（49）	图 3-4-20	大唐庄和小唐庄遗址采集陶片纹饰 ……（70）
图 3-3-3	钓鱼台遗址采集遗物 ……………………（50）	图 3-5-1	Ⅴ区遗址分布图 …………………………（71）
图 3-3-4	钓鱼台和五星山遗址采集陶片纹饰 ……（50）	图 3-5-2	前进村遗址聚落分布图 …………………（72）
图 3-3-5	五星山遗址聚落分布图 …………………（50）	图 3-5-3	前进村遗址采集遗物 ……………………（73）
图 3-3-6	五星山和坨塘遗址采集遗物 ……………（51）	图 3-5-4	周陶村和前进村遗址采集陶片纹饰 ……（73）
图 3-3-7	坨塘遗址聚落分布图 ……………………（52）	图 3-5-5	周陶村遗址聚落分布图 …………………（74）
图 3-3-8	坨塘遗址采集陶鬲足 ……………………（52）	图 3-5-6	周陶村遗址采集遗物 ……………………（74）
图 3-3-9	坨塘和陆家甸遗址采集陶片纹饰 ………（53）	图 3-5-7	四围、老坝和老坝头遗址聚落分布图 …（75）
图 3-3-10	陆家甸遗址采集遗物 ……………………（54）	图 3-5-8	四围遗址剖面 P1 示意图 ………………（75）
图 3-3-11	陆家甸遗址聚落分布图 …………………（53）	图 3-5-9	四围遗址剖面 P2 示意图 ………………（75）
图 3-3-12	浦塘、浦塘西和高田遗址聚落分布图 …（54）	图 3-5-10	四围遗址采集遗物 ………………………（76）
图 3-3-13	浦塘遗址剖面 P1 示意图 ………………（55）	图 3-5-11	四围遗址采集遗物 ………………………（77）
图 3-3-14	浦塘遗址采集遗物 ………………………（56）	图 3-5-12	四围遗址采集遗物 ………………………（78）
图 3-3-15	浦塘遗址采集遗物 ………………………（56）	图 3-5-13	四围遗址采集陶片纹饰 …………………（79）
图 3-3-16	浦塘和浦塘西遗址采集陶片纹饰 ………（57）	图 3-5-14	老坝和老坝头遗址采集遗物 ……………（80）
图 3-3-17	浦塘西遗址采集遗物 ……………………（58）	图 3-5-15	老坝头和山上村遗址采集陶片纹饰 ……（80）
图 3-3-18	高田遗址采集遗物 ………………………（59）	图 3-5-16	山上村遗址聚落分布图 …………………（81）
图 3-3-19	高田和甘家坳遗址采集陶片纹饰 ………（59）	图 3-5-17	山上村遗址采集遗物 ……………………（82）
图 3-3-20	甘家坳遗址聚落分布图 …………………（60）	图 3-5-18	杨塘坟和陈墩遗址聚落分布图 …………（82）
图 3-3-21	甘家坳遗址采集遗物 ……………………（60）	图 3-5-19	杨塘坟遗址剖面 P1 示意图 ……………（83）
图 3-4-1	Ⅳ区遗址分布图 …………………………（61）	图 3-5-20	杨塘坟遗址剖面 P2 示意图 ……………（83）
图 3-4-2	戴马遗址聚落分布图 ……………………（61）	图 3-5-21	杨塘坟遗址采集遗物 ……………………（84）
图 3-4-3	戴马遗址采集陶鬲足 ……………………（61）	图 3-5-22	杨塘坟遗址采集遗物 ……………………（85）
图 3-4-4	戴马遗址采集陶片纹饰 …………………（62）	图 3-5-23	杨塘坟遗址采集陶器足 …………………（86）
图 3-4-5	前高和立新遗址聚落分布图 ……………（62）	图 3-5-24	杨塘坟遗址采集遗物 ……………………（87）
图 3-4-6	前高遗址采集遗物 ………………………（63）	图 3-5-25	杨塘坟遗址采集陶片纹饰 ………………（88）
图 3-4-7	立新遗址剖面 P1 示意图 ………………（63）	图 3-5-26	陈墩遗址采集遗物 ………………………（89）
图 3-4-8	立新遗址剖面 P2 示意图 ………………（64）	图 3-5-27	陈墩遗址采集陶片纹饰 …………………（89）
图 3-4-9	立新遗址采集遗物 ………………………（65）	图 3-5-28	老坟山和团团山遗址聚落分布图 ………（89）
图 3-4-10	立新遗址采集遗物 ………………………（66）	图 3-5-29	老坟山遗址采集遗物 ……………………（90）
图 3-4-11	立新遗址采集遗物 ………………………（67）	图 3-5-30	老坟山和团团山遗址采集陶片纹饰 ……（90）

图 3-5-31	团团山遗址剖面 P1 示意图 ………………（91）	图 3-6-37	乌龟山和诸家坊遗址聚落分布图 ………（115）
图 3-5-32	团团山遗址采集遗物 ………………………（91）	图 3-6-38	诸家坊和吕村遗址采集遗物 ……………（116）
图 3-6-1	Ⅵ区遗址分布图 ……………………………（92）	图 3-6-39	猪山、龙山和吕村遗址聚落分布图 ……（116）
图 3-6-2	朱岗渡遗址聚落分布图 ……………………（93）	图 3-6-40	吕村遗址剖面 P1 示意图 ………………（117）
图 3-6-3	朱岗渡遗址采集陶器足 ……………………（94）	图 3-6-41	吕村、龙山和猪山遗址采集陶片纹饰 ……………………………………………（117）
图 3-6-4	朱岗渡遗址采集陶器足 ……………………（95）		
图 3-6-5	朱岗渡遗址采集遗物 ………………………（96）	图 3-6-42	龙山遗址剖面 P1 示意图 ………………（118）
图 3-6-6	朱岗渡遗址采集遗物 ………………………（96）	图 3-6-43	龙山遗址采集遗物 ………………………（119）
图 3-6-7	朱岗渡遗址采集遗物 ………………………（97）	图 3-6-44	龙山遗址采集陶器足 ……………………（120）
图 3-6-8	朱岗渡遗址采集遗物 ………………………（98）	图 3-6-45	龙山遗址采集遗物 ………………………（120）
图 3-6-9	周村遗址聚落分布图 ………………………（99）	图 3-6-46	猪山遗址剖面 P1 示意图 ………………（121）
图 3-6-10	周村和周家村遗址采集印纹硬陶纹饰 …（99）	图 3-6-47	猪山遗址采集陶器足 ……………………（121）
图 3-6-11	袁岗遗址聚落分布图 ………………………（99）	图 3-6-48	锤墩山遗址聚落分布图 …………………（121）
图 3-6-12	袁岗遗址采集遗物 ………………………（100）	图 3-6-49	锤墩山遗址采集遗物 ……………………（122）
图 3-6-13	小岗头遗址聚落分布图 …………………（100）	图 3-6-50	锤墩山遗址采集陶片纹饰 ………………（122）
图 3-6-14	小岗头遗址采集遗物 ……………………（100）	图 3-6-51	大楼山、小楼山、新庄和小陈塔遗址聚落分布图 …………………………………（123）
图 3-6-15	小岗头遗址采集陶片纹饰 ………………（101）		
图 3-6-16	船墩头遗址聚落分布图 …………………（102）	图 3-6-52	新庄遗址剖面 P1 示意图 ………………（123）
图 3-6-17	船墩头遗址剖面 P1 示意图 ……………（102）	图 3-6-53	新庄遗址采集遗物 ………………………（124）
图 3-6-18	船墩头遗址采集遗物 ……………………（103）	图 3-6-54	新庄遗址采集陶鬲足 ……………………（124）
图 3-6-19	船墩头遗址采集陶器足 …………………（104）	图 3-6-55	大楼山和小陈塔遗址采集印纹硬陶纹饰 ……………………………………………（125）
图 3-6-20	船墩头遗址采集陶片纹饰 ………………（104）		
图 3-6-21	小船墩遗址聚落分布图 …………………（105）	图 3-6-56	大楼山遗址采集遗物 ……………………（126）
图 3-6-22	小船墩遗址采集遗物 ……………………（106）	图 3-6-57	小楼山、小耳墩、团林和老庄遗址采集陶片纹饰 …………………………………（127）
图 3-6-23	小船墩遗址采集陶片纹饰 ………………（107）		
图 3-6-24	小庄遗址聚落分布图 ……………………（107）	图 3-6-58	小楼山遗址剖面 P1 示意图 ……………（127）
图 3-6-25	小庄遗址采集遗物 ………………………（108）	图 3-6-59	小楼山遗址采集遗物 ……………………（128）
图 3-6-26	小坟山、小庄和衙头村遗址采集陶片纹饰 ……………………………………………（108）	图 3-6-60	老庄Ⅰ、Ⅱ和小耳墩遗址聚落分布图 ··（129）
		图 3-6-61	小耳墩遗址采集遗物 ……………………（129）
图 3-6-27	小坟山遗址聚落分布图 …………………（109）	图 3-6-62	老庄Ⅰ遗址采集遗物 ……………………（130）
图 3-6-28	小坟山遗址采集遗物 ……………………（109）	图 3-6-63	团林遗址聚落分布图 ……………………（131）
图 3-6-29	登庄和三甲村遗址聚落分布图 …………（110）	图 3-6-64	团林遗址剖面 P1 示意图 ………………（131）
图 3-6-30	登庄遗址采集陶器足 ……………………（110）	图 3-6-65	团林遗址采集遗物 ………………………（131）
图 3-6-31	登庄和三甲村遗址采集陶片纹饰 ………（111）	图 3-6-66	洪塘坝遗址聚落分布图 …………………（132）
图 3-6-32	三甲村遗址剖面 P1 示意图 ……………（111）	图 3-6-67	洪塘坝遗址剖面 P1 示意图 ……………（133）
图 3-6-33	三甲村遗址采集遗物 ……………………（112）	图 3-6-68	洪塘坝遗址剖面 P2 示意图 ……………（133）
图 3-6-34	栗山遗址聚落分布图 ……………………（113）	图 3-6-69	洪塘坝遗址采集遗物 ……………………（133）
图 3-6-35	栗山遗址采集遗物 ………………………（114）	图 3-6-70	洪塘坝、诸家坊遗址及谷家涧和大桥地点采集印纹硬陶纹饰 ……………………（134）
图 3-6-36	栗山和诸家坊遗址采集陶片纹饰 ………（114）		

图 3-6-71	上河东遗址聚落分布图 ………………（134）	图 3-8-10	孙堡村遗址剖面 P2 示意图 ………………（156）
图 3-6-72	泉墩和夏村遗址聚落分布图 ……………（135）	图 3-8-11	孙堡村遗址采集遗物 ………………………（157）
图 3-6-73	泉墩遗址采集遗物 ………………………（135）	图 3-8-12	柘墩头、船墩山和柘墩头南遗址聚落
图 3-6-74	夏村遗址采集陶片纹饰 …………………（136）		分布图 ……………………………………（158）
图 3-6-75	廖家甸遗址聚落分布图 …………………（136）	图 3-8-13	柘墩头遗址采集遗物 ………………………（159）
图 3-6-76	廖家甸遗址采集遗物 ……………………（137）	图 3-8-14	柘墩头和柘墩头南遗址采集陶片
图 3-6-77	戎塘和廖家甸遗址采集陶片纹饰 ………（138）		纹饰 ………………………………………（159）
图 3-6-78	黄花坝遗址聚落分布图 …………………（139）	图 3-8-15	船墩山遗址采集遗物 ………………………（160）
图 3-6-79	黄花坝遗址采集印纹硬陶纹饰 …………（139）	图 3-8-16	船墩山遗址采集陶片纹饰 …………………（160）
图 3-7-1	Ⅶ区遗址分布图 …………………………（140）	图 3-8-17	护林土墩墓分布图 …………………………（161）
图 3-7-2	釜山遗址聚落分布图 ……………………（141）	图 3-8-18	护林土墩墓群采集遗物 ……………………（162）
图 3-7-3	釜山遗址采集遗物 ………………………（142）	图 3-8-19	小新庄、小袁村、塘沿头、花园村和
图 3-7-4	釜山遗址采集遗物 ………………………（142）		七里亭地点采集陶片纹饰 …………………（163）
图 3-7-5	周家村遗址聚落分布图 …………………（142）	图 3-9-1	楚王城遗址采集板瓦 ………………………（163）
图 3-7-6	周家村遗址采集遗物 ……………………（142）	图 3-9-2	楚王城遗址采集陶片纹饰 …………………（164）
图 3-7-7	东夏庄遗址聚落分布图 …………………（143）	图 4-2-1	马家浜文化—良渚文化时期聚落
图 3-7-8	东夏庄遗址采集遗物 ……………………（143）		分布图 ……………………………………（173）
图 3-7-9	东夏庄和张家甸遗址采集陶片纹饰 ……（144）	图 4-2-2	新石器时代末期聚落分布图 ………………（173）
图 3-7-10	张家甸遗址聚落分布图 …………………（145）	图 4-2-3	湖熟文化时期聚落分布图 …………………（174）
图 3-7-11	张家甸遗址剖面 P1 示意图 ……………（145）	图 4-2-4	周代聚落分布图 …………………………（175）
图 3-7-12	张家甸遗址采集遗物 ……………………（146）	图 4-2-5	各期聚落遗址地貌类型比例直方图 ………（176）
图 3-7-13	张家甸遗址采集遗物 ……………………（147）	图 4-2-6	先秦时期不同地貌类型遗址数量和
图 3-7-14	张家甸遗址采集陶釜 ……………………（148）		密度 ………………………………………（176）
图 3-7-15	张家甸遗址采集遗物 ……………………（149）	图 4-2-7	各期聚落数量和聚落总面积 ………………（177）
图 3-7-16	张家甸遗址采集遗物 ……………………（150）	图 4-2-8	马家浜文化晚期崧泽文化早期聚落面积
图 3-7-17	张家甸遗址采集遗物 ……………………（150）		频次分布直方图 …………………………（177）
图 3-7-18	戎塘遗址聚落分布图 ……………………（151）	图 4-2-9	新石器时代晚期聚落面积频次分布
图 3-7-19	戎塘遗址采集遗物 ………………………（151）		直方图 ……………………………………（178）
图 3-8-1	Ⅷ区遗址分布图 …………………………（152）	图 4-2-10	湖熟文化聚落面积频次分布直方图 ………（178）
图 3-8-2	小村遗址聚落分布图 ……………………（153）	图 4-2-11	周代聚落面积频次分布直方图 ……………（179）
图 3-8-3	小村遗址采集遗物 ………………………（153）	图 4-2-12	各期聚落面积平均值 ………………………（179）
图 3-8-4	小村和朱象村遗址采集陶片纹饰 ………（153）	图 4-2-13	各期聚落面积中位数比较 …………………（180）
图 3-8-5	朱象村遗址聚落分布图 …………………（154）	图 4-3-1	各期绝对人口估算 …………………………（185）
图 3-8-6	朱象村遗址剖面 P1 示意图 ……………（154）	图 4-3-2	各期相对人口指数 …………………………（186）
图 3-8-7	朱象村遗址采集遗物 ……………………（155）	图 4-3-3	各期相对人口指数与绝对人口值
图 3-8-8	孙堡村遗址聚落分布图 …………………（156）		曲线 ………………………………………（186）
图 3-8-9	孙堡村遗址剖面 P1 示意图 ……………（156）		

插 表 目 录

表 3-9-1　遗址及散点登记表 …………………（165）

表 4-2-1　聚落选址统计表 ……………………（176）

表 4-2-2　各期样本聚落面积平均值 ……………（179）

表 4-2-3　各期聚落面积平均值和标准差 ………（180）

表 4-2-4　各期聚落面积平均值和标准差 ………（180）

表 4-2-5　各期聚落面积平均值和标准差 ………（180）

表 4-2-6　分期分区聚落数量 …………………（181）

表 4-2-7　分期分区聚落面积 …………………（182）

表 4-3-1　霍邱堰台聚落房址人口估算 …………（184）

表 4-3-2　各期人口估算 ………………………（185）

表 4-3-3　各期绝对人口估算 …………………（185）

表 4-3-4　各期相对人口指数和绝对人口极值 ……（186）

图版目录

图版 1　调查工作照
图版 2　调查工作照
图版 3　调查工作照
图版 4　室内整理工作照
图版 5　渡口遗址
图版 6　窑墩遗址
图版 7　金家、金楼、高家屋及公场遗址
图版 8　船村、船头村遗址
图版 9　船头山遗址
图版 10　大庙、新庄及庙墩遗址
图版 11　孙家村、孙家庄遗址
图版 12　薛村遗址及青山中学地点
图版 13　王大下、郑家遗址
图版 14　钓鱼台、五星山遗址
图版 15　坨塘、陆家甸遗址
图版 16　浦塘遗址
图版 17　浦塘西、高田遗址
图版 18　甘家坳、戴马遗址
图版 19　前高遗址
图版 20　立新遗址
图版 21　杭大、尹家村及大、小唐庄遗址
图版 22　山上村、前进村及周陶村遗址
图版 23　四围遗址
图版 24　老坝、老坝头遗址
图版 25　杨塘坟、陈墩遗址
图版 26　老坟山、陈墩遗址

图版 27　团团山、老坟山遗址
图版 28　朱岗渡、周村及袁岗遗址
图版 29　小岗头、小船墩遗址
图版 30　船墩头遗址
图版 31　小庄、小坟山遗址
图版 32　三甲村、登庄遗址
图版 33　栗山、龙山遗址
图版 34　吕村遗址
图版 35　诸家坊、猪山及锤墩山遗址
图版 36　小陈塔、新庄及大楼山遗址
图版 37　小楼山遗址
图版 38　小耳墩遗址
图版 39　团林遗址
图版 40　老庄Ⅰ、泉墩遗址
图版 41　洪塘坝遗址
图版 42　廖家甸、釜山遗址
图版 43　周家村、东夏庄遗址
图版 44　张家甸遗址
图版 45　戎塘、小村遗址
图版 46　朱象村遗址
图版 47　孙堡村遗址
图版 48　船墩山、楚王城、柘墩头遗址及护林土墩墓
图版 49　渡口遗址采集遗物
图版 50　金家、庙墩及窑墩遗址采集遗物
图版 51　窑墩遗址采集遗物
图版 52　船村、船头遗址采集遗物

图版 53　船头、三界村及船头村遗址采集遗物
图版 54　船头村、包子山遗址采集遗物
图版 55　船头山遗址采集遗物
图版 56　高家屋、大庙及孙家庄遗址采集遗物
图版 57　孙家庄、浦塘遗址采集遗物
图版 58　立新、尹家村遗址采集遗物
图版 59　尹家村、四围遗址采集遗物
图版 60　四围遗址采集遗物
图版 61　杨塘坟遗址采集遗物
图版 62　朱岗渡遗址采集遗物
图版 63　朱岗渡遗址采集遗物
图版 64　釜山遗址采集遗物
图版 65　张家甸遗址采集遗物
图版 66　护林土墩墓及朱象村遗址采集遗物
图版 67　小船墩、朱象村及孙堡村遗址采集遗物
图版 68　登庄、三甲村及楚王城遗址采集遗物
图版 69　浮选出的植物种子

第一章 绪 论

第一节 自然环境

一、地 貌

当涂县位于安徽省东部马鞍山市以南，东经118°21′38″～118°52′44″，北纬31°17′26″～31°36′05″，北、东两侧分别与江苏省南京市溧水、高淳接壤（图1-1-1）。境内地貌有平原、台地和低山丘陵三类，以平原为主，属于长江下游的河湖交汇地区。

县境北部为丘陵、低山区。境内低山有横山、青山、十里长山3座，海拔250～500米，比高大于200米，属于小起伏侵蚀剥蚀低山。横山和十里长山分布在姑溪河北岸，横山走向多变，主要部分呈南北向，西南部属当涂，山势南高北低，主峰海拔459米，是县内最高峰；十里长山，北东走向，东西长5千米，南北宽1～2千米，主峰252米；青山，位于姑溪河南岸，近南北走向，南北长7.5千米，东西宽6千米，山势南北高中间低，呈马鞍形，主峰372米。境内丘陵主要分布在县境北部与马鞍山市和江苏省江宁、溧水交界处，县境中部也有零星分布，海拔50～250米，比高60～150米。其中海拔150～250米的高丘主要分布在北岸，甑山即属于此类。低丘海拔100～150米，分布于高丘的外缘，多为长条状、浑圆状，丘体都不大，白纻山和灵虚山即是。残丘海拔50～100米，比高小于50米，呈断续岛状和浑圆状散落在平原之上，顶平坡缓，凌云山和釜山都属于此类。

图1-1-1 石臼湖遥感影像图

在低山、丘陵与平原的过渡地带，受轻度抬升影响，原河流或者湖泊阶地被再度抬升，并经过水流切割，形成地势高亢和起伏不平的台地。博望、丹阳、青山等乡镇的山前地带，海拔40米左右，比高25~30米，呈波状起伏状态，冲沟发育，使台地呈垄岗状，当地称之为"岗地"，由棕红色砂质黏土组成，局部台地上覆盖有棕黄色砂质黏土，水土易流失。

境内的平原主要有冲积平原、冲湖积平原和湖积平原，海拔在10~20米以下，地势坦荡。冲积平原中的河漫滩主要分布于县境内宁芜铁路以西的沿江地区，由砂质砂土和砂质黏土组成，海拔低于10米，比高小于1米，长江汛期时可淹没堤外滩1~2个月。江心洲主要分布于长江主、支汊道之间，由黏质砂土和粉砂土组成，海拔小于10米，比高小于1米，经常洲头发生冲刷，洲尾发生淤积，造成江心洲向下移动之趋势。水网圩区平原主要分布在护河—石桥—黄池一线以西，南至水阳江，北达姑溪河的广大区域，海拔5~7米，比高小于0.5米，由砂质黏土组成，汛期洪水位可以高于地面。此外还有一类支流河谷平原，分布于姑溪河两岸，海拔8~10米，比高1米左右，由黏质砂土、砂质黏土组成，向长江微微倾斜，坦荡无垠。

在护河—石桥—黄池一线以东地区为江河湖泊交汇地区，海拔6~8米，比高0.5米左右，为冲湖积平原，由黏质砂土、砂质黏土、淤泥质砂质黏土组成，湖荡密布，地势坦荡。湖积平原中的湖漫滩主要分布在石臼湖北部沿岸和石臼湖与丹阳湖之间，海拔4~5米，比高小于0.5米，由湖积淤泥、砂质黏土组成，洪水期被水淹没，枯水期出露水面之上，沿湖呈狭长状分布。在丹阳湖区，湖泊不断接受无机物和有机物的堆积，形成湖沼平原，海拔4~5米，比高小于0.5米，一般每年5~11月被水淹没，12月至次年4月可出露水面，地势低洼，水草丛生。湖积圩区平原分布在石臼湖北部和丹阳湖的东北部，海拔6~8米，比高小于1米，由砂质黏土和黏土组成，地面由北向南微微倾斜[1]。

二、水　　文

当涂地处长江下游水网地区，多河流湖泊，属于长江水系。长江由南向北流经县境西部，从芜湖书横埂头附近入境，至和县养殖场南出境，为典型的分叉型河床，主汊在西，境内长18.6千米，支汊在东，长20.3千米，属感潮河段。境内中部广大地区的河流，多呈西北流向或者西流注入大江，境内主要的河流为姑溪河和石臼湖、丹阳湖，此外还有青山河、黄池河、运粮河、博望河、外桥河、扁担河、襄城河等。姑溪河东起小丹阳湖口小花津与运粮河相接，西至金柱关入江，全长24.3千米，是水阳江下游入长江的主干道。全河可分上下两段，上段自小花津至芮家渡，河床宽117~434、河深0.6~5.4米；下段自芮家渡至入江河口，河床宽100~300、河深6~10、最深处13.1米。姑溪河实测最高水位12.33米（1954年8月22日），最低水位2.1米，实测最大流量1900立方米每秒（1983年7月16日），枯水期最小流量为8.72立方米每秒，降水倒灌为-235立方米每秒，年平均径流量为128.6亿立方米，水位主要受降水及江水顶托、倒灌影响。

姑溪河有几条较大的支流，南部最大的为青山河，全长33.19千米，南通芜湖县境内的清水河，与青弋江、水阳江沟通。北岸最大的应为博望河，源自横山南麓，注入石臼湖。

石臼湖位于当涂县县境东南，与江苏高淳、溧水交界，以湖心中流河的中心线为界，以西属于当涂县，以东属于江苏省，湖形酷似石臼，故得名。它与丹阳、固城湖通称三湖，均系古丹阳湖解体演变而成。20世纪50年代，水位7米时，湖面面积250平方千米，容积3.8亿立方米；水位9米时，湖面面积260平方千米，容积9亿立方米；水位12米时，湖面面积263平方千米，容积17亿立方米。现湖面面积约200.71平方千米[2]。

三、气　　候

当涂县属北亚热带季风气候，具有温和湿润、雨量充沛、四季分明、季风明显、无霜期长的气候特点。冬夏季长，春秋季短，冬夏温差显著。冬季受西伯利亚高压气团影响，盛行北风和西北风。夏季受太平洋副高压影响，盛行东风和东南风。初夏，会形成降雨集中的梅雨期。由于冷暖气团活动路线和力量对比变率较大，造成年际降水变化不一，导致洪涝、干旱灾难发生。

四季的划分以平均气温小于 10℃ 为冬季，大于 22℃ 为夏季，介于两者之间为春秋季。一年之中春、秋季短，各约 2 个月，春略长于秋；夏、冬季长，各 4 个月，夏较长于冬。年平均气温为 15.7℃，最高 16.7℃，最低 15.1℃。一年中最热为 7 月，平均气温 28.2℃；最冷为 1 月，平均气温 2.7℃。年平均气温受地貌影响发生轻度变化，从西南部到东北部递减，东北部低山、丘陵较西南部圩区平原年平均气温低 0.4℃；同时低山丘陵区随着海拔上升，气温也随之下降，每上升 100 米，气温下降 0.5℃。

境内历年平均初霜日为 11 月 11 日，平均终霜日为 3 月 23 日，平均无霜期 233 天。由于冷空气进退的早迟和强度不同，初、终霜期年际变化很大。

当涂年平均降水量 1087.6 毫米，年际变化极大，降水不稳定性十分明显。年内降水量分配不均，夏季最多，春季次之，秋季再次之，冬季最少，表现为雨热同步的规律。4~9 月平均月降水占全年的 70.9%，为 771.3 毫米，尤以 6~7 月最多。降水量的不稳定性是造成县内旱涝灾害的主要自然原因。梅雨期一般持续 23 天，历年平均入梅期在 6 月 15 日，出梅期在 7 月 7 日，平均降雨量 215.1 毫米，占全年降雨量的 21% 左右。但每年因暖、冷气团的活动路线和强度不同，入梅和出梅的日期和雨量变化悬殊。县内经常发生早梅和空梅现象。降雪主要在 1 月和 2 月，持续降雪日最多 20 天（1976~1977）。一天内积雪最大厚度为 29 厘米（1984 年 1 月 19 日）[3]。

四、区域地质演变

地区境内地质上经历了由海洋—隆起成陆—海水入侵—地壳多次升降沉积—火山喷发—断陷侵蚀等过程。在早古生代（距今 4 亿年前）县境是海洋环境。在早古生代和晚古生代之间（距今 3 亿~2 亿年），受海西运动的影响，曾经一度上升成陆，在中生代三叠纪早中期，又被海水淹没。至三叠纪晚期，长江下游受印支运动影响，再次成为陆地，进入一个新的地质历史时期，演变成陆地中的山间盆谷。中生代侏罗纪至白垩纪初期，燕山运动时，火山喷发频繁，导致县内北部分布多种类型的熔岩和火山碎屑岩。至新生代，断陷继续活动，从断陷地带发育成江河湖泊，在堆积作用下的塑造下，形成宽广的冲、湖积平原，局部轻度上升或者断陷幅度较小的地区，剥蚀为丘陵和低山，分布于县境内的北部和中部。在大地构造上，属淮阳地盾和江南古陆之间狭长的扬子准地台。第四纪新构造运动，受江南古陆的影响，主要表现为间歇性升降运动，近期以来，芜湖—马鞍地区略有上升，大部分地区也表现为下沉。

当涂县境位于淮阳山西型构造前弧东翼之南端，有一系列东西、北东、北北东向褶皱和断裂。其中以新华夏系北北东向构造最为显著。东西向构造在县境自北向南有三条断裂带，分别是采石—宝塔山、西横山—溧水、姑山—四褐山。北东向构造位于县境的东部，主要形迹有 4 条，自西向东为宁芜向斜、凤凰山—姑山背斜、横溪—小丹阳向斜、桑园沟—博望背斜。北北东向构造表现为方山—小丹阳隐伏大断裂、石臼湖—南陵盆地，位于县境东南部，长 10 千米[4]。

第二节　区域历史沿革

现在的当涂县辖区，先秦时期属扬州域，周武王封周章国于吴地，属吴。后元王四年，越灭吴，属越，显王时，楚灭越，地入楚。秦置楚郡，后复析楚郡为九江、鄣郡、会稽郡，地属鄣，分立丹阳、牛渚二县。汉武帝元封二年，改鄣为丹阳郡，废牛渚为胡孰。后汉光武建武六年并胡孰入秣陵。献帝时，封孙策为吴侯，尽有丹阳六郡，丹阳、秣陵县如故。晋武帝太康二年，分丹阳县立于湖。则地为丹阳、秣阳、于湖三县分辖之。迨穆帝永和元年，徙南豫州治牛渚，孝武帝宁康元年，徙南豫州治姑孰。直至梁武帝天监元年，分丹阳县置南丹阳郡于采石，丹阳县属之，是则历南朝，而为州郡治也。陈文帝天嘉五年，罢丹阳郡，丹阳县复隶建康丹阳郡。至隋文帝开皇九年，徙当涂县治姑孰，属蒋州，于是姑孰始为当涂县。隋炀帝时，复以蒋州为丹阳郡。唐高祖时以丹阳郡升为州，当涂县隶之。三年，以当涂县置南豫州，八年，废，仍以当涂为县，隶宣州。九年扬州废，以丹阳县隶宣州。太宗贞观元年，省丹阳县以其地入当涂为镇。自后当涂隶属靡常，或为蒋州、宣州、升州。唐哀帝天佑四年，吴王杨渥据江南，割当涂五乡，复立芜湖县，当涂之幅员始定。吴武义二年，改升州大都督府为金陵府，当涂属之。南唐时，改当涂为建平军，隶金陵府，继侨置和州于当涂。寻改雄远军。宋太祖开宝九年，改为平南军，无所隶，当此之时，当涂县废已久矣。至太宗太平兴国二年，生平南军为太平州，复立当涂县，并以宣州之芜湖、繁昌属之。后元改州为路，明清改路为府，而相沿不变。民国时，当涂隶芜湖道，十六年道废，遂直隶安徽省政府[5]。

注　释

[1][4][5]　江苏省地质矿产局：《江苏省及上海市区域地质志》，地质出版社，1984年。

[2][3]　当涂县志编纂委员会：《当涂县志》，中华书局，1996年；奚侗、鲁式谷：（民国）《当涂县志》，黄山书社，2011年。

第二章 调查概况及工作方法

第一节 调查概况

一、区域考古工作概况

姑溪河沿岸的考古工作，最早追溯到20世纪50~60年代的考古调查。20世纪80年代的第二次全国文物普查，发现了窑墩、钓鱼台、护林土墩墓群等20余处遗址。在开展釜山小学基础建设时，又发现了釜山遗址，并对动土地带进行了清理，出土了几组崧泽文化时期的器物。此后，在其周边的芜湖、繁昌和马鞍山地区陆续开展过一些考古调查和发掘工作。2003年，安徽省文物考古研究所发掘了马鞍山烟墩山遗址，属于新石器时代晚期遗址。2007~2008年，安徽省文物考古研究所主持发掘了月堰遗址[1]。2008年南京大学历史学系考古学专业等对五担岗遗址进行了发掘。同年，中国科学技术大学在采石河流域进行了一次区域系统调查，调查简报已经刊布[2]。近年来，安徽省文物考古研究所又抢救性发掘了毕家山遗址、小山遗址、小村遗址、申东遗址、新市土墩墓和护林土墩墓。同时，凌家滩周围也开展了一系列调查，并发掘了韦岗遗址，其文化面貌与我们调查所见同期遗址较为一致[3]。石臼湖南岸，南京市文物局、南京市博物馆和高淳县文管所发掘了薛城遗址，因其文化面貌颇具特点，提出了"薛城文化类型"的命名，此后还有学者提出了"古丹阳湖文化区"[4]的概念。

二、课题缘起及目标

区域系统调查的方法在进行宏观区域聚落与社会变迁的分析中，是十分有效的方法。中国国家博物馆2000年以来在山西省的垣曲盆地、运城盆地和滹沱河流域开展了系列的区域系统调查项目，积累了较为丰富的经验，随着调查项目的开展，我们也关注这种方法在中国不同地区的适用性问题。恰逢2006年，戴向明的"安徽巢湖流域史前文化与聚落的变迁"课题获得国家人事部回国留学人员优秀科研项目的资助与支持，在戴向明与安徽省文物考古研究所吴卫红研究员的大力推动下，选择在安徽江南水网地区进行区域系统调查的尝试，探索适合当地地貌的调查方法，启动了姑溪河—石臼湖流域的调查项目。之所以选择姑溪河—石臼湖流域，是基于两点考虑：一是这个区域是个相对独立的地理单元。西北东三面由低山、南部由姑溪河和石臼湖宽阔的湖面形成天然的界限，面积适中，便于控制。二是源于本区域地理位置在考古学研究中的重要性。姑溪河西部、长江西侧为裕溪河流域，新石器时代晚期的凌家滩遗址便位于裕溪河的北岸。凌家滩遗址面积约140万平方米，是同时期长江下游面积最大的聚落，无疑是当时一处区域中心聚落。为了研究当时的聚落形态和社会变迁，对凌家滩周围地区的调查，尤其是区域系统调查变得尤其迫切。安徽省文物考古研究所与中国文化遗产研究院在凌家滩遗址周边也做了一些工作。

另外，丹阳湖农场、石臼湖所在区域，是古丹阳湖自三国以来，经历朝围垦及长江上游所裹挟的泥沙淤积而成，连同江苏境内的固城湖和南漪湖都曾经是古丹阳湖的一部分。古丹阳湖所在的区域与历史文献中所载三江之"中江"有颇多牵连，"中江"最早见于文献记载是在《尚书·禹贡》："彭蠡既猪，阳鸟攸居，三江既入，震泽厎定"；《周礼·职方》："东南曰扬州……其川三江，其浸五湖"。对于三江，比较确定的是其一为长江的干流，其他二江所在，韦昭注谓"吴淞江钱塘江也"。郑玄云"三江分于彭蠡为三孔东入海"[5]。《史记·河渠书》："于吴，则通渠三江五湖"，唐司马贞索引云："按地理志：'中江从丹阳芜湖县东北至会稽阳羡东如海。'"[6]我们调查的区域正在芜湖县（如果黄池楚王城为汉芜湖县治所在）的东北，丹阳湖所在是否就是中江呢？中江应为沟通长江中下游的一条交通要道，对于三江位置的解释，各家注疏又颇有不同，做历史地理研究的学者也没有统一意见，有考古学者从考古学文化交流的分析中做过推测。吴卫红提出史前时期长江中下游交流的通道之一为"太湖中路"的说法[7]，田名利也认为在距今5000年左右，有一条从芜湖通往太湖流域的通道[8]。刘斌提出在崧泽文化晚期前段存在这样一条交流通道，只是位置较调查区域略偏南，位于青弋江，经南漪湖到西苕溪最后到太湖南岸[9]。在明代的《当涂县志》中已可见丹阳湖、石臼湖的名称。虽然目前古丹阳湖已不存在，但直到20世纪80年代丹阳湖还通航。在东部，环太湖（具区，震泽）地区，先秦时期考古学文化序列自成体系：马家浜文化—崧泽文化—良渚文化—钱山漾文化—广富林文化—马桥文化。石臼湖南岸薛城遗址发掘之后，学者们开始意识到这个区域可能存在一个相对独立的文化亚区，文化面貌上与周围不太一样，提出了"薛城文化类型"的命名，还有学者据此和古丹阳湖的位置，推测存在一个"史前古芜湖文化区"。我们从区域考古学文化面貌以及考古学文化交流的角度考虑，也希望获得更多的信息，通过不同时期考古遗址的分布，还可以推测出当时丹阳湖尤其是北岸和东岸的水面范围，也为研究古丹阳湖的演变提供了难能可贵的材料。

然而姑溪河—石臼湖流域也有不适合做区域系统调查的地方，挑战之一便是调查区域的地貌。姑溪河流域是长江南岸的一条支流，东部连接丹阳湖和石臼湖，境内地貌由低山丘陵、山前岗地、冲积平原和湖积平原组成，水网密布，水田较多，地表陆地呈破碎状。挑战之二源于区域内考古工作的薄弱。我们选择的先秦时期的阶段内，并没有完整的考古学文化序列可以参照。这无疑对野外辨识遗物年代、区分不同时期聚落分布范围造成了很大的困难。地貌的挑战是我们无法回避的，只能从调查方法入手，在确保采集数据系统性的情况下，做出适度的变通和调整。在考古学文化序列不清晰的情况下，我们也找到了解决的办法，即参照相邻区域宁镇地区和太湖流域相对成熟完备的考古学文化序列，在调查结束后，通过整理各个阶段具有代表性的遗址，建立本区域内的序列，作为我们进行聚落分析的基础。这部分内容，我们已经以简报的形式刊布了。

三、调查范围

东至安徽、江苏交界，北至江苏、安徽交界以北的南京市江宁区部分乡镇。西达长江，南部以当涂县界为边界。总覆盖面积约550平方千米，实际调查面积约400平方千米（图2-1-1），调查发现先秦时期遗址（含墓葬）约92处，散点30处。

第二节 调查方法及经过

一、田野工作方法

区域系统调查（systematic regional survey）方法，强调区域性和系统性，是在选定的研究区域内，通过全面调查，系统收集考古资料的调查方法。这种方法在考古学上是随着聚落形态的研究而逐步发展起来的。一般认为，聚落形态的研究肇始于威利（Willey）在秘鲁北部海岸维鲁河谷的调查[10]，真正现代意义的聚落形态研究始于20世纪60~70年代墨西哥盆地的系统的田野调查[11]。在西方的理论传入之前，中国的聚落形态研究也已经开始，20世纪50年代对陕西半坡遗址原始公社聚落的揭露，通过聚落考察去复原古代社会组织[12]，就是典型的案例。80年代以后，受西方聚落考古相关理论和方法的影响，国内掀起了对聚落形态研究的浪潮，国内的考古学家开始通过区域调查研究聚落形态或者文化与自然环境的关系。北京大学在90年代初组织过对石家河遗址群的调查和葫芦河流域的区域调查[13]，然而真正意义上用西方的区域系统调查方法进行的第一次调查是1995年山东大学和美国芝加哥自然历史博物馆合作的日照地区调查[14]。随后中国社会科学院考古研究所、内蒙古文物考古研究所和吉林大学,在赤峰半支箭河中游开展了区域系统调查的工作[15]。1998年,中国社会科学院、美国哈佛大学和密歇根大学、英国伦敦大学的考古研究者在豫西伊洛盆地也进行了调查[16]。至今,见于报道的调查区域还有河南洹河流域[17]、灵宝[18]、颍河流域[19],山西垣曲盆地、运城盆地、滹沱河流域[20],四川成都平原,胶南地区等,此处不一一列举。

通过区域系统调查的方法,在区域内进行长时段的聚落演变、聚落人口、聚落与自然环境关系的相关研究,对区域内社会形态演变进行探讨一时间成为风尚,但是各个案例在具体应用的方法上不尽相同,有些是纯西方的,有些则是根据当地地貌特点而做出了灵活的调整,有的是与传统的调查方法相结合。随着这种方法的广泛应用,对于区域系统调查方法的反思和批判也逐渐出现,很多学者都注意到,野外调查零星的采集品往往并不能如实反映遗存的真实情况,人类行为和自然力都会对遗址造成不同程度的改变。堆积厚、遗存丰富但保存较好的遗址在地表往往只能捡到零星的陶片,相反破坏得厉害的遗址,会在破坏处集中出现较多遗物。人类还可以通过施肥等行为把遗址的土连同遗物一起搬运到其他地方,形成次生堆积,河流的冲积也会造成这种搬运现象。所以依据地表陶片确定遗址存在与否或者以此划定遗址的范围,存在着不确定性。

但同时我们也要注意,区域系统调查方法仅是提取考古信息的一种手段,这种方法是大规模收集综合信息的办法,不可能面面俱到,我们需要认识到,这种综合性系统性的数据对于讨论区域聚落变迁、社会复杂化、人与环境的关系还是可行的,尽管基于这些数据得出的结论仍是一种可能性的解释。

在姑溪河流域的调查中,我们尝试尽可能地减少上述导致误判现象出现的可能,通过断面观察和记录与钻探相结合,基于"有遗址"观念进行调查,明确遗址的界定标准,对于不能判断为遗址的零星的采集点我们也给予详细记录。这样做的依据是,我们认为聚落是人类行为形成的各种设施的集合体,是人类长期行为的结果,聚落的存在以及废弃都需要依托于遗址而存在。所以,我们进行聚落变迁分析的基础都是建立在遗址之上的。

江南地区,属于亚热带季风气候,雨水丰沛,最适宜田野调查的时间是12月到来年3月惊蛰以前。这段时间,雨水较少,温度降低,地表可见度较高。惊蛰以后,降雨量增加,地表植被生长迅速,加之还有蛇出没,极大地增加了考古调查地表采集的难度。我们三次调查,仅一次选择在初春进行,便受到了一个月连续阴雨天气的阻碍,这是我们总结出的经验之一。

调查中最主要的要素就三个:人员、设备和调查路线。人员的配备,以5~6人一组为宜,机动性较强,由于调查区域陆地十分破碎,被水网分割成小块,人太多,则队伍不好安排,也很容易导致分散、混乱。人过少,则会降低工作效率,大部分地块5~6人一个来回可以调查完,或者一趟便可走完,便于安排路线。每个队伍配1:10000比例的地形图一份,设领队一人,调查人员每人配一台对讲机、一台GPS手持信息采集器,领队负责每日调查路线的安排。

领队每日调查范围和计划的制定,首先是依据前面调查的效率,大约每日5~6人可调查多大的面积,然后在地图上依据河流、水渠、道路和岗地等自然边界,画出第二天的拟调查范围。由于实际地物与地图还有差异,我们依据地图制定的计划,在第二日到达现场后可能还会有临时的变更。为了避免这种临时变化,可以在前一日调查结束后,开车对第二日要调查范围内的地貌地物进行大致的了解。

我们依据调查区域的不同地貌条件,来安排队员间距和路线。每日的调查范围,基本上还是按照河流、道路、岗地等自然边界进行划分,同类地貌调查完之后再进行其他类地貌的调查。舍弃了海拔35米以上的丘陵和海拔低于7米的冲湖积平原或圩田。

舍弃海拔35米以上的丘陵在于丘陵之上植被密布,即便在冬季,枯草和落叶也覆盖得很厚,可见度差,根据以往工作经验,先秦时期的遗址不见分布于海拔如此高的地方。

而海拔低的冲湖积平原，此前都还是丹阳湖的范围，只是由于近现代的圩田开发，才逐步露出来，非常平坦低洼，亦不适宜居住，即便曾有高台土墩，现也无迹可寻。对于湖积平原和圩田区，我们则有的放矢，开车沿堤坝行进，看见有稍高的地方，再安排队员针对性地排队调查，或者对所查区域内的现代村庄进行细查，因为现代村落所在基本都是稍高的地方。

除去这两种地貌，调查中最常见的就是山前岗地及平原（大部分为水田）。在平原上，间距根据地形的变化有所不同，基本按照30~70米的间距排队，开阔的平原区按照30~50米一人，因水田田块并不是按照调查方向分布的，也并不规整，所以我们调查的间距往往是跟着水田的边界在变化，但是基本控制在30~50米区间内。岗地基本按照70米一个人排队，超过50米间距时，队员按之字形路线前进。在拉网调查过程中，一旦有队员发现先秦时期的遗物，其他队员都要向发现地点收缩，队员间距缩至20米，在其周围再进行查找，直到最外围的人员不再发现遗物为止。每个队员都有自己的路线，在各自路线发现第一件遗物的点算第一个采集点。在此点周围20米×20米范围内的遗物都归入此点，填写标签后继续前进，遇有遗迹或遗物再记一处采集点。

一般采集点数量达到3个以上的地点，我们都会暂停前进，在此寻找可以观察的断面进行清理，了解是否有遗迹现象或者文化层堆积，如能确定有，则由领队填写遗址记录表，由队员绘制剖面线图，采集断面上的遗物以及收集浮选和测年所需样品。如果当天设计的路线较为紧凑，考虑中途停止调查会影响进度，我们则会择日尤其是下雨时再来复查，这样不会因为结合了传统的调查方法而影响整体调查进度，却又能更大限度地提取信息。

二、信息采集和处理方法

（一）野外信息的采集

野外需要采集的信息分为两类，第一类是采集点的位置信息。我们采用比例为1:10000的地形图，地图的坐标系统为西安1980坐标系。我们预先把GPS内的坐标系统选择为西安1980坐标系，这样采集的数据显示格式便与我们地图上是一致的，但球面数据转换成平面数据时还有误差，我们也没有获取到当地的转换参数和控制点的数据，于是我们通过在调查区域用GPS采集了9个标志点坐标数据（地图上道路交叉处或者桥的两端，或者标志性建筑），与地图上的此点数据进行对比，求出他们误差的平均值，对我们GPS中采集的数据进行了平移。得益于我们调查区域内墩型遗址较多的特点，可以从地图上墩型遗址的位置和范围来判断我们数据校正的精度是否合适。第一次和第二次调查，我们都是后期处理数据时，在Excel表格内整体校正了采集点坐标，第三次我们则直接把算出的校正参数输入GPS，这样得到的数据就不用再进行后期处理了。

第二类主要是与遗址、遗迹、遗物相关联的信息，是通过在野外填写表格和标签来获取的。确认采集点之后，需要填写一张采集点信息的标签。除了采集点编号，还包含位置信息，以及采集点遗物丰富程度和遗迹种类。本调查采集点编号的设置是调查日期+DT（县级地名汉语拼音首字母缩写，当涂）+镇名缩写+遗址名缩写+GPS编号+点号，点号以天为单位重新排列。与遗址有关的诸项信息，需要填写遗址登记表，以记录遗址坐标、位置、所处环境、地貌描述、海拔、相对高度、面积、遗物分布情况。最初我们把清理出来的剖面描述单独做表填写，采用《田野考古发掘规程2009》中的遗迹记录表，导致每个剖面都会有好多张表格，甚为烦琐，这是预先设计不足所致，后来我们及时进行了调整，把剖面记录并入了遗址记录表内。对于清理出的剖面，均现场绘图、照相，填写照相登记表。钻探登记表则另填，以记录钻探位置和坐标，按照深度记录土质土色和包含物描述。其中有关遗址面积和相对高度一项，在填制表格时现场填写估计值。后期会从地图上测量遗物分布面积、遗址（主要是土墩型或者台地型遗址）的面积和海拔。

（二）采集数据的处理与应用

GIS地理信息系统在运城盆地和滹沱河流域的调查中都有运用，具体的分析方法在两本调查报告中也有较为详尽的叙述，此处做一个简要介绍。基本方法是在

1∶10000 矢量化地图的基础之上，把采集的数据按照时代进行分类，每个时代的采集点制作一个图层；参照我们聚落划分的标准，把采集点合并为一个个的聚落，然后增加面状图层，勾画出不同时期的聚落面积和遗址面积；进而通过聚落数量、规模变化来讨论整个地区的先秦聚落变迁（不同时期聚落用不同图例予以表示，详见图 2-2-1）。聚落的面积是基于对每个采集点所采集的遗物断代之后形成的，每个采集点可以包含若干时期的聚落，把相同时期遗物的采集点相连形成的面状面积，即为这一时期该聚落的面积。

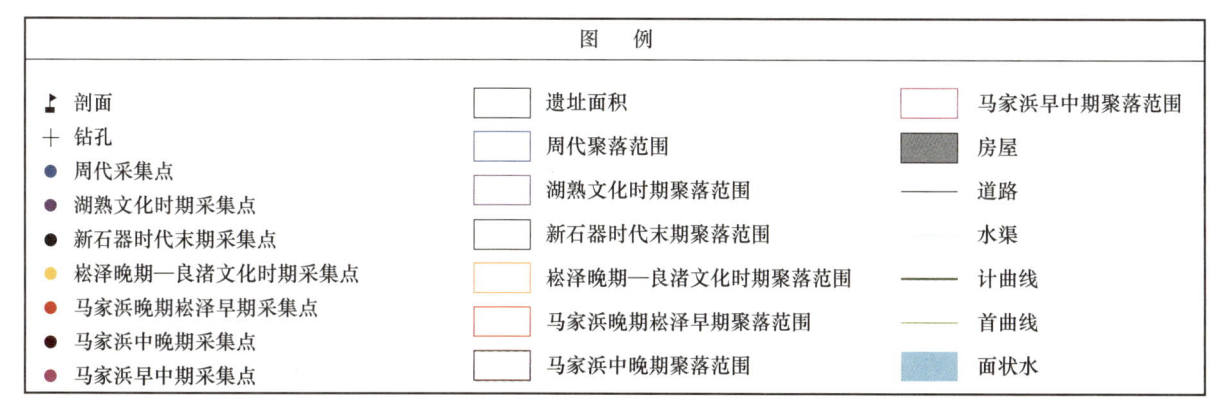

图 例		
剖面	遗址面积	马家浜早中期聚落范围
钻孔	周代聚落范围	房屋
周代采集点	湖熟文化时期聚落范围	道路
湖熟文化时期采集点	新石器时代末期聚落范围	水渠
新石器时代末期采集点	崧泽晚期—良渚文化时期聚落范围	计曲线
崧泽晚期—良渚文化时期采集点	马家浜晚期崧泽早期聚落范围	首曲线
马家浜晚期崧泽早期采集点	马家浜中晚期聚落范围	面状水
马家浜中晚期采集点		
马家浜早中期采集点		

图 2-2-1　图例

三、遗址与聚落的确认方法

首先我们需明确遗址与聚落的关系。聚落需要依托于遗址而存在，一处遗址可以包含单一一个时期的聚落，或者包含几个不同时期的聚落；也有可能几个遗址构成一个大的聚落。在姑溪河流域及江南地区，尤其是周代，土墩墓很流行，且和生活区的聚落遗存是分开的，我们无法通过调查把一处墓地与一处聚落或者几处聚落联系起来，这类明确属于墓地的数据，我们将不用于后期聚落演变的分析。

本调查是基于有"遗址"的概念而展开的，即先确定遗址的存在，再进行聚落的分析。这样在一定程度上可避免一些次生堆积造成"遗址"假象的出现，提高了数据的可靠性。

对于遗址的确定，河南伊洛河流域和洛阳盆地的调查基本也是以遗迹现象作为确定遗址的标准，垣曲盆地的调查结合传统的方法，也是基于遗迹和文化层是否存在作为判断标准。运城盆地的调查虽然在室内整理阶段才对遗址和聚落进行界定，但是除了地表采集陶片以外，也是要依靠是否暴露有遗迹现象这个标准来判断。中美合作的两个调查项目，赤峰和日照地区调查，虽然也采用了遗址的概念，但是遗址只是记录资料的一个单位，与其他几项调查采用的遗址的概念并不相同。

我们判断遗址时采用以遗物采集点为参考，用暴露的文化层堆积或者遗迹来确定。对于某些地形明显（墩型），采集点丰富的，虽无可清理的断面，我们也归入遗址的范畴。其他较为分散的遗物采集点，也没有暴露的断面可以参考，我们采用钻探方法进行确定，没有钻探到文化层，均当作散点处理，但是散点中值得注意的是有些遗物采集点相对集中的地方，且位于山岗之上的，未必是因为搬运作用形成，也有可能有墓地，为保险起见，散点数据我们并不用于聚落分析中。

对于遗址的划分，我们在田野调查过程中和后期整理时，发现很多墩型遗址相互距离都很近，这些墩型遗址之上的同期聚落之间是什么关系我们无法得知，谨慎考虑，我们把自然地貌不连续的墩型遗址，即便很近也区分成不同的遗址。计算遗址的面积时，由于本区域内遗址地貌多为墩型的特点，往往与遗物分布面积相合，尽管如此，我们还是分别计算了两个数据：一是按照遗址独立的地形计算的面积，二是遗物分布面积。两者产生较大的差距时，往往是由于遗址部分遭到破坏，其他位置保存状态较好造成的。

关于聚落的划分，在已经确定的遗址之上，同时期的遗物采集点，间距超过100米，即被分入不同的聚落中。这是以当地遗物采集点分布结合遗址地貌特点定出的标准。

聚落面积的确定，我们是依据采集点分布，在其外缘勾画出聚落范围，如果一个遗址只有一个某时期的采集点，又无法通过暴露的遗迹现象判断范围的，我们统一按照一个采集区的面积20米×20米=400平方米计算这类聚落面积。值得注意的是，这些聚落里面一定有一些被我们低估面积的。

四、调查经过

自课题启动以来，我们分别于2008年12月，2009年2~4月，2011年12月进行了3次田野调查，参加调查的人员有戴向明、吴卫红、庄丽娜、钱兵兵、王文武、申红俊、吕赵力、齐泽亮、缪鹏。

2008年的调查自12月8日起至31日结束，调查持续23天，完成了新市镇东部和博望镇的调查。参与调查的人员有戴向明、吴卫红、庄丽娜、钱兵兵、王文武、申红俊、吕赵力。

2009年的调查自2月21日起至4月1日结束，调查姑孰、丹阳镇，新市镇西部，南京江宁区局部。由于遭遇雨季，调查一度暂停，转入了下雨天整理资料、天晴出去调查的工作状态。参加工作的人员有庄丽娜、王文武、申红俊、吕赵力、齐泽亮、缪鹏。

2011年12月9日~12月23日，田野调查接近尾声，我们完成了护河镇、太白镇和城关镇的调查。参与调查的人员有庄丽娜、王文武、申红俊和吕赵力（图版1~图版3）。

第三节 资料整理方法与过程

一、整理思路和方法

本报告在整理和编写过程中，都是基于实证主义的理论基础，尽最大可能完整、准确、科学地发表调查材料，最大限度地发挥田野调查提取信息的作用。

强调概率统计方法在调查以及资料整理分析过程中的应用。我们用统计学方法对所获数据进行检验，并尝试对区域内人口进行估计。

本报告的结论不是最终定论，只是基于研究者的认识水平，对调查所获材料进行的解读。由于调查材料的缺憾，我们对年代的把握或者文化内涵的认识还有不足之处，要依靠更多的发掘工作来进行验证。

在整理的过程中，我们基本上是把采集的陶片全都进行了描述，能看出器型的标本均予以绘图，看不出器型但是有纹饰的均予以拓片表示，对于既看不出器型也没有纹饰的素面陶片，我们也尽量有选择地通过照片发表。此外，我们还发表了遗址上清理的堆积剖面图及钻探记录。在清理的堆积剖面内，我们还尽可能地选取浮选土样，进行浮选，为该区域内生业经济背景提供信息支撑，并挑选各时期浮选的种子进行AMS加速器质谱碳-14测年。

二、报告整理和编写过程

2009年春季，因为连绵的春雨影响了野外工作，我们在此期间对2008年冬季调查的资料进行了整理，完成了2008年冬季调查标本的拣选、绘图、描述、制作拓片等工作。待田野工作彻底结束以后，于2012年6~7月间，继续整理工作，参加整理的有中国国家博物馆庄丽娜、郭梦涵、王文武、申红俊、吕赵力，安徽大学研究生申学国、汪鹏飞，安徽大学本科生孟庆龙、袁增箭、张晨、许晶晶。线图和清绘由王文武和吕赵力完成，文物修复及拓片制作由申红俊、申学国完成，袁增箭、张晨、许晶晶完成了土样浮选工作。孟庆龙和申学国完成了全部标本的测量和初步描述工作。汪鹏飞协助郭梦涵对标本进行了照相记录。庄丽娜对所有标本的年代进行了判断，确定了遗址的年代，整理采集点坐标，录入GIS软件，划定各遗址范围（图版4）。在工作中，安徽省文物考古研究所宫希成副所长、吴卫红老师、叶润清老师对遗址的断代以及调查方法的调整均提出了宝贵的意见。马鞍山市文物局王俊局长、当涂县文物管理所所长杨少华（已故）、罗海明，对我们的工作予以大力支持，提供了很多帮助。

2012年底经过系统的资料整理以后，由戴向明、吴卫红、庄丽娜三人商量报告编写的体例，几经修改，

2013年报告正式进入资料核对、编写阶段,此阶段主要工作由庄丽娜完成。但是由于2013年后,庄丽娜又开始负责中国国家博物馆和江苏省的合作项目,调查和发掘任务较重,报告初稿至2017年初才交付出版社。

注　释

[1] 安徽省文物考古研究所:《安徽芜湖月堰遗址新石器时代墓葬发掘简报》,《文物》2009年第8期。
[2] 中国科学技术大学科技史与科技考古系:《马鞍山采石河流域区域系统调查初步报告》,《东南文化》2010年第1期。
[3] 安徽省文物考古研究所等:《安徽含山县韦岗遗址新石器时代遗存发掘简报》,《考古》2015年第3期。
[4] 南京市文物局、南京市博物馆、高淳县文管所:《江苏高淳县薛城新石器时代遗址发掘简报》,《考古》2000年第5期;张敏:《薛城遗址的发现与古芜湖文化区》,《中国文物报》1998年7月8日;张敏:《改革开放以来的江苏考古新成果与新理念》,《东南文化》2009年第1期。
[5] (唐)孔颖达《尚书正义》卷六《禹贡》,(清)阮元校刻《十三经注疏》(清嘉庆刊本),中华书局,2009年。
[6] (汉)司马迁撰,(宋)裴骃集解,(唐)司马贞索引,(唐)张守节正义:《史记》(点校本二十四史修订本),中华书局,2013年。
[7] 朔知:《初识薛家岗与良渚文化的交流——兼论皖江通道与太湖南道问题》,《浙江省文物考古研究所学刊》第八辑,科学出版社,2006年。
[8] 田名利、姚玉洁:《西溪遗址考古获重大发现——6000多年前长江存在另一入海通道》,《新华每日电讯》2004年2月10日。
[9] 刘斌:《崧泽文化的分期与良渚文化的关系》,《庆祝张忠培先生七十岁论文集》,科学出版社,2004年,284页。
[10] Willey Gordon R. Prehistoric Settlement Patterns in the Viru Valley, Bulletin No. 155. Washington D C: Bureau of American Ethnology, 1953.
[11] Sandes William T, Jeffrey R Parsons, Robert S Santley. The Basin of Mexico: Ecological Processes in the Evolution of a Civilization.NewYork: Academic Press, 1979.
[12] 中国科学院考古研究所、陕西省西安半坡博物馆:《西安半坡》,文物出版社,1963年。
[13] 李非、李水城、水涛:《葫芦河流域的古文化与古环境》,《考古》1993年第9期;石家河考古队:《石家河遗址调查报告》,《南方民族考古》第五辑,四川科学技术出版社,1992年。
[14] 中美两城地区联合考古队:《山东日照市两城地区的考古调查》,《考古》1997年第4期。
[15] 赤峰考古队:《半支箭河中游先秦时期遗址》,科学出版社,2002年。
[16] 陈星灿、刘莉、李润权、华翰维、艾琳:《中国文明腹地的社会复杂化进程——伊洛河地区的聚落形态研究》,《考古学报》2003年第2期;陈星灿、刘莉、李润权:《巩义市聚落考古调查取得丰硕成果》,《中国文物报》1999年5月19日第1版。
[17] 中美洹河流域考古队:《洹河流域区域考古研究初步报告》,《考古》1998年第10期。
[18] 中国社会科学院考古研究所河南第一工作队、河南省文物考古研究所、三门峡市文物工作队、灵宝市文物保护管理所:《河南灵宝市北阳平遗址调查》,《考古》1999年第12期。
[19] 河南省文物考古研究所、密苏里州立大学人类学系、华盛顿大学人类学系:《颍河文明——颍河上游考古调查试掘与研究》,大象出版社,2008年。
[20] 中国国家博物馆考古部:《垣曲盆地聚落考古研究》,科学出版社,2007年;中国国家博物馆田野考古研究中心、山西省考古研究所、运城市文物保护研究所:《运城盆地东部聚落考古调查与研究》,文物出版社,2011年;山西省考古研究所、中国国家博物馆田野考古研究中心、忻州市文物管理处:《滹沱河上游先秦遗存调查报告》,科学出版社,2012年。

第三章 调查材料

第一节　Ⅰ区青山河流域（太白镇）

姑溪河南岸最大的支流青山河自东北—西南贯穿太白镇，大青山和龙山分列青山河两岸，连通南部的水阳江流域，此河流至今仍可通航，河流西岸是与长江干流之间大面积的冲积平原，东岸为大青山、龙山等近南北向丘陵，遗址主要分布在河流东岸与龙山西麓之间的山前岗地边缘，尤其是在龙山和青山之间较为开阔的地带，分布密集。共发现遗址16处，散点6处。遗址类型有河旁墩型遗址，如渡口、窑墩；有位于山前舌形岗地边缘的，如包子山和船头遗址等，还有一类海拔较高达20米以上的，例如郑家遗址，这类遗址非常少见。这些遗址包含自马家浜文化时期到春秋时期的聚落遗存（图3-1-1）。

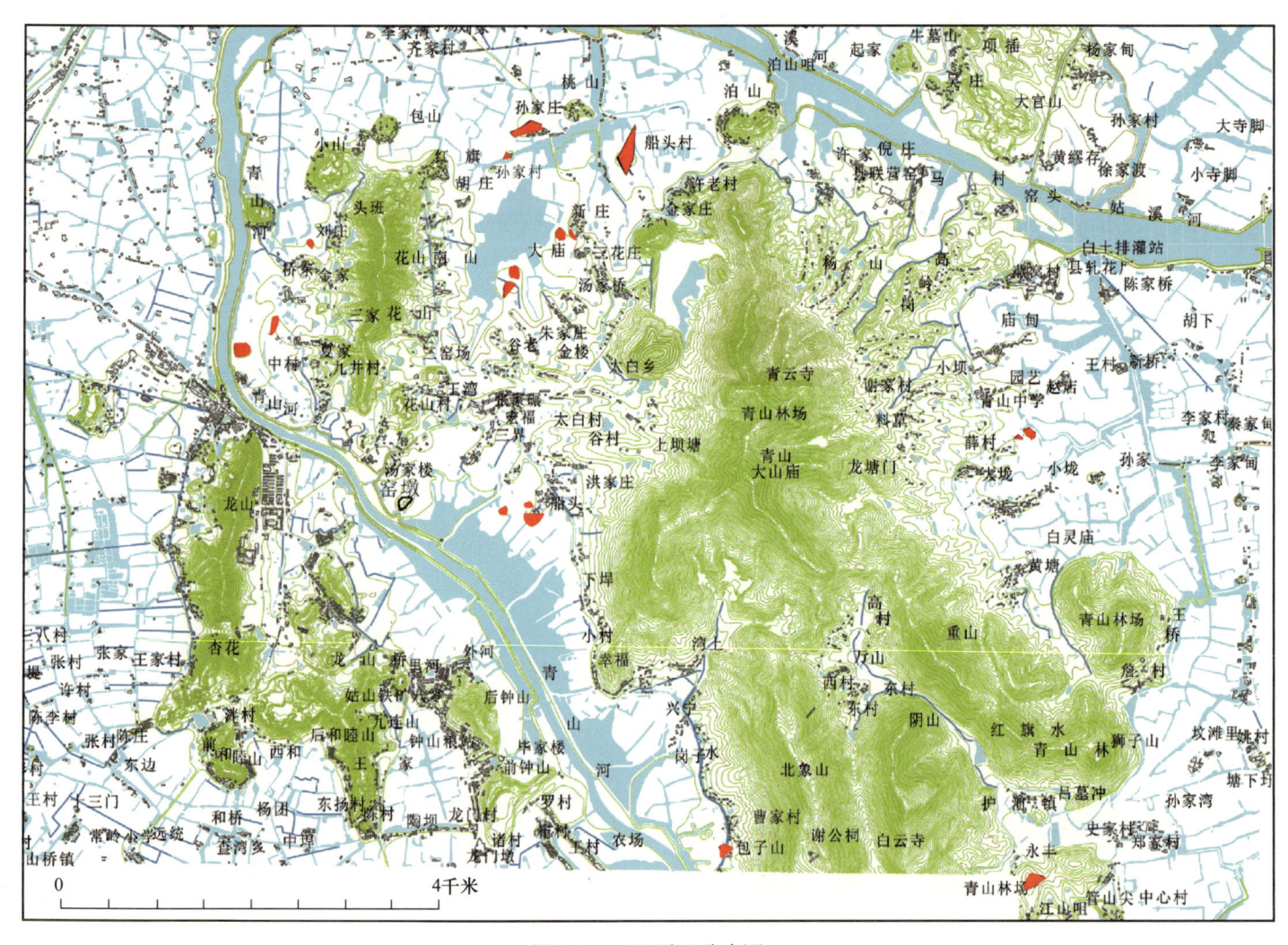

图3-1-1　Ⅰ区遗址分布图

一、渡口遗址

1. 遗址概况（111217DTTBDK）

位于太白镇渡口村北约 200 米，紧邻青山河东岸，为高出地表约 4 米的不规则墩型遗址，遗物分布面积约 14000 平方米。东部距离龙山约 1000 米。四周为冲积平原。遗址中部已经被取土破坏，形成一个水塘，破坏面积约占遗址面积的 2/3，文化层堆积厚 1～1.5 米，在取土坑的四壁可以看到文化层，文化层下为黄色生土（图版 5）。

清理了一处剖面 P1，堆积间叠压打破关系如下：P1 ① => H1 ① => H1 → P1 ② → P1 ③。

P1 ①：耕土，灰黄色，疏松，夹有瓦片、砖块、瓷片。厚 0.25 米。此层下开口有 H1。

H1 ①：灰黑色致密黏土，含 10% 的炭粒，粒径在 0.5～2 厘米之间。含 30% 的陶片。

H1：锅底形坑，口距地表 0.25 米，底距地表 0.5～1 米。

P1 ②：黄褐色土，较为致密坚硬，水平状堆积，含烧土颗粒少于 2%，陶片亦少于 1%。厚 0.55、深 0.8 米（图 3-1-2）。

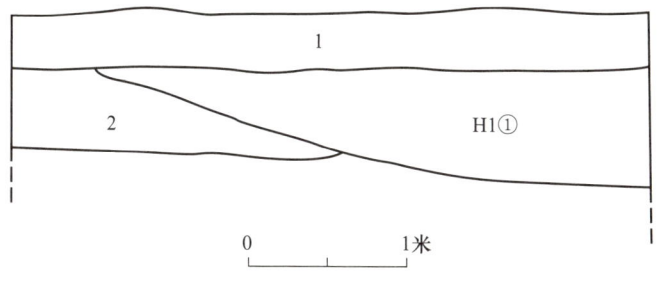

图 3-1-2　渡口遗址剖面 P1 示意图

2. 聚落

渡口遗址包含自新石器时代末期至东周三个时期的聚落遗存。新石器时代末期的聚落，有 2 个采集点，面积约 3600 平方米，分布在整个遗址的东部；湖熟文化时期，遗物分布面积约 6000 平方米；周代聚落面积约 11000 平方米，分布在遗址的西部大部分区域。从采集的遗物来看，遗址一直沿用到春秋战国之际。在断面上清理出这个时期的灰坑，灰坑内出土的器物有夹砂绳纹

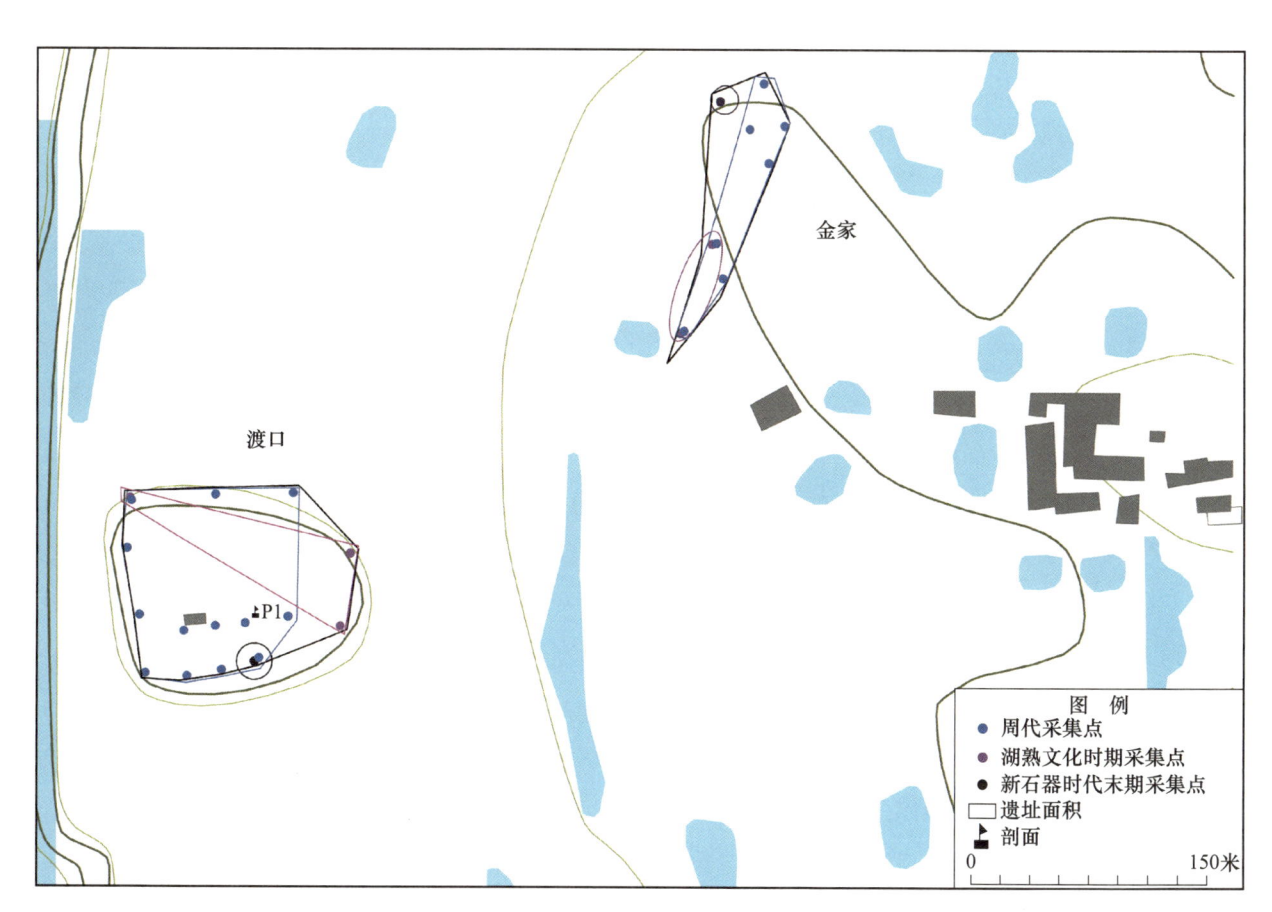

图 3-1-3　渡口和金家遗址聚落分布图

鬲等。从 P1H1 采集的 9 升填土内，浮选出 1 颗水稻、2 颗麦的残片，还有 1 颗唇形科的种子。小麦的测年结果为公元前 600~前 400 年。我们可知在春秋战国之际，聚落的取食经济是稻麦混作的（图 3-1-3）。

3. 遗物

地表陶片分布较丰富，见鼎残片、鬲足、印纹硬陶片，纹饰有绳纹、折线纹（图版 49，6 上右）、填线回纹（图版 49，4）等（图 3-1-4；图版 49，1~8）。

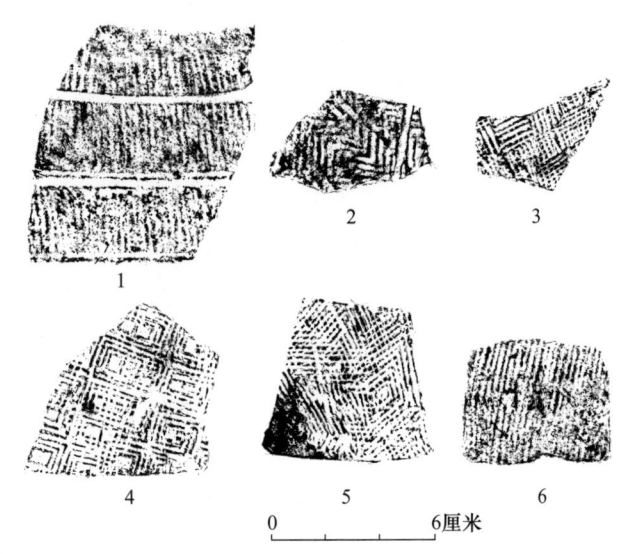

图 3-1-4 渡口遗址采集陶片纹饰
1. 弦断绳纹（C06P1H1①：1） 2. 折线纹（B04：4） 3. 席纹（D02：1）
4. 填线回纹（C06P1H1①：6） 5. 填线菱形纹（D03：1）
6. 绳纹（D04：5）

口沿 11 件。

B02：1，灰黑色夹砂陶，素面，红胎，有火烧的痕迹。壁厚 0.5~0.8、残高 3.68 厘米（图 3-1-5，1）。

B03：1，泥质红陶，灰胎，胎内含炭，卷沿，素面。壁厚 0.2~0.5、残高 3.2 厘米（图 3-1-5，11）。

B05：1，口沿（器盖）。泥质灰陶，灰胎，素面，磨光。壁厚 0.5~0.6、残高 2.9 厘米（图 3-1-5，9）。

B05：3，泥质黑陶，黑胎，折沿，素面。壁厚 0.4~0.5、残高 3.6 厘米（图 3-1-5，2）。

C05：2，泥质红陶，红胎，卷沿，素面。厚 0.6~0.8、残高 3.5 厘米（图 3-1-6，3；图版 49，8 右）。

C05：4，夹砂黑陶，红胎，绳纹。壁厚 0.8~1、残高 2.3 厘米（图 3-1-5，3；图版 49，8 左）。

C06P1H1①：3，夹砂灰陶，红胎，夹云母，侈口，弦断绳纹。复原口径 15.7、残高 4.9 厘米（图 3-1-6，5）。

C06P1H1①：9，夹砂红陶，红胎。壁厚 0.3~0.6、残高 2.4 厘米（图 3-1-5，4）。

C06P1②：3，夹砂红陶，红胎，含云母，素面。壁厚 0.6~0.9、残高 2.2 厘米（图 3-1-5，5）。

D02：3，夹砂红陶，红胎，素面。壁厚 0.6~0.8、残高 1.6 厘米（图 3-1-5，6）。

D04：1，泥质灰陶，红胎，敛口，素面、厚 0.6~1.2、残高 5.4 厘米（图 3-1-5，7）。

鬲 3 件。

C06P1H1①：1，夹砂褐陶，褐胎，平折沿，绳纹。复原口径 23、残高 12 厘米（图 3-1-6，4；图版 49，1）。

C06P1H1①：2，夹砂黑陶，褐胎夹云母，侈口耸肩，弦断绳纹。口、腹分制后接。复原口径 14、残高 6 厘米（图 3-1-6，8；图版 49，5）。

C06P1H1①：11，夹砂褐陶，褐胎，弦断绳纹。复原口径 27.8 厘米（图 3-1-6，1）。

鬲足 9 件。

D03：3，夹砂红陶，红胎，素面。残高 3.3 厘米（图 3-1-5，8）。

C04：5，夹砂红陶，红胎，素面。残高 5 厘米（图 3-1-5，10）。

C03：1，夹砂红陶，红胎，素面。有竖向刮抹痕迹。残高 7 厘米（图 3-1-5，13）。

D03：4，夹砂陶，外红内黑，红胎，夹云母、小石粒，素面。有火烧痕迹。残高 7.5 厘米（图 3-1-6，12）。

D04：3，夹砂红陶，红胎，素面。残高 6 厘米（图 3-1-5，14；图版 49，3 右）。

D04：4，夹砂红陶，红胎，素面。有竖向刮抹痕迹。残高 6.5 厘米（图 3-1-5，15；图版 49，3 左）。

C06P1H1①：4，夹砂红陶，灰褐胎，含小石子，素面。残高 10 厘米（图 3-1-6，13；图版 49，2 左）。

C06P1H1①：5，夹砂红陶，褐胎，含小石子，素面。残高 6.4 厘米（图 3-1-6，9；图版 49，2 右）。

C06P1②：2，夹砂红陶，红胎，绳纹。跟部有竖向刮痕。残高 9 厘米（图 3-1-6，10）。

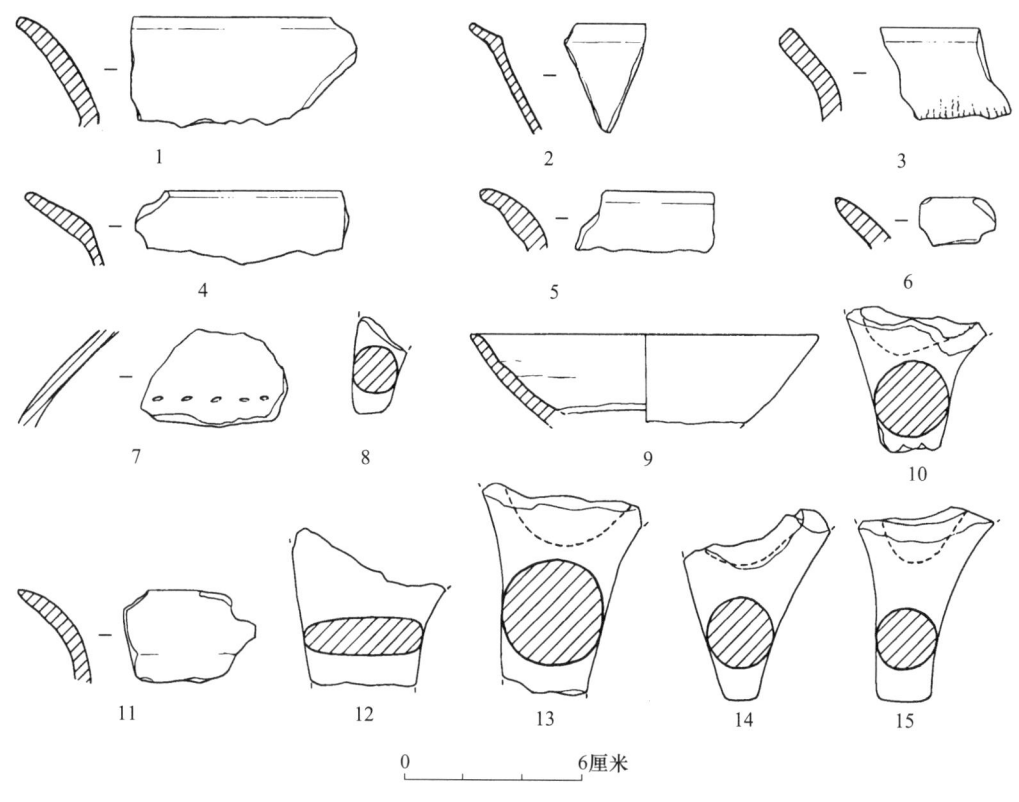

图 3-1-5　渡口遗址采集遗物

1~6、9、11.口沿（B02：1、B05：3、C05：4、C06P1H1①：9、C06P1②：3、D02：3、B05：1、B03：1）
7.陶片（B03：3）　8、10、13~15.鬲足（D03：3、C04：5、C03：1、D04：3、D04：4）　12.鼎足（B01：5）

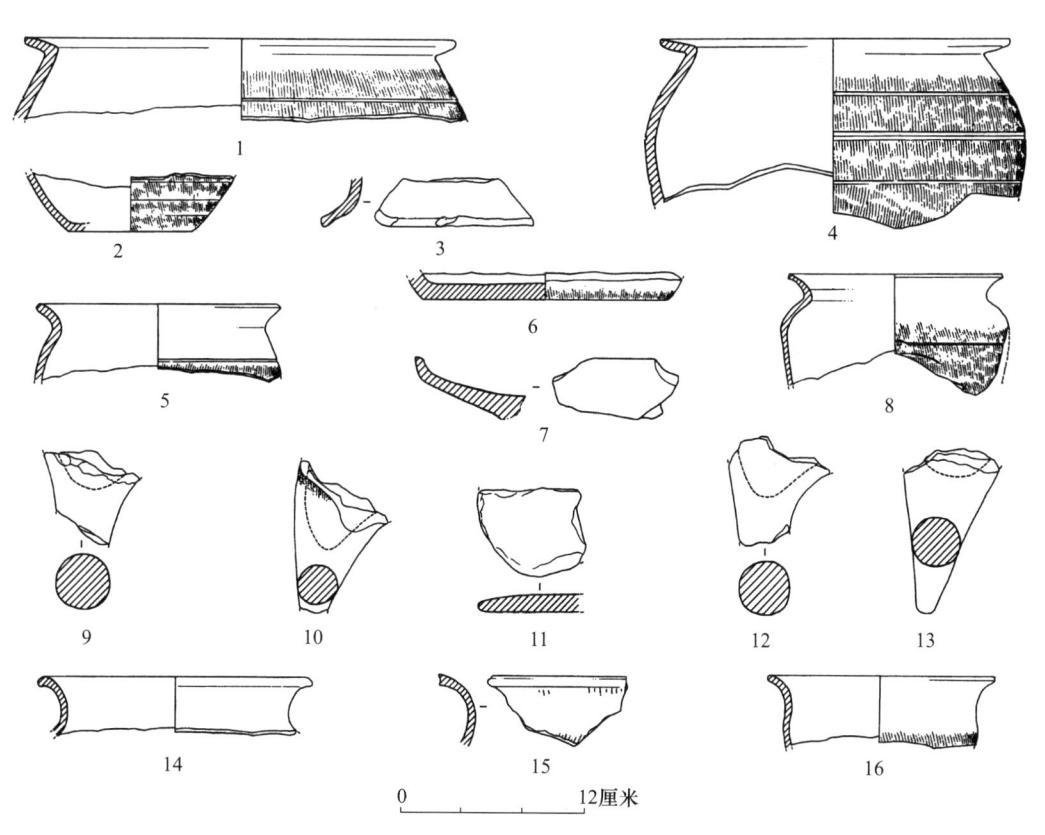

图 3-1-6　渡口遗址采集遗物

1、4、8.鬲（C06P1H1①：11、C06P1H1①：1、C06P1H1①：2）　2、6.器底（C06P1H1①：12、C06P1②：1）　3、5、7.口沿（C05：2、C06P1H1①：3、D04：1）　9、10、12、13.鬲足（C06P1H1①：5、C06P1②：2、D03：4、C06P1H1①：4）　11.陶饼（C06P1H1①：8）　14~16.罐口（B01：1、B01：2、C05：3）

鼎足　1件。

B01：5，夹砂陶，黑胎，素面。残高5.2厘米（图3-1-5，12）。

罐口　3件。

B01：1，夹砂红陶，红胎，夹云母，卷沿，素面。复原口径18、残高3.8厘米（图3-1-6，14）。

B01：2，夹砂红陶，红胎，夹云母，卷沿，素面。口部轮修。壁厚0.5～0.8、残高5厘米（图3-1-6，15）。

C05：3，夹砂红陶，红胎，夹云母，卷沿，弦纹与绳纹组合。口腹分制后接，复原口径15、残高4.5厘米（图3-1-6，16）。

器底　2件。

C06P1②：1，残。泥质黑陶，红胎，平底，绳纹。复原底径17、残高1.5厘米（图3-1-6，6）。

C06P1H1①：12，夹砂灰陶，灰胎，平底，弦纹绳纹。复原底径7.9、残高4厘米（图3-1-6，2）。

其他　2件。

B03：3，戳印纹陶片。夹砂红陶，红胎，夹云母。装饰有戳印篦点纹。壁厚0.5～0.7厘米（图3-1-5，7）。

C06P1H1①：8，陶饼。残，泥质红陶，红胎含云母，素面。厚0.5～1厘米（图3-1-6，11）。

二、金家遗址

1. 遗址概况（111215DTTBJJ）

位于太白镇金家村西南约200米处，东部依山，西部距离青山河约400米，为山前岗地的边缘，高出周围地表约4米，北部偏高，应是遗址的中心区，经过生活堆积变高，逐渐成墩型。地表陶片分布较少，岗地西北部边缘较为丰富。地表采集的遗物主要是陶片，遗物分布面积约4200平方米。采集的遗物可见侧装扁鼎足、鬲足和印纹硬陶片，纹饰有回纹和三角断线纹组合（图版50，4）、口字纹（图版50，1）及日字纹等（图3-1-7、图3-1-8；图版50，1～4）。据遗物推测遗址主要包含新石器时代末期、湖熟文化和周代的遗存。遗址保存状况良好（见图3-1-3；图版7，1）。

2. 聚落

遗址上没有找到合适的断面清理，对其堆积情况了解不清。新石器时代末期仅有一处采集点，其面积做400平方米处理。湖熟文化时聚落面积约1000平方米，周代的聚落面积约2000平方米。

3. 遗物

B01：1，鼎足。夹砂红陶，红胎，素面。残高6.6厘米（图3-1-7，1；图版50，3左）。

B03：2，口沿。夹砂红陶，红胎，素面。壁厚0.9、残高2.2厘米（图3-1-7，2；图版50，3右）。

C01：2，鬲足。夹砂红陶，红胎，锥形，素面。残高6.5厘米（图3-1-7，3；图版50，2上右）。

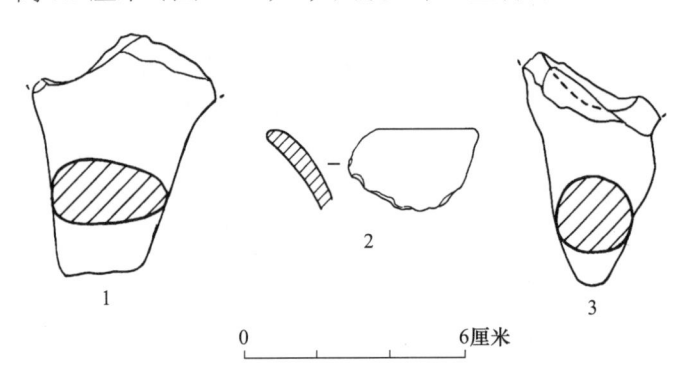

图3-1-7　金家遗址采集遗物

1.鼎足（B01：1）2.口沿（B03：2）3.鬲足（C01：2）

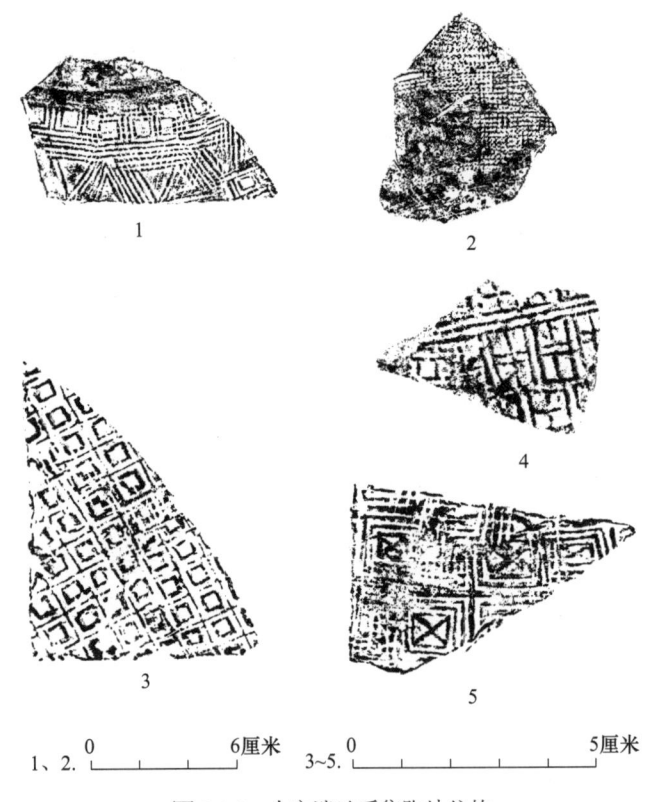

图3-1-8　金家遗址采集陶片纹饰

1.回纹和三角断线纹组合（C02：1）2.筛格纹（D02：1）3.口字纹（B03：1）4.日字纹（D03：1）5.填线回纹（B02：1）

三、庙墩遗址

1. 遗址概况（111218DTTBZXCLZ）

位于太白镇刘庄村北约100米，为椭圆形墩型遗址，高出周围地表约5米。东部距青山500米，西部距青山河约580米，西北处为一处独立残丘，其余则为平坦的冲积平原。面积约2500平方米，遗物分布面积约1300平方米（图版10，2）。

2. 聚落

未清理出剖面，周代的聚落面积约1300平方米（图3-1-9）。

3. 遗物

地表可采集到鬲足和印纹陶片（图3-1-10、图3-1-11；图版50，5～7），遗址主体年代为周代。

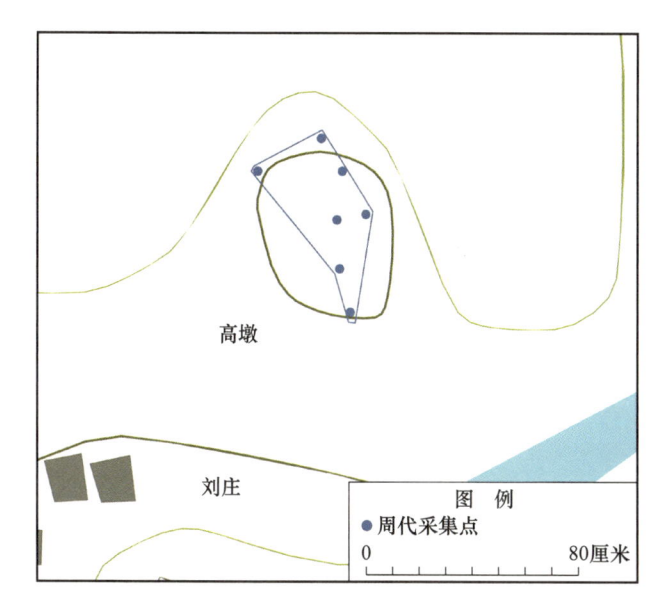

图3-1-9 庙墩遗址聚落分布图

鬲足 6件。

B01：1，夹砂红陶，红胎，锥柱形，素面。鬲身经刮抹，鬲身夹砂较足少，鬲足分两次制作。残高9.8厘

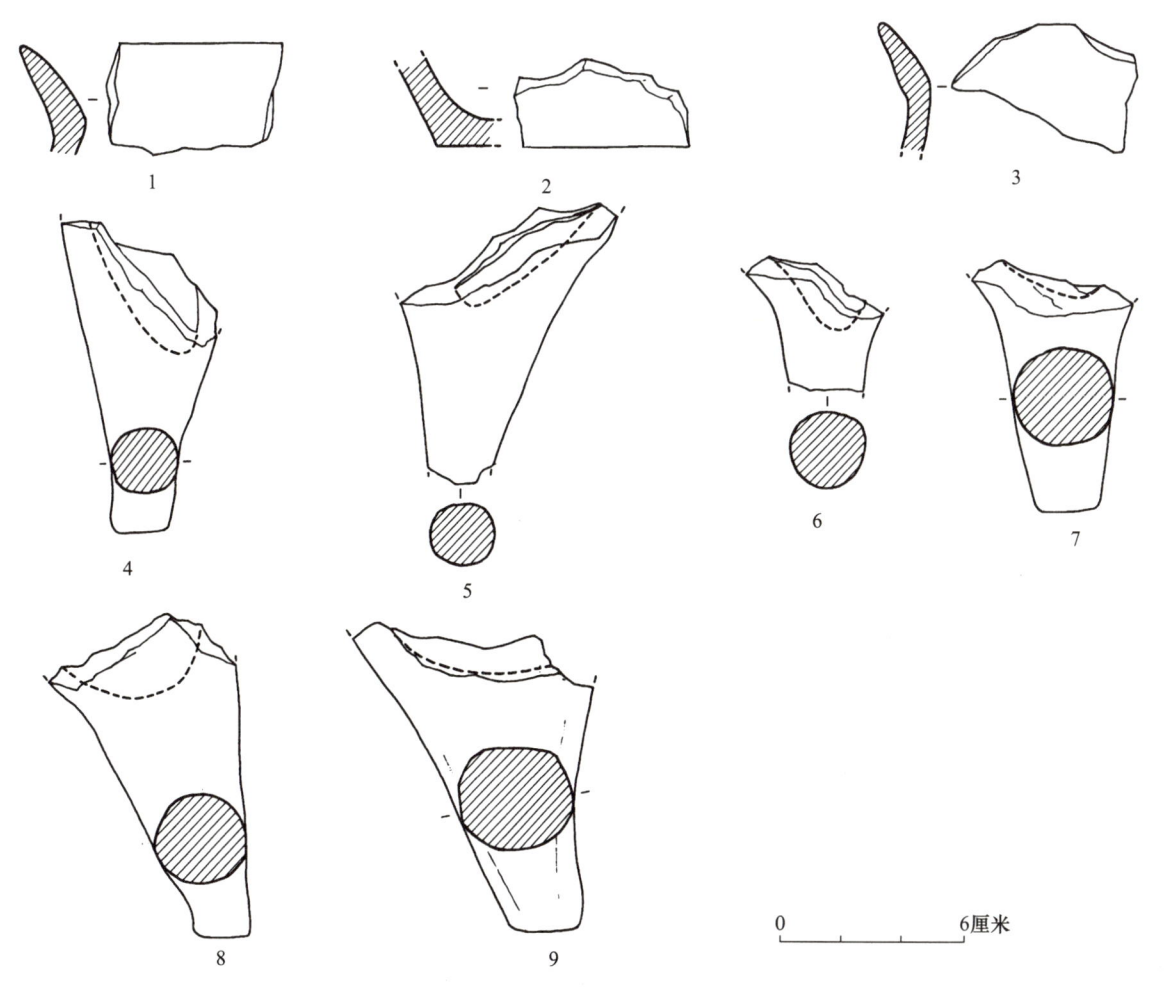

图3-1-10 庙墩遗址采集遗物
1、3.口沿（D01：3、D02：1） 2.器底（C01：1） 4～9.鬲足（D01：2、D01：1、B03：2、C01：2、B02：1、B01：1）

米（图3-1-10，9；图版50，7中）。

B02：1，夹砂红陶，红胎，锥柱形，素面。残高10.2厘米（图3-1-10，8；图版50，6）。

B03：2，夹砂红陶，红胎，胎中夹小石子，半锥形，素面。残高4厘米（图3-1-10，6）。

C01：2，夹砂红陶，红胎，锥形，素面。残高8.1厘米（图3-1-10，7）。

D01：1，夹砂红陶，红胎，半锥形，素面，残高9.9厘米（图3-1-10，5；图版50，5右）。

D01：2，夹砂红陶，红胎，半锥形，素面，残高10厘米（图3-1-10，4；图版50，5左）。

口沿　2件。

D01：3，夹砂红陶，红胎，素面。壁厚0.4~1、残高3.5厘米（图3-1-10，1）。

D02：1，夹砂红陶，红胎，胎内夹云母，素面。壁厚0.7~0.8、残高3.8厘米（图3-1-10，3）。

器底　1件。

C01：1，夹砂红陶，红胎，素面，平底。厚0.9、残高2.8厘米（图3-1-10，2）。

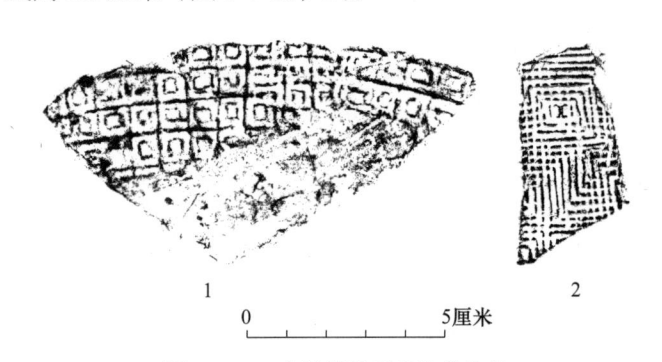

图3-1-11　庙墩遗址采集陶片纹饰
1. 口字纹（B04：2）　2. 复线回纹（D01：4）

四、窑墩遗址

1. 遗址概况（111217DTTBTJLYD）

位于太白镇汤家楼村南，遗物分布面积约9600平方米。在山前冲积平原上，西距青山河仅200米，东临龙山，为利用河畔微隆型岗地形成的近圆形墩型遗址。墩子可分成上下两个部分，基座之上又可以分成两个独立的小墩，高出地表约6米。西侧有小河绕过。遗址保存状况良好，包含良渚、新石器时代末期、西周、东周时期的遗存（图版6，1；图版50，8；图版51，1~8）。

清理剖面P1，堆积间叠压打破关系如下：
P1①=>H1①=>H1→P1②=>P1③

P1①：耕土。厚0.2~0.25米，灰黄色，疏松，含砖块、陶片，水平状堆积。

H1①：灰土，土质较酥，疏松，含5%炭粒，40%红烧土，20%陶片。口距地表0.25米，底距地表1米。锅底状堆积。H1口部和底部均较清楚，为锅底形坑。

P1②：灰黑土，较致密，含40%粒径为0.5~2厘米的红烧土。厚约0.5米。

P1③：灰褐色土，致密坚硬，含70%粒径为0.5~0.6厘米的红烧土，以及10%的陶片（图3-1-12；图版6，2）。

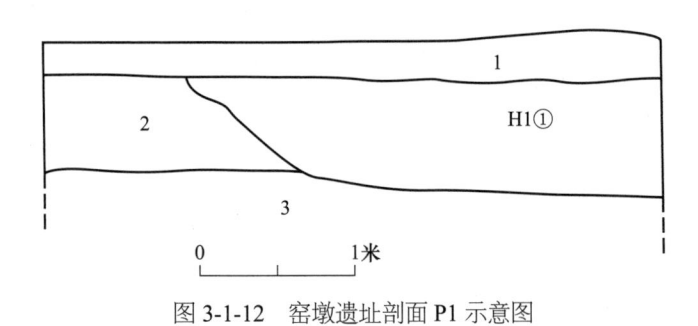

图3-1-12　窑墩遗址剖面P1示意图

2. 聚落

良渚文化时期的采集点位于遗址西部的墩子上，良渚时期的聚落应当主要在西部的临河地带，面积约1500平方米，新石器时代末期时的采集点范围扩展至整个遗址，约9300平方米。西周时期聚落面积约7000平方米，主要位于土墩的西部，春秋时期聚落较西周时期缩小近一半，主要活动区域在遗址东部，面积约4200平方米。从清理出的断面看，堆积较厚，地表之上均为周代的堆积，没能找到新石器的堆积，可能是被压在下面的缘故。剖面上H1填土内浮选出水稻，这颗水稻的测年结果为公元前790~前520年，属于春秋时期（图3-1-13）。

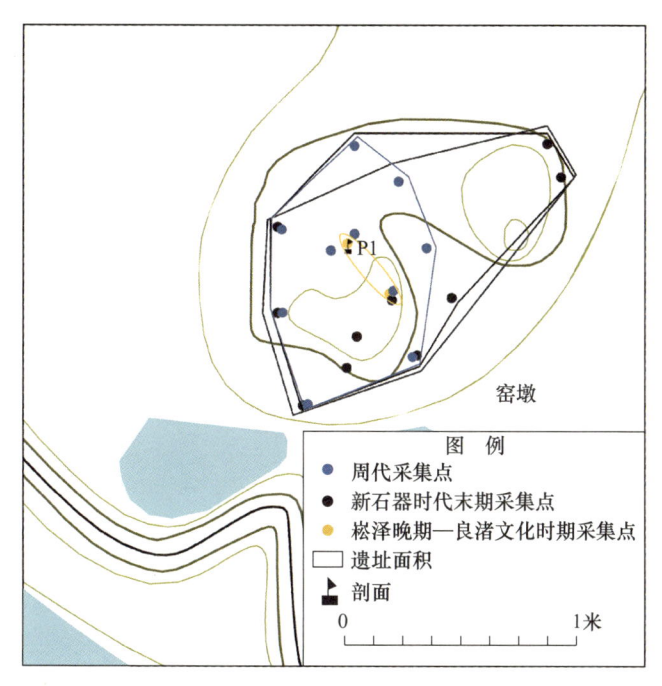

图3-1-13 窑墩遗址聚落分布图

3. 遗物

罐 5件。

C02:1，夹细砂黄陶，灰黑胎，折沿，沿面微凹，束颈，肩部饰两周凹弦纹。复原口径18.4、厚0.6、残高6.4厘米（图3-1-14，1）。

D05:1，夹砂灰陶，灰胎，侈口，卷沿，口沿处有一周弦纹。厚0.9、残高5.6厘米（图3-1-14，2；图版51，7）。

A02:1，泥质红陶，红胎，素面，高领卷沿。复原口径18、厚0.8、残高4.7厘米（图3-1-14，4）。

A02:11，夹砂红陶，灰胎，折沿，饰绳纹。厚0.9、残高4.5厘米（图3-1-14，6）。

B04:1，夹砂灰褐陶，红胎，子母口，饰弦纹及水波纹。厚约0.5、残高6厘米（图3-1-14，7）。

器底 2件。

B05:2，夹砂红陶，红胎，素面。疑为罐底。厚0.8、复原底径16、残高5厘米（图3-1-14，16）。

B04:7，夹砂红陶，红胎，平底，绳纹。疑为罐底。厚0.8~1.1、残高3厘米（图3-1-15，8）。

豆口沿 2件。

A01P1②:20，泥质黑陶，灰胎，素面。长3.8、宽2、厚0.3~0.7厘米（图3-1-16，6）。

A01:6，泥质红陶，红胎夹炭，素面。长2.7、宽3.2、厚0.4~1.5厘米（图3-1-16，9）。

罐口沿 10件。

B02:3，夹砂褐陶，褐胎，卷沿，侈口。厚0.3~0.7、残高3.7厘米（图3-1-15，1）。

D03:3，夹砂红陶，红胎，卷沿，侈口，饰弦纹。厚0.4~0.7、残高5厘米（图3-1-15，3）。

B04:3，夹砂红陶，灰黑胎，卷沿，口部经过轮修，饰绳纹。厚0.4~0.8、残高3厘米（图3-1-15，2）。

B04:4，夹砂红陶，红胎，卷沿，素面。长6.6、宽3、厚0.4~0.7厘米（图3-1-16，8）。

D03:1，夹细砂灰陶，灰胎。残宽6.3、高1.8厘米（图3-1-16，5）。

C04:4，夹砂黑陶，黑胎，侈口，素面，轮制。厚0.3~0.7、残高5.4厘米（图3-1-16，1）。

B01:6，夹砂黑陶，红胎，折沿，沿上有一周凸弦纹。厚0.4、残高1.9厘米（图3-1-16，2）。

A01P1②:4，泥质黑陶，夹心胎，侈口，沿部饰有凹弦纹。厚0.9厘米（图3-1-16，4）。

A01P1②:7，泥质黑陶，夹心灰胎，侈口，口沿饰凹弦纹。残高3.1、厚0.9厘米（图3-1-16，7）。

A01P1②:16，泥质红陶，红胎，素面。长6、宽2、厚0.2~0.4厘米（图3-1-16，11）。

圈足 1件。

D03:17，泥质红陶，灰胎，素面。长6.1、宽2.4、厚0.3~0.6厘米（图3-1-16，10）。

豆柄 1件。

D05:5，泥质灰陶，灰胎，柄的中部鼓出，饰凹弦纹，刻划圆圈与丫字纹。残高6.5厘米（图3-1-14，3；图版51，2）。

钵口沿 2件。

D04:6，泥质红陶，外红内黑，红胎。素面。厚0.3~0.7、残高2.8厘米（图3-1-15，4）。

A01P1②:6，泥质灰陶，灰胎。素面，敛口。厚0.3~0.6厘米（图3-1-16，3）。

器盖 1件。

C04:2，夹砂红陶，褐胎，素面。厚0.9、残高3.2厘米（图3-1-14，5）。

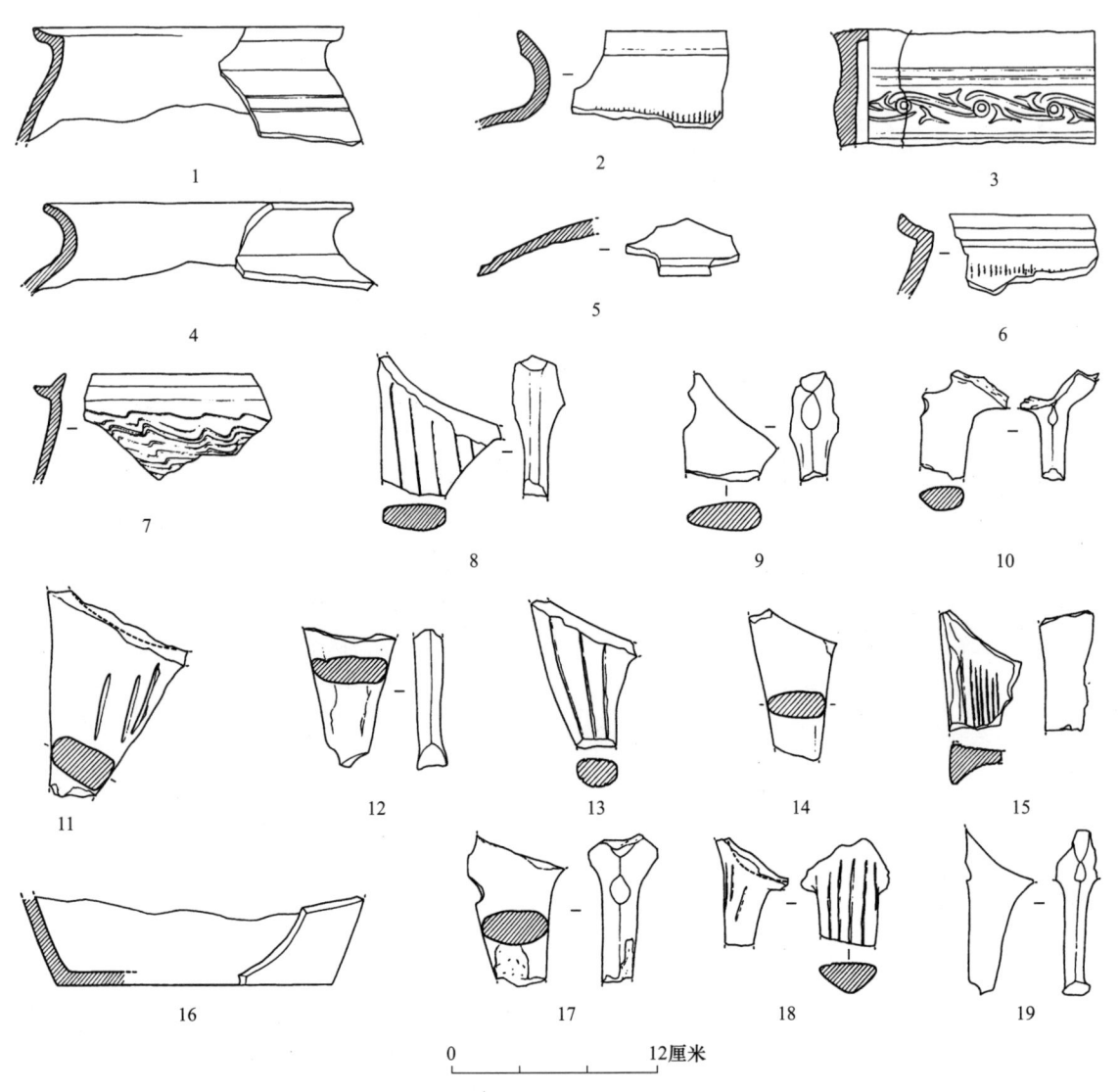

图 3-1-14 窑墩遗址采集遗物

1、2、4、6、7.罐（C02：1、D05：1、A02：1、A02：11、B04：1） 3.豆柄（D05：5） 5.器盖（C04：2） 8~15、17~19.鼎足（B05：1、A02：5、A02：10、D02：2、D03：4、D05：6、D05：2、C04：5、B05：3、A02：4、C04：3） 16.器底（B05：2）

鼎足　13件。

A02：3，夹砂红陶，红胎。侧装，足身横截面为扁椭圆形，足身饰竖向刻划纹，足尖较为圆钝。残高6.7厘米（图3-1-15，7）。

A02：4，夹蚌红陶，灰胎。足身横截面呈三角形，横装，足身外侧饰五条竖向刻划纹，内侧饰两条。残高6.1厘米（图3-1-14，18）。

A02：5，夹砂红陶，灰胎，侧装，足身横断面呈椭圆形，足跟有指按窝。残高5.8厘米（图3-1-14，9）。

A02：10，夹砂红陶，灰胎，侧装扁足，足跟有指按窝。残高6.2厘米（图3-1-14，10）。

B04：9，夹砂红陶，红胎，横装，T形足，足身外侧饰刻划纹。残高3.2厘米（图3-1-15，5）。

B05：1，夹砂灰褐陶，灰胎夹炭。侧装扁三角鼎足，足尖有捏痕。残高8厘米（图3-1-14，8）。

B05：3，夹砂灰褐陶，灰胎，侧装扁三角鼎足，长棱上端有一指窝。残高8.7厘米（图3-1-14，17）。

C04：3，夹砂灰白陶，灰胎，侧装扁足，足尖部经指捏，足跟有指按窝。残高9.4厘米（图3-1-14，19；图版51，1左）。

C04：5，夹砂红陶，褐胎，砂粒磨圆和分选度都较好，足身饰竖向刻划纹，横装T形足。残高6.7厘米（图3-1-14，15；图版51，4）。

D02：2，夹砂红陶，红胎，侧装扁鼎足，足身有斜向刻划条纹。残高11.6厘米（图3-1-14，11；图版51，8右）。

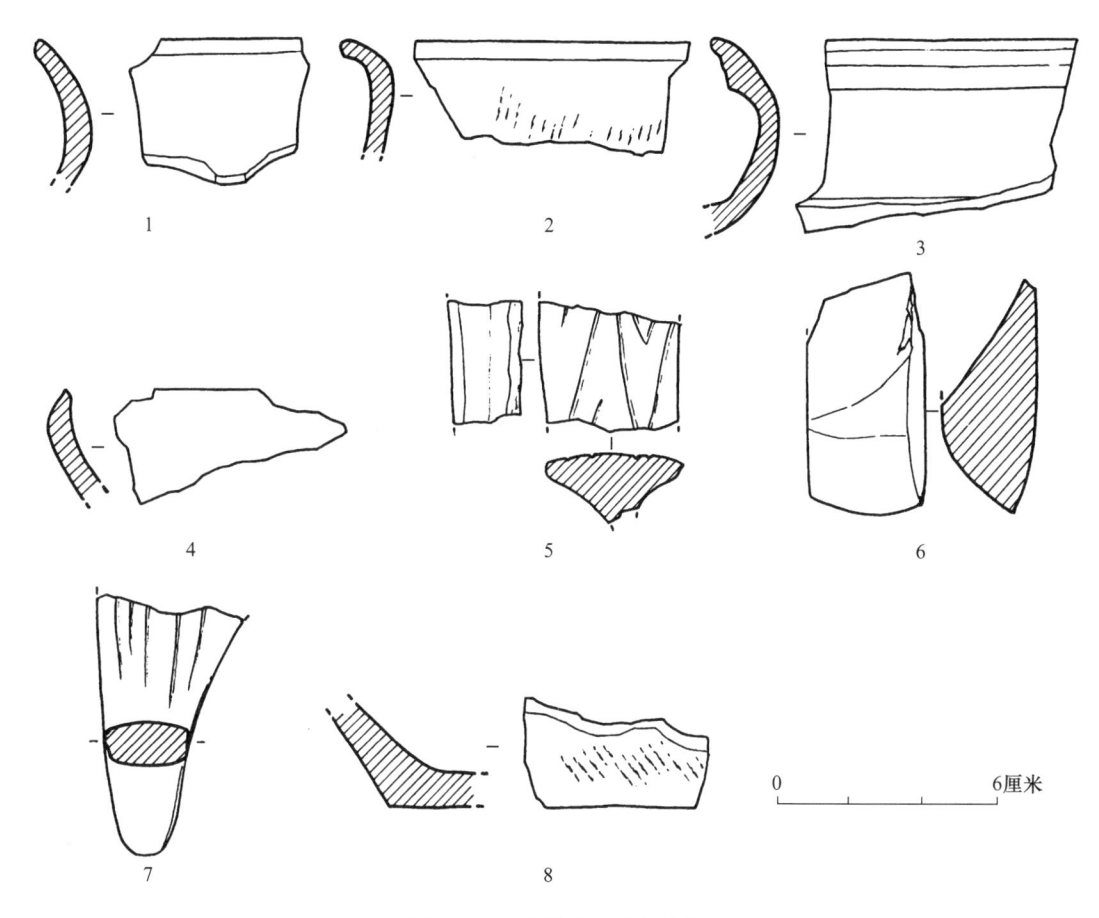

图 3-1-15　窑墩遗址采集遗物
1～3. 罐口沿（B02：3、B04：3、D03：3）　4. 钵口沿（D04：6）　5、7. 鼎足（B04：9、A02：3）
6. 石凿（D04：2）　8. 器底（B04：7）

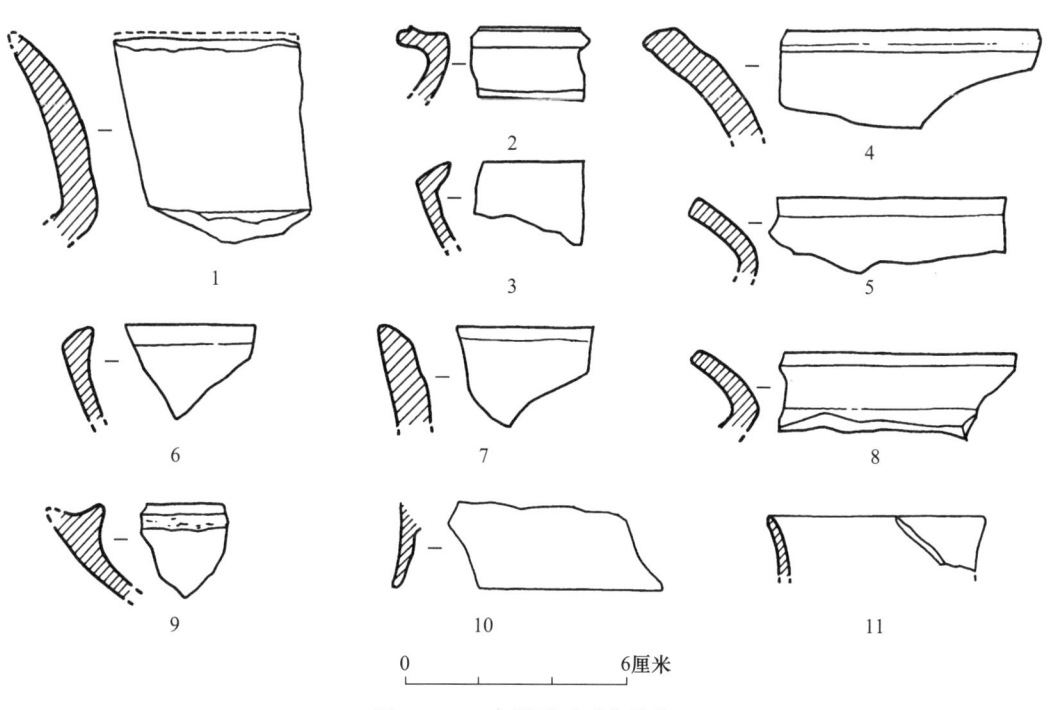

图 3-1-16　窑墩遗址采集遗物
1、2、4、5、7、8、11. 罐口沿（C04：4、B01：6、A01P1②：4、D03：1、A01P1②：7、B04：4、A01P1②16）
3. 钵口沿（A01P1②：6）　6、9. 豆口沿（A01P1②：20、A01：6）　10. 圈足（D03：17）

D03∶4，夹砂红陶，灰胎，侧装扁足，足尖捏扁，足身两侧残留捏制痕迹。残高7.6厘米（图3-1-14，12；图版50，8左）。

D05∶2，夹砂灰褐陶，灰胎，侧装三角形足，素面。残高8.3厘米（图3-1-14，14；图版50，8右）。

D05∶6，夹砂红陶，红胎，侧装，足身断面为椭圆形，足身两侧各饰三条竖向刻划纹。残高8.9厘米（图3-1-14，13；图版51，3右）。

鬲足　6件。

B02∶1，夹细砂红陶，绳纹，残高6厘米（图3-1-17，3）。

C01∶1，夹砂褐陶，褐胎，锥形，素面。高9.9厘米（图3-1-17，1）。

C05∶2，夹砂红陶，红胎，柱形，绳纹。高8.9厘米（图3-1-17，4）。

D05∶3，夹砂红陶，红胎，柱形，素面，足内壁见白色水垢。高8.8厘米（图3-1-17，2；图版51，5左）。

D05∶4，夹砂红陶，红胎，锥柱形，绳纹。残高8.6厘米（图3-1-17，5）。

D05∶9，夹砂红陶，红胎，锥形，素面。残高7.8厘米（图3-1-17，6；图版51，5右）。

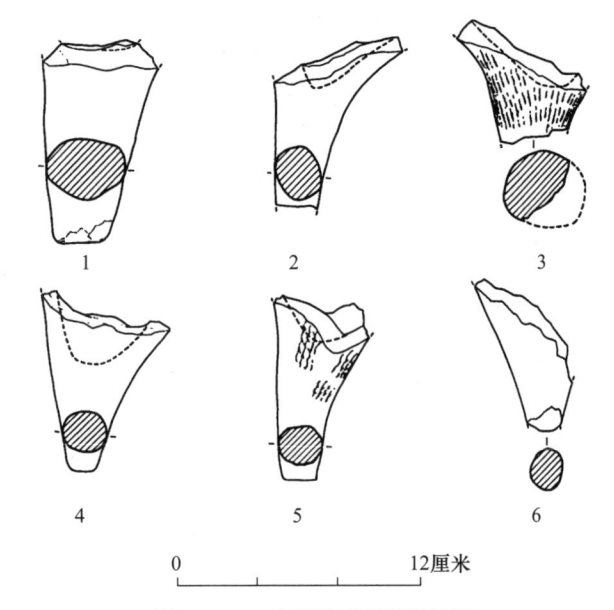

图3-1-17　窑墩遗址采集陶鬲足
1. C01∶1　2. D05∶3　3. B02∶1　4. C05∶2　5. D05∶4　6. D05∶9

其他　1件。

D04∶2，石凿，青灰色石质，长方形。残高6.3厘米（图3-1-15，6）。

汤家楼窑墩采集陶片纹饰见图3-1-18。

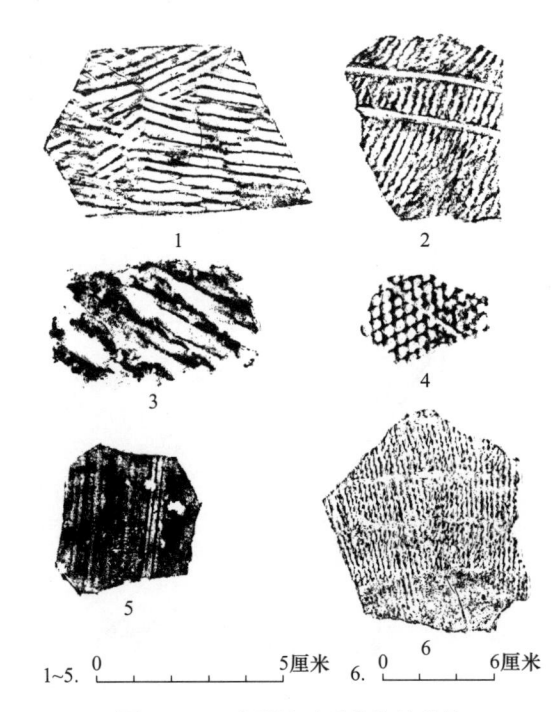

图3-1-18　窑墩遗址采集陶片纹饰
1. 篮纹（D03∶1）　2、6. 弦断绳纹（D03∶14、D03∶2）　3. 粗篮纹（C03∶2）　4. 筛格纹（B03∶5）　5. 弦纹（B04∶10）

五、船村遗址

1. 遗址概况（111213DTTBCC）

位于太白镇船头村西北，三界村南部，面积约2000平方米，地表陶片分布面积约700平方米。原始地貌应当为岗地边缘，现在地貌有较大变化，高出地表约4米，北部和东部被推平种地，在堆起的土堆上可见到陶片，墩上地表东南部遗物较多，陶片破碎（图版8，1；图版52，1~3）。

2. 聚落

仅含新石器时期的聚落，马家浜文化晚期到崧泽文化早期的聚落面积约3200平方米，位于遗址的东南部，与船头遗址为同一个聚落（图3-1-19）。

3. 遗物

鼎足　2件。

C01∶1，夹细砂红陶，红胎，横装扁足，足外侧有两道竖向凹槽。残高4.6厘米（图3-1-20，1；图版52，3）。

D01∶1，夹砂褐陶，红胎，胎内含小石子，鸭头形

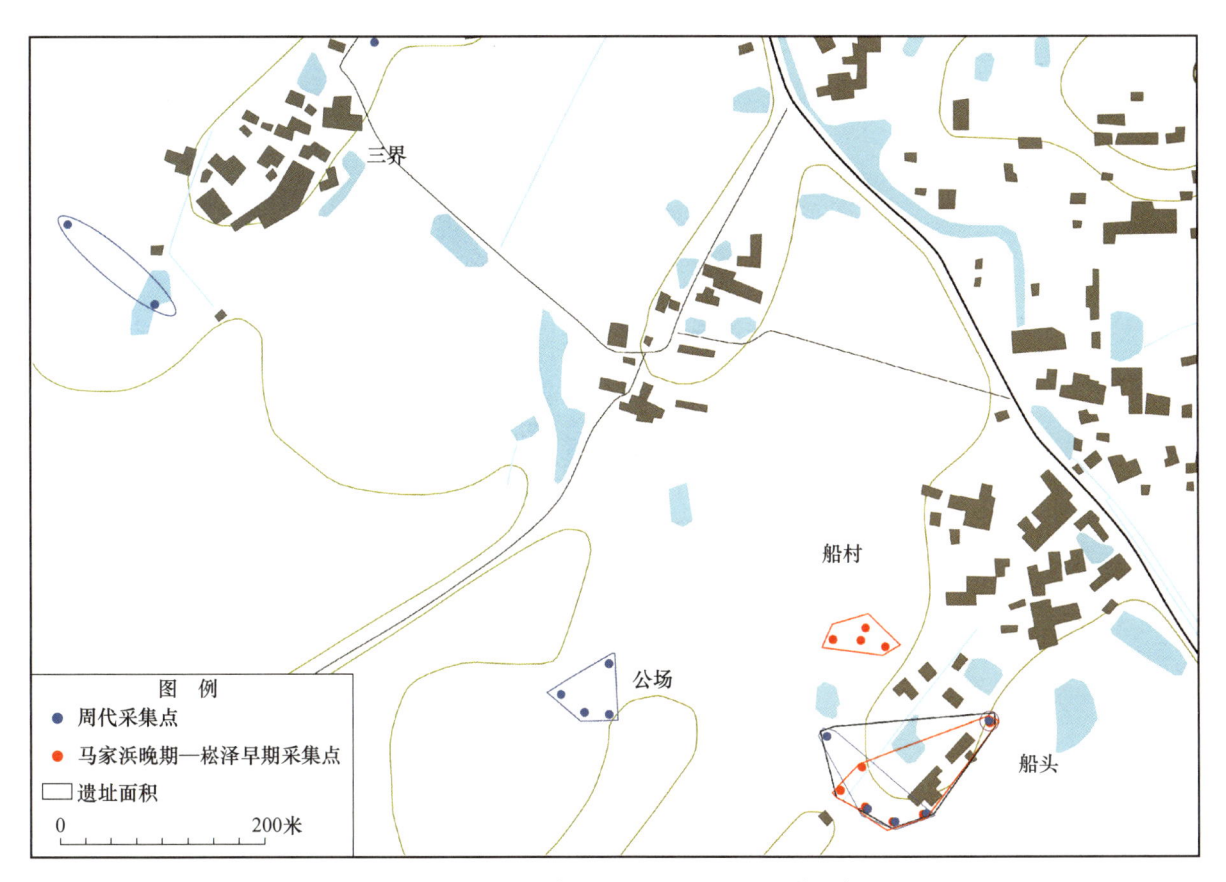

图 3-1-19 船村、船头、公场和三界村遗址聚落分布图

柱状足，足的横剖面近梯形，身侧有两条竖向凹槽。残高 9.2 厘米（图 3-1-20，4；图版 52，1、2）。

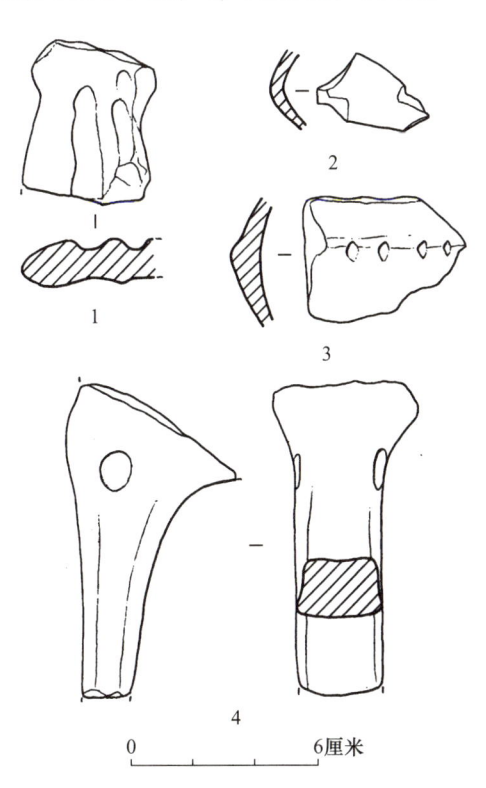

图 3-1-20 船村遗址采集遗物
1、4. 鼎足（C01：1、D01：1）　2、3. 陶片（D02：5、D02：2）

陶片　2 件。

D02：2，夹砂褐陶，红胎，器表附着密集的砂粒，折腹，器身见凸弦纹和戳印纹。残高 4.8、厚 0.5 厘米（图 3-1-20，3）。

D02：5，泥质灰陶，灰胎，是器物腹部转折处，素面。残高 4、厚 0.8 厘米（图 3-1-20，2）。

六、船头遗址

1. 遗址概况（111213DTTBCT）

位于太白镇船头村西南岗地边缘，面积约 7200 平方米，遗物分布面积约 3400 平方米。位于青山山前岗地伸出的长舌边缘，东西长，近椭圆形，原先应与其东部的山岗相连，现断开，四周较为低平。地表陶片丰富，保存状况良好（图版 52，4~8；图版 53，1~3）。

2. 聚落

包含马家浜文化晚期崧泽早期、周代的聚落。马家浜文化晚期至崧泽文化早期的聚落面积约 12000 平方米，位于舌状边缘处，有 6 处采集点。本次调查区域内，同时期聚落中面积最大的仅为 40000 平方米左右。周代的聚落面积为 4200 平方米，位于岗地边缘临河区域（见图 3-1-19）。

3. 遗物

鼎足　11 件。

B04：2，夹细砂褐陶，褐色胎，胎内夹蚌，横装双目式。残高 7.7 厘米（图 3-1-21，1；图版 52，7 左）。

B01：1，夹砂褐陶，褐胎，横装扁铲形足，面上有竖向凹槽。残高 4.4 厘米（图 3-1-21，2）。

B01：4，足尖，夹粗砂红陶，双色胎，素面，锥柱形足。残高 4.2 厘米（图 3-1-21，6）。

B03：1，夹砂褐陶，扁足，器一面有三道凹槽，中间有按窝。残高 9.2 厘米（图 3-1-21，9；图版 53，3）。

B04：1，夹粗砂褐陶，褐胎，横装长条形扁足。残高 7.9 厘米（图 3-1-21，3；图版 52，5、6）。

B04：3，夹细砂褐陶，红胎，横断面为圆形。残高 5.1 厘米（图 3-1-21，4；图版 52，7 右）。

C06：1，夹砂褐陶，褐胎，扁形足。残高 8.4 厘米（图 3-1-21，8；图版 52，8）。

C07：1，夹细砂褐陶，褐胎，素面，横断面近方形。残高 1.6 厘米（图 3-1-21，7）。

D01：1，夹细砂灰陶，褐胎，素面，横断面近椭圆形。残高 11 厘米（图 3-1-21，10；图版 53，1）。

D01：5，夹细砂褐陶，褐胎，横装扁铲形足，面上有竖向凹槽。残高 5.5 厘米（图 3-1-21，5；图版 53，2）。

D02：1，夹细砂红陶，红胎，横装扁铲形足，足跟两侧有按窝。残高 6.7 厘米（图 3-1-21，12；图版 52，4）。

鬲足　1 件。

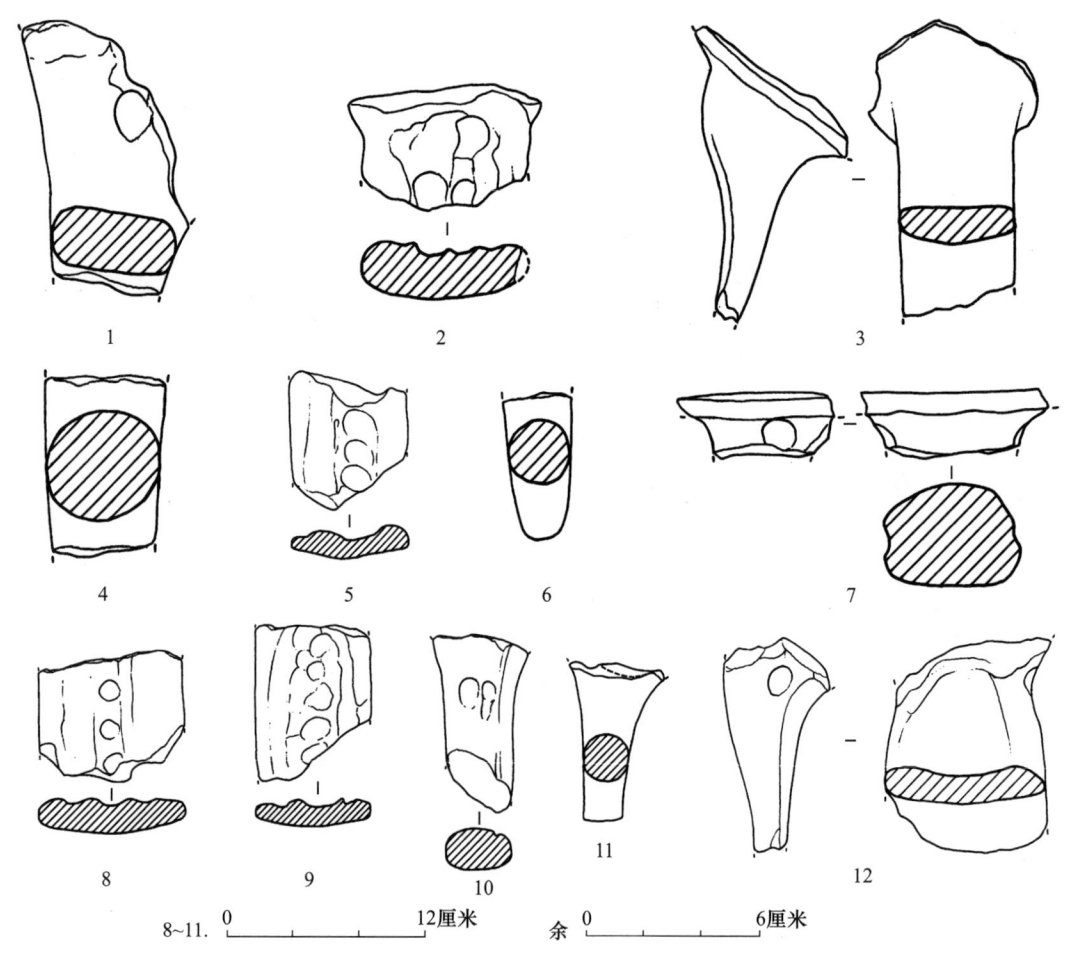

图 3-1-21　船头遗址采集遗物

1～10、12. 鼎足（B04：2、B01：1、B04：1、B04：3、D01：5、B01：4、C07：1、C06：1、B03：1、D01：1、D02：1）
11. 鬲足（B02：1）

B02：1，夹砂浅黄陶，褐胎，胎内夹小石子，柱形足。残高8.6厘米（图3-1-21，11）。

太白船头遗址采集陶片纹饰见图3-1-22。

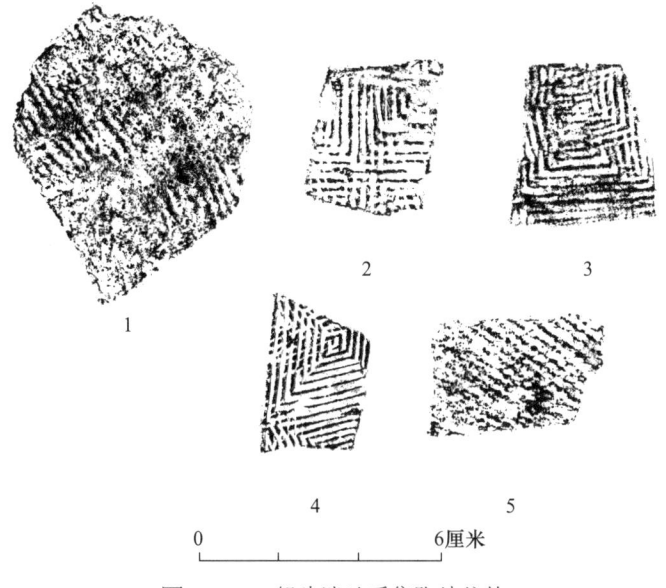

图3-1-22 船头遗址采集陶片纹饰
1、5. 绳纹（B02：1、B01：3） 2、3. 复线回纹（B03：2、B01：2）
4. 回纹（D01：4）

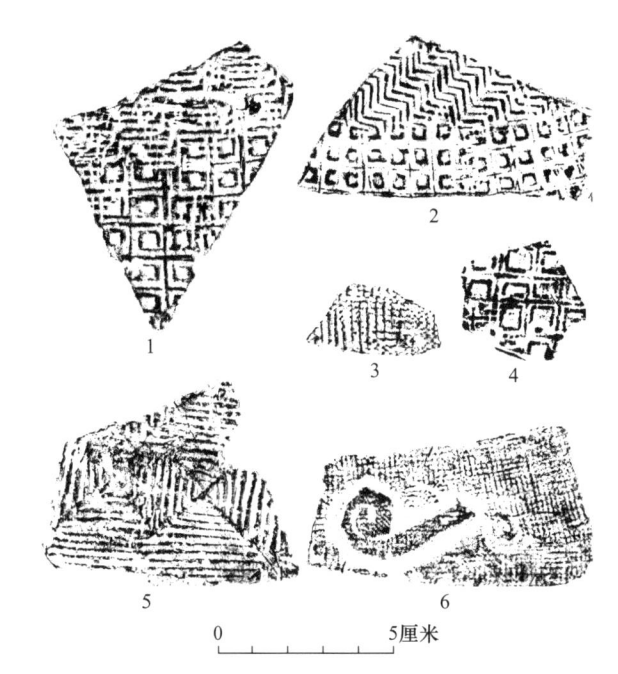

图3-1-23 三界村、公场和新庄遗址采集陶片纹饰
1. 折线和回纹组合（公C04：1） 2. 折线口字纹组合（公C04：3）
3. 筛格纹（三C02：5） 4. 回纹（新D03：1） 5. 蕉叶纹（三C02：3） 6. 筛格纹和贴塑（二C02：1）

七、三界村遗址

1. 遗址概况（111213DTTBSJC）

位于当涂县太白镇三界村正南，墩型遗址，两个土墩高出地表约1米，均为近圆形，北墩面积约1900平方米，南墩面积约1600平方米，地表陶片极少，仅两个采集点，时代为东周时期（图版53，4）。

2. 聚落

仅包含周代的聚落，由于采集点距离较远，其中一个点距离另外两点达300米，故划分成两个不同的聚落，一个为400平方米，一个为3000平方米（见图3-1-19）。

3. 遗物

仅采集到印纹陶片，纹饰有筛格纹（图版53，4下右）、蕉叶纹（图版53，4上右）、筛格纹和贴塑（图版53，4上左）及回纹等（图3-1-23）。

八、船头村遗址

1. 遗址概况（111214DTTBCTC）

位于太白镇船头村，为两个近椭圆形土墩，相距20米。北部较高大，海拔12米，高出地表约3米，南部小墩高出地表约1.5米。遗址地貌面积22000平方米，遗物分布面积35000平方米，墩子四周低洼，东部临泊山，北、西、南三面被水环绕，北面距离姑溪河干流1000米，西部紧邻姑溪河另一条支流。北部墩子陶片丰富，南部仅见一处采集点。采集陶片有鬲足和鼎足，遗址保存良好，包含新石器时代末期和周代的遗存（图版8，2；图版53，5~8；图版54，1~3）。

2. 聚落

遗址包含周代和新石器末期两个时期的聚落，新石器时代末期的聚落面积约4300平方米，周代聚落面积约17000平方米（图3-1-24）。

3. 遗物

鼎足 5件。

B01：1，夹细砂红陶，红胎，侧装，素面。残高6.4厘米（图3-1-25，2；图版54，2）。

B03：2，夹细砂红陶，灰胎，侧装，足跟与腹部相接处有与足身平行的扁椭圆形凹窝，横断面为椭圆形，素面。残高3.5厘米（图3-1-25，1；图版53，8右）。

B03：1，夹细砂红陶，褐胎，胎内含小石子，侧装，

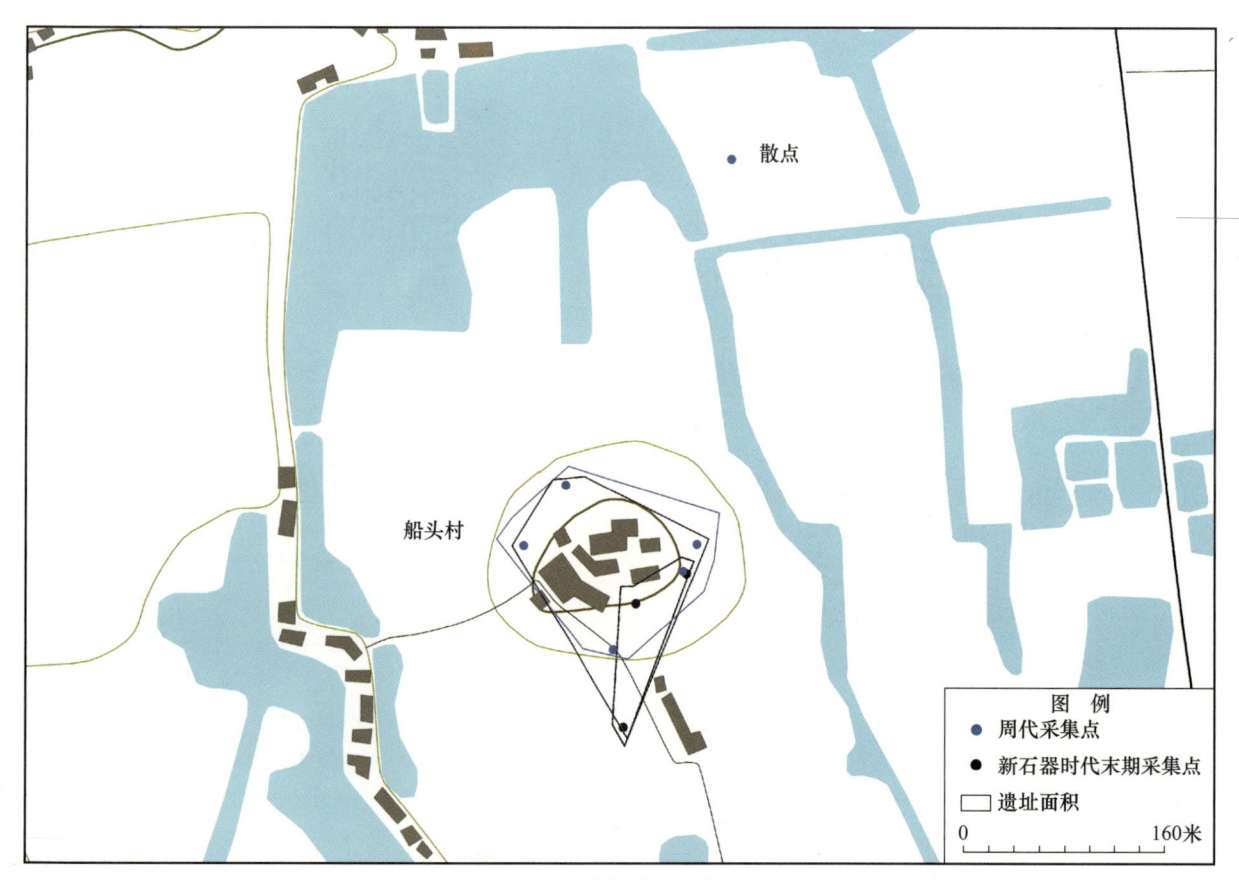

图 3-1-24 船头村遗址聚落分布图

仅余足尖部分,足尖见捏痕,足身两侧有竖向凹槽,素面。残高 3.1 厘米(图 3-1-25,5;图版 53,8 左)。

B04:1,夹细砂红陶,红胎,素面。残高 6.5 厘米(图 3-1-25,3;图版 54,3)。

鬲足 3 件。

B02:1,夹细砂红陶,褐胎,锥形足,素面。残高 8.6 厘米(图 3-1-25,8;图版 53,6)。

B04:3,夹细砂红陶,褐胎,柱形足,素面。残高 7.6 厘米(图 3-1-25,7;图版 54,1)。

D01:1,夹细砂褐陶,褐胎,柱形足,素面。残高 6.8 厘米(图 3-1-25,4;图版 53,7)。

口沿 1 件。

B05:1,夹细砂褐陶,褐胎,侈口,素面。残高 4.3 厘米、厚 0.6 厘米(图 3-1-25,6)。

船头村遗址采集陶片纹饰见图 3-1-26。

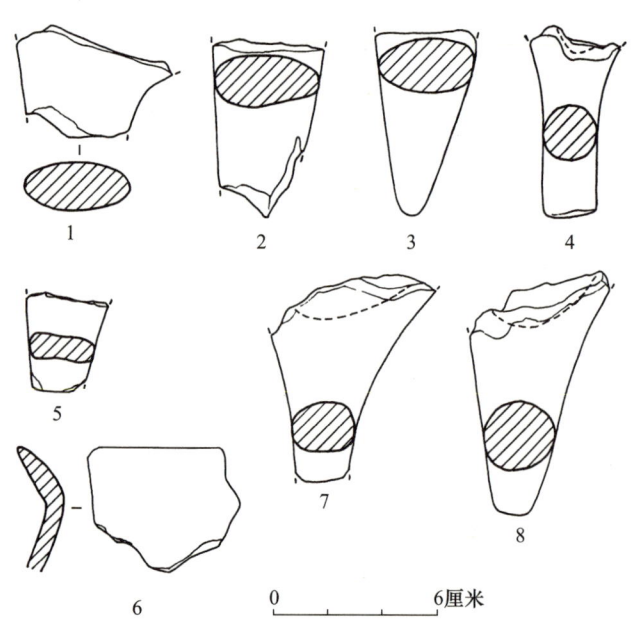

图 3-1-25 船头村遗址采集遗物
1～3、5. 鼎足(B03:2、B01:1、B04:1、B03:1) 4、7、8. 鬲足(D01:1、B04:3、B02:1) 6. 口沿(B05:1)

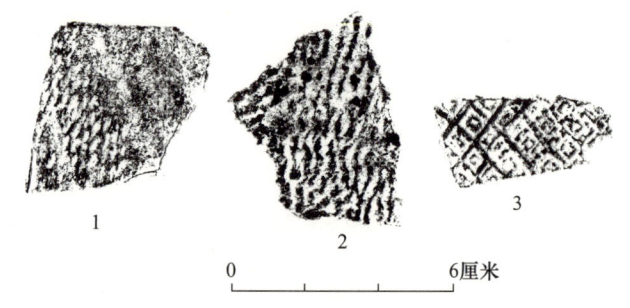

图 3-1-26 船头村遗址采集陶片纹饰
1. 弦断绳纹(B03:4) 2. 绳纹(B03:3) 3. 口字纹(B04:2)

九、包子山遗址

1. 遗址概况（111212DTTBBZS）

位于当涂县太白镇包子山村北，大塘村南，村道以东。遗物分布面积约6500平方米，海拔12.4米，高出地表约6米。属山前坡地，东依青山，西部隔道路与青山河相临，东高西低，在没有修建西侧道路时应当也是面向河流的山前岗地边缘地貌。西部低洼处陶片丰富，应为雨水从高处冲刷所致。遗址部分已被破坏，地表陶片散布范围较大，多破碎，磨圆度较高，亦可见较多的烧土颗粒，也应与雨水冲刷有关。采集陶片有鼎足及夹砂红陶片（图版54，4~8）。遗址主要包含马家浜文化晚期崧泽文化早期和新石器时代末期的遗存。

2. 聚落

马家浜文化晚期至崧泽文化早期的聚落面积为7600平方米，新石器时代末期的聚落面积约在2000平方米。周代的采集点仅为一处，按最小面积400平方米计算（图3-1-27）。

3. 遗物

器盖 1件。

D01:3，泥质红陶，红胎，素面，外壁可见轮修痕迹。厚0.7厘米（图3-1-28，1）。

口沿 3件。

B01:2，夹细砂红褐陶，红胎，敛口，尖唇，口沿外侧饰两周弦纹。残高3.7、厚1.2厘米（图3-1-28，4）。

B02:3，夹细砂灰褐陶，红胎，侈口，尖圆唇，仰折沿，颈部饰凹弦纹。残高2.7、厚0.6厘米（图3-1-28，3）。

C08:5，泥质陶，红胎，外壁灰褐，内壁红色，方唇卷沿，素面。残高2.5、厚0.6厘米（图3-1-28，2；图版54，6）。

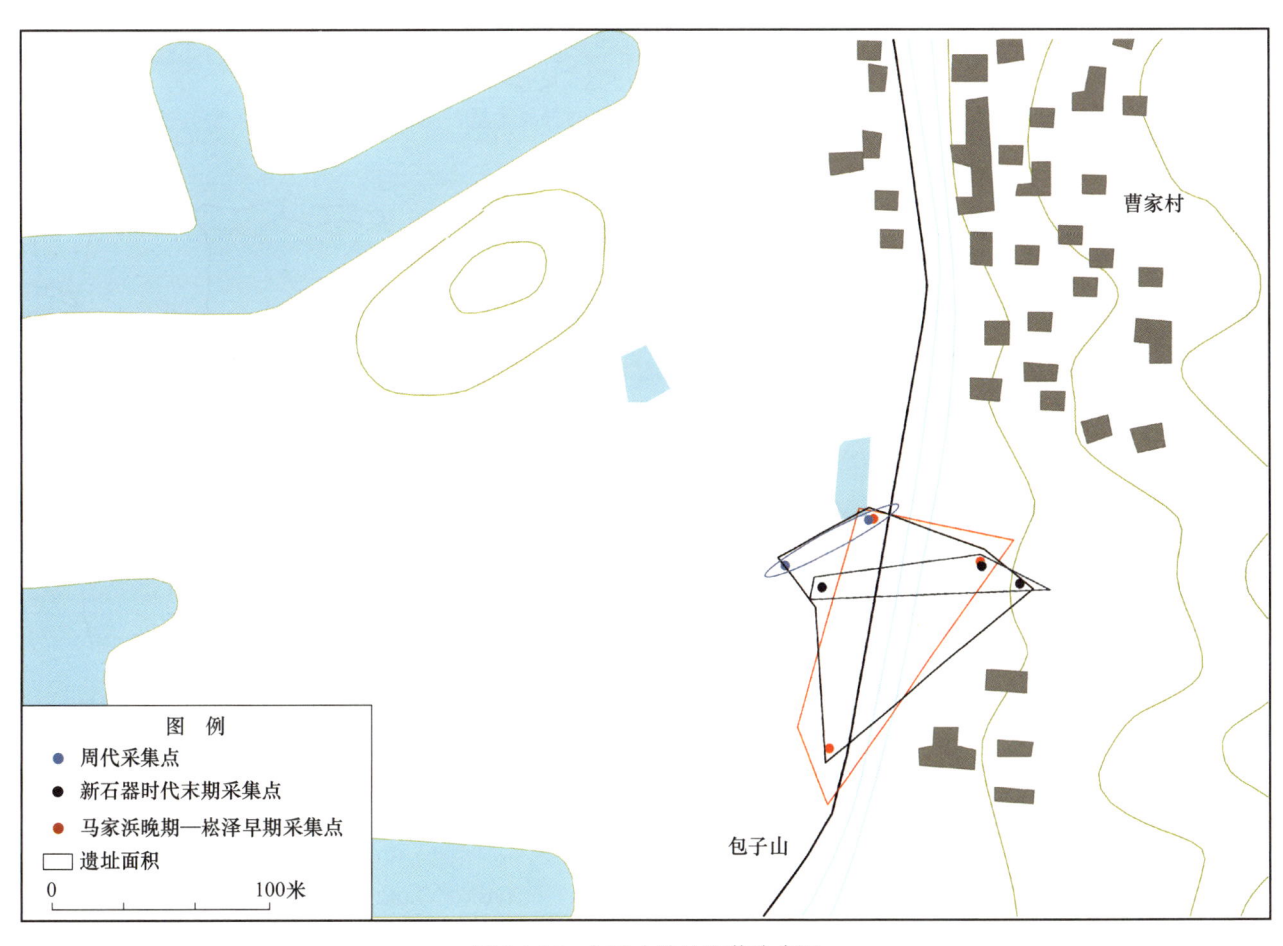

图3-1-27 包子山遗址聚落分布图

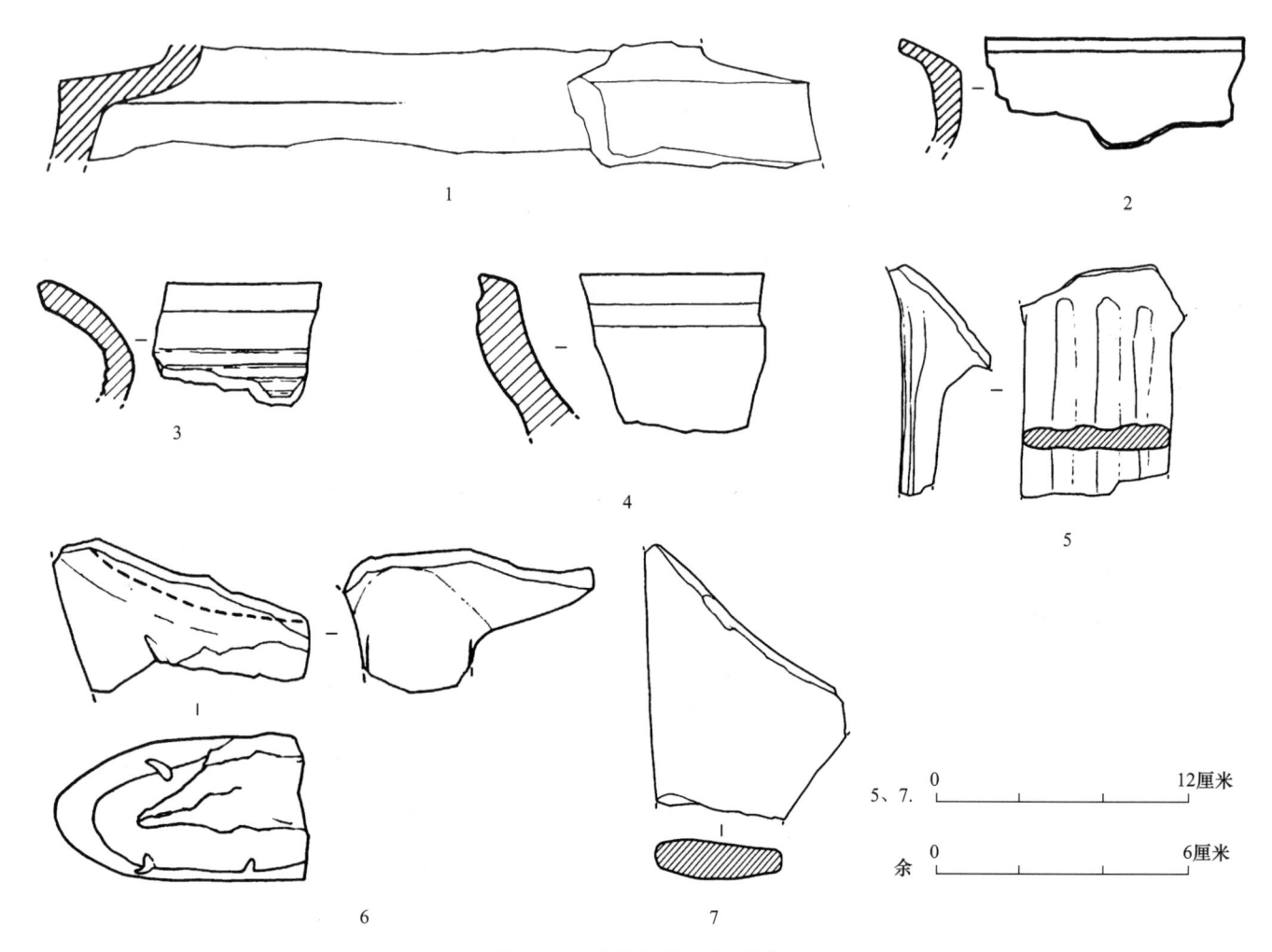

图 3-1-28 包子山遗址采集遗物
1. 器盖（D01∶3） 2~4. 口沿（C08∶5、B02∶3、B01∶2） 5~7. 鼎足（B02∶1、B01∶3、D01∶1）

鼎足 8件。

B01∶3，夹粗砂红褐陶，褐胎，侧装扁足，足身断面呈扁椭圆形，足跟与腹部连接处有刻划纹和椭圆形凹窝。残高3.2厘米（图3-1-28，6）。

B01∶4，夹粗砂红褐陶，红褐胎，素面。残高3.7厘米（图3-1-29，3）。

B02∶1，夹细砂红褐陶，红胎，横装扁足，足身有三条竖向凹槽。残高10.7厘米（图3-1-28，5；图版54，7左）。

B02∶2，夹粗砂红褐陶，红胎，横装。残高5.1厘米（图3-1-29，2；图版54，7右）。

C08∶4，夹细砂红褐陶，红褐胎，横截面为长方形，素面。残高6厘米（图3-1-29，4）。

C08∶3，夹粗砂红陶，红胎，锥柱形，素面。残高5.2厘米（图3-1-29，5）。

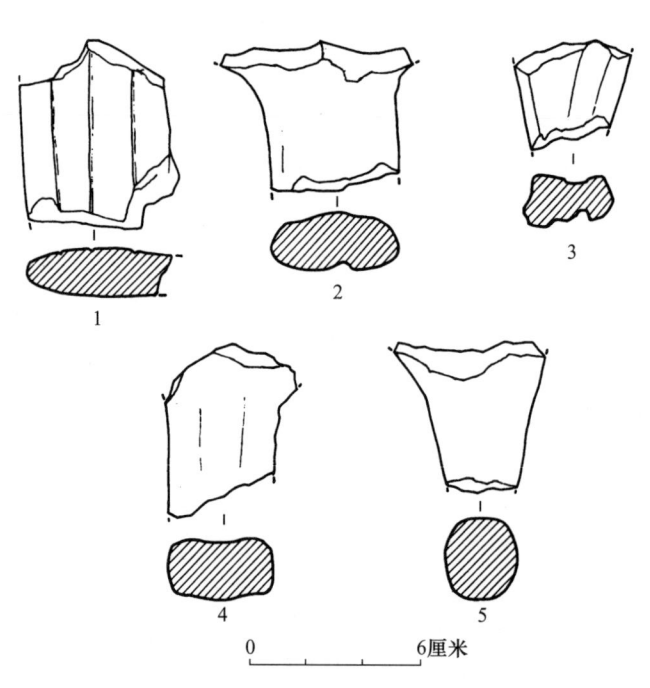

图 3-1-29 包子山遗址采集陶鼎足
1. D03∶2 2. B02∶2 3. B01∶4 4. C08∶4 5. C08∶3

D01：1，泥质褐陶，褐胎，胎内夹植物，侧装扁足，素面。残高12.8厘米（图3-1-28，7；图版54，4）。

D03：2，夹细砂红褐陶，红褐胎，足身一侧有三条刻划纹。残高5.5厘米（图3-1-29，1；图版54，5）。

十、船头山遗址

1. 遗址概况（111214DTTBJL）

位于太白镇朱家庄西北约400米处，有两个土墩，遗址位于北墩上，遗物分布面积约7800平方米，高出地表约4米。土墩有一个较大的底座，上部还有一处小墩。土墩西部紧邻姑溪河南岸的一条支流，四周为低洼平原，现在四周修建一条水渠。墩上覆盖杂草，能见度差，但凡有土之处，皆可见烧土颗粒和碎陶片，遗址文化层厚约5米。墩子北部被挖渠破坏，从断面上可以看到距地表1米深处仍有灰黑土文化层，一直延伸至墩外平坦地带。遗址采集的陶片有鬲足、甗腰、夹砂红陶片等，保存状态不佳（图版9，1、2；图版55，1~8）。

2. 聚落

为一处周代聚落，聚落面积约为7500平方米（图3-1-30）。

3. 遗物

罐口　2件。

B04：3，夹粗砂红陶，红胎，方唇，侈口，鼓腹，口腹分制后接，素面。复原口径16、残高4.8、厚0.6厘米（图3-1-31，1）。

D04：1，夹粗砂红褐陶，红褐胎，方唇，折沿，绳纹。复原口径20、残高4.5、厚0.5厘米（图3-1-31，3）。

口沿　11件。

B02：2，夹粗砂黑陶，灰胎，侈口，方唇，素面。残高4.5、厚0.6厘米（图3-1-31，16）。

B02：4，夹粗砂红陶，红胎，折沿。残高3.5、厚0.55厘米（图3-1-31，6）。

C01：7，泥质红陶，红胎，素面。残高3.3、厚0.4厘米（图3-1-31，5）。

C02：5，夹粗砂褐陶，褐胎，折沿，方唇，素面。残高3.2、厚0.35厘米（图3-1-31，14）。

C03：3，夹粗砂灰褐陶，灰胎，敛口，绳纹。残高3.5、厚0.4~0.8厘米（图3-1-31，7）。

C04：8，夹粗砂红陶，红胎，折沿，沿外饰绳纹。残高3.5、厚0.55厘米（图3-1-31，4）。

C05：1，夹粗砂红陶，红胎，方唇，折沿，绳纹。残高4.2、厚0.3厘米（图3-1-31，2）。

D02：9，夹粗砂红陶，红胎，折沿，素面。残高3.3、厚0.6~1厘米（图3-1-31，9）。

D03：6，夹粗砂褐陶，褐胎，侈口，尖唇，素面。残高3.4、厚0.5厘米（图3-1-31，13）。

D04：3，夹粗砂黑陶，褐胎，折沿，素面。残高3、厚0.5厘米（图3-1-31，11）。

D05：1，夹粗砂红陶，红胎，折沿，素面。残高3.5、厚0.45~0.6厘米（图3-1-31，8）。

器底　4件。

C03：2，泥质红陶，红胎，平底，素面，有轮制痕迹。复原底径8、残高2、厚0.4~0.8厘米（图3-1-31，12）。

D02：3，夹细砂红陶，红胎，平底，素面。残高2.6、厚0.4~0.6厘米（图3-1-31，10）。

D04：2，泥质红陶，红胎，胎内夹炭，平底，素面。复原底径11、残高6、厚0.7厘米（图3-1-31，15）。

D05：2，夹粗砂褐陶，褐胎，平底，底部饰绳纹。复原底径6.5、残高2.2、厚0.4~0.6厘米（图3-1-31，17）。

鬲足　12件。

B03：2，夹粗砂红陶，红胎，柱形足，素面。残高9.3厘米（图3-1-32，6；图版55，1右）。

B04：4，夹粗砂红陶，红胎，柱形足，素面，有火烧的痕迹。残高11.3厘米（图3-1-32，9）。

C01：4，夹粗砂褐陶，灰褐胎，锥柱形足，素面。残高9.4厘米（图3-1-32，7）。

C02：1，夹粗砂灰褐陶，灰胎，柱形足，素面。残

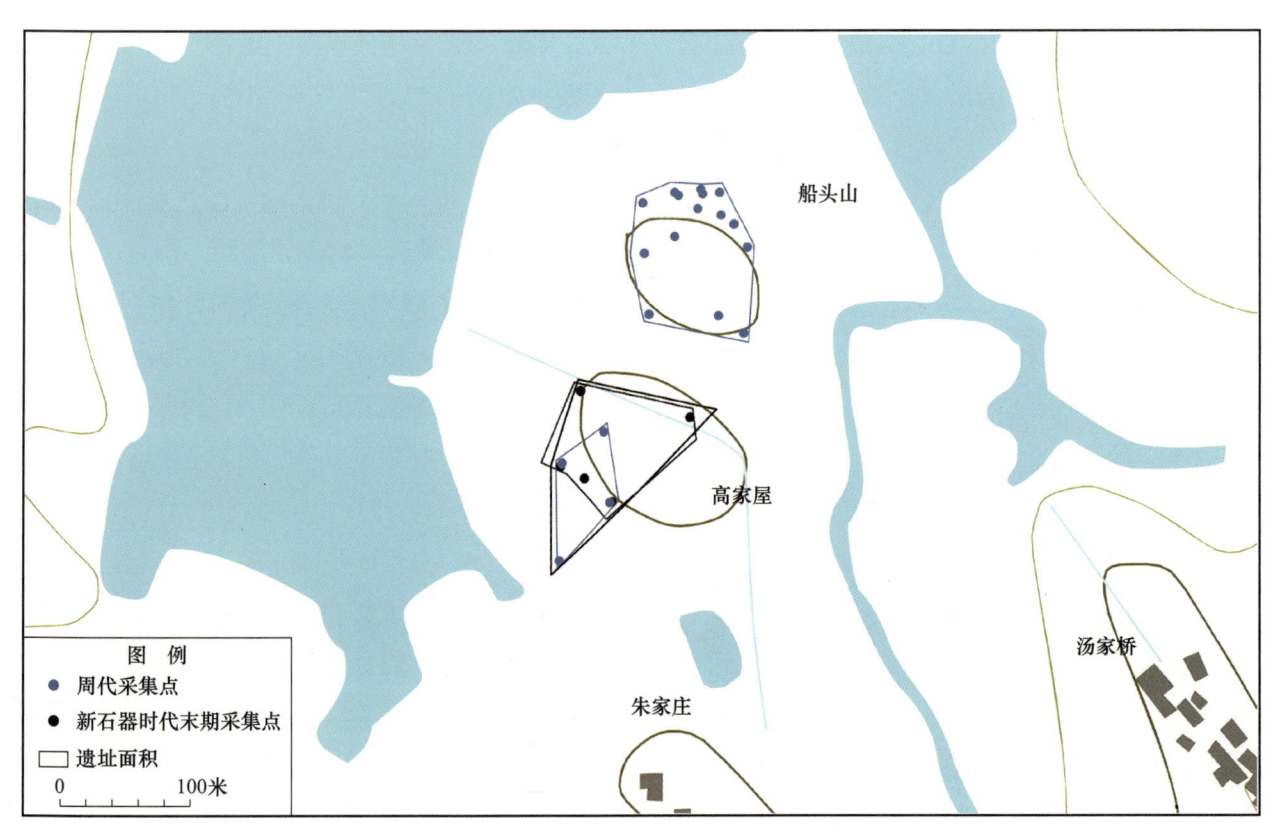

图 3-1-30 高家屋和船头山遗址聚落分布图

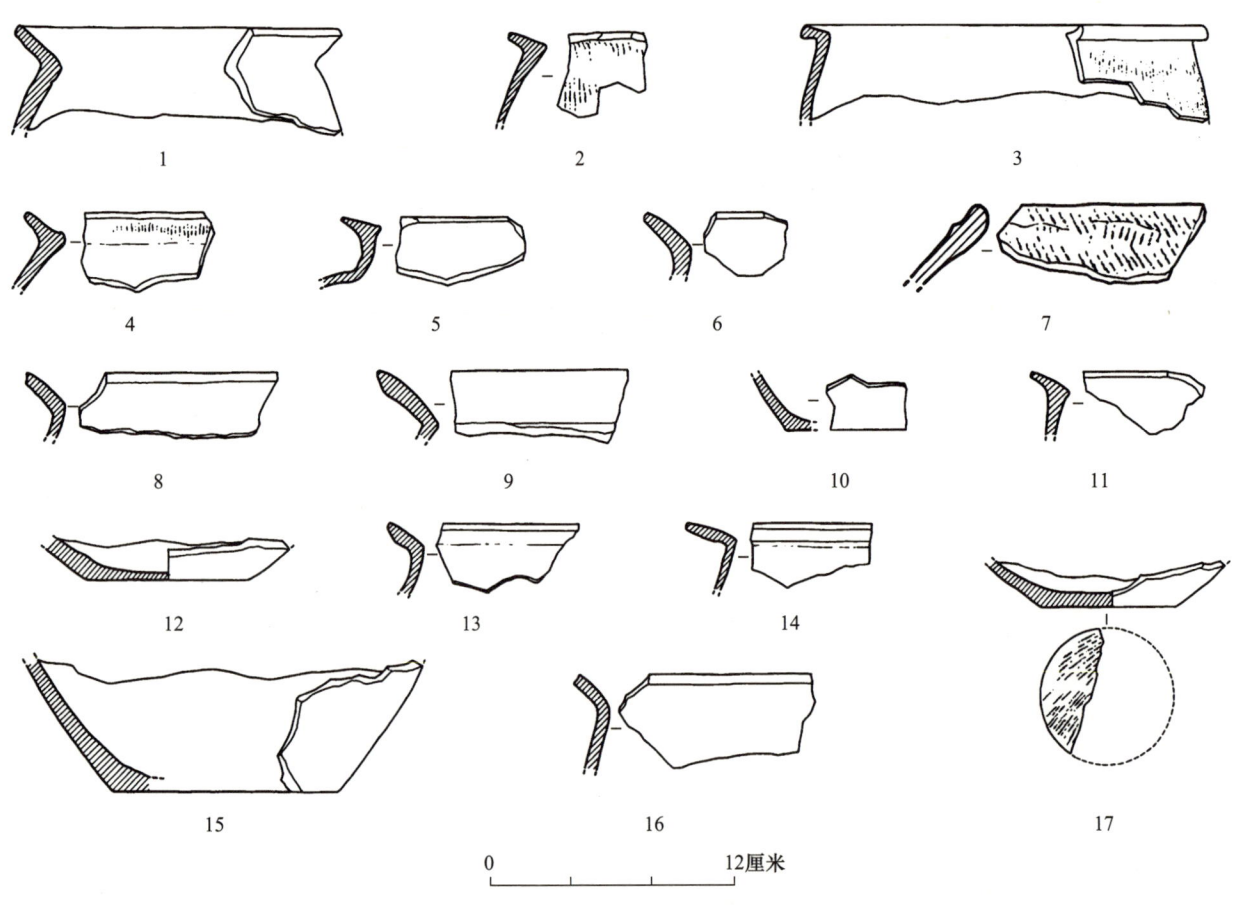

图 3-1-31 船头山遗址采集遗物

1、3. 罐口（B04：3、D04：1） 2、4～9、11、13、14、16. 口沿（C05：1、C04：8、C01：7、B02：4、C03：3、D05：1、D02：9、D04：3、D03：6、C02：5、B02：2） 10、12、15、17. 器底（D02：3、C03：2、D04：2、D05：2）

高 11.2 厘米（图 3-1-32，10）。

C04：2，夹粗砂红陶，红胎，柱形足。残高 9.7 厘米（图 3-1-32，1；图版 55，7 右）。

C05：2，夹粗砂灰褐陶，灰胎，锥柱形足，素面。残高 10.2 厘米（图 3-1-32，3；图版 55，3 左）。

C05：3，夹粗砂红陶，红胎，锥柱形足，足身布满绳纹。残高 9.3 厘米（图 3-1-32，11；图版 55，3 右）。

C05：4，夹粗砂灰褐陶，灰胎，柱形足，素面。残高 10.4 厘米（图 3-1-32，2；图版 55，5 右）。

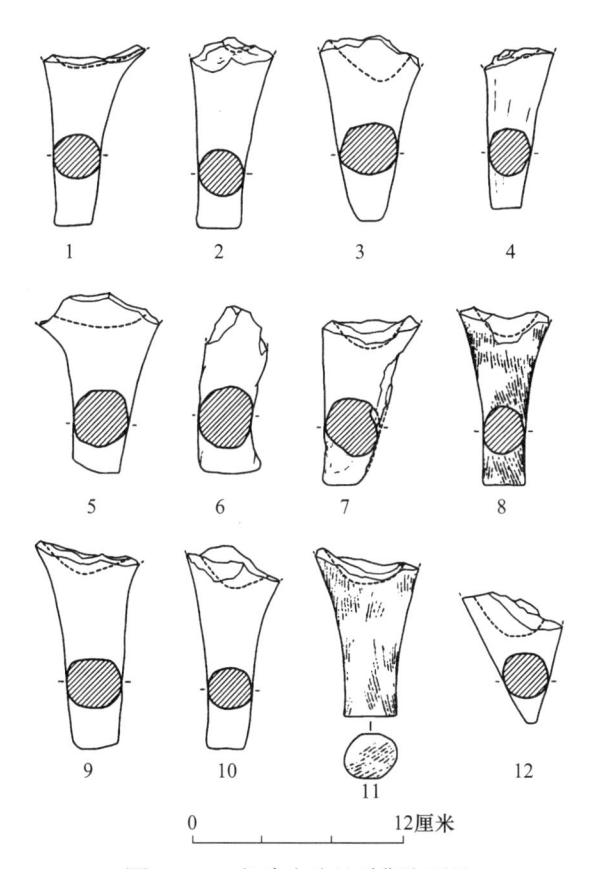

图 3-1-32 船头山遗址采集陶鬲足
1. C04：2 2. C05：4 3. C05：2 4. D04：6 5. C05：5 6. B03：2
7. C01：4 8. D04：4 9. B04：4 10. C02：1 11. C05：3 12. D02：4

C05：5，夹粗砂灰红陶，红胎，柱形足，素面。残高 10 厘米（图 3-1-32，5）。

D02：4，夹粗砂红陶，红胎，尖锥形，素面。残高 7.3 厘米（图 3-1-32，12；图版 55，7 中）。

D04：4，夹粗砂褐陶，褐胎，柱形足，足身布满绳纹。残高 9.8 厘米（图 3-1-32，8；图版 55，8 左）。

D04：6，夹粗砂灰褐陶，褐胎，柱形足，素面，足身有竖向刮抹痕迹。残高 8.8 厘米（图 3-1-32，4；图版 55，8 右）。

船头山遗址采集陶片纹饰有印纹硬陶填线回纹（图版 55，6 左）、印纹硬陶网格纹（图版 55，6 右）及绳纹等（图 3-1-33）。

十一、高家屋遗址

1. 遗址概况（111214TBGJW）

位于金楼船头山之南，太白镇朱家村西北二墩的南墩上。遗物分布面积约 6700 平方米，高出地表约 2 米，椭圆形墩型遗址，因修水渠破坏，地貌也已有改变。西侧紧邻姑溪河南岸的一条支流，四周低洼平坦。文化层厚约 2 米，北部可看到断面，保存状况一般。采集陶片有鼎足和鬲足（图版 7，2；图版 56，1、2）。

2. 聚落

包含新石器时代末期和周代两个时期的聚落，新石器时代末期聚落面积为 4700 平方米，整个墩子上均有分布；周代聚落面积为 3200 平方米，分布范围较前期聚落靠南（见图 3-1-30）。

3. 遗物

鼎足 2 件。

C01：1，夹砂灰陶，灰胎，侧装扁足，足身侧面有两个按窝，腹部饰绳纹。残高 6.5 厘米（图 3-1-34，1；图版 56，2 左）。

D02：1，夹砂灰陶，灰胎，侧装扁足，足身侧面有一个按窝。残高 5.3 厘米（图 3-1-34，2）。

鬲足 1 件。

B03：2，夹粗砂褐陶，红胎，锥柱形足，素面。残高 7 厘米（图 3-1-34，3）。

口沿 2 件。

B02：4，夹粗砂灰陶，灰胎，仰折沿，尖圆唇，素面。残高 2、厚 0.7 厘米（图 3-1-34，5）。

B04：2，夹粗砂黑陶，外黑内红，红胎，尖圆唇，仰折沿，素面。残高 2.5 厘米、厚 0.5 厘米（图 3-1-34，4）。

高家屋遗址采集陶片有绳纹（图版 56，1 右）、印文硬陶席纹（图版 56，1 左下）等纹饰（图 3-1-35）。

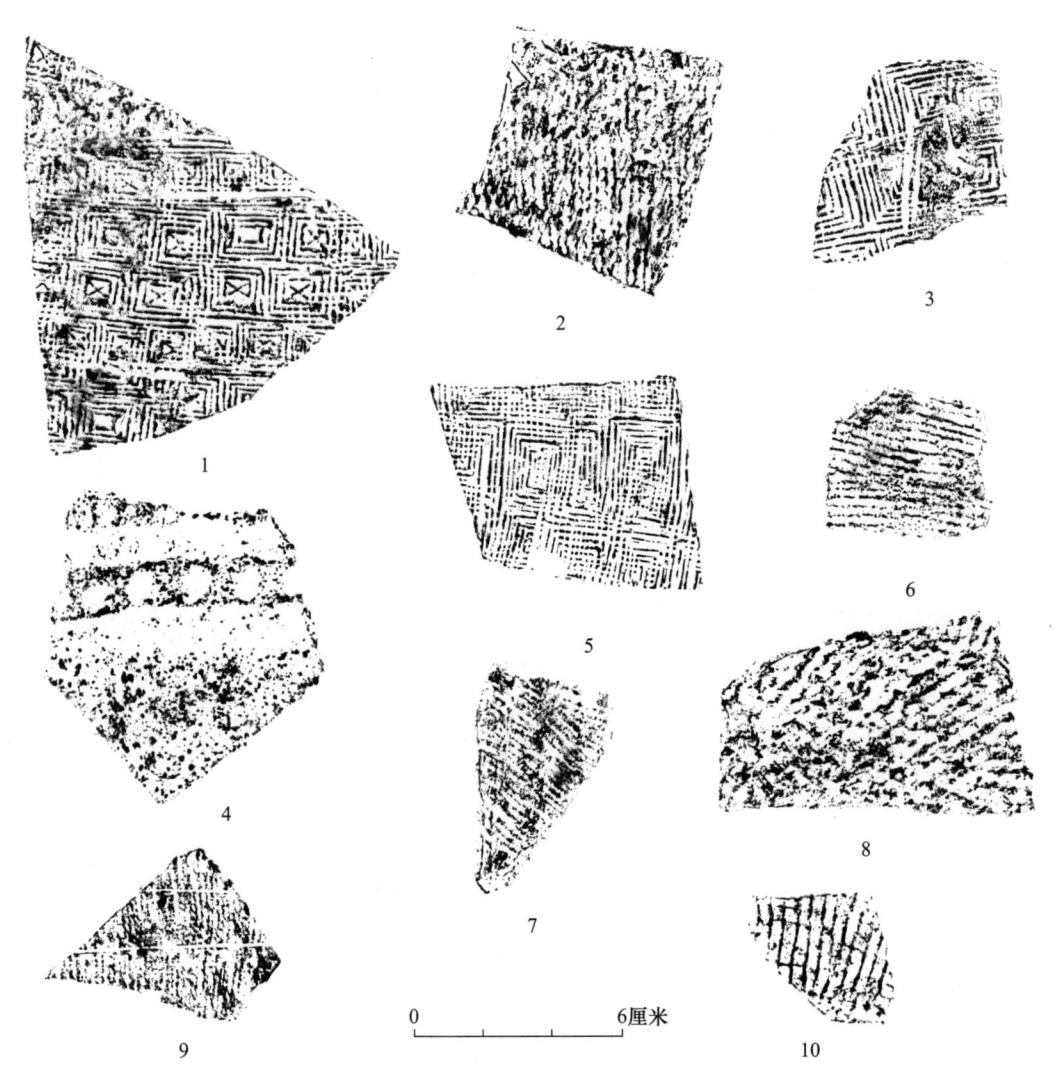

图 3-1-33 船头山遗址采集陶片纹饰

1. 印纹硬陶填线回纹（B04：1） 2、6~8. 绳纹（B02：6、C02：6、D03：1、B02：1） 3、5. 印纹硬陶复线回纹（C01：2、C04：1） 4. 附加堆纹（C03：1） 9. 弦断绳纹（C01：1） 10. 印纹硬陶网格纹（A04：2）

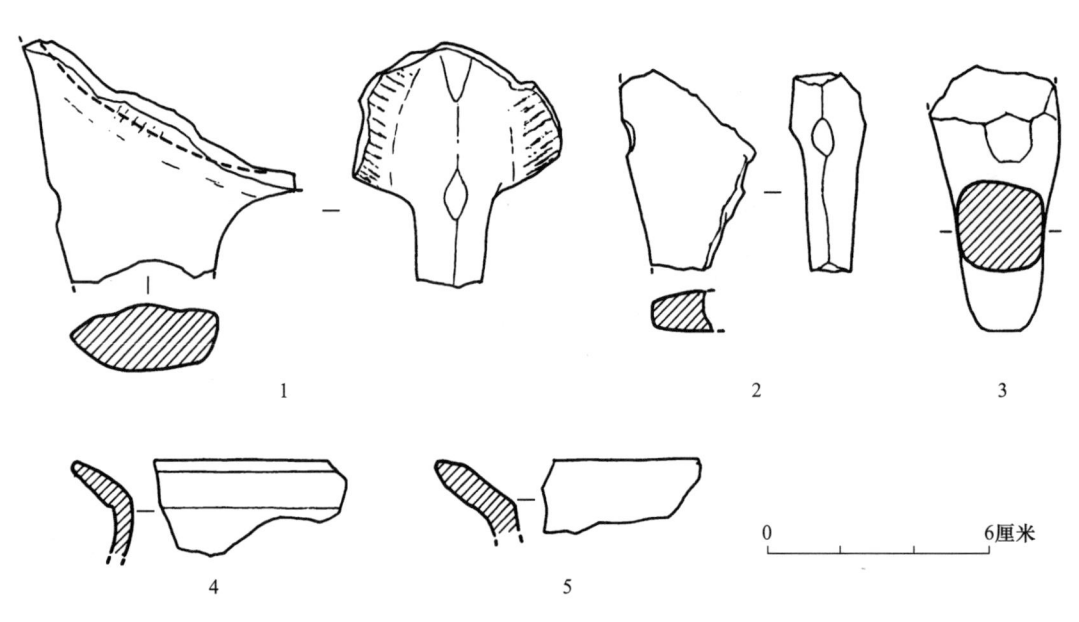

图 3-1-34 高家屋遗址采集遗物

1、2. 鼎足（C01：1、D02：1） 3. 鬲足（B03：2） 4、5. 口沿（B04：2、B02：4）

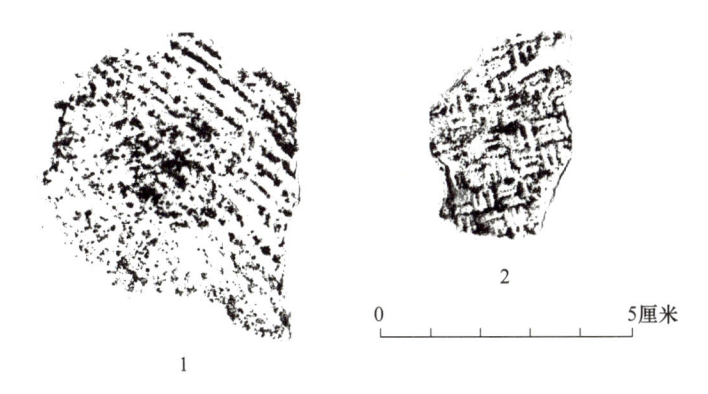

图 3-1-35 高家屋遗址采集陶片纹饰
1. 绳纹（D02：2） 2. 印纹硬陶席纹（D02：3）

十二、大庙遗址

1. 遗址概况（111214DTTBDM）

位于太白镇大庙村西部，当地人称之为"船头山"。遗址位于舌形岗地边缘，遗物分布面积约 4000 平方米。遗址为墩型，东部高西部渐低，东部近山前岗地边缘与平原交界处保存较好。遗址的沿用时间当从西周到春秋时期（图版 10，1；图版 56，3）。

2. 聚落

由于大庙遗址的周代采集点距离新庄遗址距离在百米之内，两个遗址划为一处聚落，面积约为 11500 平方米（图 3-1-36）。

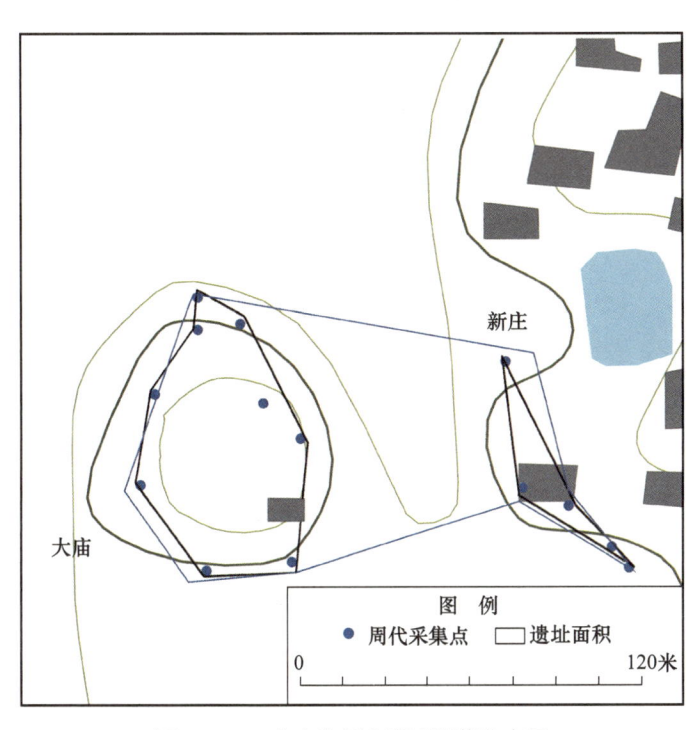

图 3-1-36 大庙和新庄遗址聚落分布图

3. 遗物

罐口　1 件。

B03：1，夹细砂红褐陶，红胎，侈口，圆唇，绳纹。复原口径 20、残高 5.7、厚 0.7 厘米（图 3-1-37，1）。

鬲足　3 件。

B02：1，夹粗砂红陶，红胎，锥柱形足，素面。残高 6.6 厘米（图 3-1-37，3）。

B04：4，夹粗砂红褐陶，红褐胎，锥柱形足，素面。残高 10.5 厘米（图 3-1-37，6）。

C01：3，夹粗砂红陶，红褐胎，柱形足，素面。残高 10 厘米（图 3-1-37，5；图版 56，3 右）。

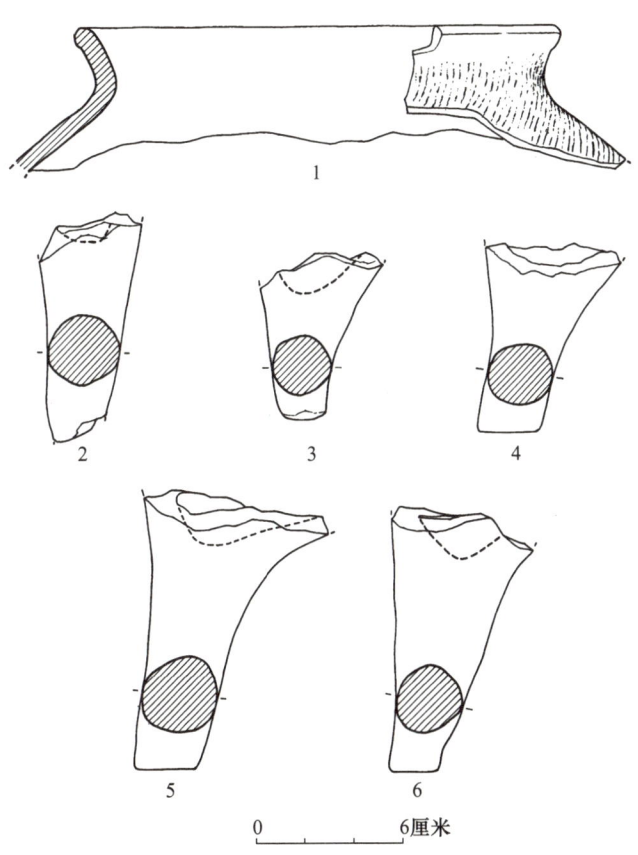

图 3-1-37 大庙和新庄遗址采集遗物
1. 罐口（大 B03：1） 2~6. 鬲足（新 B01：2、大 B02：1、新 B01：1、大 C01：3、大 B04：4）

大庙遗址采集陶片纹饰见图 3-1-38。

十三、新庄遗址

1. 遗址概况（111214DTTBXZ）

位于大庙遗址东约 70 米处，海拔约 12 米，高出地表约 4 米，墩型遗址，遗物分布面积 600 平方米。遗址

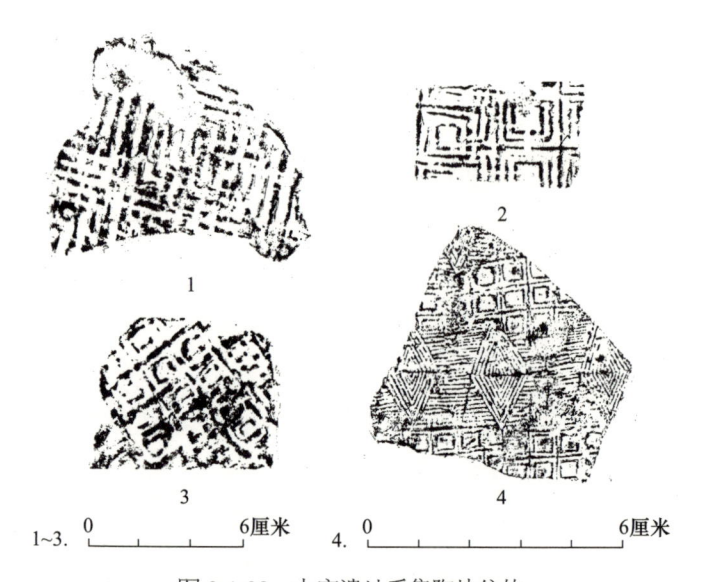

图 3-1-38 大庙遗址采集陶片纹饰
1、2.复线回纹（D01:1、B03:3） 3.口字纹（B03:2） 4.复线菱形和回纹组合（D01:4）

所在地为岗地前的近水平原，现为村庄，已与岗地断开了。根据采集的陶片看，仅包含西周一个时期的遗存（图版10，1）。

2. 聚落

仅包含周代一处聚落，并入大庙聚落，总面积11500平方米（见图3-1-36）。

3. 遗物

地表可采集到鬲口沿和印纹陶。

鬲足 2件。

B01:2，夹粗砂红褐陶，红褐胎，柱形足，素面。残高9厘米（图3-1-37，2）。

B01:1，夹粗砂红褐陶，红褐胎，锥柱形足，素面。残高7.4厘米（图3-1-37，4）。

新庄遗址采集陶片纹饰见图3-1-23。

十四、孙家村遗址

1. 遗址概况（111216DTTBSJC）

位于太白镇孙家村西南的山前冲积平原上，圆形土墩，遗物分布面积为1600平方米，海拔9.8米，高出地表约3米。四周低洼，西部约600米为花山。村西南断面下可见冲刷下的陶片，北部地表不见陶片，保存应较好（图版11，1）。

2. 聚落

仅包含周代的聚落，面积约为1500平方米（图3-1-39）。

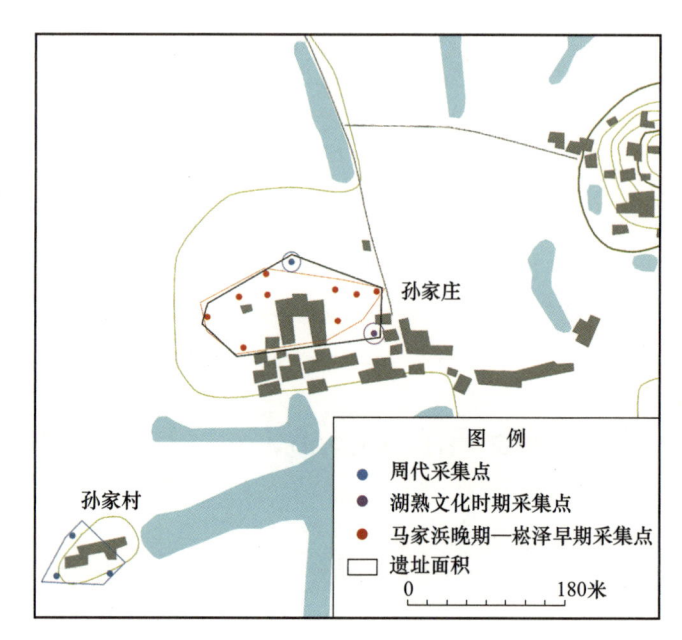

图 3-1-39 孙家村和孙家庄遗址聚落分布图

3. 遗物

口沿 5件。

B02:3，泥质红陶，红胎，尖唇，细绳纹。残高3.2、厚0.8厘米（图3-1-40，1）。

C01:2，泥质红陶，红胎，尖唇，素面。残高4.2、厚0.3厘米（图3-1-40，6）。

C01:4，夹粗砂红陶，红胎，饰弦纹。残高3.5、厚1.5厘米（图3-1-40，3）。

D01:2，夹粗砂红陶，红胎，敛口，素面。残高7.8、厚0.6~1厘米（图3-1-40，4）。

D01:3，泥质黑陶，黑胎，平折沿，肩部饰弦纹和绳纹，有轮制痕迹。残高3.5、厚0.7厘米（图3-1-40，2）。

鼎足 1件。

C01:1，夹粗砂红陶，红胎，横装扁铲足，足身有竖向按窝形成的凹槽。残高8厘米（图3-1-40，5）。

鬲足 1件。

B01:1，夹粗砂红陶，红胎，锥柱形足，足尖外撇，素面。残高7.5厘米（图3-1-40，7）。

器底 1件。

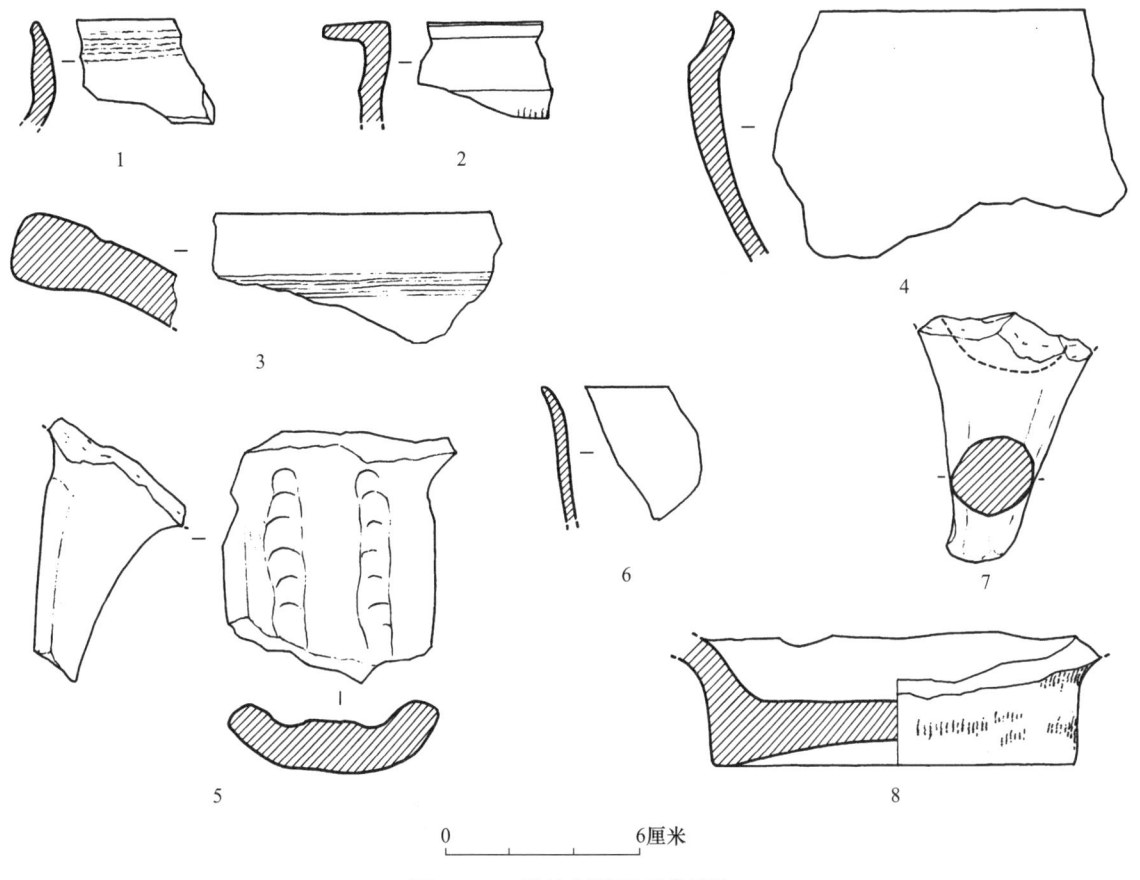

图 3-1-40 孙家村遗址采集遗物
1～4、6.口沿（B02：3、D01：3、C01：4、D01：2、C01：2） 5.鼎足（C01：1） 7.鬲足（B01：1） 8.器底（D01：1）

D01：1，夹粗砂红陶，红胎，假圈足底，绳纹。底径 11.5、残高 3.8 厘米（图 3-1-40，8）。

十五、公场遗址

1. 遗址概况（111213DTTBGC）

位于太白镇船头村西北约 200 米，为圆形墩型遗址，遗物分布面积约 1800 平方米，海拔 8 米，高出地表约 3 米。遗址西部紧邻青山河，青山河的小河汊把遗址北、西、南三面包围，北高南低，顶部有一处水泥打谷场（图版 7，3）。

2. 聚落

遗址仅包含西周时期的聚落，面积约 1800 平方米（见图 3-1-19）。

3. 遗物

采集标本可辨认的器型只有鼎和鬲。

C04：2，鼎足，夹细砂灰陶，灰胎，横截面为椭圆形，素面。残高 3.1 厘米（图 3-1-41，1）。

B01：1，鬲足，夹细砂灰陶，红胎，锥柱形，素面，足身有竖向的刮抹痕迹。残高 7.3 厘米（图 3-1-41，2）。

公场遗址采集陶片纹饰见图 3-1-23。

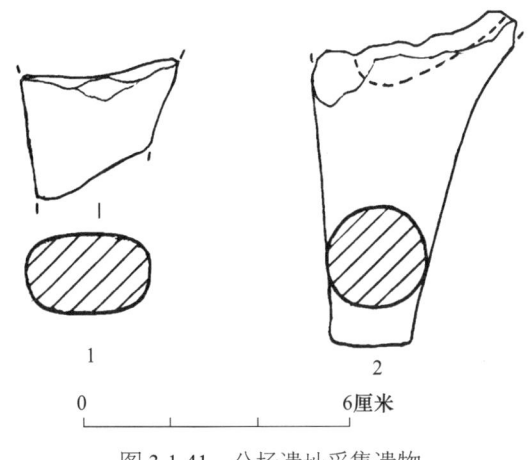

图 3-1-41 公场遗址采集遗物
1.鼎足（C04：2） 2.鬲足（B01：1）

十六、孙家庄遗址

1. 遗址概况（111215DTTBSJZ）

位于当涂太白镇孙家村，呈漫坡状地貌，海拔 7.2 米，高出周围地表 1.5 米，遗物分布面积约 22000 平方米。遗址北部 1000 米处为姑溪河干流，东南侧紧邻姑溪河支流，系支流入干流的交叉口处。从宏观的环境看，遗址仍然位于冲积平原上，与石臼湖南岸的薛城遗址类似。村北地表陶片较为丰富。遗址包含自马家浜文化晚期到崧泽文化早期，以及湖熟文化、西周时期的遗存（图版 11，2）。

2. 聚落

马家浜文化晚期崧泽文化早期的聚落面积约 20000 平方米。湖熟文化时期的聚落仅一处采集点，按照最小面积 400 平方米计算（图 3-1-39）。

3. 遗物

鼎足 6 件。

B01：2，夹粗砂红陶，红胎，横截面近长方形，素面。残高 4.9 厘米（图 3-1-42，1）。

C03：1，夹粗砂红陶，红胎，横装宽扁足，足跟处有一排四个按窝。残高 6.8 厘米（图 3-1-42，9；图版 56，4 左）。

C03：2，夹粗砂褐陶，褐胎，横截面呈长方形，素面。残高 7.5 厘米（图 3-1-42，4；图版 56，4 右）。

C05：2，夹粗砂红陶，灰胎，横截面呈扁条形，素面。残高 5.5 厘米（图 3-1-42，3；图版 56，7 右）。

D03：1，夹粗砂褐陶，红胎，横装宽扁足，足身有一条宽的竖向凹槽，足跟处有两个按窝。残高 10.3 厘米（图 3-1-42，8；图版 56，8）。

D03：4，夹粗砂红陶，灰胎，横截面呈扁条形，素面。残高 4.7 厘米（图 3-1-42，2）。

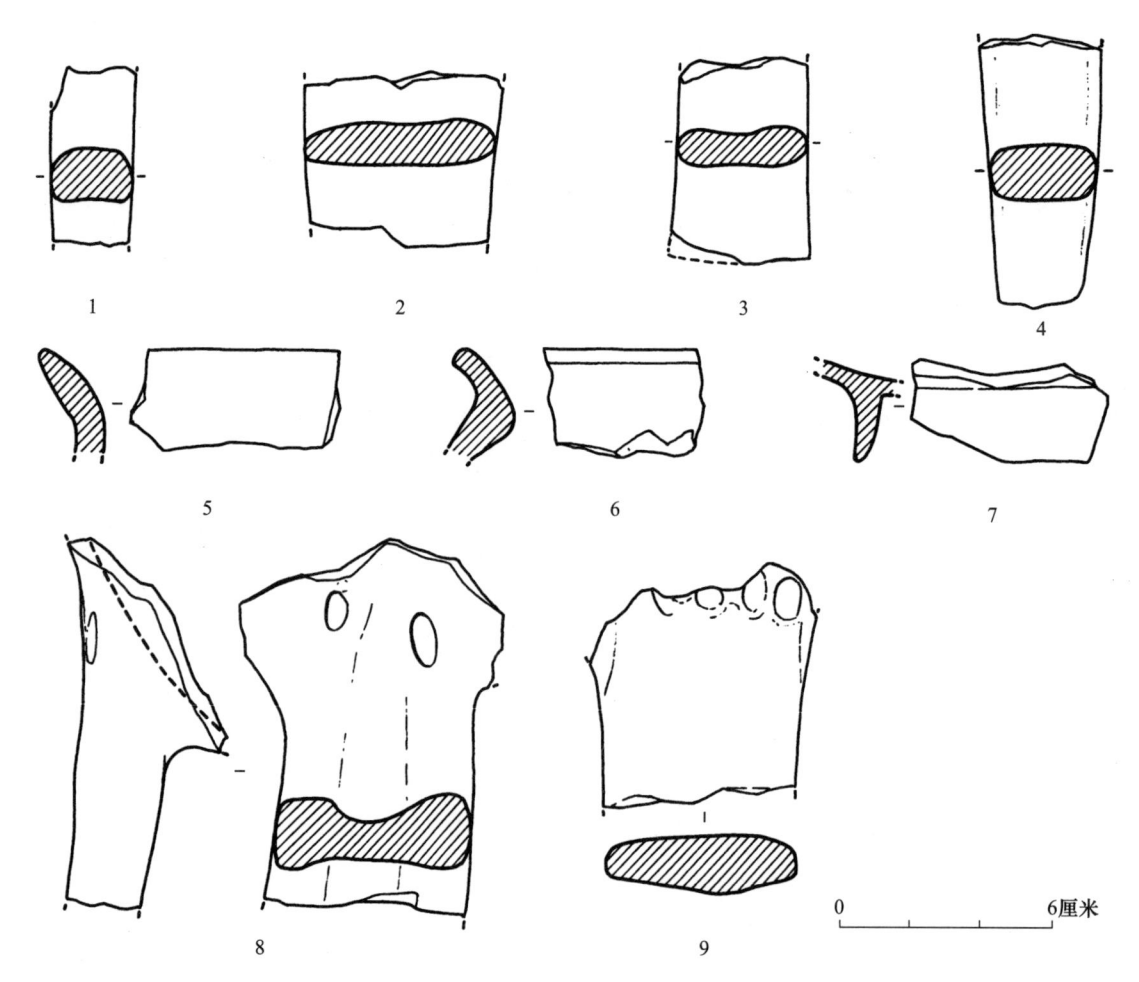

图 3-1-42 孙家庄遗址采集遗物
1～4、8、9. 鼎足（B01：2、D03：4、C05：2、C03：2、D03：1、C03：1） 5、6. 口沿（D03：3、C03：5） 7. 圈足（B02：2）

圈足 1件。

B02:2，泥质红陶，灰胎，器表施红衣。残高 2.7、厚 0.6 厘米（图 3-1-42，7）。

口沿 10件。

B01:1，泥质红陶，红灰双色胎，素面。残高 4.5、厚 0.4~0.7 厘米（图 3-1-43，9）。

B02:1，夹细砂红陶，红胎，侈口，素面。残高 3.7、厚 0.5 厘米（图 3-1-43，4）。

B03:3，夹粗砂红陶，外红内黑，黑胎，尖唇，素面。残高 5.5、厚 0.7~0.9 厘米（图 3-1-43，8）。

C03:3，夹粗砂红陶，红胎，尖唇。残高 4、厚 0.6 厘米（图 3-1-43，1）。

C03:5，夹粗砂褐陶，褐胎，侈口，方唇，素面。残高 3.3、厚 0.8 厘米（图 3-1-42，6）。

C04:1，夹细砂红陶，外红内黑，红胎，方唇侈口，素面。残高 4.1、厚 0.7 厘米（图 3-1-43，5）。

C04:3，泥质红陶，外红内黑，灰胎，尖唇，素面。残高 4.5、厚 0.5-0.7 厘米（图 3-1-43，3）。

C05:3，夹细砂褐陶，褐胎，敛口，素面。残高 3、厚 0.3~0.7 厘米（图 3-1-43，2；图版 56，7 左）。

D01:2，夹粗砂褐陶，褐胎，敛口，素面。残高 6.3、厚 0.6~0.9 厘米（图 3-1-44，4）。

D03:3，夹粗砂褐陶，褐胎，侈口，素面。残高 3.3、厚 0.8 厘米（图 3-1-42，5）。

盆 1件。

D01:1，夹细砂红陶，红胎，敛口，素面。残高 5.1、厚 0.3~0.6 厘米（图 3-1-43，6）。

釜腰沿 6件。

B01:3，夹粗砂红陶，红胎，腰沿附加一周窄泥条。残高 5.4、厚 0.8 厘米（图 3-1-43，7）。

B03:1，泥质红陶，灰胎，腰沿上施锯齿状刻划纹。残高 6.5、厚 0.9 厘米（图 3-1-44，1；图版 57，3）。

B03:2，夹粗砂红陶，灰胎，腰沿为附加的一周窄长条，上施一周锯齿纹，器身素面。残高 6、厚 0.8 厘

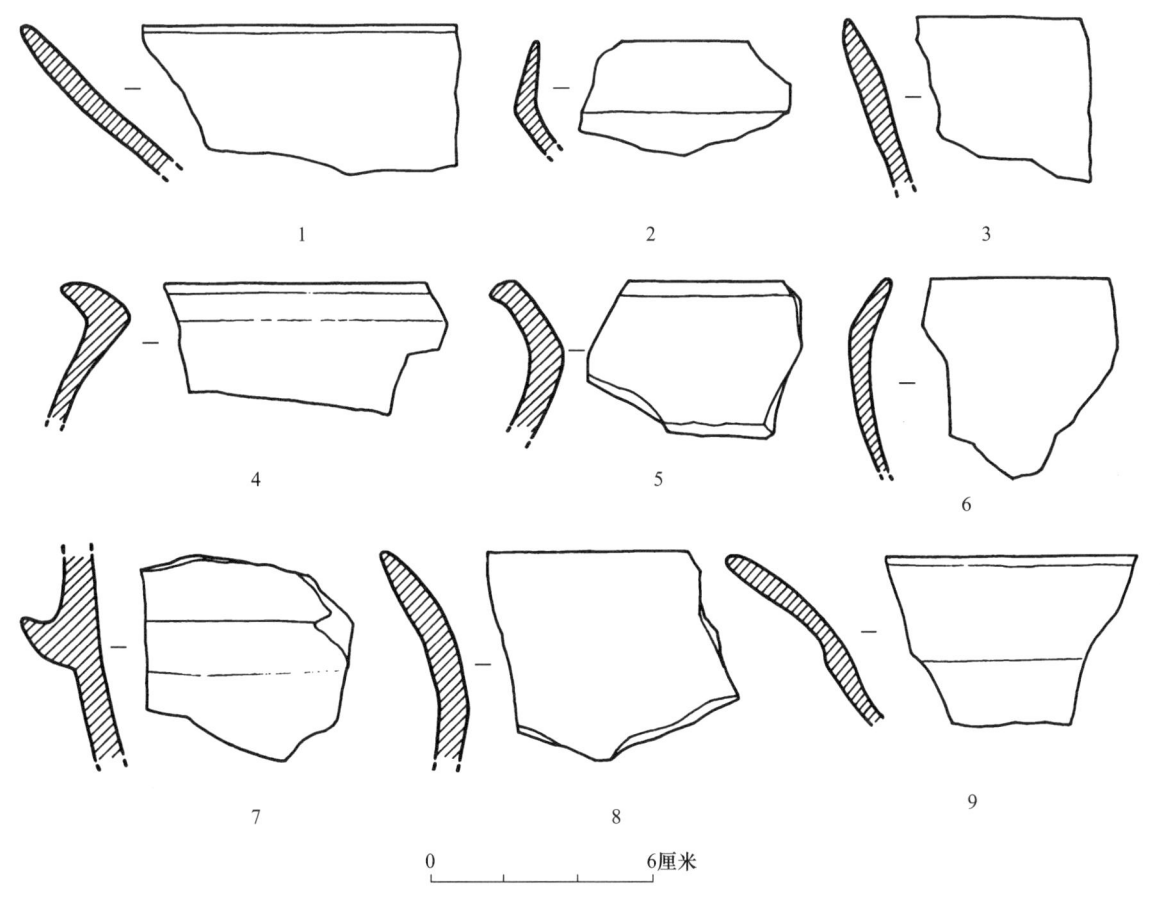

图 3-1-43 孙家庄遗址采集遗物

1~5、8、9. 口沿（C03:3、C05:3、C04:3、B02:1、C04:1、B03:3、B01:1） 6. 盆（D01:1） 7. 釜腰沿（B01:3）

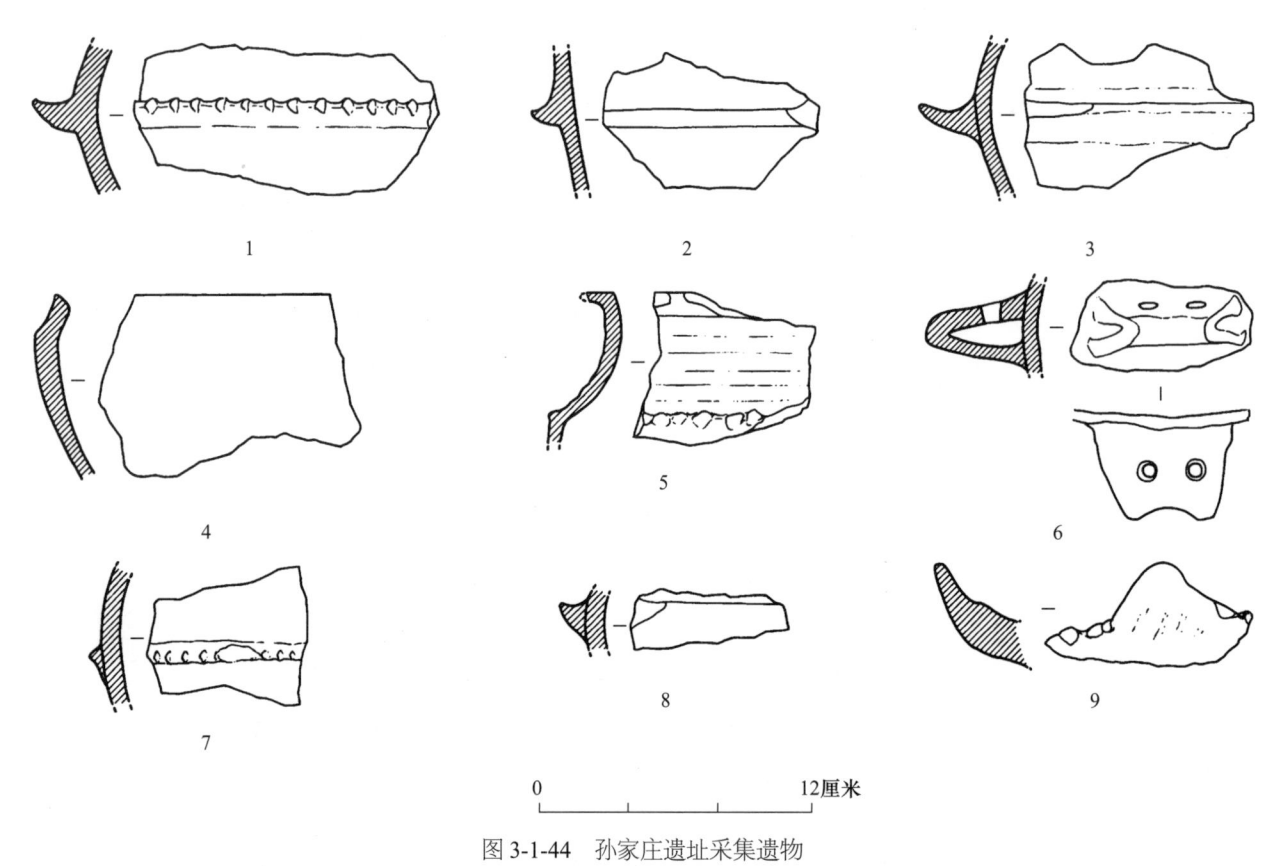

图 3-1-44 孙家庄遗址采集遗物
1～3、7、8. 釜腰沿（B03：1、B04：1、B05：1、B03：2、C04：2） 4. 口沿（D01：2） 5. 鼎（C01：1） 6. 器耳（C05：1）
9. 鋬手（B03：4）

米（图 3-1-44，7）。

B04：1，泥质红陶，外红内黑，褐胎，腰沿为附加的一周窄长条，素面。残高 5.8、厚 0.7 厘米（图 3-1-44，2）。

B05：1，夹粗砂红陶，红胎，腰沿为附加的一周窄长条，素面。残高 6.5、厚 0.7 厘米（图 3-1-44，3；图版 56，1）。

C04：2，泥质红陶，灰胎，胎内夹蚌，腰沿为附加的一周窄长条，素面。残高 2.5、厚 0.9 厘米（图 3-1-44，8）。

鼎　1件。

C01：1，夹粗砂红陶，红胎，平折沿，颈部饰横向弦纹，下部饰一周按窝纹。残高 6.5、厚 0.6～0.8 厘米（图 3-1-44，5；图版 56，5dk）。

器耳　1件。

C05：1，泥质红陶，灰胎，耳上有一对穿孔，素面。残高 4.7 厘米（图 3-1-44，6；图版 57，2）。

鋬手　1件。

B03：4，泥质红陶，红胎，舌形。残高 6 厘米（图 3-1-44，9）。

采集陶片纹饰见图 3-1-45。

十七、散　　点

1. 下埠

位于当涂县太白镇下埠村，仅一个采集点，年代为春秋时期（图 3-1-1、图 3-1-45）。

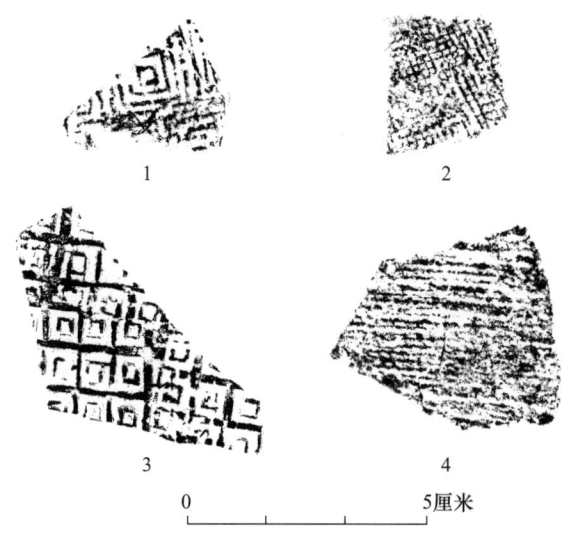

图 3-1-45 孙家庄、下埠和宏福地点采集陶片纹饰
1. 复线回纹（下 C01：1） 2. 筛格纹（宏 B01：2）
3. 口字纹（孙 B02：4） 4. 绳纹（孙 B02：1）

2. 宏福

位于太白镇宏富村内，仅一个采集点，时代为战国（图3-1-1、图3-1-45）。

3. 三花庄

位于太白镇三花庄西北150米山前岗地边缘，高出周围2米左右。西部靠近路边，东北临水塘。有2个采集点（图3-1-1）。

盆　共3件。

D02：3，夹细砂灰陶，红胎，圆唇，素面。厚0.6～1.9厘米（图3-1-46，1）。

D01：1，夹细砂褐陶，褐胎，沿微卷，素面。厚0.8厘米（图3-1-46，6）。

D02：4，泥质灰陶，灰胎，卷沿，素面。厚0.5厘米（图3-1-46，7）。

4. 双梅

位于太白镇双梅村东南处土墩，青山河的西侧，地表仅一个采集点，时代为战国（由于此遗址没有钻探，也没有找到断面可以观察到文化堆积，所以放入了散点处理，不排除遗址保存状态很好，地表遗物暴露太少的情况）。

5. 张家碾

位于太白镇三界村西北约300米处，紧邻河流，海拔8～9米。采集点一处，时代当为新石器时代（图3-1-1）。

B01：1，口沿，夹粗砂红陶，红胎，敞口，素面。厚0.6厘米（图3-1-46，5）。

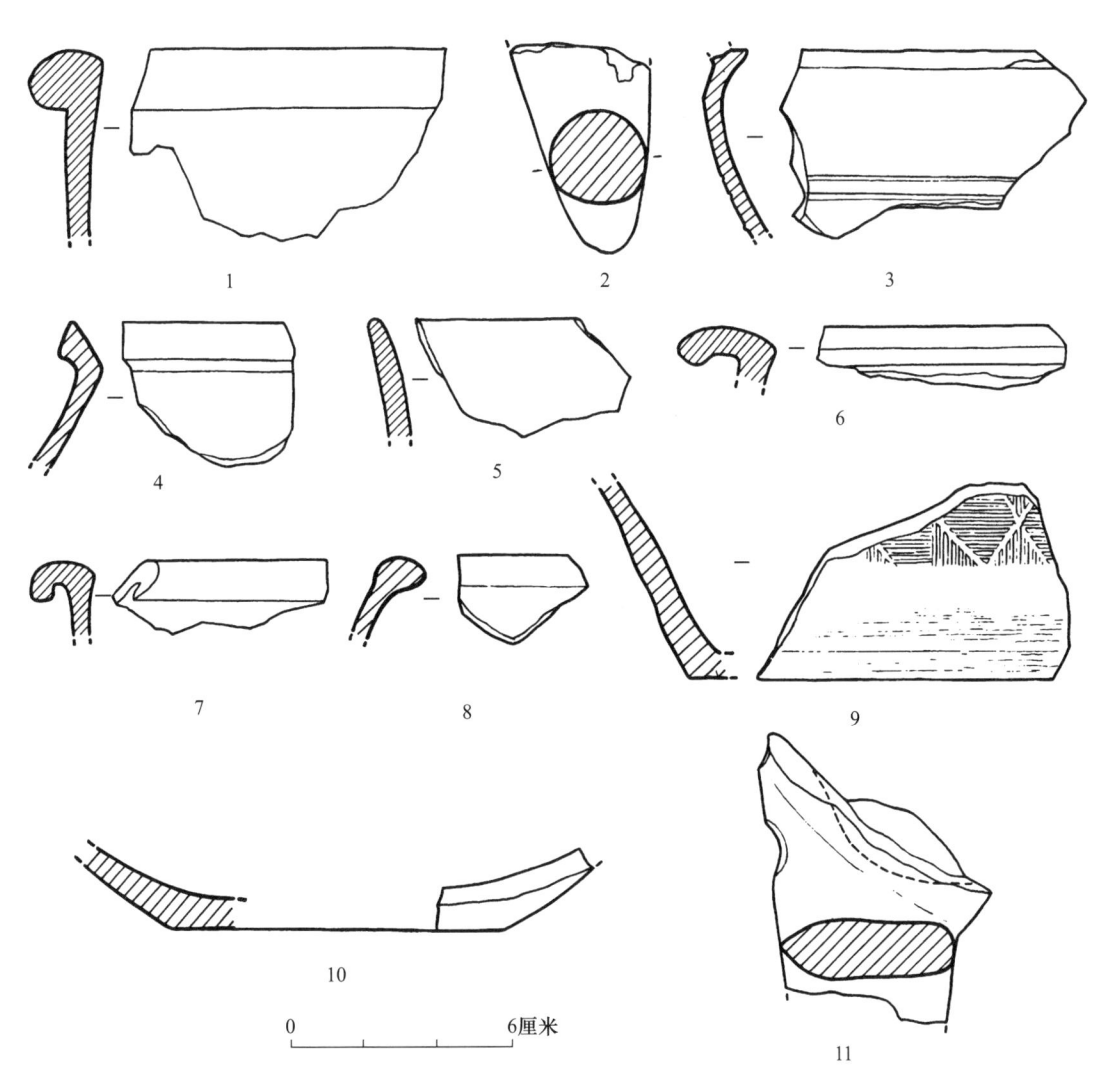

图3-1-46　散点采集遗物

1、6、7. 太白三花庄（D02：3、D01：1、D02：4）　2. 新市水东（B01：1）　3. 城关周塘（F01：1）　4. 丹阳下兴隆（F01：1）　5. 太白张家碾（B01：1）　8～10. 博望小袁村（A02：2、D01：1、D01：2）　11. 新市李老村地点（A01：1）

第二节　Ⅱ区大青山东麓（护河镇）

Ⅱ区位于大青山东麓向平原伸展的区域，西侧为姑溪河的一条支流，沿大青山脚下自南向北注入干流；东侧还有一条支流，分叉较多，河网交汇，于青山南侧注入青山河。遗址基本都分布在这两条河的西部以前地带，向丹阳湖西侧的湖积平原过渡的地区，海拔在11米以上，遗址有高岗型和墩型两种地貌。这个区域水位较高，遗址仅3处，还有散点3处，以周代遗址为主，在郑家遗址发现有新石器时代末期的聚落（图3-2-1；图版12，1）。

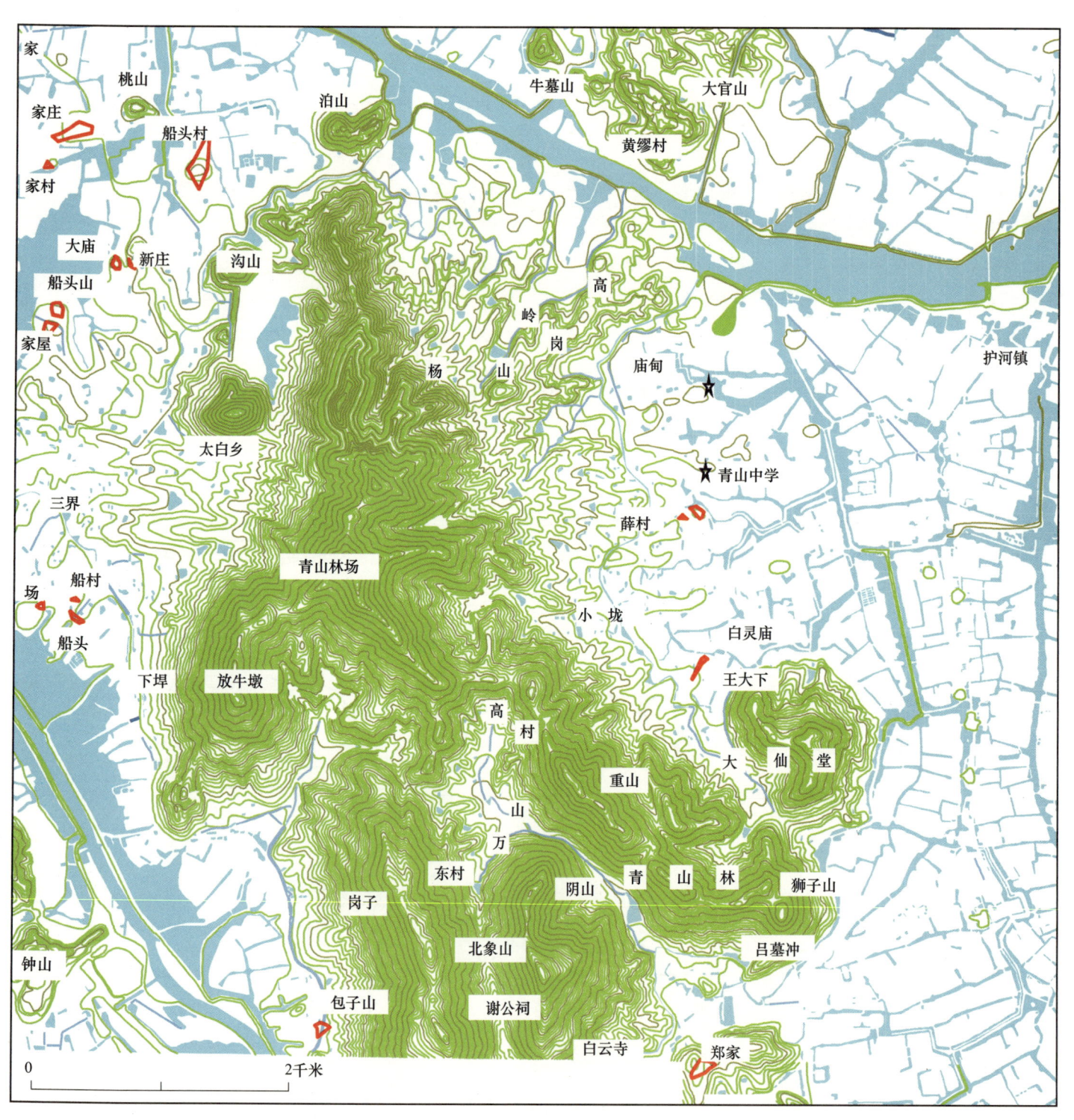

图 3-2-1　Ⅱ区遗址分布图

一、薛村遗址

1. 遗址概况（111209DTHHXCGJF, 111209DTHHXCXYD）

位于当涂县护河镇薛村东部80米处，大青山东麓向湖畔平原过渡的地区，由两个独立的墩型遗址组成，西墩为喜鸭墩，东墩为顾家坟，两者间距约为60米。姑溪河的一条支流沿青山脚下自北向南流过，遗址位于这条支流东侧300米处，遗址东部约1千米为姑溪河另一条较大的支流，这条支流有很多分支，遗址北侧紧邻的一条小河就通向此河。顾家坟高出地表约4米，遗物分布面积约5000平方米，喜鸭墩遗物分布面积仅1000平方米，顾家坟西侧高，东侧低，呈长椭圆形，从清理了的一处剖面看，文化层厚度约2米（图3-2-2；图版12，1）。

剖面P1堆积情况为：P1①=>P1②=>P1③=>H11=>H1->H2①=>H2->P1④

P1①：耕土，黄色疏松，含有1%左右的粒径0.1厘米的红烧土，斜坡状堆积。

P1②：灰黄色，较致密，含1%的烧土、陶片，水平状堆积。

P1③：灰褐色，致密硬土，含粒径0.2厘米的炭粒和红烧土、陶片，水平状堆积。

H1①：灰褐色土，夹炭粒，烧土。H1为筒状坑。

H2①：灰黑土，较松软，含粒径0.2~1厘米的炭粒，粒径0.2~2厘米的烧土，以及10%的陶片。H2为锅底形坑。口部底部均较好。

P1④：黄褐色，致密，坚硬，较单纯，含炭粒和烧土（图3-2-3；图版12，2）。

2. 聚落

由于两个墩型遗址相距太近，按照本次调查设定的标准，同时期的采集点相距100米之内应视为同一聚落，故喜鸭墩和顾家坟被划成1个聚落（图3-2-2）。聚落时代约在西周到春秋时期，遗物分布面积约13 000平方米。从顾家坟剖面P1H2的5升填土内浮选出3颗小麦、4颗粟和1颗大豆，狗尾草属与唇形科属的种子，还有较多的藜科种子。小麦的测年结果为公元前980~前830年，为西周中晚期。

3. 遗物

鬲足　10件。

A01：2，夹粗砂红陶，红胎，锥柱形足，素面。残

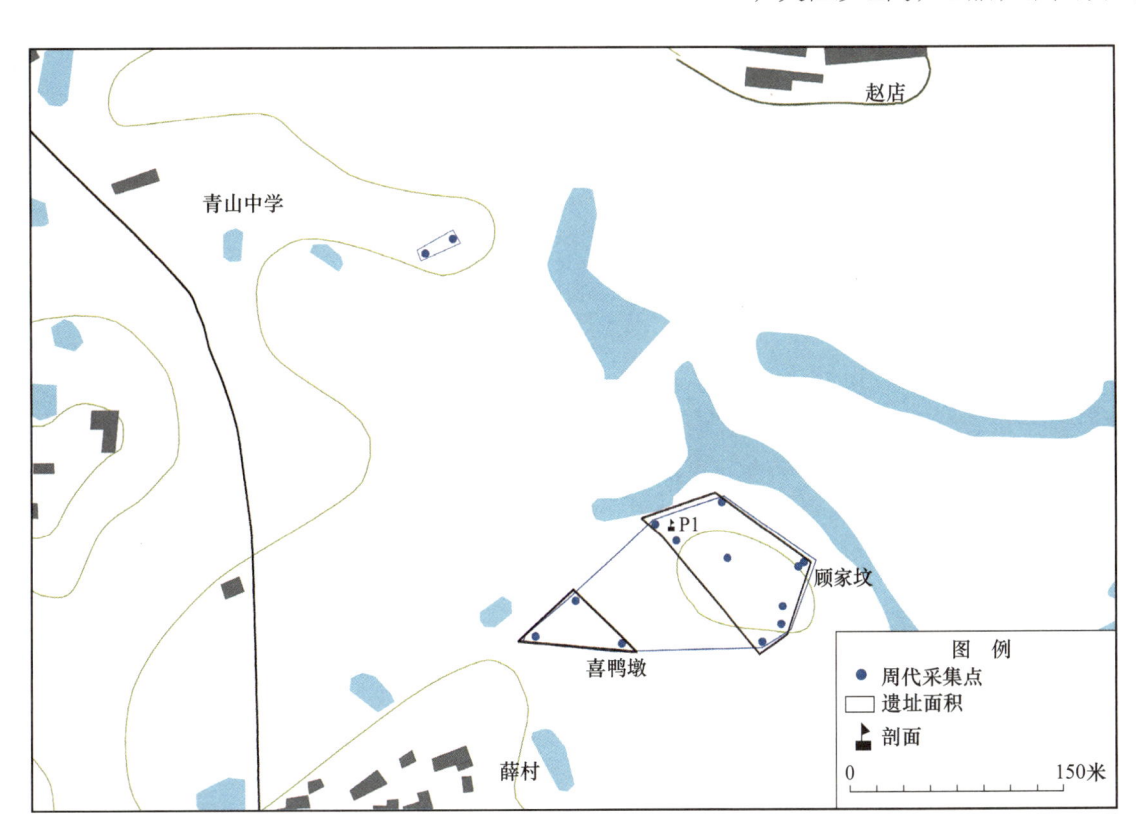

图3-2-2　薛村遗址聚落分布图

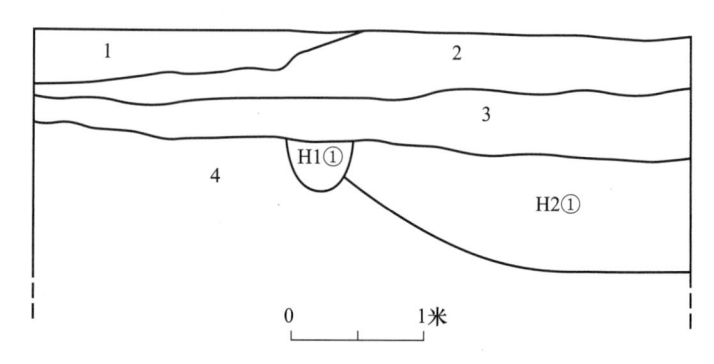

图 3-2-3 薛村遗址剖面 P1 示意图

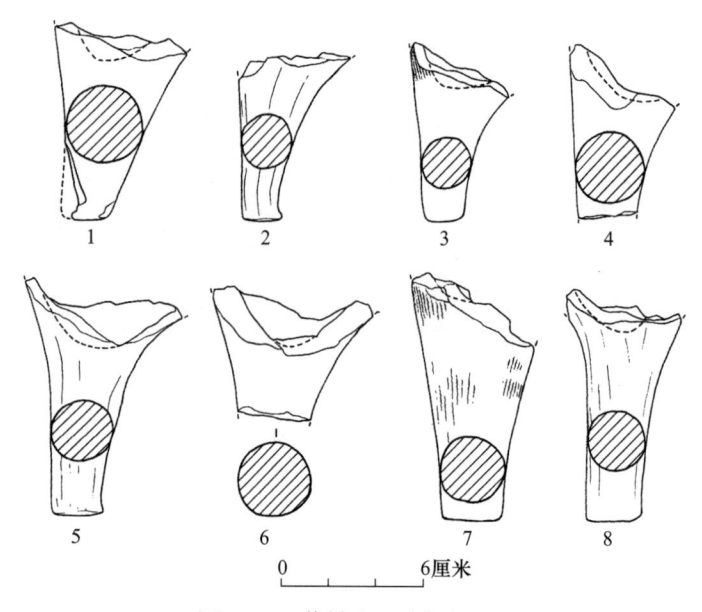

图 3-2-4 薛村遗址采集陶鬲足
1.顾 A01：2　2.顾 B01：4　3.顾 C03：1　4.喜鸭墩 B01：1　5.顾 C03：2　6.顾 A02P1H2①：1　7.顾 B01：1　8.顾 B01：2

高 7.9 厘米（图 3-2-4，1）。

A02P2H2①：1，夹粗砂灰陶，红胎，锥柱形足，素面。残高 5.6 厘米（图 3-2-4，6）。

B01：1，夹粗砂红陶，灰胎，锥柱形足，绳纹，足身分两次制成，有火烧痕迹。残高 10.2 厘米（图 3-2-4，7）。

B01：2，夹细砂灰陶，灰胎，柱形足，素面，足身有竖向刮抹的痕迹。残高 9.5 厘米（图 3-2-4，8）。

B01：3，夹粗砂红陶，褐胎，锥柱形足。残高 5.2 厘米（图 3-2-5，6）。

B01：4，夹粗砂灰褐陶，红胎，锥柱形足，素面，足身见竖向刮抹痕迹。残高 7 厘米（图 3-2-4，2）。

C03：1，夹粗砂红陶，灰胎，锥柱形足，接近鬲身饰绳纹，足部素面。残高 7.3 厘米（图 3-2-4，3）。

C03：2，夹粗砂灰褐陶，灰褐胎，锥柱形足，素面。残高 9.5 厘米（图 3-2-4，5）。

D04：5，夹粗砂黑陶，红胎，锥柱形足，素面，足身有竖向刮抹的痕迹。残高 5.4 厘米（图 3-2-5，4）。

喜鸭墩 B01：1，夹粗砂红陶，红胎，柱形足，素面。残高 6.8 厘米（图 3-2-4，4）。

口沿　6 件。

A01：1，夹粗砂褐陶，褐胎，圆唇，侈口，口、腹分制后接，器身饰绳纹。残高 6.1、厚 0.4 厘米（图 3-2-5，8）。

A02P1H2①：4，夹细砂黑陶，红胎，折沿，方唇，素面。复原口径 18、残高 3、厚 0.3～0.6 厘米（图 3-2-5，1）。

B01：5，夹粗砂红陶，红胎，圆唇，侈口，绳纹。口径 15、残高 5.5、厚 0.6～1 厘米（图 3-2-5，7）。

D02：1，夹粗砂红陶，红胎，圆唇，折沿，口、腹分制后接，绳纹。复原口径 19、残高 4.5、厚 0.7 厘米（图 3-2-5，5）。

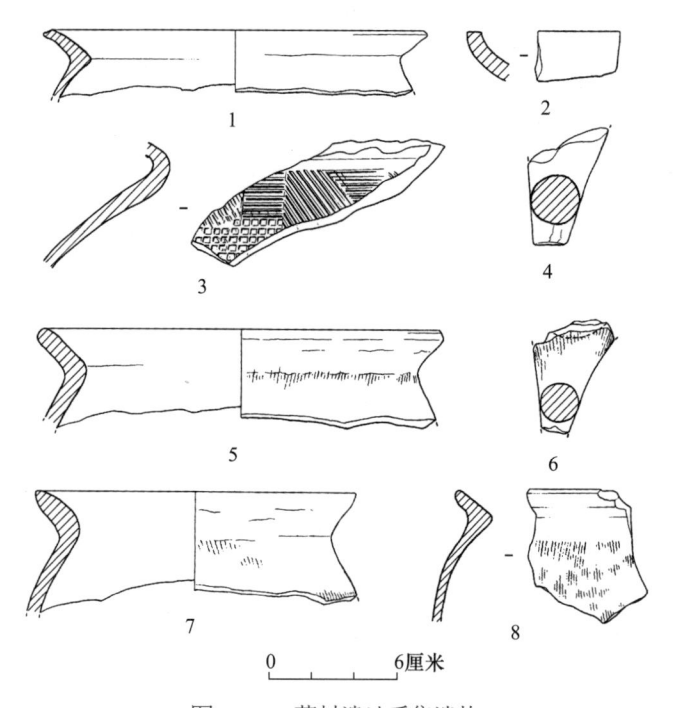

图 3-2-5 薛村遗址采集遗物
1、5、7、8.口沿（A02P1H2①：4、D02：1、B01：5、A01：1）2.豆（A02P1H1①：8）3.罐（C04：2）4、6.鬲足（D04：5、B01：3）

D03：1，夹粗砂红陶，红胎，方唇，素面。残高 2.7、厚 0.6 厘米（图 3-2-6，3）。

D04：6，泥质红陶，灰胎，敛口，素面。残高 3.3、厚 0.7 厘米（图 3-2-6，4）。

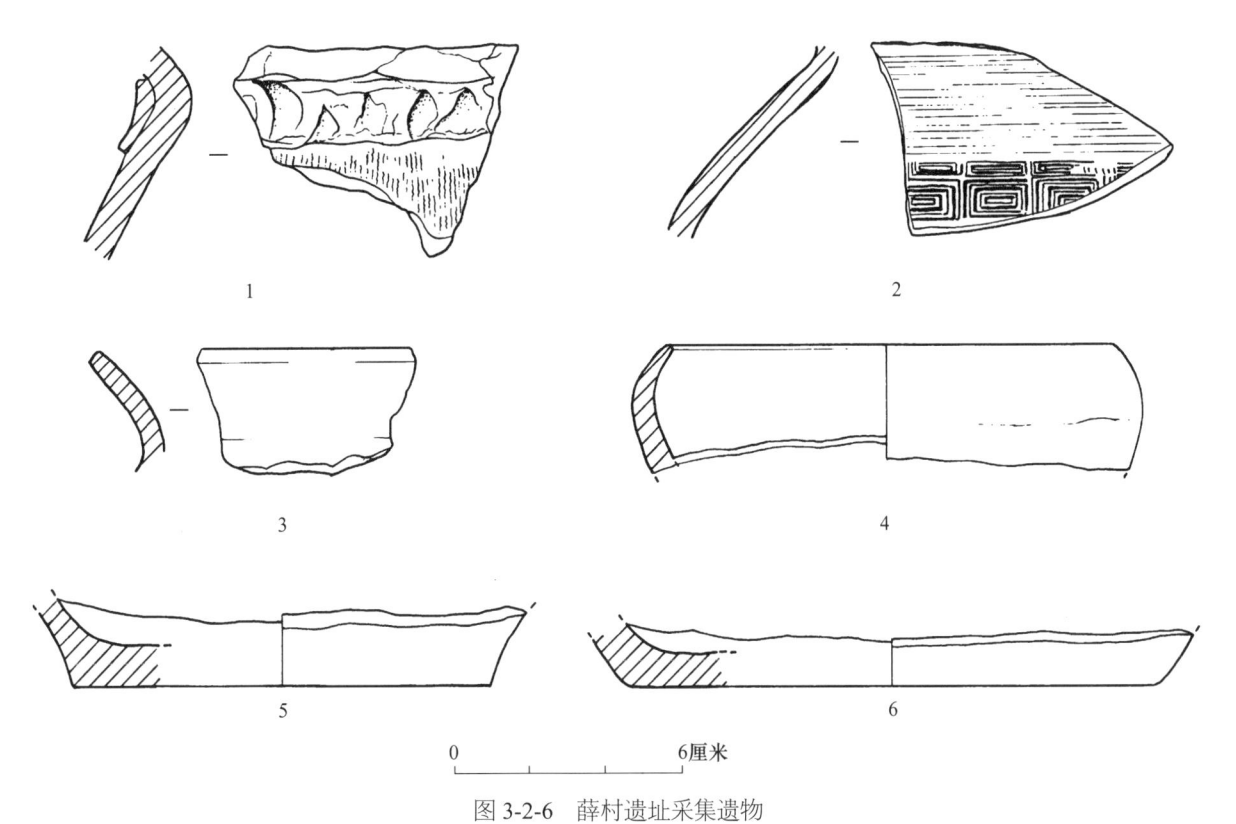

图 3-2-6 薛村遗址采集遗物
1. 甑腰（A02P1H2①:3） 2. 印纹硬陶片（C04:1） 3、4. 口沿（D03:1、D04:6） 5、6. 器底（D04:3、D04:2）

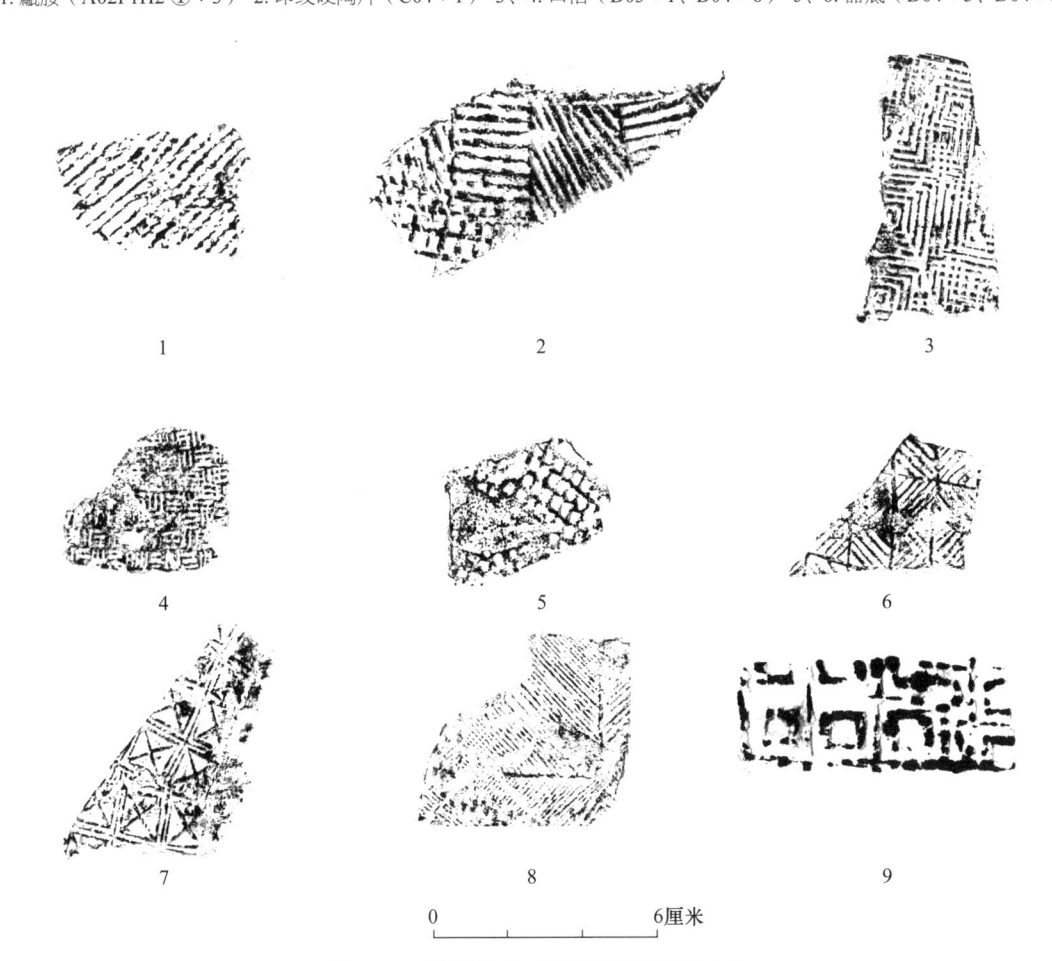

图 3-2-7 薛村遗址-喜鸭墩采集陶片纹饰
1. 绳纹（A02P1H2①:5） 2. 网格纹与折线纹组合纹饰（C04:2） 3. 复线回纹（C01:1） 4. 席纹（D01:1） 5. 筛格纹（B01:7） 6. 填线菱形纹（C02:4） 7. 填线回纹（C03:4） 8. 蕉叶纹（B01:6） 9. 口字纹（P1③:7）

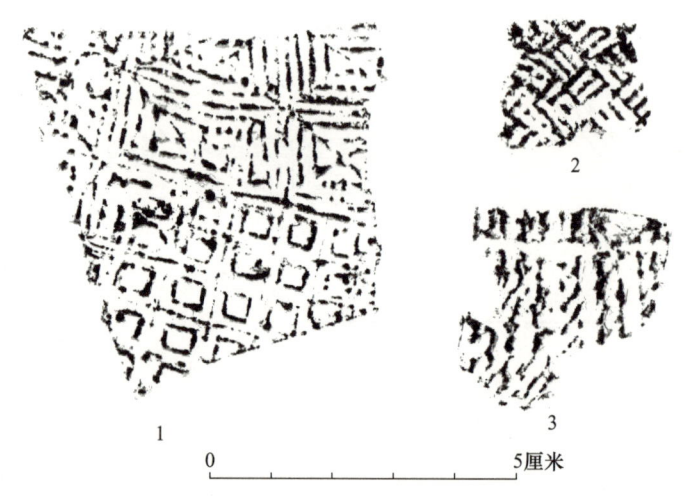

图 3-2-8 薛村遗址-顾家坟采集陶片纹饰
1.复线回纹和口字纹组合（C05：1） 2.席纹（B04：4）
3.弦断绳纹（B04：3）

豆　1件。

A02P1H1①：8，泥质黑陶，红胎，方唇。残高2.3、厚0.7厘米（图3-2-5，2）。

罐　1件。

C04：2，印纹硬陶，紫胎，拍印方格纹。残高5.8、厚0.6~0.9厘米（图3-2-5，3）。

甗腰　1件。

A02P1H2①：3，夹粗砂灰陶，红胎，器身施绳纹，腰部饰一周附加堆纹。残高5.8、厚0.9~1.5厘米（图3-2-6，1）。

器底　2件。

D04：2，夹粗砂红陶，含砂量达80%，红胎。素面，平底。底径14，残高2、厚0.9厘米（图3-2-6，6）。

D04：3，夹粗砂红陶，含砂量达80%，红胎。素面，平底。底径11、残高2.3、厚0.6~1.5厘米（图3-2-6，5）。

其他　1件。

C04：1，印纹硬陶片，灰陶，灰胎，饰复线回纹。厚0.7厘米（图3-2-6，2）。

采集陶片纹饰见图3-2-7、图3-2-8。

二、王大下遗址

1. 遗址概况（111211DTHHBLMWDX）

位于当涂县护河镇王大下村百灵庙后，黄塘村东北，为一处高出地表约3米的墩型遗址，东西长，呈椭圆形。遗址位于青山山坳内，四周低洼，为青山向平原过渡的地区。遗址上现在建有百灵庙，北部紧邻一条小河，保存状况良好，地表陶片分布面积约2700平方米。在王大

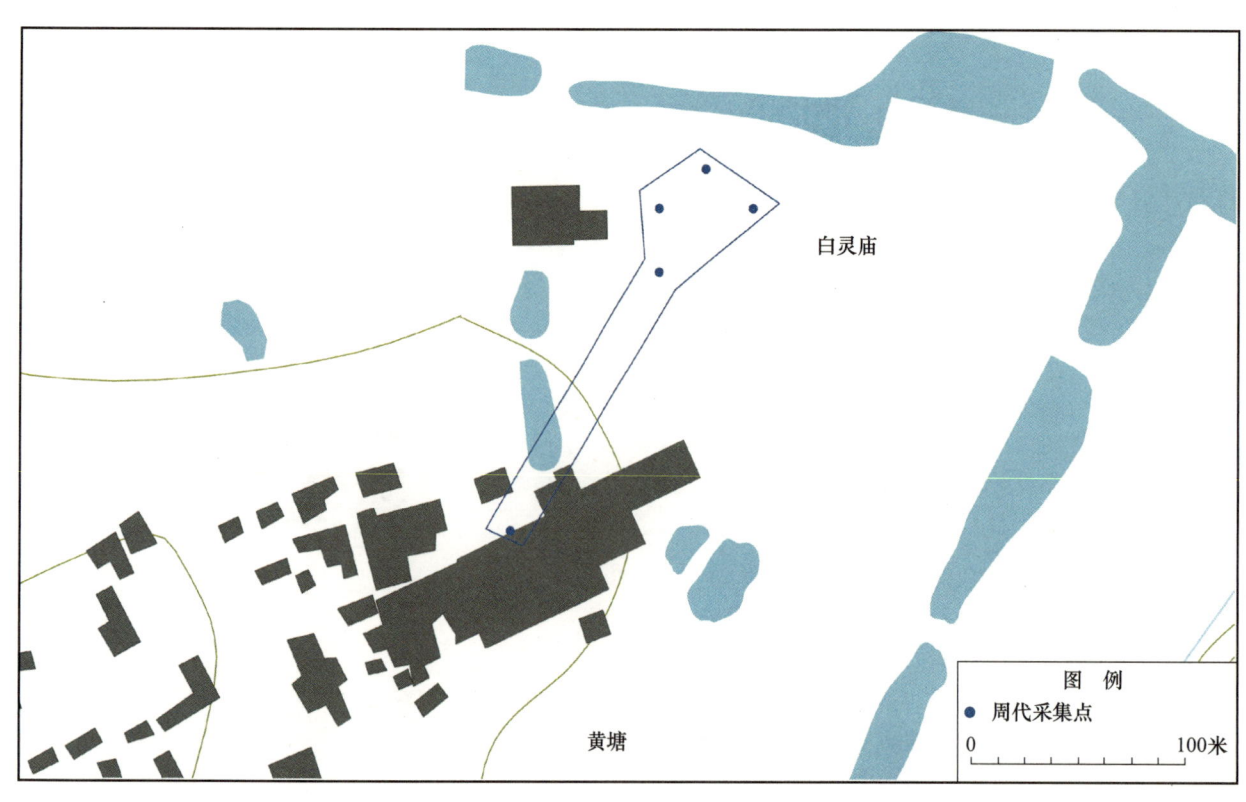

图 3-2-9　王大下遗址聚落分布图

下村内夯土房上仍然可以采集到陶片（图版13，1）。

2. 聚落

仅包含周代聚落，聚落面积约1100平方米（图3-2-9）。

3. 遗物

鬲足　共3件。

A01：1，夹粗砂红陶，红胎，锥形足，素面。残高5.8厘米（图3-2-10，1）。

B01：1，夹粗砂红陶，红胎，锥形足，素面。残高5.6厘米（图3-2-10，2）。

B01：2，夹粗砂红陶，红胎，锥柱形足，素面。残高6.5厘米（图3-2-10，3）。

采集陶片见图3-2-11。

三、郑家遗址

1. 遗址概况（111212DTHHZJ）

位于当涂县青山郑家村，采石场西路以南山上，遗物分布面积13000平方米，海拔22米。属于山前高岗地貌，南部紧依江山咀，北部原先应有河道，且水位较高，东北为狮子山，西北为阴山。山口处现因采石场取料已导致地貌改变，2010年被推成三级台阶状，西高东低。在北部被挖开的断面上可以看到清晰的砾石层，高出地表约20米。地表均为山前岗地常见之红壤，较单纯，不见文化层，可以采集到印纹陶片。遗址包含的遗存主要是东周时期（图版13，2）。

2. 聚落

有新石器时代末期聚落的线索，但仅有一个采集

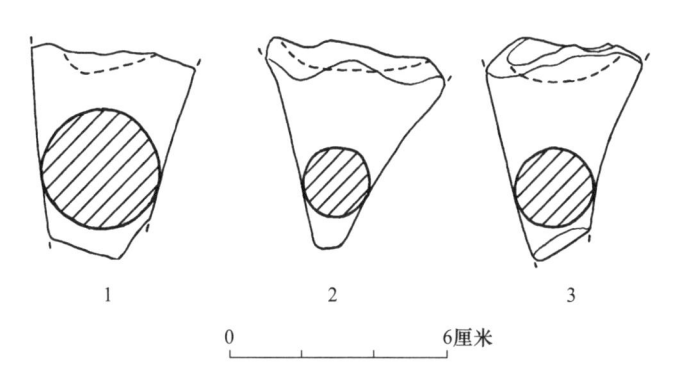

图3-2-10　王大下遗址采集陶鬲足
1. A01：1　2. B01：1　3. B01：2

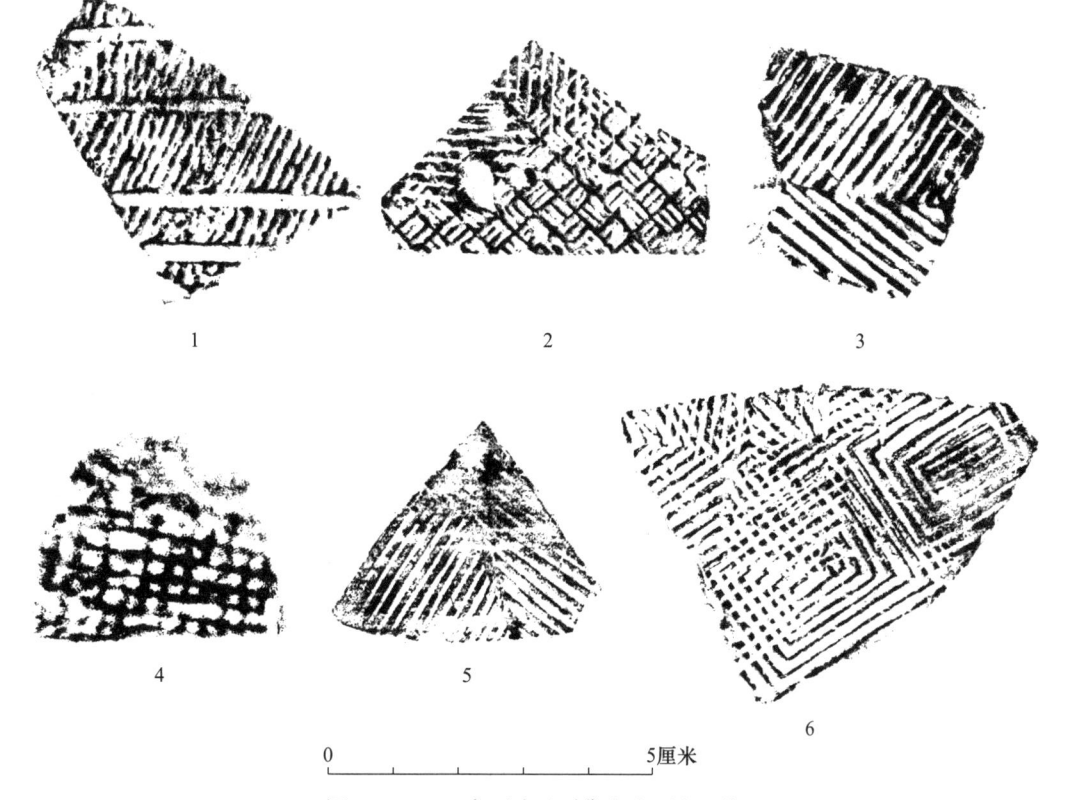

图3-2-11　王大下遗址采集印纹硬陶纹饰
1.弦断绳纹（C01：3）　2.席纹（C01：2）　3、5.蕉叶纹（D01：2，D02：1）　4.筛格纹（D01：1）　6.复线回纹（C01：1）

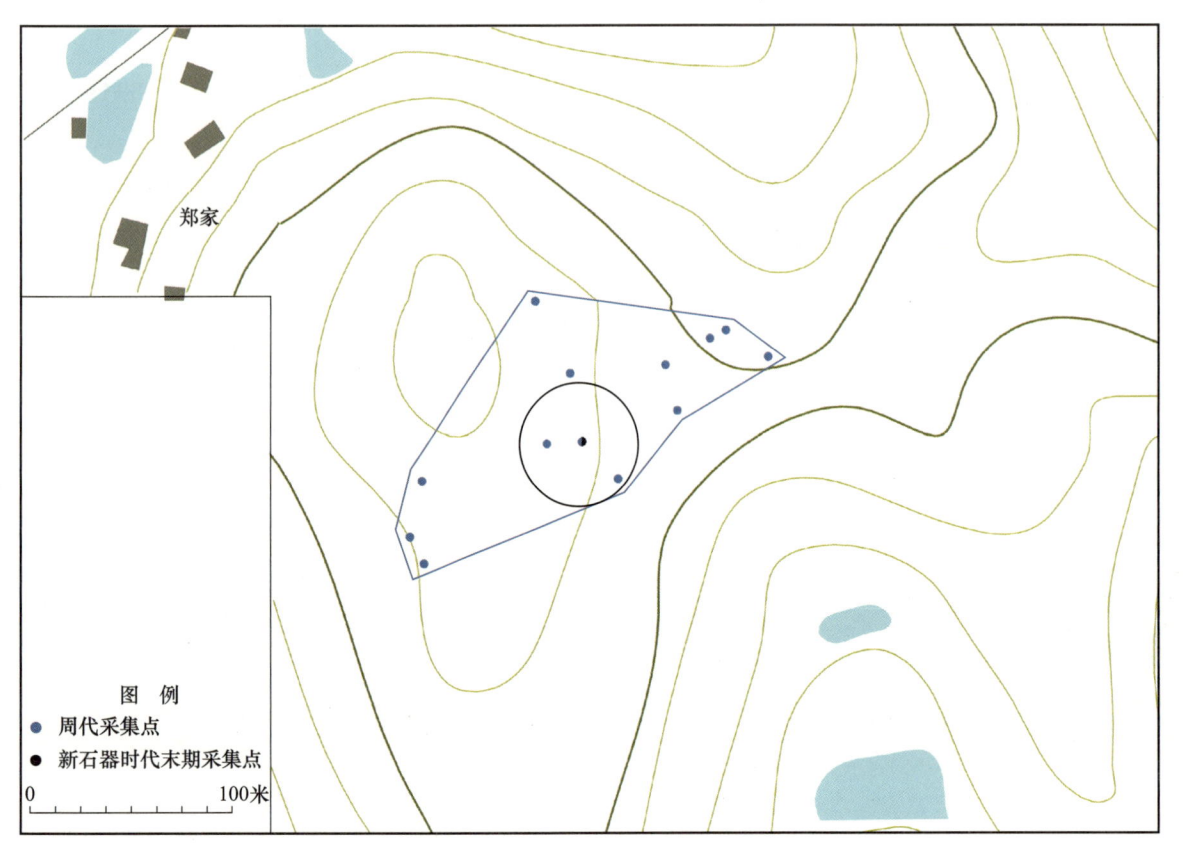

图 3-2-12　郑家遗址聚落分布图

点，面积400平方米。周代聚落面积约14000平方米。郑家聚落的位置比较特殊，海拔较高，与周围其他同时期遗址的环境都不同，但是根据遗址上地层断面的观察，发现有古河道的线索，但这还不足以解释为何聚落选址在山坡上（图3-2-12）。

3. 遗物

器底　2件。

C05：1，灰色印纹硬陶，灰紫胎，平底，筛格纹。复原底径6、壁厚0.4厘米（图3-2-13，5）。

C06：2，印纹灰色硬陶，灰紫胎，平底，蕉叶纹。残高7.1、厚0.7厘米（图3-2-13，1）。

鼎足　1件。

B03：3，夹粗砂红陶，红胎，胎内含小石子，侧装扁足。残高6.2厘米（图3-2-13，3）。

罐　1件。

C04：1，紫色印纹硬陶，紫胎，筛格纹。壁厚0.5厘米（图3-2-13，4）。

口沿　1件。

B03：2，灰色印纹硬陶，灰紫胎，素面。残高2厘米（图3-2-13，2）。

采集陶片纹饰见图3-2-14。

四、散　点

1. 庙甸

位于护河镇庙甸村东，仅一新石器时代采集点（见图3-2-1）。

2. 青山中学

位于青山中学东南，岗地边缘。有两个采集点，采集的遗物年代均为周代，遗物分布面积约600平方米（见图3-2-2、图3-2-15；图版12，3）。

3. 孙家南窑

位于薛村遗址东南约230米处，仅一处采集点，采集到周代的陶片，不排除是从薛村遗址流出的（见图3-2-2）。

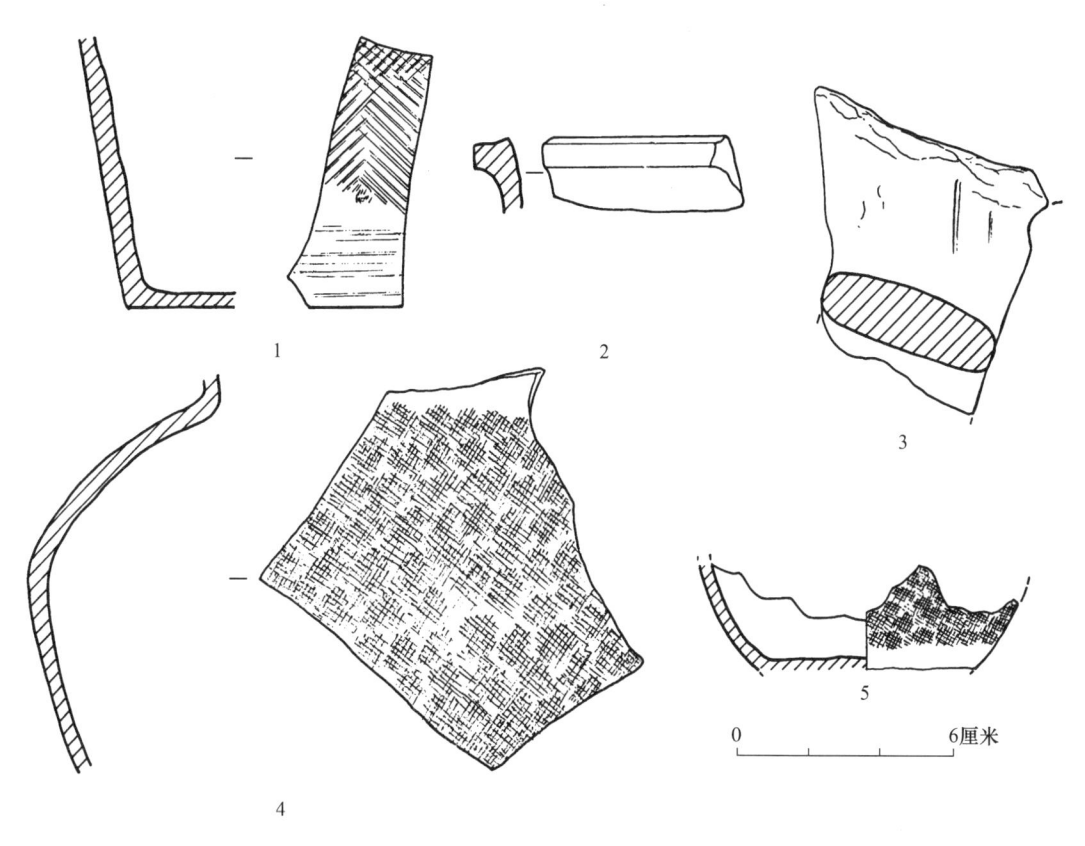

图 3-2-13　郑家遗址采集遗物
1、5. 器底（C06：2、C05：1）　2. 口沿（B03：2）　3. 鼎足（B03：3）　4. 罐（C04：1）

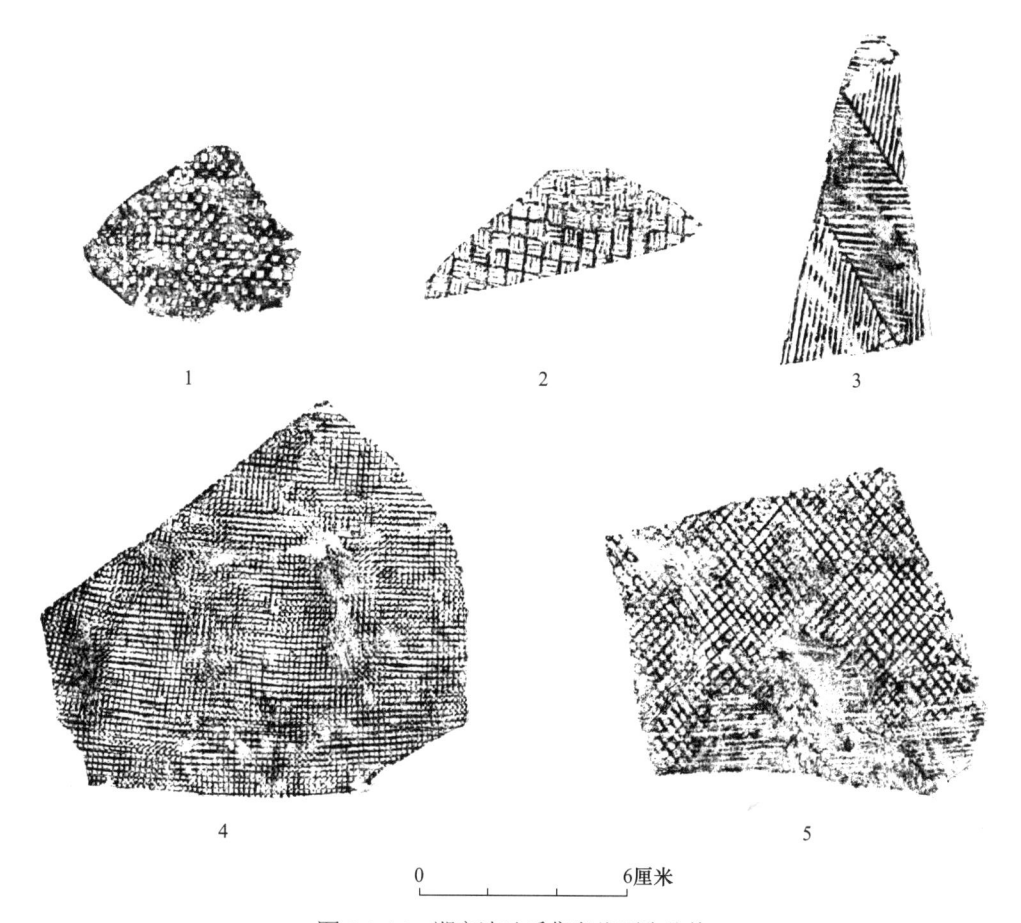

图 3-2-14　郑家遗址采集印纹硬陶纹饰
1、4、5. 筛格纹（C03：2、C05：4、C06：1）　2. 席纹（B03：1）　3. 蕉叶纹（C03：1）

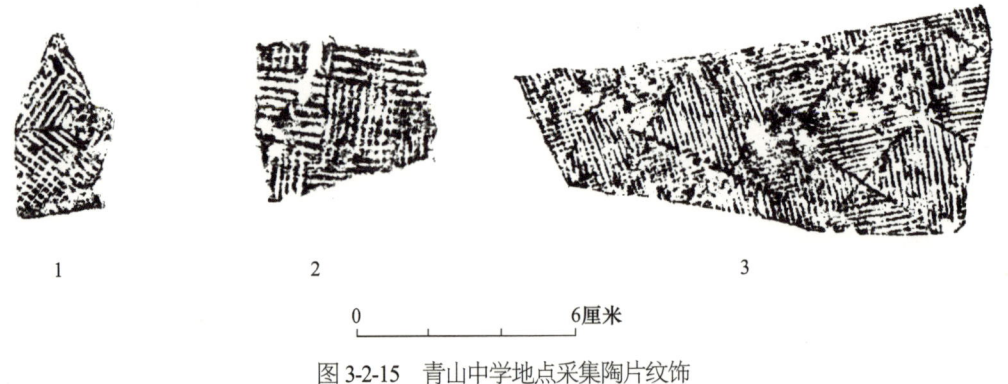

图 3-2-15 青山中学地点采集陶片纹饰
1. 蕉叶纹（D01:3） 2. 席纹（D01:2） 3. 填线菱形纹（D01:1）

第三节　Ⅲ区甑山—白纻山西麓（城关镇）

这个区域最北到达乙字河的南岸，东部到达县城，南部到达姑溪河干流。从地貌来看，该区东部为甑山、白纻山构成的西南—东北向屏障，自此向西都是长江沿岸冲积平原，遗址主要分布在东部山前近水地带，大多位于小支流的沿岸，几个靠近姑溪河干流的遗址，均依靠孤丘。近干流处的遗址海拔约8米，其他支流处遗址，最高的五星山遗址海拔21米，其余均在10米左右。此区共发现先秦时期遗址8处。遗址大体可分为墩型遗址、孤丘前坡地和海拔较高的山前岗地三类。其中墩型遗址有5处，孤丘前坡地2处，1处为山前岗地（图3-3-1）。

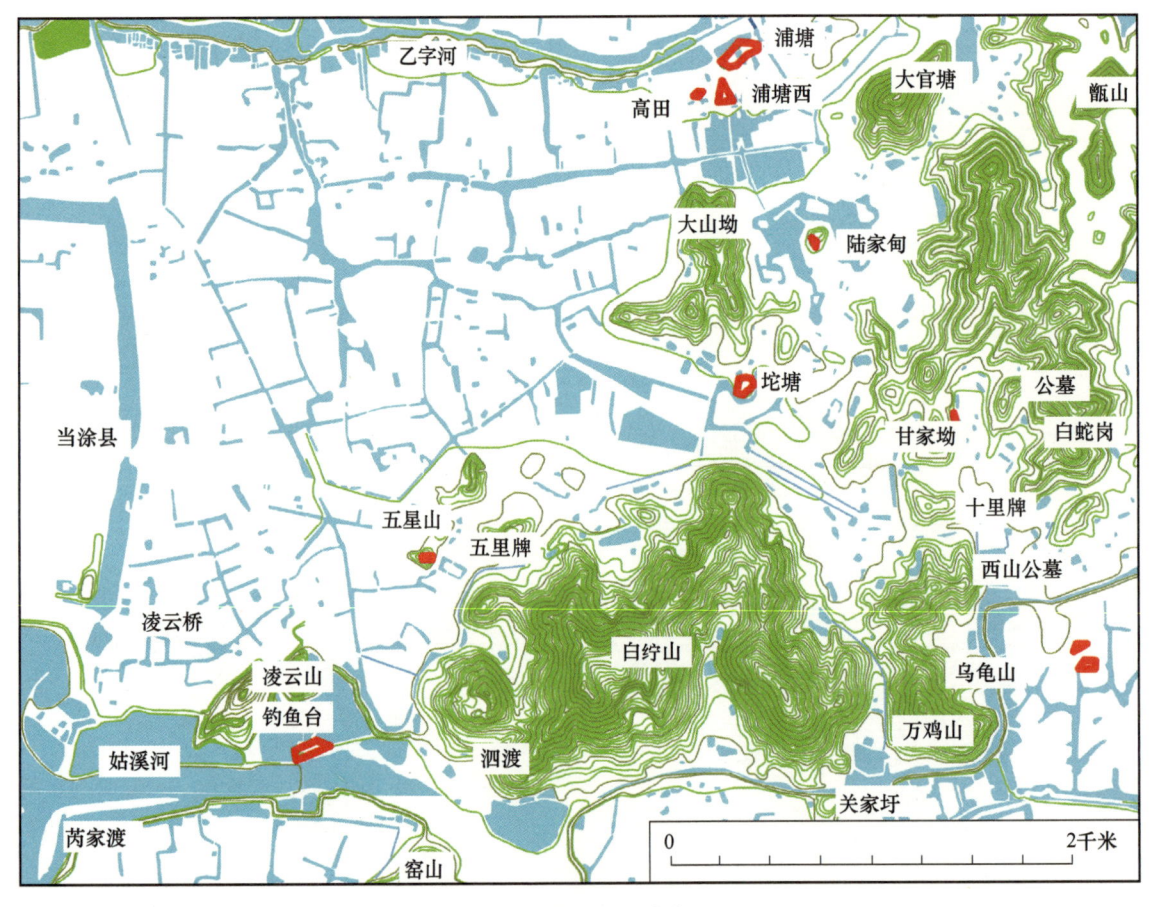

图 3-3-1　Ⅲ区遗址分布图

一、钓鱼台遗址

1. 遗址概况（111222DTCGDYT）

位于城关镇凌云村东南姑溪河北岸，紧邻姑溪河独立残丘——凌云山，遗物分布面积约7600平方米。由于雨水冲刷和河道侵蚀，陶片已经被冲到东侧河滩上。原先遗址的地貌应为孤丘前坡地型遗址（图版14，1）。

2. 聚落

包含马家浜文化晚期崧泽文化早期和周代两个时期的聚落。每期聚落分别仅有两处采集点，且都在河滩上，可能是雨水冲刷所致，马家浜文化晚期崧泽文化早期聚落面积约5000平方米，周代聚落面积2300平方米（图3-3-2）。

3. 遗物

鼎腹 1件。

B02：4，夹粗砂黑陶，红胎，颈下数周凸弦纹下饰一周按窝纹。残高6、厚0.6厘米（图3-3-3，1）。

鼎足 3件。

B02：1，夹粗砂红陶，红胎，鸭头形柱状鼎足，足跟处两侧有按窝，足身两侧有竖向凹槽。残高6.2厘米（图3-3-3，5）。

B02：2，夹粗砂红陶，红胎，侧装扁足，横断面呈扁条形。残高3.3厘米（图3-3-3，2）。

C01：1，夹粗砂红陶，红胎，横装扁足，横断面呈扁条形。残高7.9厘米（图3-3-3，4）。

口沿 1件。

B02：3，夹粗砂红陶，红胎，侈口，素面。残高2.2、厚0.4厘米（图3-3-3，3）。

采集陶片纹饰见图3-3-4。

二、五星山遗址

1. 遗址概况（111222DTCGWXS）

位于城关镇五里牌村南，被一周房屋包围，面积约1500平方米。五星山海拔21米，高出地表约14米，系孤立的残丘，北侧有些土壤覆盖，遗物分布面积900

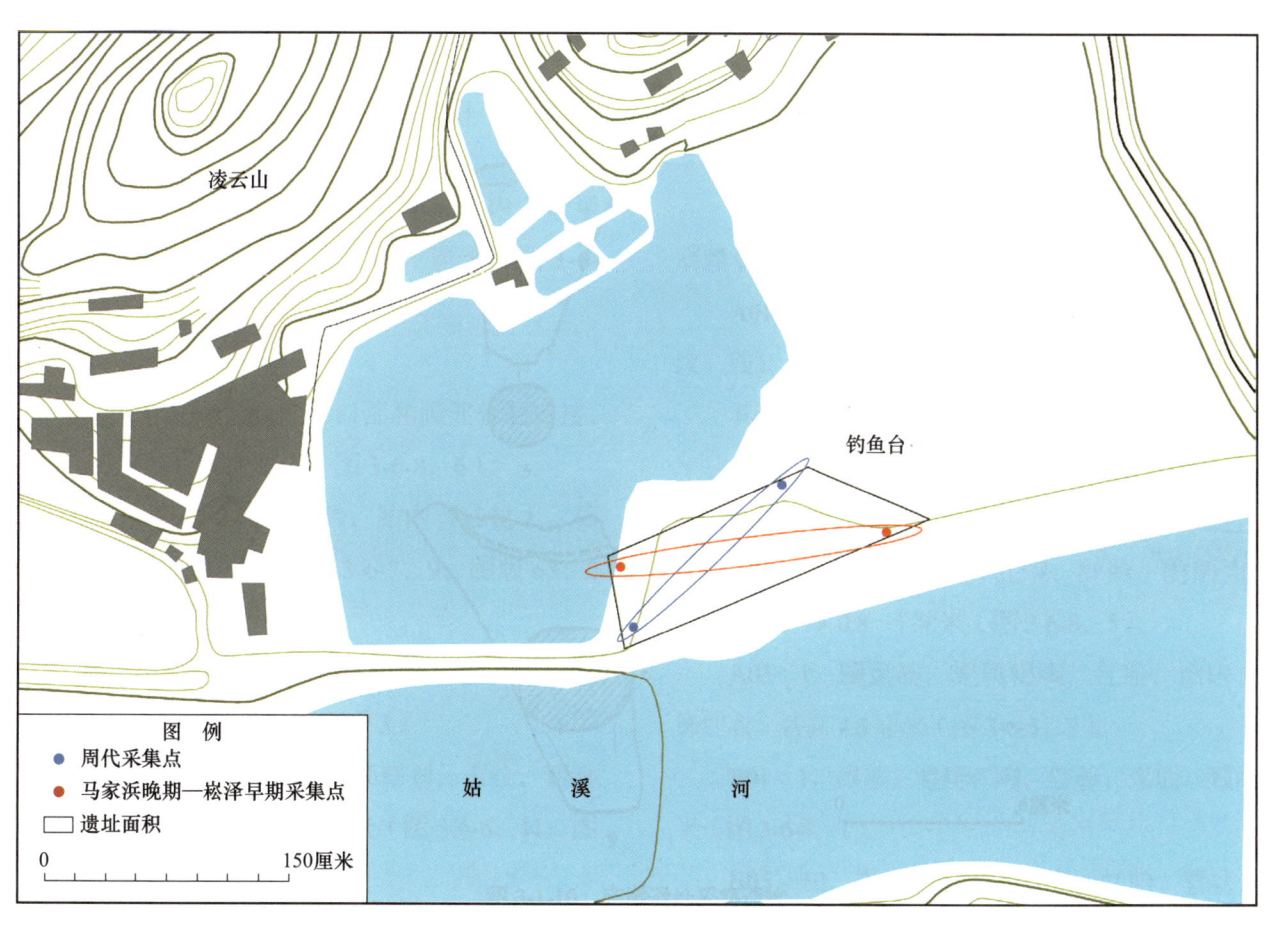

图3-3-2 钓鱼台遗址聚落分布图

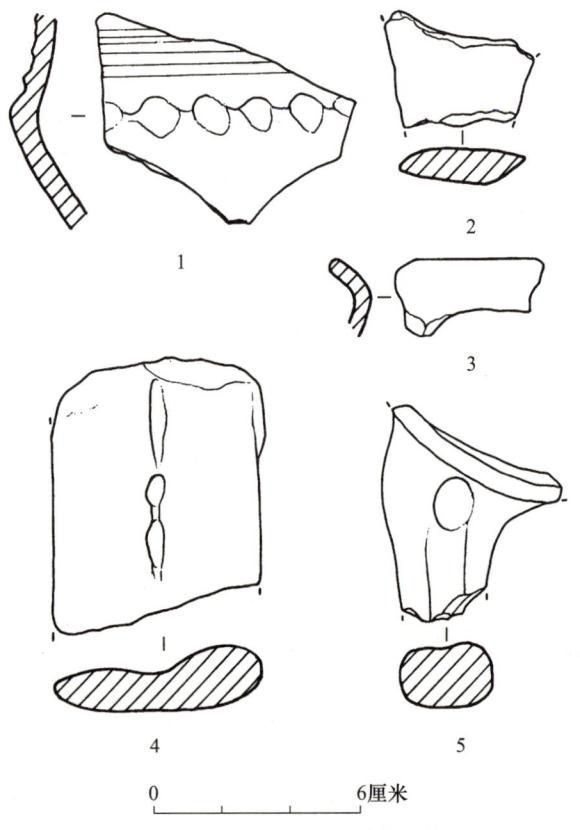

图 3-3-3 钓鱼台遗址采集遗物
1. 鼎腹（B02：4） 2、4、5. 鼎足（B02：2、C01：1、B02：1）
3. 口沿（B02：3）

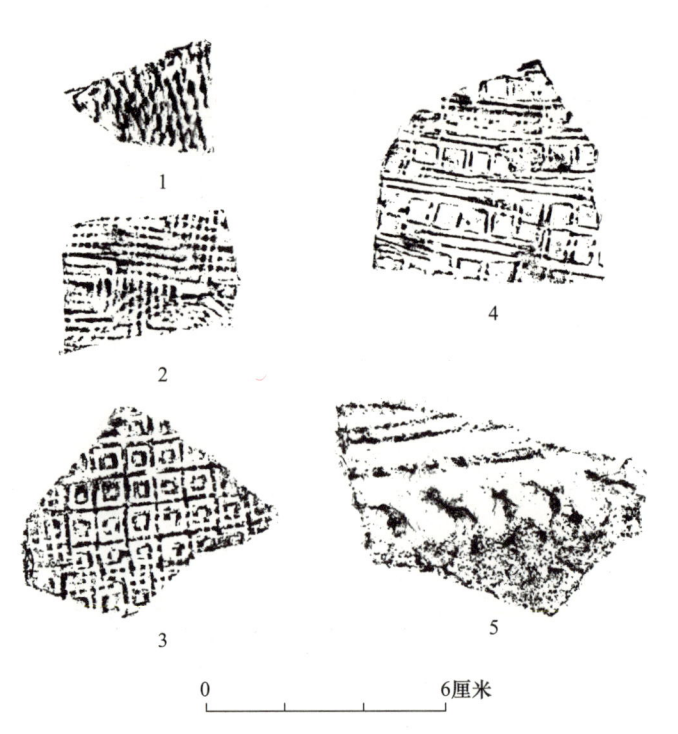

图 3-3-4 钓鱼台和五星山遗址采集陶片纹饰
1. 绳纹（钓 B03：1） 2. 复线回纹（五 D01：1） 3. 回纹（五 C01：1）
4. 口字纹（五 B01：1） 5. 弦纹和戳印纹（钓 B02：4）

平方米。五星山南侧有小河通向南部 1000 米处的姑溪河，北部为较开阔的冲积平原（图版 14，2）。

2. 聚落

由于采集点都在五星山上较高的位置，且仅采集到周代的陶片，不排除是土墩墓。陶片分布面积约 1000 平方米（图 3-3-5）。

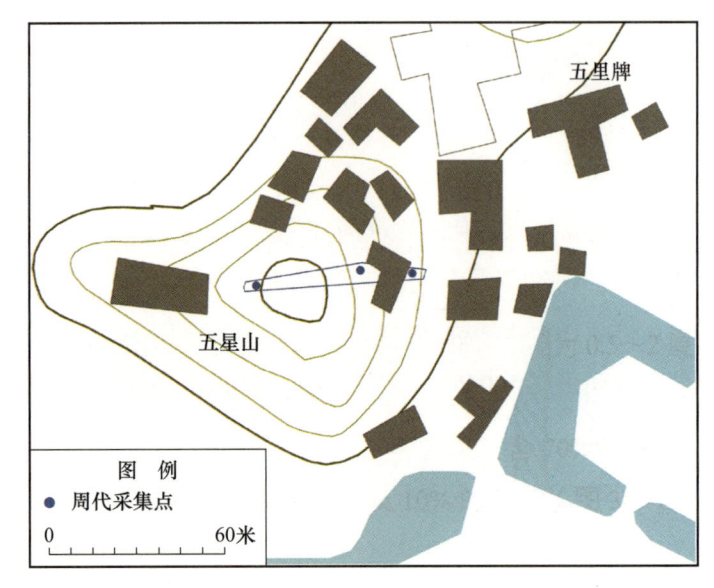

图 3-3-5 五星山遗址聚落分布图

3. 遗物

B01：2，盆口，夹粗砂褐陶，褐胎，敛口，素面。残高 3.3 厘米（图 3-3-6，8）。

采集陶片纹饰见图 3-3-4。

三、坨塘遗址

1. 遗址概况（111221DTCGTT）

位于城关镇坨塘村东南，椭圆墩型遗址，海拔 11 米，高出周围约 6 米，遗物分布面积约 5000 平方米。遗址位于甑山和白纻山的山谷间，北依山岗，其余各面被水环绕，水非自然河流走向，似乎是人工环壕。但此河自山谷间流向北部的乙字河，严格来说不算是姑溪河流域的范畴。遗址主体遗存为西周时期，是马鞍山市市级文物保护单位（图版 15，1）。

2. 聚落

遗址上包含新石器时代末期和周代两个时期的聚落，新石器时代末期时，仅一个采集点。周代对遗址继续利用，这期聚落的面积约 4500 平方米（图 3-3-7）。

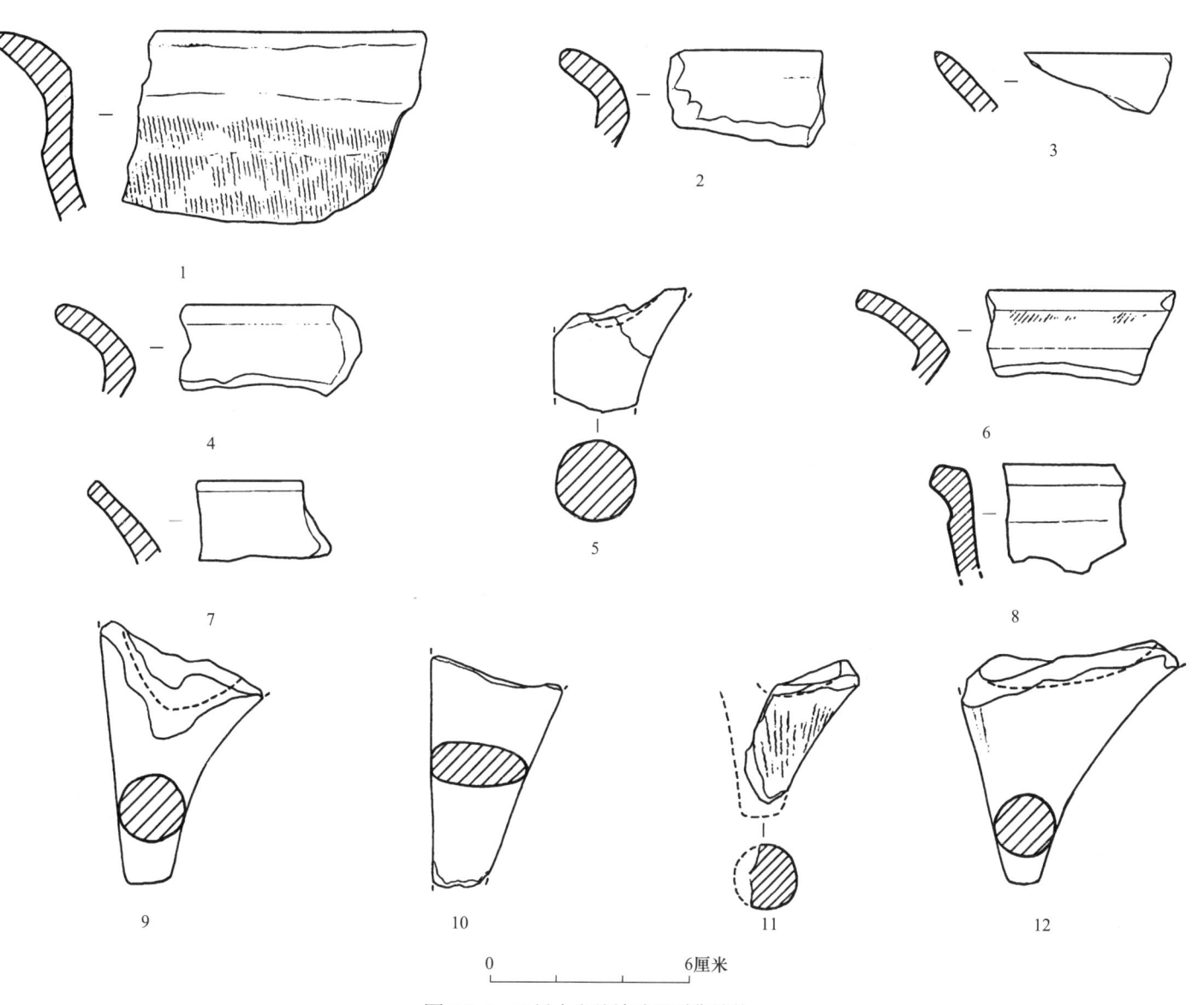

图 3-3-6　五星山和坨塘遗址采集遗物
1、8.盆（坨 D03：1、五星山 B01：2）　2～4、6、7.口沿（坨 D03：2、坨 B01：2、坨 C03：5、坨 B02：1、坨 D01：1）
5、9、11、12.鬲足（坨 A01：2、坨 C02：1、坨 C03：3、坨 C03：1）　10.鼎足（坨 A01：1）

3. 遗物

盆　1 件。

D03：1，夹粗砂黑陶，外黑内红，红褐胎，敞口，绳纹。残高 5.6、厚 0.7～1.1 厘米（图 3-3-6，1）。

口沿　5 件。

B01：2，夹粗砂褐陶，灰胎，素面。残高 1.7、厚 0.5 厘米（图 3-3-6，3）。

B02：1，夹粗砂黑陶，褐胎，方唇，折沿，素面。残高 2.8、厚 0.7 厘米（图 3-3-6，6）。

C03：5，夹粗砂黑褐陶，褐胎。素面，侈口。残高 2.7、厚 0.7 厘米（图 3-3-6，4）。

D01：1，夹粗砂褐陶，褐胎，胎内含云母，方唇，折沿，素面。残高 2.4、厚 0.5～0.8 厘米（图 3-3-6，7）。

D03：2，夹粗砂褐陶，红胎，侈口，素面。残高 2.8、厚 0.8 厘米（图 3-3-6，2）。

鼎足　1 件。

A01：1，夹粗砂灰陶，灰胎，侧装扁足，素面。残高 6.8 厘米（图 3-3-6，10）。

鬲足　12 件。

A01：2，夹粗砂红陶，褐胎，柱形足，素面。残高 3.6 厘米（图 3-3-6，5）。

C02：1，夹粗砂褐陶，红胎，锥柱形足，素面。残高 7.6 厘米（图 3-3-6，9）。

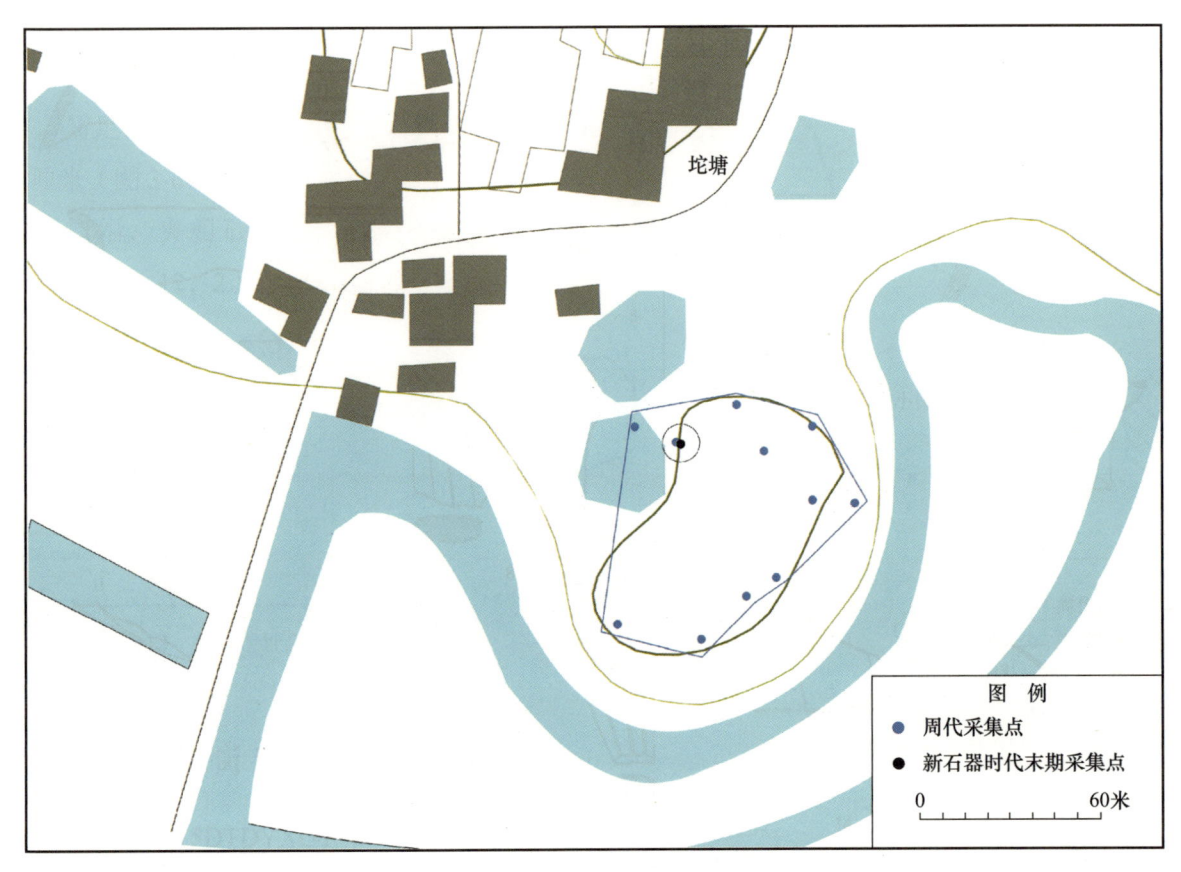

图 3-3-7　坨塘遗址聚落分布图

C03：3，夹粗砂灰陶，灰胎，锥柱形足，绳纹。残高 4.2 厘米（图 3-3-6，11）。

C03：1，夹粗砂红陶，红胎，锥形足，素面。残高 7 厘米（图 3-3-6，12）。

C01：1，夹粗砂褐陶，红胎，锥形足，素面。残高 4.8 厘米（图 3-3-8，1）。

B02：2，夹粗砂褐陶，褐胎，柱形足，素面。残高 5.3 厘米（图 3-3-8，2）。

B01：1，夹粗砂红陶，褐胎，锥形足，素面。残高 2.2 厘米（图 3-3-8，3）。

D03：3，夹粗砂褐陶，红胎，柱形足，素面。残高 5.9 厘米（图 3-3-8，4）。

D02：1，夹粗砂褐陶，红胎，柱形足，素面。残高 3.9 厘米（图 3-3-8，5）。

C03：2，夹粗砂红陶，红胎，锥形足，素面。残高 6 厘米（图 3-3-8，6）。

A03：1，夹粗砂褐陶，褐胎，柱形足，素面。残高 3 厘米（图 3-3-8，7）。

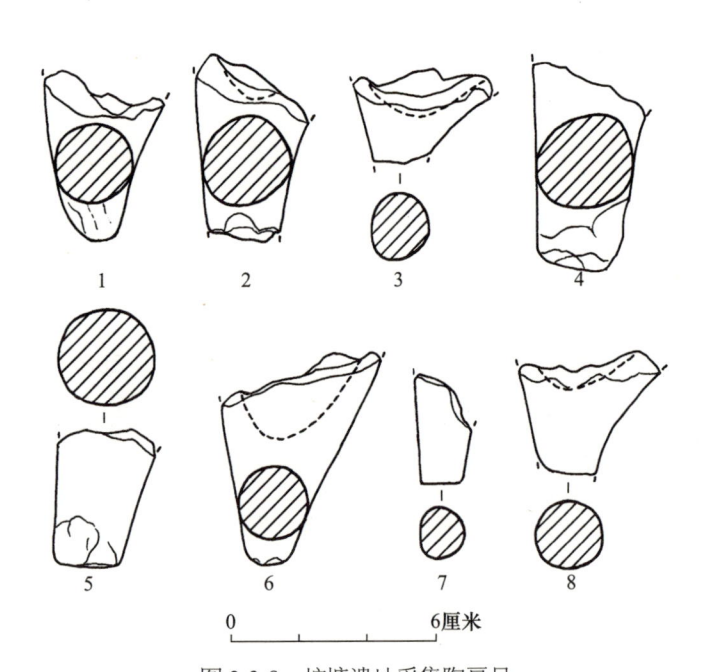

图 3-3-8　坨塘遗址采集陶鬲足
1. C01：1　2. B02：2　3. B01：1　4. D03：3　5. D02：1
6. C03：2　7. A03：1　8. C03：4

C03：4，夹粗砂红陶，褐胎，锥柱形足，素面。残高 3.5 厘米（图 3-3-8，8）。

采集陶片纹饰见图 3-3-9。

图 3-3-9 坨塘和陆家甸遗址采集陶片纹饰

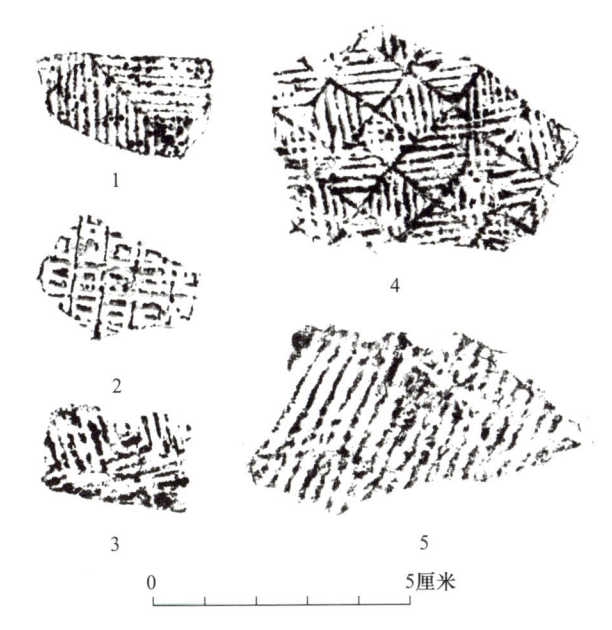

1. 蕉叶纹（陆 E01：4） 2. 口字纹（陆 D01：5） 3. 复线回纹（坨 A01：3） 4. 填线菱形纹（坨 D03：4） 5. 绳纹（坨 C03：7）

四、陆家甸遗址

1. 遗址概况（111221DTCGLJD）

位于城关镇陆家甸村西北，海拔19.9米，高出地表约15米，遗物分布面积约500平方米。遗址位于甑山向西北延伸出的长条山岗上，上部北面呈馒头状，南部略平坦，遗址三面环水，小河均向北注入乙字河。采集陶片有鬲足和印纹陶。主体遗存为西周时期（图版15，2）。

2. 聚落

采集点的位置都在小山的西南坡，包含新石器时代末期和周代的聚落。新石器时代末期聚落面积400平方米，周代聚落面积约500平方米（图3-3-10）。

3. 遗物

B01：1，口沿，泥质褐陶，褐胎，侈口，唇上有一周凹槽，素面。残高2.7、厚0.7厘米（图3-3-11，1）。

D01：2，器把，夹粗砂黑陶，褐胎，扁把，素面。把宽4厘米（图3-3-11，2）。

B01：2，鼎足，夹粗砂红陶，褐胎，侧装扁足，素面。残高6.8厘米（图3-3-11，3）。

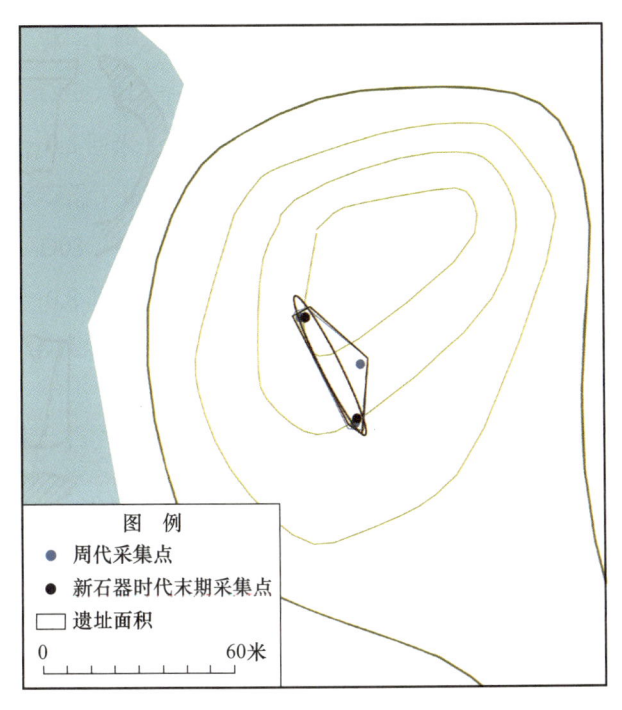

图 3-3-10 陆家甸遗址聚落分布图

C01：2，鬲足，夹粗砂褐陶，褐胎，柱形足，素面。残高5.1厘米（图3-3-11，4）。

D01：1，鬲足，夹粗砂灰陶，灰胎，柱形足，素面。残高4.8厘米（图3-3-11，5）。

C01：3，器底，夹细砂红陶，红胎，平底，素面。复原底径7、残高1.4、厚0.6厘米（图3-3-11，6）。

五、浦塘遗址

1. 遗址概况（111222DTCGPT）

位于城关镇浦塘村西北约100米处，为一处"S"形复合型遗址，北部紧邻乙字河，高出地表4~5米。岗地上呈串珠形分布着东、中、西三个土墩，但底部是连续的岗地，应是利用原始岗丘地貌。遗物分布约12000平方米，南部墩子高出地表约2米（图版16，1）；北部墩子的西部边缘断面上，分布着东西长约10米的红烧土块状堆积，厚约30厘米，烧土内有草木茎痕迹，且内夹有陶片，应为房屋的倒塌堆积。采集的陶片有角状把手，印纹陶，鬲足，鸡冠状錾手。在此遗址的南部，有条水坝兼作小路，坝上全是陶片，应当是挖此遗址的土筑成（图版57，4~8）。遗址的堆积情况，我们从P1有所了解（图3-3-12、图3-3-13）。

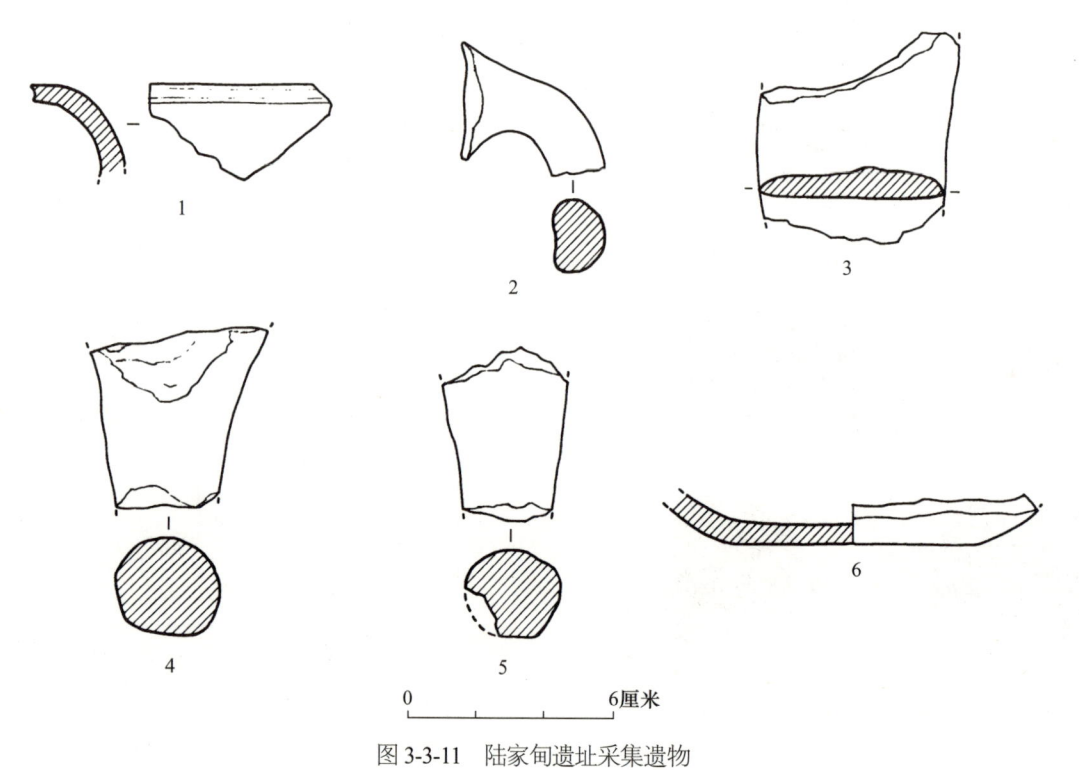

姑溪河—石臼湖流域先秦时期聚落考古调查与研究

图 3-3-11 陆家甸遗址采集遗物
1. 口沿（B01∶1） 2. 器把（D01∶2） 3. 鼎足（B01∶2） 4、5. 鬲足（C01∶2、D01∶1） 6. 器底（C01∶3）

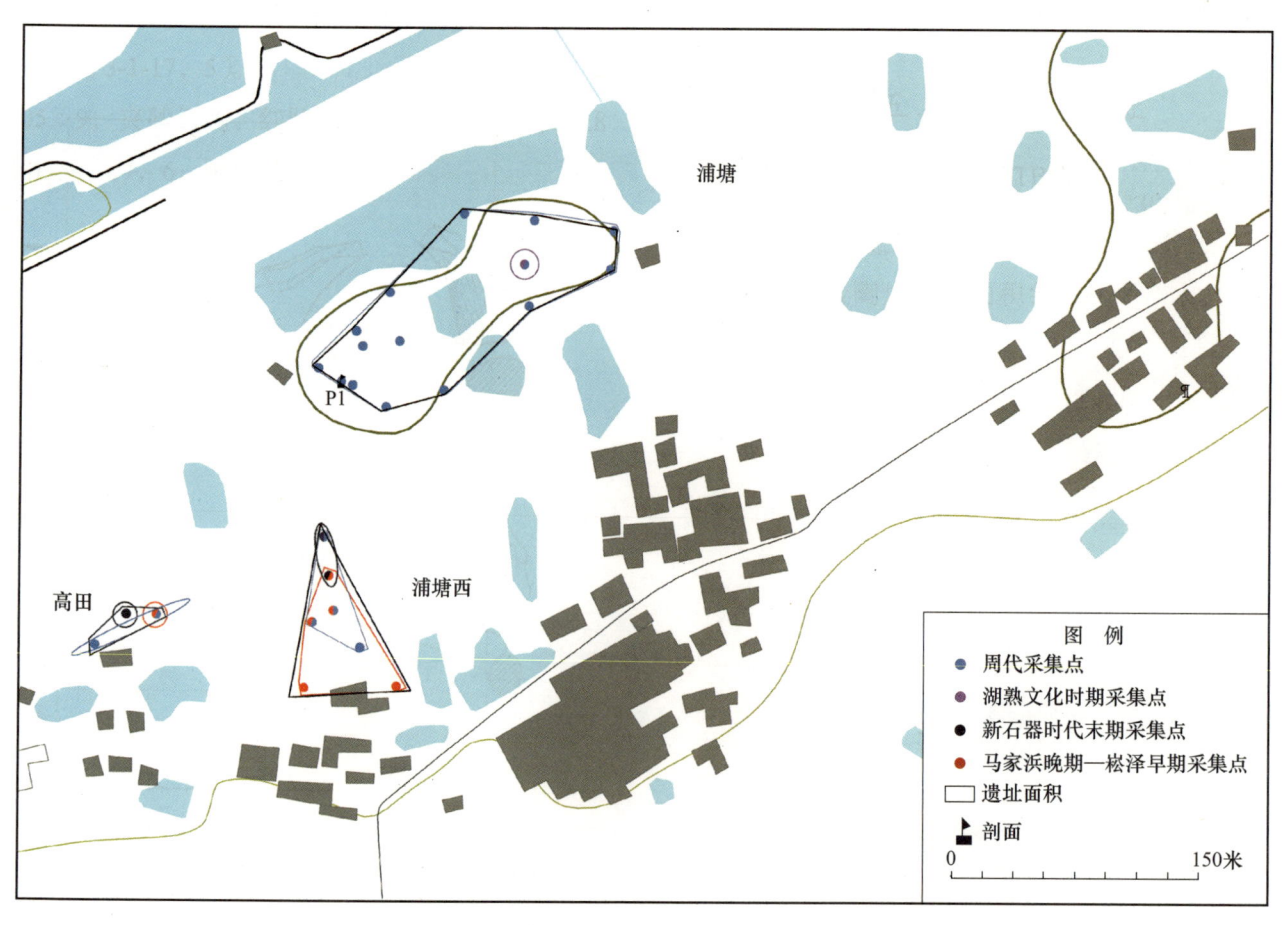

图 3-3-12 浦塘、浦塘西和高田遗址聚落分布图

· 54 ·

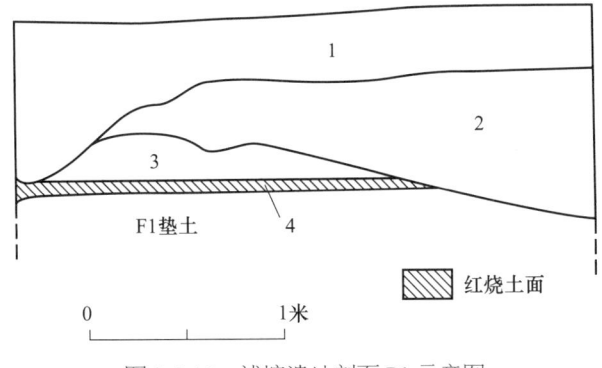

图 3-3-13　浦塘遗址剖面 P1 示意图

P1①：耕土，厚 20～80 厘米，坡状堆积。

P1②：灰黄色土，夹 50% 烧土块，粒径在 0.2～6 厘米，含 1% 的陶片、厚约 75 厘米。坡状堆积，应当是房屋倒塌堆积。

P1③：红烧土层，坚硬，厚 25 厘米。由倒塌的墙体构成，可见约宽 80、厚 10 厘米的连续烧土块，凸镜状堆积，属于房屋倒塌堆积。

P1④：烧土面，厚约 5 厘米，连续平坦，水平状堆积，应是房屋的居住面。

F1 垫土：灰褐色土，较致密，含小于 1% 的陶片，应是房子垫土，未清理到底（图 3-3-13；图版 16，2）。

2. 聚落

遗址包含湖熟文化时期和周代两个时期的聚落。湖熟文化时期的采集点仅一处，面积 400 平方米。位于遗址北部的墩子上，周代采集点遍布整个台地，聚落的面积约为 11700 平方米。根据断面的堆积情况来看，周代的房子应为地面建筑，且有红烧土地面（图 3-3-12）。

3. 遗物

盆　2 件。

B05：1，夹粗砂红陶，灰胎，侈口，口腹分制，素面，外壁经刮抹。残高 6.8、厚 1 厘米（图 3-3-14，1）。

B01：1，夹粗砂褐陶，褐胎，敛口，圆唇，素面。残高 4.7、厚 0.5 厘米（图 3-3-14，7）。

口沿　6 件。

B04：5，夹粗砂灰陶，灰胎，胎内夹小石子，侈口，圆唇，仰折沿，素面。残高 4、厚 0.5 厘米（图 3-3-14，2）。

B05：3，夹细砂褐陶，褐胎，方唇，折沿，素面。残高 2.7、厚 0.5 厘米（图 3-3-14，3）。

B04：6，夹粗砂灰陶，灰胎，方唇，折沿，素面。残高 2.1、厚 0.3～0.6 厘米（图 3-3-14，4）。

B01：2，夹粗砂褐陶，褐胎，胎内含小石子，素面。残高 5.2、厚 0.7～1 厘米（图 3-3-14，6）。

D02：1，夹蚌褐陶，褐胎，侈口。残高 3.9 厘米（图 3-3-14，8）。

C01：1 口沿，泥质灰陶，褐胎，弦断绳纹，残高 5.8 厘米（图 3-3-14，14）。

器底　2 件。

D03：3，泥质褐陶，褐胎，平底，底部有绳纹。残高 2.6 厘米（图 3-3-14，9）。

B05：2，夹砂红陶，褐胎，平底，素面。残高 3 厘米（图 3-3-14，10）。

鬲足　9 件。

B04：1，夹砂红陶，褐胎，素面，带竖向的刮痕。残高 8.5、厚 0.75 厘米（图 3-3-14，16；图版 57，7）。

C02：1，夹砂褐陶，褐胎，截锥形足，素面，足部有竖向刮抹痕迹。残高 10.5 厘米（图 3-3-14，18；图版 57，6）。

C02：2，夹砂褐陶，褐胎，锥柱形足，素面。残高 7.5 厘米（图 3-3-14，13）。

B02：1，夹粗砂褐陶，褐胎，柱状足，素面，足部竖向刮抹。残高 4.9 厘米（图 3-3-15，1）。

C01：2，夹砂褐陶，褐胎，素面。残高 7.6 厘米（图 3-3-15，3）。

C03：1，夹砂红陶，红胎，含砂量极高，素面。残高 6.4 厘米（图 3-3-15，4）。

C01：3，夹砂褐陶，褐胎，柱形足，素面。残高 5.9 厘米（图 3-3-15，5）。

B04：4，夹砂灰陶，灰胎，绳纹。残高 4.6 厘米（图 3-3-15，6）。

C05：1，夹砂红陶含云母，褐胎，素面。残高 8.5 厘米（图 3-3-14，17；图版 57，8）。

其他　6 件。

C04：2，印纹硬陶片，紫灰胎。残高 3.5、厚 0.8 厘米（图 3-3-14，11）。

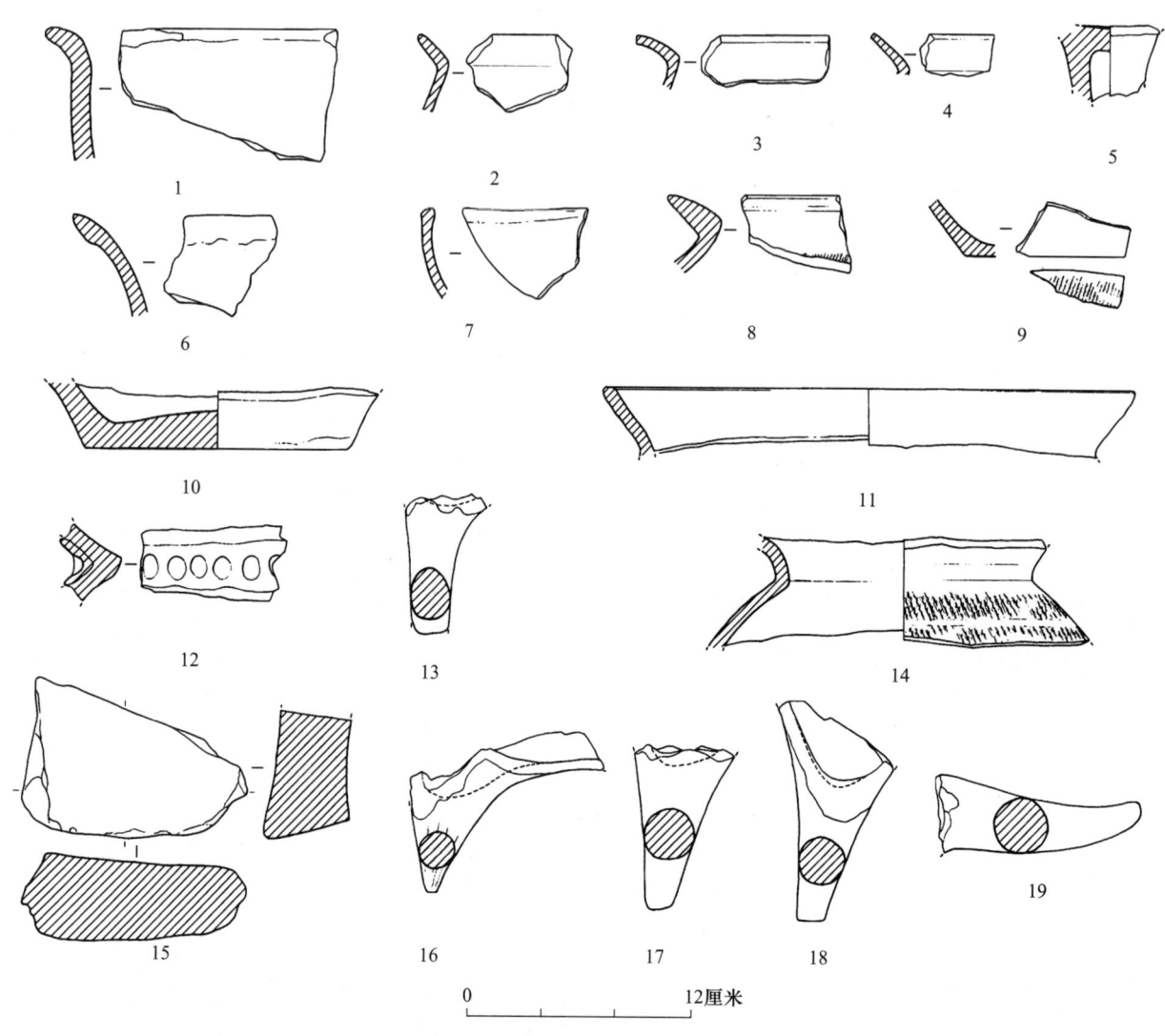

图 3-3-14 浦塘遗址采集遗物

1、7. 盆（B05：1、B01：1） 2～4、6、8、14. 口沿（B04：5、B05：3、B04：6、B01：2、D02：1、C01：1） 5. 豆柄（C03：2）
9、10. 器底（D03：3、B05：2） 11. 印纹硬陶片（C04：2） 12. 甗腰（D01：1） 13、16～18. 鬲足（C02：2、B04：1、C05：1、C02：1）
15. 砺石（C05：4） 19. 盉把（B03：1）

C03：2，豆柄，泥质灰陶，灰夹红胎，细柄，素面。残高 3.9 厘米（图 3-3-14，5）。

D01：1，甗腰，夹砂红陶，红胎。残高 3.5 厘米（图 3-3-14，12）。

C05：4，砺石，长 11、宽 8.2、厚 3.5～4.7 厘米（图 3-3-14，15）。

B03：1，盉把，泥质灰陶灰胎，残高 10.5 厘米（图 3-3-14，19；图版 57，5）。

D03：1，器把，夹砂褐陶，褐胎，牛角形，素面。残高 6 厘米（图 3-3-15，2）。

采集陶片纹饰有席纹（图版 57，4 下左）、复线回纹（图版 57，4 上左及上右）、弦断绳纹（图版 57，4 下右）及绳纹等（图 3-3-16）。

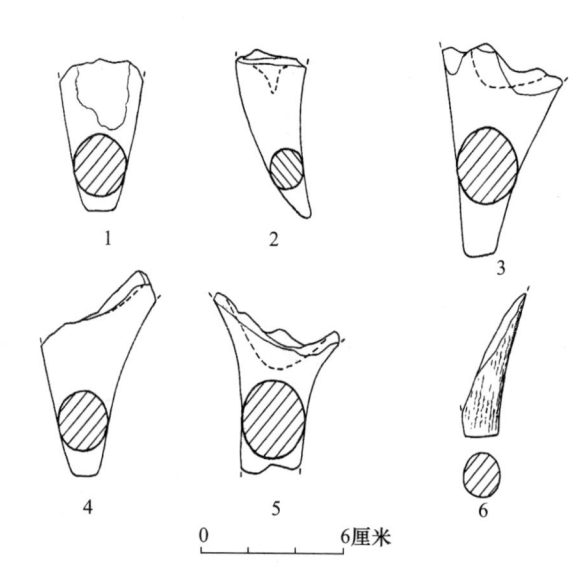

图 3-3-15 浦塘遗址采集遗物

1、3～6. 鬲足（B02：1、C01：2、C03：1、C01：3、B04：4）
2. 器把（D03：1）

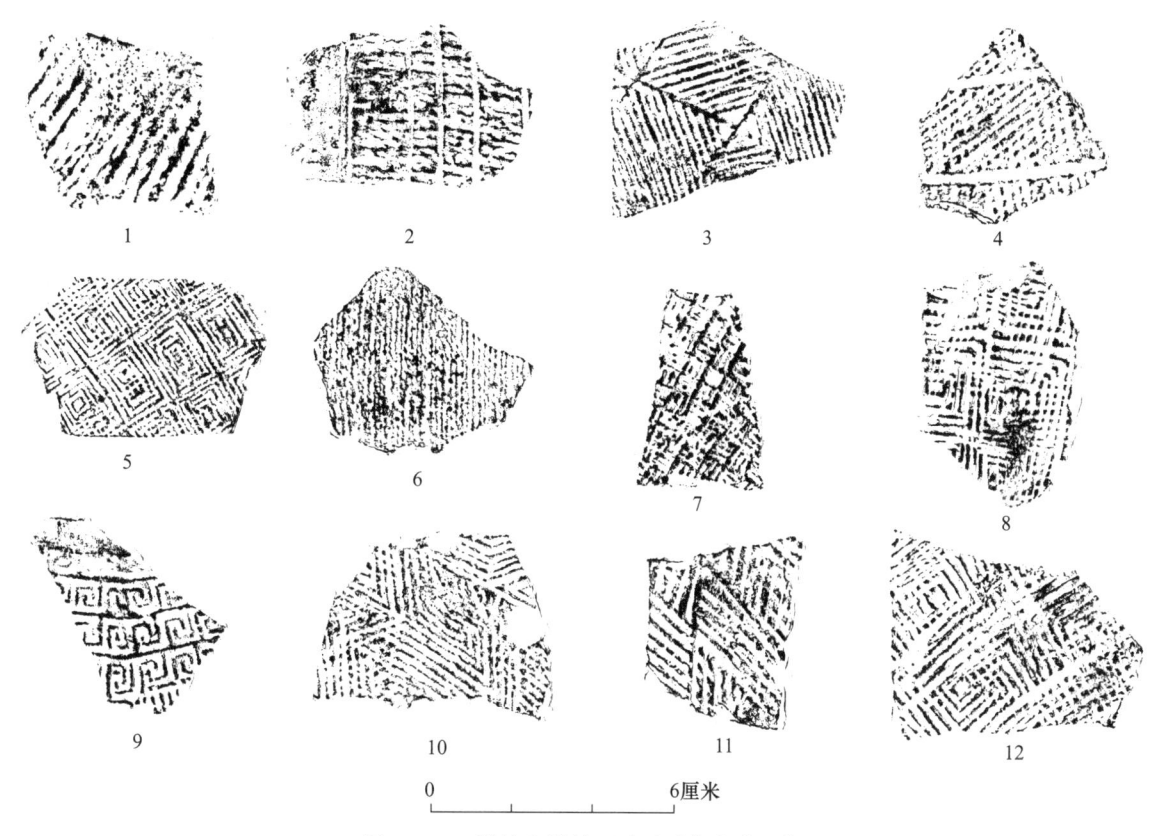

图 3-3-16 浦塘和浦塘西遗址采集陶片纹饰

1、6. 绳纹（西 D02：3，浦 D02：3） 2、4. 弦断绳纹（浦 D01：2，浦 B04：10） 3. 填线菱形纹（西 D02：1） 5、8、10、12. 复线回纹（浦 B01：3，西 B06：2，浦 B04：9，浦 B04：8） 7、11. 席纹（西 C01：1，浦 B04：7） 9. 单线云雷纹（浦 D04：3）

六、浦塘西遗址

1. 遗址概况（111222DTCGPTX）

位于乙字河南岸，西北为浦塘遗址，南部紧邻浦塘村民居。遗址地表遗物分布面积约 3700 平方米，高出地表约 1.5 米，为墩型遗址。保存状况较差，遗址的西北部已经遭取土破坏。采集点较为丰富，包含的遗物年代跨度长，为一处长期利用的遗址（图版 17，1）。

2. 聚落

包含马家浜文化晚期、新石器时代末期和周代三个时期的聚落。其中马家浜文化晚期时，聚落面积约为 2900 平方米；新石器时代末期，在遗址的北部有两个采集点，分布面积约为 500 平方米；周代聚落面积约为 1300 平方米，也位于遗址的北端（见图 3-3-12）。

3. 遗物

口沿 5 件。

B07：2，夹蚌红陶，外红内黑，侈口，距离口部有一周附加堆纹。残高 6 厘米（图 3-3-17，4）。

C02：1，夹蚌褐陶，外红内黑，素面。高 6.5、厚 0.4-1 厘米（图 3-3-17，1）。

D01：3，夹粗砂红陶，灰胎，素面。残高 3.2、厚 0.6-0.9 厘米（图 3-3-17，11）。

D01：4，夹蚌红陶，外红内黑，灰胎。残高 3.3 厘米厚 0.6~0.85，（图 3-3-17，9）。

D02：2，夹蚌含细砂陶，外红内灰，灰胎，素面。残高 4.4 厘米（图 3-3-17，6）。

豆 2 件。

A03：1，夹蚌红衣褐陶，侈口，圆唇，素面，内外抹光。残高 4 厘米（图 3-3-17，2）。

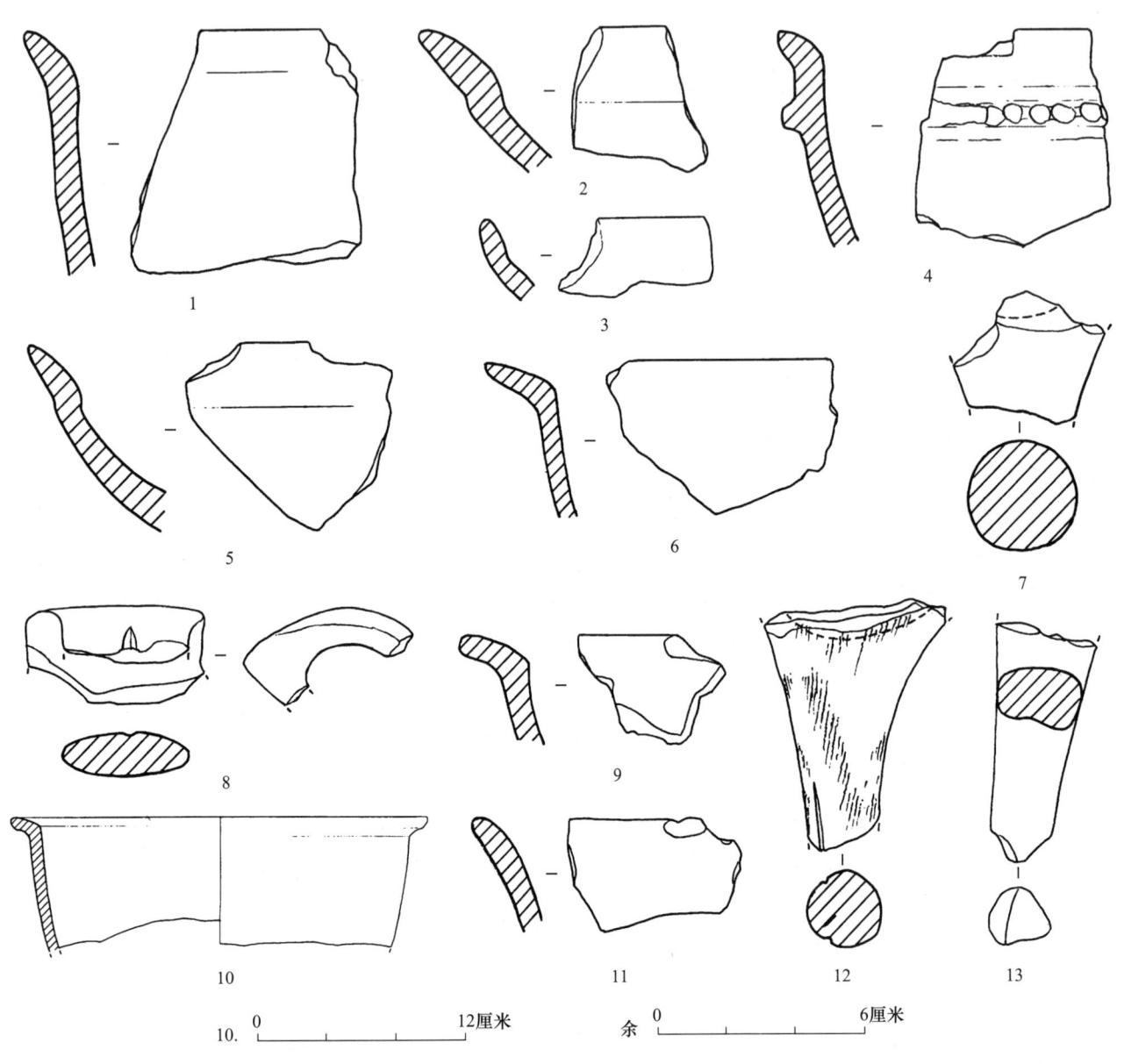

图 3-3-17 浦塘西遗址采集遗物

1、4、6、9、11. 口沿（C02：1、B07：2、D02：2、D01：4、D01：3） 2、5. 豆（A03：1、A03：2） 3. 钵（A03：9） 7、12. 鬲足（A02：1、B06：1） 8. 器耳（C01：2） 10. 釜（B07：1） 13. 鼎足（D01：2）

A03：2，夹蚌褐陶，外褐内黑，素面。残高 4.7 厘米（图 3-3-17，5）。

钵 1 件。

A03：9，夹蚌红陶，外红内黑，褐胎，素面。残高 2.1 厘米（图 3-3-17，3）。

鬲足 2 件。

A02：1，夹粗砂褐陶，褐胎，素面。残高 2.9 厘米（图 3-3-17，7）。

B06：1，夹粗砂红陶，红胎，足部有竖向绳纹被刮抹痕迹。残高 7 厘米（图 3-3-17，12）。

器耳 1 件。

C01：2，泥质红陶，扁平条形。残长 5 厘米。（图 3-3-17，8）。

釜 1 件。

B07：1，夹蚌褐陶，灰胎，侈口，折沿，沿与腹结合处后有一周修正后留下的弦纹。残高 7.5 厘米

（图3-3-17，10）。

鼎足 1件。

D01：2，夹砂红陶，灰胎，侧装捏尖，一面有竖向凹槽。残高6.1厘米（图3-3-17，13）。

采集陶片纹饰见图3-3-16。

七、高田遗址

1. 遗址概况（111222DTCGGT）

位于城关镇高田村内北部，为近椭圆形墩型遗址。海拔约10米，高出地表约3米。遗物分布面积约为700平方米，与浦塘村南北二墩相邻，西部紧邻高铁线路，北部约200米即乙字河，四周较为平坦（图版17，2）。

2. 聚落

包含马家浜文化晚期崧泽文化早期、新石器时代末期和周代三个时期的聚落，前两个时期仅发现一个采集点，面积为400平方米，周代采集点有两处，但是面积均不出遗址面积（见图3-3-12）。

3. 遗物

B01：1，刻槽盆底，夹细砂红陶，紫胎，外施弦纹，内饰刻划纹。厚1～1.5、残高3.5厘米（图3-3-18，1）。

C01：1，器足，夹细砂褐陶，褐胎，素面。残高5.5厘米（图3-3-18，3）。

C01：3，器底，夹蚌红陶，红胎，素面。残高2.8、厚0.5厘米（图3-3-18，4）。

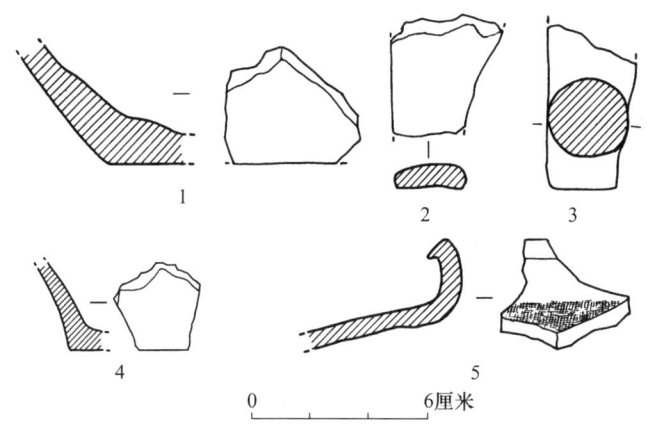

图3-3-18 高田遗址采集遗物
1.刻槽盆底（B01：1） 2.鼎足（D01：1） 3.器足（C01：1） 4.器底（C01：3） 5.口沿（C01：2）

C01：2，口沿，印纹硬陶，泥质灰陶紫胎，折沿，垂唇，小方格纹。厚0.55～0.75厘米（图3-3-18，5）。

D01：1，鼎足，夹粗砂褐陶，灰胎，一面有凹槽。残高3.7厘米（图3-3-18，2）。

采集陶片纹饰见图3-3-19。

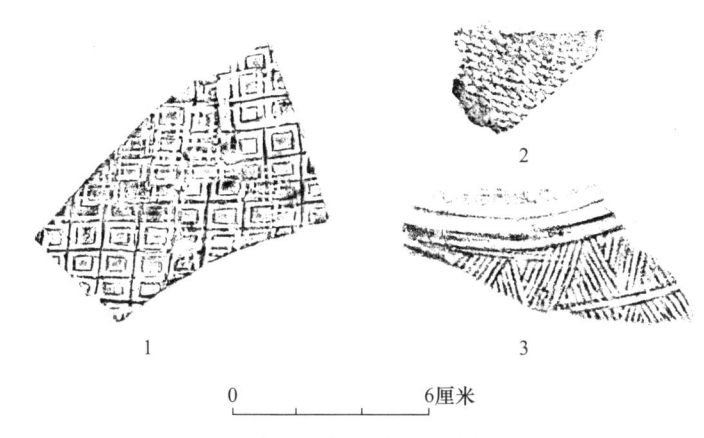

图3-3-19 高田和甘家坳遗址采集陶片纹饰
1.填线回纹（甘B01：2） 2.绳纹（高B01：2） 3.填线三角纹（甘C01：1）

八、甘家坳遗址

1. 遗址概况（111221DTCGGJA）

位于当涂县东部龙华垃圾填埋场的南部边缘，甘家坳村东北约500米处，甑山东南部。山前岗地地貌，位于山坳间，海拔约30米，高出南部平原约20米。遗址现在已经作为垃圾填埋厂使用，保存状况极差，仅南部有暴露陶片，遗物分布面积约800平方米，可能是推土机推出来的次生堆积。采集的陶片有鬲足、印纹软陶、硬陶（图3-3-19）。遗址主体遗存当属西周时期（图版18，1）。

2. 聚落

采集点的年代均为周代，根据遗物分布的面积判断聚落面积约800平方米，遗址的海拔高，破坏严重，也可能是一处土墩墓遗存（图3-3-20）。

3. 遗物

罐口 3件。

C01：1，罐口，泥质红陶，灰胎，饰填线三角纹。残高8、厚0.9厘米（图3-3-21，6）。

D01：1，夹砂红陶，红胎，绳纹。残高6、厚0.5～1.2厘米（图3-3-21，1）。

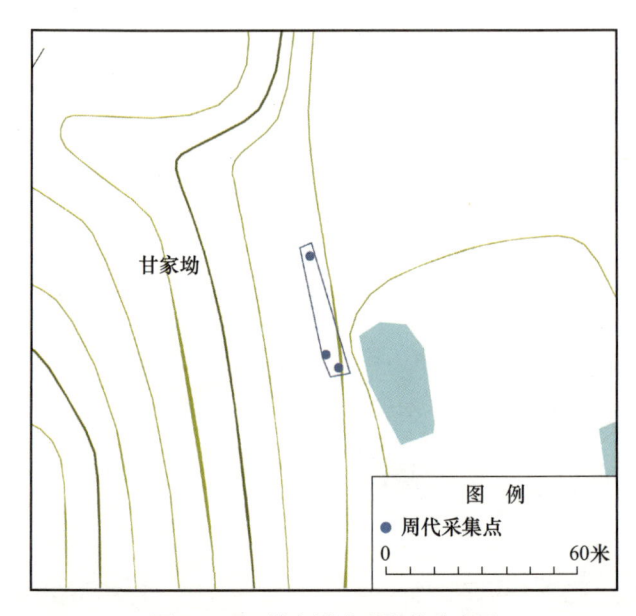

图 3-3-20 甘家坳遗址聚落分布图

D01：4，夹砂红陶，红胎，绳纹。厚 0.7、残高 5.6 厘米（图 3-3-21，2）。

鬲足 3 件。

D01：2，夹砂红陶，红胎，锥形足，素面。残高 7.6 厘米（图 3-3-21，3）。

B01：5，夹粗砂红陶，红胎，素面。残高 7.6 厘米（图 3-3-21，4）。

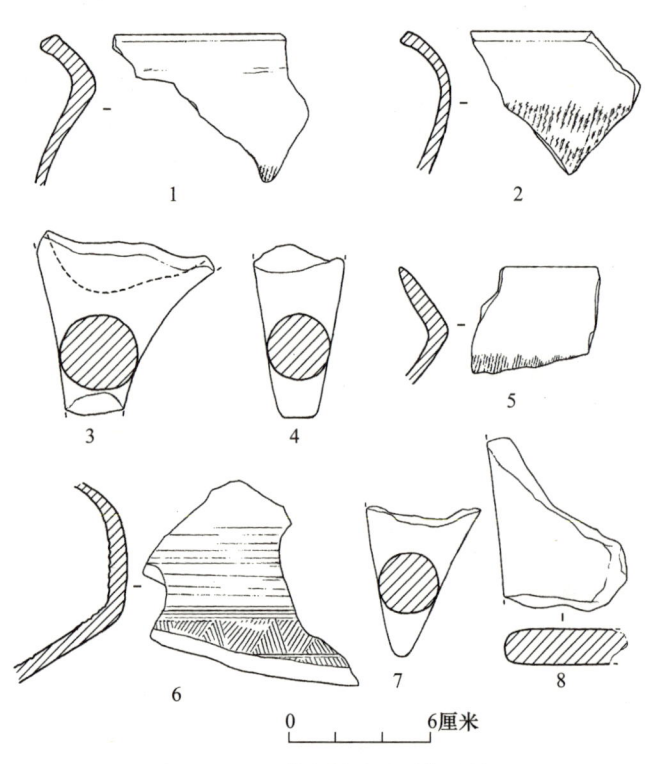

图 3-3-21 甘家坳遗址采集遗物
1、2、6. 罐口（D01∶1、D01∶4、C01∶1） 3、4、7. 鬲足（D01∶2、B01∶5、D01∶3） 5. 口沿（B01∶1） 8. 鼎足（B01∶3）

D01：3，夹砂红陶，红胎，锥形足，素面。残高 6.4 厘米（图 3-3-21，7）。

口沿 1 件。

B01：1，夹砂红陶，红胎，尖唇，刻划纹。厚 0.5～0.9、残高 5 厘米（图 3-3-21，5）。

鼎足 1 件。

B01：3，夹砂红陶，侧装，素面。残高 7.2 厘米（图 3-3-21，8）。

第四节　Ⅳ区甑山南麓—白纻山马寺山—大官山之间（城关镇）

这个区域三面环山，南部临姑溪河干流，万鸡山、甑山南段、凤凰山、寺山、相山、大官山自西向东环抱这块簸箕形的河谷平原。区域内有一条无名姑溪河支流西南向注入干流，这条小河又有众多树枝状的小支流自上游汇入，遗址大多分布小支流的沿岸。共有 7 处，包含从马家浜文化晚期到湖熟文化、周代三个时期的聚落。其中新石器时代的聚落多位于干流沿岸，年代越晚，聚落所处的海拔越高。遗址以墩型遗址、岗地边缘两种类型最为常见（图 3-4-1）。

一、戴马遗址

1. 遗址概况（111220DTCGDM）

位于城关镇陶家村和戴马村之间，两条小河中间的平原上，西距陶家村 600 米，东距戴马村 1000 米。系位于平原上的近 S 形墩型遗址，原始地貌已经被破坏，海拔约为 8 米，相对高度约 2 米，遗物分布面积约 4200 平方米。采集标本主要为印纹陶片和鬲足（图版 18，2）。

2. 聚落

周代聚落，面积约为 4200 平方米，四周低洼。墩型的遗址使其既可以有水源便利，又避免水患（图 3-4-2）。

3. 遗物

鬲足 5 件。

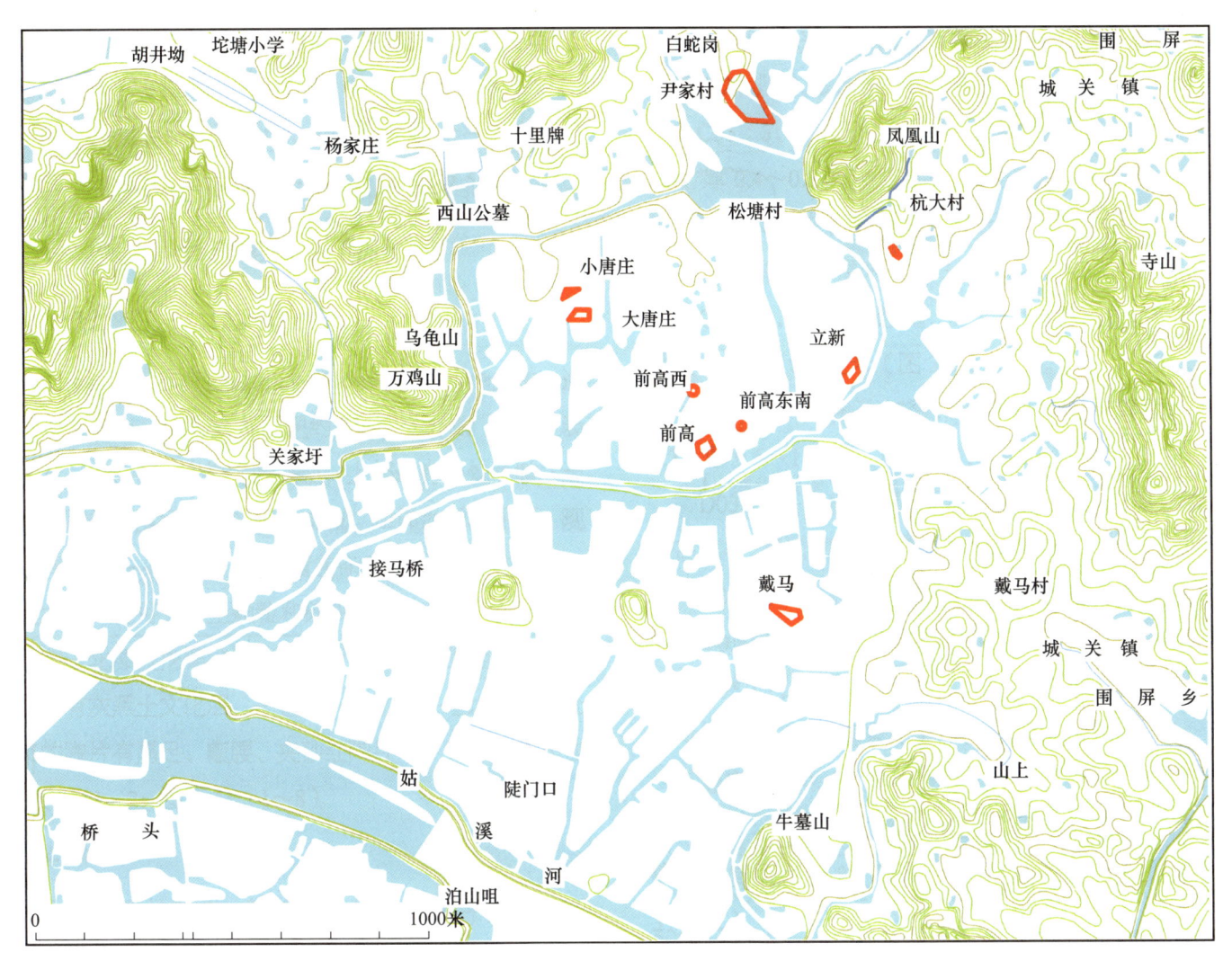

图 3-4-1　Ⅳ区遗址分布图

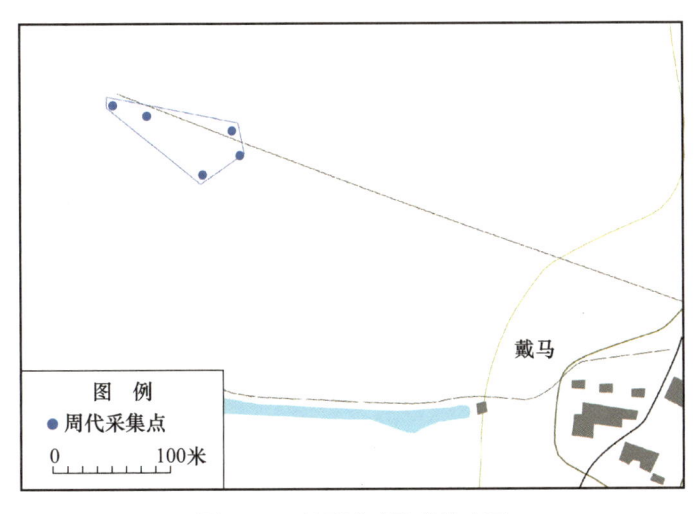

图 3-4-2　戴马遗址聚落分布图

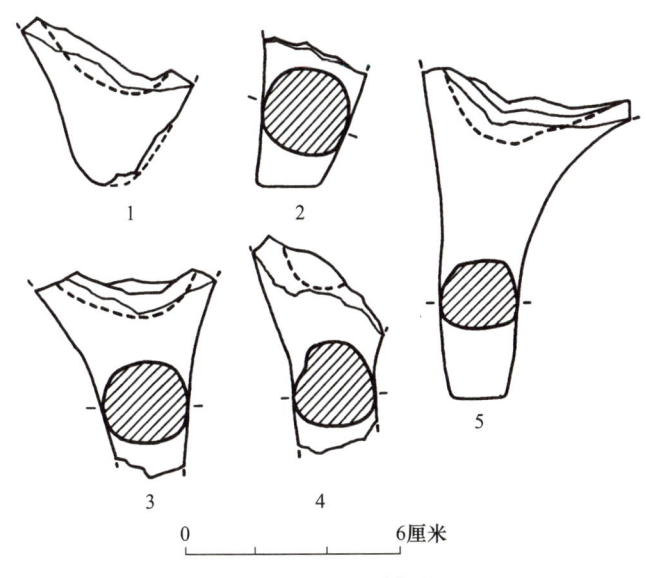

图 3-4-3　戴马遗址采集陶鬲足
1. C02∶2　2. B01∶2　3. B02∶1　4. D01∶1　5. C02∶1

C02∶2，夹粗砂红陶，红胎，锥形足，素面。残高4.6厘米（图3-4-3，1）。

B01∶2，夹粗砂红陶，红胎，锥形足，素面。残高3.8厘米（图3-4-3，2）。

B02∶1，夹粗砂红陶，红胎，半锥形足，素面。残高5.5厘米（图3-4-3，3）。

D01∶1，夹粗砂红陶，红胎，半锥形足，素面。残高6厘米（图3-4-3，4）。

C02∶1，夹砂红陶，红胎，柱形足，素面。残高8.9厘米（图3-4-3，5）。

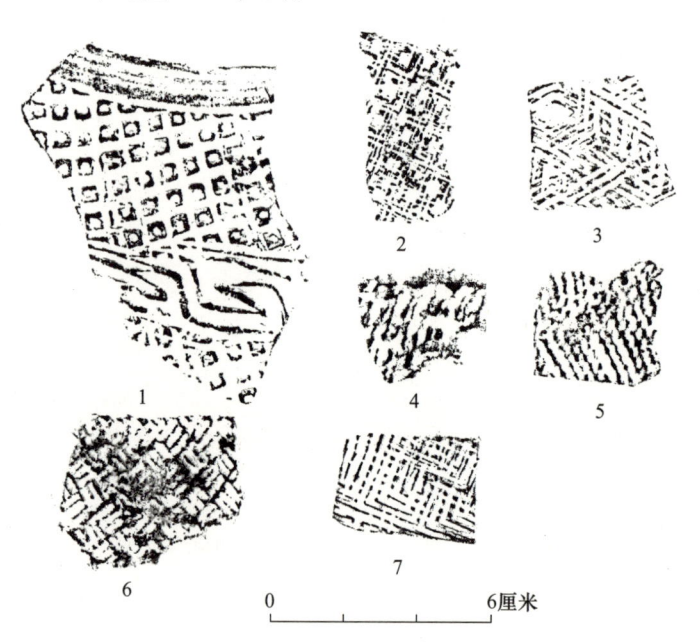

图 3-4-4　戴马遗址采集陶片纹饰
1. 口字纹和勾连云雷纹组合（前B02∶1）2. 回纹（前B01∶2）
3、7. 复线回纹（戴C01∶2，前C03∶1）4、5. 绳纹（戴B01∶1、前D02∶1）6. 席纹（前D01∶1）

采集陶片纹饰见图3-4-4。

二、前高遗址

1. 遗址概况（111219DTCGQG）

位于城关镇前高村西南约200米处，遗物分布面积约3600平方米。位于河流交汇处平原上的墩型遗址，海拔约9.5米，相对高度约1.5米。北部、东部1500米均为丘陵，西部1000米是乌龟山，仅南部较开阔（图版19，1）。在前高东南，隔着村内南北向的道路还有一处小土墩，但是仅有两个采集点，遗物分布面积约900平方米。在遗址的北部村子东侧麦地亦发现陶片，遗物分布面积为800平方米。遗址主体年代为西周（图版19，2）。

2. 聚落

前高仅包含周代的聚落，聚落面积为3900平方米。东南处土墩单独算一处聚落面积为900平方米，前高西聚落为800平方米（图3-4-5；图版19，3）。

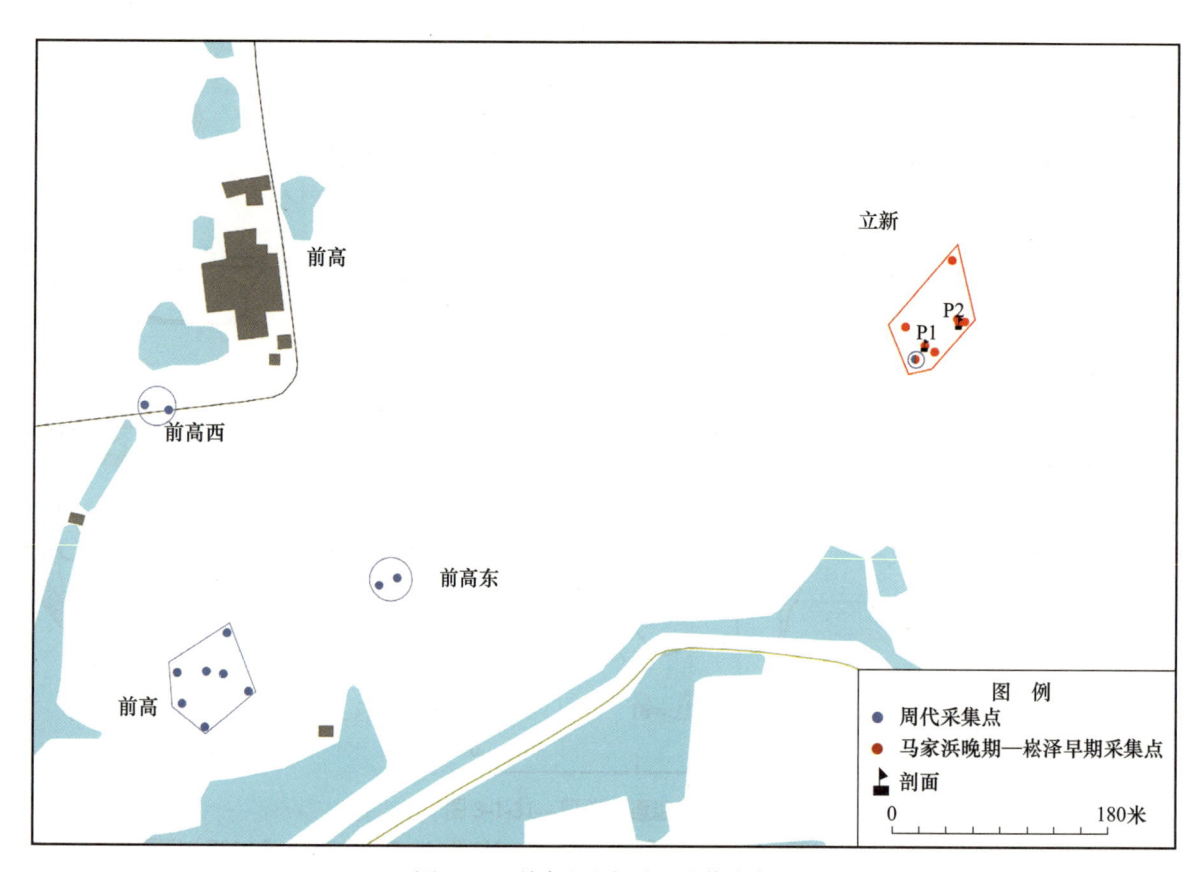

图 3-4-5　前高和立新遗址聚落分布图

3. 遗物

鬲足 3件。

B01：1，夹砂红陶，红胎，半锥形足，素面。残高6.7厘米（图3-4-6，3）。

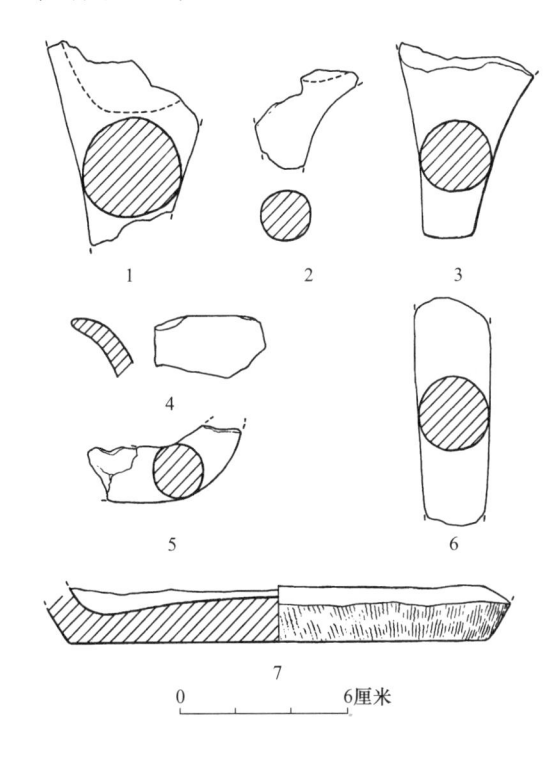

图3-4-6 前高遗址采集遗物
1~3.鬲足（C01：1、D03：1、B01：1） 4.口沿（D01：2）
5.盉把手（C04：2） 6.鼎足（D04：1） 7.器底（B02：2）

C01：1，夹砂红陶，红胎，半锥形足，素面。残高7厘米（图3-4-6，1）。

D03：1，夹砂红陶，红胎，半锥形足，素面。残高3.5厘米（图3-4-6，2）。

其他 4件。

B02：2，器底，夹砂灰陶，夹心胎，平底，绳纹。直径13.8、残高1.8厘米（图3-4-6，7）。

C04：2，盉把手，夹砂灰陶，褐胎，素面。残长5.5厘米（图3-4-6，5）。

D01：2，口沿，泥质红陶，灰胎，绳纹。厚0.6厘米（图3-4-6，4）。

D04：1，鼎足，夹砂红陶，红胎，素面。残高7.8厘米（图3-4-6，6）。

采集陶片纹饰见图3-4-4。

三、立新遗址

1. 遗址概况（111220DTCGLX）

位于城关镇前高村东南约350米，为南北长的椭圆墩型遗址，海拔约10.6米，高出地表约3米，南部因生态农业示范园区修路已削去部分遗址，遗物分布面积约3000平方米。遗址位于姑溪河北侧的冲积平原上，四周低洼，北、西、东三面环山，南部临姑溪河一条小支流（图版20，1）。遗址顶部及四周杂草丛生，能见度差，仅在南部取土破坏处见丰富遗物。清理两处剖面。采集遗物有陶铲形鼎足、鸭嘴形鼎足、夹砂红陶和夹蚌红陶。遗址主体遗存的年代当属崧泽文化早期（图3-4-5；图版20，2、3；图版58，1~6）。

在遗址南部我们清理了两个剖面，剖面P1的堆积情况如图3-4-7。

P1①：耕土，灰黄色，上部疏松下部较致密，分成①a和①b层。厚0.5~0.9米。

P1②：灰褐色土，较硬致密，厚约0.4米。堆积呈水平状，含烧土1%，粒径0.2~2厘米，陶片小于1%。

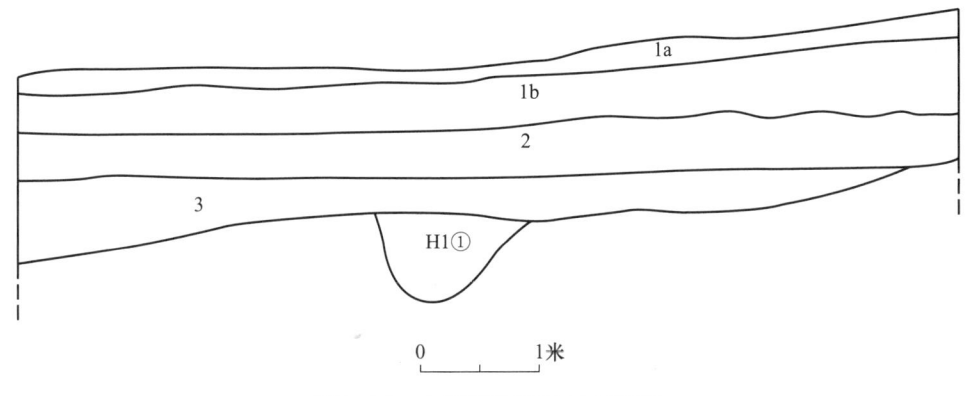

图3-4-7 立新遗址剖面P1示意图

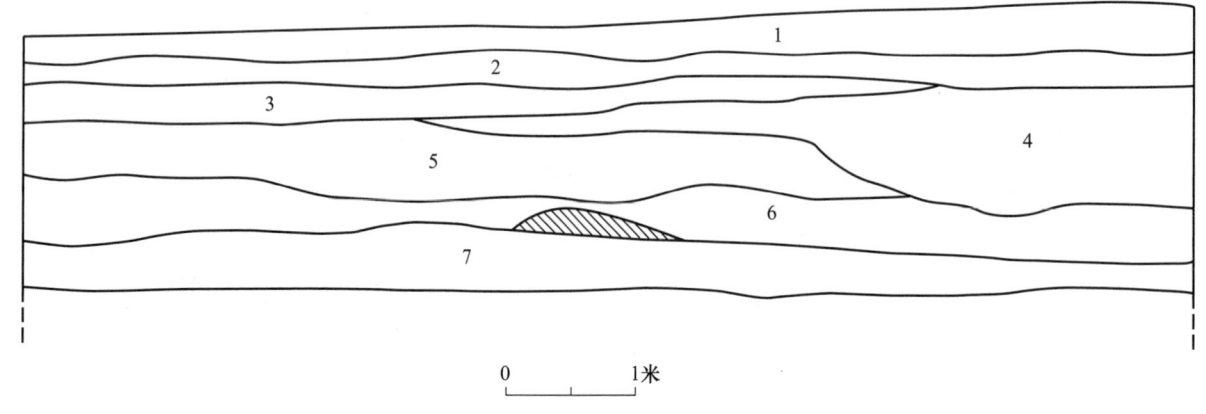

图 3-4-8　立新遗址剖面 P2 示意图

P1③：黑褐色土，致密，硬，厚 0.1～0.6 米。坡状堆积，含 2% 粒径 0.2～3 厘米的烧土，小于 1% 陶片。

H1：锅底形坑，口距地表深 1.2 米，自身深 0.75 米。

H1①：灰土，较硬，厚约 0.75 米。含 1% 粒径 0.2～1 厘米的烧土，20% 陶片，1% 骨头。

剖面 P2 堆积情况如图 3-4-8。

P2①：耕土，灰黄色，疏松，厚 0.2 米，坡状堆积，含瓷片和砖瓦。

P2②：红褐色土，致密较硬，厚 0.15～0.3 米，距地表 0.2 米。水平状堆积，单纯。

P2③：灰褐色土，致密较硬，坡状堆积。厚 0.1～0.3 米，含炭粒和烧土颗粒，2% 陶片。

P2④：浅黄色粉砂土，非常纯净，台状堆积，厚 0.1～0.65 米。应与洪水有关。

P2⑤：红褐色土，致密坚硬，可见和灰黄土颗粒混合状，厚约 0.6 米。较单纯。水平状堆积，含 1% 陶片。

P2⑥：灰白色土，局部有集中的烧土颗粒，厚约 0.4 米。纯净，含铁锰结核形成的锈斑，水平状堆积，含粒径 0.5～8 厘米的 20% 烧土。

P2⑦：灰黑色硬土，厚约 0.45 米。含 1% 烧土，粒径 0.2～2 厘米，含 5% 陶片。

2. 聚落

是此小区内发现的唯一一处新石器时代聚落，时代应属于崧泽文化早期，聚落面积约为 3000 平方米。从断面上的堆积情况来看，遗址曾经受洪水淹没，有过间歇期，水退之后，人们继续沿用遗址。在遗址利用初期，人们栽培和利用水稻，并且也伴随采集活动，在 P2⑤层内浮选出水稻和芡实残片，水稻测年结果为公元前 3580～前 3530 年（60.8%），公元前 3610～前 3520 年（80.8%）。与崧泽文化早期偏晚的年代基本对应（见图 3-4-5）。

3. 遗物

支座　2 件。

A02P2⑦：8，泥质褐陶，褐胎，素面。直径 3.9、残高 5.3 厘米（图 3-4-9，6）。

C01：2，灰黄色粗泥质陶，红胎，胎中夹有机物，圆柱形。直径 7.2、残高 6.1 厘米（图 3-4-9，1）。

鼎足　12 件。

A01P1③：1，夹植物褐陶，褐胎，铲形扁足，足面有数个按窝。残高 7.2 厘米（图 3-4-9，2；图版 58，6 中）。

A02P2⑦：3，夹粗砂褐陶，红胎，长方形铲足，足面有凹窝，足部与腹部结合处有火烧的痕迹。残高 9.2 厘米（图 3-4-9，11；图版 58，4 上右）。

A02P2⑦：4，夹粗砂褐陶，褐胎，铲形足，上窄下宽，器表有两排竖向凹窝。残高 9 厘米（图 3-4-9，3；图版 58，4 上左）。

A02P2⑦：5，夹砂褐陶，褐胎，胎内夹小石子和云母，铲形足，足面凹，正中有一列凹窝。残高 5 厘米（图 3-4-9，8 下左；图版 58，4 下左）。

B01：1，夹粗砂褐陶，褐胎，长条形横装扁足，足跟上部有两个按窝。足部与腹部交界处有交错刻划纹。残高 6 厘米（图 3-4-9，4）。

B01：2，夹植物褐陶，褐胎，铲形足，足身中部凹，

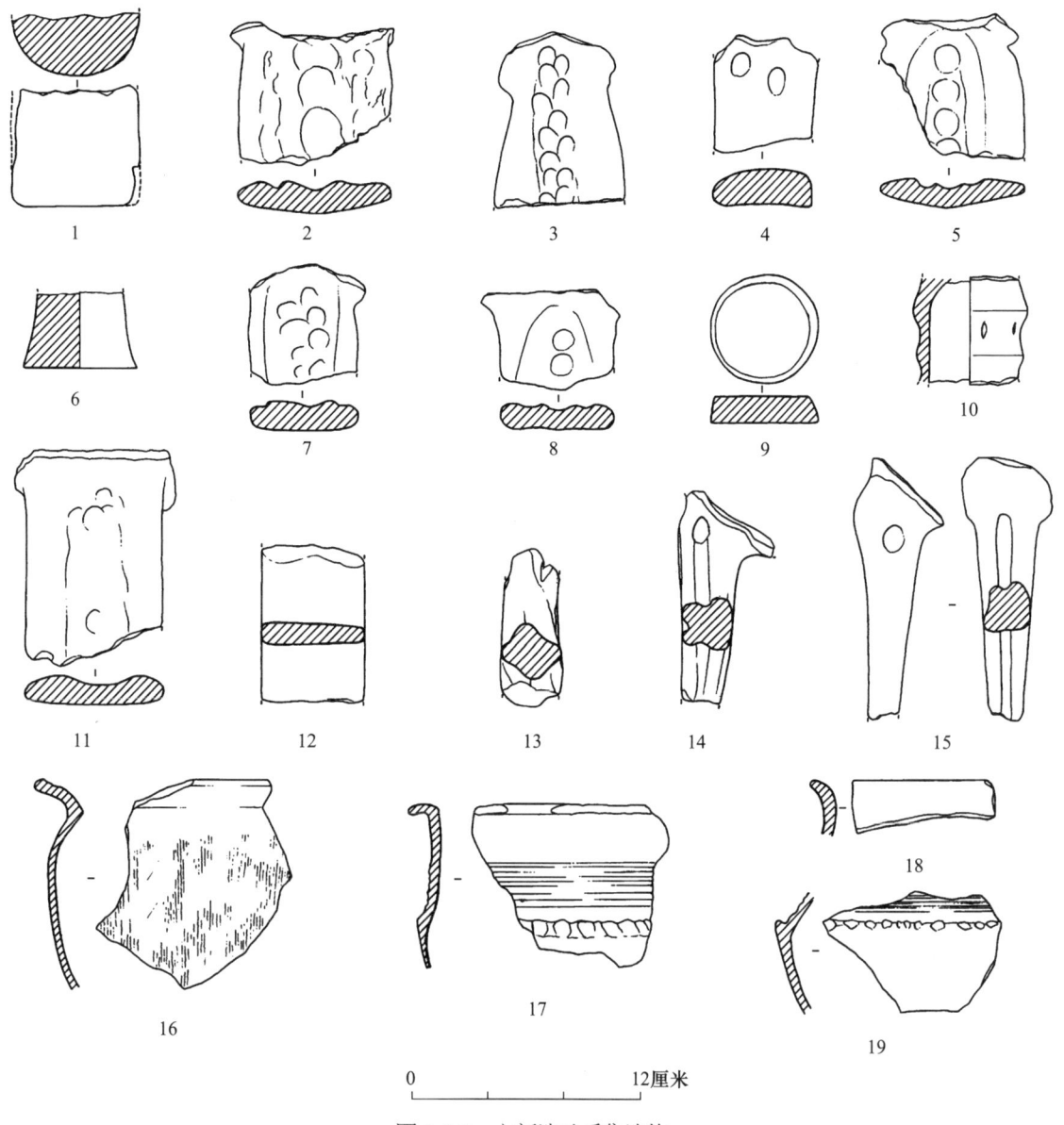

图 3-4-9 立新遗址采集遗物

1、6. 支座（C01：2、A02P2⑦：8） 2~5、7、8、11~15. 鼎足（A01P1③：1、A02P2⑦：4、B01：1、B01：2、B01：3、A02P2⑦：5、A02P2⑦：3、B02：4、C02：1、D01：1、C01：3） 9. 圆陶饼（A02P2⑦：2） 10. 豆（D01：2） 16、18. 口沿（B01：4、A02P2⑦：7） 17. 釜形鼎（A02P2⑦：1） 19. 釜（A02P2⑦：10）

正中有一列竖向按窝。残高 7.4 厘米（图 3-4-9，5）。

B01：3，夹粗砂红陶，褐胎，铲形足，足面有两列竖向凹窝。残高 6 厘米（图 3-4-9，7）。

B02：3，夹细砂褐陶，红胎，锥形足，素面。有火烧痕迹。残高 5.4 厘米（图 3-4-10，11）。

B02：4，夹砂褐陶，褐胎，长方形扁足，素面。残高 8 厘米（图 3-4-9，12）。

C01：3，夹粗砂红陶，红胎，含砂量很高，鸭头形柱状足，足根处两侧有凹窝，足身正中有一条竖向凹槽。残高 12.9 厘米（图 3-4-9，15；图版 58，5）。

C02：1，夹粗砂红陶，褐胎，含砂量非常高，柱形足，有竖向凹槽，扭曲成麻花状。残高 8 厘米（图 3-4-9，13）。

D01：1，夹粗砂红陶，红胎，含砂量很高，鸭头形柱状足，足根处两侧有凹窝，足身两侧有凹槽。残高 10.7 厘米（图 3-4-9，14）。

豆 3 件。

A02P2⑤：1，粗泥红陶，灰胎，折腹，腹部有突棱。残高 3.6 厘米（图 3-4-10，8）。

A02P2⑦：24，泥质灰陶，灰胎，素面。残高 2.6、厚 0.4 厘米（图 3-4-10，7）。

D01：2，豆柄，泥质灰陶，灰胎，竹节状把手，饰三角形镂孔。残高 5.1 厘米（图 3-4-9，10）。

口沿　8 件。

A02P2⑦：1，夹砂红陶，红胎，绳纹。残高 3.5 厘米（图 3-4-10，12）。

A02P2⑦：7，夹砂含云母褐陶，侈口，素面。残高 3.4 厘米（图 3-4-9，18）。

B01：4，夹砂灰陶，褐胎，胎内含大量云母，绳纹。残高 10.6、厚 0.4 厘米（图 3-4-9，16）。

B02：1，夹砂红陶，红胎，凹弦纹。残高 4.3、厚 0.8～1 厘米（图 3-4-10，1）。

B02：2，夹细砂褐陶，褐胎，素面。残高 2.5 厘米（图 3-4-11，6）。

C02：2，夹砂褐陶，褐胎，素面，卷沿。残高 1.5 厘米（图 3-4-11，2）。

D02：1，夹砂红陶，红胎。残高 4.2 厘米（图 3-4-10，3）。

D02：2，夹细砂褐陶，褐胎，腹部饰凹弦纹。残高 3.9 厘米（图 3-4-11，7）。

釜　2 件。

A02P2⑦：10，夹砂褐陶，褐胎，饰弦纹和附加堆纹。残高 6.2、厚 0.5 厘米（图 3-4-9，19）。

A02P2⑦：14，夹砂褐陶，红胎，折腹，腹部饰弦纹和附加堆纹。残高 4、厚 0.5～1 厘米（图 3-4-10，6）。

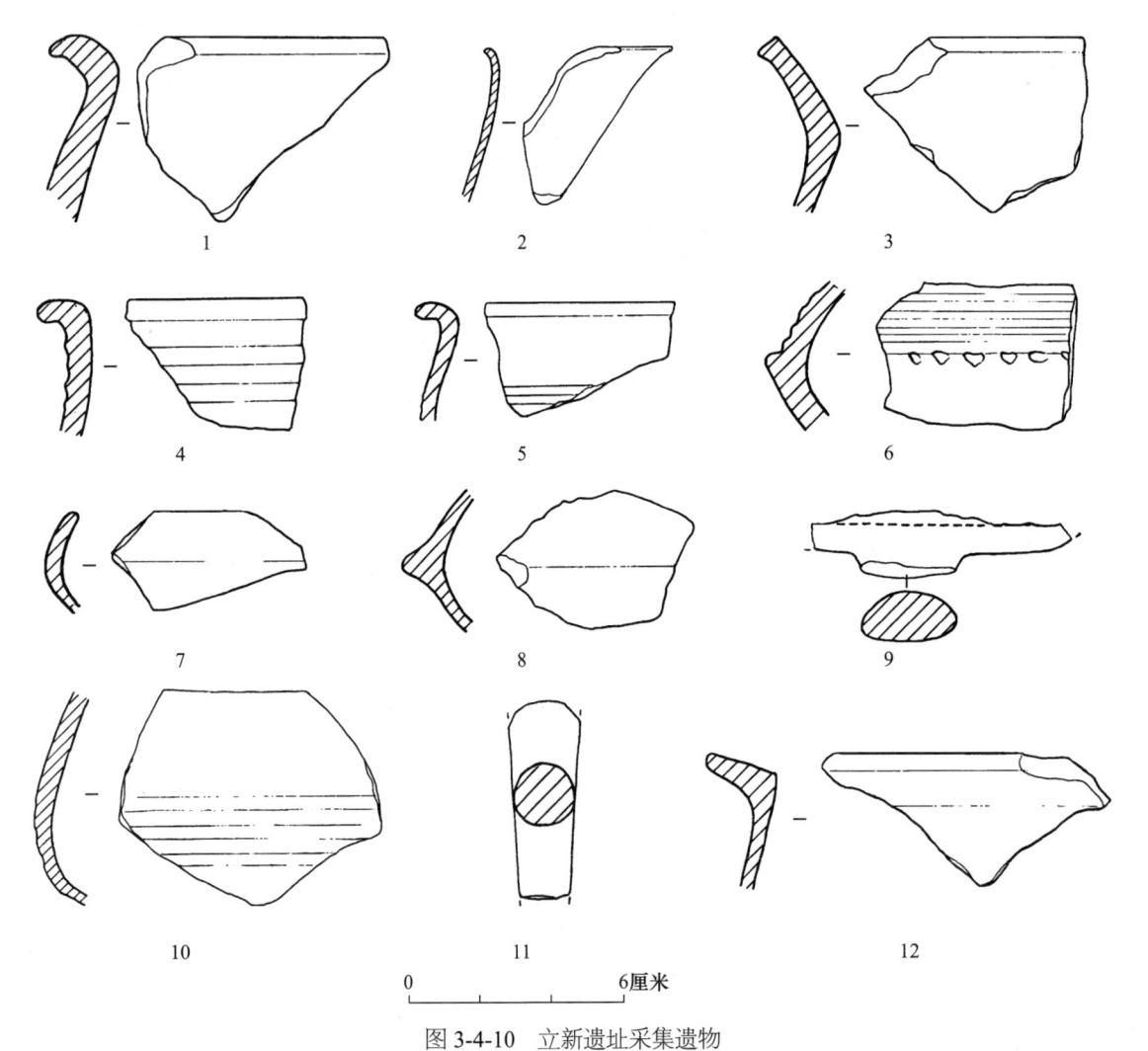

图 3-4-10　立新遗址采集遗物

1、3、12. 口沿（B02：1、D02：1、A02P2③：1）　2. 壶（C01：1）　4、5、10. 鼎（A01P1③：6、A02P2⑦：20、A02P2⑦：12）
6. 釜（A02P2⑦：14）　7、8. 豆（A02P2⑦：24、A02P2⑤：1）　9. 三足罐（A02P2⑦：9）　11. 鼎足（B02：3）

鼎 4件。

A01P1③：6，夹砂褐陶，褐胎，弦纹。残高3.7厘米（图3-4-10，4）。

A02P2⑦：12，夹砂褐陶，褐胎，弦纹，有火烧痕迹。残高5.7、厚0.3～0.5厘米（图3-4-10，10）。

A02P2⑦：20，夹砂褐陶，褐胎，弦纹。残高3.1厘米（图3-4-10，5）。

A02P2⑦：1，粗泥夹植物褐陶，褐胎，胎质疏松，窄平折沿，肩部饰数周弦纹和一周附加堆纹。残高7.9、厚0.5厘米（图3-4-9，17；图版58，3上左）。

其他 7件。

A01P1③：4，圈足，泥质灰陶，灰胎，残存三角形镂孔。残高2.4厘米（图3-4-11，4）。

A01P1③：5，罐，粗泥夹植物褐陶，褐胎，折沿，素面。残高2.3厘米（图3-4-11，1）。

A01P1H1①：1，器柄，夹砂褐陶，红胎，素面。残高2.3厘米（图3-4-11，5）。

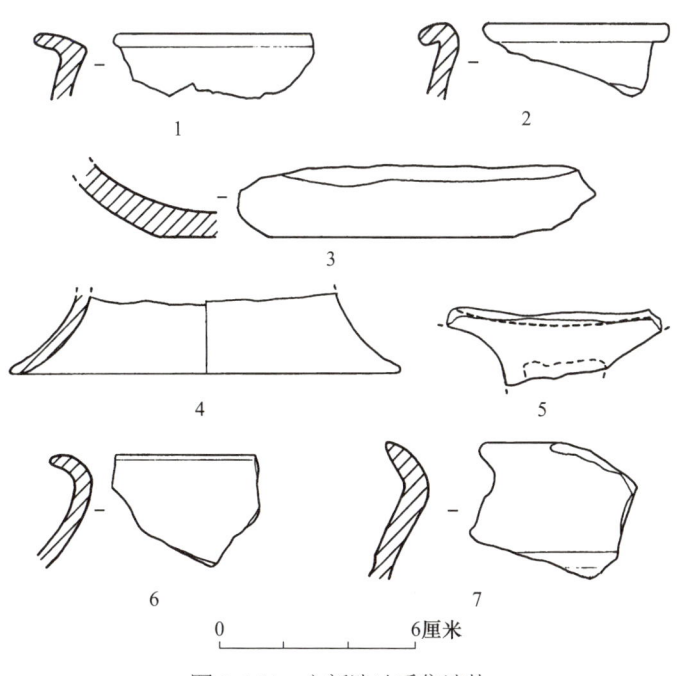

图3-4-11 立新遗址采集遗物
1.罐（A01P1③：5）2、6、7.口沿（C02：2、B02：2、D02：2）3.器底（A02P2⑦：13）4.圈足（A01P1③：4）5.器柄（A01P1H1①：1）

A02P2⑦：2，圆陶饼，夹细砂褐陶，素面。直径5.7厘米（图3-4-9，9；图版58，2）。

A02P2⑦：9，三足罐，粗泥褐陶，褐胎，残留一足跟，素面。残高1.9厘米（图3-4-10，9）。

A02P2⑦：13，器底，粗泥夹植物红陶，灰胎，素面。残高2.6厘米（图3-4-11，3）。

C01：1，壶，泥质灰陶，灰胎，素面。残高4.1厘米（图3-4-10，2）。

采集陶片纹饰见图3-4-14。

四、杭大遗址

1. 遗址概况（111219DTCGHD）

位于城关镇杭大村西南角，遗物分布面积仅920平方米，海拔11米，高出地表约2米。为凤凰山山前舌型岗地边缘，伸向河谷大支流的上游，树杈状河流交汇处。包含西周和东周两个时期的遗存（图版21，1）。

2. 聚落

周代的聚落面积约920平方米（图3-4-12）。

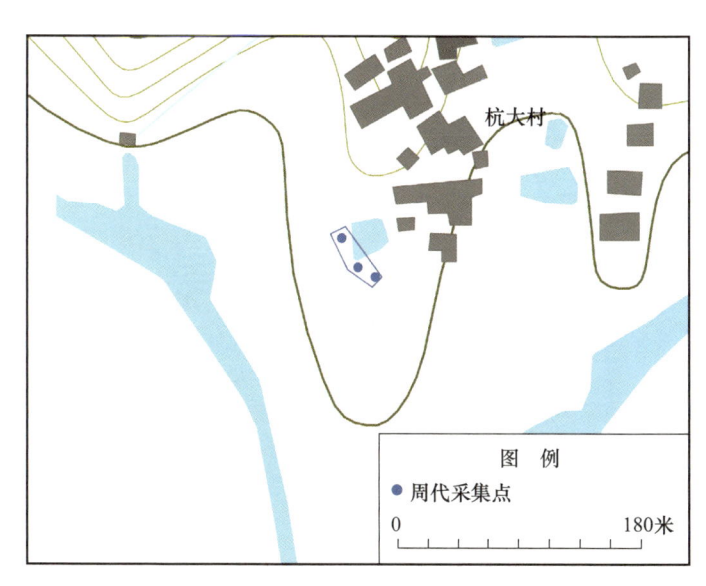

图3-4-12 杭大遗址聚落分布图

3. 遗物

鬲足 2件。

B01：3，夹粗砂红陶，红胎，半锥形足。残高3.2厘米（图3-4-13，3）。

D01：1，夹粗砂红陶，红胎，柱形足。残高7厘米（图3-4-13，6）。

采集陶片纹饰见图3-4-14。

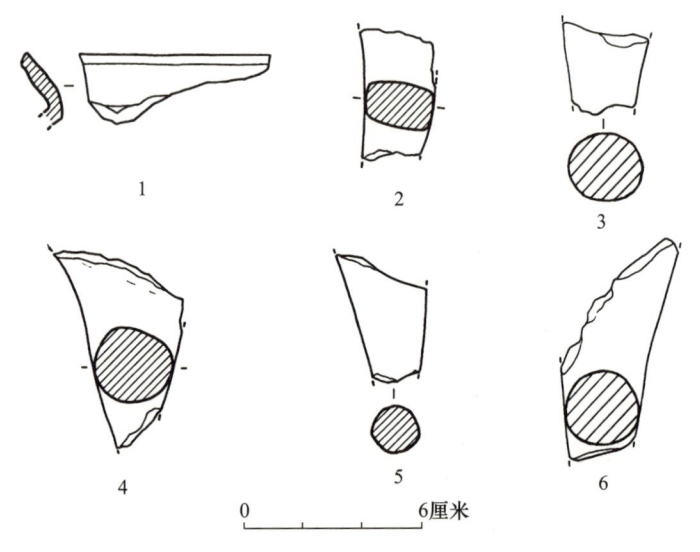

图 3-4-13 杭大和尹家村遗址采集遗物
1. 口沿（尹 D04：2） 2、4、5. 鼎足（尹 B01：1、尹 D05：2、尹 B05：3） 3、6. 鬲足（杭 B01：3、杭 D01：1）

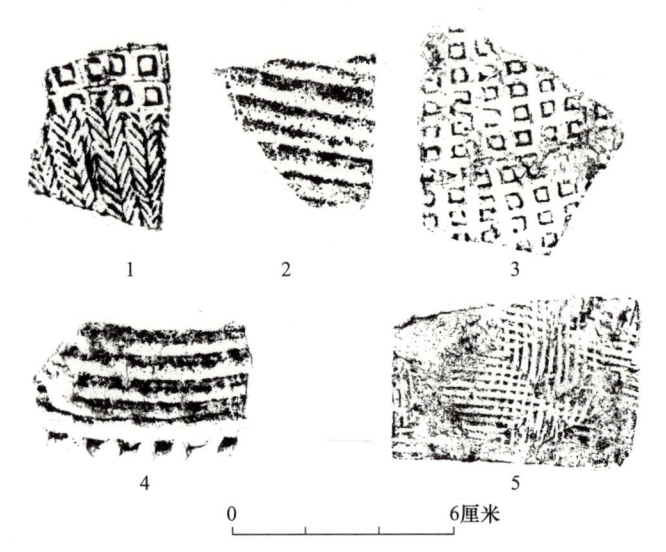

图 3-4-14 立新和杭大遗址采集陶片纹饰
1. 口字纹和叶脉纹组合（立 D02：3） 2、4. 弦纹（立 P1H1①：3、立 P2⑦：14） 3. 口字纹（杭 D01：2） 5. 填线菱形纹（杭 D02：2）

五、尹家村遗址

1. 遗址概况（111219DTCGYJC）

位于城关镇尹家村南缘，海拔 9 米，相对高度 1～2 米，地表遗物分布面积约 22000 平方米。为山前岗地舌形边缘，树杈状河流交汇处，三面环山，仅南部开阔临河，现在河流西部修建南北向水坝，遗址南部被河流冲刷，破坏较为严重，遗物已分布至河滩上。遗址主体遗存为湖熟文化时期和周代（图版 21，2；图版 58，7、8；图版 59，1～3）。

2. 聚落

湖熟文化时期的采集点仅 1 处，面积为 400 平方米，周代聚落面积约 20000 平方米（图 3-4-15）。

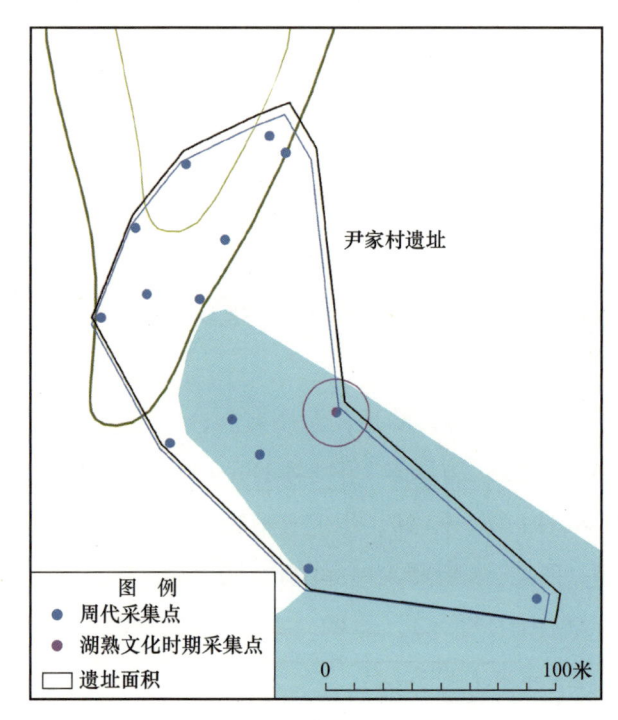

图 3-4-15 尹家村遗址聚落分布图

3. 遗物

口沿　3 件。

B02：3，夹粗砂红陶，红胎，腹部饰绳纹，绳纹经过刮抹。残高 6.5、厚 0.6～0.7 厘米（图 3-4-16，4）。

C02：2，夹细砂红陶，仰折沿，素面。残高 4 厘米（图 3-4-16，2；图版 59，2 左）。

D04：2，泥质红陶，红胎，侈口，素面。残高 2.5 厘米（图 3-4-13，1）。

鼎足　3 件。

B01：1，夹粗砂红陶，红胎，素面。残高 4.2 厘米（图 3-4-13，2）。

B05：3，夹砂红陶，灰胎，素面。残高 4.4 厘米（图 3-4-13，5）。

D05：2，夹砂红陶，红胎，锥形足，素面。残高 6.5 厘米（图 3-4-13，4）。

鬲足　3 件。

B01：2，夹砂红陶，灰胎，素面。残高 6 厘米（图 3-4-16，5）。

图 3-4-16 尹家村遗址采集遗物

1.碗（D05：1） 2、4.口沿（C02：2、B02：3） 3.盆（D02：1） 5～7.鬲足（B01：2、B02：1、B05：2） 8.罐（B03：1）

图 3-4-17 尹家村遗址采集陶片纹饰

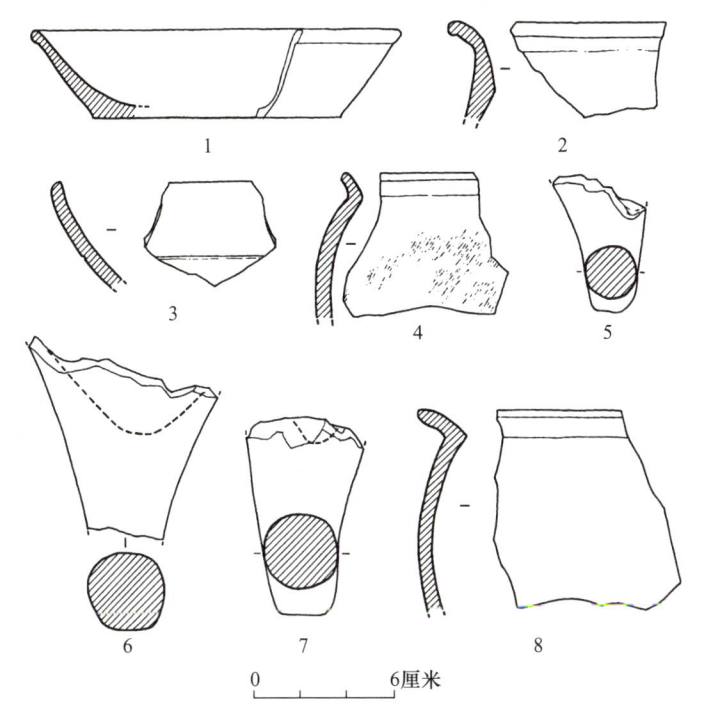

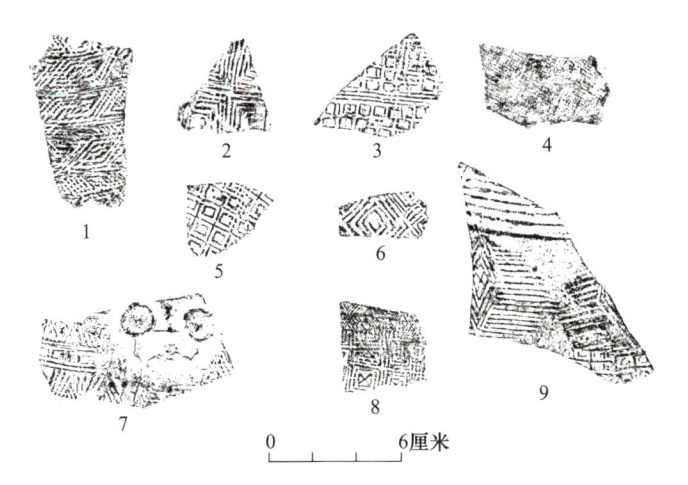

1.复线菱形纹（B04：4） 2、6.复线回纹（C01：1、B01：3） 3.口字纹（C03：2） 4.筛格纹（C02：1） 5.回纹（B05：1） 7.口字纹和填线三角纹（C03：1） 8.填线回纹（B03：2） 9.回纹和填线菱形纹（B02：4）

B02：1，夹砂红陶，红胎，素面。残高 8 厘米（图 3-4-16，6；图版 59，1）。

B05：2，夹砂红陶，红胎，素面，半锥形。残高 8 厘米（图 3-4-16，7）。

其他 3 件。

B03：1，罐，夹砂红陶，红胎，素面。厚 0.5～1，残高 8.8 厘米（图 3-4-16，8；图版 58，8）。

D02：1，盆，泥质灰陶，灰胎，弦纹。厚 0.5～0.7，残高 4.2 厘米（图 3-4-16，3）。

D05：1，碗，泥质灰陶，灰胎，素面，器表有刮痕，轮制。残高 3.7 厘米（图 3-4-16，1；图版 59，3）。

采集陶片纹饰有口字纹（图版 58，7 下左）、口字纹和填线三角纹（图版 58，7 上右）及填线回纹等（图 3-4-17）。

六、大唐庄遗址

1. 遗址概况（111219DTCGDTZ）

位于城关镇松塘村东 400 米，地表遗物分布面积约 2700 平方米，海拔约 9 米，相对高度约 1.5 米。近圆墩型遗址，北部 400 米为山前岗地，西部 500 米为乌龟山，遗址位于山前台地前的冲积平原上。遗址主体遗存的年代为西周时期（图版 21，3）。

2. 聚落

周代聚落面积约 2700 平方米（图 3-4-18）。

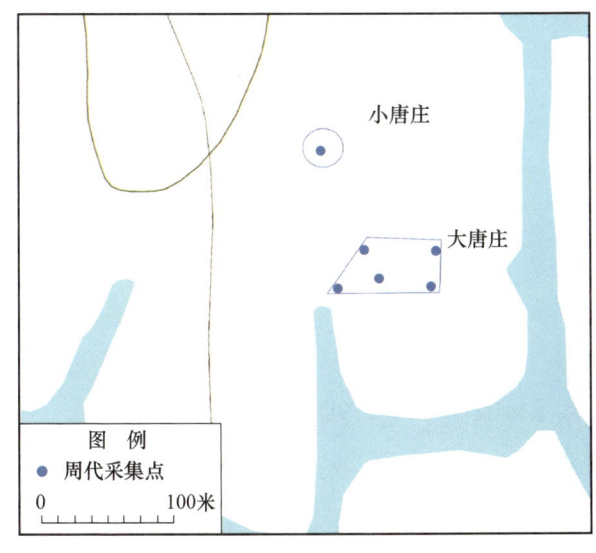

图 3-4-18 大唐庄和小唐庄遗址聚落分布图

3. 遗物

D02：1，硬陶罐口沿，灰色，弦纹，平折沿。残高 2.5 厘米（图 3-4-19，1）。

B01：3，鬲足，夹砂红陶灰胎，素面。锥形足，残高 3.7 厘米（图 3-4-19，2）。

D03：1，鬲足，夹砂红陶，素面，柱形足。残高 5.2 厘米（图 3-4-19，3）。

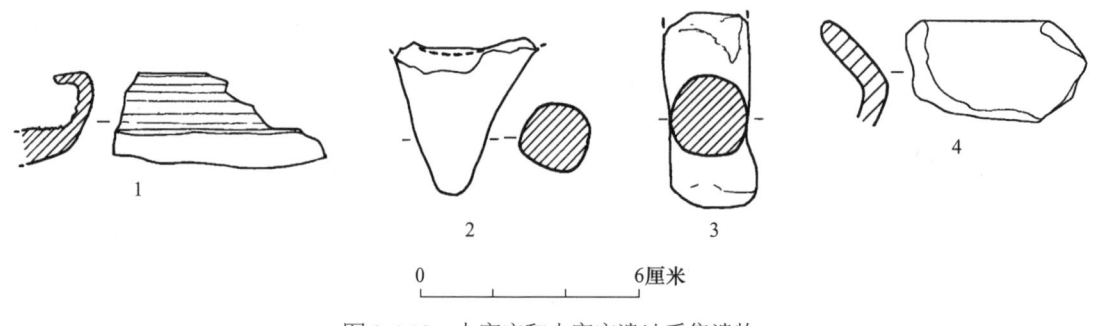

图 3-4-19　大唐庄和小唐庄遗址采集遗物

1、4. 口沿（D02∶1、B01∶2）　2、3. 鬲足（B01∶3、D03∶1）

（4 为小唐庄采集，余皆为大唐庄）

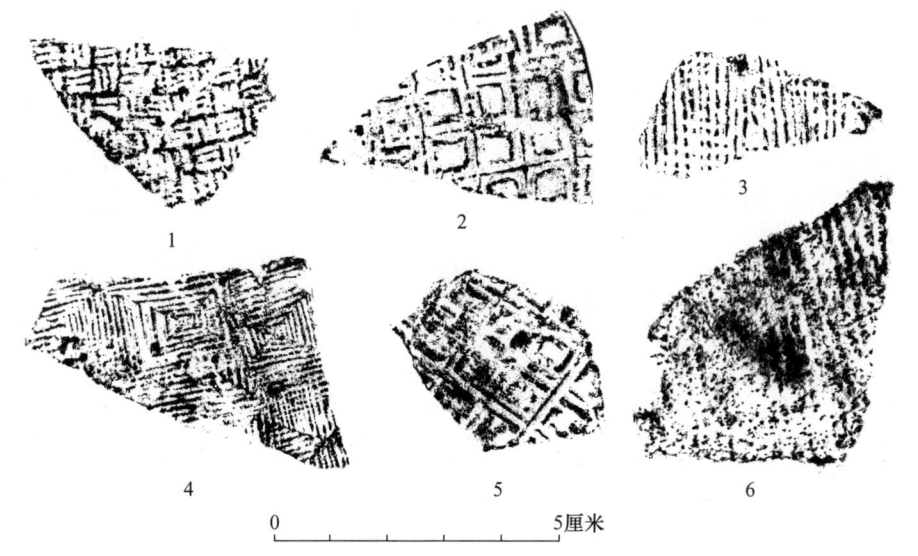

图 3-4-20　大唐庄和小唐庄遗址采集陶片纹饰

1. 席纹（D01∶2）　2、5. 回纹（B01∶1）　3、6. 绳纹（C02∶1、B01∶1）　4. 蕉叶纹（D01∶1）

（1~5 大唐庄遗址，6 小唐庄遗址）

采集陶片纹饰见图 3-4-20。

七、小唐庄遗址

1. 遗址概况（111219DTCGXTZ）

位于城关镇松塘村东约 400 米，在大唐庄的西北部，墩型遗址，海拔约 8 米。遗物分布面积约 1000 平方米。仅采集到东周陶片，且仅有两个采集点，未经钻探。此处为市级文物保护单位（图版 21，3）。

2. 聚落

仅周代的聚落，面积约 1000 平方米（图 3-4-18）。

3. 遗物

B01∶2，口沿，夹砂褐陶，红胎，素面，尖唇侈口。残高 3.2 厘米（图 3-4-19，4）。

采集陶片纹饰见图 3-4-20。

第五节　V区十里长山以南、姑溪河北岸（姑孰镇）

这个区域位于十里长山和甑山形成的怀抱中，为面向姑溪河的山前台地和冲积平原地貌，相对开阔。数条河流从北部山间纵横交汇，最终西南注入姑溪河干流。调查发现遗址共 10 处，除一处遗址位于岗地之上，海拔太高，疑似为土墩墓遗存以外，其余的遗址包含了自新石器时代末期、湖熟文化、周代三个时期的聚落遗存。遗址聚集分布在各小河流交汇处，几乎每个遗址都包含周代聚落，长期沿用遗址的情况也较为多见，新石器时代末期的遗址多选择在河湖旁的微丘之上，商周时期沿用，逐渐形成墩型遗址，本次调查发现面积最大的商周遗址就在这个区内。遗址的长期沿用一方面说明适

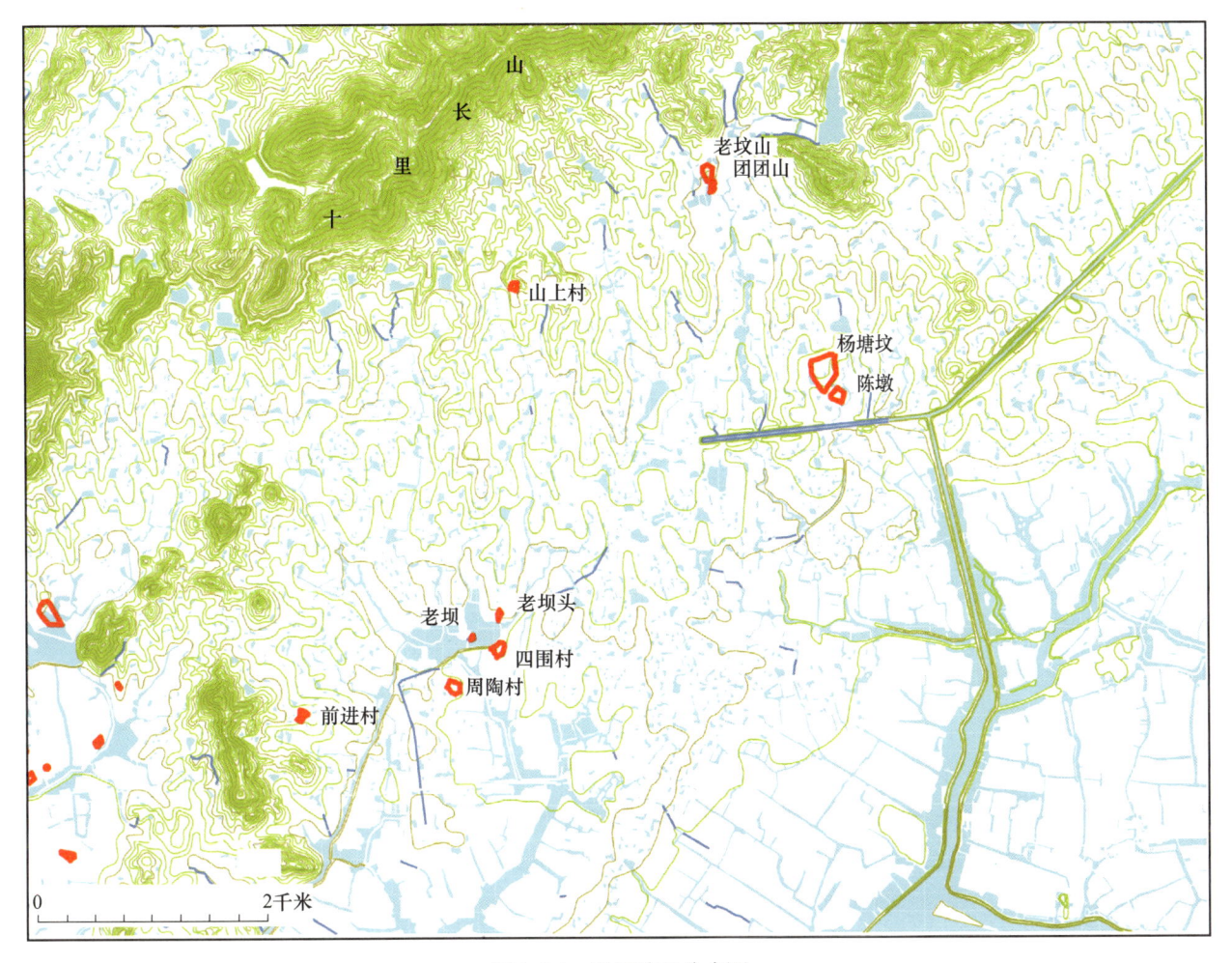

图 3-5-1　V区遗址分布图

宜居住的土地有限，另一方面也说明这个区域的其他资源丰富。这个区域的聚落分布与东部的花津河小流域之间有较大面积的空白区域（图3-5-1）。

一、前进村遗址

1. 遗址概况（090326DTGSQJC）

位于姑孰镇前进村东北，田冲村西部，遗物分布面积约4100平方米，西部距寺山约200米，北部1000米处为马山，墩型遗址，海拔19米，高出地表约5米。东北高，西南部渐低缓，其南部低洼处现在有水坝蓄水，原先应为河道，通向东部姑溪河一条支流，地理位置背山面水，十分优越。寺山—田冲村东西向路破坏了此岗地，把岗地分成南北两个部分。地表采集陶片有鬲足、鼎足、印纹硬陶。保存状况一般，包含有西周和东周时期的遗存（图版22，2）。

2. 聚落

仅包含周代一个时期的聚落，面积约7000平方米（图3-5-2）。

3. 遗物

采集的遗物多为鬲足和甗腰，还有部分印纹硬陶陶片。

鬲足　8件。

D01：1，夹粗砂红陶，红胎，锥柱形足，素面。残高7.5厘米（图3-5-3，1）。

E02：1，鬲足，夹砂红陶，红胎，素面，柱形足，残高3.8厘米（图3-5-3，4）。

B02：2，夹粗砂红陶，红胎，素面。残高5厘米（图3-5-3，3）。

B02：1，夹粗砂红陶，红胎，素面。残高5.1厘米（图3-5-3，2）。

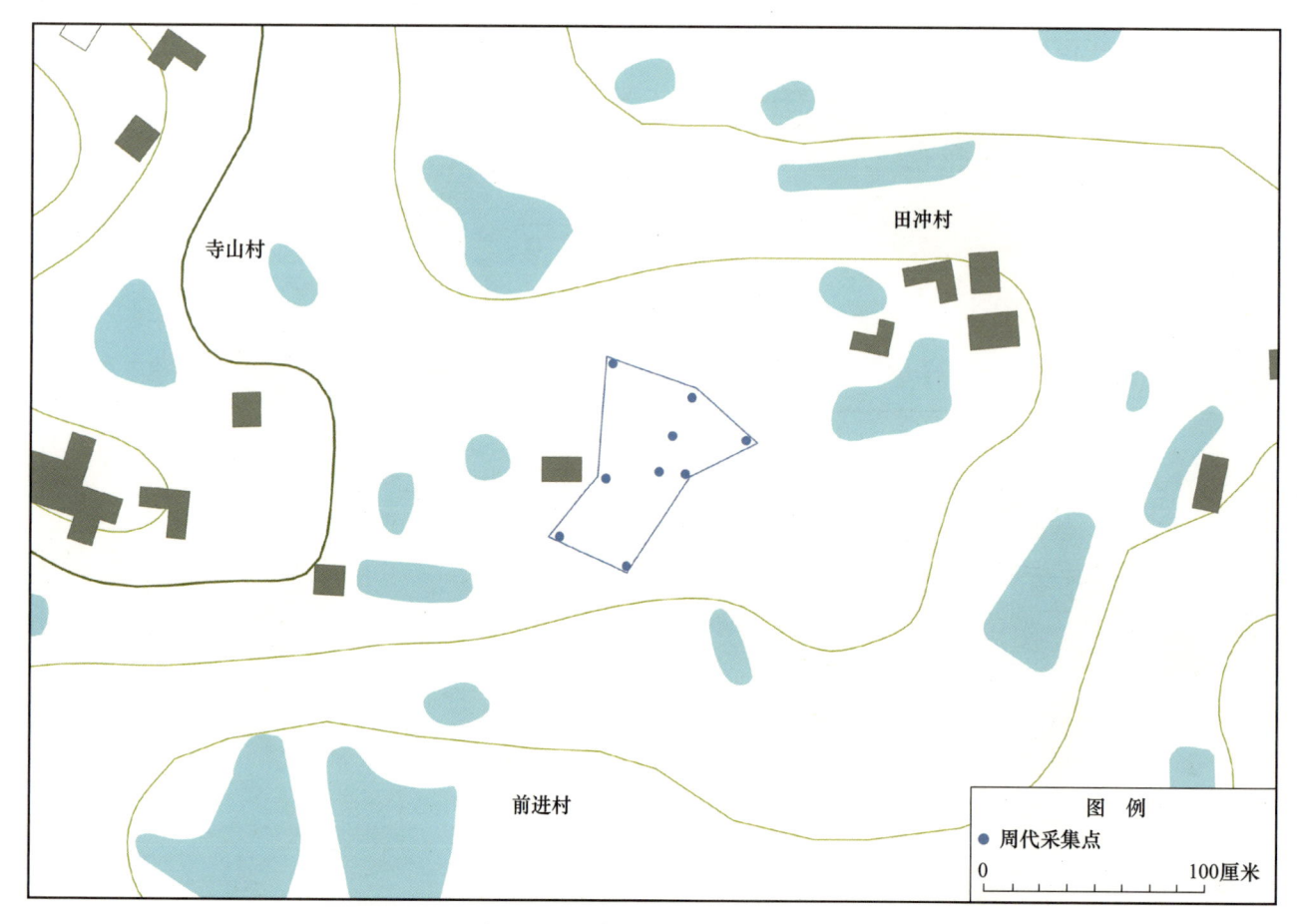

图 3-5-2 前进村遗址聚落分布图

F01：1，夹粗砂红陶，红胎，锥柱形足，素面。残高 5 厘米（图 3-5-3，6）。

C01：3，夹粗砂红陶，红胎，锥柱形足，素面。残高 6.5 厘米（图 3-5-3，7）。

C01：2，夹粗砂红陶，红胎，锥柱形足，素面。残高 6.3 厘米（图 3-5-3，8）。

C01：1，夹粗砂红陶，红胎，锥柱形足，素面。残高 9.5 厘米（图 3-5-3，9）。

甗腰　2 件。

E02：4，夹粗砂红陶，红胎，腰部一周按窝纹。残高 4 厘米（图 3-5-3，10）。

E02：3，夹粗砂红陶，红胎，腰部一周按窝纹。残高 3 厘米（图 3-5-3，11）。

鼎足　共 2 件。

C01：4，夹砂红陶，红胎，横装，素面。残高 4 厘米（图 3-5-3，5）。

E01：5，鼎足，夹砂红陶，红胎，横装，素面。残高 3 厘米（图 3-5-3，12）。

采集陶片纹饰见图 3-5-4。

二、周陶村遗址

1. 遗址概况（090326DTGSZTC）

位于姑孰镇周陶村东约 100 米，遗物分布面积 11000 平方米。近圆形土墩，海拔 9 米，高出周围地表约 2 米，现土墩分成两层，位于山前冲积平原上，东北部临河，位于姑溪河支流 Y 形交汇处，北部约 4000 米为十里长山，西部 1600 米为寺山和相山，遗址四周相对低洼平坦。保存较好，采集陶片有印纹硬陶和软陶，遗址包含西周和东周两个时期的遗存（图版 22，3）。

2. 聚落

周代聚落面积为 11000 平方米（图 3-5-5）。

3. 遗物

鬲足　3 件。

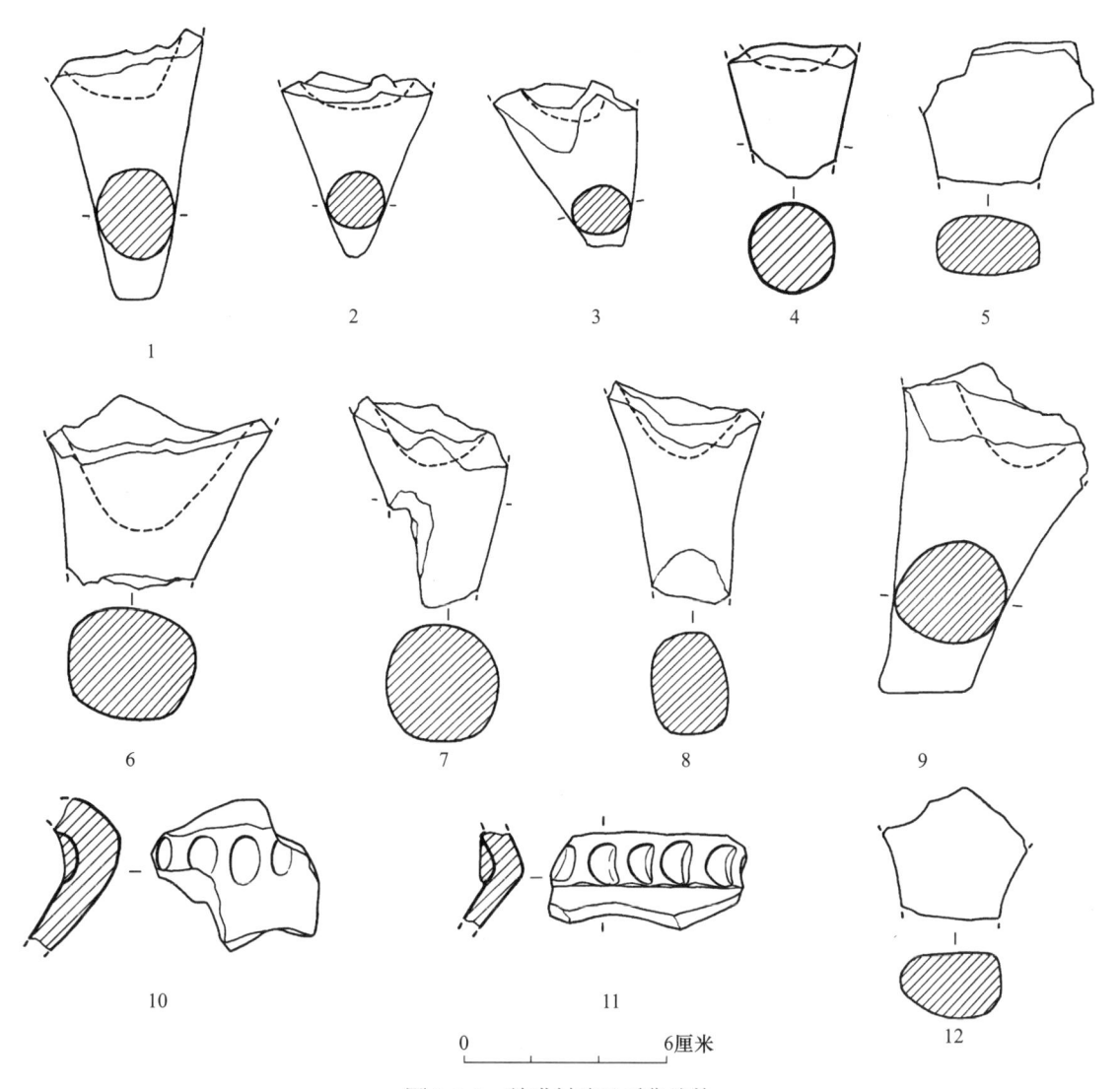

图 3-5-3 前进村遗址采集遗物

1~4、6~9.鬲足（D01：1、B02：1、B02：2、E02：1、F01：1、C01：3、C01：2、C01：1） 5、12.鼎足（C01：4、E01：5）
10、11.甗腰（E02：4、E02：3）

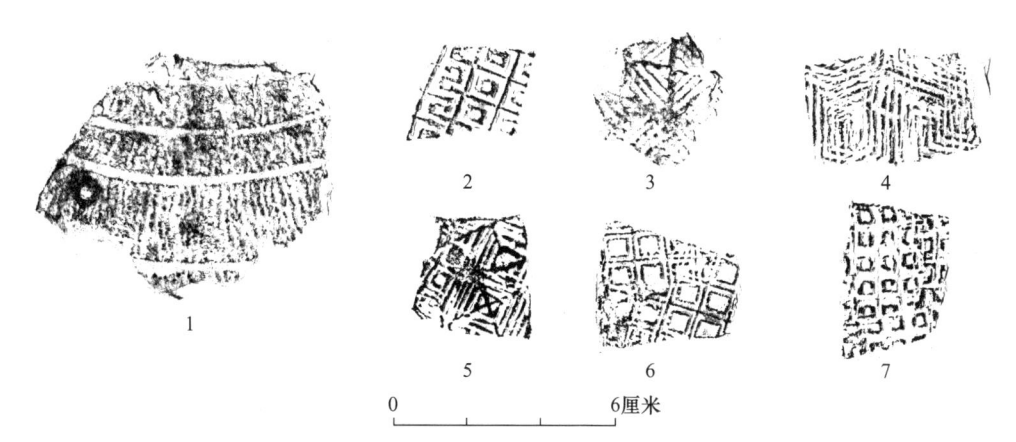

图 3-5-4 周陶村和前进村遗址采集陶片纹饰

1.弦断绳纹（周 E03：2） 2.回纹和云雷纹（周 C02：3） 3.填线菱形纹（周 D01：1） 4.复线回纹（前 E01：2）
5.回纹组合（前 B02：1） 6.回纹（前 E01：3） 7.口字纹（前 B01：1）

B02：2，夹砂红陶，红胎，锥形足，素面。残高 4.9 厘米（图 3-5-6，5）。

C02：2，夹砂红陶，红胎，锥形足，素面。残高 5 厘米（图 3-5-6，3）。

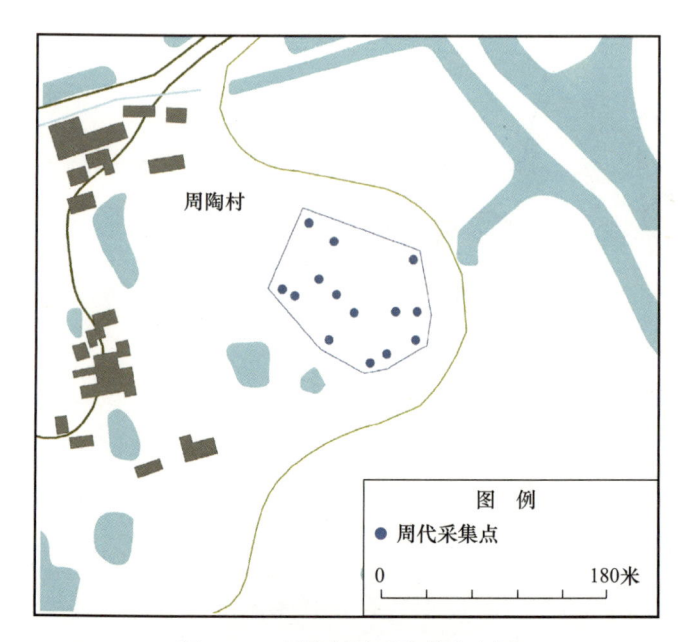

图 3-5-5 周陶村遗址聚落分布图

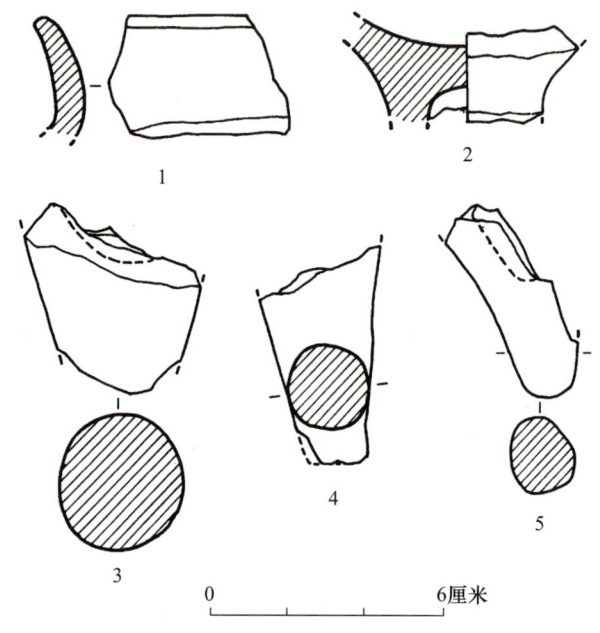

图 3-5-6 周陶村遗址采集遗物
1. 口沿（C02∶1） 2. 豆（F02∶1） 3～5. 鬲足（C02∶2、E02∶1、B02∶2）

E02∶1，夹砂红陶，红胎，锥形足，素面。残高4.9厘米（图3-5-6，4）。

其他 2件。

C02∶1，口沿，夹砂红陶，褐胎，尖唇，素面。厚0.6厘米（图3-5-6，1）。

F02∶1，豆，夹砂红陶，红胎，素面。残高2.7厘米（图3-5-6，2）。

采集陶片纹饰见图3-5-4。

三、四围遗址

1. 遗址概况（090320DTGSSWC）

位于姑孰镇老坝头村正南堤坝的东侧，面积约7500平方米，遗物分布面积约10000平方米，海拔12.2米，高出周围约5米。近椭圆形台地，现西部因修堤坝遭破坏，形成台阶状。钻探未见人工垫土，底部可见河湖湘沉积，应非人工堆垫周围环境因修筑堤坝已经遭到破坏，原地貌应为河流间Y形交汇处的东岸地带的微丘。遗址西北为老坝遗址，东北为老坝头遗址，隔河西南与周陶村相邻。保存较差，现东西向堤坝上仍随处可见散碎陶片，清理一处剖面可见连续的红烧土堆积。地表采集遗物有陶片和石器，遗址主要包含新石器末期、湖熟文化时期和西周时期的遗存（图3-5-7；图版23，1；图版59，4～8；图版60，1～8）。

清理了两处剖面：

剖面P1的堆积情况如图3-5-8（图版23，2）。

P1①：耕土，褐色，土质松软潮湿，厚约0.15米，水平状堆积。

P1②：灰褐色土，土质松软，厚0.35～0.5米，包含陶片以及较多的植物根系。

P1③：黄褐色土，土质松散，夹有黄色斑点，厚约0.6米，斜坡状堆积。包含陶片和烧土颗粒。

剖面P2的堆积如图3-5-9（图版23，3）。

P2①：褐色土，土质松散，厚约0.2米，夹有烧土颗粒和植物根系，水平状堆积。

P2②：深褐色土，土质松散，厚约0.4米，包含烧土颗粒和植物根系，坡状堆积。

P2③：褐色土，土质疏松，厚约0.25米。含有较多的烧土颗粒和块状红烧土，呈凹镜状堆积。

P2④：红烧土层，未清理到底。上半部分多红烧土块，下半部为细碎红烧土，可见烧土堆积长约7米。坡状堆积。

钻孔两处。

Z1：距墩顶约2.5米。

0.05米：耕土。

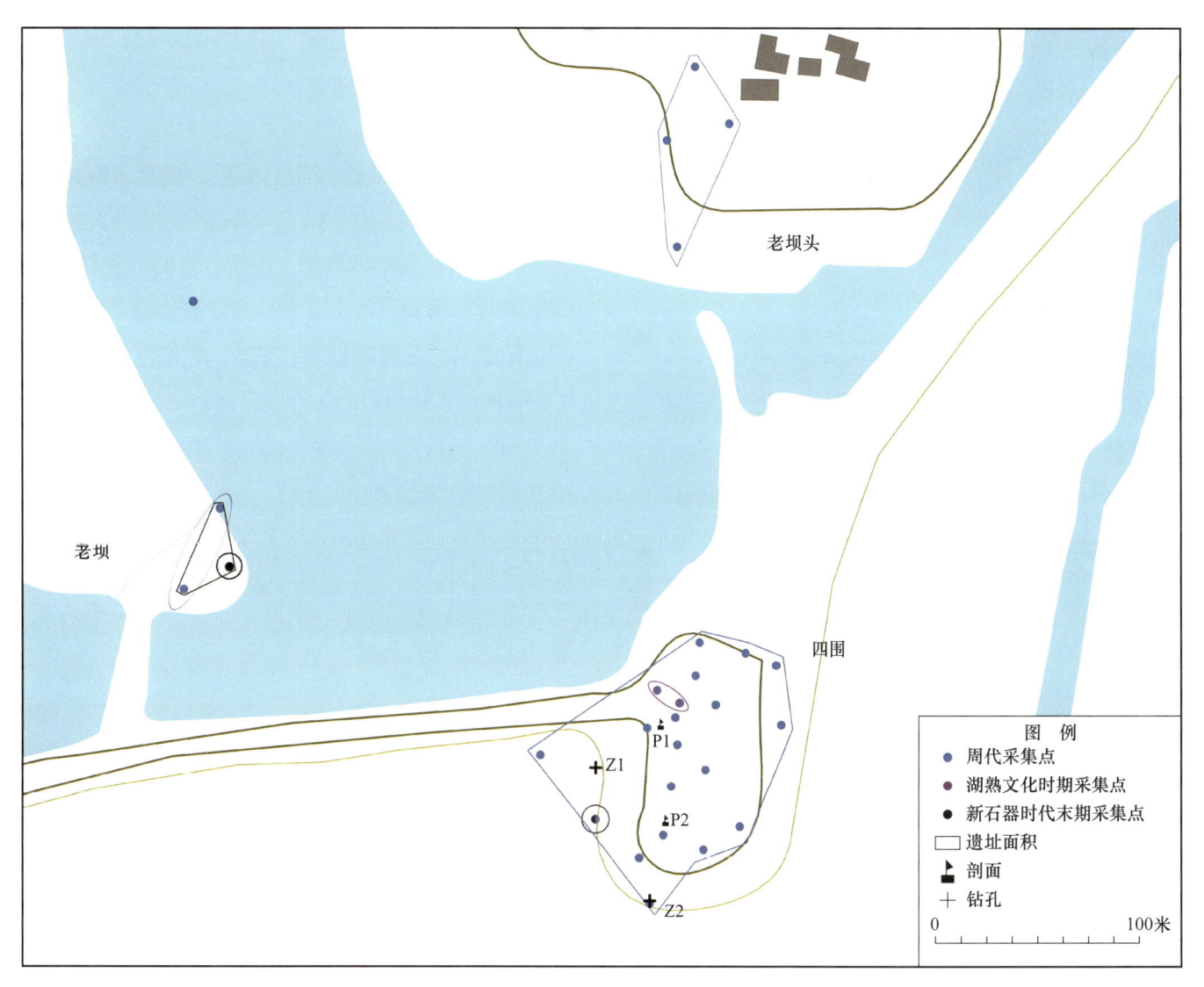

图 3-5-7 四围、老坝和老坝头遗址聚落分布图

图 3-5-8 四围遗址剖面 P1 示意图

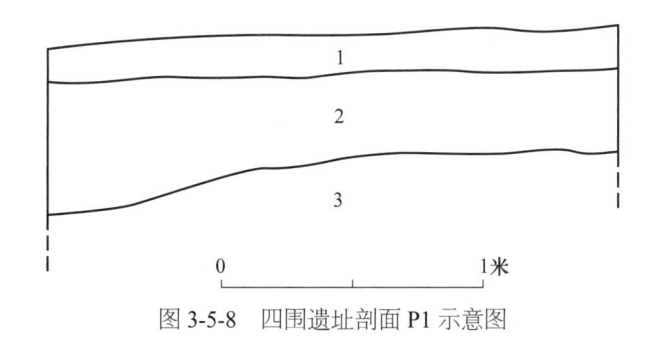

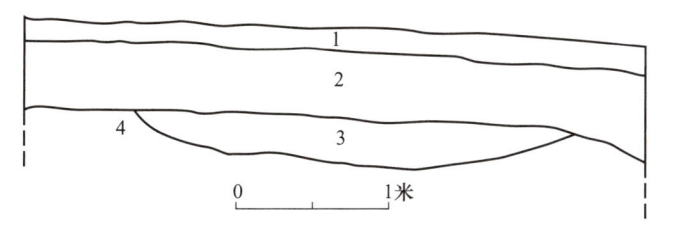

图 3-5-9 四围遗址剖面 P2 示意图

0.5 米：黑灰色土，软黏，含有粒径 3 毫米左右的烧土颗粒。

0.7 米：黄褐色土，软黏，土呈颗粒状。未至生土。

Z2：距墩顶约 3 米。

0.4 米：耕土。

0.9 米：浅褐色土，疏松，含烧土、陶片和少量炭粒。

1.1 米：花白色土，较硬，土质致密，含有烧土和陶片。

1.2 米：灰白色土，较硬，土质致密，含有较多烧土颗粒和炭粒。

1.5 米：黄褐色土，较软，土质致密，还有烧土颗粒和炭粒。

2.1 米：灰黄土，较软，较黏，土质致密，较多烧土颗粒和草木灰以及砂粒。

2.1 米以下：淤泥。

2. 聚落

新石器时代末期的采集点仅有一处，面积400平方米。湖熟文化时期的采集点有两处，面积约500平方米。周代的采集点数量最多，遗物的分布面积约为10000平方米（见图3-5-7）。

3. 遗物

鼎足　2件。

A02：1，夹砂褐陶，红胎，侧装，饰数条刻划纹。残高6.2厘米（图3-5-12，7；图版60，7左）。

A02：7，粗泥质黄褐陶，灰胎，侧装，足尖经过捏制，素面。残高5.1厘米（图3-5-12，12；图版60，7右）。

鬲足　19件。

A02：2，夹粗砂褐陶，褐胎，残高6.9厘米（图3-5-10，11）。

A02：4，夹粗砂褐陶，褐胎，素面。残高6.7厘米（图3-5-12，6）。

A02：6，夹粗砂红陶，褐胎，柱形足，素面。残高7.1厘米（图3-5-12，3）。

A02：11，夹砂红陶，褐胎，锥柱形足，素面。残高7.9厘米（图3-5-10，10）。

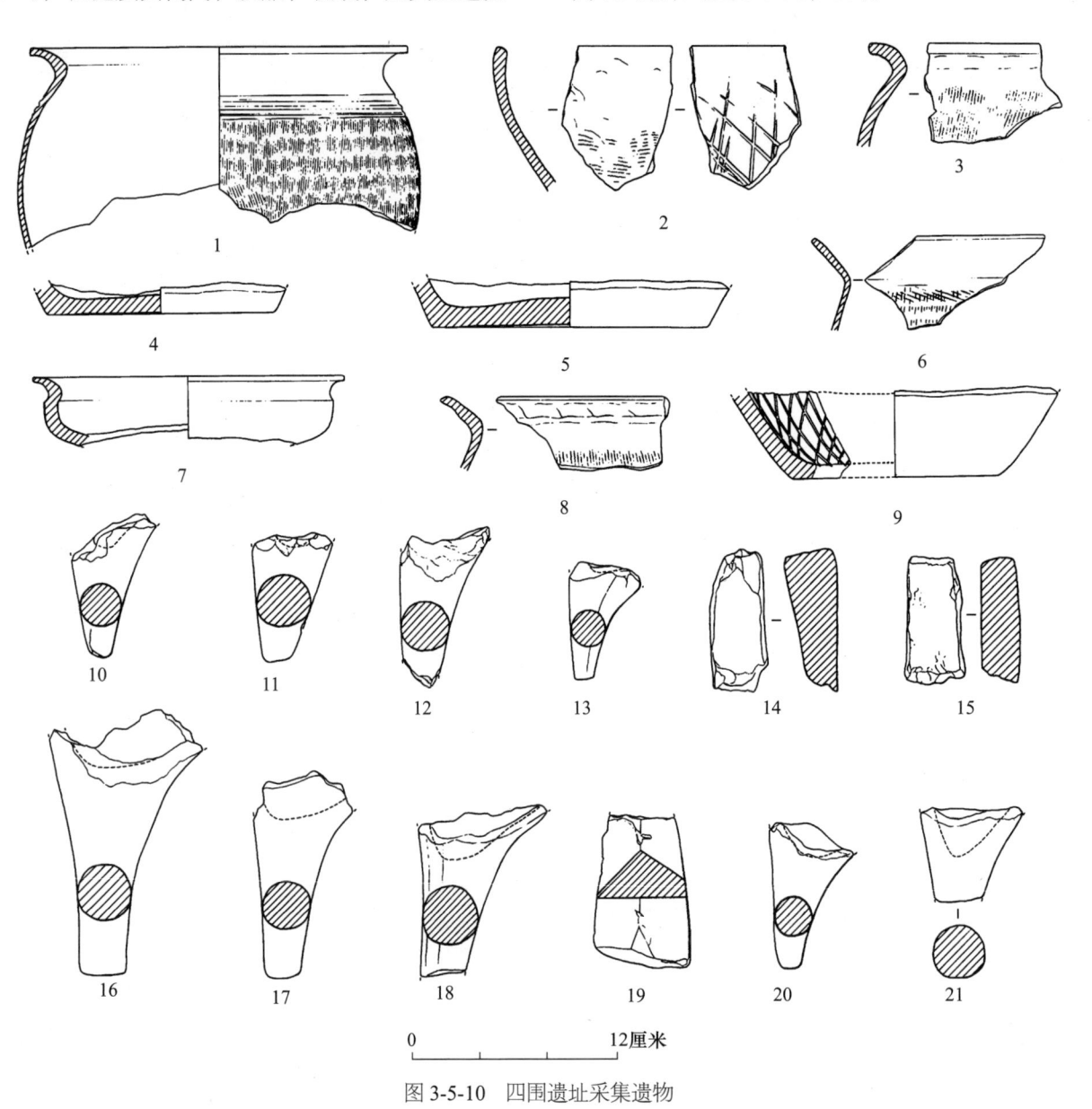

图3-5-10　四围遗址采集遗物

1.罐（D01：1）　2、9.刻槽盆（C01：1、F02：3）　3、6、8.口沿（E03：2、E02：7、E02：1）　4、5.器底（F02：1、E05：1）　7.盆口（F01：3）　10～13、16～18、20、21.鬲足（A02：11、A02：2、E05：2、E05：3、F02：2、E02：2、D02：1、A02：17、E02：3）　14.残石器（A02：41）　15.残石锛（A02：52）　19.石器（A02：40）

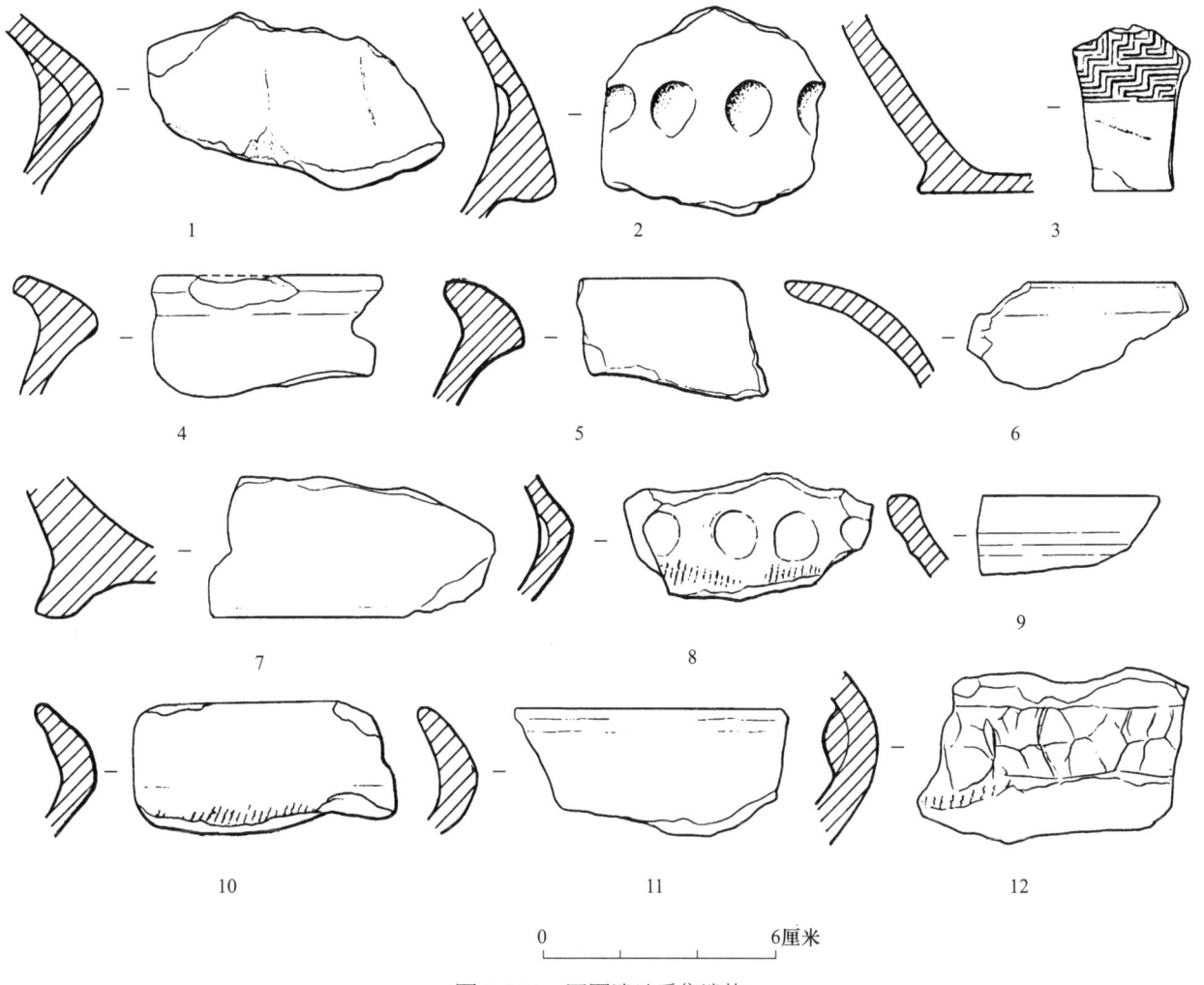

图 3-5-11 四围遗址采集遗物

1、2、8、12. 甗腰（A02：42、A02：9、A02：10、A02：32）3. 罐（C02：2）4~6、10、11. 口沿（A02：35、A02：36、
B01：1、A02：30、A02：8）7. 圈足（A02：31）9. 原始瓷口沿（E04：3）

A02：12，夹细砂褐陶，灰胎，锥形足，素面，有竖向刮痕。残高6厘米（图3-5-12，14；图版60，下右）。

A02：16，夹粗砂褐陶，褐胎，长锥形足，素面。残高7厘米（图3-5-12，13；图版60，下左）。

A02：17，夹砂褐陶，红胎，锥柱形足，素面。残高8.1厘米（图3-5-10，20）。

A02：19，夹细砂褐陶，红胎，锥形足，绳纹。残高6.3厘米（图3-5-12，2）。

A02：21，夹细砂褐陶，褐胎，锥柱形足，素面。残高5.2厘米（图3-5-12，11）。

A02：46，夹细砂褐陶，褐胎，锥形足，素面。残高4.3厘米（图3-5-12，5；图版60，上右）。

A02：51，夹细砂红陶，褐胎，锥形足，素面。残高5.2厘米（图3-5-12，4；图版60，上中）。

D01：3，夹粗砂红陶，褐胎，锥柱形足，素面。残高4.5厘米（图3-5-12，1）。

D02：1，夹粗砂褐陶，褐胎，素面，器表有刮痕。残高10厘米（图3-5-10，18）。

E02：2，夹粗砂红陶，褐胎，长柱形足，素面。残高11.5厘米（图3-5-10，17）。

E02：3，夹砂褐陶，褐胎，素面。残高5厘米（图3-5-10，21）。

E05：2，夹砂褐陶，褐胎，锥柱形足，素面。残高9.1厘米（图3-5-10，12）。

E05：3，夹砂褐陶，褐胎，锥柱形足，素面。残高6.7厘米（图3-5-10，13）。

F02：2，夹粗砂灰陶，褐胎，长柱形足，素面。残高14.1厘米（图3-5-10，16；图版60，8）。

F03：2，夹细砂褐陶，褐胎，锥柱形足，素面。残高5.4厘米（图3-5-12，10）。

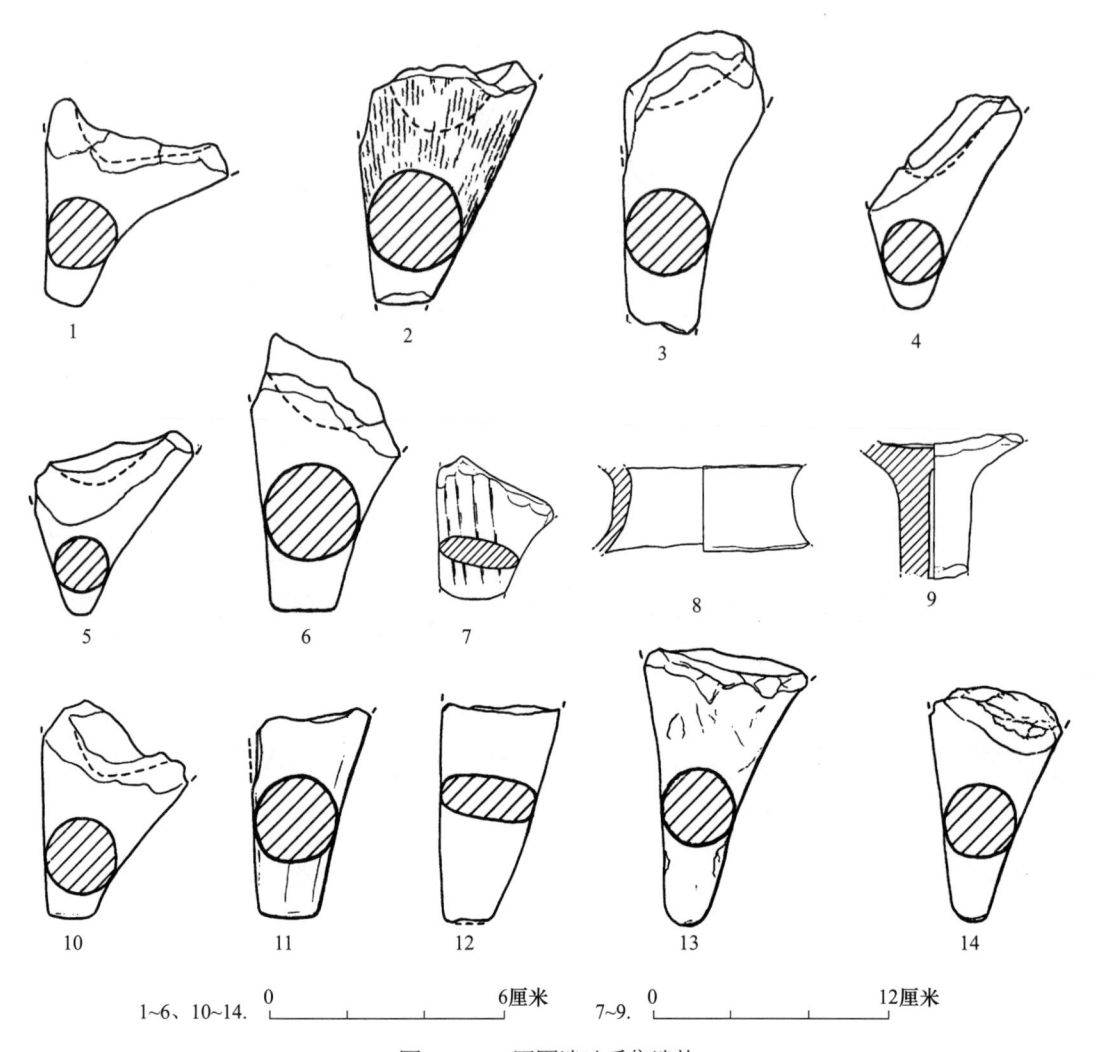

图 3-5-12 四围遗址采集遗物

1~6、10、11、13、14. 鬲足（D01：3、A02：19、A02：6、A02：51、A02：46、A02：4、F03：2、A02：21、A02：16、A02：12） 7、12. 鼎足（A02：1 A02：7）8. 壶（F03：1） 9. 豆柄（F03：4）

口沿　8件。

A02：8，泥质灰陶，褐胎，尖唇，侈口，素面。残高3.6厘米（图3-5-11，11）。

A02：30，夹砂褐陶，黑胎，绳纹。残高3.5厘米（图3-5-11，10）。

A02：35，夹砂褐陶，红胎，折沿，侈口。残高3.6厘米（图3-5-11，4）。

A02：36，夹砂红陶，灰胎，侈口，素面。残高3厘米（图3-5-11，5）。

B01：1，夹蚌褐陶，褐胎，素面。残高2.2厘米（图3-5-11，6）。

E02：1，夹粗砂褐陶，红胎，折沿，绳纹。残高4.1厘米（图3-5-10，8；图版59，8右）。

E02：7，夹粗砂红陶，红胎，宽折沿，饰梯格纹。残高5.3厘米（图3-5-10，6；图版59，8左）。

E03：2，夹砂褐陶，褐胎，绳纹。残高5.8厘米（图3-5-10，3）。

甗腰　4件。

A02：9，夹砂灰陶，红胎，腰部有一周按窝纹。残高5.2厘米（图3-5-11，2；图版60，2左）。

A02：10，夹砂褐陶，灰胎，腰部一周附加堆纹，上饰按窝纹。残高3.2厘米（图3-5-11，8；图版60，2右）。

A02：32，夹砂褐陶，灰胎，腰部一周附加堆纹。残高4.8厘米（图3-5-11，12；图版60，3左下）。

A02：42，夹砂褐陶，灰胎，腰部附加一周泥片。残高3厘米（图3-5-11，1；图版60，3右）。

罐　2件。

C02：2，罐底，印纹硬陶，褐陶，灰胎，平底，折线纹。残高4.7厘米（图3-5-11，3）。

D01：1，夹砂红陶，褐胎，方唇，折沿，鼓腹，饰弦纹和细绳纹。残高11.6厘米（图3-5-10，1）。

刻槽盆 2件。

C01：1，夹蚌褐陶，褐胎，敛口，方唇，外饰绳纹，内饰刻划菱形格纹。残高8.2厘米、厚0.8（图3-5-10，2；图版59，6）。

F02：3，泥质褐陶，红胎，外壁素面，内壁饰刻划纹。厚0.9~1.1、直径4.7厘米（图3-5-10，9）。

器底 2件。

F02：1，夹粗砂红陶，褐胎，平底，底部饰绳纹。直径1.6、厚1厘米（图3-5-10，4）。

E05：1，夹粗砂褐陶，褐胎，素面，平底。直径2.5、厚1.1~1.5厘米（图3-5-10，5；图版59，4）。

其他 8件。

A02：31，圈足，夹砂灰陶，褐胎，素面。残高3.5厘米（图3-5-11，7）。

A02：40，石器，横断面呈三角形，磨制光滑。残高8.3厘米（图3-5-10，19；图版59，5）。

A02：41，残石器，长方形。长8.3、宽3.1、厚2.3厘米（图3-5-10，14；图版60，1）。

A02：52，残石锛，断面呈长方形。长6.9、宽3、厚1.9~2.3厘米（图3-5-10，15；图版59，7）。

E04：3，原始瓷口沿，灰白色，白胎，敛口，弦纹。残高1.4厘米（图3-5-11，9）。

F01：3，盆口，夹砂褐陶，褐胎，折沿，鼓腹，素面。口径18、残高3.6厘米（图3-5-10，7；图版60，6）。

F03：1，壶，泥质灰陶，黑灰胎，素面。残高4.5厘米（图3-5-12，8）。

F03：4，豆柄，泥质红陶，灰胎，素面。残高7厘米（图3-5-12，9）。

采集陶片纹饰见图3-5-13。

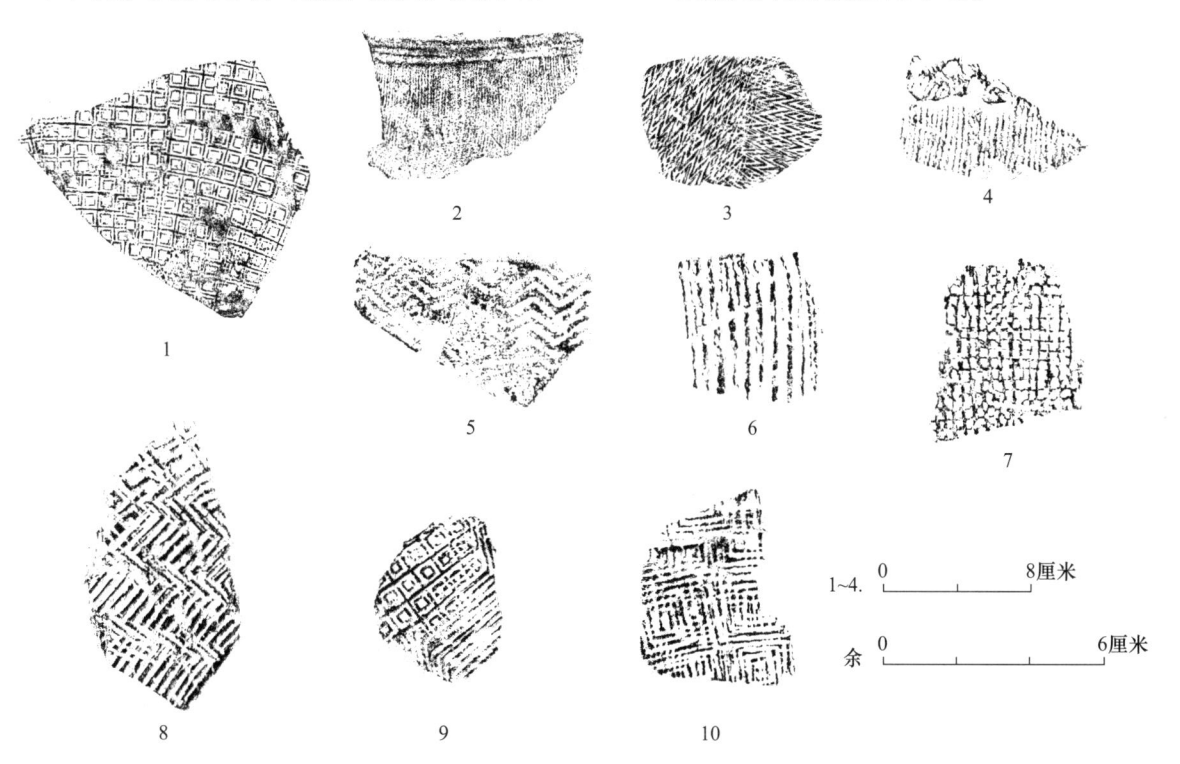

图3-5-13 四围遗址采集陶片纹饰
1. 回纹（E02：8） 2、6. 绳纹（D01：1） 3. 复折线纹（F01：1） 4. 绳纹和附加堆纹（F01：2） 5. 折线纹（B02：1）
7. 筛格纹（A02：37） 8. 折线纹（A01：6） 9. 回纹和折线纹（E03：1） 10. 复线回纹（A01：5）

四、老坝遗址

1. 遗址概况（090320DTGSLB）

位于姑孰镇老坝村南，堤坝北面，近圆形土墩，遗物分布面积约600平方米，海拔10米左右，高出四周水面约1.5米。现四面环水，因20世纪50年代修堤坝改变老河道，原应位于Y形河流交汇处。采集陶片有夹砂素面红陶和鬲足。保存状况一般，遗址包含新石器末期和西周、东周时期的遗存，遗物分布面积约600平方米（图版24，1）。

2. 聚落

包含新石器时代末期和周代两个时期的聚落，新石器时代聚落面积为400平方米。周代聚落面积为600平方米，按遗址的破坏程度来看，聚落面积当大于这个分布面积（见图3-5-7）。

3. 遗物

A01：1，鼎足，夹砂红陶，红胎，断面为椭圆形。残高2.5厘米（图3-5-14，2）。

D01：1，鼎足，夹砂红陶，灰胎，侧装，断面为扁椭圆形，饰刻划纹。残高3.5厘米（图3-5-14，1）。

D01：2，鼎足，夹砂红陶，红胎，侧装，残余足尖。残高4.2厘米（图3-5-14，3）。

C01：2，鬲足，夹砂红陶，红胎，锥形足，素面。残高2.7厘米（图3-5-14，4）。

五、老坝头遗址

1. 遗址概况（090320DTGSLBT）

位于姑孰镇老坝头村内南侧，河旁墩型遗址，近椭圆形，遗物分布面积2200平方米，海拔12.2米，高出地表约1.5米，为山前冲积平原地貌，位于几条河流交汇处，四周低洼，三面环水。采集有鬲足和印纹陶片。包含西周和东周两个时期遗存，采集物以鬲足为主（图版24，2）。

2. 聚落

周代的聚落面积约为2200平方米（见图3-5-7）。

3. 遗物

鬲足 共4件。

F01：1，夹细砂褐陶，褐胎，锥柱形足，素面。残高7.6厘米（图3-5-14，5）。

D01：1，夹粗砂褐陶，褐胎，锥形足，素面。残高5.4厘米（图3-5-14，6）。

B02：1，夹粗砂红陶，褐胎，柱形足，素面。残高5.1厘米（图3-5-14，7）。

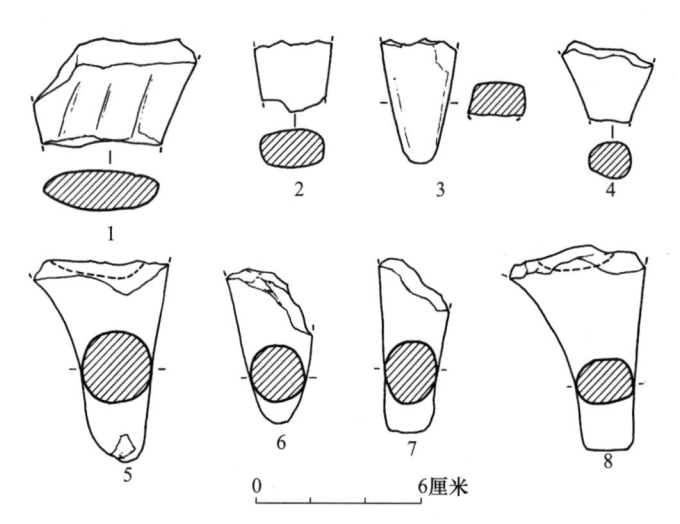

图3-5-14 老坝和老坝头遗址采集遗物
1～3.鼎足（D01：1、A01：1、D01：2） 4～8.鬲足（C01：2、F01：1、D01：1、B02：1、B01：1）
（1～4为老坝遗址采集，5～8为老坝头遗址采集）

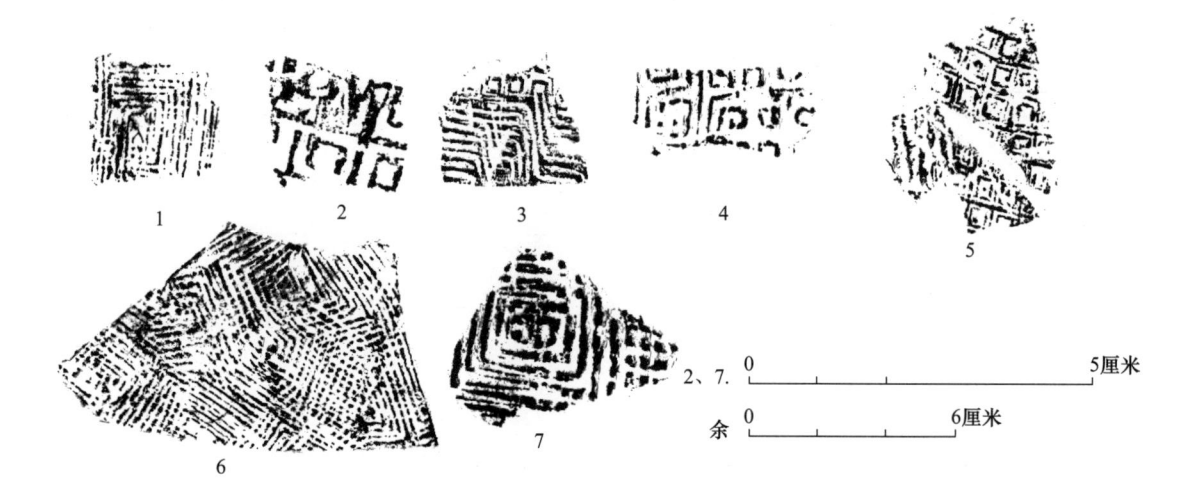

图3-5-15 老坝头和山上村遗址采集陶片纹饰
1、7.填线回纹（山F01：1、山F02：1） 2、5.回纹（老A01：2、山E01：2） 3.折线纹（山A01Z：4）
4.云雷纹（山B01：1） 6.复线回纹（山B01：4）

B01:1，夹粗砂红陶，褐胎，锥柱形足，素面。残高7.6厘米（图3-5-14，8）。

采集陶片纹饰见图3-5-15。

六、山上村遗址

1. 遗址概况（090318DTGSSSC）

位于姑孰镇山后村东部约300米山岗边缘，遗物分布面积约3000平方米，海拔39.4米。属于山前岗地地貌，北部为连绵的山岗，南部渐低缓，西侧有河道，东西两翼均为山岗。保存状况较好，地表采集遗物有鬲足和印纹硬陶。遗址包含西周和东周两个时期的遗存（图版22，1）。

2. 聚落

山后村遗址是这个区域海拔最高的周代聚落，从遗址附近施工挖的断面来看，棕黄色土壤下即为基岩，没有看到文化层的分布，不排除是土墩墓遗存的可能。周代聚落面积约3000平方米（图3-5-16）。

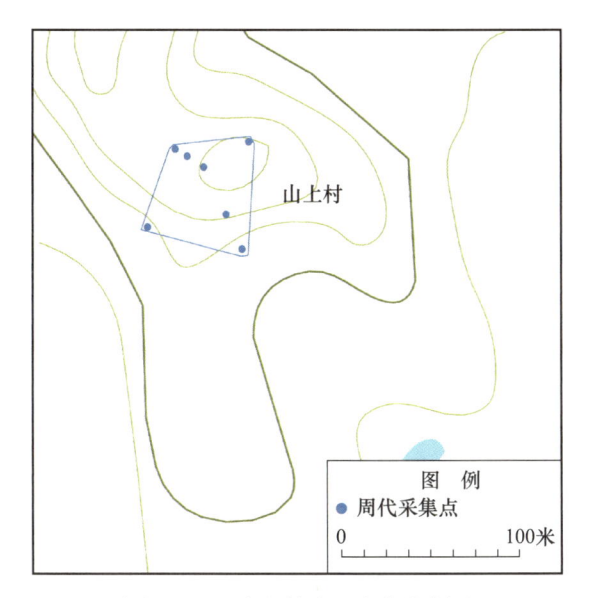

图3-5-16 山上村遗址聚落分布图

3. 遗物

鬲足 3件。

A01:3，夹砂红陶，红胎，锥形足，素面。残高4.7厘米（图3-5-17，10）。

D01:1，夹砂红陶，红胎，胎内含小石子。残高

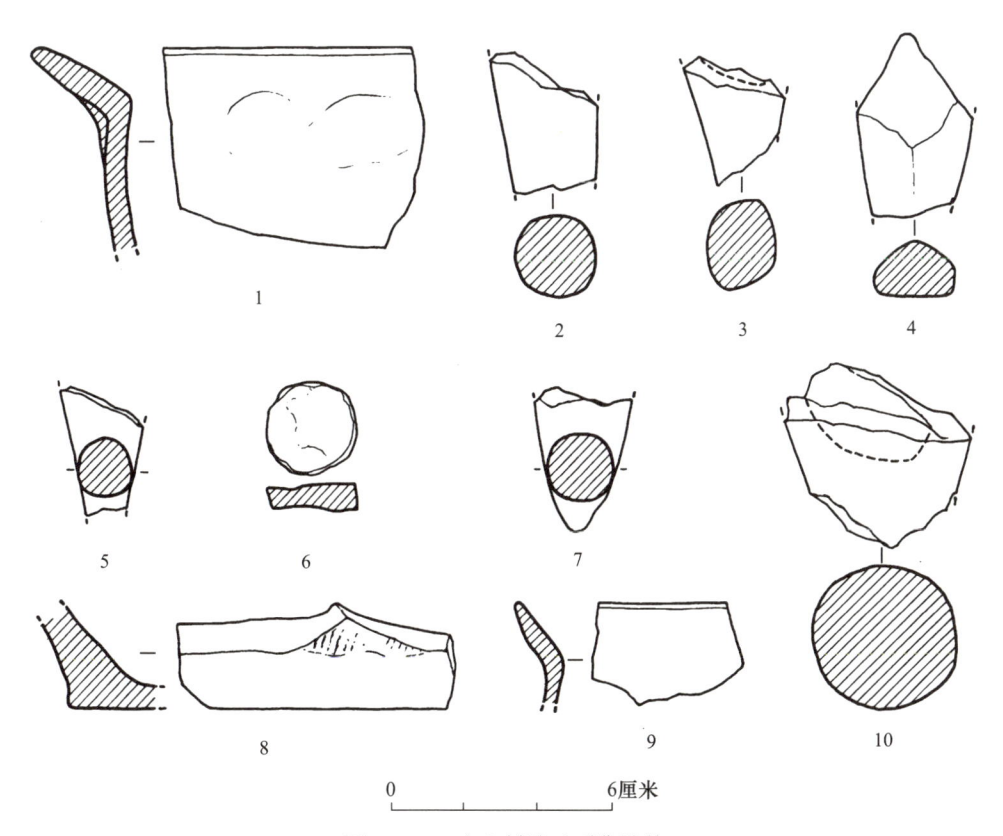

图3-5-17 山上村遗址采集遗物

1.盆（E02:1） 2～4.器足（F02:3、D01:5、F03:1） 5、7、10.鬲足（D01:1、F03:2、A01:3）
6.石饼（E01:1） 8.器底（E02:2） 9.口沿（A01:5）

3.5厘米（图 3-5-17，5）。

F03：2，夹粗砂红陶，红胎，锥形足，素面。残高 3.7厘米（图 3-5-17，7）。

器足　3件。

D01：5，夹砂红陶，红胎，素面。残高3.5厘米。（图 3-5-17，3）。

F02：3，夹粗砂红陶，红胎，素面。残高3.7厘米（图 3-5-17，2）。

F03：1，夹粗砂红陶，红胎，横断面为圆形，素面。残高4.4厘米（图 3-5-17，4）。

其他　4件。

A01：5，口沿，夹砂红陶，红胎，素面。残高2.7厘米（图 3-5-17，9）。

E02：1，盆口，夹砂红陶，红胎，素面。残高5.3、厚0.8厘米（图 3-5-17，1）。

E01：1，石饼。直径2.3厘米（图 3-5-17，6）。

E02：2，器底，夹粗砂红陶，红胎，平底，细绳纹。残高2.2、厚0.9厘米（图 3-5-17，8）。

采集陶片纹饰见图 3-5-15。

七、杨塘坟遗址

1. 遗址概况（090317DTGSYTF）

位于姑孰镇灵墟村杨塘坟自然村南约300米，近圆形岗地，东西长200米，南北宽300米，遗物分布面积约47000平方米，东北部伸出一个角，似曲尺形，东部较高，西部渐低缓，整个台地高出四周约8米，海拔19.4米。北面为山前岗地，形成天然屏障，东侧有河流南北向流经，西侧和南侧也有断续的河流，此遗址的原应是位于Y形河流交汇处，遗址东部隔河与南北向山岗地相望，西侧约150米处亦为南北向岗地。遗址保存状况较好，地表土壤为较为纯净的棕红色土，采集遗物有陶、石器。遗址包含新石器时代末期、湖熟文化和周代的遗存（图 3-5-18；图版 25，1；图版 61，1～8）。

在遗址上清理了两处断面。

剖面P1的堆积情况如图 3-5-19（图版 25，2）。

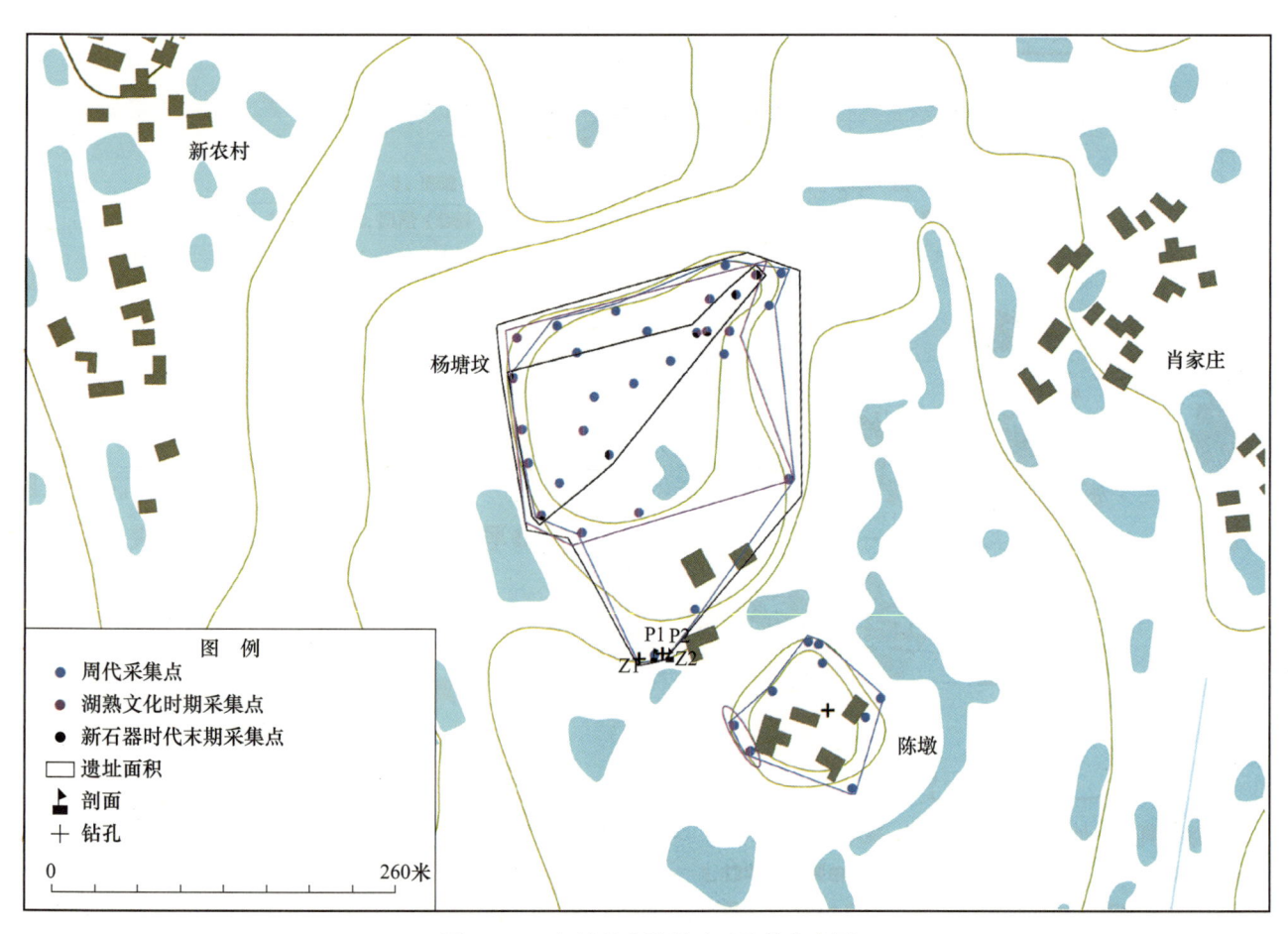

图 3-5-18　杨塘坟和陈墩遗址聚落分布图

P1①：耕土，厚0.3～0.5米，坡状堆积。

P1②：黑灰土，土质黏，较疏松，厚约0.55米，坡状堆积。接近底部有丰富的植物种子，含炭粒、粒径1厘米左右的烧土和较多的陶片。

P1③：浅黄色土，土质疏松，粉砂土，含黄绿色锈斑，有白色土层贯穿，此层底部南侧有一层厚约2厘米的白色灰烬层，见植物根茎。含较多炭粒、烧土和陶片。

P1④：灰白色土，未清理到底，土质坚硬致密，含10%粒径在0.3厘米的炭粒，20%粒径在0.2厘米的烧土，含铁锰结核。

H1①：黄褐色土，土质致密，呈颗粒状。含40%粒径0.2厘米的炭粒和10%粒径在0.2厘米的烧土，含陶片、动物骨骼和绿色锈斑、近锅底形堆积。H1，锅底形坑，口部平整，底部较好。口距地表1.05米，未清理至底。

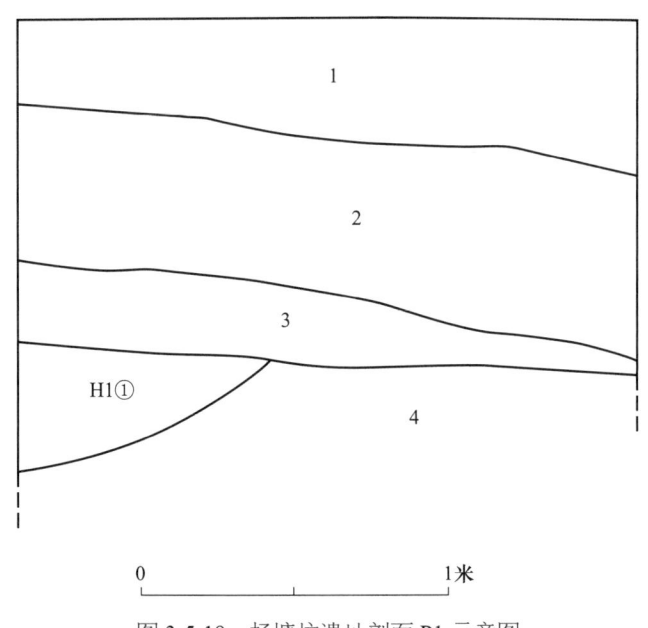

图3-5-19 杨塘坟遗址剖面P1示意图

剖面P2的堆积情况如图3-5-20（图版25，3）。

P2①：近代扰土、厚0.45米。

P2②：灰黄色土，较硬，疏松，厚约0.4米。含40%粒径1～3厘米的红烧土，含陶片。

P2③：黄褐色土，较硬，土质疏松，厚约0.35米，含炭粒和烧土。

P2④：褐色土，较硬，土质致密，厚约0.4米。有气孔，含锈斑和炭粒。

P2⑤：灰色土，土质疏松较硬，未清理至底。含40%粒径1～2厘米的炭粒，红烧土和陶片。炭粒可见烧后植物根茎的形态。

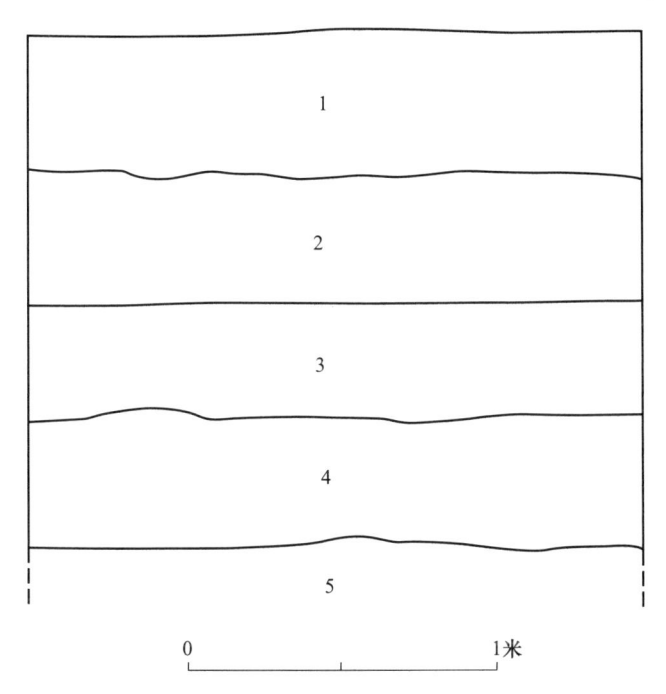

图3-5-20 杨塘坟遗址剖面P2示意图

探孔共2处。

Z1：距墩顶2米。此探孔耕土下即为生土。

Z2：位于墩顶。

0.1米：耕土。

0.4米：灰黑色土，土质黏，致密。

0.4米以下：灰色土，黏，致密，含粒径3厘米的红烧土颗粒、炭粒、陶片、绿色锈斑。

2. 聚落

新石器时代末期聚落面积43000平方米，湖熟文化时期的聚落面积为41000平方米，周代聚落面积为43000平方米，均为本区内相应时段面积最大的聚落。南部紧邻较小的陈墩聚落，这样的形式为本区常见的周代聚落分布模式，小聚落应附属于较大的聚落。从清理的断面看，遗址的西南部应为当时人们倾倒垃圾的地方。从剖面P1H1填土内浮选出不成熟稻的标本，根据这粒不成熟稻的测年结果为公元前850～前760年（图3-5-18）。

3. 遗物

口沿 4件。

C04：2，泥质红陶，红胎，素面。残高2.8厘米。（图3-5-21，5）。

F03：11，灰陶，灰胎，侈口，圆唇，素面。口径13.7厘米（图3-5-22，2；图版61，8左）。

F05：10，夹砂灰陶，灰胎，素面。厚0.6~0.9厘米（图3-5-22，4）。

F06：1，夹砂灰陶，红胎，胎内含云母，折沿，绳纹。复原口径20、厚0.7~0.9厘米（图3-5-21，1）。

石斧 1件。

B05：2，青绿色，断面近长方形，残高8.9、厚2.2~3.4厘米（图3-5-21，2）。

石锛 1件。

D03：3，黑色，磨制，梯形，断面为长方形，斜刃，刃部略有崩损，素面。残长4.2、宽2.8、厚0.7~1厘米（图3-5-24，8）。

罐 2件。

C04：1，罐，泥质灰陶，紫胎，厚唇，平沿，素面。口径12、厚0.3~0.5厘米（图3-5-21，4）。

E02：1，罐，印纹硬陶，紫胎，鼓腹，饰折线纹。厚0.5~1、残高5.7厘米（图3-5-22，3）。

圈足 2件。

F03：4，圈足，泥质褐陶，褐胎，素面。残高2.2厘米（图3-5-22，6；图版61，8右）。

F03：13，圈足，夹砂红陶，红胎，素面。残高5厘米（图3-5-22，7）。

鬲足 12件。

A04：2，夹砂红陶，灰褐胎，含砂量大，锥形足，素面。残高6.6厘米（图3-5-23，1）。

B07：1，夹砂红陶，红胎，含砂量大，锥柱形足，绳纹，有竖向刮抹痕迹。残高8.8厘米（图3-5-23，8）。

E03：1，夹砂红陶，红胎，含砂量大，高锥形足，素面。残高9.2厘米（图3-5-23，7；图版61，2上右）。

E03：2，夹砂红陶，红胎，含云母，锥柱形足，绳纹。残高12.6厘米（图3-5-23，9）。

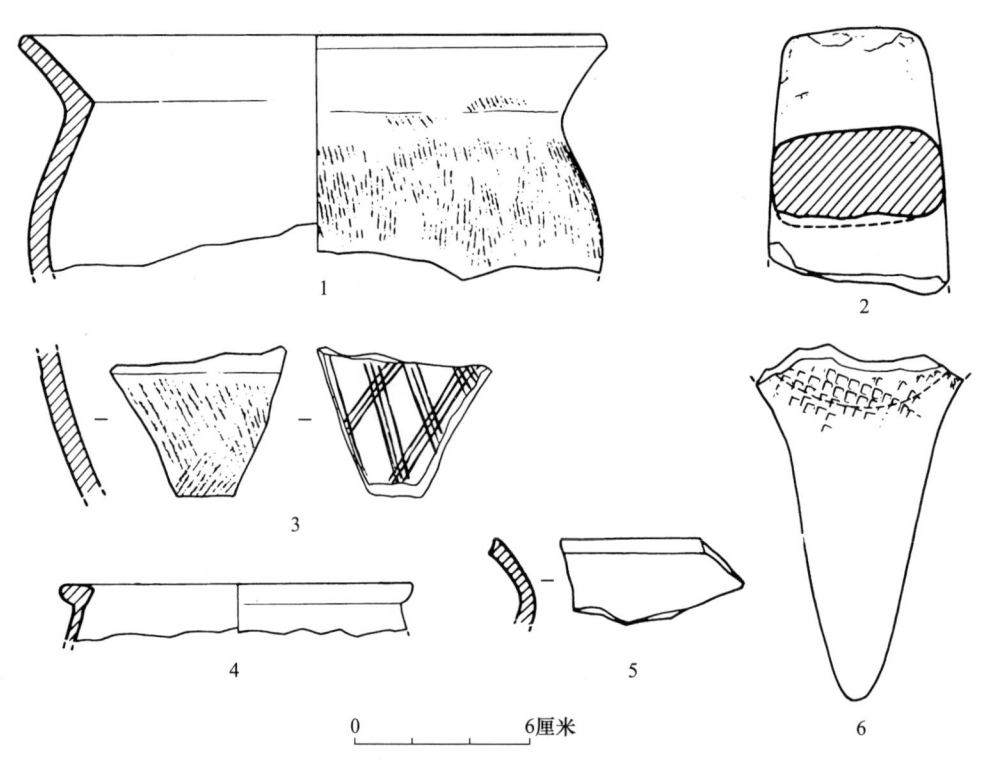

图3-5-21 杨塘坟遗址采集遗物
1、5. 口沿（F06：1、C04：2）2. 石斧（B05：2）3. 擂钵（F05：11）4. 罐（C04：1）6. 鬲足（F06：3）

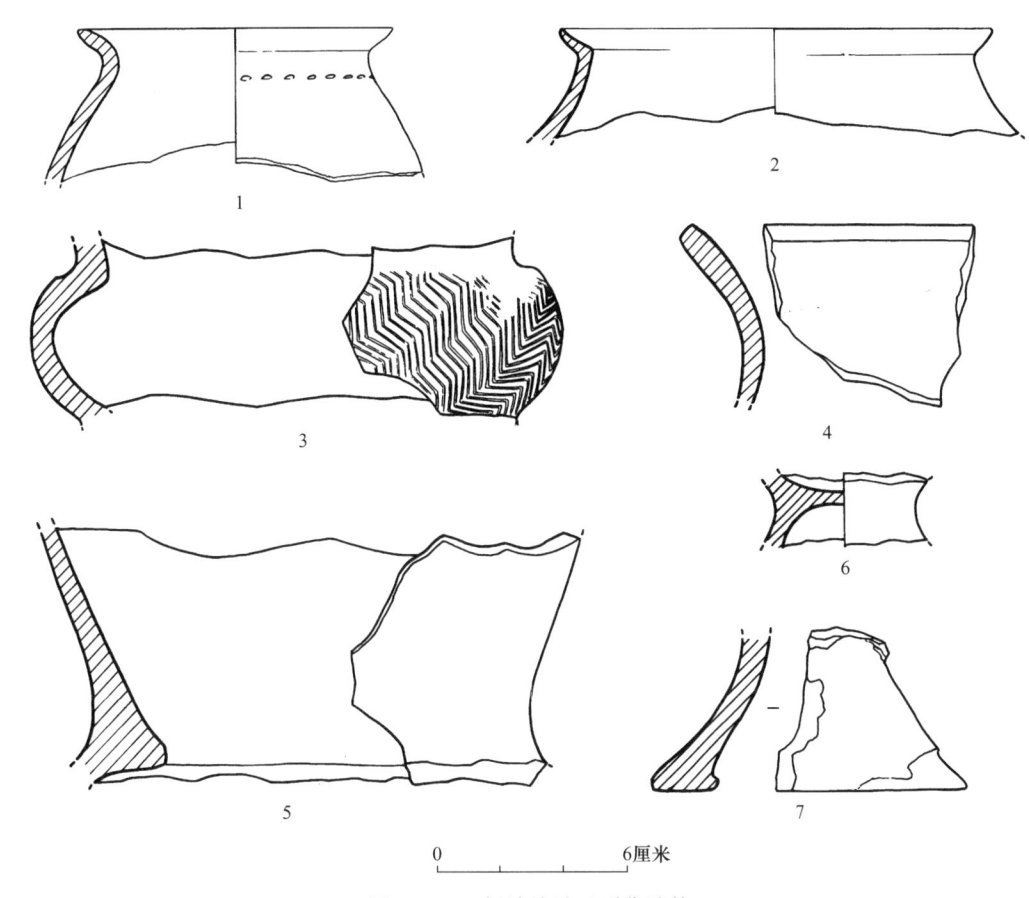

图 3-5-22　杨塘坟遗址采集遗物

1.鼎（F01∶2）　2、4.口沿（F03∶11、F05∶10）　3.罐（E02∶1）　5.瓿腰（F05∶1）　6、7.圈足（F03∶4、F03∶13）

E03∶5，夹砂红陶，红胎，含砂量大，锥柱形足，素面，足部有刮抹痕迹。残高7.9厘米（图3-5-23，11）。

E03∶4，夹砂红陶，红胎，含砂量大，锥柱形足，素面。残高5.3厘米（图3-5-23，2）。

E03∶6，夹砂红陶，红胎，含砂量大，锥柱形足，素面。残高7厘米（图3-5-23，10）。

E05∶2，夹砂红陶，红胎，含砂量大，柱形足，素面。残高7.5厘米（图3-5-23，5；图版61，2下左）。

F03∶1，夹砂红陶，褐胎，锥柱形足，素面，有火烧的痕迹。残高7厘米（图3-5-24，3；图版61，4左）。

F05∶9，夹砂红陶灰褐胎。锥柱形，素面，足部布满竖向刮抹痕迹。残高7.4厘米（图3-5-23，12）。

D03∶1，夹砂红陶，红胎，粗锥状足，素面。残高10.4厘米（图3-5-23，6）。

F03∶2，夹砂红陶，红胎，锥形足，素面。残高3.4厘米（图3-5-24，1）。

䍃足　1件。

F06∶3，夹砂红陶，红胎，锥形足，上部有方格纹。残高11.8厘米（图3-5-21，6；图版61，1）。

鬶足　3件。

D03∶2，泥质红陶，红胎，素面，尖锥形。残高4.7厘米（图3-5-23，3）。

F03∶10，夹砂红陶，柱形，素面。残高6.8厘米（图3-5-24，10；图版61，4中）。

F03∶12，夹细砂红陶，红胎，尖锥形实心足，素面。残高7.6厘米（图3-5-24，9；图版61，3左）。

甗足　2件。

E02P1②∶3，甗足，夹砂红陶，红胎，锥形足，素面。残高6.1厘米（图3-5-24，4）。

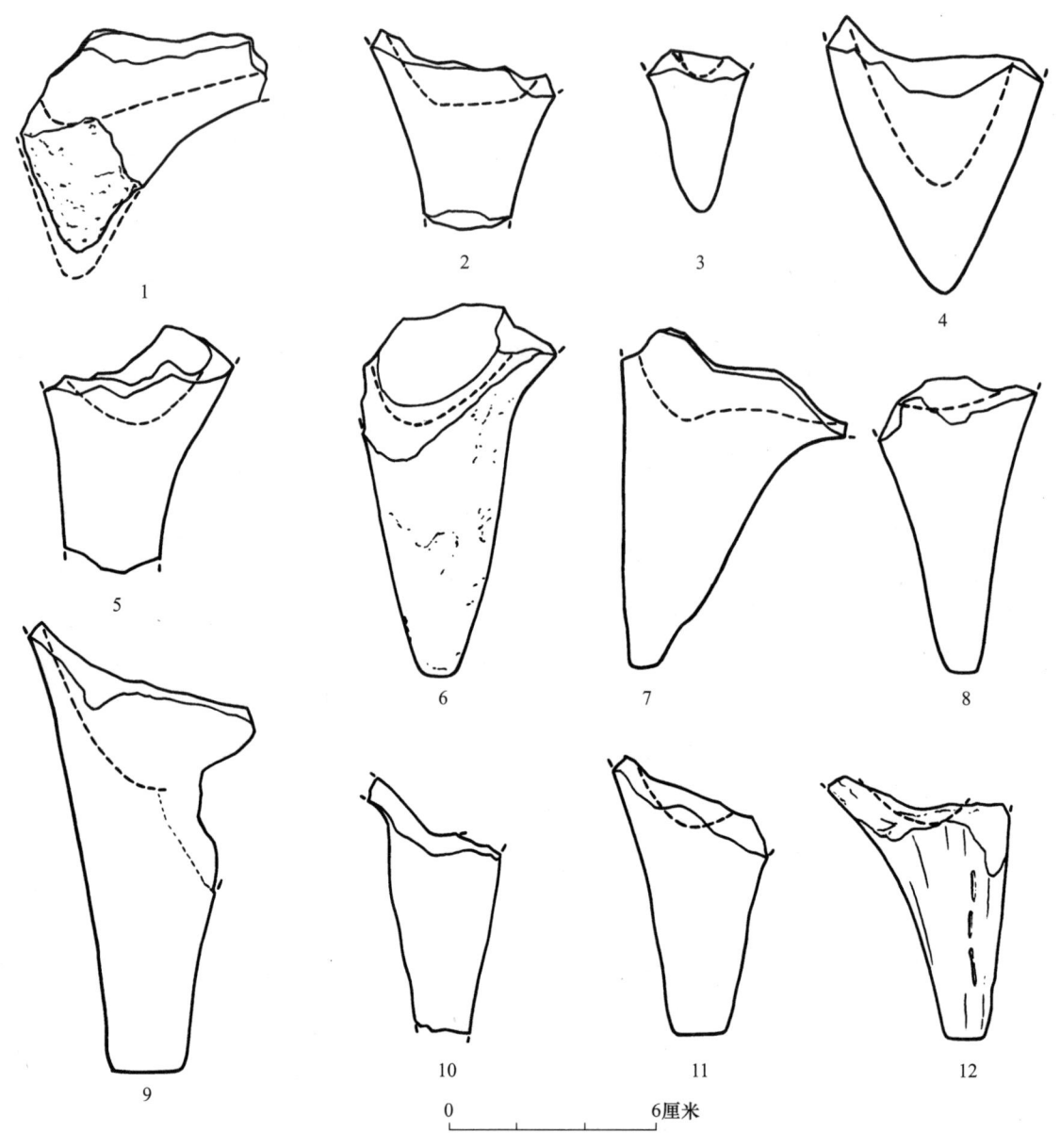

图 3-5-23 杨塘坟遗址采集陶器足
1、2、5~12.鬲足（A04：2、E03：4、E05：2、D03：1、E03：1、B07：1、E03：2、E03：6、E03：5、F05：9）
3.鬶足（D03：2） 4.甗足（C04：3）

C04：3，甗足，夹砂红陶，红胎，素面，空心足。残高7.7厘米（图3-5-23，4；图版61，3右）。

其他 7件。

D02：1，鼎足，夹砂红陶，红胎，侧装扁足，足根部有绳纹。残高5.1厘米（图3-5-24，2）。

E03：7，陶饼，夹砂灰陶，灰胎，绳纹。直径3.4厘米（图3-5-24，6）。

F01：2，鼎，夹砂红陶，红胎，侈口，束颈，颈下一周戳点纹。口径9.8、厚0.5厘米（图3-5-22，1）。

F05：11，擂钵，残存腹片，夹砂红陶，红胎，外壁饰交错绳纹，内壁饰复线刻划菱形格纹。厚0.8~1厘米（图3-5-21，3）。

F05：1，甗腰，夹砂褐陶，红胎，素面。残高7.9、厚0.3~2.9厘米（图3-5-22，5）。

F03：8，圆陶片，夹砂红陶。直径4.4厘米（图3-5-24，5）。

F03：6，纺轮，夹砂红陶，素面。直径3.6厘米（图3-5-24，7）。

采集陶片纹饰有折线纹（图版61，7）、绳纹（图版61，5、6右）及戳印纹等（图3-5-25）。

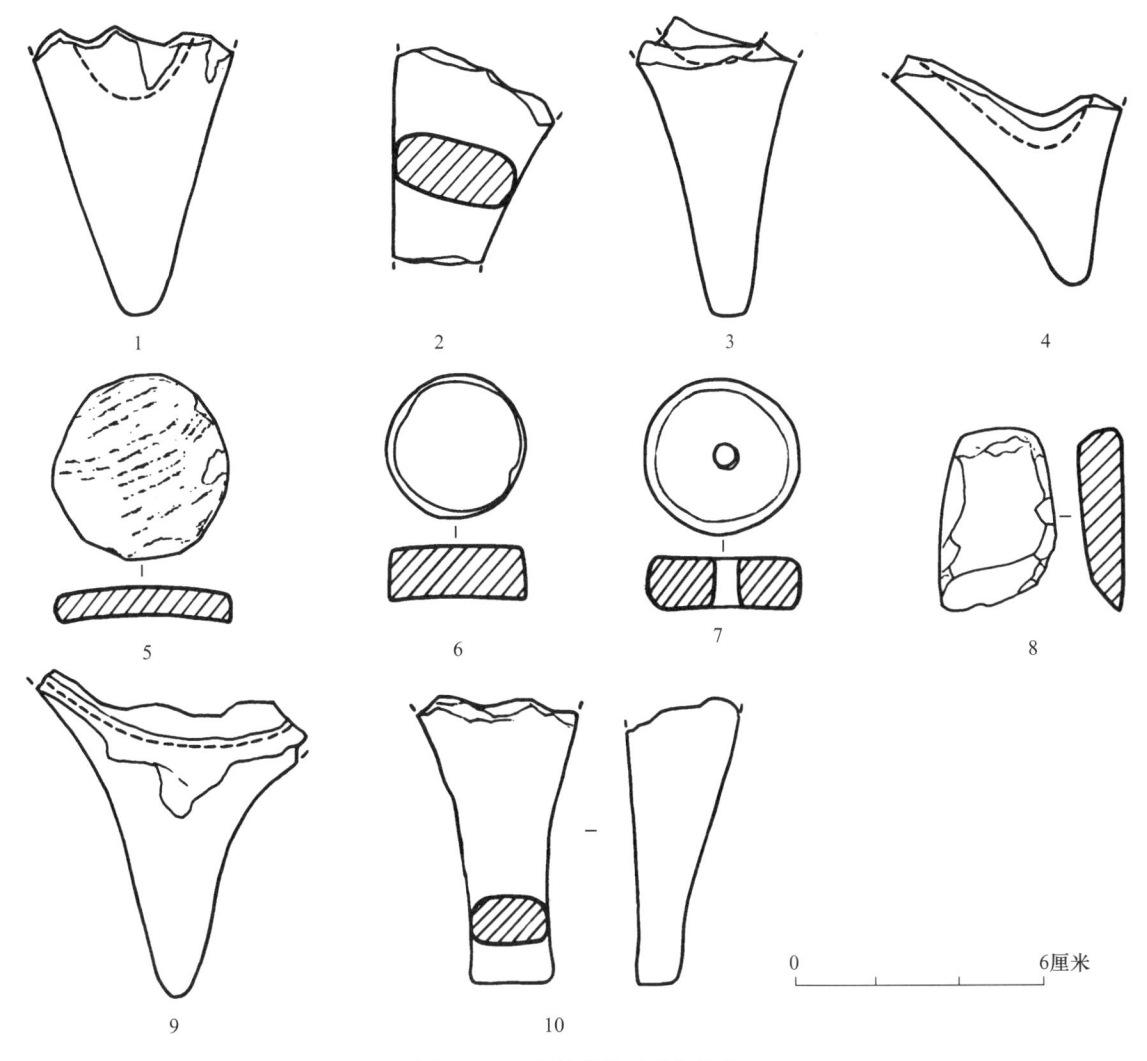

图 3-5-24 杨塘坟遗址采集遗物

1、3. 鬲足（F03：2、F03：1） 2. 鼎足（D02：1） 4. 甗足（E02：3） 5. 圆陶片（E03：1） 6. 陶饼（E03：7）
7. 纺轮（F03：6） 8. 石锛（D03：3） 9、10. 鬻足（F03：12、F03：10）

八、陈 墩 遗 址

1. 遗址概况（090317DTGSCD）

位于姑孰镇陈东自然村所在的土墩，海拔 17 米，相对高度约 7 米。遗物分布面积约 8200 平方米，遗址北部 50 米即为杨塘坟遗址，再北部为山前台地，东部有南北向河流，南、西、东三面为低洼地带，从 20 世纪 80 年代的地图上看整个墩子被水环绕。采集陶片有鬲足和印纹陶等，在墩子的东侧，进入村子的小路边，地表和断面可见连续分布的红烧土。遗址含有西周到东周时期的遗存（见图 3-5-18；图版 26，2、3）。

钻探点一处。

Z1：位于墩顶，钻孔内堆积情况如下：

0.1 米：耕土。

0.6 米：黄褐色土，较黏，土质致密，含烧土颗粒、炭粒及陶片。

0.6 米以下：深褐色土，较黏，土质致密。含烧土颗粒、炭粒和陶片。

2. 聚落

湖熟文化时期采集点仅一处，周代聚落面积约 8200 平方米，这个聚落应当是附属于北部杨塘坟商周时期的聚落的，且也有红烧土建筑的线索（见图 3-5-18）。

3. 遗物

A01：2，陶片，夹粗砂红陶，红胎，饰绳纹和附加堆纹。厚 0.9 厘米（图 3-5-26，1）。

· 87 ·

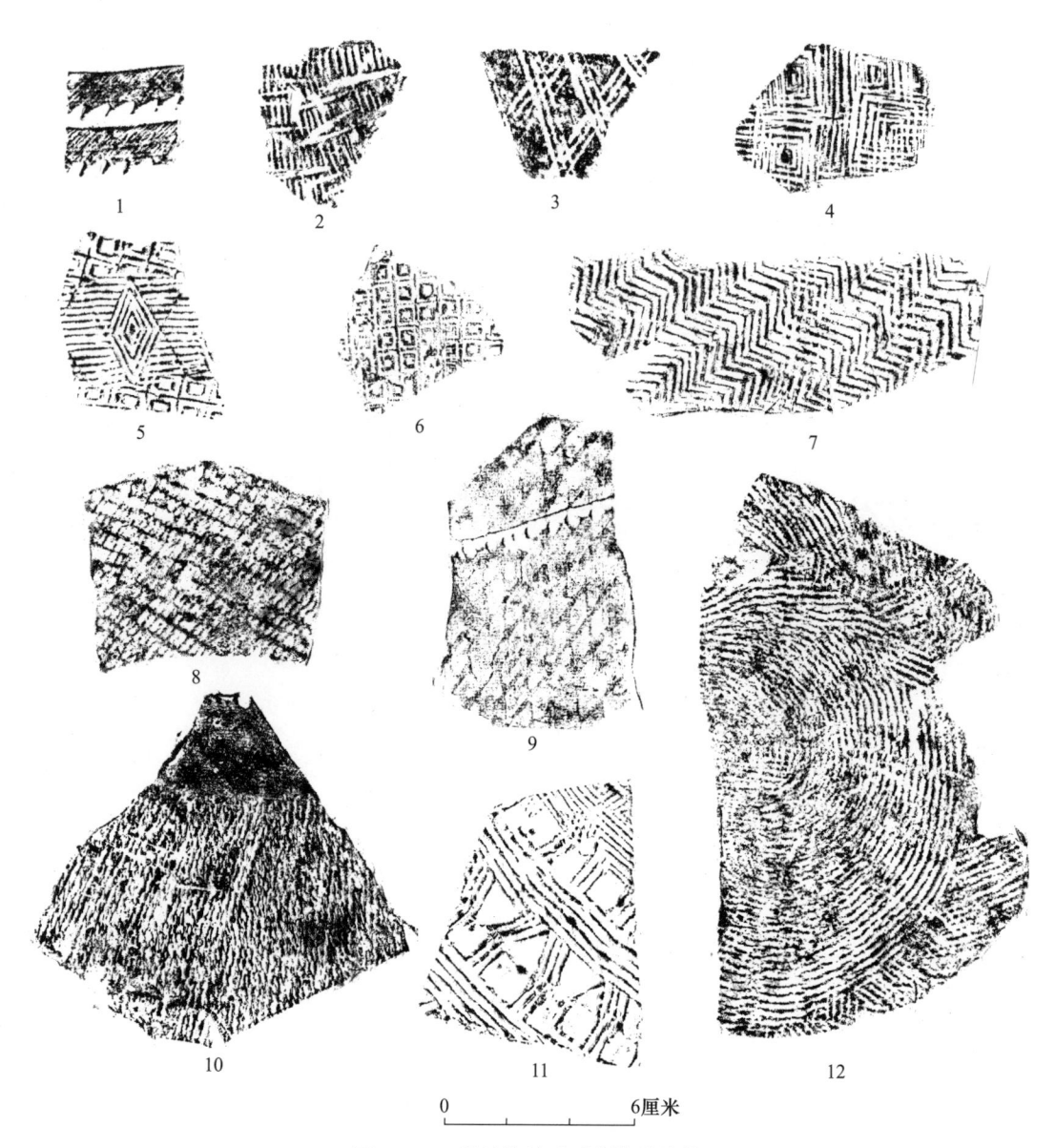

图 3-5-25　杨塘坟遗址采集陶片纹饰

1. 戳印纹（E01:1）　2、8. 梯格纹（D01:2、B01:1）　3. 刻划纹（F03:3）　4. 复线回纹（E02:4）
5. 复线菱纹和回纹（B04:2）　6. 回纹（F02:3）　7. 折线纹（E02:1）　9. 网格纹（F05:2）
10、12. 绳纹（F06:5、F01:3）　11. 填线三角和口字纹（B05:1）

A01:1，圆陶片，夹砂红陶，红胎，绳纹。直径3、厚 0.6 厘米（图 3-5-26，2）。

C01:2，罐，夹砂红陶，红胎，方唇，折沿，素面。残高 2 厘米（图 3-5-26，3）。

C02:1，鬲，泥质黑陶，灰胎，侈口，肩部饰弦纹。残高 2.2 厘米（图 3-5-26，4）。

B02:1，鬲足，夹细砂红陶，红胎，锥柱形足，素面。残高 7.8 厘米（图 3-5-26，5）。

D01:3，鬲足，夹粗砂红陶，红胎，锥柱形足，素面。残高 5.3 厘米（图 3-5-26，6）。

F02:1，鬲足，夹细砂红陶，红胎，锥形足，素面。残高 6.5 厘米（图 3-5-26，7）。

采集陶片纹饰见图 3-5-27。

平方米，遗物分布面积约 8800 平方米，海拔 34.6 米，相对高度约 10 米。位于 Y 形的河流交汇处，山前岗地地貌，为台地伸出长条形岗地的边缘，北部 50 米处即为十里长山，与自然岗地断开，东西两侧为长条形山岗，南部紧邻团团山遗址，西侧现有河道。遗址保存较好，堆积单纯，采集遗物有印纹硬陶和鬲足，含有西周至东周时期的遗存（图 3-5-28；图版 26，1）。

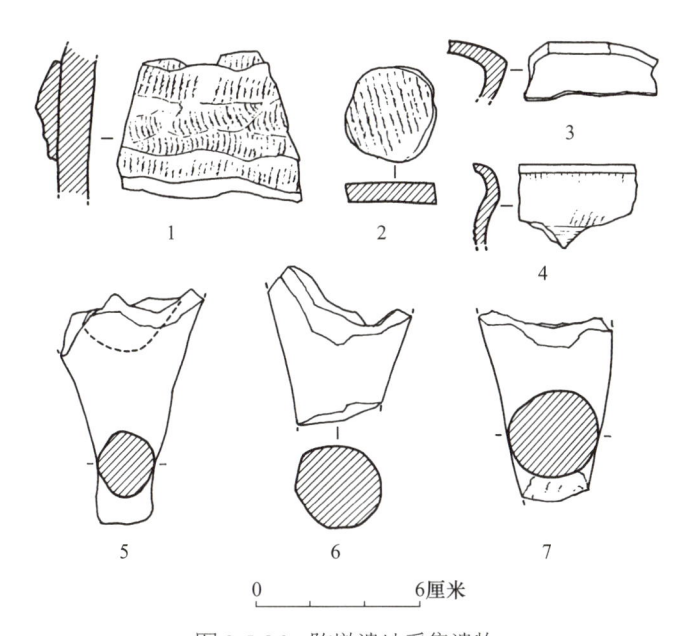

图 3-5-26 陈墩遗址采集遗物
1. 陶片（A01：2） 2. 圆陶片（A01：1） 3. 罐（C01：2） 4. 鬲（C02：1） 5～7. 鬲足（B02：1、D01：3、F02：1）

图 3-5-27 陈墩遗址采集陶片纹饰
1. 蕉叶纹（D02：5） 2、3. 复线回纹（F02：3、B02：2） 4、8. 筛格纹（B01：1、D02：2） 5. 回纹（D02：4） 6. 绳纹（A01：1） 7. 折线纹和回纹（C01：1）

九、老坟山遗址

1. 遗址概况（090318DTGSLFS）

位于姑孰镇小陶村东 200 米处，地形面积约 7900

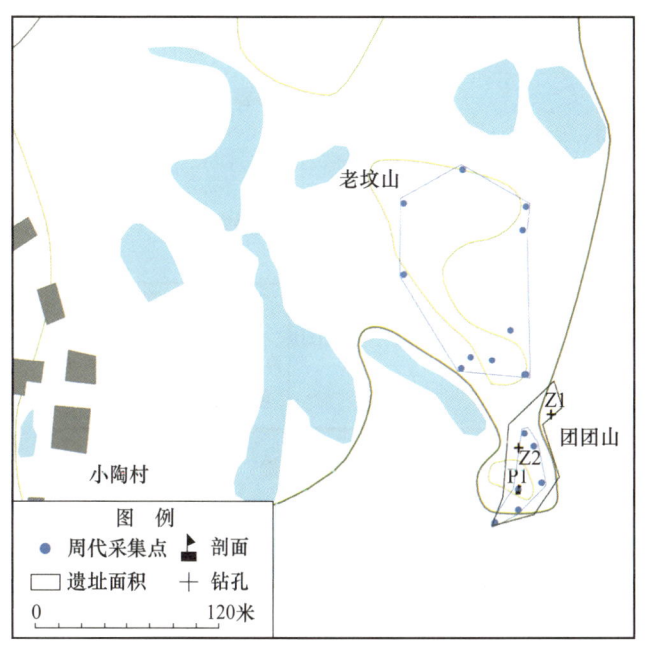

图 3-5-28 老坟山和团团山遗址聚落分布图

2. 聚落

周代的聚落面积约 8900 平方米，地表土壤为较为单纯的台地土壤（图 3-5-28）。

3. 遗物

口沿　4 件。

F01：1，夹粗砂褐陶，红胎，胎内含小石子，侈口，仰折沿，素面。复原口径 18.3、残高 4 厘米（图 3-5-29，1）。

D04：1，夹砂红陶，红胎，方唇，素面。残高 4.3 厘米（图 3-5-29，2）。

鬲足　4 件。

C03：2，夹粗砂红陶，红胎，锥柱形足，素面。残高 8 厘米（图 3-5-29，6）。

B03：1，夹粗砂红陶，红胎，锥形足，素面。残高 5.9 厘米（图 3-5-29，4）。

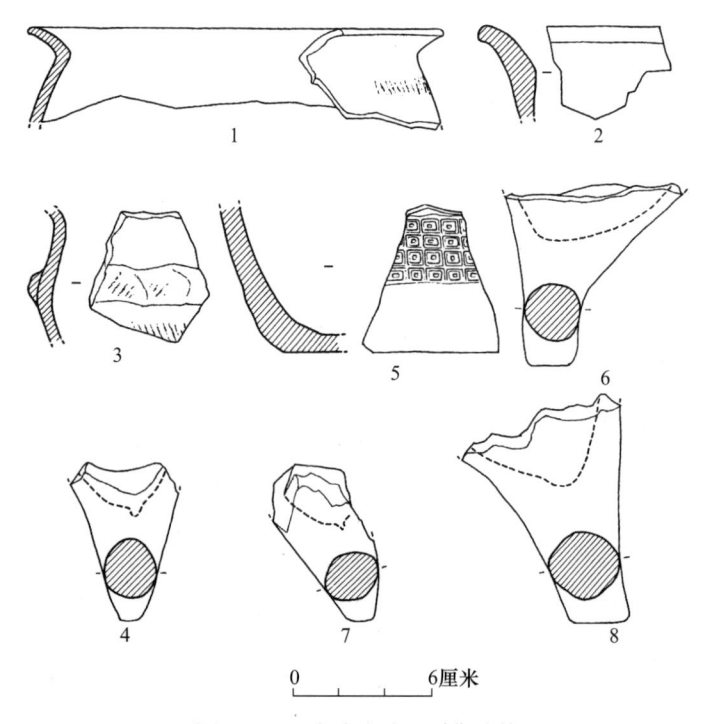

图 3-5-29 老坟山遗址采集遗物

1、2. 口沿（F01∶1、D04∶1） 3. 罐口（F01∶2） 4、6~8. 鬲足
（B03∶1、C03∶2、C01∶2、C02∶1） 5. 罐底（C01∶1）

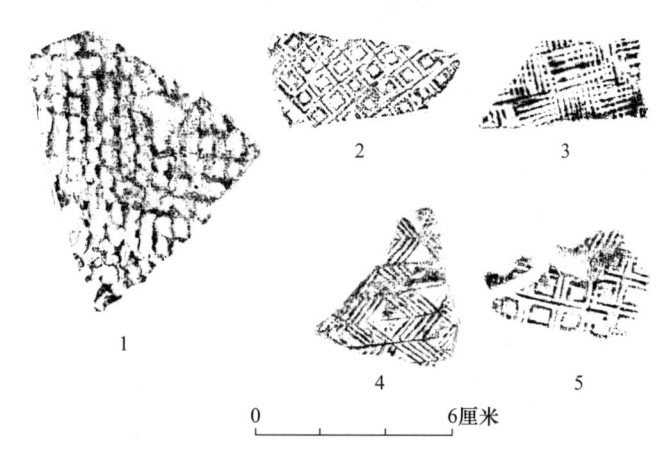

图 3-5-30 老坟山和团团山遗址采集陶片纹饰

1. 网格纹（团 E01∶2） 2、5. 回纹（老 B02∶1、老 C03∶1） 3. 席纹
（老 B03∶3） 4. 短条纹（老 E01∶1）

C01∶2，夹粗砂红陶，红胎，锥形足，素面。残高7.2厘米（图 3-5-29，7）。

C02∶1，夹粗砂红陶，红胎，锥柱形足，素面。残高9.6厘米（图 3-5-29，8）。

其他 2件。

C01∶1，罐底，印纹硬陶，灰陶紫胎，回字纹，平底。残高6.5厘米（图 3-5-29，5）。

F01∶2，罐口，泥质黑陶，红胎，饰绳纹和附加堆纹。残高5.7厘米（图 3-5-29，3）。

采集陶片纹饰见图 3-5-30。

十、团团山遗址

1. 遗址概况（090318DTGSTTS）

位于姑孰镇小陶村东部200米处，现地貌近圆形土墩，遗物分布面积约900平方米，海拔32.2米，相对高度约8米，半径约20米，文化层厚约1.4米。西南部遭取土破坏，可见红烧土颗粒呈连续片状分布。四周低洼，东西两侧为长条形南北向山岗，西部紧邻河流，南部为开阔的冲积平原，北侧与老坟山之间隔有窄河道，原应连为一体。现土墩被一周竹子围绕。保存状况较差，采集遗物有鬲足和印纹陶片，遗址含有西周和东周两个时期的遗存（见图 3-5-28；图版 27，1）。

在团团山北部进行了钻探，此探孔距墩顶约1.8米。探孔 Z1 内堆积情况如下：

0.1米：耕土。

0.6米：浅褐色土，土质疏松呈颗粒状，含烧土颗粒和炭粒。

1.1米：褐色土，土质较黏，致密，含烧土颗粒和炭粒。

1.4米：黄褐色土，较黏，土质疏松，含炭粒。

1.4米以下：生土。

清理一处剖面 P1，堆积情况如下：

P1①：褐色土，土质松散，含较多植物根须，厚约0.25米，水平状堆积。

P1②：黄褐色土，土质松散，厚0.28~0.43米，水平状堆积，含有烧土颗粒和植物根系。

P1③：褐色土，土质疏松，厚约0.2米，水平状堆积，含有粒径2厘米的烧土块和陶片。

P1④：夹红烧土层，厚约0.2米。西部烧土较厚且疏松，在烧土层下有部分青灰色土，较为纯净。烧土层厚约0.1米，水平分布长约2米。

P1⑤：红烧土层，厚约0.15米。东部烧土密集，中部偏西可见烧土倾斜，底部东部深，烧土粒径约2~3厘米。

P1⑥：褐色土，土质疏松，厚约0.2米。水平状堆积，较为纯净，含少量烧土颗粒和陶片。

P1⑦：青灰色土，土质松软，厚约0.25米。水平

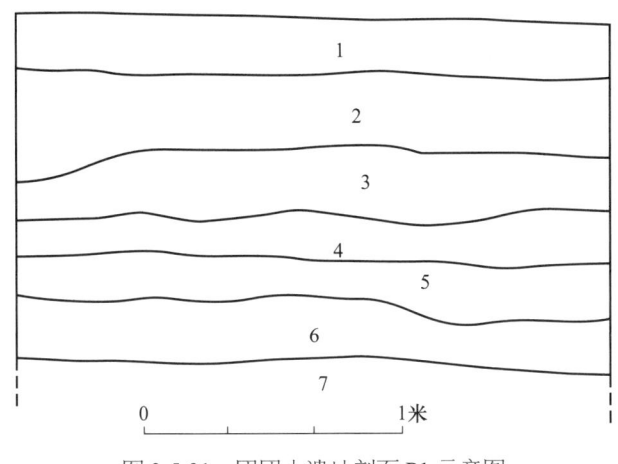

图 3-5-31 团团山遗址剖面 P1 示意图

状堆积，含有黄绿色锈斑和 1～2 厘米粒径的烧土颗粒（图 3-5-31；图版 27，2、3）。

2. 聚落

周代聚落面积约为 900 平方米，从断面的堆积来看，遗址西部为居住区，可见连续的烧土面。应当与老坟山同属一个较大的聚落（见图 3-5-30）。

3. 遗物

鬲足　7件。

E01：3，夹砂灰陶，褐胎，绳纹，近锥形。残高 7.1 厘米（图 3-5-32，1）。

D01：1，夹砂红陶，红胎，锥形足，素面。残高 5.5 厘米（图 3-5-32，2）。

E01：4，夹砂红陶，褐胎，锥形足，素面。残高 4.7 厘米（图 3-5-32，4）。

D01：3，夹砂灰陶，红胎，素面，近锥形。残高 3 厘米（图 3-5-32，5）。

D01：4，夹砂红陶，红胎，素面。残高 4.3 厘米（图 3-5-32，8）。

C01：1，夹砂灰陶，红胎，近锥形足，素面。残高 6.3 厘米（图 3-5-32，10）。

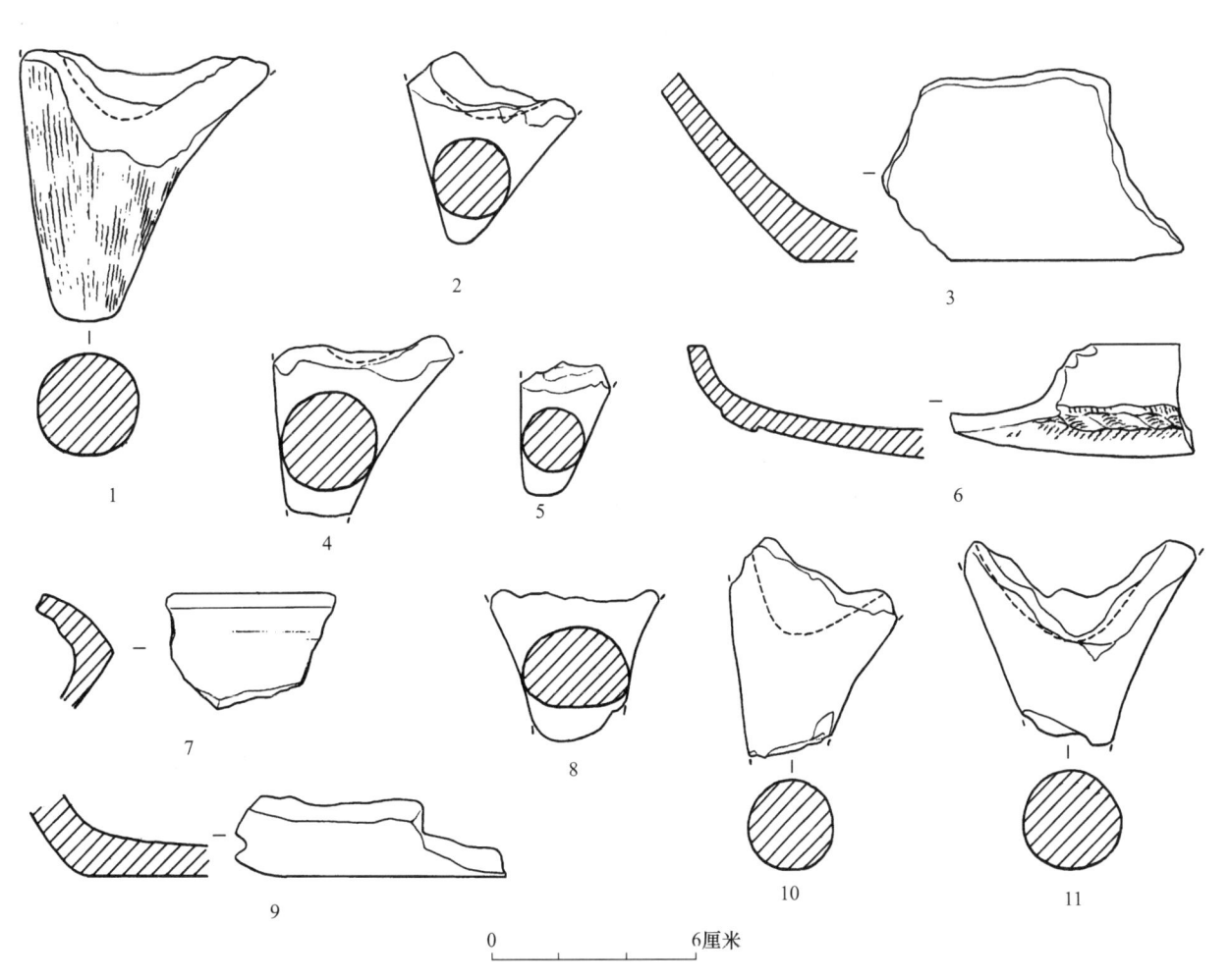

图 3-5-32　团团山遗址采集遗物

1、2、4、5、8、10、11.鬲足（E01：3、D01：1、E01：4、D01：3、D01：4、C01：1、E01：7）　3、9.器底（B01P1⑥：1、E01：6）
6.盆口（E01：1）　7.口沿（D01：2）

E01：7，夹砂红陶，红胎，近锥形足，素面。残高6.6厘米（图3-5-32，11）。

器底 2件。

B01P1⑥：1，夹砂红陶，红胎，平底素面。残高5.8厘米（图3-5-32，3）。

E01：6，夹砂红陶，红胎，平底，素面。残高2.8厘米（图3-5-32，9）。

其他 2件。

D01：2，口沿，夹细砂红陶，灰胎，折沿，方唇，素面。厚0.5~0.7厘米（图3-5-32，7）。

E01：1，盆口，泥质灰陶，红胎，直口，饰附加堆纹和绳纹。厚0.7厘米（图3-5-32，6）。

采集陶片纹饰见图3-5-30。

十一、散　　点

周塘，位于城关镇孙家村东北，海拔22.4米，三周环水。采集到盆口1件，F01：1泥质灰陶，褐胎，敛口，弦纹。厚0.5厘米（图3-1-46，3）。应属周代遗物。

第六节　Ⅵ区花津河与丹阳河流域（丹阳镇和新市镇）

花津河是姑溪河北岸最大的支流之一，在今丹阳湖农场附近汇入姑溪河（图3-6-1），丹阳河在朱岗渡村北部汇入花津河，再汇入姑溪河干流。丹阳河为花津河最大的支流，所以把丹阳河沿岸的遗址都放到这一章节来介绍。从地貌上来看，花津河所在的小流域是这个区域内最开阔的地带。遗址分布多在丹阳河支流的沿岸，在接近花津河一带很少见，这可能暗示着先秦时期湖面的范围。这个区域共发现遗址30处，散点11处。由于调查时沿河流调查至南京市江宁区界，故本章内亦介绍江苏省境内的遗址情况。此区聚落以新石器时代末期和周代为主，遗址地貌以岗地边缘和墩型为主（图3-6-1）。

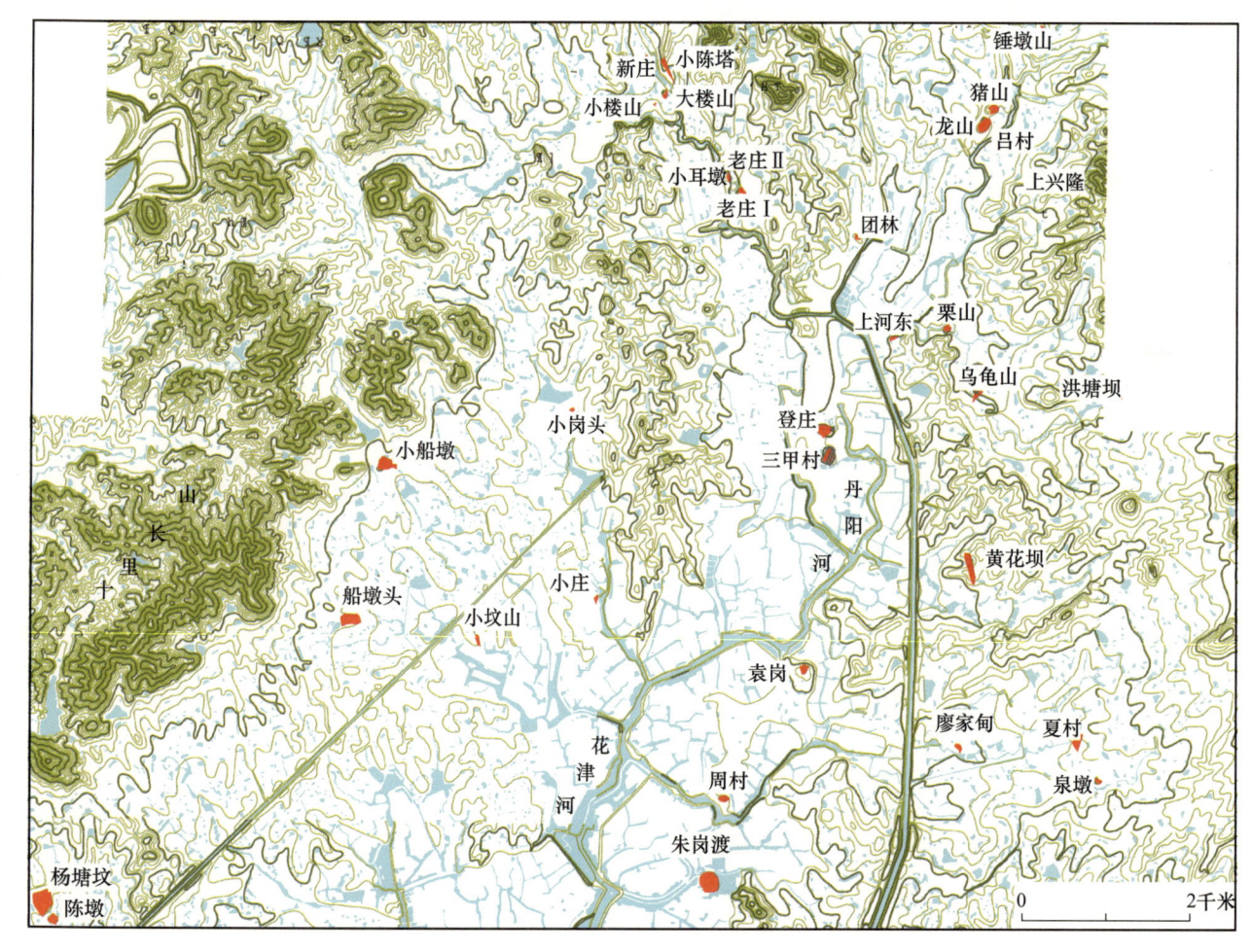

图3-6-1　Ⅵ区遗址分布图

一、朱岗渡遗址

1. 遗址概况（090227DTXSZGD）

位于新市镇朱岗渡村。独立圆形岗地型遗址，利用自然岗地地貌，遗物分布面积约60000平方米，海拔14.5米，高出地表约7米。西北侧临内河，可通往花津河。遗址与内河建有20世纪修建的绕村的水渠，水渠外侧田埂可见丰富陶片。东侧200米处为山前岗地，两者间有湖泊相连，遗址西侧现代墓地处陶片分布密集，遗址西南角也较多，东部较少（图版28，1；图版62，1～8；图版63，1～8）。采集的陶片主要为夹砂红陶，有各种鋬手、鼎足、豆柄、红衣陶等。遗址包含马家浜晚期到崧泽早期的过渡时期遗存。我们在遗址的北部进行了钻探，了解到遗址的文化层厚约7.9米（图3-6-2）。

探孔Z1，距离墩顶7米，孔内堆积情况如下：

0.1米：黑色土，较软，疏松，为耕土。

0.6米：褐色土，较硬，疏松，含烧土颗粒和陶片。

0.6米以下：黄色土，较硬，致密，含烧土颗粒和砂石子，呈板结状。

探孔Z2，距离墩顶垂直距离7米，孔内堆积如下：

0.1米：黄褐色土，较硬，土质疏松，近现代扰土。

0.9米：黄色土，较硬，土质疏松，较为纯净，含黑色锈斑较多。

0.9米以下：深褐色土，较硬，土质致密，生土。

2. 聚落

这是一处长期利用的聚落遗址，自马家浜文化晚期开始有人居住，聚落面积约60000平方米。到马家浜文化晚期崧泽文化早期时，聚落面积缩小至43000平方米。此外还有一处新石器时代末期的采集点，表明此时遗址仍被使用，聚落面积约400平方米（图3-6-2）。

3. 遗物

地表采集的陶片以夹粗砂红陶为主，泥质陶少见，夹砂红陶的含砂量高达80%以上，砂粒的粒径粗，且磨圆度差，并夹杂小石子，应当是有意识添加的羼合

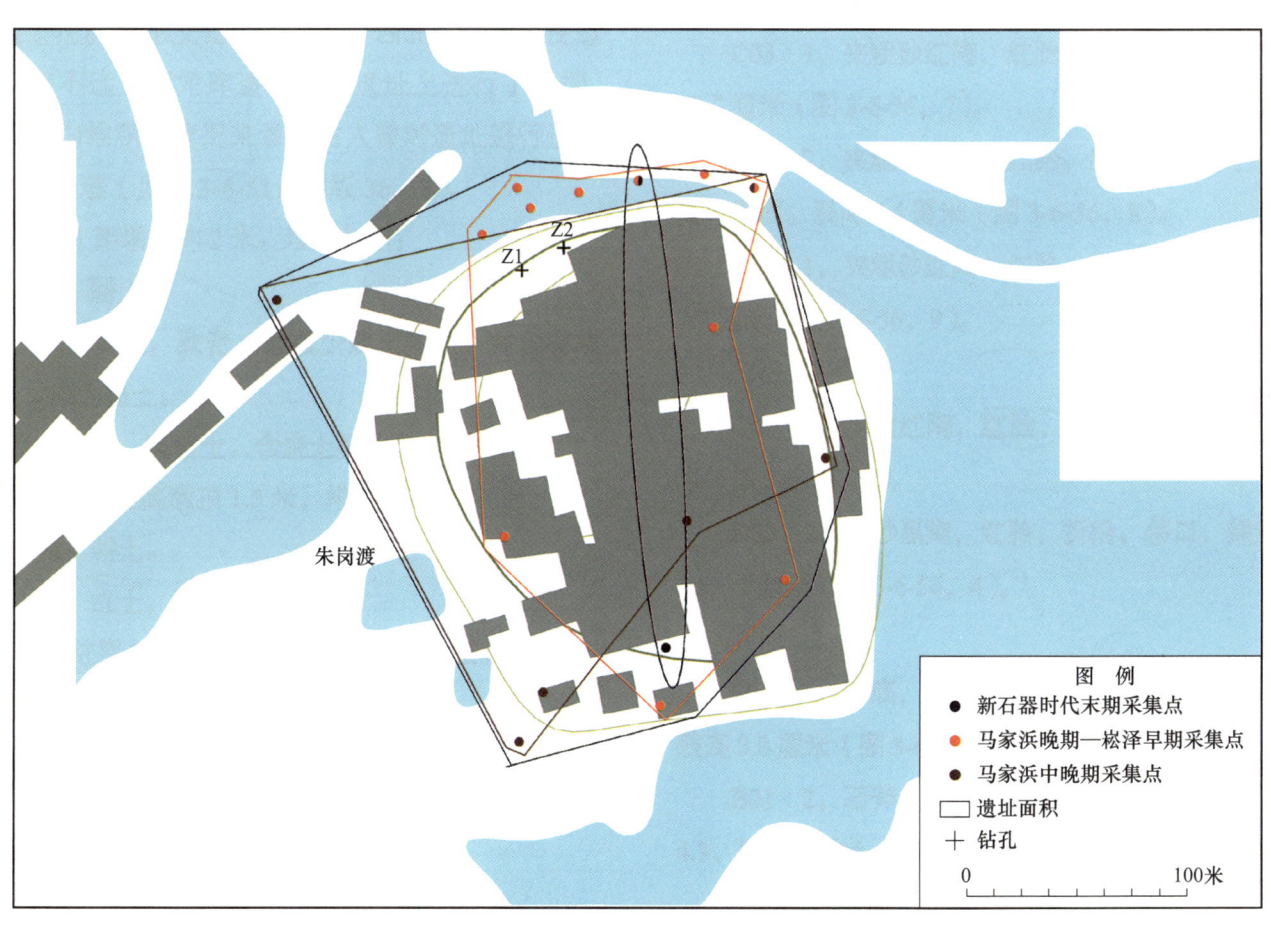

图3-6-2 朱岗渡遗址聚落分布图

料。夹砂红陶有施红衣的习惯，纹饰以戳印纹、附加堆纹、镂孔最为常见。器型以鼎、豆、罐为主，鼎足有两类：一类为尖锥状足，足尖外撇，且足跟饰刻划纹；一类为横装宽边铲形足。还采集到泥质陶小罐，并见刻划云雷纹装饰。

鼎足 13件。

A01：2，夹粗砂红陶，红胎，外侧中间有双排指窝捏成的竖向宽凹槽，宽凹槽两侧有两个相对较窄的竖向凹槽。残高7.5厘米（图3-6-8，3；图版63，8右）。

A01：10，夹砂灰褐陶，褐胎，横装，素面。残高7.4厘米（图3-6-3，3；图版63，8左）。

A01：11，夹砂红陶，红胎，胎内含砂量较大，尖锥状足，素面。残高6.7厘米（图3-6-4，1；图版62，5上左）。

A03：3，夹粗砂红陶，红胎，胎内含小石子。横装，足跟外侧有一按窝。残高7.7厘米（图3-6-3，1）。

A03：4，夹砂红陶，灰胎，横装，足上部饰有一条附加堆纹弦纹。残高6厘米（图3-6-3，6）。

A03：6，夹细砂褐陶，褐胎，尖锥形足，素面。残高4.9厘米（图3-6-4，3）。

A03：8，夹粗砂红陶，红胎，横装，足跟上部有两个竖向按窝。残高4.6厘米（图3-6-4，4）。

B02：1，夹砂红陶，红胎，素面。残高6.8厘米（图3-6-3，9）。

B05：2，夹粗砂灰陶，褐胎，胎内含砂量极大，横装柱形足，素面。残高8.1厘米（图3-6-4，6）。

B05：3，夹细砂红陶，红胎。双目式横装足。残高4.3厘米（图3-6-4，5）。

B05：4，夹细砂褐陶，褐胎。锥形足，足跟上部饰数条刻划短线纹。残高7.8厘米（图3-6-3，2）。

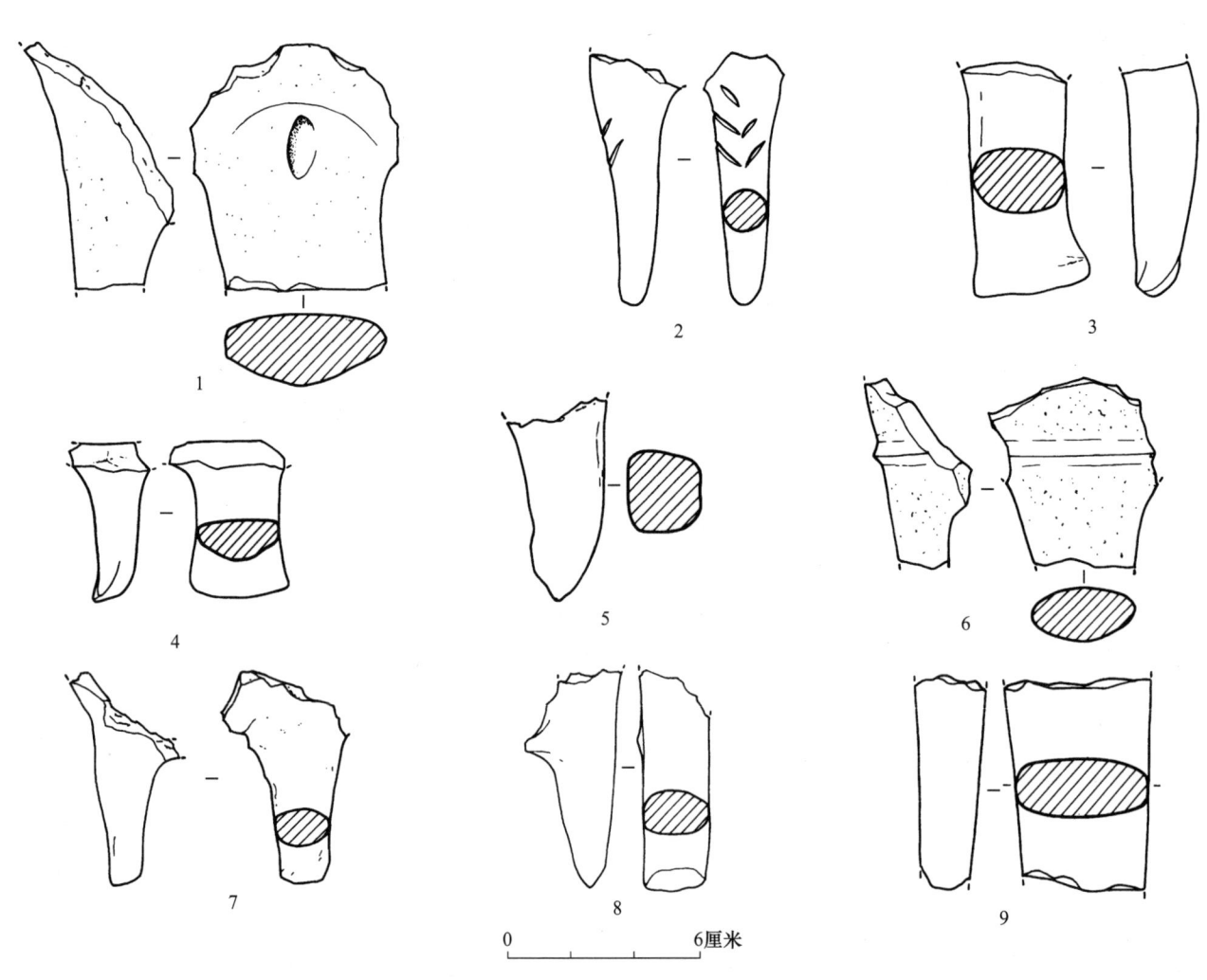

图3-6-3 朱岗渡遗址采集陶器足

1～3、5、6、9.鼎足（A03：3、B05：4、A01：10、B05：7、A03：4、B02：1） 4.钵足（A01：14） 7、8.鬲足（A01：3、A03：2）

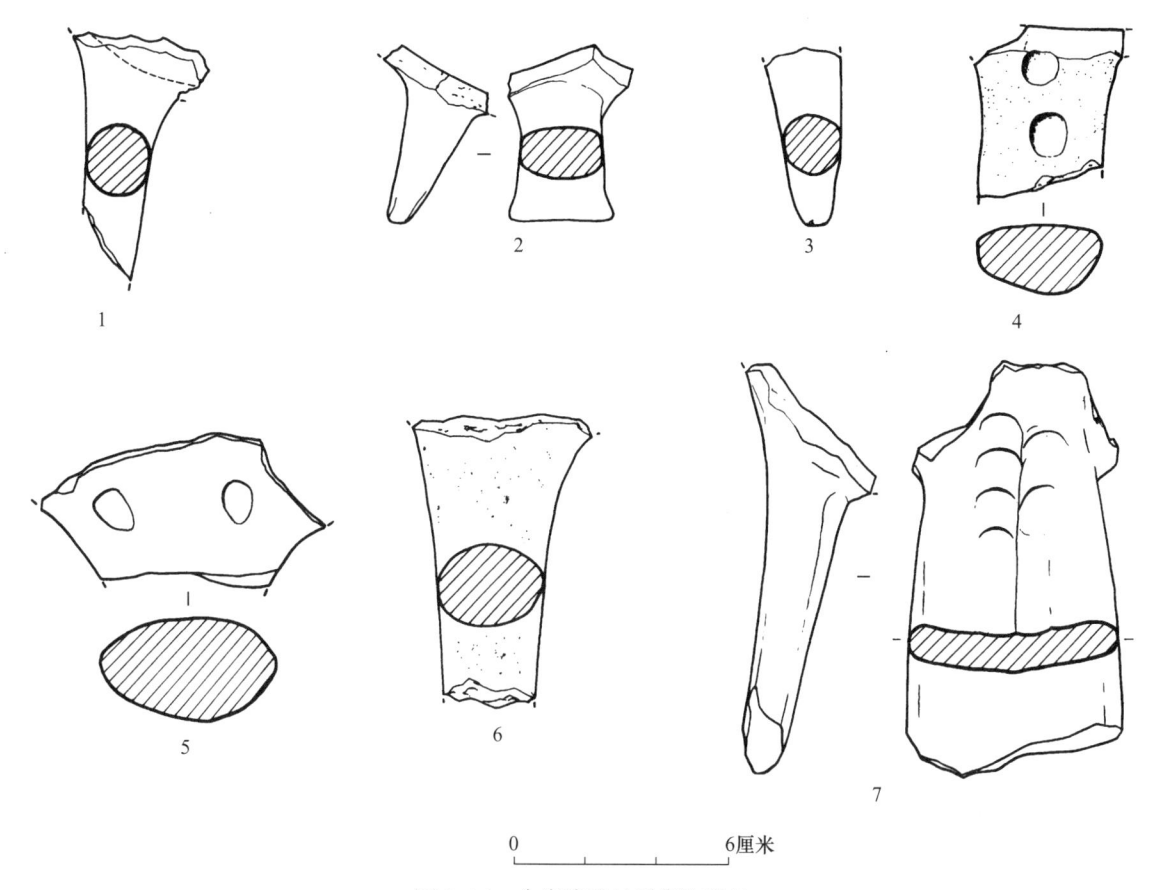

图 3-6-4　朱岗渡遗址采集陶器足
1、3~7. 鼎足（A01：11、A03：6、A03：8、B05：3、B05：2、B06：3）　2. 鬶足（A01：15）

B05：7，夹砂红陶，红胎，素面。残高 6.4 厘米（图 3-6-3，5）。

B06：3，夹蚌红陶，红胎，胎内含植物根茎。横装，铲形足，足面上有两列竖向按窝。残高 10.2 厘米（图 3-6-4，7；图版 62，3）。

钵　4件。

A01：8，钵足，夹蚌红陶，红胎，横装扁足，素面。残高 4.8 厘米（图 3-6-8，4；图版 62，4 左）。

A01：14，钵足，夹粗砂红陶，红胎，横装，素面。残高 4.2 厘米（图 3-6-3，4；图版 62，4 中）。

A01：20，夹粗砂红陶，褐胎。素面，敛口。厚 0.3、残高 4.4 厘米（图 3-6-6，10；图版 63，2 下右）。

A01：21，夹细砂红陶，红胎，敛口，口外一周红彩。厚 0.5 厘米（图 3-6-6，4；图版 63，2 下左）。

鬶足　3件。

A01：3，夹砂红陶，灰胎，横装凿形足，素面，足身有刮抹痕迹。残高 6.5 厘米（图 3-6-3，7；图版 62，5 上右）。

A01：15，夹砂褐陶，红胎，横装，素面。残高 5 厘米（图 3-6-4，2；图版 62，4 右）。

A03：2，夹砂红陶，灰胎，横装，足尖处横向捏扁，素面。残高 6.6 厘米（图 3-6-3，8）。

圈足　5件。

A01：6，夹蚌红陶，灰胎，器表施红衣。底径 16、残高 3.2 厘米（图 3-6-6，8）。

A01：22，夹粗砂红陶，褐胎，足边饰红彩，足上有一圈附加堆纹，附加堆上有一圈刻划锯齿纹，上部有 1 个残圆形镂孔。残高 4 厘米（图 3-6-5，1）。

A01：29，泥质灰黑陶，黑胎，饰凸弦纹。残高 5.1 厘米（图 3-6-6，12）。

A02：1，夹蚌红陶，灰胎，胎内含植物，素面。残高 4 厘米（图 3-6-7，8）。

B06：1，泥质灰陶，灰胎，有一个镂孔。孔径约 0.5 厘米、圈足残高 3、厚 0.2~0.5 厘米（图 3-6-6，5；图版 63，7 左）。

豆　3件。

· 95 ·

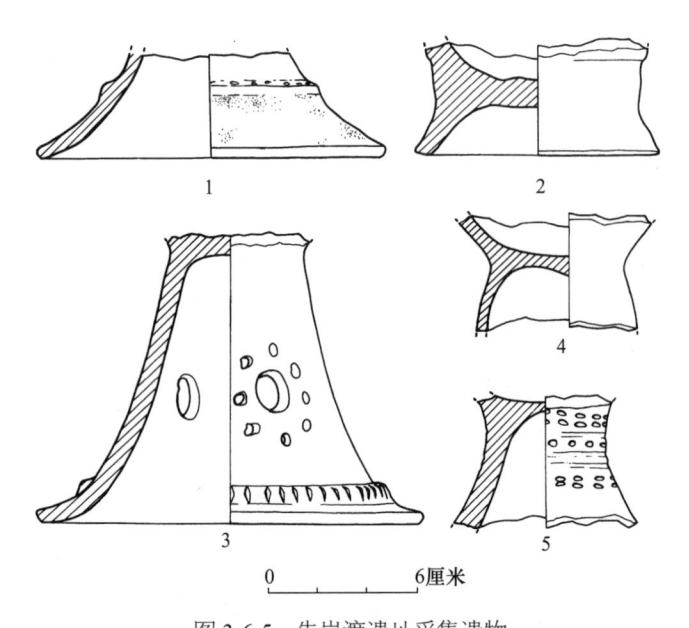

图 3-6-5 朱岗渡遗址采集遗物
1.圈足（A01:22） 2.圈足碗（A03:1） 3~5.豆（A01:5、A01:4、B05:1）

A01:4，夹粗砂红陶，红胎，器表涂红衣。残高4.7厘米（图3-6-5，4；图版62，6）。

A01:5，夹砂红陶，红胎，器中部有2个圆形大镂孔相对分布，其中一个周围围绕有8个圆形小镂孔，圈足上有一圈附加堆纹，附加堆上有一圈刻划锯齿纹，器座主体为竖向刮痕，饰有红彩。残高11.9厘米（图3-6-5，3；图版62，1、2）。

B05:1，泥质红陶，灰胎，胎内夹炭，柄处有五周戳印纹。残高6厘米（图3-6-5，5；图版63，1）。

口沿 7件。

A01:7，夹粗砂红陶，红胎，侈口，素面。厚0.4~0.7厘米（图3-6-7，2）。

A01:9，夹细砂红陶，红胎，折沿，饰红衣。厚0.5~0.8厘米（图3-6-7，4；图版63，3下）。

A01:16，夹砂红陶，素面，器表经过刮抹。厚0.4~1厘米（图3-6-7，3；图版63，2上左）。

A03:7，夹细砂红陶，红胎，微侈口，唇外一周突棱。厚0.8~1.1厘米（图3-6-6，2）。

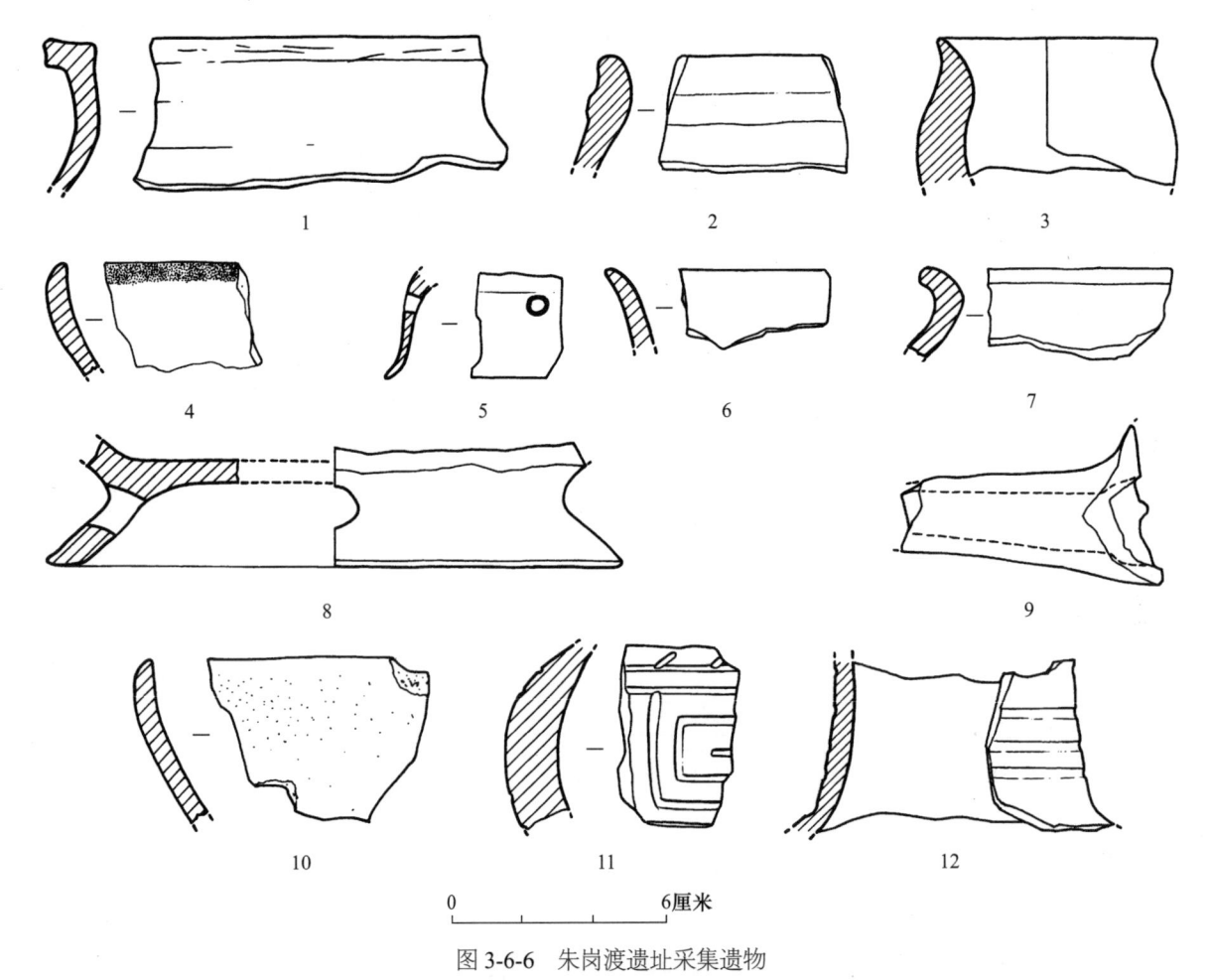

图 3-6-6 朱岗渡遗址采集遗物
1、2、6、7.口沿（B04:1、A03:7、B03:1、B01:1） 3、11.罐（B02:1、B06:2） 4、10.钵（A01:21、A01:20）
5、8、12.圈足（B06:1、A01:6、A01:29） 9.盉流（B05:10）

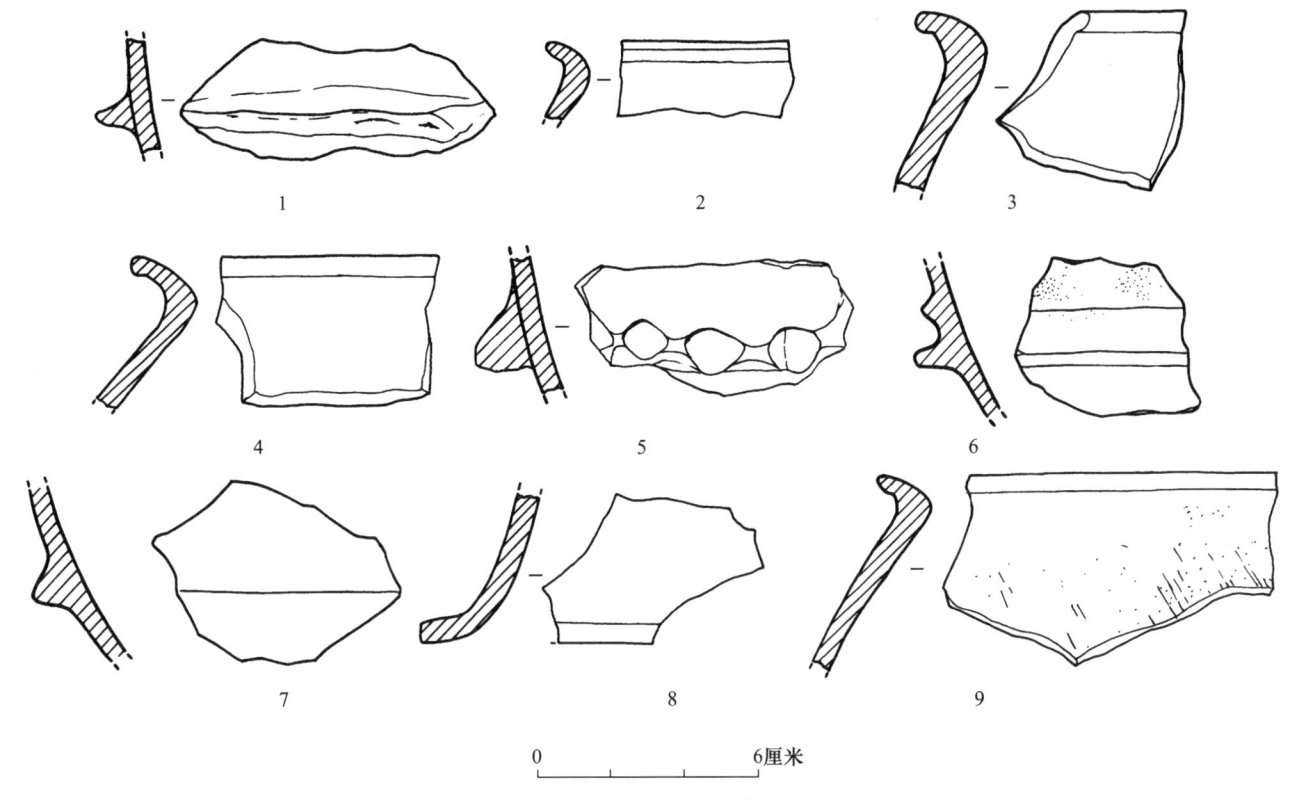

图 3-6-7 朱岗渡遗址采集遗物

1、5～7.釜（A01：13、A01：17、A01：25、A01：24） 2～4.口沿（A01：7、A01：16、A01：9） 8.圈足（A02：1） 9.罐（A01：12）

B01：1，夹粗砂红陶，红胎，胎内含云母，侈口，器表饰红衣。厚0.4～0.7厘米（图3-6-6，7）。

B03：1，夹砂红陶，红胎，胎内含小石子，侈口，素面。厚0.6～0.8（图3-6-6，6）。

B04：1，口沿，夹粗砂红陶，红胎，胎内含砂量极大，颈部饰弦纹，平沿。厚0.3～1.1厘米（图3-6-6，1；图版63，4）。

罐 4件。

A01：1，夹蚌红陶，红胎，口部和腹部分制后接，器表饰红衣。复原口径27厘米（图3-6-8，6）。

A01：12，夹粗砂红陶，灰胎，胎内含砂量大，侈口，饰绳纹。厚0.4～1厘米（图3-6-7，9；图版63，2上右）。

B02：1，夹粗砂红陶，黑胎，胎内含云母，侈口，素面。复原口径6.3厘米（图3-6-6，3）。

B06：2，泥质红陶，红胎，腹部刻划云雷纹，肩部施戳印纹。残高4.7、厚0.5～1.5厘米（图3-6-6，11；图版63，7右）。

釜 4件。

A01：13，残，夹粗砂褐陶，褐胎，饰窄条状附加堆纹。厚0.4～0.5厘米（图3-6-7，1；图版63，5右）。

A01：25，残，夹粗砂红陶，红胎，腰部饰双条附加堆纹。厚0.4厘米（图3-6-7，6）。

A01：24，残，夹粗砂红陶，外红内黑，红胎，饰一周腰沿。厚0.3～1厘米（图3-6-7，7）。

A01：17，残，夹粗砂褐陶，褐胎。腰部一条附加堆纹。残高4.7、厚0.5厘米（图3-6-7，5；图版63，5左）。

其他 5件。

A01：19，把手，夹砂红陶，褐胎，柱形足，素面。残长7.2厘米（图3-6-8，2）。

A01：26，箅子，夹蚌红陶，红胎，内部为一大镂孔，素面。厚0.8～1厘米（图3-6-8，5）。

A03：1，圈足碗，泥质褐陶，红胎，胎内含植物，饰红衣。残高4.5厘米（图3-6-5，2）。

B01：1，器盖，泥质红陶，红胎，素面。残高9.8厘米（图3-6-8，1）。

B05：10，盉流，夹细砂黑陶，红胎，管状，素面。残长7.2厘米（图3-6-6，9；图版63，6）。

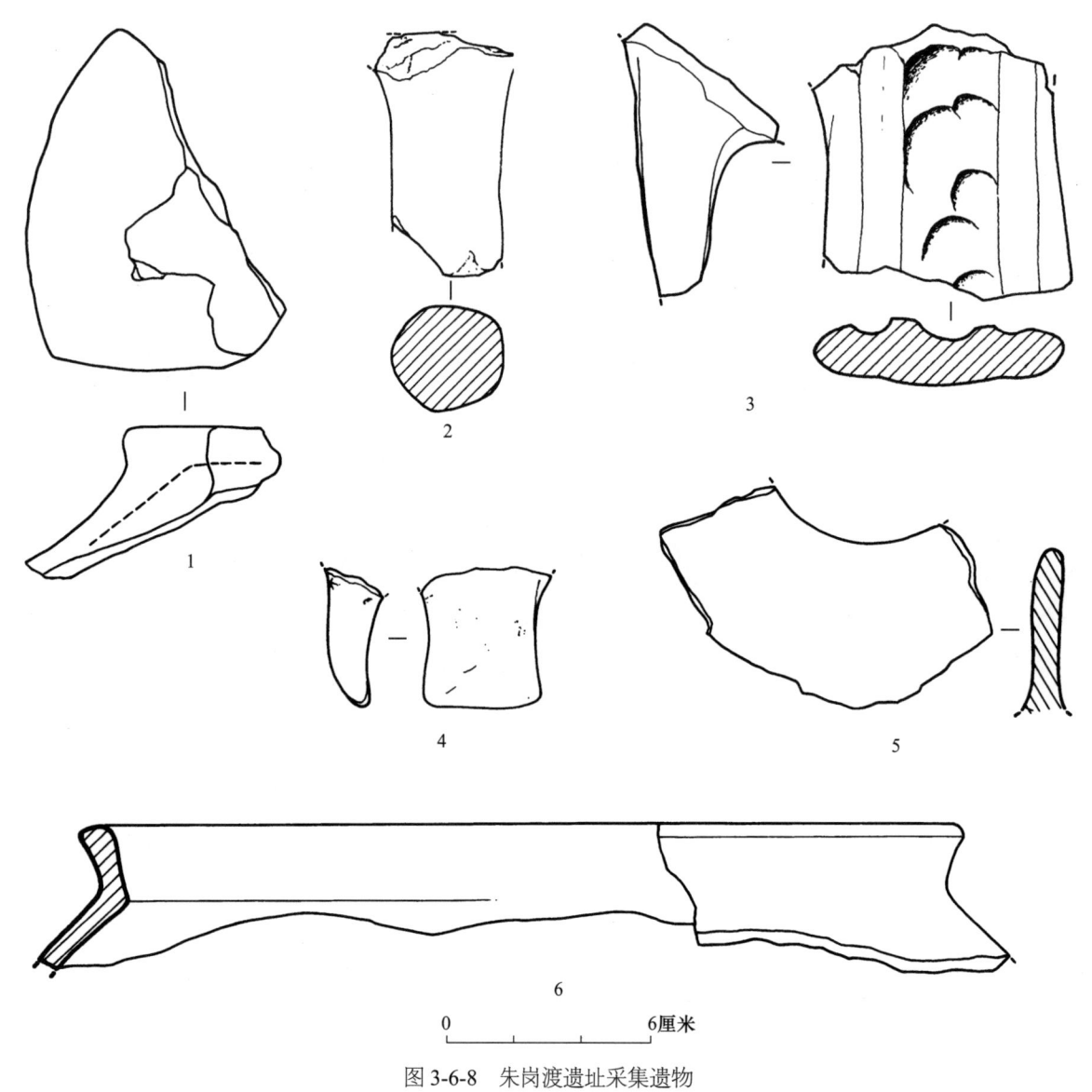

图 3-6-8　朱岗渡遗址采集遗物
1. 器盖（B01：1）　2. 把手（A01：19）　3. 鼎足（A01：2）　4. 钵足（A01：8）　5. 箅子（A01：26）　6. 罐（A01：1）

二、周村遗址

1. 遗址概况（09022DTXSZC）

位于新市镇周村南，椭圆墩型遗址，南北约60米，东西约100米，遗物分布面积约6700平方米，墩子海拔10.9米，相对高度约3米。坐落于河汊间的三角地带，东、北部有小河道，南部有水坝，西南低洼处为水田。地表陶片分布不丰富，采集有印纹硬陶片，根据钻探显示遗址的文化层厚度约2米。遗址保存较好，含有西周和东周两个时期的遗存（图3-6-9；图版28，2）。

探孔Z1，位于墩顶，孔内堆积如下：

0.4米：耕土。

0.8米：浅褐色土，黏性一般，较致密含陶片，烧土颗粒和炭粒。

1.3米：黄体和灰白土混合状，致密，含红色锈斑。

1.4米：浅红色土，致密。

1.6米：灰白土与褐色土混合，黏性好，土质致密坚硬，含红色锈斑。

2米：褐色土，黏性好，致密坚硬，含红色锈斑和草木灰。

2.1米：褐色土夹黄绿色锈斑，疏松，粉砂土。

2.4米：红褐色粉砂土。

2.4以下：褐色土，土质致密坚硬，含红色和黑色锈斑，生土。

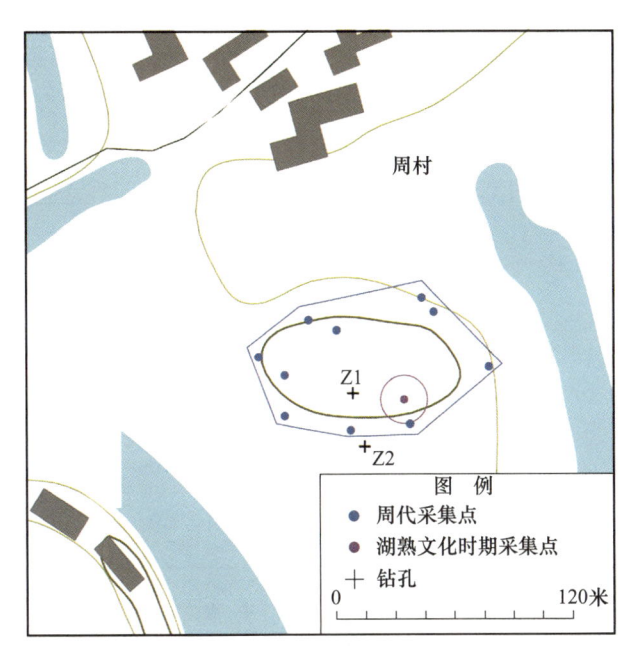

图 3-6-9 周村遗址聚落分布图

探孔 Z2，孔内堆积如下：

0.4 米：耕土。

0.6 米：灰褐色土，致密坚硬，含砖块。

1.5 米：红褐色土，质地坚硬，较黏，含铁锰结核。

1.8 米：褐色土，黏性差，致密，含铁锰结核。

2 米以下：生土。

2. 聚落

湖熟文化时期的采集点有 1 处，周代的聚落面积约 6700 平方米（图 3-6-9）。

采集陶片纹饰见图 3-6-10。

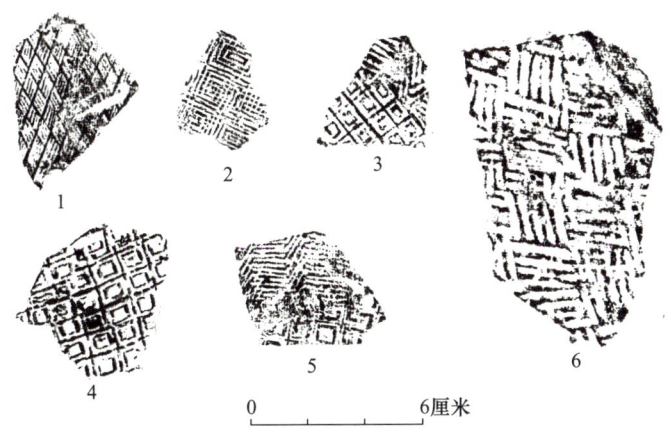

图 3-6-10　周村和周家村遗址采集印纹硬陶纹饰
1、6. 席纹（C02：1、A03：1）2. 复线回纹（E04：1）
3. 回纹和短条纹组合（C01：2）4. 回纹（F01：1）
5. 回纹和折线纹组合（E06：1）
（1、3、6 周村遗址，余周家村遗址）

三、袁岗遗址

1. 遗址概况（090227DTXSYG）

位于新市镇袁岗村东北角。岗地边缘地貌，遗物分布面积约 4800 平方米，海拔 14.6 米，相对高度约 8 米。四周低洼，西北约 300 米为丹阳河干流，自东北向西南流过，东北部山岗对此遗址形成合抱之势。遗物采集点集中在岗地东北角，现代村落坐落在岗地上，村村通公路自岗地北部东西向穿过遗址。采集的遗物有陶鬲足、印纹硬陶和绳纹夹砂陶，遗址保存较好，包含西周时期的遗存，文化层的厚度约 0.8 米（图 3-6-11；图版 28，3）。

探孔 Z1，位于墩顶，孔内堆积如下：

0.1 米：浅灰土，疏松，耕土。

0.6 米：深褐色土，致密坚硬。

探孔 Z2，位于墩顶，孔内堆积如下：

0.1 米：浅灰耕土。

0.5 米：深褐色土，致密坚硬含炭粒，文化层。

0.8 米：红褐色黏土，致密坚硬，含锈斑。

0.8 以下：深褐色土，单纯，含锈斑，生土。

2. 聚落

周代的聚落面积约 4800 平方米（图 3-6-11）。

图 3-6-11　袁岗遗址聚落分布图

3. 遗物

F02：1，鬲足，夹细砂红陶，灰胎，锥形足，素面。残高5厘米（图3-6-12，1）。

F02：2，口沿，夹粗砂红陶，红胎，素面。厚0.3～0.8厘米（图3-6-12，2）。

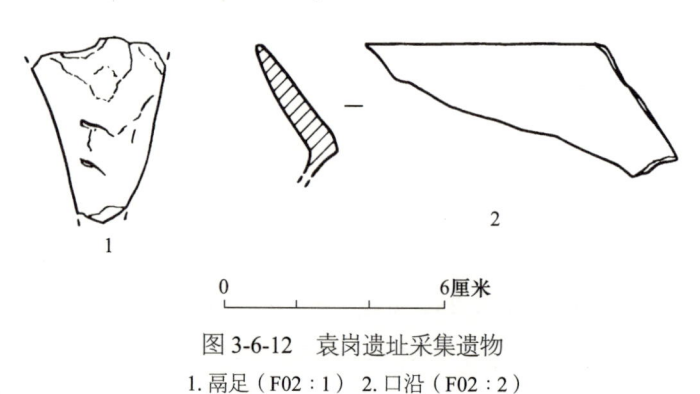

图3-6-12 袁岗遗址采集遗物
1.鬲足（F02：1） 2.口沿（F02：2）

四、小岗头遗址

1. 遗址概况（090315DTDYXGT）

位于丹阳镇小岗头村东与大岗头村之间，圆形土墩，遗物分布面积约1500平方米，海拔约12米，高出地表2～3米。东部因耕作，被改造成二层台阶形状，墩顶有电站房，东北部200米处为连绵的岗地，南部较为低洼平坦，遗址西侧有条东北—西南向河流流经，是丹阳河的小支流，西部小岗头村西北亦为一处高出的台地。采集遗物包括印纹陶、鬲足和鼎足。遗址包含西周和东周两个时期的遗存（图3-6-13；图版29，1）。

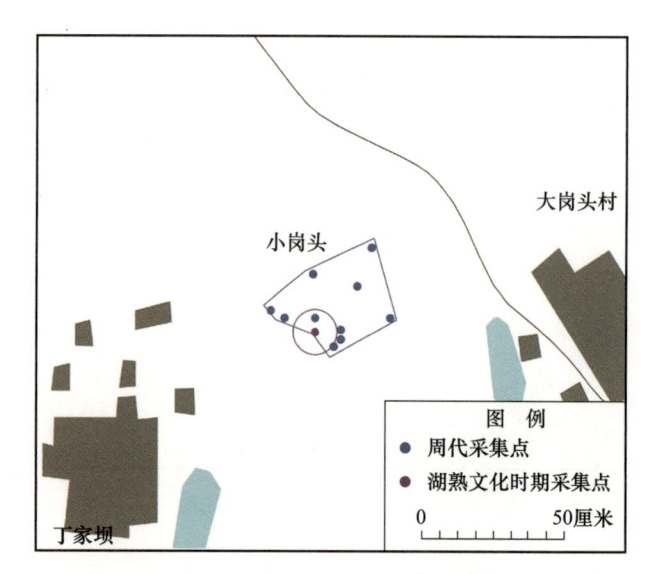

图3-6-13 小岗头遗址聚落分布图

2. 聚落

湖熟文化时期的采集点有一处，聚落面积为400平方米。周代的聚落面积约为1500平方米（图3-6-13）。

3. 遗物

盆 2件。

C03：1，夹粗砂灰褐陶，灰胎，敛口，素面。复原口径18、残高4.8厘米（图3-6-14，1）。

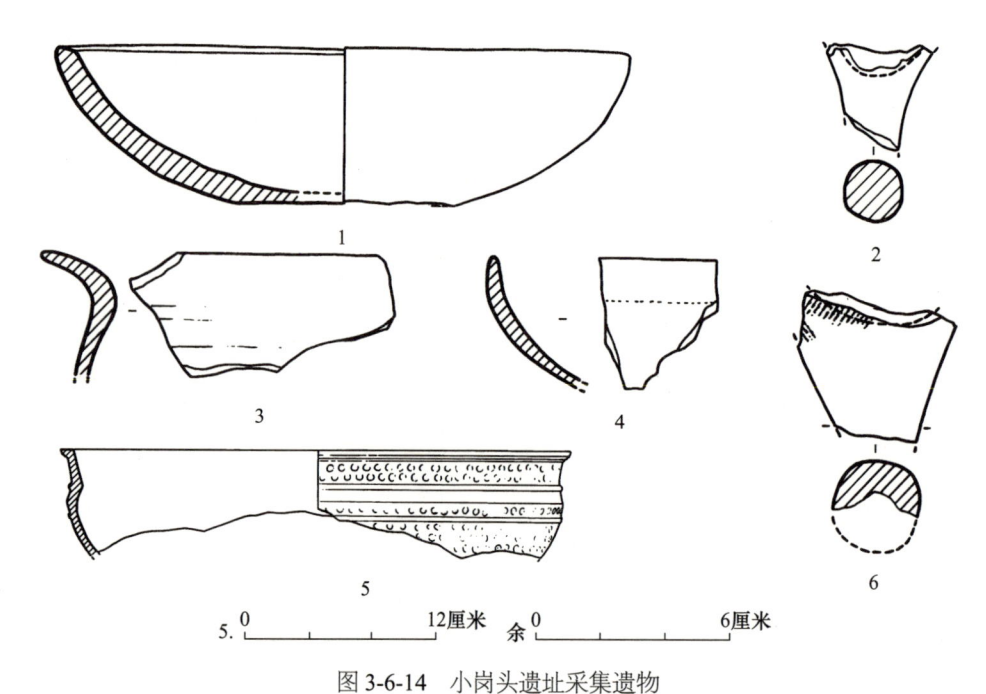

图3-6-14 小岗头遗址采集遗物
1、5.盆（C03：1、D01：1） 2、6.鬲足（B03：1、D03：2） 3.口沿（D03：1） 4.钵（D03：4）

D01：1，泥质灰陶，灰胎，平沿，上腹鼓出，下腹斜收。口一下遍饰压印圆圈纹，腹部还有两周凸弦纹。复原口径 32、残高 6.4 厘米（图 3-6-14，5）。

鬲足　2 件。

B03：1，夹粗砂红陶，红胎，柱形足，素面。残高 3 厘米（图 3-6-14，2）。

D03：2，夹粗砂灰褐陶，灰胎，接近腹部饰绳纹。残高 4 厘米（图 3-6-14，6）。

钵　1 件。

D03：4，泥质褐陶，灰胎，敛口，素面。厚 0.3~0.5 厘米（图 3-6-14，4）。

口沿　1 件。

D03：1，夹粗砂红褐陶，褐胎，仰折沿，素面。厚 0.4~0.8 厘米（图 3-6-14，3）。

采集陶片纹饰见图 3-6-15。

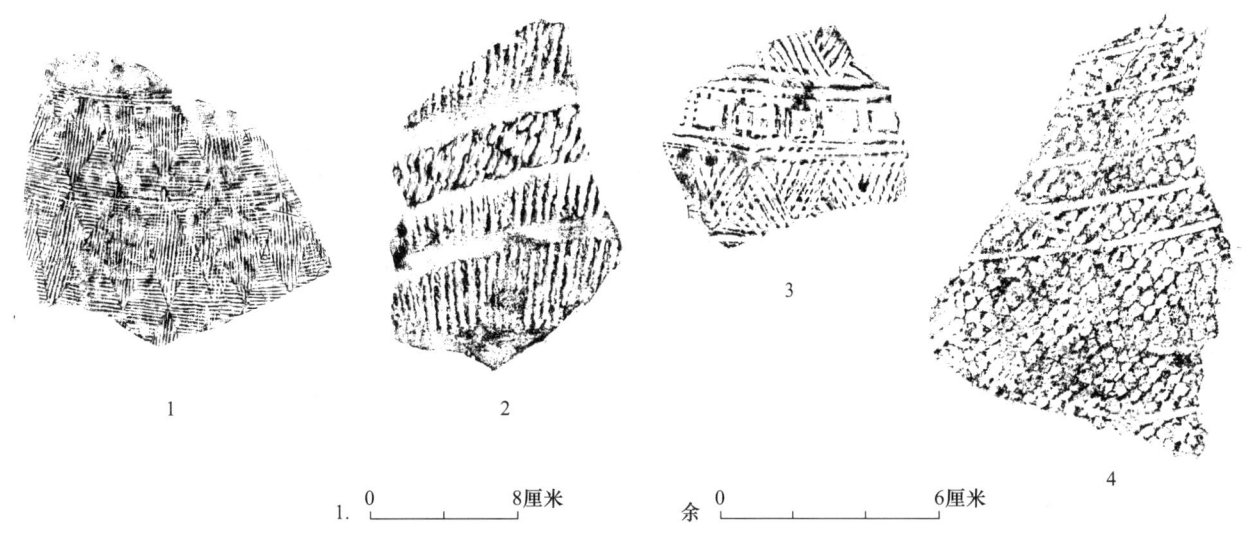

图 3-6-15　小岗头遗址采集陶片纹饰
1.填线菱形纹（C01：1）　2.附加堆纹和绳纹（D02：3）　3.口字纹和短线纹（E01：1）　4.弦纹和筛格纹（C02：1）

五、船墩头遗址

1. 遗址概况（090315DTXJBMTCDT）

位于薛津镇白马塘村南，近圆形土墩，遗物分布面积约 23000 平方米，海拔 27.2 米，高出地表 5~6 米。土墩上部东西两头各有一个高出的墩型堆积，中部亦不分开，两个土墩之间的耕土下，即为生土。土墩北部有人工水塘，西北有山环抱，东侧临丹阳河的小支流，南部平坦开阔。遗址包含西周和东周时期的遗存（图 3-6-16；图版 30，1）。

清理剖面 P1 堆积情况如图 3-6-17（图版 30，2）。

P1①：耕土层。

P1②：浅褐色土层，含烧土颗粒和陶片，厚约 0.85 米。

H1①：灰白色图层，软黏，厚约 0.25 米，含有粒径 2 厘米烧土、炭粒。

H1：开口于 P1②层下，打破 P1③。锅底形坑，自深 0.25 米。

P1③：红烧土层，厚约 0.5 米。含较多烧土块、炭粒和少量陶片。

P1④：黄褐色土，顶部有层红烧土面，未清理至底，含烧土块、褐色锈斑、陶片及炭粒。

在遗址西南部进行钻探，仅记录了一个探孔 Z4，孔内堆积如下：

0.1 米：耕土。

0.9 米：褐色土，软黏，含烧土颗粒和陶片。

>0.9 米：深褐色土，较疏松，砂粒较多，可能是临近河道。

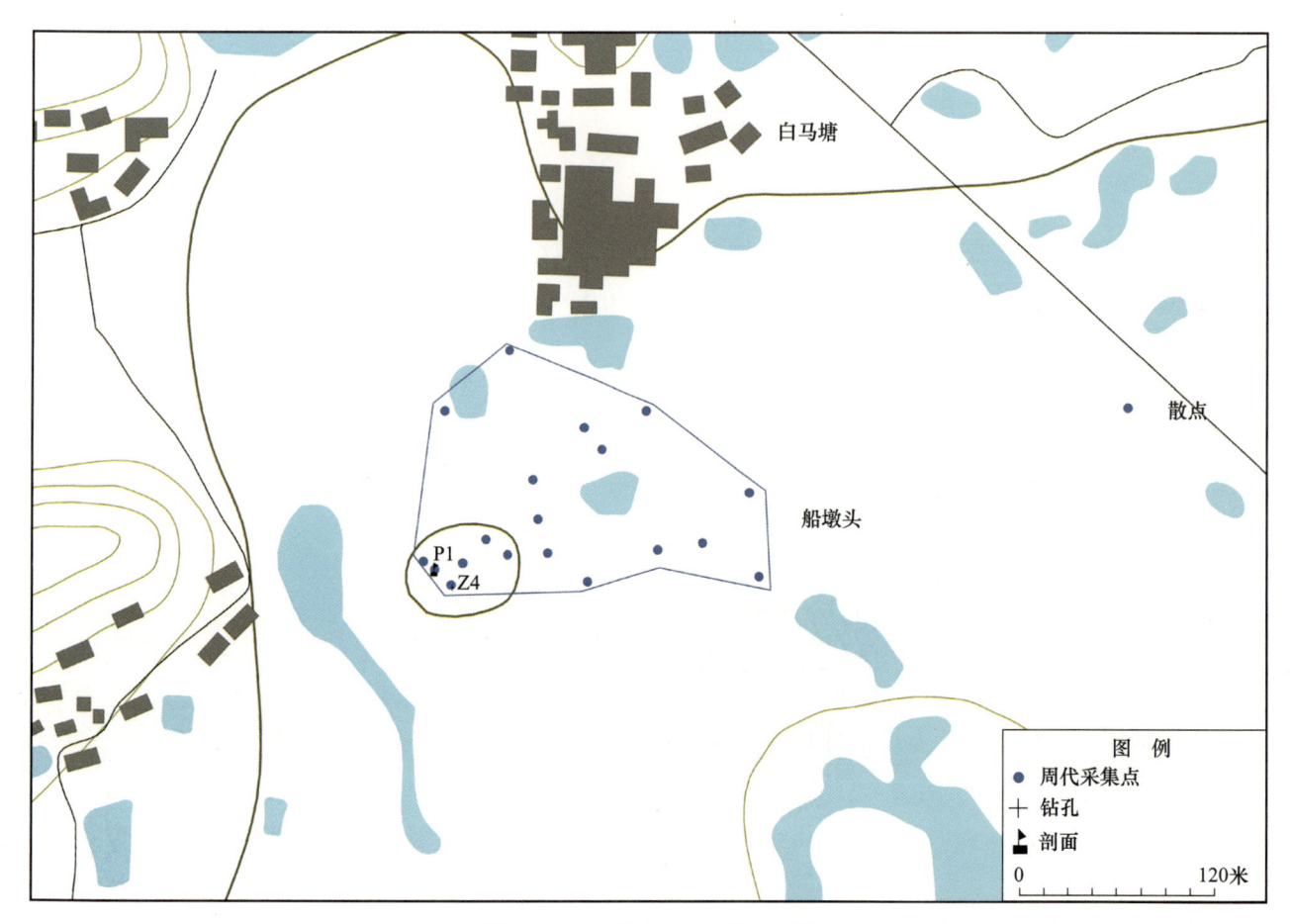

图 3-6-16 船墩头遗址聚落分布图

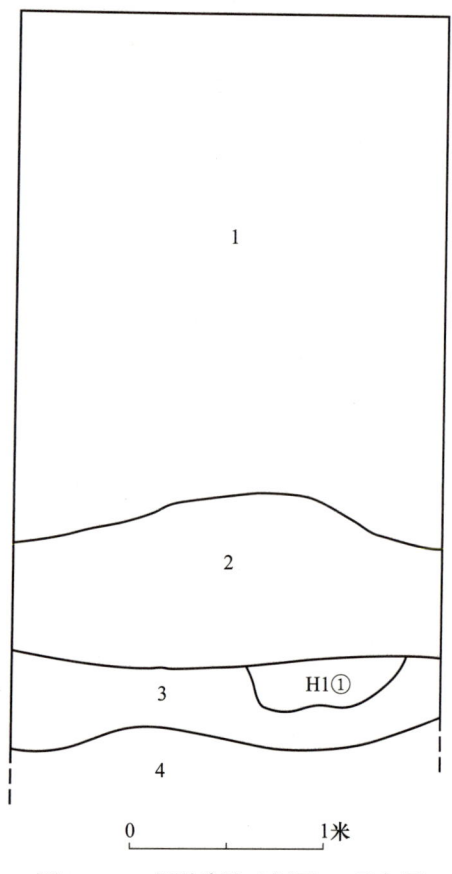

图 3-6-17 船墩头遗址剖面 P1 示意图

2. 聚落

仅包含周代聚落一处，面积约 23000 平方米（图 3-6-16）。

3. 遗物

口沿 2 件。

F04：2，夹粗砂红陶，红胎，素面。厚 0.3～0.8 厘米（图 3-6-18，1）。

C04：3，夹细砂灰陶，灰胎，素面。厚 0.6 厘米（图 3-6-18，5）。

鬲足 8 件。

F01：3，夹细砂红陶，红胎，近锥形足，绳纹。残高 5.1 厘米（图 3-6-18，3）。

F01：2，夹细砂褐陶，红胎，锥形足，绳纹，鬲足和裆部二次制成，足尖部脱落，裆部重贴泥片。残高 3.6 厘米（图 3-6-18，4）。

B03：2，夹粗砂红陶，灰胎，胎内含砂量极高，锥形足，素面。残高 6.1 厘米（图 3-6-19，6）。

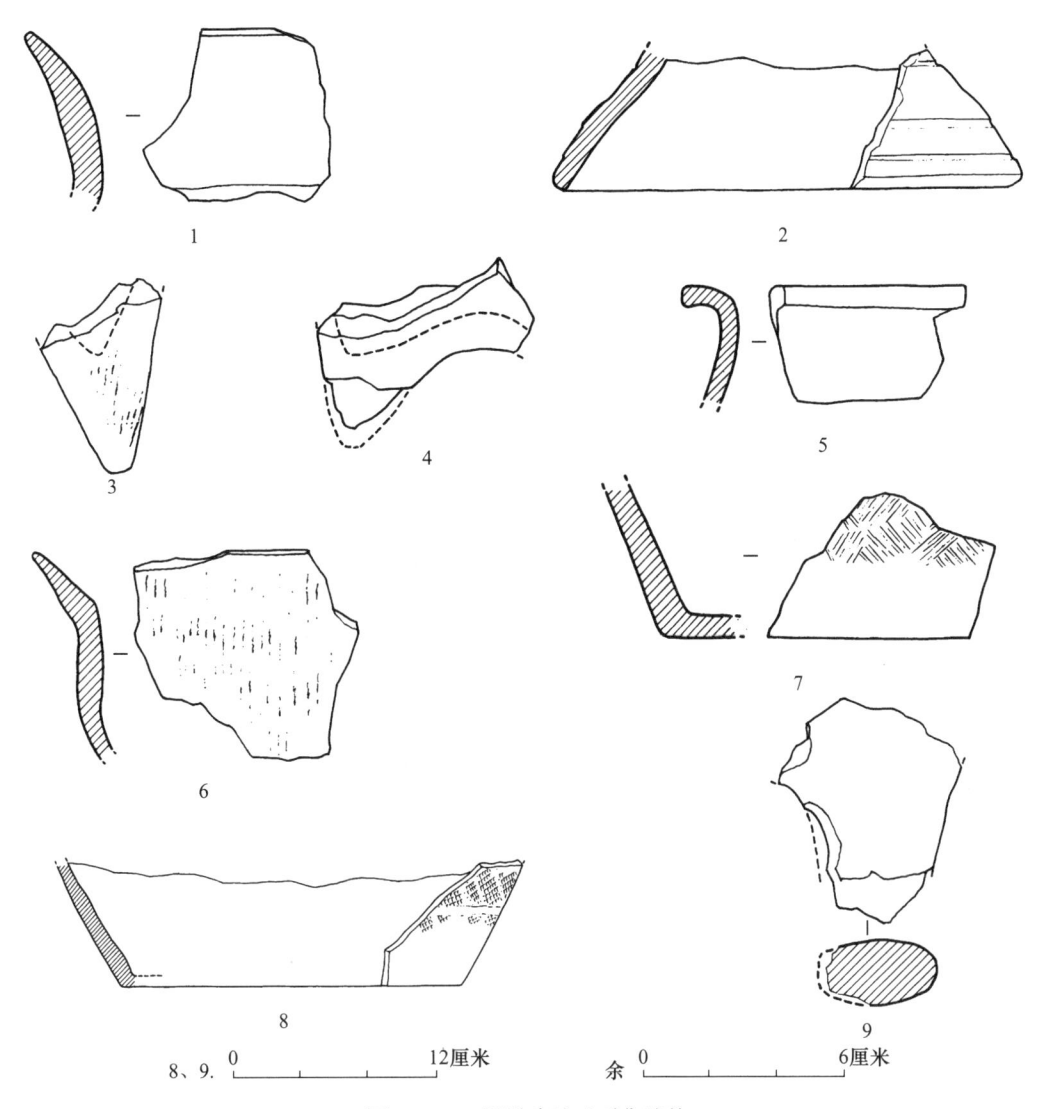

图 3-6-18　船墩头遗址采集遗物
1、5. 口沿（F04：2、C04：3）　2. 圈足（F04：1）　3、4. 鬲足（F01：3、F01：2）　6. 罐（F01：1）
7、8. 罐底（E02：1、B05：1）　9. 鼎足（F03：1）

B04：2，夹粗砂红陶，红胎，胎内含砂量极高，锥柱形足，素面。残高8.7厘米（图3-6-19，3）。

B05：2，夹粗砂红陶，褐胎，锥形足，素面。残高10.2厘米（图3-6-19，4）。

B05：3，夹细砂红陶，红胎，胎内含砂量极高，锥形足，素面。残高7.4厘米（图3-6-19，2）。

C03：2，夹粗砂红陶，红胎，锥柱形足，素面。残高4.2厘米（图3-6-19，5）。

C04：1，夹粗砂红陶，褐胎，胎内含砂量极高，锥形足，素面。残高7.8厘米（图3-6-19，7）。

鼎足　2件。

F03：1，夹粗砂红陶，灰胎，扁足，素面。残高13厘米（图3-6-18，9）。

C03：1，夹砂红陶，红胎，横装扁足，素面。残高6.2厘米（图3-6-19，1）。

罐　3件。

F01：1，夹细砂红陶，红胎，宽沿侈口，绳纹。厚0.4~0.9厘米（图3-6-18，6）。

E02：1，罐底，印纹硬陶，紫胎，折线纹。残高4.2厘米（图3-6-18，7）。

B05：1，罐底，印纹硬陶，红胎，网格纹和弦纹组合。残高7.2、复原底径20厘米（图3-6-18，8）。

圈足　1件。

F04：1，圈足，夹粗砂红陶，红胎，弦纹。残高3.8厘米（图3-6-18，2）。

采集陶片纹饰见图3-6-20。

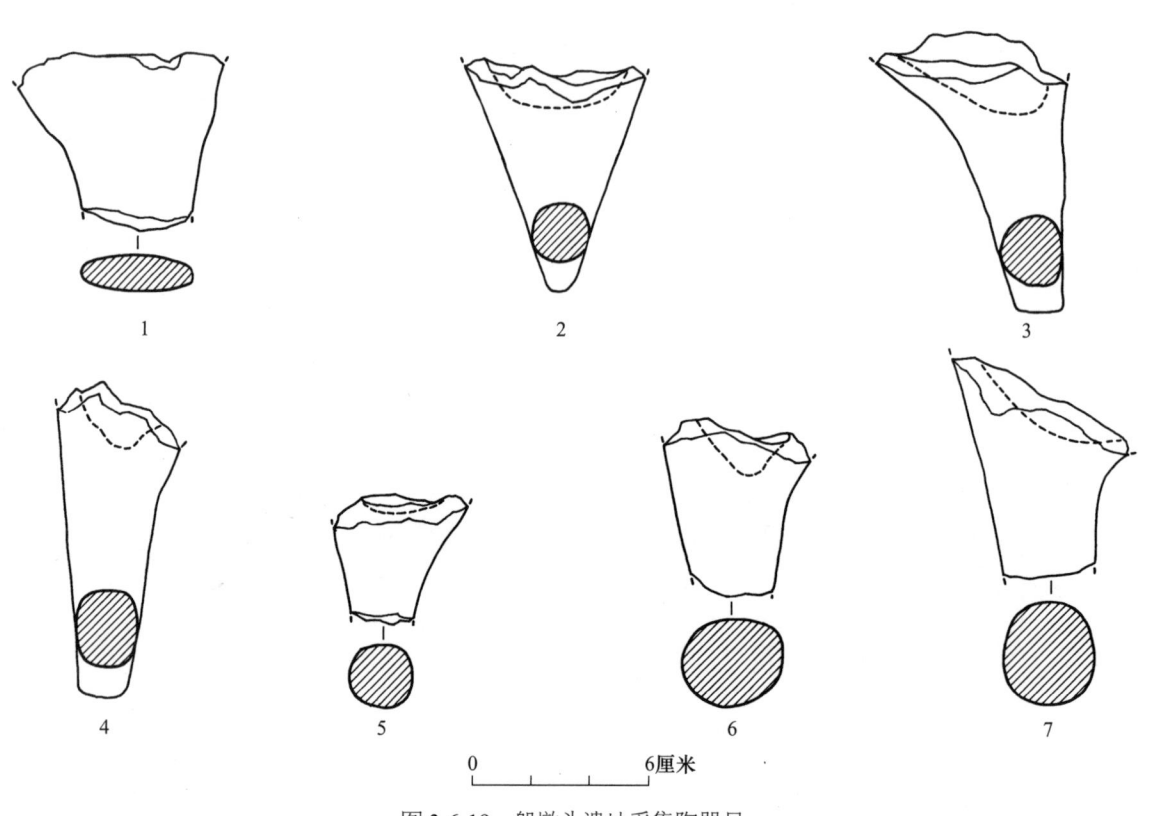

图 3-6-19 船墩头遗址采集陶器足
1. 鼎足（C03∶1） 2～7. 鬲足（B05∶3、B04∶2、B05∶2、C03∶2、B03∶2、C04∶1）

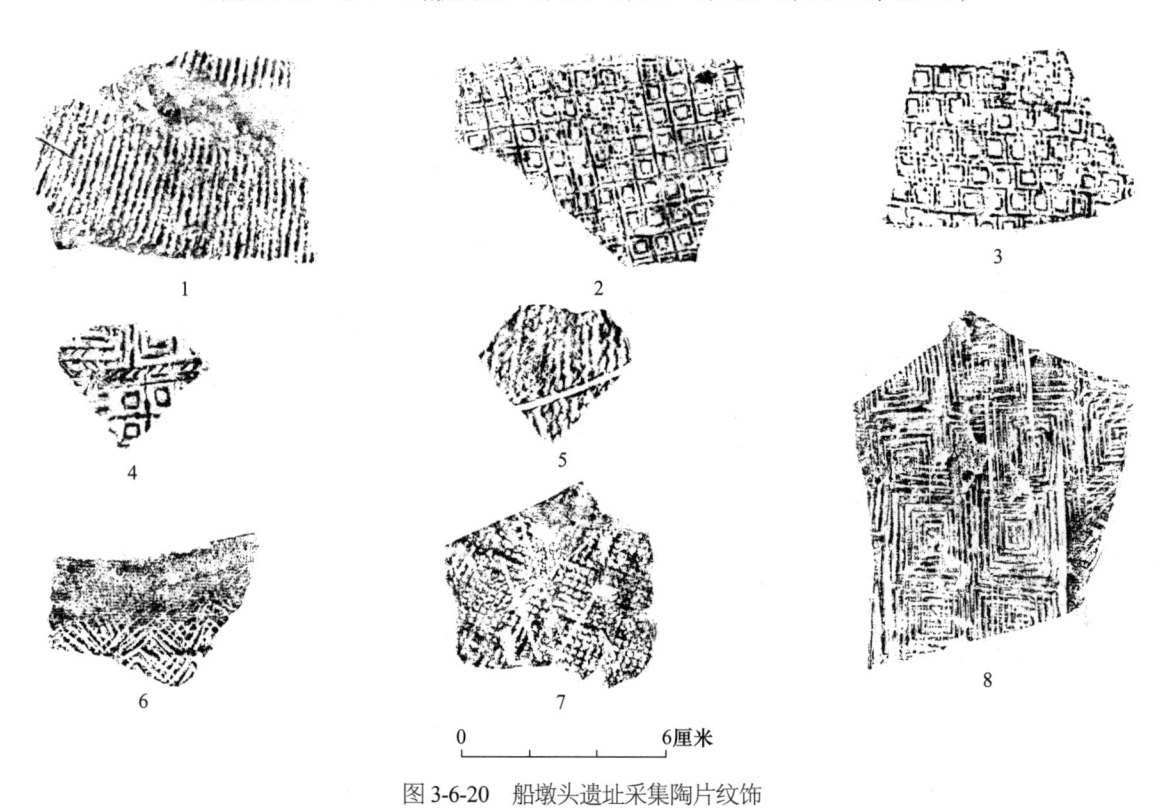

图 3-6-20 船墩头遗址采集陶片纹饰
1. 绳纹和附加堆纹（D02∶1） 2、3. 回纹（B01∶3、D03∶1） 4. 回纹组合纹饰（C01∶2） 5. 弦断绳纹（B04∶3） 6、8. 复线回纹（E02∶1、D01∶1） 7. 筛格纹（E01∶1）

六、小船墩遗址

1. 遗址概况（090316DTXJSXXCD）

位于薛津镇三小村东北，山前岗地地貌，遗物分布面积约24000平方米。岗地之上又有堆墩，椭圆形，西北—东南方向，两头高，中部低，似船形，海拔28米，最高处高出地表约10米。经过对中部堆积的钻探，1.2米深左右见淤泥，证明中部曾经为湖沼地带，南北二墩当为独立的土墩，后来渐渐填平了中部地带。遗址上采集的陶片有鬲足、印纹硬陶，根据钻探的情况来看，文化层的厚度应大于2米（图3-6-21；图版29，2；图版67，1～3）。

探孔Z1内堆积情况如下：

0.1米：耕土层。

0.5米：褐色土层，较致密，含烧土颗粒、陶片以及植物根茎。

0.7米：黄褐色土层，软黏致密，含烧土颗粒、炭粒。

1米：浅褐色土层，较致密，含极少的烧土颗粒和炭粒。

1.2米：深褐色土层，软黏致密，含少量炭粒和烧土颗粒。

1.3米：红褐色土，致密，含较多烧土颗粒和炭粒。

1.4米：灰褐色土，软黏，致密，有少量小石子和炭粒。

1.45米：灰黑土，疏松，含草木灰和少量烧土。

1.9米：灰褐色土层，较为疏松，较纯净，含有陶片。

>1.9米：灰白土，较硬，疏松，含少量炭粒和粉砂，未至生土。

探孔Z2内堆积情况如下：

0.1米：耕土层。

0.3米：褐色土，含有烧土颗粒。

0.5米：灰色土，软黏，土质疏松，有砖块。

1.1米：浅褐色，土质致密，含烧土颗粒和炭粒。

1.6米：灰黄色土，土质致密，有炭粒、少量烧土

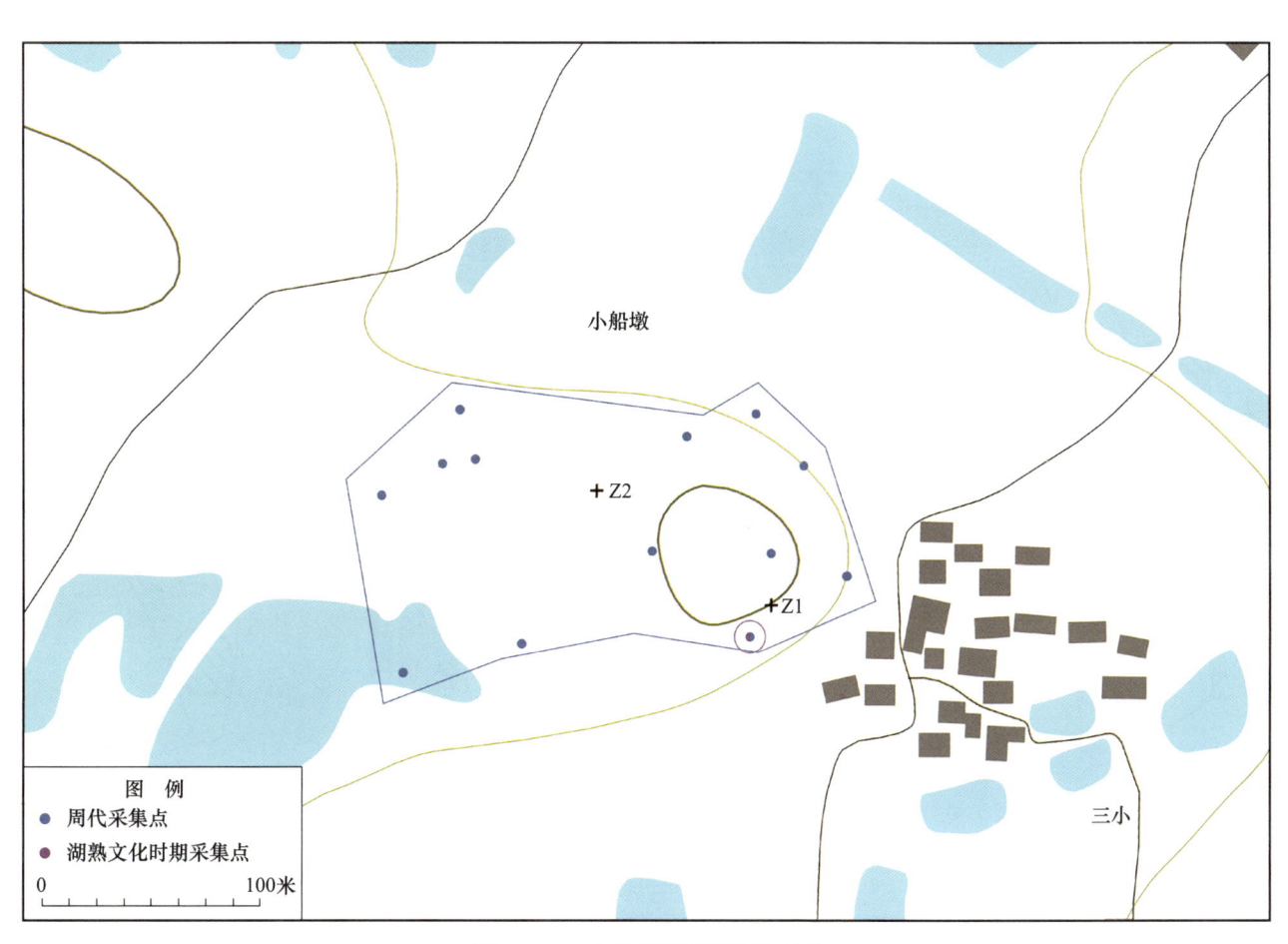

图3-6-21 小船墩遗址聚落分布图

颗粒以及颗粒状黄土。

1.8米：深褐色土，致密，含草木灰和颗粒状黄土。

1.9米以下：青灰色淤泥。

2. 聚落

含湖熟文化的聚落，采集点仅见一处。周代的聚落面积约24000平方米（图3-6-21）。

3. 遗物

鬲　1件。

B04：1，夹粗砂褐陶，褐胎，侈口，宽沿，素面，外壁抹光。复原口径18、残高6厘米（图3-6-22，1）。

陶管　1件。

B04：7，夹砂褐陶，红胎，素面。孔内径2.7、残高7.4厘米（图3-6-22，2；图版67，1）。

石器　1件。

C02：3，青黑色，扁薄片状。厚0.7厘米（图3-6-22，7）。

鬲足　14件。

F01：1，夹粗砂褐陶，褐胎，素面，近锥形，有火烧痕迹。残高8.8厘米（图3-6-22，3）。

B04：3，夹粗砂褐陶，褐胎，胎内含云母，锥形足，素面。残高8.6厘米（图3-6-22，4）。

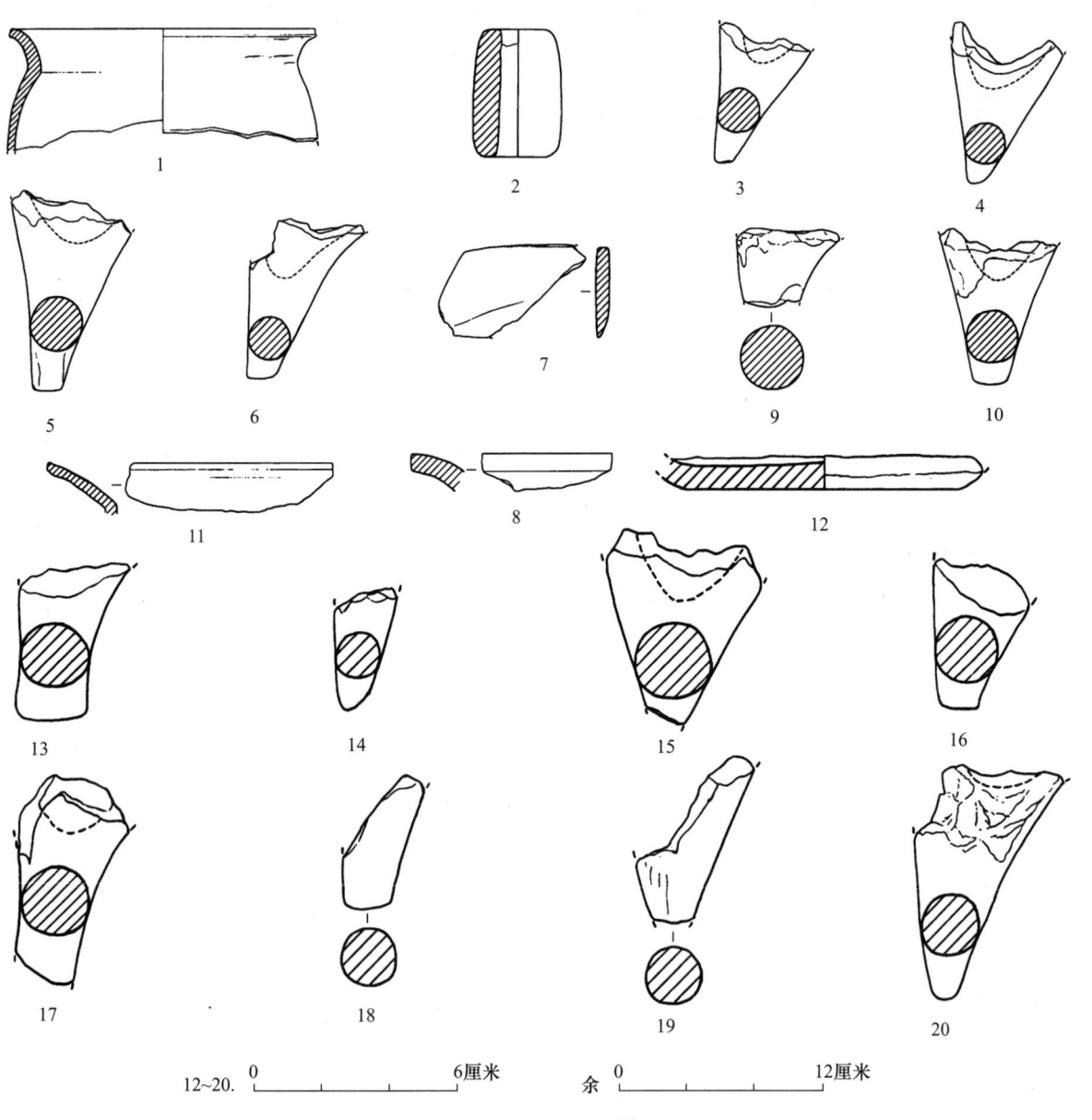

图3-6-22　小船墩遗址采集遗物

1.鬲（B04：1）　2.陶管（B04：7）　3～6、9、10、13～20.鬲足（F01：1、B04：3、D02：1、B04：2、F03：1、C02：1、C01：2、E02：2、C02：2、C01：4、C01：3、E01：4、E01：3、D02：2）　7.石器（C02：3）　8、11.口沿（F04：3、B04：4）　12.器底（F04：1）

D02∶1，夹粗砂褐陶，红胎，胎内含云母，近锥形足，素面。残高11厘米（图3-6-22，5；图版67，3）。

B04∶2，夹粗砂褐陶，褐胎，近锥形足，素面。残高8.2厘米（图3-6-22，6）。

F03∶1，夹砂红陶，红胎，锥柱形足，素面。残高4.7厘米（图3-6-22，9）。

C02∶1，夹粗砂红陶，红胎，胎内含小石子，近锥形足，素面。残高8.4厘米（图3-6-22，10；图版67，2左）。

C01∶2，夹砂红陶，红胎，锥柱形足，素面。残高4.2厘米（图3-6-22，13）。

E02∶2，夹细砂褐陶，褐胎，素面，尖锥形足。残高3.1厘米（图3-6-22，14）。

C02∶2，夹粗砂褐陶，褐胎，锥形足，素面。残高5.8厘米（图3-6-22，15；图版67，2右）。

C01∶4，夹粗砂褐陶，红胎，近锥形足，素面，足身有刮痕。残高3.8厘米（图3-6-22，16）。

C01∶3，夹粗砂褐陶，红胎，柱形足，素面。残高6厘米（图3-6-22，17）。

E01∶4，夹粗砂褐陶，褐胎，近锥形足，素面。残高3.3厘米（图3-6-22，18）。

E01∶3，夹粗砂褐陶，褐胎，胎内含小石子，锥形足，素面。残高4.5厘米（图3-6-22，19）。

D02∶2，鬲足，夹细砂褐陶，红胎，锥形足，素面。残高6.6厘米（图3-6-22，20）。

口沿 2件。

F04∶3，夹细砂红陶，红胎，素面。厚1厘米（图3-6-22，8）。

B04∶4，夹粗砂褐陶，褐胎，素面。厚0.6厘米（图3-6-22，11）。

器底 1件。

F04∶1，夹细砂灰陶，灰胎，平底。直径17厘米（图3-6-22，12）。

采集陶片纹饰见图3-6-23。

七、小庄遗址

1. 遗址概况（090322DTDYXZ）

位于丹阳镇小庄村东南200米处，椭圆形独立土墩，海拔12.7米，高出周围地表约5米，遗物分布面积约2700平方米。坐落于姑溪河北部支流河谷山前岗地向平原过渡的地方。土墩东北部略高，西南部略低，四周均陡。南侧、东北部均有水坝，原先遗址东北临水，四周为低洼农田，北部小庄村所在处为一处台地，也应是北部山岗的延续。采集的遗物有印纹陶片和鬲足（图3-6-24；图版31，1）。

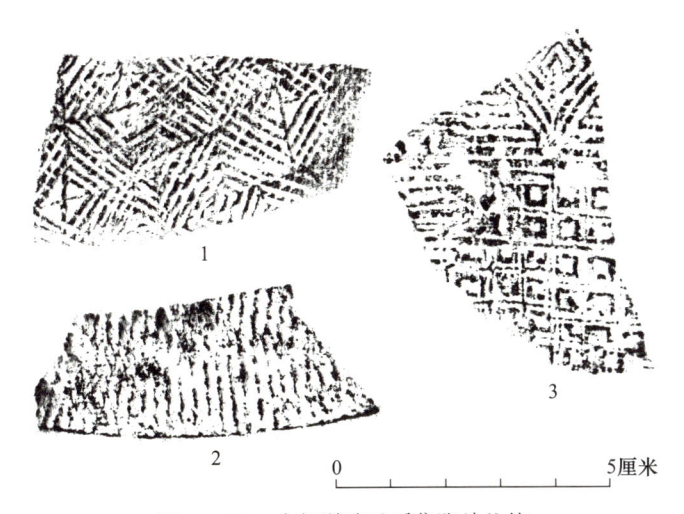

图3-6-23 小船墩遗址采集陶片纹饰
1.填线回纹（D04∶6） 2.绳纹（F04∶2） 3.复线菱纹和回纹（E01∶1）

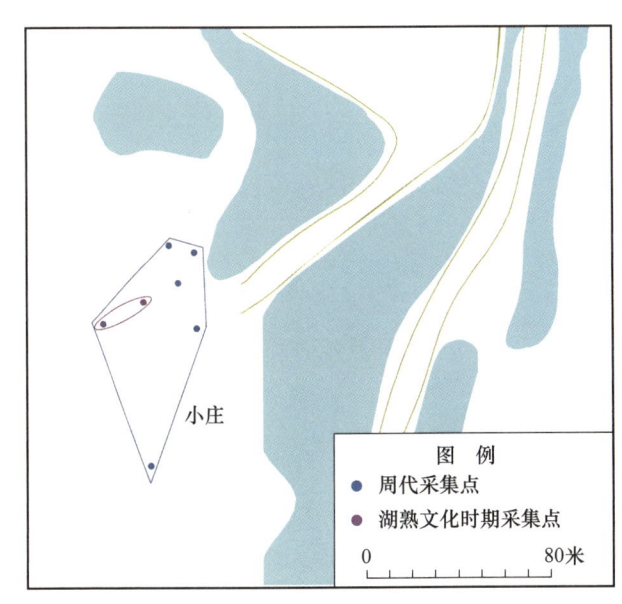

图3-6-24 小庄遗址聚落分布图

2. 聚落

含湖熟文化和周代的聚落，湖熟文化聚落面积500平方米，位于遗址的西部，周代聚落面积为2700平方米（图3-6-24）。

3. 遗物

口沿　1件。

B01∶1，夹粗砂红陶，红褐胎，侈口，折沿，绳纹。厚0.6厘米（图3-6-25，1）。

甗腰　1件。

E01∶1，夹粗砂褐陶，红胎，素面，腰部附加一周泥片。复原腹径15.2、残高4.8厘米（图3-6-25，2）。

鬲足　4件。

E02∶1，夹粗砂褐陶，红胎，近锥形足，素面。残高6.8厘米（图3-6-25，3）。

F02∶1，夹粗砂褐陶，红胎，柱形足，素面。残高5.6厘米（图3-6-25，4）。

F01∶1，夹粗砂红陶，褐胎，素面。残高3.6厘米（图3-6-25，5）。

C01∶1，夹粗砂红陶，红胎，柱形足，素面。残高12.8厘米（图3-6-25，6）。

采集陶片纹饰见图3-6-26。

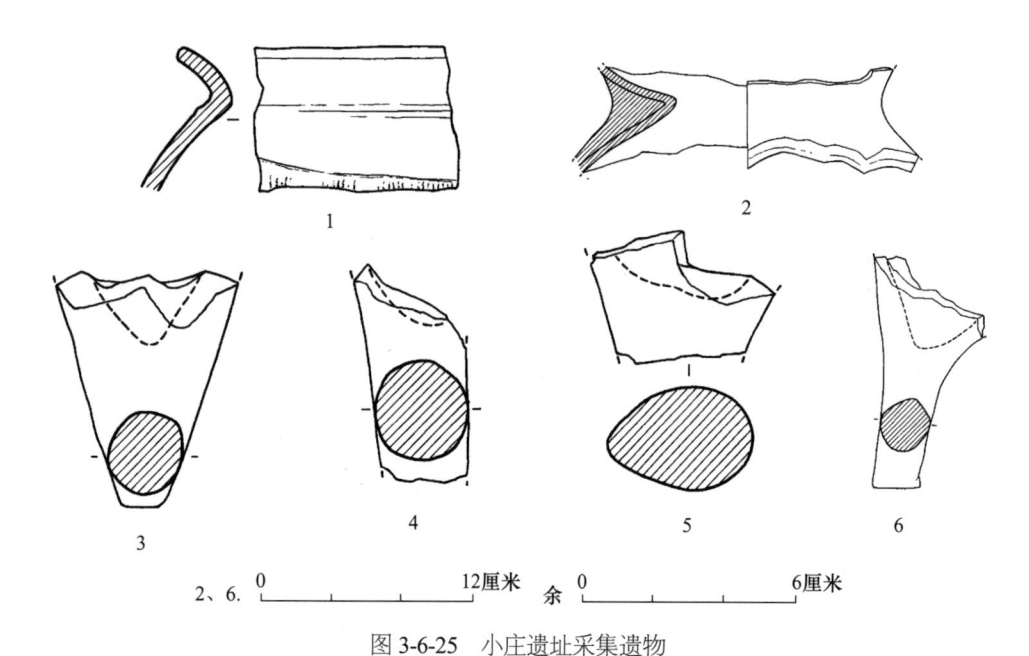

图3-6-25　小庄遗址采集遗物
1. 口沿（B01∶1）2. 甗腰（E01∶1）3～6. 鬲足（E02∶1、F02∶1、F01∶1、C01∶1）

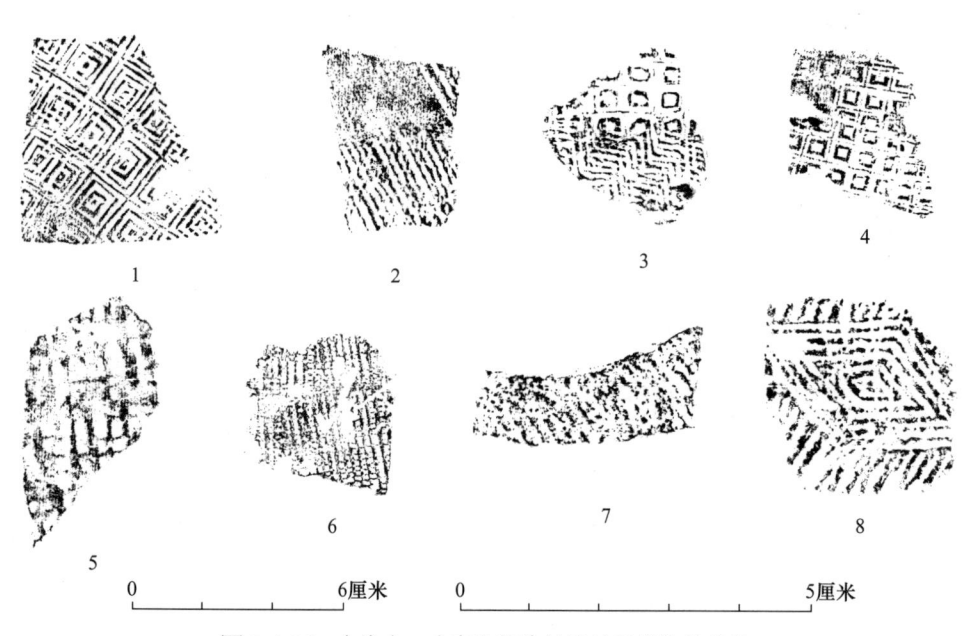

图3-6-26　小坟山、小庄和衙头村遗址采集陶片纹饰
1、7. 填线回纹（小庄F01∶2、衙头村E01∶1）2. 绳纹（小庄F01∶3）3. 口字纹和折线纹（小坟山D01∶1）
4. 口字纹（小庄D01∶1）5、6. 筛格纹（小庄F01∶4、小坟山B02∶2）8. 复线菱纹（小坟山B02∶1）

八、小坟山遗址

1. 遗址概况（090322DTDYCSLXFS）

位于丹阳镇蝉上里村西约 200 米处，314 省道南侧，为北部山前岗地的舌状边缘，遗物分布面积约 2200 平方米，海拔约 10.7 米，高出周围约 3 米。北部较高，南部较低，东侧、南侧临河，北部为连绵的岗地。省道把此遗址与北部岗地断开。遗址西南部平坦低洼。采集遗物有残石刀、印纹硬陶。遗址保存较好，岗地上有较多现代坟，坟头上未见有陶片，地表所见陶片较破碎，也不丰富，且越往北越少（图 3-6-27；图版 31-2）。

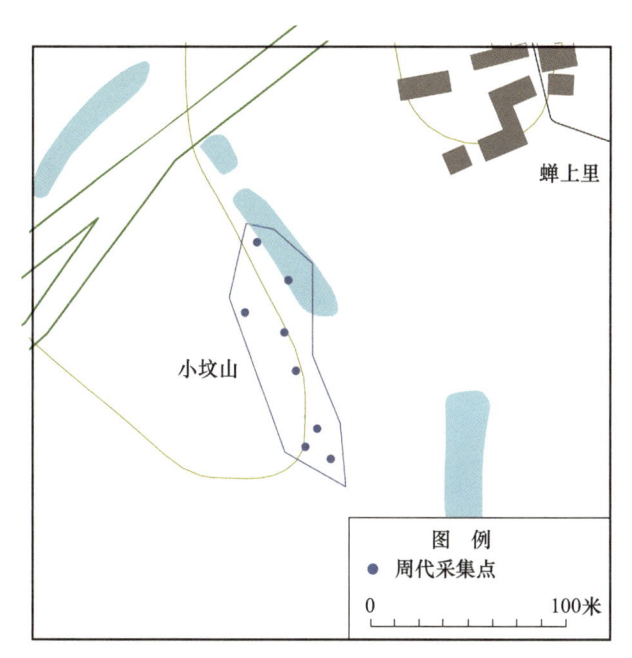

图 3-6-27 小坟山遗址聚落分布图

2. 聚落

周代的聚落面积约 2200 平方米（图 3-6-27）。

3. 遗物

E01：1，把手，夹细砂褐陶，褐胎，素面。残长 4.2 厘米（图 3-6-28，1）。

F02：2，口沿，夹细砂红陶，红胎，素面。厚 0.6 厘米（图 3-6-28，2）。

D02：1，石器，灰色，片状，磨制。厚 0.3~0.5 厘米（图 3-6-28，3）。

采集陶片纹饰见图 3-6-26。

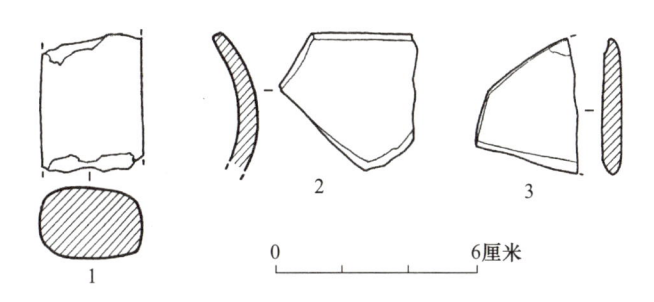

图 3-6-28 小坟山遗址采集遗物
1. 把手（E01：1） 2. 口沿（F02：2） 3. 石器（D02：1）

九、登庄遗址

1. 遗址概况（090228DTDYDZ）

位于丹阳镇登庄的西北，三甲村南，独立近椭圆形土墩，海拔约 13 米，高出周围地表约 4 米，遗物分布面积 20000 平方米。东侧距丹阳河约 200 米，南侧紧邻一条丹阳河小支流，北、西、东三面均为岗地环抱。遗址保存较好（图 3-6-29；图版 32，2；图版 68，1~3）。

2. 聚落

包含新石器时代末期和周代的聚落，新石器时代末期有两处采集点，分别位于遗址的南部和北部，面积约 5000 平方米。周代的聚落面积约 20000 平方米（图 3-6-29）。

3. 遗物

鬲足 3 件。

D01：1，鬲足，夹粗砂红陶，褐胎，胎内含小石子。素面。锥形足，残高 9.1 厘米（图 3-6-30，1；图版 68，1 左）。

C01：1，鬲足，夹粗砂红陶，褐胎，胎内含小石子。素面。锥形足，残高 8.2 厘米（图 3-6-30，2；图版 68，1 中）。

C01：2，鬲足，夹粗砂红陶，褐胎，素面。锥形足，残高 3.6 厘米（图 3-6-30，6；图版 68，1 右）。

鼎足 5 件。

F02：2，鼎足，夹粗砂红陶，红胎。侧装，足部侧面上端有一个按窝，足与腹相接处有椭圆形凹窝。残高 8.4 厘米（图 3-6-30，3；图版 68，2 上中）。

F02：7，鼎足，夹粗砂红陶，红胎。侧装，横断面

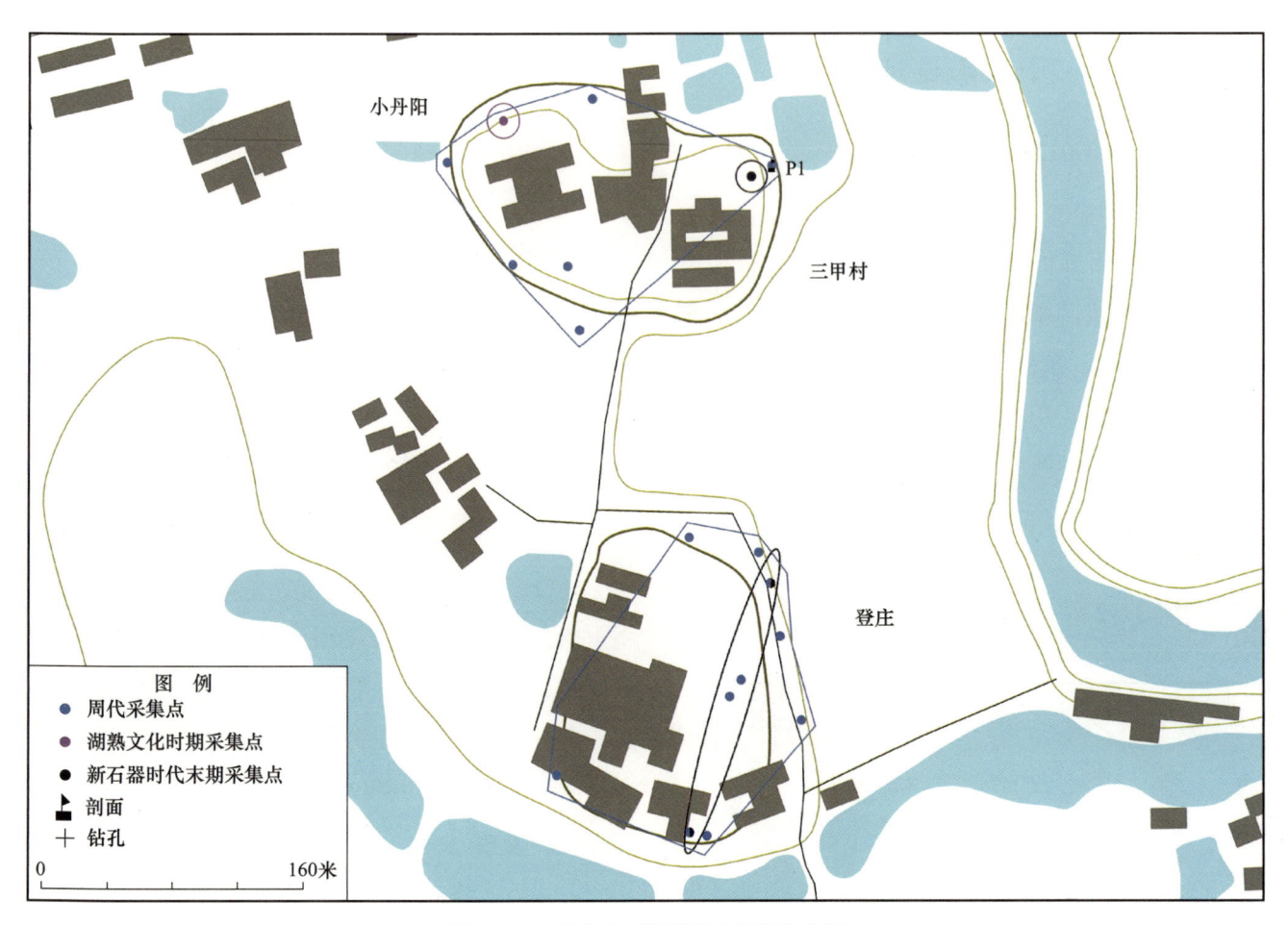

图 3-6-29 登庄和三甲村遗址聚落分布图

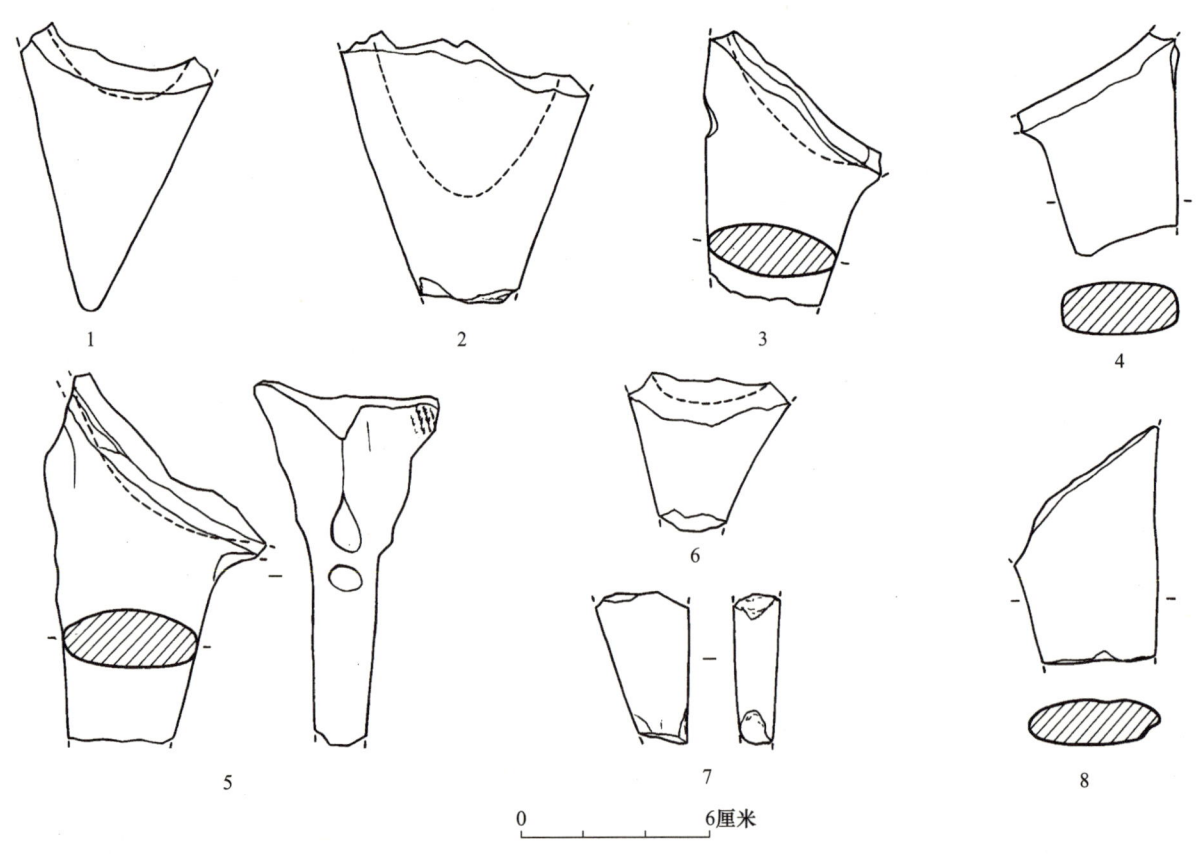

图 3-6-30 登庄遗址采集陶器足

1、2、6. 鬲足（D01∶1、C01∶1、C01∶2） 3～5、7、8. 鼎足（F02∶2、F02∶7、F02∶1、F02∶4、F02∶6）

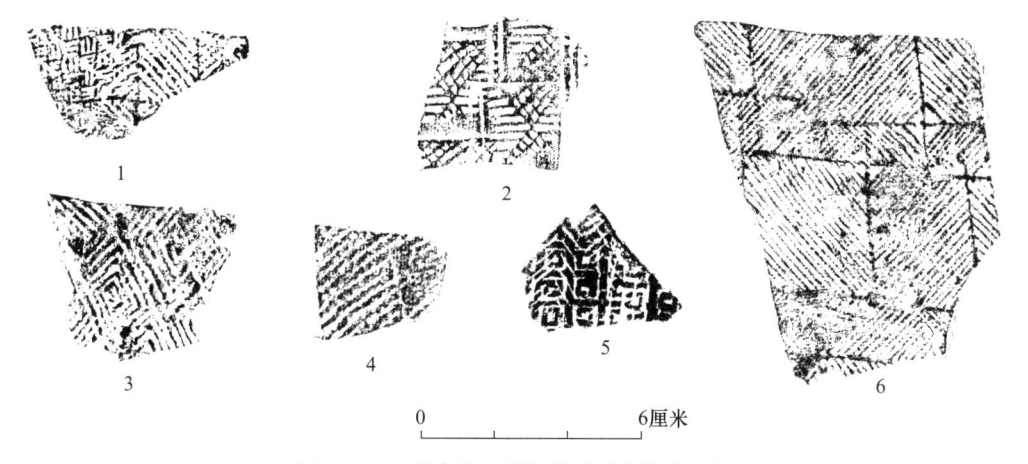

图3-6-31　登庄和三甲村遗址采集陶片纹饰
1.席纹和蕉叶纹（登A01:1） 2.菱形筛格纹（三A02:3） 3.填线回纹（三A02:4） 4.绳纹（三A03:1）
5.回纹和折线纹（登D02:1） 6.填线菱纹（登F02:3）

为近长方形。残高6.3厘米（图3-6-30，4；图版68，2下左）。

F02:1，鼎足，夹粗砂红陶，灰胎。侧装，足部侧面上端有两个按窝，足与腹相接处有椭圆形凹窝，腹部饰绳纹。残高11.2厘米（图3-6-30，5；图版68，2上左）。

F02:4，鼎足，夹粗砂红陶，红胎。侧装，足部下端有捏痕。残高4.1厘米（图3-6-30，7；图版68，2下右）。

F02:6，鼎足，夹粗砂褐陶，红胎，素面，侧装。残高7厘米（图3-6-30，8；图版68，2上右）。

采集陶片纹饰见图3-6-31。

十、三甲村遗址

1. 遗址概况（090228DTDYSJC）

位于丹阳镇三甲村所在地，墩型遗址，高出地表约4米，遗物分布面积约为18000平方米，丹阳卫生院坐落在遗址上。北部即为小丹阳镇，南部紧邻登庄遗址，四周平坦，位于丹阳河支干流交汇地带，东距河边约200米，西距河边约500米（图3-6-29）。保存状况一般，遗址包含新石器时代末期、西周和东周时期的遗存（图版68，4~8）。清理了一处剖面，堆积情况如下（图3-6-32；图版32，1）：

P1①：耕土，厚0.2米。

P1②：灰白色土，土质疏松，较干，厚约2.6米，含有较多的锈斑。

P1③：褐色土，土质致密，黏性好，厚约0.3~0.9米。含粒径4厘米左右的烧土、陶片、炭粒。

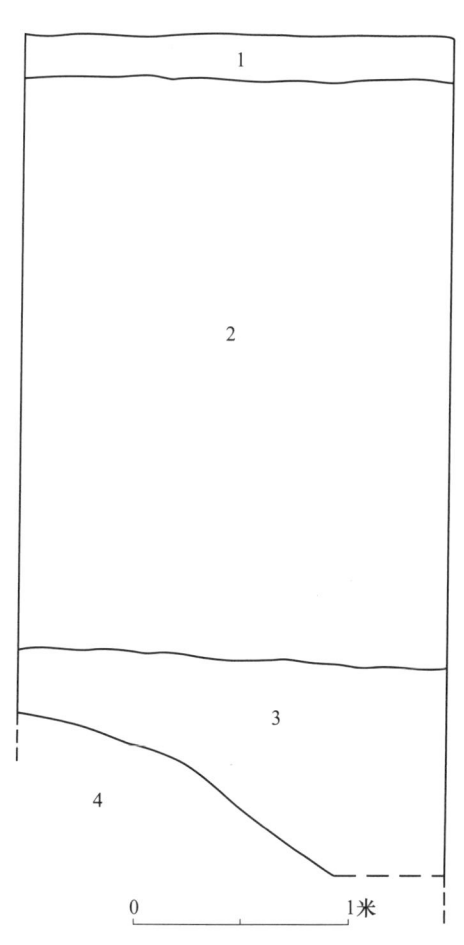

图3-6-32　三甲村遗址剖面P1示意图

P1④：浅褐色土层，土质致密，黏性，未清理到底。含炭粒和粒径2厘米的烧土以及陶片（图3-6-32）。

2. 聚落

含三个时期的聚落，新石器时代末期和湖熟文化各一处采集点，面积约400平方米。周代的聚落面积约18000平方米（图3-6-29）。

3. 遗物

鬲足 11件。

D02：4，夹粗砂褐陶，褐胎，锥形足，素面。残高7.2厘米（图3-6-33，1）。

A02：1，夹粗砂红陶，红胎，锥形足，素面。残高8.1厘米（图3-6-33，2）。

A02：2，夹粗砂灰陶，红胎，近锥形足，素面。残高6.7厘米（图3-6-33，3）。

D02：3，夹粗砂褐陶，红胎，锥形足，素面。残高7.9厘米（图3-6-33，4）。

D02：2，夹粗砂褐陶，褐胎，锥形足，素面。残高6.4厘米（图3-6-33，5；图版68，6左）。

D02：5，夹粗砂黑陶，褐胎，素面。残高5.6厘米（图3-6-33，6；图版68，5左）。

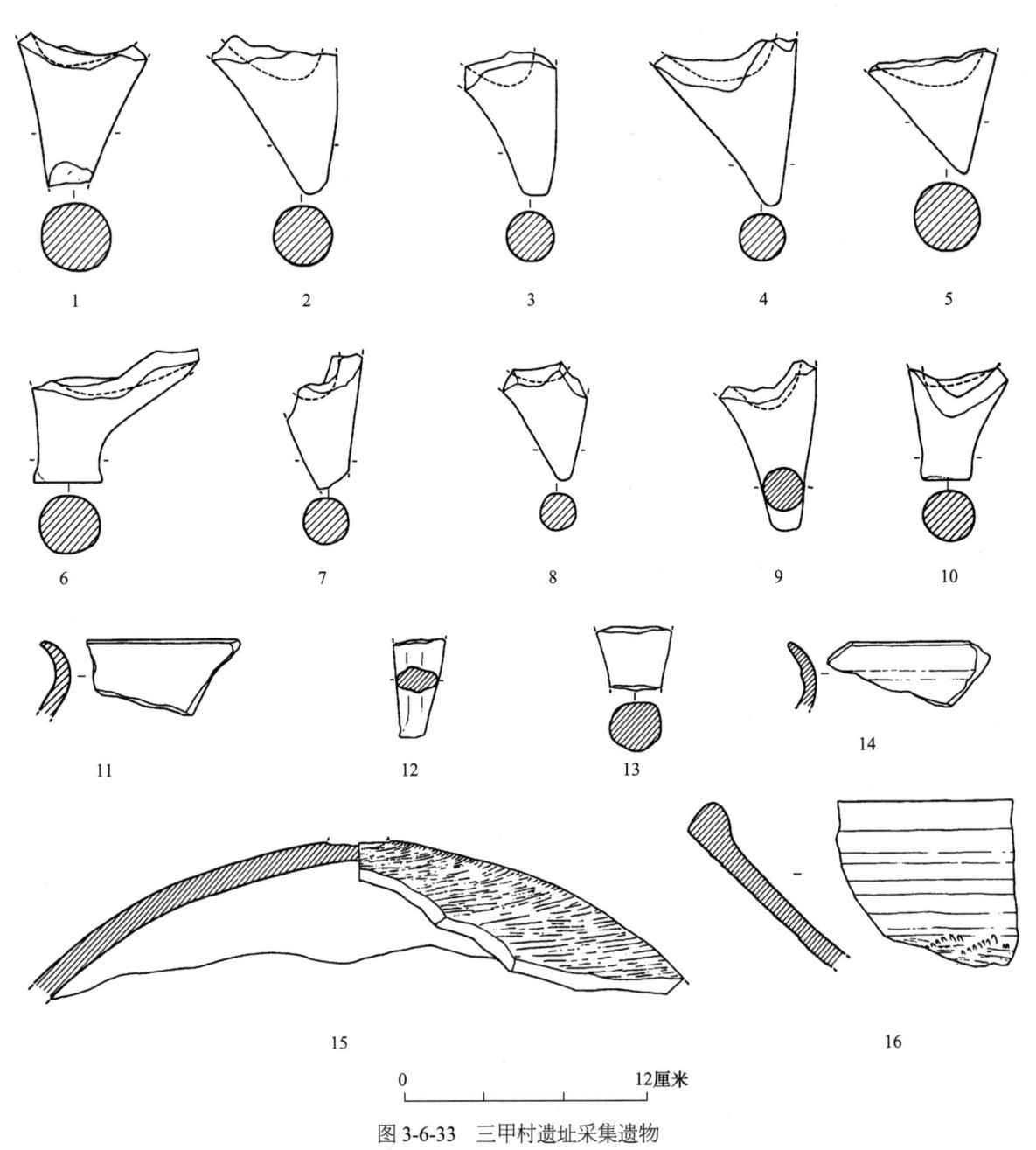

图3-6-33 三甲村遗址采集遗物

1～10、13. 鬲足（D02：4、A02：1、A02：2、D02：3、D02：2、D02：5、D01：2、D01：1、E02P1②：1、D02：1、A01：2）
11、14、16. 口沿（D02：6、F01：3、E01P1④：2） 12. 鼎足（F01：2） 15. 小口瓮（E01P1④：1）

D01∶2，夹砂褐陶，红胎，锥形足，素面。残高5.2厘米（图3-6-33，7；图版68，3右）。

D01∶1，夹砂褐陶，红胎，锥形足，素面。残高5.7厘米（图3-6-33，8）。

E02P1②∶1，夹粗砂褐陶，红胎，胎内含云母，近锥形足，素面。残高8.2厘米（图3-6-33，9；图版68，3左）。

D02∶1，夹粗砂褐陶，褐胎，胎内含小石子，矮柱形足，素面。残高5.1厘米（图3-6-33，10；图版68，5右）。

A01∶2，夹粗砂红陶，红胎，胎内含小石子，素面。残高2.6厘米（图3-6-33，13）。

口沿　3件。

D02∶6，夹粗砂褐陶，灰胎，胎内含小石子，侈口，素面。厚0.8、残高3.6厘米（图3-6-33，11）。

F01∶3，夹粗砂褐陶，灰胎，侈口，颈部一周附加泥条。厚0.6厘米（图3-6-33，14；图版68，4上左）。

E01P1④∶2，夹砂灰陶，灰红胎，饰瓦楞纹。厚0.9~1.9厘米（图3-6-33，16）。

鼎足　1件。

F01∶2，夹砂褐陶，灰胎。侧装，足尖处有捏痕，残高4.6厘米（图3-6-33，12；图版68，3下左）。

其他

E01P1④∶1，小口瓮，夹砂灰陶，灰胎，遍饰弦纹。厚1厘米（图3-6-33，15）。

采集陶片纹饰见图3-6-31。

十一、栗山遗址

1. 遗址概况（090226DTDYLS）

位于丹阳镇吕家坝北部，近圆形土墩，遗物分布面积约5200平方米，海拔13.4米，高出地表约6米。坐落于丹阳河及其支流的交汇处，遗址北、西、东三面环水，东北略高且陡，西北部较低缓，保存较好，采集的遗物有印纹硬陶和陶鬲足，遗址包含西周到东周时期遗存（图3-6-34；图版33，1）。

2. 聚落

仅周代的聚落，面积约为5200平方米（图3-6-34）。

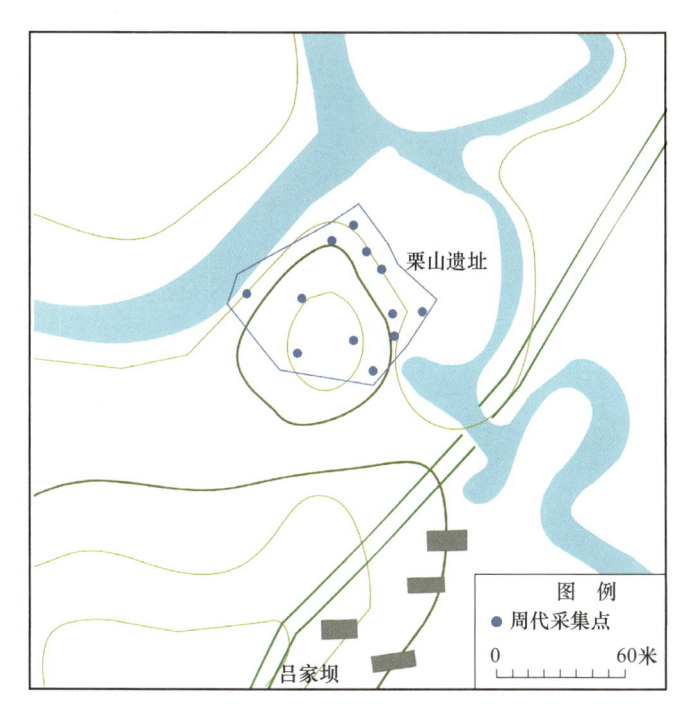

图3-6-34　栗山遗址聚落分布图

3. 遗物

采集遗物以鬲足为多，锥形、近锥形和锥柱形都有。

鬲足　9件。

C01∶1，夹粗砂红陶，红胎，柱形足，素面。残高4.6厘米（图3-6-35，1）。

E02∶6，夹细砂褐陶，红胎，柱形足，素面。残高6.7厘米（图3-6-35，2）。

E02∶5，夹细砂褐陶，褐胎，锥形足，素面。残高5.9厘米（图3-6-35，3）。

D03∶1，夹粗砂褐陶，褐胎，近锥形足，素面。残高4.2厘米（图3-6-35，4）。

E02∶2，夹细砂褐陶，红胎，柱形足，素面。残高4.7厘米（图3-6-35，5）。

E02∶3，夹细砂褐陶，灰胎，胎内含小石子，锥形足，素面。残高5.1厘米（图3-6-35，6）。

B02∶1，夹粗砂褐陶，灰胎，锥形足，素面。残高4.7厘米（图3-6-35，7）。

C03∶2，夹粗砂褐陶，褐胎，锥形足，素面。残高4.2厘米（图3-6-35，8）。

B03∶2，夹粗砂红陶，红胎，锥形足，素面。残高5.6厘米（图3-6-35，9）。

· 113 ·

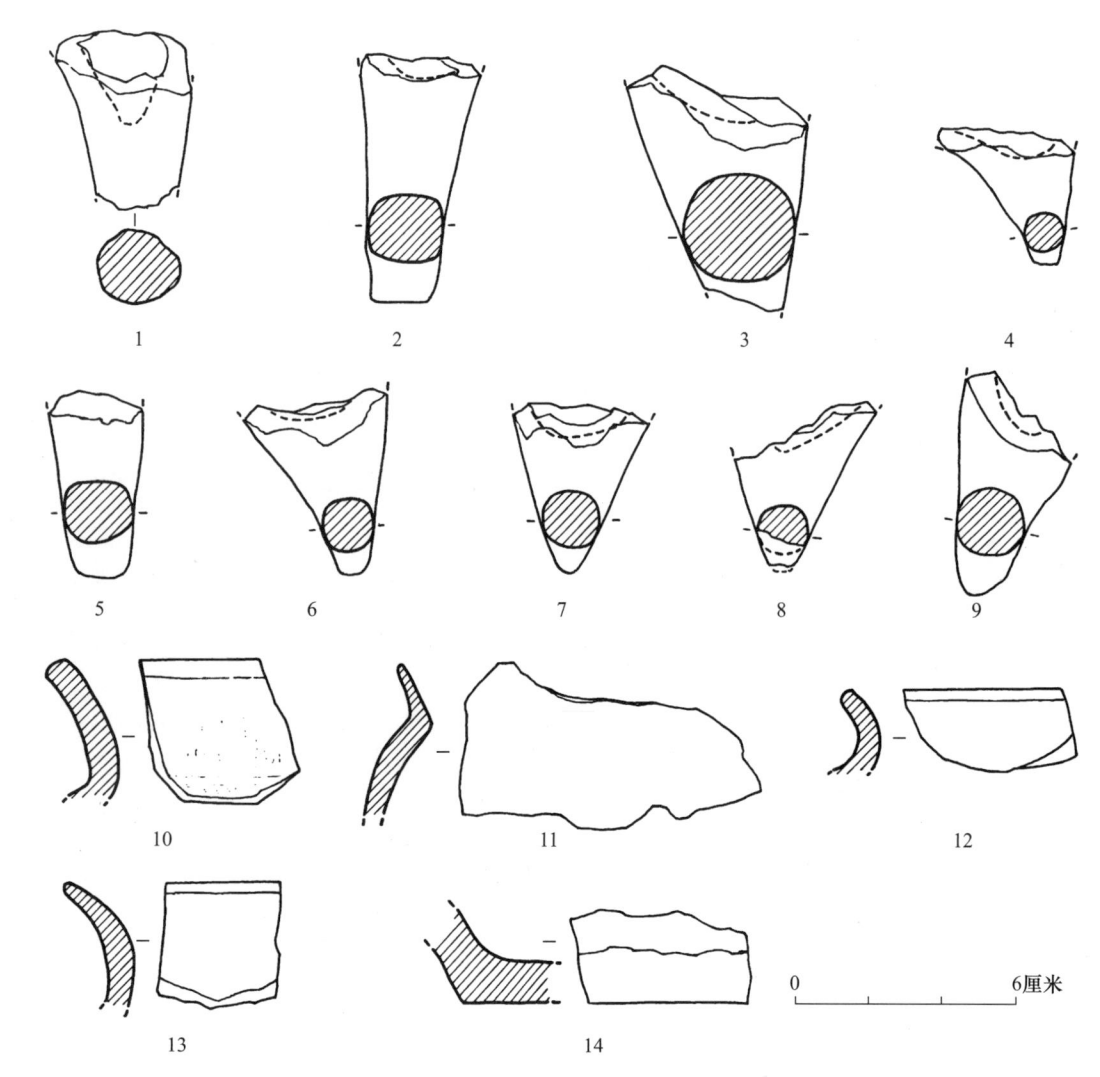

图 3-6-35　栗山遗址采集遗物

1~9. 鬲足（C01：1、E02：6、E02：5、D03：1、E02：2、E02：3、B02：1、C03：2、B03：2）
10、11、13. 口沿（D01：6、B01：2、D03：3）　12. 罐（D01：1）　14. 器底（D01：5）

口沿　3件。

D01：6，泥质灰陶，褐胎。宽沿，侈口，素面。厚0.8厘米（图3-6-35，10）。

B01：2，夹粗砂红陶，红胎，侈口。厚0.6~0.8厘米（图3-6-35，11）。

D03：3，夹粗砂灰陶，褐胎，侈口。厚0.8厘米（图3-6-35，13）。

罐　1件。

D01：1，泥质灰陶，褐胎，侈口，素面。厚0.6厘米（图3-6-35，12）。

器底　1件。

D01：5，夹粗砂灰陶，红胎，平底，素面。残高2.2厘米（图3-6-35，14）。

采集陶片纹饰见图3-6-36。

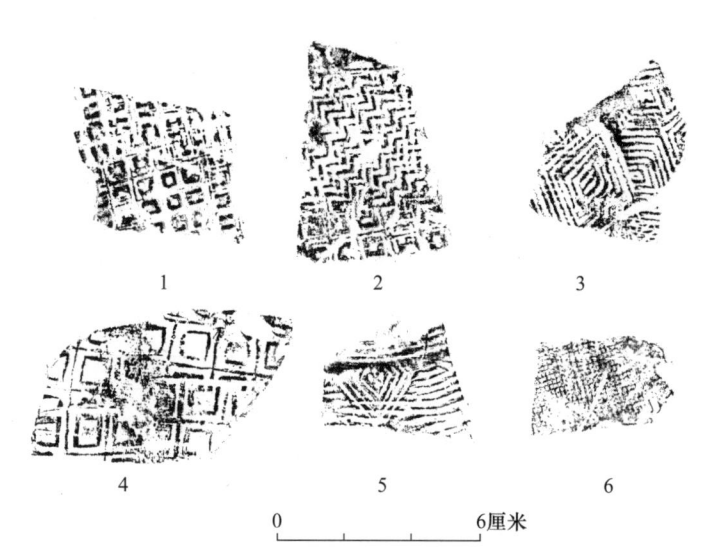

图 3-6-36　栗山和诸家坊遗址采集陶片纹饰

1. 口字纹（栗B02：2）　2. 回纹和折线纹（栗F01：2）　3、5. 填线菱形纹（栗A02：1、栗D03：2）　4. 回纹（栗E02：1）　6. 筛格纹（诸A01：1）

十二、诸家坊遗址

1. 遗址概况（090307DTDYZJF）

位于丹阳镇山口路北侧，华安冷轧钢公司东北。岗地舌状边缘地貌海拔约13米。遗物分布面积约1500平方米。西南部临河道，四周较为低洼，东南距诸家访村约300米。保存较差，包含的主要是东周时期的遗存。根据钻探的情况看，文化层的厚度约为1.5米，文化层下见含砂土和淤泥，说明这里在当时水流环境比较波动。采集到遗物有印纹陶和陶鬲足（图3-6-37；图版35，1）。

探孔Z1，距离墩顶1米孔内堆积如下：

0.2米：灰褐色耕土。

0.8米：灰黄色土层，致密，含较多粒径2厘米的烧土颗粒和炭粒。

0.95米：灰土，致密，含烧土颗粒。

1.5米：灰土与黄土混合搅拌状，致密，含烧土块。

2.2米：灰土，致密，含粉砂。

2.2米之下：淤泥层。

探孔Z2，孔内堆积如下：

0.1米：黄色耕土。

1.9米：褐色硬土，含黄色锈斑。

2.2米：浅褐色，有黑色斑点。

2.2米之下：褐色夹黄色花土。似乎为垫土。

Z3：距离墩顶约2米处。

0.3米：灰色耕土。

0.6米：灰黄土，致密，含陶片。

1.1米：灰土与黄土混合，致密，应是垫土。

1.2米：青灰土夹黄色锈斑，含粉砂。

1.6米：灰土与黄土混合，致密，含粉砂。

2. 聚落

仅包含周代一期的聚落1处，聚落面积约1500平方米，虽然西南部采集点间距小于100米，但因河流隔开，故没纳入聚落面积计算中去（图3-6-37）。

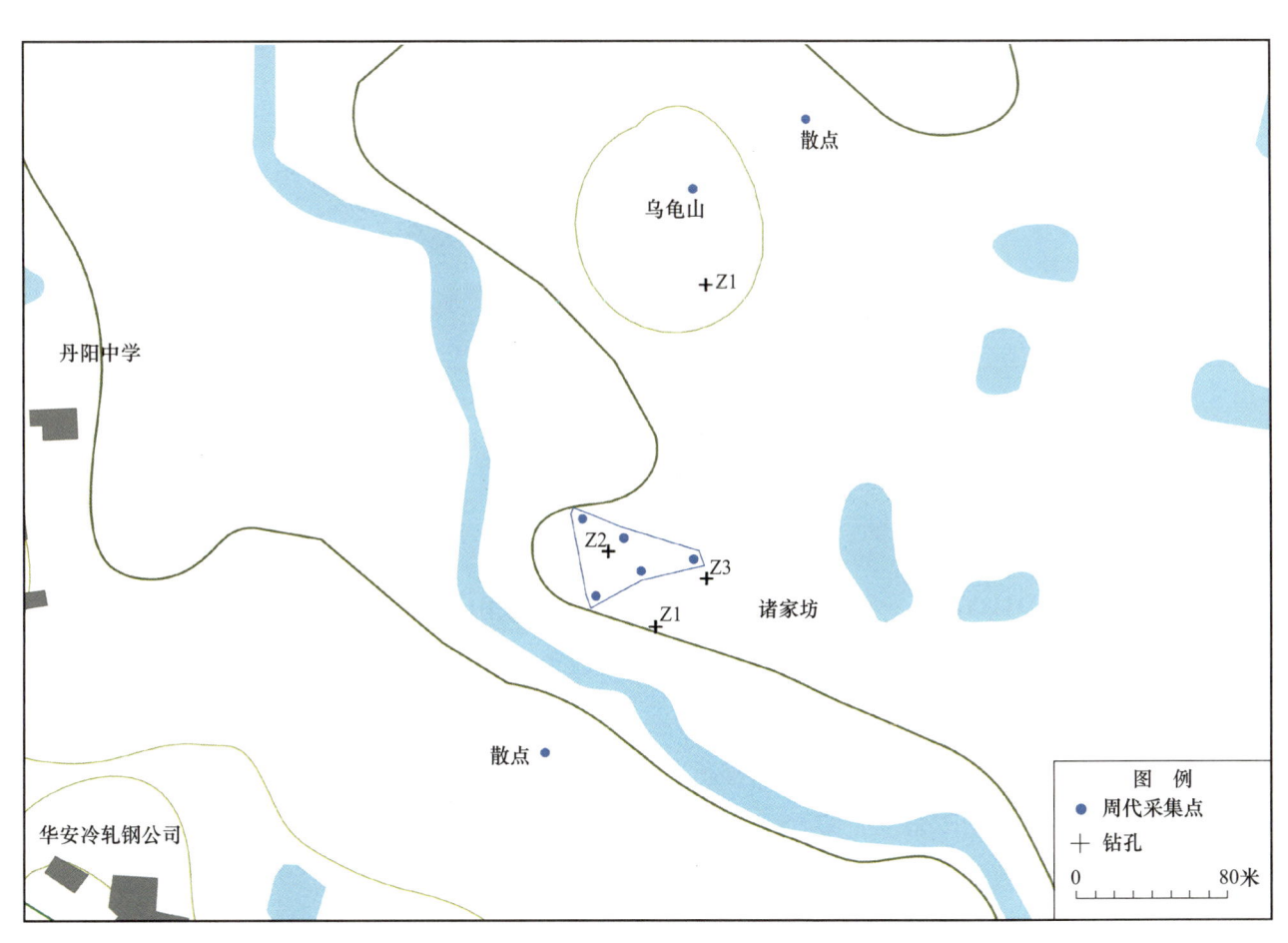

图3-6-37 乌龟山和诸家坊遗址聚落分布图

3. 遗物

鬲足 2件。

B01：1，夹细砂红陶，红胎，锥形足，素面。残高5.5厘米（图3-6-38，1）。

B04：1，夹细砂红陶，红胎，锥形足，素面。残高4.3厘米（图3-6-38，2）。

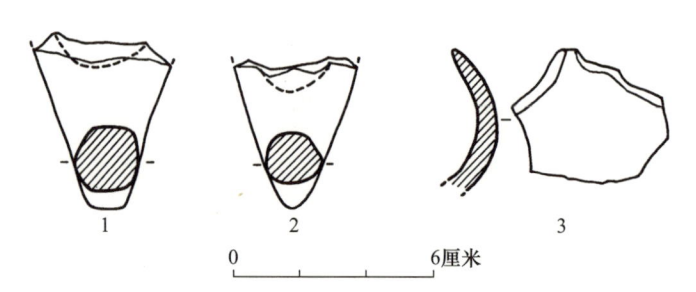

图 3-6-38　诸家坊和吕村遗址采集遗物
1、2. 鬲足（诸B01：1、诸B04：1）　3. 口沿（吕F01：4）

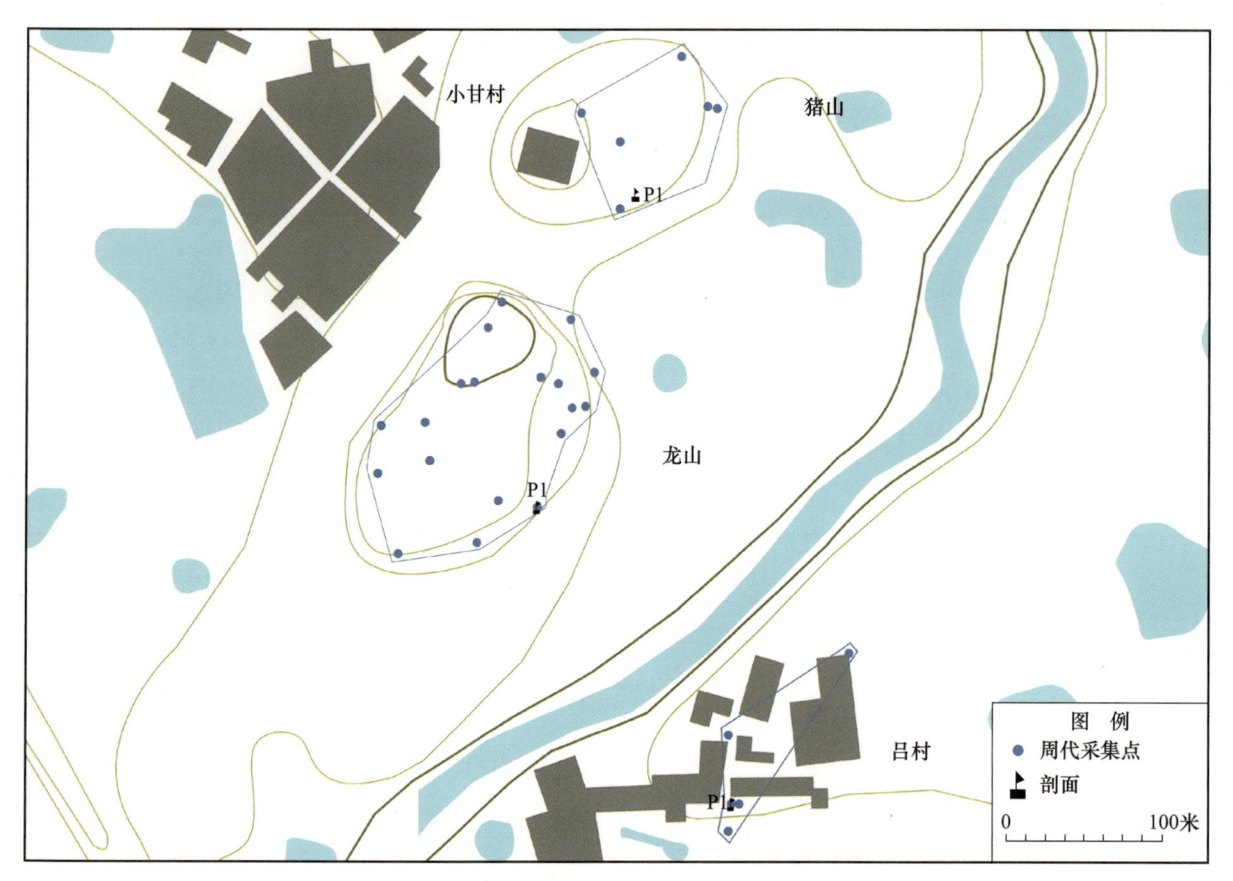

图 3-6-39　猪山、龙山和吕村遗址聚落分布图

十三、吕村遗址

1. 遗址概况（090308DTDYLC，090310DTDYLC）

位于丹阳镇吕村内北部。为一处河旁岗地边缘，北部略高，东部渐缓，海拔约13米，高出地表约2米。遗物分布面积约800平方米。丹阳河支流绕遗址西北而过。遗址东部、南部较低洼，与龙山、猪山遗址隔河相望。东南亦有水流，现依稀可见淤塞的河道。保存较差，清理剖面一处，可见文化层厚度大于1米。遗址包含西周和东周两个时期的遗存。采集的陶片有绳纹夹砂红陶、黑皮泥质陶、附加堆纹红陶（图3-6-39；图版34，1）。

剖面P1堆积情况如下：

P1①：耕土层，厚约0.7米。

H1①：灰黑色，质地硬，含较多红烧土炭粒和陶片，厚约0.4米。采集土样。

H1：锅底形坑，开口于耕土层下，深约0.4米。

P1②：灰白土，土质较为疏松，未清理至底，有褐色斑点，无明显包含物（图3-6-40）。

2. 聚落

仅包含周代聚落，面积约为800平方米（图3-6-39）。

3. 遗物

F01：4，口沿，泥质红陶，红胎，素面，卷沿、厚0.6厘米（图3-6-38，3；图版34，2）。

采集陶片纹饰见图3-6-41。

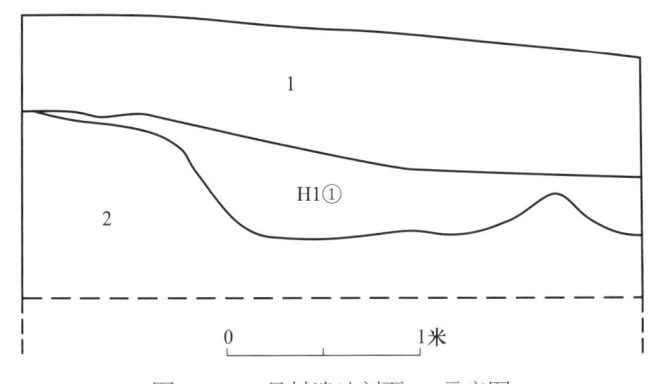

图3-6-40 吕村遗址剖面P1示意图

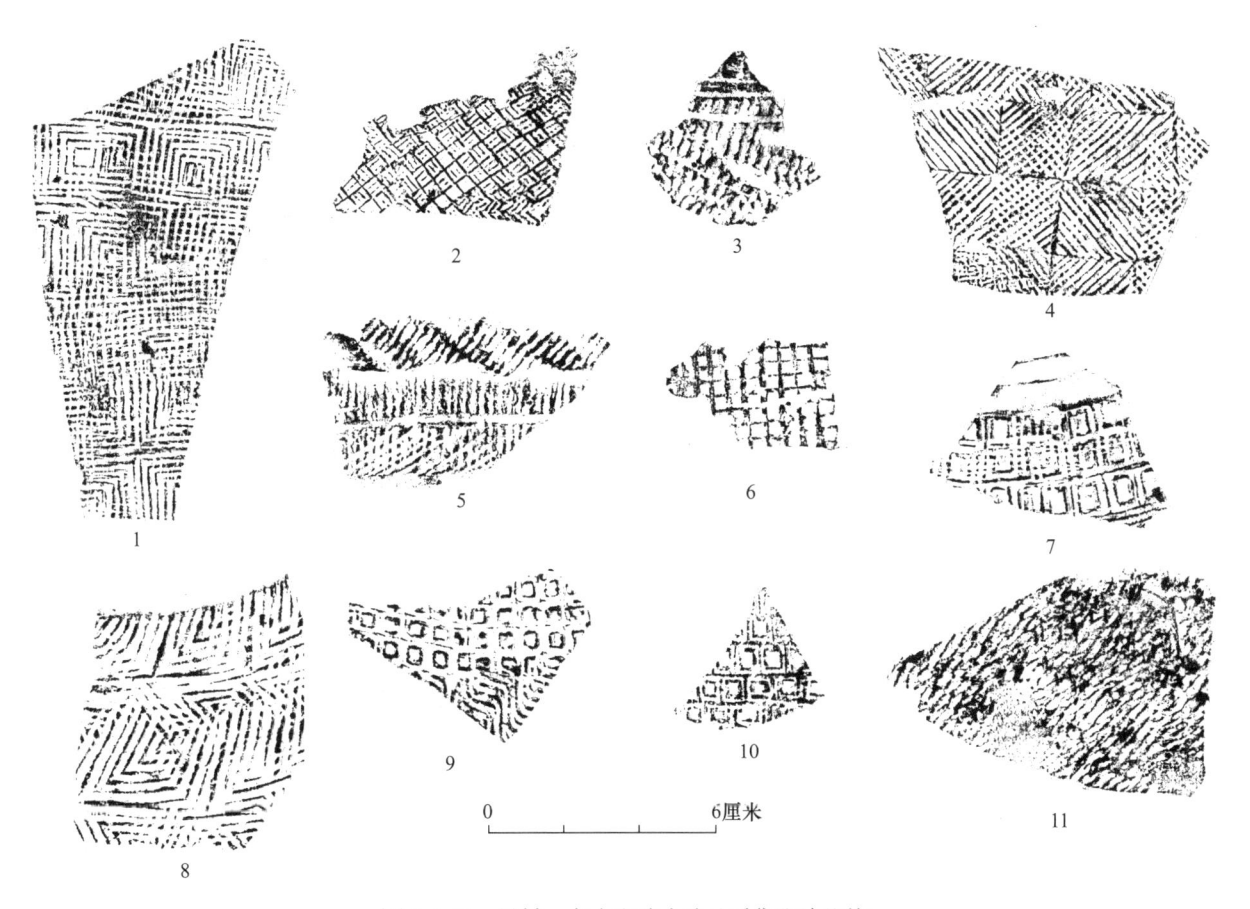

图3-6-41 吕村、龙山和猪山遗址采集陶片纹饰
1、8. 复线回纹（龙F02：2） 2. 席纹（龙F02：7） 3、11. 绳纹（吕E01：2、龙P1H1①：4） 4. 填线菱形纹（龙F02：4） 5. 绳纹和附加堆纹（龙F01：1） 6. 筛格纹（龙D02：3） 7. 回纹（龙F03：2） 9. 口字纹加折线纹（猪D01：1） 10. 回纹（猪E02：2）

十四、龙 山 遗 址

1. 遗址概况（090309JNHXXGCLS）

位于南京市江宁区横溪镇小甘村东南，岗地边缘处两个高墩之南墩，椭圆形，北高南低，海拔22.2米，高出地表4～10米，遗物分布面积约17000平方米。遗址在丹阳河上游支流的西岸，西南处现为一水坝，北部为猪山遗址，隔河相望还有吕村遗址。清理一处剖面P1，可见文化层厚度约1.3米，遗址保存较好，包含西周和东周两个时期的遗存（图3-6-39；图版33，2）。

剖面P1堆积情况如下：

P1①：耕土，褐色土，含较多植物根茎。厚约0.35米（图3-6-42）。

H1①：灰黑色土，软黏，含有较多的炭粒、红烧土颗粒、陶片。取有土样。

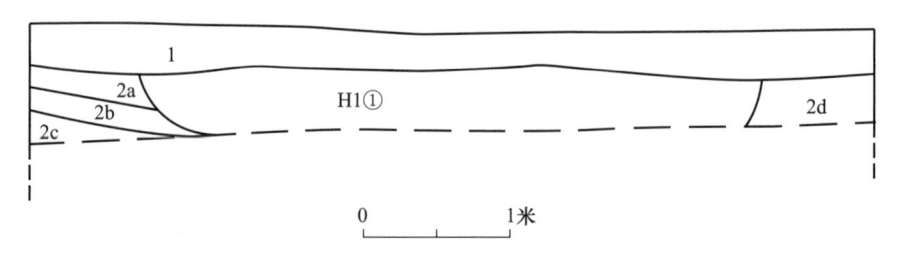

图 3-6-42　龙山遗址剖面 P1 示意图

H1：开口于 1 层下，斜壁坑。未清理到底。

P1②a：浅灰色土，软黏，有烧土颗粒，厚约 0.2 米。

P1②b：灰白色土，软黏，厚度 0.2 米。

P1②c：灰色土，软黏，有陶片及褐色斑点，厚 0.15 米。

P1②d：黄褐色土，软黏，致密含烧土颗粒和陶片。

探孔 Z1，孔内堆积如下：

0.3 米：灰褐色土，耕土。

0.6 米：黄色土，软，致密，含烧土颗粒和铁锰结核。

0.8 米：浅灰褐土，软，致密，含烧土颗粒。

1.3 米：浅黄色土，土质疏松，含有烧土颗粒和铁锰结核以及碎陶片。

1.3 米以下：黄土，含铁锈斑，土质硬。

2. 聚落

仅包含周代一期聚落，面积约 12000 平方米（图 3-6-39）。

3. 遗物

口沿　9 件。

C02：3，泥质红陶，红胎，卷沿，绳纹。厚 0.7 厘米（图 3-6-43，1）。

D02：1，泥质红陶，红胎，卷沿，弦纹。厚 0.6 厘米（图 3-6-43，2）。

C02：1，泥质红陶，红胎，卷沿，素面。厚 0.8 厘米（图 3-6-43，3）。

C02：2，夹细砂红陶，灰胎，素面。厚 0.9 厘米（图 3-6-43，4）。

B02：2，夹细砂褐陶，红胎，素面。厚 0.8 厘米（图 3-6-43，6）。

F01：4，夹细砂红陶，红胎，素面。厚 0.4 厘米（图 3-6-43，9）。

B04：2，夹粗砂红陶，红胎，侈口，素面。厚 0.3~1 厘米（图 3-6-45，1）。

F03：1，夹粗砂红陶，红胎，侈口，素面。厚 0.7~1.2 厘米（图 3-6-45，4）。

B02：3，夹粗砂红陶，灰胎，卷沿，绳纹。厚 0.7 厘米（图 3-6-45，5）。

钵　1 件。

F02：9，泥质黑陶，黑胎，胎内含炭，敛口，素面。厚 0.5 厘米（图 3-6-43，5）。

器底　5 件。

F01：6，夹粗砂红陶，红胎，平底，素面。残高 1.2 厘米（图 3-6-43，7）。

E03P1H1①：2，夹粗砂红陶，红胎，平底，素面。残高 2 厘米（图 3-6-43，11）。

F01：5，夹粗砂红陶，红胎，底微凹，素面。底径 12 厘米（图 3-6-43，10）。

D03：1，泥质黑陶，灰陶，平底，素面。残高 2.4 厘米（图 3-6-43，13）。

E02：5，夹细砂红陶，红胎，平底，素面。残高 2.5 厘米（图 3-6-43，14）。

网坠　1 件。

D03：2，泥质红陶，红胎，断面为椭圆形，两端各有一周凹槽。长 2.8 厘米（图 3-6-43，8）。

盆　1 件。

C01：7，泥质红陶，红胎，敛口，弦纹。厚 0.5~0.9 厘米（图 3-6-43，12）。

鼎足　1 件。

E02：2，夹细砂红陶，灰胎，横装，素面。残高 5 厘米（图 3-6-44，1）。

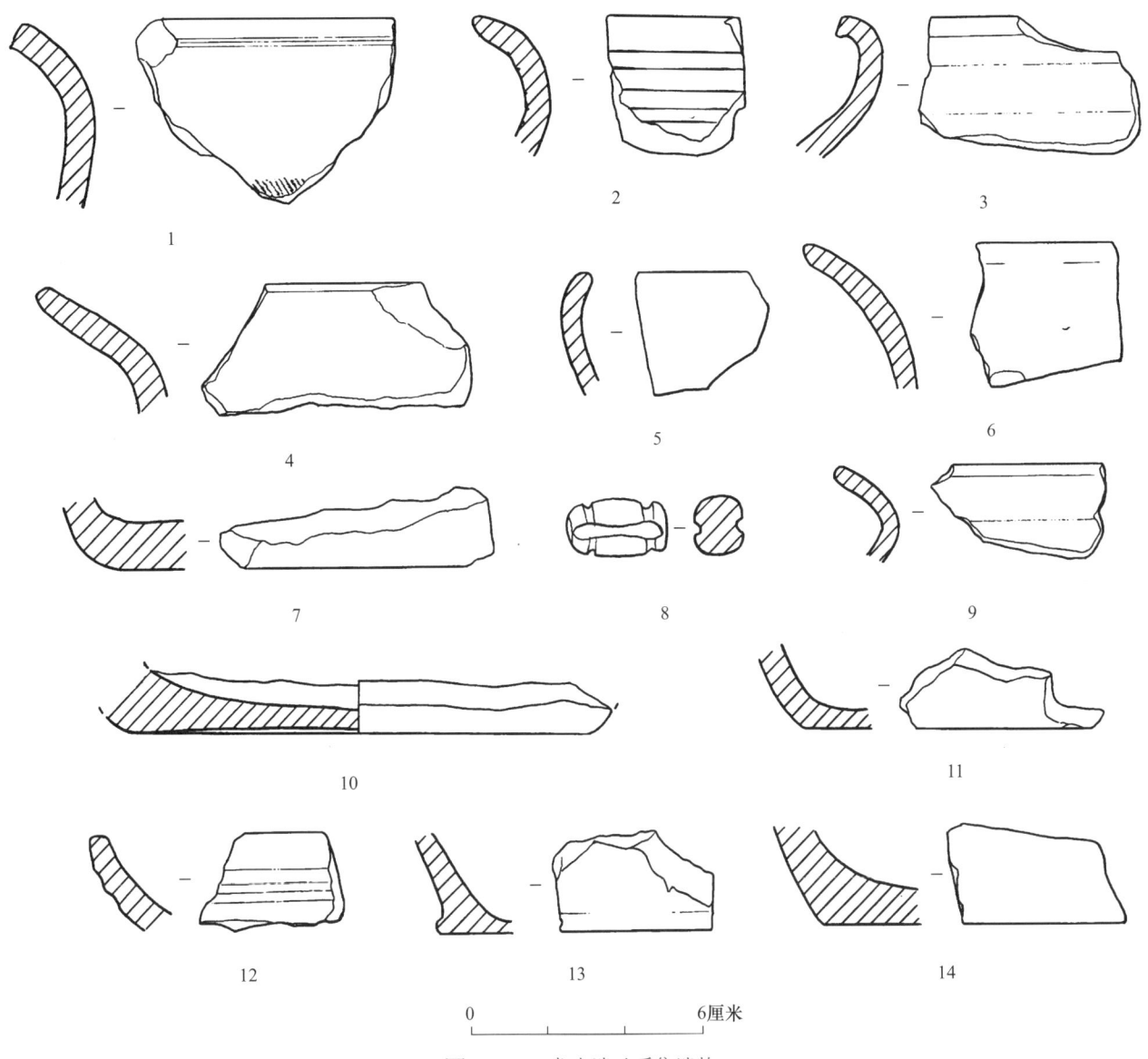

图 3-6-43　龙山遗址采集遗物

1~4、6、9. 口沿（C02∶3、D02∶1、C02∶1、C02∶2、B02∶2、F01∶4）　5. 钵（F02∶9）　7、10、11、13、14. 器底（F01∶6、F01∶5、E03P1H1①∶2、D03∶1、E02∶5）　8. 网坠（D03∶2）　12. 盆（C01∶7）

鬲足　11件。

C03∶2，夹粗砂红陶，红胎，锥形足，绳纹。残高6.1厘米（图3-6-44，2）。

B04∶4，夹粗砂红陶，红胎，锥形足，素面。残高5.4厘米（图3-6-44，3）。

F02∶11，夹粗砂红陶，灰胎，锥形足，素面，足身有刮抹痕迹。残高6.6厘米（图3-6-44，4）。

C03∶4，夹细砂红陶，红胎，锥形足，素面。残高4.8厘米（图3-6-44，5）。

E03P1H1①∶1，夹细砂红陶，红胎，近锥形足，素面。残高5.5厘米（图3-6-44，6）。

F01∶2，夹粗砂红陶，红胎，锥形足，素面。残高5.5厘米（图3-6-44，7）。

B01∶2，夹粗砂红陶，红胎，近锥形足，素面。残高4.1厘米（图3-6-44，8）。

B04∶1，夹粗砂红陶，红胎，锥形足，素面。残高7.9厘米（图3-6-44，9）。

C01∶5，夹粗砂褐陶，褐胎，柱形足，素面。残高5.9厘米（图3-6-44，10）。

C01∶1，夹粗砂红陶，红胎，锥形足，素面。残高7.5厘米（图3-6-44，11）。

F02∶1，夹粗砂红陶，红胎，近锥形足，素面。残高7.8厘米（图3-6-44，12）。

罐　2件。

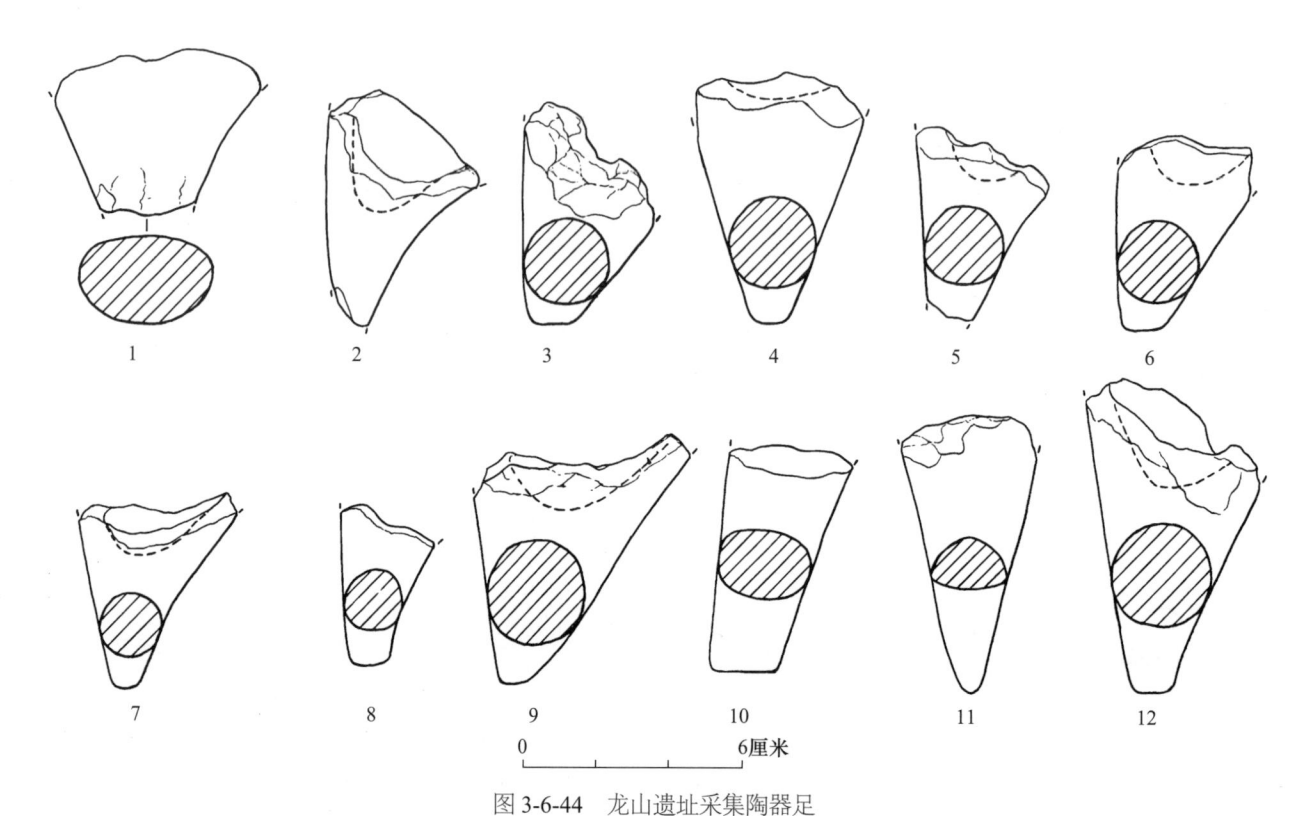

图 3-6-44　龙山遗址采集陶器足
1. 鼎足（E02：2）　2~12. 鬲足（C03：2、B04：4、F02：11、C03：4、E03P1H1①：1、F01：2、B01：2、B04：1、C01：5、C01：1、F02：1）

C03：3，夹细砂黑陶，灰胎，侈口，素面。复原口径22、残高3.6厘米（图3-6-45，2）。

C03：1，泥质红陶，红胎，绳纹。残高5.6厘米（图3-6-45，6）。

甗　1件。

B03：1，夹粗砂红陶，红胎，仰折沿。厚0.4~1.5厘米（图3-6-45，3）。

采集陶片纹饰见图3-6-41。

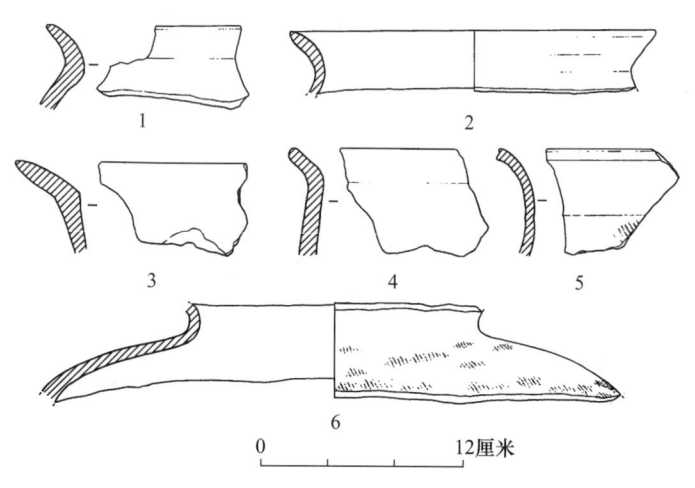

图 3-6-45　龙山遗址采集遗物
1、4、5. 口沿（B04：2、F03：1、B02：3）　2、6. 罐（C03：3、C03：1）
3. 甗（B03：1）

十五、猪山遗址

1. 遗址概况（090309JNHXXGCZS）

位于南京市江宁区横溪镇小甘村，龙山遗址的北部。岗地边缘上的近椭圆形土墩，北高南低，南部有坡道上台地，海拔18.4米，高出地表约3米，遗物分布面积约8200平方米。位于丹阳河支流的西岸，墩子四周为低洼的田地（图版35-2）。清理了一处剖面，位于遗址的顶部南端，有文化层分布（图3-6-39）。

剖面P1堆积情况如下：

P1①：灰褐色土，软，疏松。厚约0.8米。

P1②：黑褐色土，疏松，有植物根茎，至0.4米往下未清理（图3-6-46）。

2. 聚落

周代的聚落面积约6800平方米。猪山、龙山和吕村三处聚落虽分布在Y形河流交汇处的不同侧，但是或群分布，三个聚落的关系应当十分密切（图3-6-39）。

3. 遗物

遗址上采集的遗物有陶鬲足、鼎足和印纹陶片。

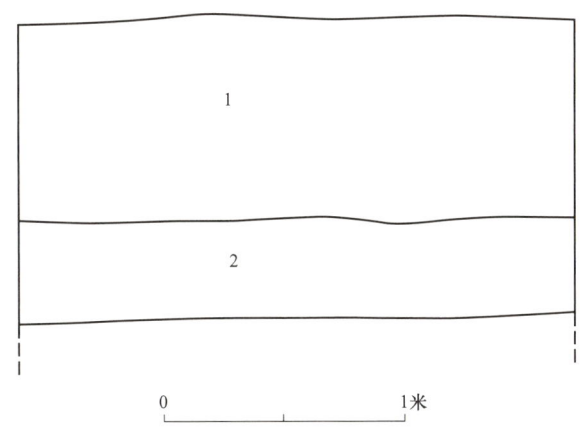

图 3-6-46 猪山遗址剖面 P1 示意图

E01：1，鬲足，夹粗砂红陶，红胎，锥形足，素面，足身有刮痕。残高6厘米（图3-6-47，1）。

F01：1，鼎足，夹细砂红陶，灰胎，横装扁足，素面。残高3.2厘米（图3-6-47，2）。

B01：1，鼎足，夹细砂红陶，红胎，横装扁足，素面。残高6.2厘米（图3-6-47，3）。

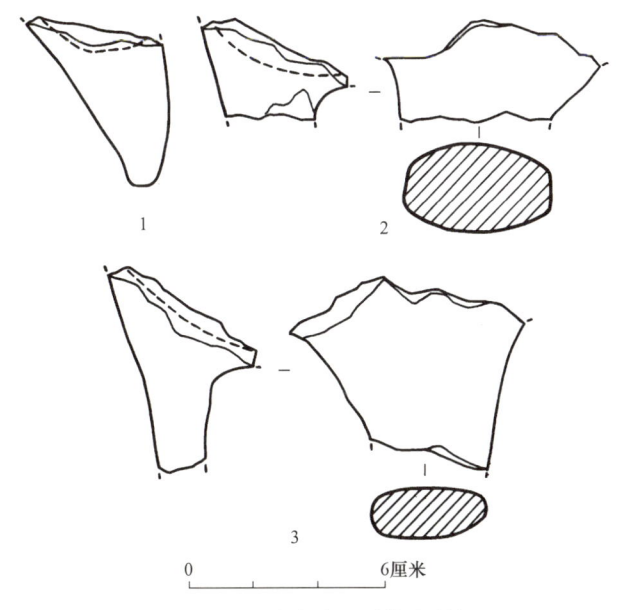

图 3-6-47 猪山遗址采集陶器足
1.鬲足（E01：1） 2、3.鼎足（F01：1、B01：1）

十六、锤墩山遗址

1. 遗址概况（090308DTDYCDS）

位于丹阳镇丹东村芮家甸东南，丹阳河东岸，河道Y形交汇处。山前岗地地貌，岗地东北处有一个近圆形的土墩，海拔21.1米，相对高度约10米。遗址东南和西部隔河依然为岗地地貌，北部较为平坦，西北处芮家甸村边有一座土地庙，据村民说此处有一条南京通往丹阳的古道，穿过村庄和遗址。遗物分布面积约1200平方米。在遗址现代树坑的坑壁上，可以见到耕土下有一层厚约0.2米的红烧土层，再下部为白色土（图3-6-48；图版35，3）。

图 3-6-48 锤墩山遗址聚落分布图

2. 聚落

新石器时代末期聚落面积约650平方米，周代聚落约1200平方米（图3-6-48）。

3. 遗物

采集的遗物有陶鬲足和鼎足。

鬲足　4件。

E02：6，夹粗砂红陶，红胎，素面。残高4.1厘米（图3-6-49，1）。

E01：2，夹粗砂红陶，红胎，锥形足，素面。残高4.4厘米（图3-6-49，2）。

E02：2，夹粗砂褐陶，褐胎，近锥形足，素面。残高5.6厘米（图3-6-49，6）。

B01：5，夹粗砂红陶，红胎，近锥形足，素面。残高3.6厘米（图3-6-49，7）。

口沿　2件。

F01：4，夹粗砂红陶，黑胎，夹炭。厚0.3~0.5厘米（图3-6-49，8）。

B01：4，夹细砂红陶，红胎。厚0.5厘米（图3-6-49，9）。

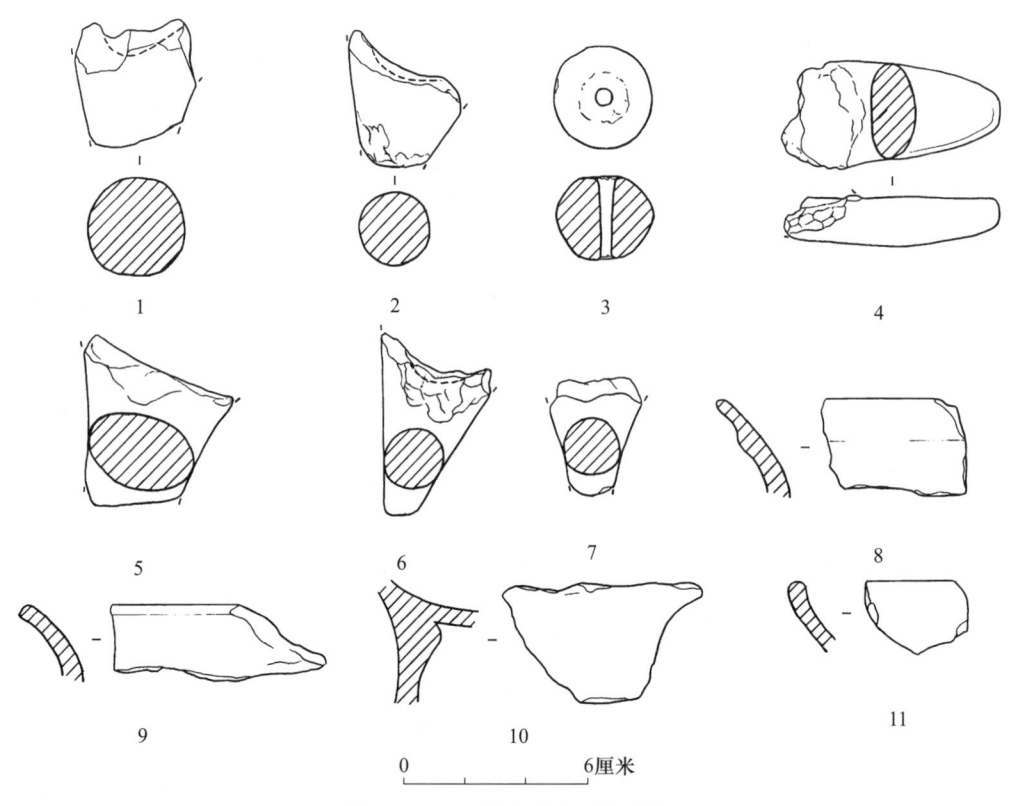

图 3-6-49 锤墩山遗址采集遗物
1、2、6、7. 鬲足（E02：6、E01：2、E02：2、B01：5） 3. 纺轮（E02：1） 4. 把手（B01：1） 5. 鼎足（B01：2）
8、9. 口沿（F01：4、B01：4） 10. 圈足（F01：5） 11. 钵（E02：4）

其他 5 件。

B01：2，鼎足，泥质红陶，红胎，侧装扁足。残高 4.9 厘米（图 3-6-49，5）。

E02：1，纺轮，泥质黑陶，褐胎，算珠形。直径 2.9 厘米（图 3-6-49，3）。

B01：1，把手，夹细砂褐陶，黑胎。长 7.3 厘米（图 3-6-49，4）。

F01：5，圈足，夹粗砂红陶，灰红胎，素面。残高 3.3 厘米（图 3-6-49，10）。

E02：4，钵，泥质灰陶，红胎，敛口，素面。厚 0.3～0.5 厘米（图 3-6-49，11）。

采集陶片纹饰见图 3-6-50。

十七、新庄遗址

1. 遗址概况（090311JNHXXZ）

位于江宁区横溪镇新庄，椭圆形土墩，南北长约 100 米，东西宽约 70 米，海拔约 18.7 米，高约 1.5 米，遗物分布面积约 4800 平方米。四周低平，东面为丹阳河的支流，南面为大楼山遗址，东西远处为岗地（图 3-6-51；图版 36，2）。清理了一处剖面 P1，可以见到文化层堆积，可见厚度约为 0.5 米，堆积情况如下：（图 3-6-52）。

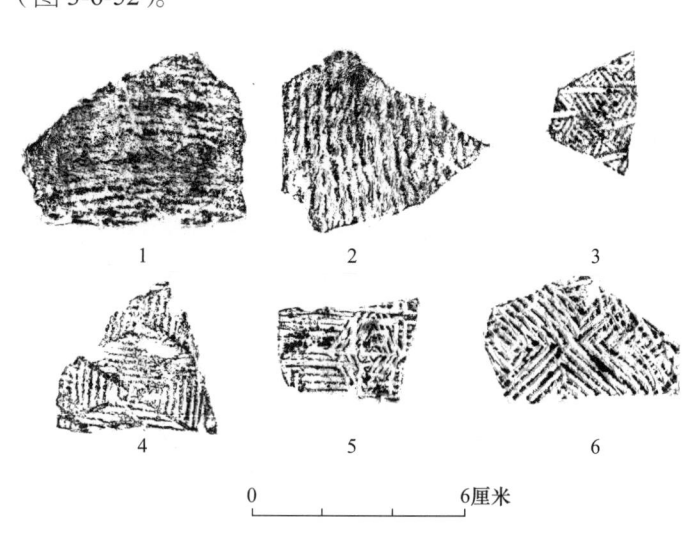

图 3-6-50 锤墩山遗址采集陶片纹饰
1、2. 绳纹（B01：6、B01：3） 3. 梯格纹（E02：5） 4. 蕉叶纹（C01：1） 5. 蕉叶和弦纹组合（F01：2） 6. 复线回纹（F01：1）

P1①：耕土，灰黄色，含粒径 0.5 厘米的烧土颗粒，较为致密。

P1②：灰白色土，含碎陶片，粉砂土，疏松，含炭粒和烧土颗粒、陶片，水平状堆积。厚约 0.3 米。

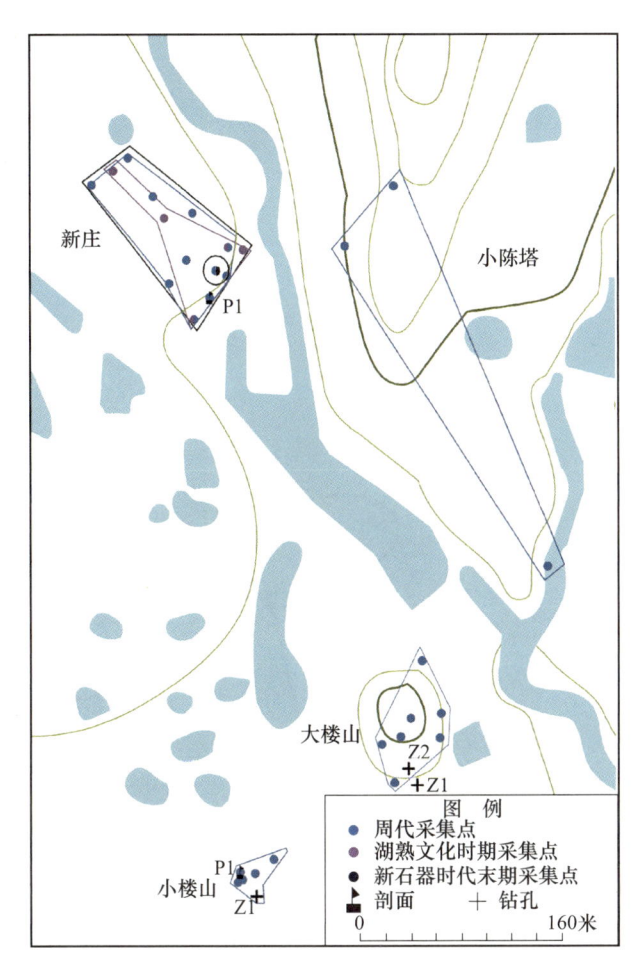

图 3-6-51 大楼山、小楼山、新庄和小陈塔遗址聚落分布图

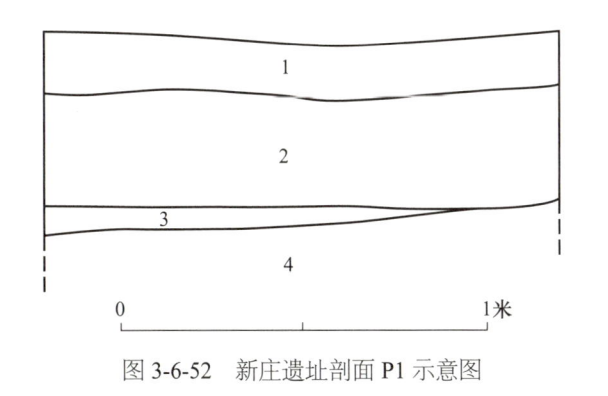

图 3-6-52 新庄遗址剖面 P1 示意图

P1③：灰白色土，疏松，含铁锰结核，坡状堆积。厚约 0.1 米。

P1④：黄褐色土，疏松，含有较多锈斑，未清理完（图 3-6-52）。

2. 聚落

新庄遗址包含三个时期的聚落。新石器时代末期仅见到一处采集点，面积为 400 平方米；湖熟文化时期的聚落面积约 8300 平方米；周代的聚落面积约 6200 平方米（图 3-6-51）。

3. 遗物

采集的遗物有陶鬲足、印纹硬陶、鼎足等。

口沿　4 件。

A01：1，夹粗砂褐陶，红胎，绳纹。厚 0.8~1 厘米（图 3-6-53，1）。

C01：1，夹粗砂褐陶，灰胎，侈口，绳纹。厚 0.9 厘米（图 3-6-53，2）。

B01：1，夹粗砂褐陶，褐胎，素面。厚 0.6 厘米（图 3-6-53，5）。

D03：2，夹砂褐陶，褐胎，饰交叉戳印纹。厚 0.8~1.3 厘米（图 3-6-53，6）。

鬲足　8 件。

C02：2，夹粗砂褐陶，褐胎，素面，锥形足。残高 4.8 厘米（图 3-6-53，4）。

D04：1，夹粗砂红陶，红胎，素面。残高 4.4 厘米（图 3-6-53，7）。

C05：2，夹砂褐陶，褐胎，锥形足，素面。残高 6.6 厘米（图 3-6-54，1）。

C02：1，夹砂褐陶，红胎，柱形足，素面。残高 6.3 厘米（图 3-6-54，2）。

D01：1，夹粗砂褐陶，褐胎，锥形足，素面。残高 9 厘米（图 3-6-54，3）。

C03：2，夹砂红陶，红胎，锥形足，素面。残高 6.7 厘米（图 3-6-54，4）。

C03：3，夹砂褐陶，褐胎，锥形足，素面。残高 7.2 厘米（图 3-6-54，5）。

C01：2，夹砂褐陶，红胎，近锥形足，实足平跟，素面。残高 7 厘米（图 3-6-54，6）。

其他　2 件。

C03：1，鼎足，泥质红陶，红胎，侧装扁足，素面。残高 3.8 厘米（图 3-6-53，8）。

D01：1，盆，夹砂褐陶，褐胎，敛口，口外三周弦纹，腹部饰绳纹。厚 0.7 厘米（图 3-6-53，3）。

图 3-6-53 新庄遗址采集遗物

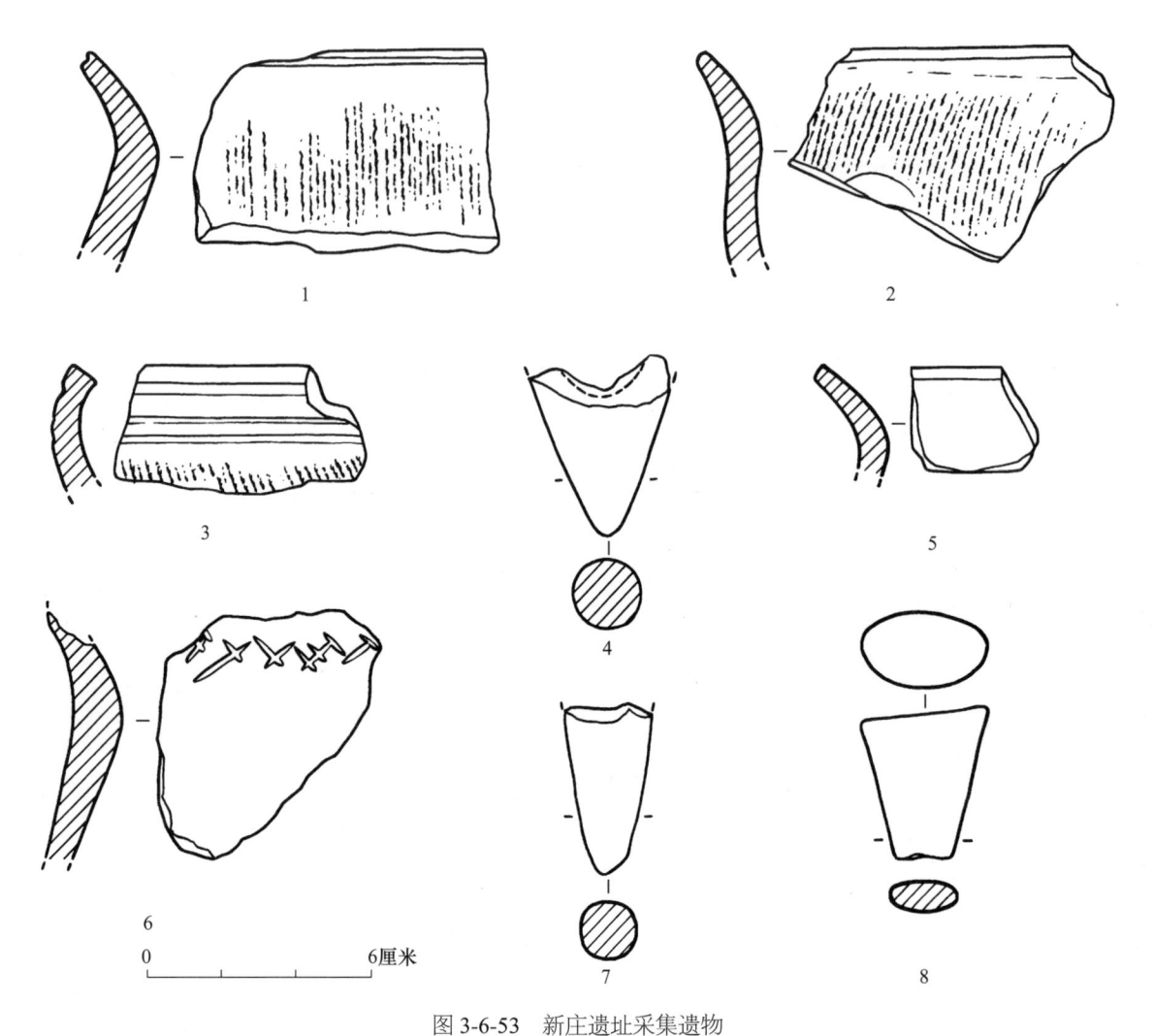

1、2、5、6. 口沿（A01∶1、C01∶1、B01∶1、D03∶2） 3. 盆（D01∶1） 4、7. 鬲足（C02∶2、D04∶1） 8. 鼎足（C03∶1）

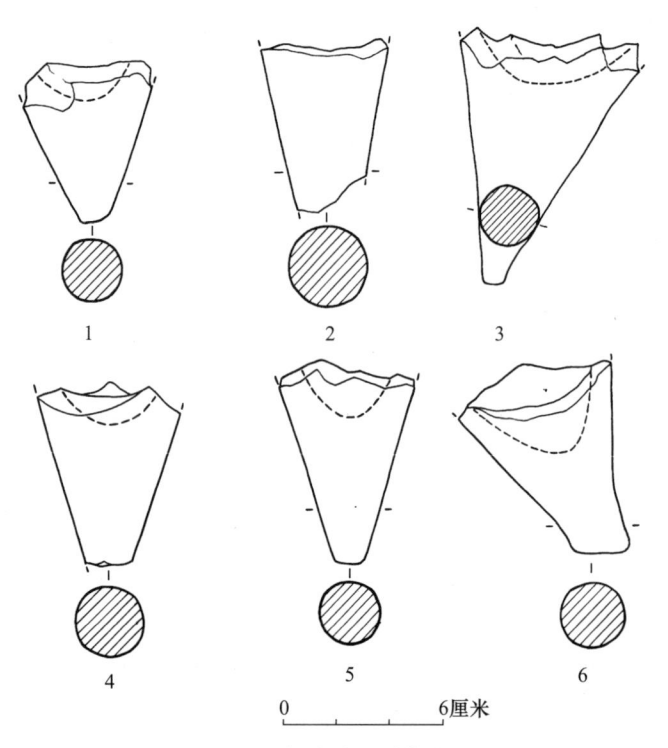

图 3-6-54 新庄遗址采集陶鬲足

1. C05∶2 2. C02∶1 3. D01∶1 4. C03∶2 5. C03∶3 6. C01∶2

十八、小陈塔遗址

1. 遗址概况（090311JNHXXCT）

位于小陈塔村西北，东北—西南向的长条形岗地上，海拔 20 米，遗物分布面积约 9000 平方米。西北两面均为山地，现在被用作墓地。地表可见土壤为黄色土，较纯净。自西北向东南望，可见馒头状土丘，似土墩墓。西部与大楼山、新庄遗址隔河相望，河流自山间出，流入丹阳河（图 3-6-51；图版 36，1）。

2. 聚落

由于地表堆积纯净，采集点仅有两处，海拔也较高，我们判断其可能为土墩墓遗存（图 3-6-51）。

3. 遗物

采集的陶片仅见印纹硬陶（见图 3-6-55）。

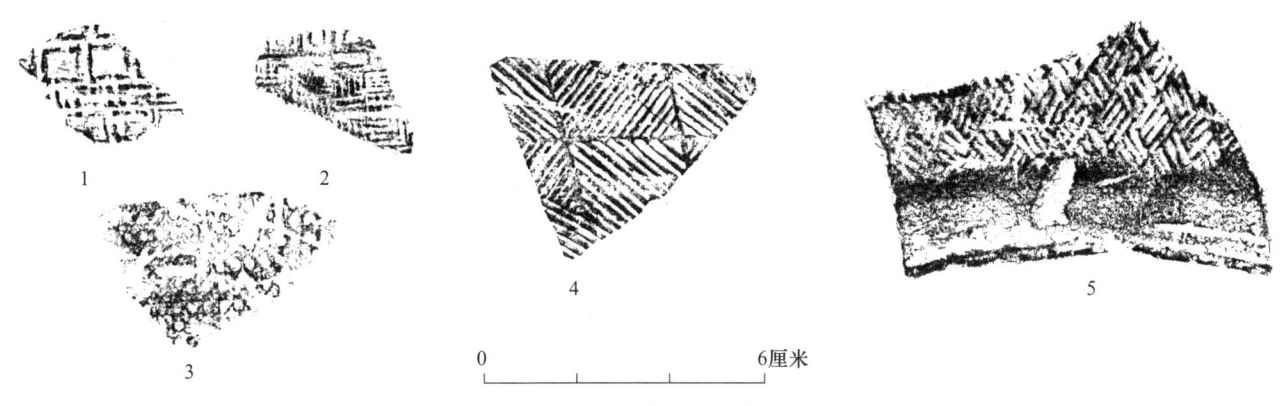

图 3-6-55 大楼山和小陈塔遗址采集印纹硬陶纹饰
1. 方格纹（大 D01∶3） 2. 方格纹和席纹组合（大 D01∶2） 3. 筛格纹（大 D02∶2） 4. 蕉叶纹（大 D03∶1） 5. 席纹（小 F01∶1）

十九、大楼山遗址

1. 遗址概况（090311JNHXDLS）

位于江宁区横溪镇小陈塔村西，近圆形土墩，海拔20.2米，直径约100米，高约3米，遗物分布面积约3800平方米。遗址西高东低，东北为河道，西面为水塘，位于河流Y形交汇处的西岸，西北稍远为新庄遗址，西南不远为下龙库遗址。在遗址上进行了钻探，根据探孔内堆积的情况来看，古人曾对遗址进行过堆垫加高的处理（见图3-6-51；图版36，3）。

探孔Z1距墩顶约2米，堆积如下：

0.1米：耕土。

1.5米：黄土，致密，含极少烧土颗粒，并含有块状白土，应为垫土。

1.9米以下：暗黄土，含烧土颗粒和白土块。

探孔Z2，距离墩顶1.5米，堆积如下：

0.1米：耕土。

0.3米：红土，致密，垫土。

1米：红褐色，致密，含锈斑，铁锰结核。垫土。

2. 聚落

仅包含周代聚落，面积约3800平方米（见图3-6-51）。

3. 遗物

采集有石斧等器物。

鬲足 6件。

B02∶1，夹粗砂红陶，红胎，胎内含小石子，锥形足，素面。残高6.6厘米（图3-6-56，2）。

C02∶2，夹砂红陶，红胎，锥形足，素面。残高3.4厘米（图3-6-56，5）。

C01∶2，夹粗砂红陶，红胎，柱形足，素面。残高5厘米（图3-6-56，6）。

C03∶1，夹粗砂红陶，红胎，锥形足，素面。残高10.7厘米（图3-6-56，7）。

C03∶2，夹粗砂红陶，红胎，胎内含小石子，锥形足，素面。残高6.4厘米（图3-6-56，8）。

C01∶1，夹粗砂红陶，红胎，锥形足，素面。残高7.7厘米（图3-6-56，9）。

口沿 2件。

C02∶1，泥质红陶，红胎，卷沿，素面。厚0.4厘米（图3-6-56，3）。

D03∶2，夹砂黑陶，红胎，折沿，侈口，绳纹。厚0.6~1厘米（图3-6-56，4）。

其他 2件。

F01∶1，器底，印纹硬陶，灰色，紫红胎，席纹。残高3.8厘米（图3-6-56，1）。

B01∶2，石斧，梯形，断面略呈椭圆形。长6、宽4.3、厚1.8厘米（图3-6-56，10）。

采集陶片纹饰见图3-6-55。

图 3-6-56　大楼山遗址采集遗物

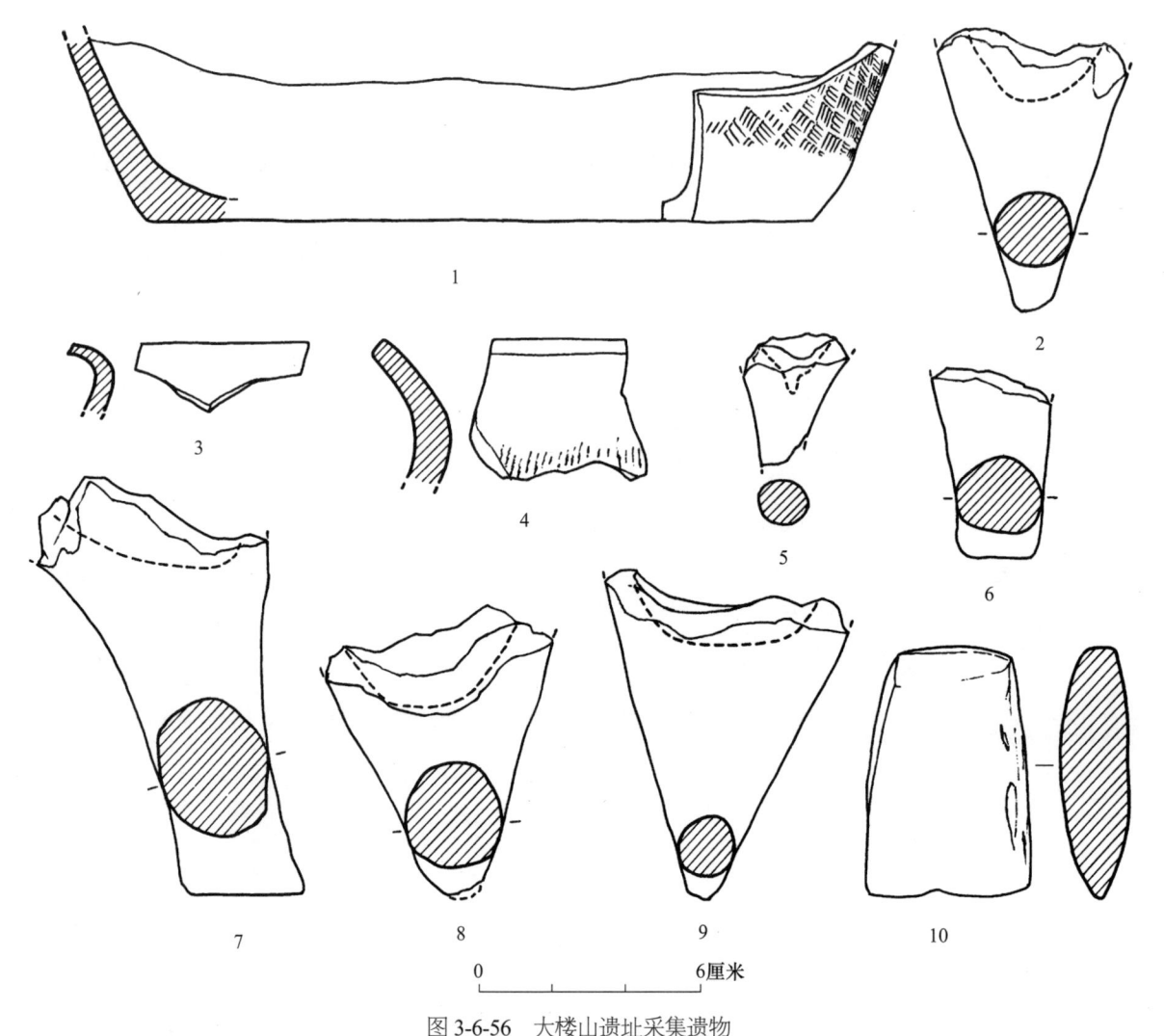

1. 器底（F01∶1）　2、5~9. 鬲足（B02∶1、C02∶2、C01∶2、C03∶1、C03∶2、C01∶1）　3、4. 口沿（C02∶1、D03∶2）　10. 石斧（B01∶2）

二十、小楼山遗址

1. 遗址概况（090311JNHXXLS）

位于南京市江宁区横溪镇下龙库村东南。近圆形土墩，海拔14.9米，高出地表约3米，遗物分布面积约600平方米。河谷平原地貌，北高南低，北部有台阶，四周较平坦，南面临一河道，为Y形河流交汇处的三角地带。河对岸有个山头，北面为大楼山遗址。采集的遗物有印纹硬陶、鬲足和网坠（图3-6-57）。遗址保存较好，包含西周和东周两个时期的遗存（图版37，1）。清理一处剖面，位于遗址的西侧，可见文化层厚度应大于1米，堆积如下（图3-6-58）：

P1①：耕土，厚约0.13米，含较多植物根茎。

P1②：灰土，硬，致密，含少量炭粒和烧土颗粒，粒径均为0.5厘米左右，厚约0.17米。

P1③：黄色土，致密，含少量烧土颗粒和炭粒，水平状堆积。厚约0.18米。

P1④：灰白色土，土质较软，较疏松，含粒径约2厘米的烧土颗粒和炭粒。水平堆积，厚约0.3米。

P1⑤：灰土，疏松，含烧土块5%，粒径3厘米左右，含炭粒约30%，呈层状分布，陶片占2%，在此层下部有成层的螺蛳壳夹炭化的植物根茎。取有土样，厚约0.2米。

P1⑥：青灰色土，含绿色锈斑，较致密，有零星的螺蛳壳，含10%炭粒，粒径0.5~1厘米，2%的红烧土，粒径1厘米。坡状堆积，未清理到底（图版37，2、3）。

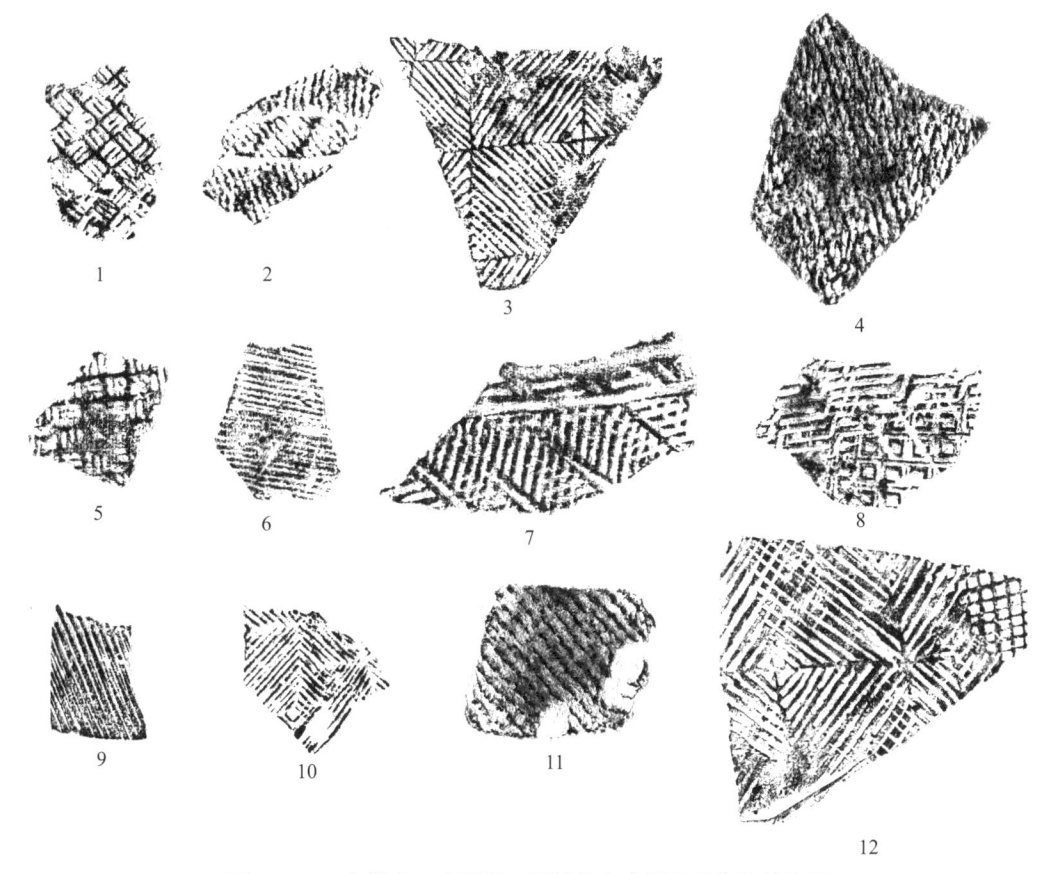

图 3-6-57 小楼山、小耳墩、团林和老庄遗址采集陶片纹饰
1、5. 席纹（老庄ⅡF01∶1、老庄ⅠB01∶2） 2. 附加堆纹和绳纹（小楼山 B01∶1） 3、10、12. 填线菱形纹（老庄ⅡB01∶1、团林 E01∶1、小耳墩 D01∶1） 4、6、9、11. 绳纹（团林 E02P1④∶8、老庄ⅠB01∶5、老庄ⅡE01∶2、小楼山 A01∶1） 7. 平行短条纹（老庄ⅠD01∶1） 8. 口字纹和折线纹（团林 D01∶1）

图 3-6-58 小楼山遗址剖面 P1 示意图

探孔 Z1 距离墩顶 0.8 米，堆积情况如下：
0.1 米：耕土。
0.2 米：黄土，致密较硬，含有灰白土块，应为垫土。
1 米：褐色土，致密，较软，单纯，垫土。

1.1 米：花土，灰白土和黄河土搅拌状，致密，含烧土颗粒，也应该为垫土。

2. 聚落

仅有一处周代聚落，采集点分布在遗址的西侧，聚落面积为 600 平方米。从剖面第 5 层内采集的 5 升土样中浮选出完整小麦 64 颗，小麦碎片 37 粒，粟 5 粒，不成熟的粟 3 粒，大豆 1 颗，还有 11 颗藜科的种子。其中一颗小麦测年的结果为公元前 850～前 780 年，为西周晚期。从剖面的堆积来看，遗址西部为当时人们生活的主要区域（图 3-6-51）。

3. 遗物

鬲足 5 件。

A01∶2，鬲（盉）足，泥质红陶，红胎，空心足，素面。残高 6 厘米（图 3-6-59，1）。

E01∶1，夹粗砂灰陶，灰胎，近锥形足，绳纹。残高 4 厘米（图 3-6-59，2）。

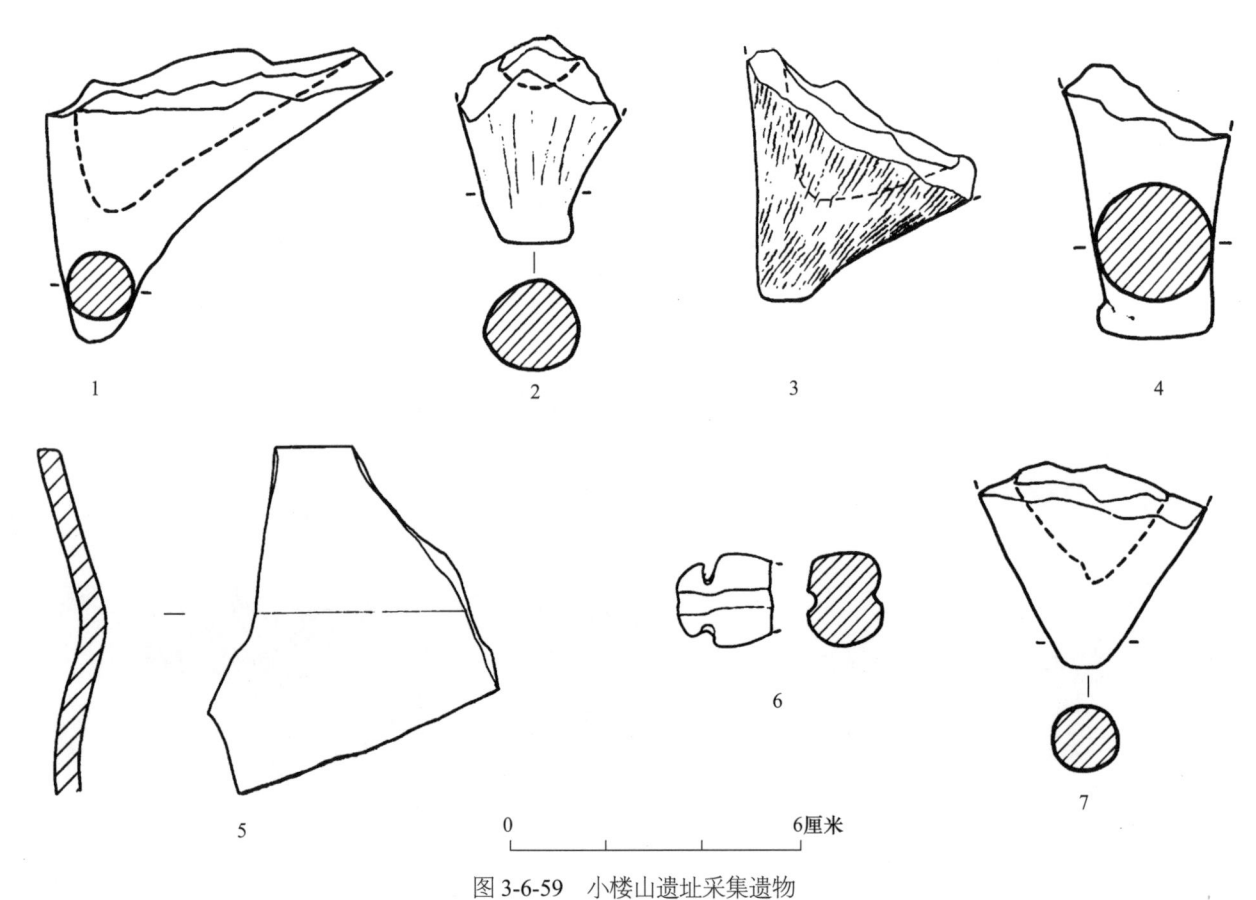

图 3-6-59　小楼山遗址采集遗物
1~4、7. 鬲足（A01：2、E01：1、E02P1⑤：2、E02P1⑤：5、D01：1）　5. 口沿（E02P1⑤：4）　6. 网坠（E01：2）

E02P1⑤：2，夹粗砂灰黑陶，褐胎，近锥形足，空心，绳纹。残高4.5厘米（图3-6-59，3）。

E02P1⑤：5，夹粗砂灰黑陶，褐胎，柱形足，素面。残高5.4厘米（图3-6-59，4）。

D01：1，夹粗砂红陶，红胎，锥形足，空心，素面。残高4.2厘米（图3-6-59，7）。

口沿　1件。

E02P1⑤：4，泥质黑陶，黑胎，素面，侈口。厚0.6厘米（图3-6-59，5）。

网坠　1件。

E01：2，泥质红陶，红胎，残长2、厚1.8厘米（图3-6-59，6）。

采集陶片纹饰见图3-6-57。

二十一、小耳墩遗址

1. 遗址概况（090310JNHXXED）

位于南京市江宁区汉塘村东南，现在为孔雀养殖场，海拔15.7米，高出地表约3米，遗物分布面积约3000平方米，四周较缓，北面陡。遗址被丹阳—马鞍方向的公路东西向拦腰截断，路南部分较小，北侧面积较大。属于山前岗地边缘地貌，丹阳河西部一支流流经遗址的东部和北部，东南面为老庄遗址。公路南侧，清理剖面一处，可看到层状文化层堆积叠压于人工垫土之上。采集陶片有鬲足和印纹硬陶，遗址保存较差（图3-6-60；图版38，1、2）。

2. 聚落

仅周代聚落，面积约为3000平方米（图3-6-60）。

3. 遗物

C01：1，口沿，夹砂红陶，灰黑胎，胎内含植物，侈口。厚0.8厘米（图3-6-61，1）。

B01：1，鬲足，夹细砂红陶，红胎，锥形足，素面。残高4.2厘米（图3-6-61，2）。

D02：1，鼎足，夹砂红陶，红胎，侧装，足上端有按窝纹。残高5.5厘米（图3-6-61，3）。

采集陶片纹饰见图3-6-57。

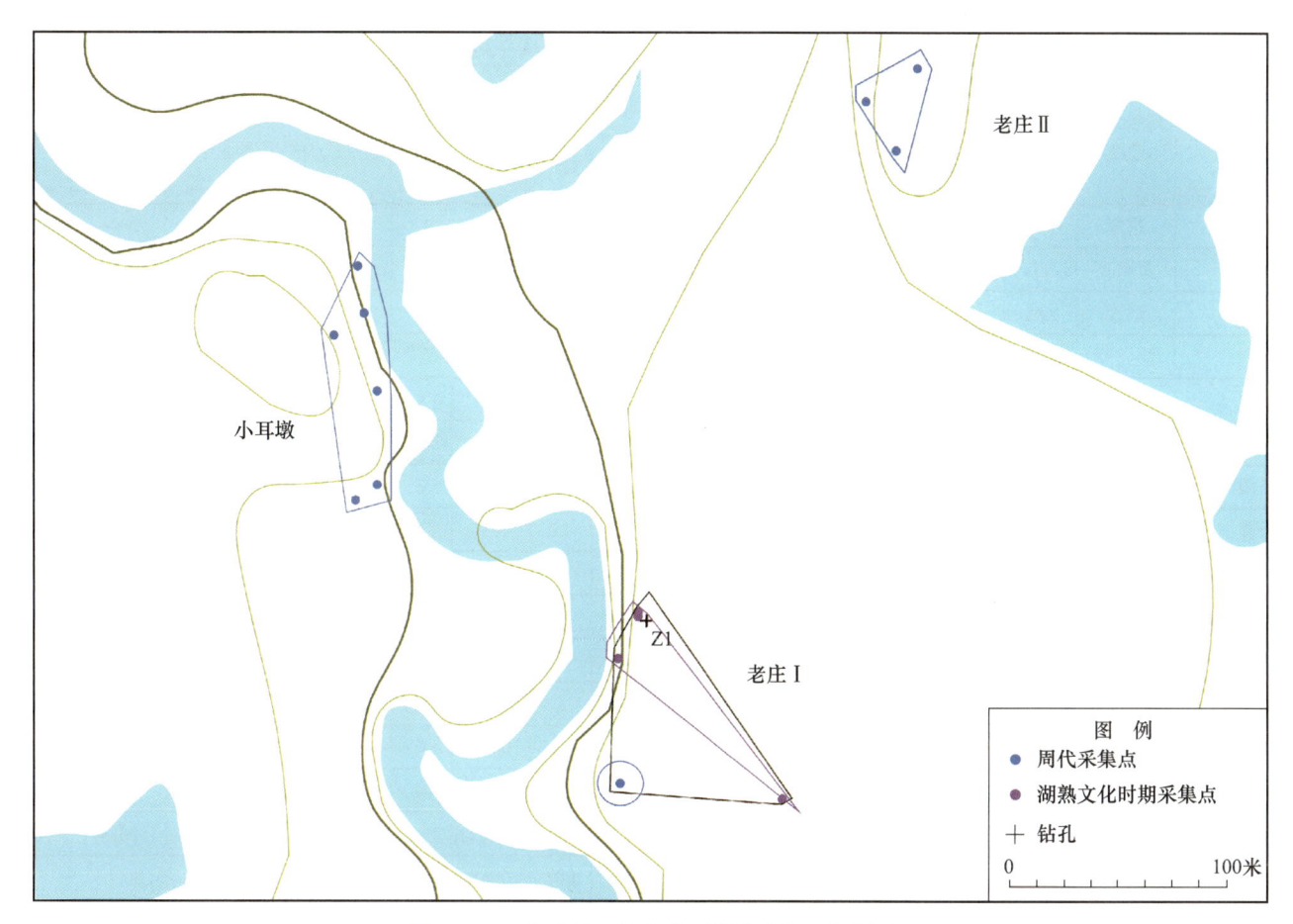

图 3-6-60　老庄Ⅰ、Ⅱ和小耳墩遗址聚落分布图

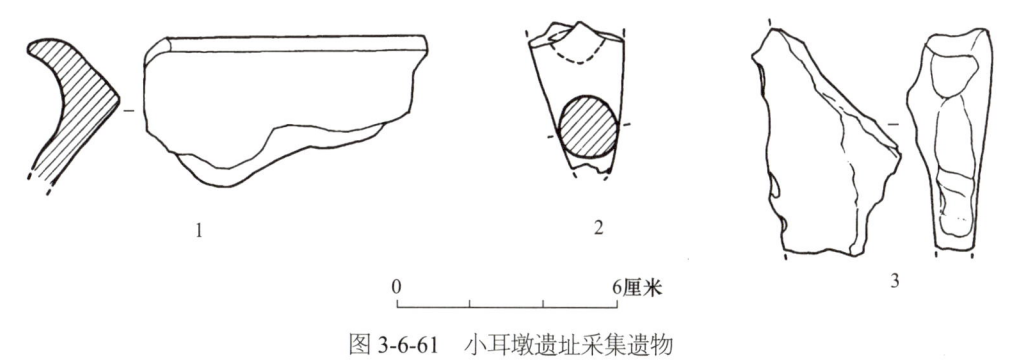

图 3-6-61　小耳墩遗址采集遗物
1. 口沿（C01∶1）　2. 鬲足（B01∶1）　3. 鼎足（D02∶1）

二十二、老庄Ⅰ遗址

1. 遗址概况（090310JNLZI）

位于江宁区老庄西北，近椭圆形土墩，南北长约130、东西宽约80米，海拔12.7米，东部高出地表高约3米，遗物分布面积约8600平方米。岗地边缘近河地貌，西侧为河道，东北为山岗，西北为小耳墩遗址，北面约200米为老庄Ⅱ遗址。遗址的北半部分中部，被人为取土破坏掉约50米×30米的面积，根据钻探的情况来看，遗址的文化层堆积较厚，大于1.9米。遗址保存较差，包含周代和湖熟文化两个时期的遗存（图3-6-60；图版40，1）。

探孔Z1内堆积如下：

0.1米：耕土。

0.4米：黄土，致密，含烧土颗粒和炭粒。

1.5米：灰黄土，致密，含较多烧土颗粒和陶片，有白色土块与黄土混合。

1.8米：灰白土，致密，含烧土颗粒、炭粒和夹砂红陶片。

1.9 米以下：灰黑色土，致密，烧土较多，层状烧土，厚 1.5 厘米，含较大陶片。

未钻探至生土。

2. 聚落

遗址包含两个时期的聚落，新石器时代末期的采集点仅一处，面积 400 平方米，湖熟文化时期的聚落面积约 8600 平方米（见图 3-6-60）。

3. 遗物

采集的遗物有陶鬲足和印纹硬陶。

口沿 2 件。

F01：5，夹砂褐陶，褐胎，卷沿，素面，口沿有轮修痕迹。厚 0.7 厘米（图 3-6-62，1）。

D01：5，夹粗砂褐陶，褐胎，侈口，素面。厚 0.8 厘米（图 3-6-62，3）。

鬲足 2 件。

D01：4，夹粗砂红胎，红胎，细锥形足，素面。残高 3 厘米（图 3-6-62，2）。

C01：3，夹粗砂红陶，红胎，素面。残高 7.6 厘米（图 3-6-62，7）。

鬲 1 件。

F01：1，夹粗砂褐陶，褐胎，胎内含小石子，侈口，素面，颈外有指按痕迹。口径 26 厘米（图 3-6-62，4）。

圈足 1 件。

F01：2，夹砂红陶，红胎，素面。残高 2.2 厘米（图 3-6-62，5）。

甗 1 件。

C01：1，夹粗砂红陶，红胎，侈口，素面。口径 30 厘米（图 3-6-62，6）。

采集陶片纹饰见图 3-6-57。

二十三、老庄 II 遗址

1. 遗址概况（090310JNLZII）

位于江宁区横溪镇老庄西北约 400 米处，丹阳至马鞍山的公路北侧，海拔 15 米，高约 3.5 米，遗物分布面积约 1000 平方米。长舌形岗地边缘，南部被公路切断，西边临河，为 Y 形河流交汇处的东岸，西南为小耳墩，南面为老庄 I 遗址（图 3-6-60）。

2. 聚落

仅包含周代聚落，面积约 1000 平方米（图 3-6-60）。

3. 遗物

采集的陶片有印纹硬陶。陶片纹饰见图 3-6-57。

二十四、团 林 遗 址

1. 遗址概况（090310JNTL）

位于南京市江宁区团林村的北部，近圆形土墩，现在已经被农民耕种出一周台阶，海拔 16 米，高出地表约 4 米，遗物分布面积约 2400 平方米（图 3-6-63）。土墩下部有缓坡状土丘，土墩应是选择建在较高的缓丘之上。遗址位于丹阳河支流的西侧，东部紧邻宁丹公路，修建公路时截断此西北—东南向的支流，现遗址北部还留有桥，与之相对的宁丹公路东侧也有一座小桥，可知之前河流经遗址东部和北部。遗址西北部约 100 米左右又为一处高台地，南部和北部较为低洼，西部也有较高的台地，但是被村庄叠压。在遗址东部被破坏处，清理了一处断面，可见文化层堆积厚度大于 2.4 米。

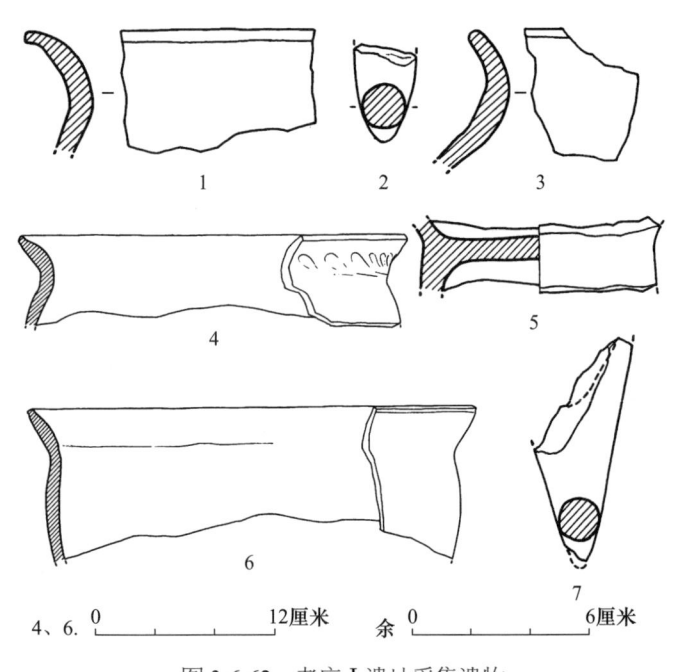

图 3-6-62 老庄 I 遗址采集遗物

1、3. 口沿（F01：5、D01：5） 2、7. 鬲足（D01：4、C01：3） 4. 鬲（F01：1） 5. 圈足（F01：2） 6. 甗（C01：1）

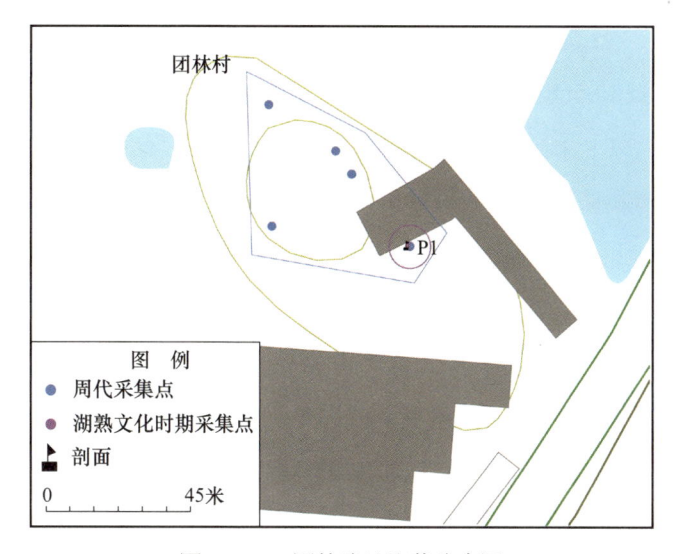

图 3-6-63 团林遗址聚落分布图

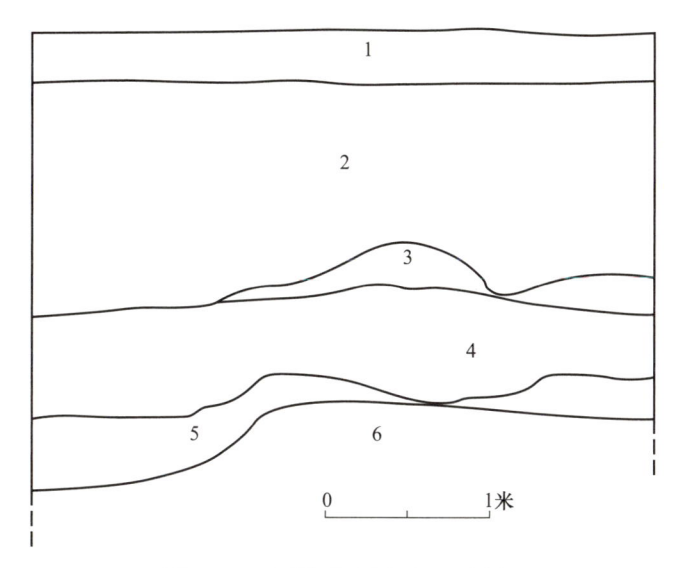

图 3-6-64 团林遗址剖面 P1 示意图

剖面 P1 的堆积情况如下（图 3-6-64；图版 39，1、2）。

P1①：耕土。厚约 0.3 米。

P1②：红褐色土，土质疏松，含炭粒、烧土和植物根茎。厚约 1.4 米。

P1③：红烧土层，中间夹杂较多黄土、黑色颗粒，此层可见部分较长的凸镜状堆积，含炭粒烧土和陶片，长约 12（仅清理 2.7 米）、厚约 0.3 米。此层采集有炭样。

P1④：深灰色土，土质疏松，底部不平整，含植物根系。厚约 0.7 米。

P1⑤：红褐色土，土质疏松，含炭粒，坡状堆积，未清理到底。

P1⑥：红褐色土，土质疏松，坡状堆积。厚约 0.45 米。

2. 聚落

含湖熟文化和周代两个时期的聚落，湖熟文化仅在遗址的东南角有一个采集点，面积 400 平方米。周代聚落的面积约为 2400 平方米（图 3-6-63）。

3. 遗物

采集的遗物有印纹陶片、鼎足和鬲足。

罐底　2 件。

E02P1④：1，泥质红陶，红胎，底部绳纹。复原底径 12.2、残高 3.3 厘米（图 3-6-65，1）。

E02P1④：4，夹细砂红陶，红胎，凹底，绳纹。复原底径 6 厘米（图 3-6-65，5）。

口沿　1 件。

E02P1④：9，夹粗砂灰褐陶，红胎，侈口，素面。厚 0.6 厘米（图 3-6-65，2）。

鼎足　2 件。

E02P1④：2，夹砂红陶，红胎，侧装，素面。残高 3.4 厘米（图 3-6-65，3）。

E02P1⑤：1，夹砂红陶，红胎，侧装，素面。残高 4.3 厘米（图 3-6-65，4）。

鬲裆　1 件。

E02P1④：5，夹粗砂红陶，红胎，素面。残高 6.2 厘米（图 3-6-65，6）。

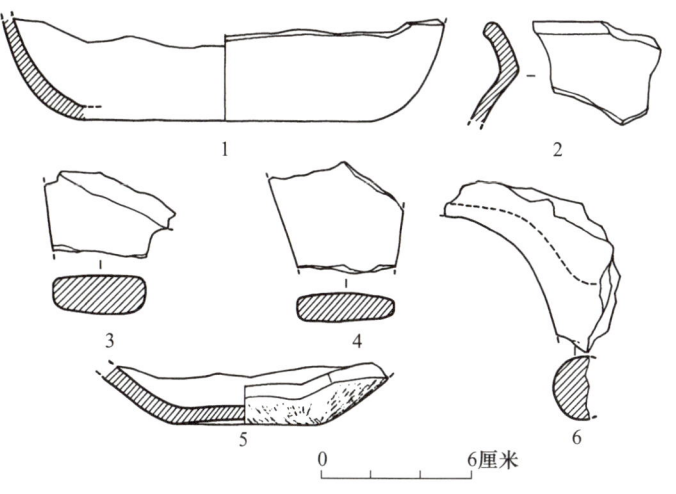

图 3-6-65 团林遗址采集遗物
1、5. 罐底（E02P1④：1、E02P1④：4）　2. 口沿（E02P1④：9）
3、4. 鼎足（E02P1④：2、E02P1⑤：1）　6. 鬲裆（E02P1④：5）

采集陶片纹饰见图 3-6-57。

二十五、洪塘坝遗址

1. 遗址概况（090221DTDYHTB）

位于丹阳镇山河村委会东南。平面呈圆形，南北略高，中部略低，东西侧看似马鞍形，东部和西南部有坡道通向遗址的顶部，土墩直径约65米，遗物分布面积约1500平方米，高约5米。遗址坐落在东西向两条小岗之间一条东西向河流的北岸（图3-6-66；图版41，1）。

遗址保存较好，采集的遗物有泥质灰陶、鬲足、鼎足，清理剖面二处。

剖面P1堆积如下（图3-6-67；图版41，2）：

P1①：耕土层，黄褐色，含植物根茎。厚约0.3米。

P1②：浅褐色土，软，含植物根茎和陶片、烧土及炭粒。厚0.1～0.6米。

P1③：深褐色，较硬，含植物根茎、炭粒和陶片。厚0.1～0.3米。

P1④a：灰白色土，较硬，含烧土块、炭粒。厚0.1～0.5米。

P1④b：黑灰色，坡状堆积，西边含红烧土块，东部渐少，烧土块粒径有7厘米。有较多的炭化颗粒，在西部烧土较多处有连续的黑色木炭层。厚约0.45米。

P1⑤：灰白砂土，细沙较多，包含青灰色块状土，此层东半部还含有较多的砾石。未清理到底。

剖面P2堆积如下（图3-6-68）：

P2①：耕土，黄土和烧土混合，疏松。厚0.2～0.23米。

H1①：灰土，疏松，夹杂黄土块，含炭化草木茎、粒径0.5厘米的烧土颗粒，以及陶片和石块。取浮选土样。厚约0.6米。

H1：锅底形坑，开口于耕土层下，深约0.6米，口距地表约0.25米。

图3-6-66 洪塘坝遗址聚落分布图

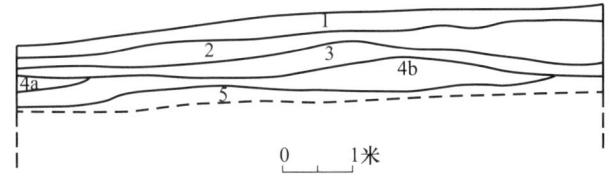

图 3-6-67　洪塘坝遗址剖面 P1 示意图

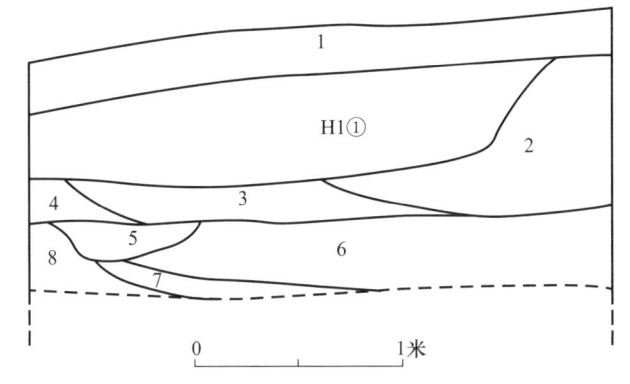

图 3-6-68　洪塘坝遗址剖面 P2 示意图

P2②：黄土，较致密，坡状堆积，含 30% 粒径 1～3 厘米的烧土、炭化草木根茎等。

P2③：灰土，疏松，夹有水平层的黄土，呈夹心饼干状。含 2% 粒径 1 厘米的炭粒，以及烧土。

P2④：黄褐色土，夹锈斑和 5% 粒径 0.5 厘米的红烧土。

P2⑤：灰黄土，疏松，含 5% 粒径 1 厘米的炭粒和 2% 粒径 0.2～0.5 厘米的烧土、石头。

P2⑥：灰白土，致密较硬，含 30% 粒径 0.5～2 厘米的烧土。

P2⑦：灰土，疏松，含 30% 粒径 0.1～0.2 厘米的炭粒，以及 0.5～3 厘米的红烧土。坡状堆积。

P2⑧：黄褐土，疏松，含较多烧土块，未清理到底。

在遗址东南部进行钻探，发现文化层深大于 2.7 米。
探孔 Z1，堆积如下：

0.1 米：耕土。

0.4 米：褐色黏土，含烧土颗粒。

0.7 米：深褐色土，软黏，含较多黑色烧土颗粒。

0.9 米：灰褐色土，软黏，含烧土颗粒和炭粒。

1 米：灰色土，较硬，黏性好，青灰色斑点和烧土颗粒及陶片。

1.3 米：灰白色土，硬，黏性差，含炭粒和铁锰结核。

1.7 米：黑灰色土，黏软，含炭粒和烧土颗粒。

2.0 米：黄色土，较硬，黏性一般，含有炭粒。

2.5 米：黑褐色土，软黏，包含炭粒。

2.7 米以下：未见生土。

2. 聚落

包含三个时期的聚落，新石器时代末期的采集点一处，位于遗址的西北角，面积 400 平方米；湖熟文化时期的采集点一处，位于土墩的北部，面积 400 平方米；周代的聚落面积约为 860 平方米。在 P1④b 层内浮选出水稻，还包含莎草、唇形科、藜科的种子，水稻的测年结果为公元前 700～前 530 年，属春秋早中期（图 3-6-66）。

3. 遗物

罐　2 件。

C01：1，夹细砂红陶，灰胎，侈口，腹部带鋬手，素面。厚 0.3～0.6 厘米（图 3-6-69，1）。

B01：1，泥质红陶，褐胎，侈口，素面。厚 0.6～0.7 厘米（图 3-6-69，2）。

其他　4 件。

A01：2，盆，夹细砂红陶，红胎，素面。厚 0.8～1.1 厘米（图 3-6-69，3）。

C01：2，盉足，泥质红陶，红胎，锥形足，素面。残高 5.9 厘米（图 3-6-69，4）。

A01：1，鬲足，夹粗砂红陶，红胎，细锥形足，素面。残高 6 厘米（图 3-6-69，5）。

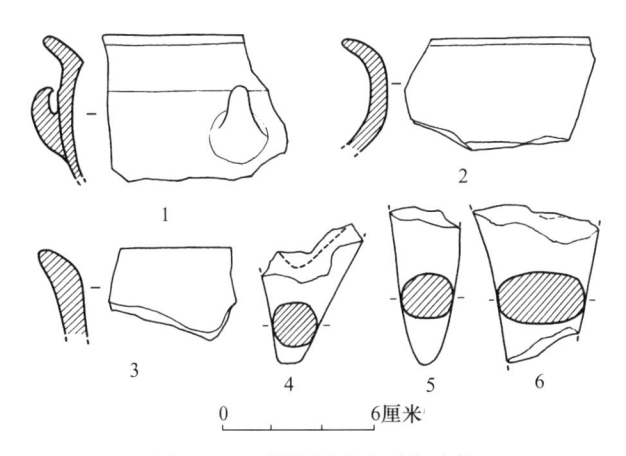

图 3-6-69　洪塘坝遗址采集遗物
1、2.罐（C01：1、B01：1）　3.盆（A01：2）　4.盉足（C01：2）　5.鬲足（A01：1）　6.鼎足（F01：1）

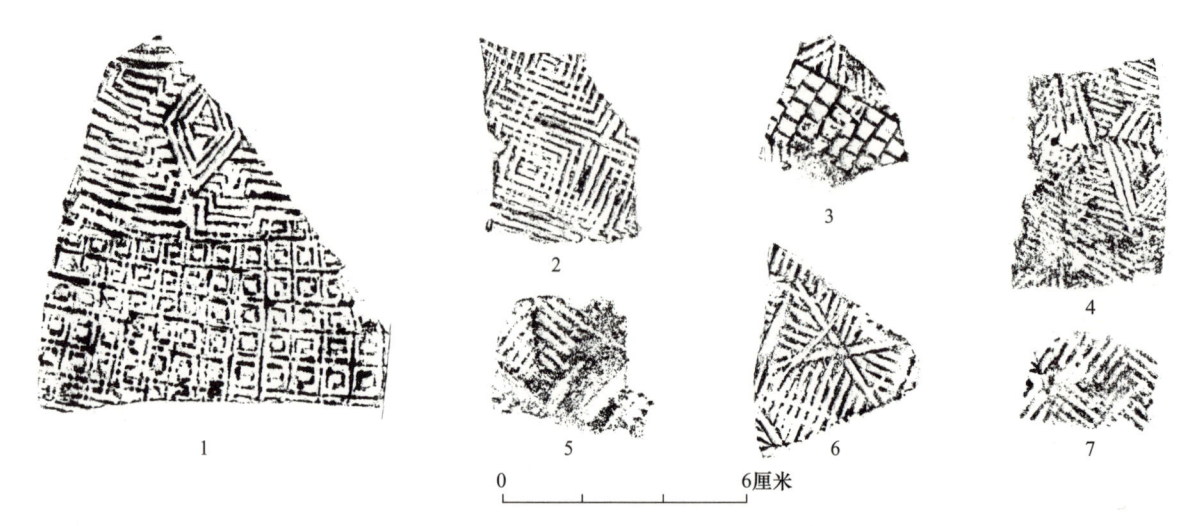

图 3-6-70　洪塘坝、诸家坊遗址及谷家涧和大桥地点采集印纹硬陶纹饰
1. 组合纹饰（洪 E02：1）　2、7. 复线回纹（洪 C01：2、谷 D01：1）　3. 梯格纹（洪 D02：1）　4、6. 填线菱纹
（诸 E01：1、大 F01：1）　5. 填线回纹（诸 E01：2）

F01：1，鼎足，夹粗砂红陶，红胎，断面近长方形，素面。残高 5.9 厘米（图 3-6-69，6）。

采集陶片纹饰见图 3-6-70。

二十六、上河东遗址

1. 遗址概况（090314DTDYSHD）

位于河旁低岗地边缘，海拔 16.5 米，最高点高出周边 8 米。陶片采集点集中在岗地西北角，海拔 11.4 米，高出周围地表约 3 米，遗物分布面积 3600 平方米。北部 50 米为东西向河道，东部 1 千米处为栗山遗址，北部开阔，南部为低矮的岗地。钻探未见明确文化层，因采集点多，亦不宜作为散点处理，不排除是墓地的可能（图 3-6-71）。

2. 聚落

仅含周代聚落，面积约 3600 平方米（图 3-6-71）。

二十七、泉墩遗址

1. 遗址概况（090306DTXSQD）

位于新市路西侧，夏村西南 200 米，底棚东南，遗物分布面积约 3700 平方米，海拔约 23 米，高约 6.5 米。典型的墩型遗址，顶部略平，北高南低，现有一周台阶，西部、北部有小河绕行而过，西南为一处岗丘，其间均为低洼地带。在遗址上进行了钻探，发现文化层堆积厚度大于 1.5 米。遗址包含西周至东周时期的遗存（图 3-6-72；图版 40，2）。

探孔 Z1，距墩顶垂直距离约 2 米。

0.5 米：灰褐色土，疏松，黏土，耕土。

0.8 米：灰黄色土，较硬致密，黏土。

1.2 米：黄褐色土，较硬，致密，含铁锰结核，还裹有灰白土。

探孔 Z2，位于墩顶。

0.1 米：耕土。

0.5 米：浅灰土，松软。

0.6 米：浅黄略硬。

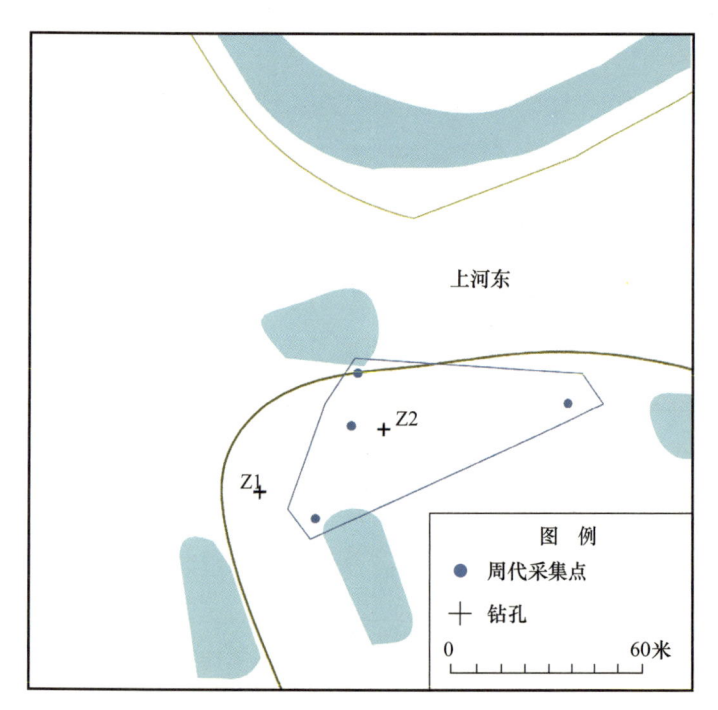

图 3-6-71　上河东遗址聚落分布图

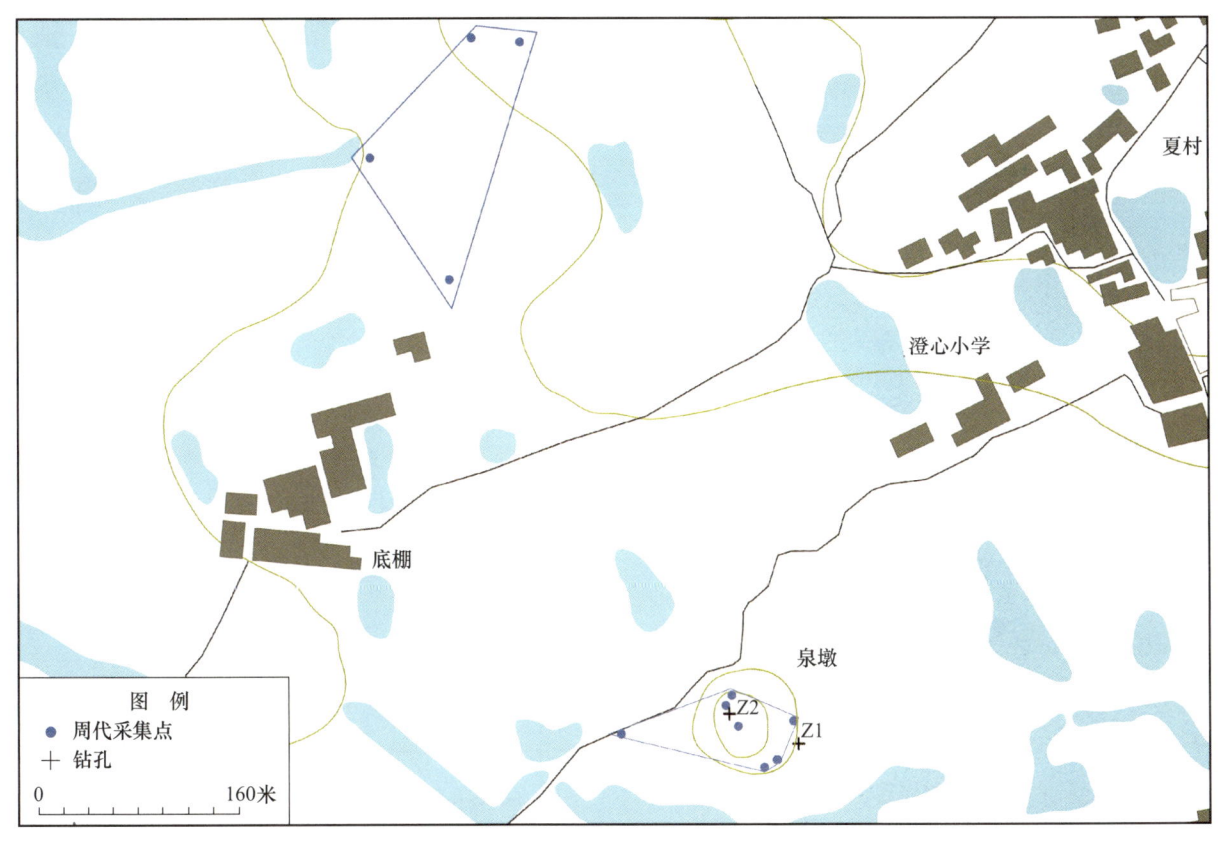

图 3-6-72 泉墩和夏村遗址聚落分布图

0.9 米：灰黑不硬，有红烧土颗粒。

1.5 米：黄土硬土，有锈斑、沙子和炭粒。

1.9 米：遇石头打不下去。

2. 聚落

仅包含周代的聚落，聚落面积 3700 平方米（图 3-6-72）。

3. 遗物

口沿 1 件。

E01：3，夹细砂红陶，灰胎，折沿，素面。厚 0.7 厘米（图 3-6-73，1）。

鬲足 6 件。

B01：4，夹砂红陶，红胎，锥形足，素面。残高 4.1 厘米（图 3-6-73，2）。

E01：5，夹细砂灰陶，红胎，锥形足，素面。残高 4.1 厘米（图 3-6-73，6）。

A01：1，夹细砂灰陶，红胎，含云母，锥形足，素面。残高 3.3 厘米（图 3-6-73，5）。

E01：1，夹细砂褐陶，褐胎，锥形足，素面。残高 3.1 厘米（图 3-6-73，8）。

C01：1，夹粗砂红陶，灰胎，锥形足，素面。残高 3.7 厘米（图 3-6-73，10）。

E02：2，夹粗砂红陶，红胎，柱形足，素面。残高 5.1 厘米（图 3-6-73，11）。

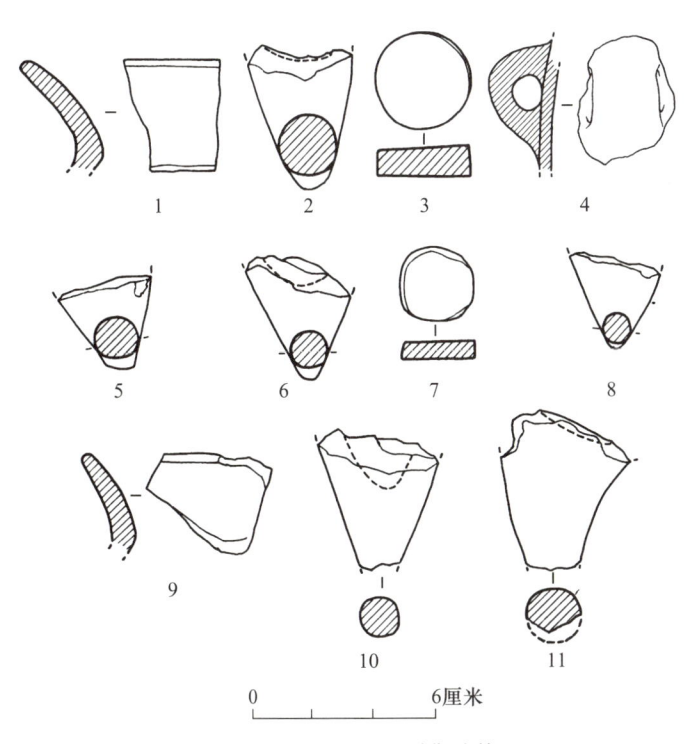

图 3-6-73 泉墩遗址采集遗物

1. 口沿（E01：3） 2、5、6、8、10、11. 鬲足（B01：4、A01：1、E01：5、E01：1、C01：1、E02：2） 3、7. 陶饼（D01：2、B01：6） 4. 器耳（E02：3） 9. 罐（B01：5）

陶饼 2件。

D01：2，泥质灰陶，褐胎。直径3、厚1厘米（图3-6-73，3）。

B01：6，泥质灰陶，褐胎。直径2.4、厚0.6厘米（图3-6-73，7）。

器耳 1件。

E02：3，泥质红陶，灰胎，素面（图3-6-73，4）。

罐 1件。

B01：5，泥质黑陶，红胎，仰折沿，素面。厚0.6厘米（图3-6-73，9）。

二十八、夏村遗址

1. 遗址概况（090306DTXSXC）

位于夏村正西部约350米，一条东西向水渠所在岗地的边缘，南距泉墩遗址300多米，海拔16.2米，遗物分布面积约12000平方米。地表可采集遗物很少。仅包含周代的遗存。

2. 聚落

周代的聚落面积约11000平方米，聚落的年代实际可以晚到春秋战国之际，这个时期的聚落，多数分布在海拔较高的山岗上（见图3-6-72）。

3. 遗物

仅采集到印纹硬陶片（见图3-6-74）。

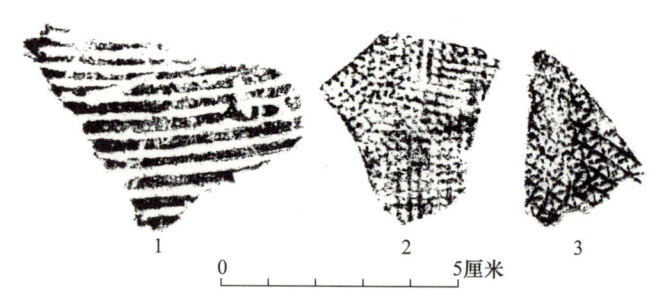

图3-6-74 夏村遗址采集陶片纹饰
1.弦纹（B02：2）2.筛格纹（B02：1）3.米字纹（A01：1）

二十九、廖家甸遗址

1. 遗址概况（090304DTXSLJD）

位于新市镇廖家甸村北，赵家甸西部。为山前岗地向平原过渡的地区，北部为独立土墩，南部向河流处渐呈缓坡状。原与东部山岗应为连续体，遗物分布面积3500平方米。海拔约14米，高出地表约3米，文化层厚约4米。南部紧邻东西向河道，此河西南流向小花津。遗址包含西周和东周时期的遗存（图3-6-75；图版42，1）。在遗址上钻探3处，孔内的堆积如下：

图3-6-75 廖家甸遗址聚落分布图

探孔Z1，距离墩顶垂直距离1米。

0.1米：灰褐色耕土。

0.2米：浅灰色土与黄土混合，疏松，含烧土和炭粒。

0.85米：灰白色土与褐色土混合，致密较硬，含烧土颗粒和炭粒。

1.3米：褐色土，较软，土质疏松，含烧土块，粒径在2厘米左右。

1.6米：黑色土与灰白土混合，土质疏松。

1.7米：灰白色土与褐色土混合，红色锈斑。

2米：浅灰色土，致密，含粒径4厘米左右的烧土块，炭粒，红色锈斑。

2.7米：青灰色淤泥，软，有印纹硬陶。

2.7米以下：青灰色土，致密，软，含红色锈斑。

探孔Z2，位于墩上。

0.1米：耕土。

0.7米：灰黑色土，软，含炭灰。

1.3米：灰绿色土。

1.5米：浅灰色土，含烧土颗粒和炭粒。

1.7 米：灰白色土。

2 米：灰黑色土。

2.05 米：红烧土层，含大量烧土块和炭灰。

探孔 Z3，位于墩顶。

0.1 米：灰褐色耕土。

0.8 米：灰土与褐土混合，疏松，含烧土颗粒、炭粒和红色锈斑。

1 米：灰土与黄土混合，疏松，含粒径 4 厘米左右的炭粒。

1.3 米：灰黑土与褐土混合，疏松，含炭粒。

1.5 米：灰白土与黄土混合，疏松，含红色锈斑。

1.9 米：灰土与黄土混合，含锈斑。

2.6 米：黄土夹灰白土，疏松，含锈斑。

2.6～2.8 米：深褐色土，疏松，含锈斑和粗砂。

2. 聚落

仅包含一处周代聚落，面积约3500平方米（图 3-6-75）。

3. 遗物

采集陶片多为印纹硬陶和鬲足。

石器　1件。

F02:3，残，长方形，断面为长方形，刃部断，磨制。高 7.9、宽 3.4、厚 2.4 厘米（图 3-6-76，1）。

鬲足　3件。

F02:1，夹粗砂灰陶，灰胎，锥形足，素面。残高 6.1 厘米（图 3-6-76，2）。

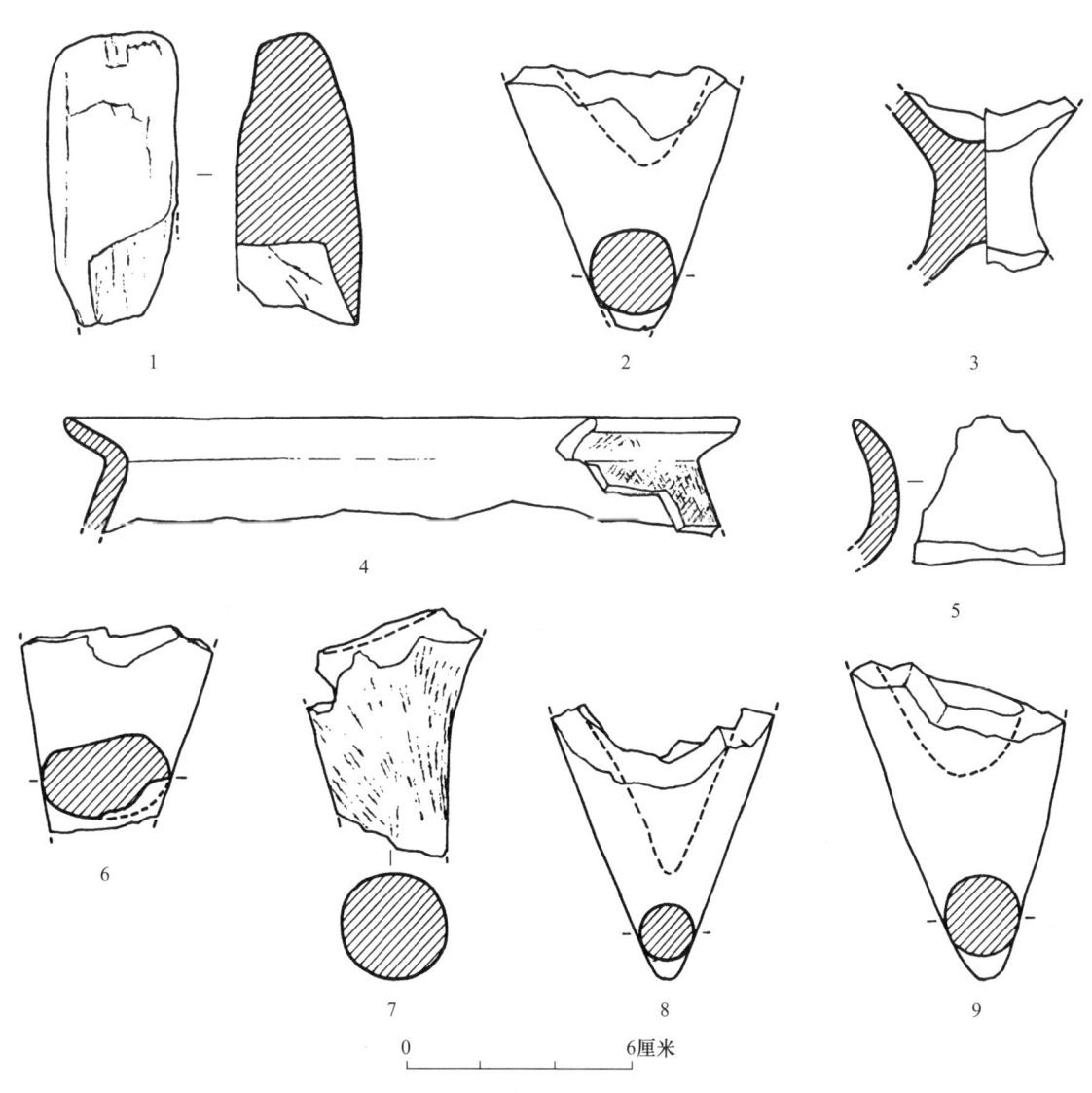

图 3-6-76　廖家甸遗址采集遗物

1.石器（F02:3）　2、7、9.鬲足（F02:1、B01:4、D01:4）　3.豆（B01:1）　4.罐（B01:3）　5.口沿（F04:1）
6.鼎足（E01:1）　8.甗足（F03:1）

图 3-6-77　戎塘和廖家甸遗址采集陶片纹饰
1、2. 席纹（廖 E01：9、廖 E01：3）　3. 筛格纹（廖 C01：2）　4、6. 弦断绳纹（廖 E01：4、廖 F01：6）　5. 回纹
（廖 F02：2）　7. 绳纹（廖 D01：2）　8、9. 复线回纹（廖 D01：1、戎 C01：1）

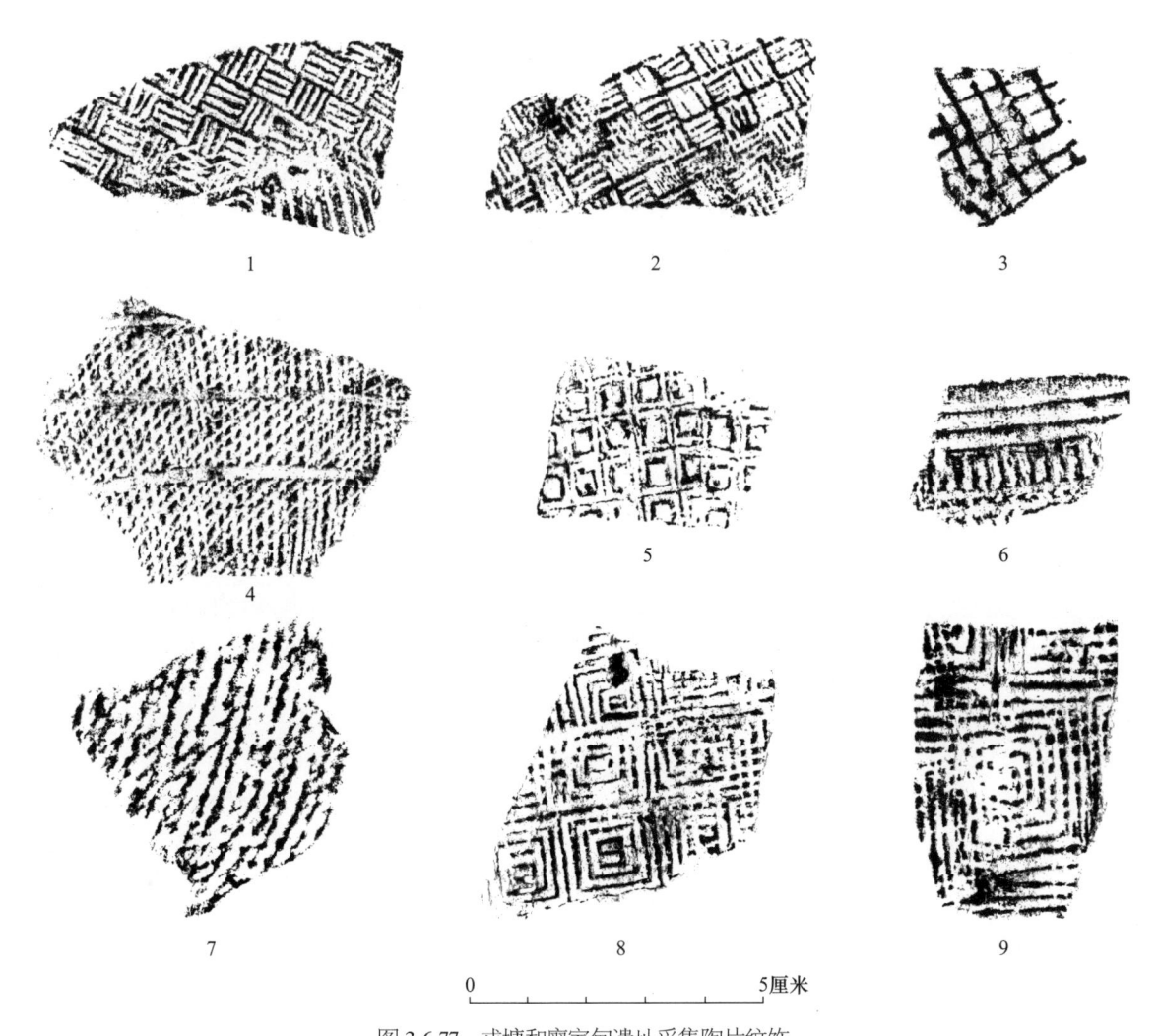

B01：4，夹粗砂灰陶，灰胎，柱形足，绳纹。残高 6.5 厘米（图 3-6-76，7）。

D01：4，夹粗砂红陶，灰胎，锥形足，素面。残高 8.3 厘米（图 3-6-76，9）。

豆　1 件。

B01：1，夹细砂红陶，红胎，细柄，素面。残高 5 厘米（图 3-6-76，3）。

罐　1 件。

B01：3，泥质灰胎，红胎，折沿，饰弦纹和绳纹。残高 3.3、口径 18 厘米（图 3-6-76，4）。

口沿　1 件。

F04：1，夹粗砂褐陶，灰胎，卷沿，素面。厚 0.7 厘米（图 3-6-76，5）。

鼎足　1 件。

E01：1，夹粗砂灰陶，灰胎，扁锥形足，素面。残高 5.7 厘米（图 3-6-76，6）。

甗足　1 件。

F03：1，夹粗砂红陶，灰胎，袋形足，素面。残高 7 厘米（图 3-6-76，8）。

采集陶片纹饰见图 3-6-77。

三十、黄花坝遗址

1. 遗址概况（090304DTDYSHD）

位于新市镇黄花坝村东部山岗的西侧，海拔 14.2～16.9 米，相对高度约 8 米。为高岗型地貌，遗物分布面积 230000 平方米。遗址年代当属东周时期。采集点集中在两处地点（图 3-6-78）。

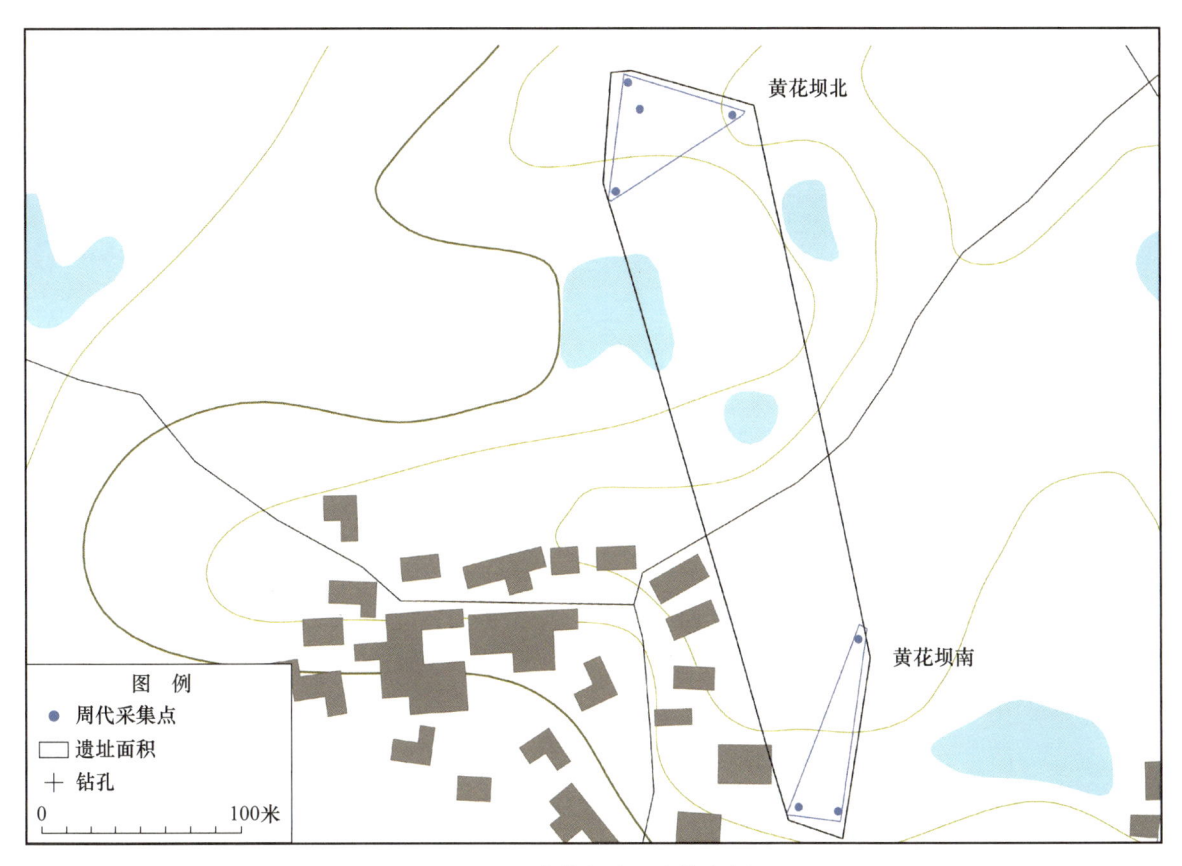

图 3-6-78 黄花坝遗址聚落分布图

2. 聚落

聚落年代可以到春秋战国之际，应当可以分为两个聚落，北部 1600 平方米，南部 1200 平方米，两个聚落间距 300 米（图 3-6-78）。

3. 遗物

仅采集到印纹硬陶片（图 3-6-79）。

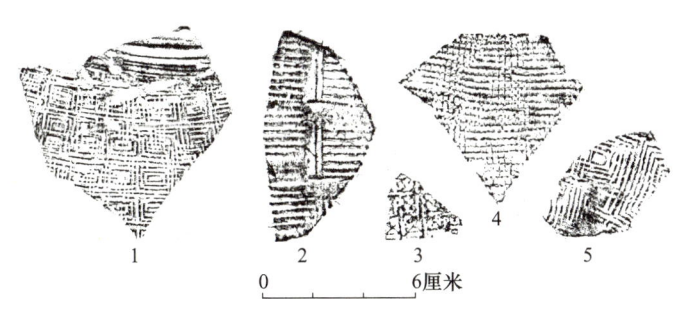

图 3-6-79 黄花坝遗址采集印纹硬陶纹饰
1、5. 复线回纹（D03∶1、D02∶1） 2. 席纹（C01∶1） 3. 米字纹（D01∶1） 4. 筛格纹（A01∶2）

三十一、散　　点

1. 水东

B01∶1，鬲足，夹粗砂褐陶，褐胎，锥形足，素面。残高 5.8 厘米。

2. 沱塘

位于新市镇沱塘村东南，海拔 18 米左右，南部 560 米有夏村遗址，为山前岗地向平原过渡的地貌，位于通向小花津的支流沿岸，仅一处采集点，时代为周代。

3. 下兴隆

丹阳镇下兴隆村西北的岗地上，海拔 16 米，一处采集点。

F01∶1，口沿，泥质红陶，红胎，夹植物，侈口。厚 0.3～0.7 厘米。

4. 大桥

位于丹阳镇边贸市场大桥北侧，有一处周代的采集点。

5. 新庄后

位于上龙库村东北 250 米、新庄村正北约 260 米处的山岗上，海拔约 30 米，有一处周代的采集点。

6. 上兴隆

位于丹阳镇上兴隆村西北的岗地上，凹字形山岗的北部坡地上，现在为菜地。有三个采集点，相对高度为5米，遗物分布面积约为3500米。北面为水塘和水坝。钻探未见文化层。探孔内堆积情况如下：

探孔 Z1：

0.1 米：黄色耕土。

0.1 米以下：灰黄色土，致密坚硬。

探孔 Z2：

0.1 米：黄色耕土。

0.1 米以下：灰黄土，致密较硬，单纯。

7. 谷家涧

位于丹阳镇诸家坊村南400米，东西向河流的南岸。仅一处采集点，时代为春秋后期。

8. 乌龟山与诸家坊西南

位于乌龟山北部，河旁台地，高出周围低洼地约4米。东部较平，且堆积单纯，台地四周均较低缓，与四周岗地边缘呈连续之势。仅一个采集点，钻探未见文化层。另在乌龟山西南河流对岸仍有一处采集点，未见文化层。

9. 董塘

位于丹阳镇董塘村东南开发区，有一个周代的采集点。采集的遗物有印纹硬陶片。

10. 李老村

采集到鼎足1件，夹砂褐陶，褐胎，侧装，足部上端侧面有一处按窝，足与腹部结合处有椭圆形凹窝。残高7.9厘米（图3-1-46、图3-6-1）。

11. 衙头村

新市衙头村附近，采集印纹硬陶片。

采集陶片纹饰见图3-6-70。

第七节　Ⅶ区丹阳湖北岸（新市镇）

这个区域在丹阳湖农场北岸，北部有些独立的残丘以及西南—东北向岗地，遗址主要分布在沿湖地带。该区域应当是先秦时期的湖岸，共发现遗址5处，遗址地貌类型有墩型、残丘边缘型和复合型。目前调查发现时代最早的遗址为张家甸遗址，年代为马家浜文化早中期，釜山包含崧泽晚期的聚落，戎塘则包含新石器时代末期的聚落，周代的聚落有4处（图3-7-1）。

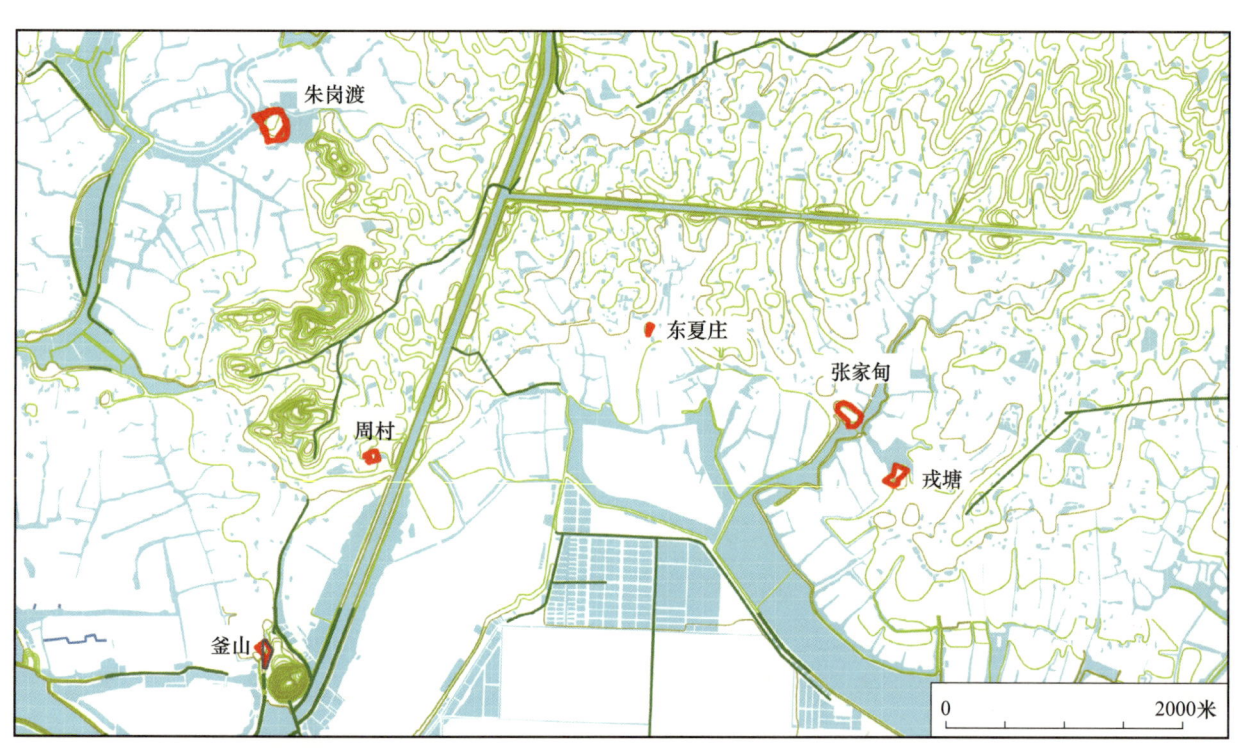

图 3-7-1　Ⅶ区遗址分布图

一、釜山遗址

1. 遗址概况（081208DTXSFS）

位于新市镇南釜山村内，为釜山北侧南高北低的坡地，面积约15000平方米，海拔7.2～11.2米，有陶片分布的地方高出地表1～2米。南部紧邻姑溪河和丹阳湖交汇处，现在为丹阳湖农场，釜山为姑溪河干流北岸的一处孤丘。20世纪80年代修建釜山小学校舍时清理出几组完整的陶器和石器，应当为墓葬所出[1]。现在遗址全被现代村落覆盖，仅采集到几片破碎的陶片，有泥质黑陶和红陶。在遗址北部接近低洼处钻探，1.2米深以下即为淤泥，当时的遗址应当是四面环水的湖沼环境。从80年代清理出来的器物以及当涂县文物管理所采集的陶器来判断，遗址的主体年代当在崧泽文化时期（图3-7-2；图版42，2）。

2. 聚落

崧泽文化时期的聚落面积约为6400平方米。聚落南依釜山，地处河湖交汇处，地理位置比较优越。周代仅一处采集点，聚落面积按400平方米计算（图3-7-2）。

3. 遗物

地表采集的标本较残碎。较完整的可见20世纪80年代清理釜山小学校址出土器物（图3-7-3；图版64）。

C02:1，豆，泥质黑陶，灰黑胎，直口微侈，素面。残高3厘米（图3-7-4，1）。

B01:1，器底，泥质黑陶黑胎，平底，素面。残高2.2厘米（图3-7-4，2）。

二、周家村遗址

1. 遗址概况（081208DTXSZJC）

位于新市镇周家村南部，原新华窑厂内，海拔21.8米，高出地表约10米，遗物分布面积约3300平方米。为墩型遗址，南高北低，四周低洼，东部紧邻低山梅山，南部紧邻丹阳湖农场，墩子东南角被窑厂取土破坏，东北部可见翻土带出的面状碎烧土块。采集有印纹硬陶片（图版43，1）。

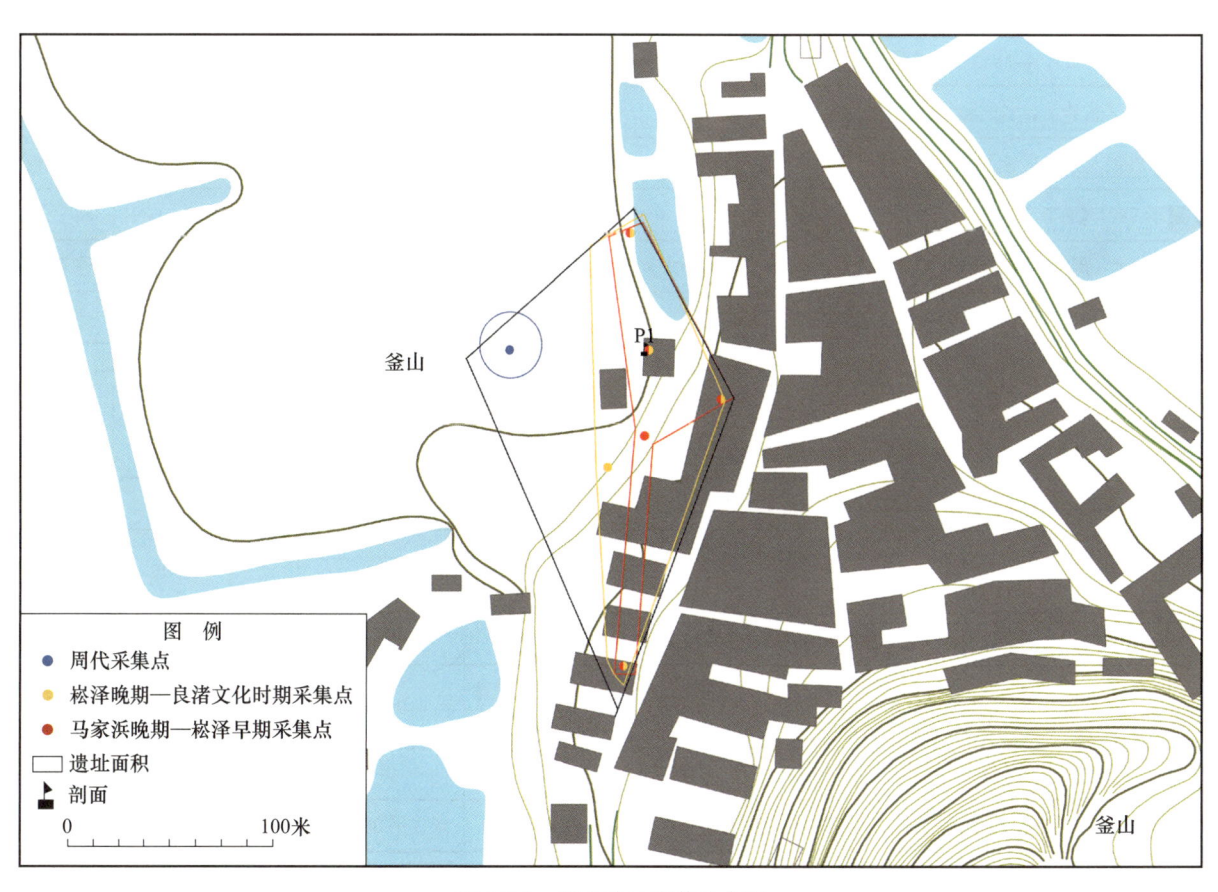

图3-7-2 釜山遗址聚落分布图

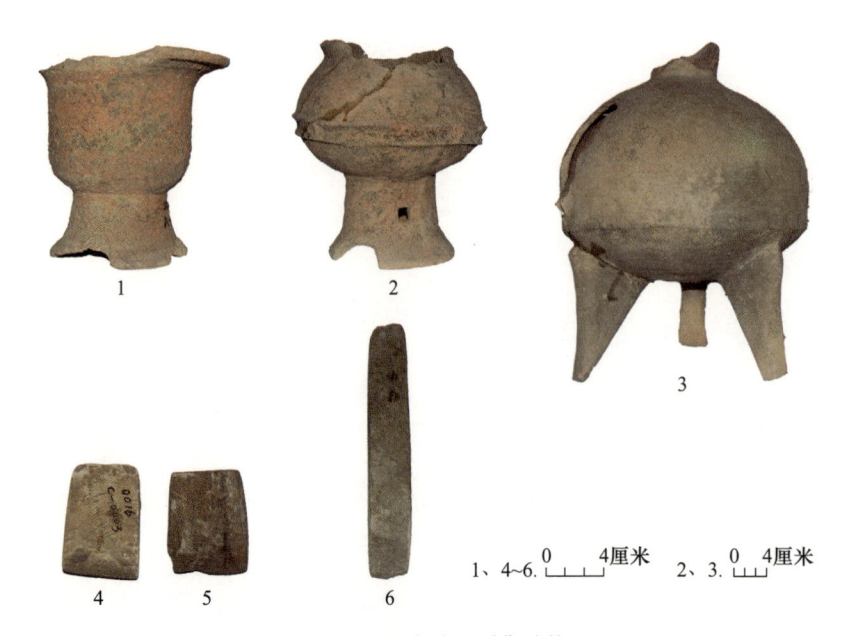

图 3-7-3　釜山遗址采集遗物
1. 陶簋　2. 壶形豆　3. 陶鬲　4、5. 石锛　6. 石凿

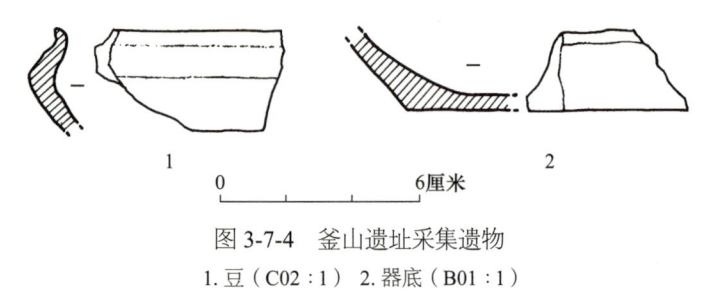

图 3-7-4　釜山遗址采集遗物
1. 豆（C02∶1）　2. 器底（B01∶1）

2. 聚落

周代的聚落约 3300 平方米（图 3-7-5）。

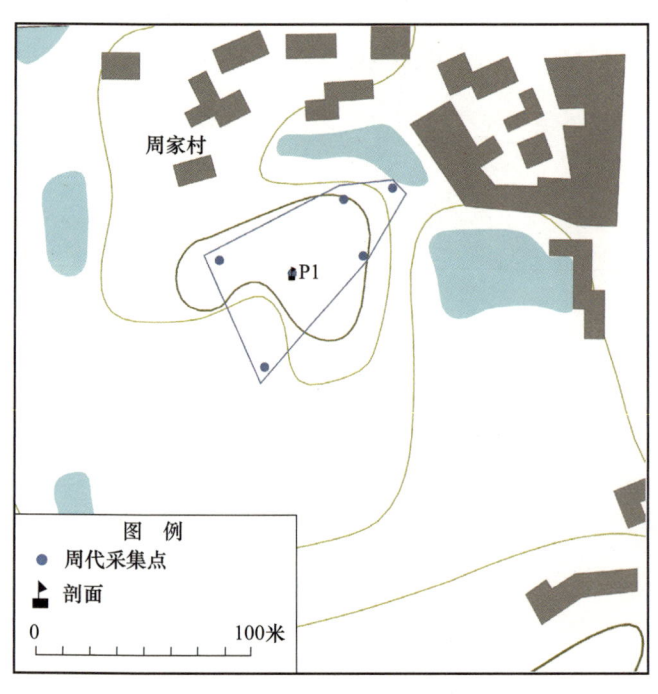

图 3-7-5　周家村遗址聚落分布图

3. 遗物

口沿　3 件。

A01∶2，夹细砂褐陶，褐胎，含云母，折沿，方唇，素面。残高 4 厘米（图 3-7-6，1）。

D01∶1，夹细砂褐陶，卷沿，素面。残高 2.4 厘米（图 3-7-6，2）。

D01∶2，夹细砂灰陶，灰胎，绳纹。残高 2.4 厘米（图 3-7-6，3）。

器盖　1 件。

A01∶1，泥质褐陶，红胎，素面。残高 3 厘米（图 3-7-6，4）。

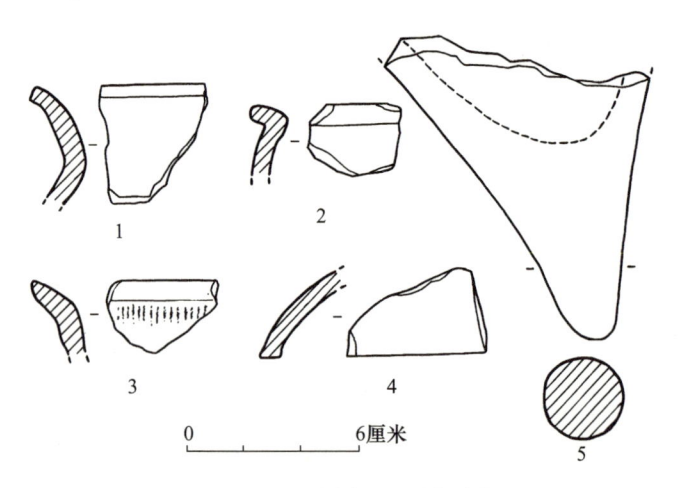

图 3-7-6　周家村遗址采集遗物
1～3. 口沿（A01∶2、D01∶1、D01∶2）　4. 器盖（A01∶1）　5. 鬲足（B02∶1）

鬲足 1件。

B02：1，夹粗砂红陶，褐胎，锥形足，素面。残高10.6厘米（图3-7-6，5）。

采集陶片纹饰见图3-6-10。

三、东夏庄遗址

1. 遗址概况（081212DTXSDXZ）

位于新市镇东夏庄的东南部，椭圆形独立土墩，遗物分布面积约1700平方米，海拔13.2米，高出地表5～6米。坐落于山前冲积平原上，紧邻丹阳湖。东北4千米处为狮子山的拖船滑，南部、西部、东部均为开阔的平原低地，现在南部修筑了一条堤坝，堤坝外即为丹阳湖农场。遗址保存较好（图3-7-7；图版43，2）。

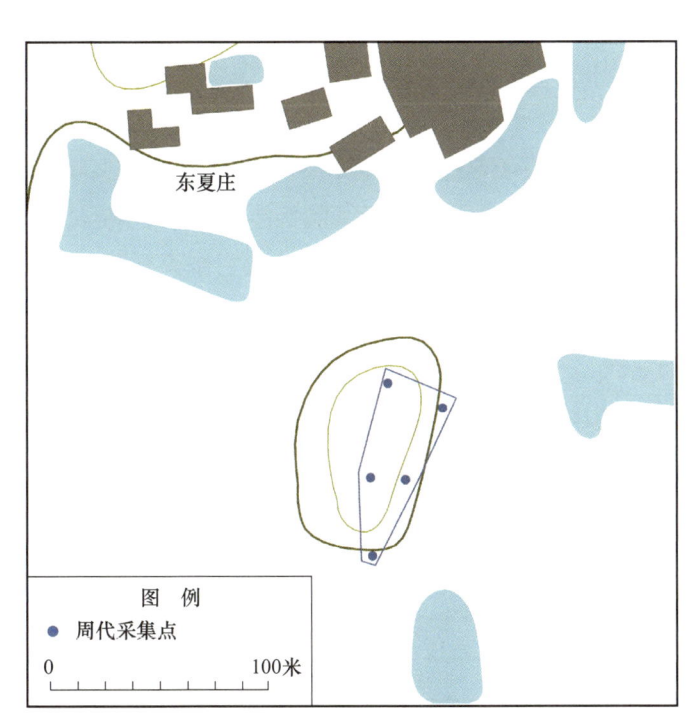

图3-7-7 东夏庄遗址聚落分布图

2. 聚落

周代的聚落面积约为1700平方米（图3-7-7）。

3. 遗物

采集陶片有鼎足和印纹硬陶。

甗 2件。

B01：3，夹细砂红陶，红胎，侈口，素面。厚1厘米（图3-7-8，1）。

A02：1，甗腰，夹粗砂红陶，红胎，素面。厚0.6～1.6厘米（图3-7-8，6）。

鬲足 2件。

D01：3，夹细砂红陶，红胎，锥形足，素面。残高3厘米（图3-7-8，2）。

B01：2，夹粗砂红陶，红胎，锥形足，素面。残高4.2厘米（图3-7-8，7）。

口沿 3件。

B01：7，夹砂红陶，红胎含云母，素面。厚0.6厘米（图3-7-8，3）。

A01：3，夹细砂红陶，红胎含云母，素面。厚0.9厘米（图3-7-8，4）。

E01：1，夹粗砂红陶，红胎，侈口，素面。厚0.7～1.3厘米（图3-7-8，5）。

鼎足 1件。

B01：1，夹粗砂红陶，红胎，素面。残高5.4厘米（图3-7-8，8）。

采集陶片纹饰见图3-7-9。

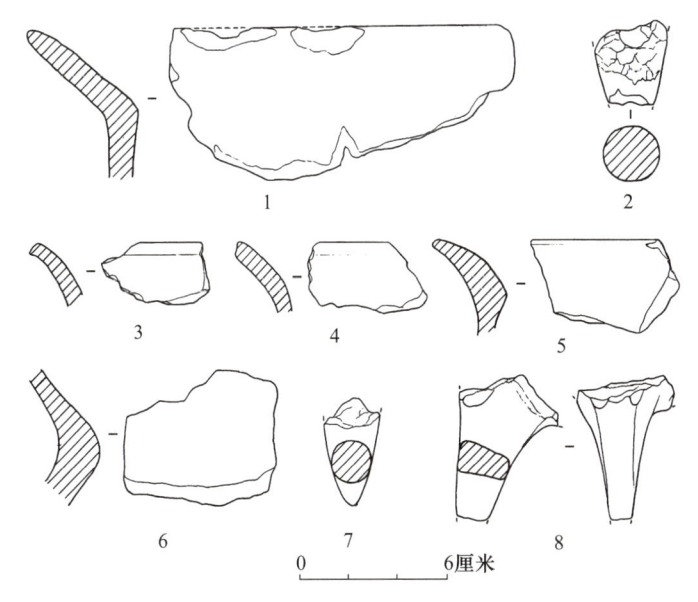

图3-7-8 东夏庄遗址采集遗物

1、6. 甗（B01：3、A02：1） 2、7. 鬲足（D01：3、B01：2）
3～5. 口沿（B01：7、A01：3、E01：1） 8. 鼎足（B01：1）

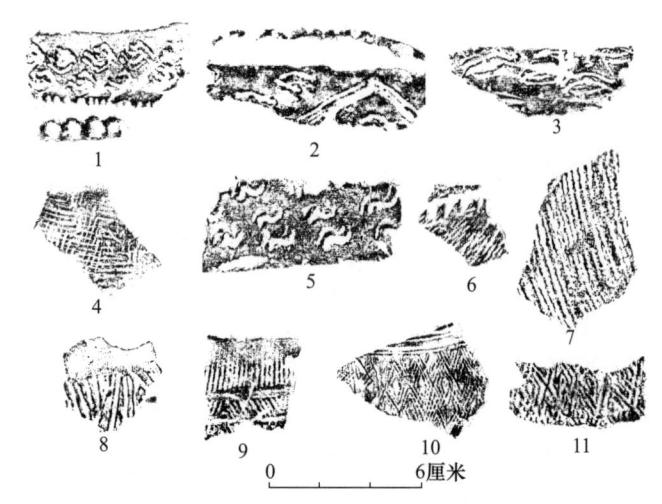

图 3-7-9 东夏庄和张家甸遗址采集陶片纹饰
1～3、5、8. 刻划纹（张 C01：3、张 A02：7、张 D02：5、张 C01：2、张 A01P1H1：8） 4. 复线回纹（东 B01：4） 6. 戳印绳纹（东 A01：2） 7、9. 绳纹（张 E02：2、东 B01：2） 10、11. 复线菱纹（东 D01：1、张 B03：3）

四、张家甸遗址

1. 遗址概况（081211DTXSZJD）

位于新市镇张家甸村东南，椭圆形台地，长轴为东西向，东高西低，海拔 14.6 米，高出地表约 7 米，遗物分布面积约 23000 平方米。在台地上部有圆形土墩，应是周代人类活动形成的。遗址位于丹阳湖北岸，山前冲积平原上，紧邻五里河，河自西南—东北绕遗址而过，周围均较低洼开阔。东部临河部分遭水流侵蚀，破坏较严重，东南部墩上有盗洞。包含新石器和西周两个时期的遗存（图 3-7-10；图版 44，1）。在遗址的东南角清理了一处剖面，这里的堆积都是新石器时代形成，显示靠河地带是扔垃圾的区域，文化层厚大于 3 米，堆积情况如下（图 3-7-11；图版 44，2）：

P1①：耕土，灰黄色，疏松。厚约 0.15 米。坡状堆积，含近代砖瓦。

P1②：黄褐色土，较致密。厚约 0.6 米。坡状堆积，含有骨头、蚌壳、陶片。

H1①：灰褐色土，较硬，多孔。厚大于 1.15 米。锅底形堆积，含较多陶片、蚌壳和骨头。

H1：锅底形坑，暴露口径长度 9.5 米，自深大于 1.15 米。

2. 聚落

包含两个时期的聚落，马家浜文化早中期的聚落为姑溪河流域目前发现最早的新石器时代聚落，面积约 23000 平方米。从 P1②层和 H1 填土内均浮选出不成熟水稻颗粒，根据测年的结果来看，H1 内水稻的年代为公元前 5000～前 4830 年，P1②层内水稻的测年结果为公元前 4550～前 4440 年。结合遗物来看，较多网坠的存在说明当时渔猎经济仍存在。新石器时代末期仅一处采集点，面积 400 平方米，周代的聚落面积也为 400 平方米，是在新石器时代遗址之上又形成墩型的聚落遗址，说明周代时水位的上升（图 3-7-10）。

3. 遗物

采集遗物有陶器和石器，陶片主要为夹蚌夹植物红陶，外红内黑。此外还有网坠、石杵和石锛（图版 65）。

釜　31 件。

A01P1③：2，夹蚌褐陶，褐胎，附加堆纹腰沿。残高 5.2、厚 1.0 厘米（图 3-7-12，1；图版 65，6 左）。

A01P1③：3，夹蚌褐陶，褐胎，附加泥片状腰沿。残高 4.7、厚 0.8～1.7 厘米（图 3-7-12，2；图版 65，6 右）。

A01H1①：1，夹炭褐陶，黑胎，附加泥条把手。长 3.8、厚 0.8 厘米（图 3-7-12，5；图版 65，1）。

A01H1①：6，夹砂褐陶，灰褐胎，饰一周附加堆纹。长 6.3、厚 0.7 厘米（图 3-7-12，11；图版 65，2 下左）。

A01H1①：5，夹蚌褐陶，褐胎，附加一周泥条腰沿，腰沿上刻划锯齿纹。残高 4、厚 0.6 厘米（图 3-7-12，9）。

A01H1①：2，夹蚌褐陶，褐胎。锯齿状附加堆纹腰沿。残高 3.8、厚 0.8 厘米（图 3-7-15，10；图版 65，3）。

A01H1①：10，夹蚌褐陶，褐胎，附加泥条腰沿。残高 3.8、厚 0.7～1.1 厘米（图 3-7-12，7）。

A01H1①：11，夹蚌褐陶，褐胎，附加泥片腰沿。残高 3.3、厚 0.6 厘米（图 3-7-12，6）。

A01H1①：12，夹细砂红陶，灰褐胎，附加泥条腰沿。残高 1.9、厚 0.5 厘米（图 3-7-12，8；图版 65，2 上左）。

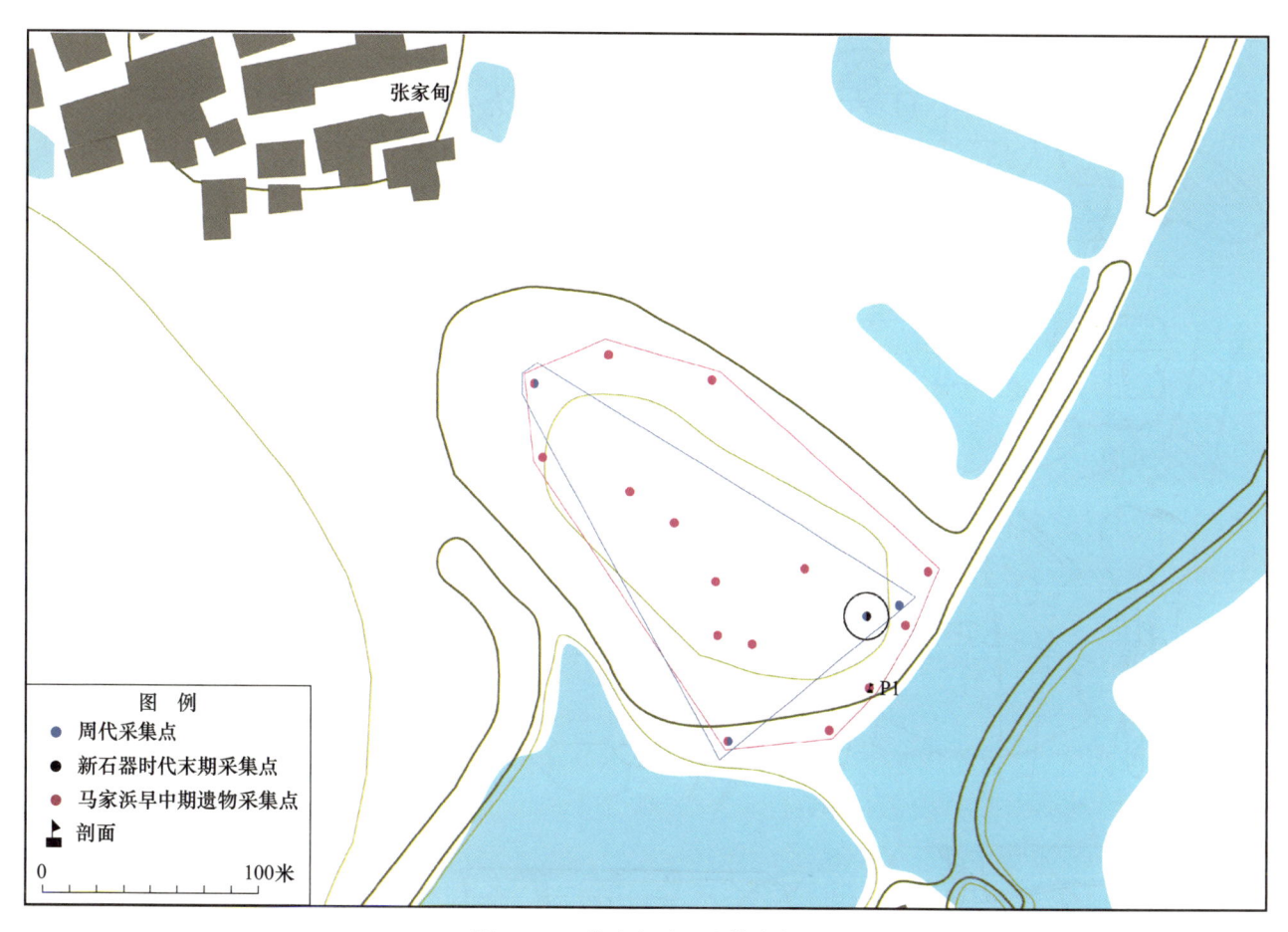

图 3-7-10　张家甸遗址聚落分布图

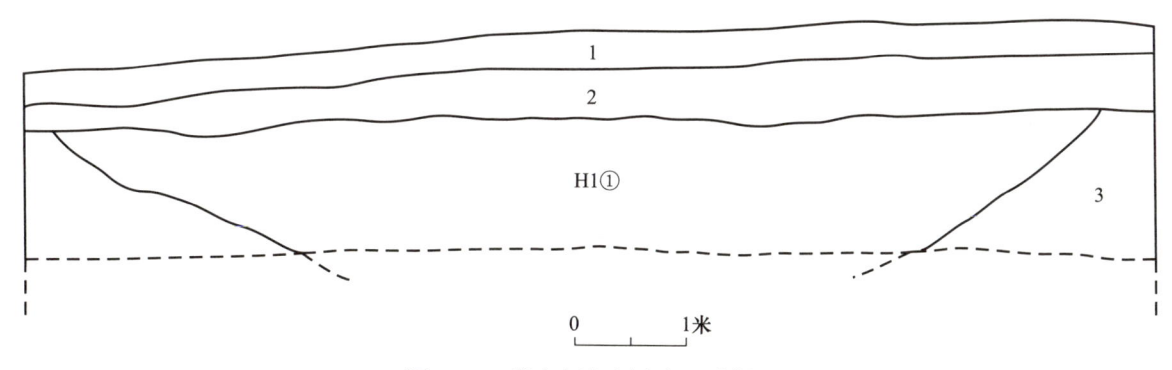

图 3-7-11　张家甸遗址剖面 P1 示意图

A02：7，夹蚌红陶，褐胎，锯齿状附加堆纹腰沿，并刻划有折线和水波纹。残高 5.5、厚 0.8~1.3 厘米（图 3-7-14，2；图版 65，8 左）。

A02：8，夹蚌红陶，外红内黑，灰胎，内壁有突出的一周宽沿。残高 3.2、厚 1 厘米（图 3-7-15，9；图版 65，8 右）。

A03：4，夹蚌红陶，外红内黑，褐胎，敞口，沿外有附加堆纹鸡冠状耳。残高 3.7、厚 0.7 厘米（图 3-7-15，6）。

A03：7，釜残片，夹蚌红陶，红胎，刻划双 S 纹，并附加腰沿。残高 5.4、厚约 0.8 厘米（图 3-7-14，1）。

C01：1，夹蚌红陶，外红内黑，褐胎，外壁一周附加泥条腰沿，釜内有一周突出的沿，应是箅托。残高 6.6、厚 0.9 厘米（图 3-7-14，8）。

C01：2，夹蚌红陶，红胎，附加泥片腰沿，饰双 S 刻划纹。残高 4.7、厚 0.8 厘米（图 3-7-14，5）。

C01：3，夹蚌褐陶，褐胎，锯齿状附加堆纹腰沿，附加花边状把手。残高 5.1、厚 0.6~1.8 厘米（图 3-7-14，4）。

C01：4，夹蚌红陶，外红内黑，红胎，附加条形把手。残高 3.8、厚 0.8 厘米（图 3-7-16，8）。

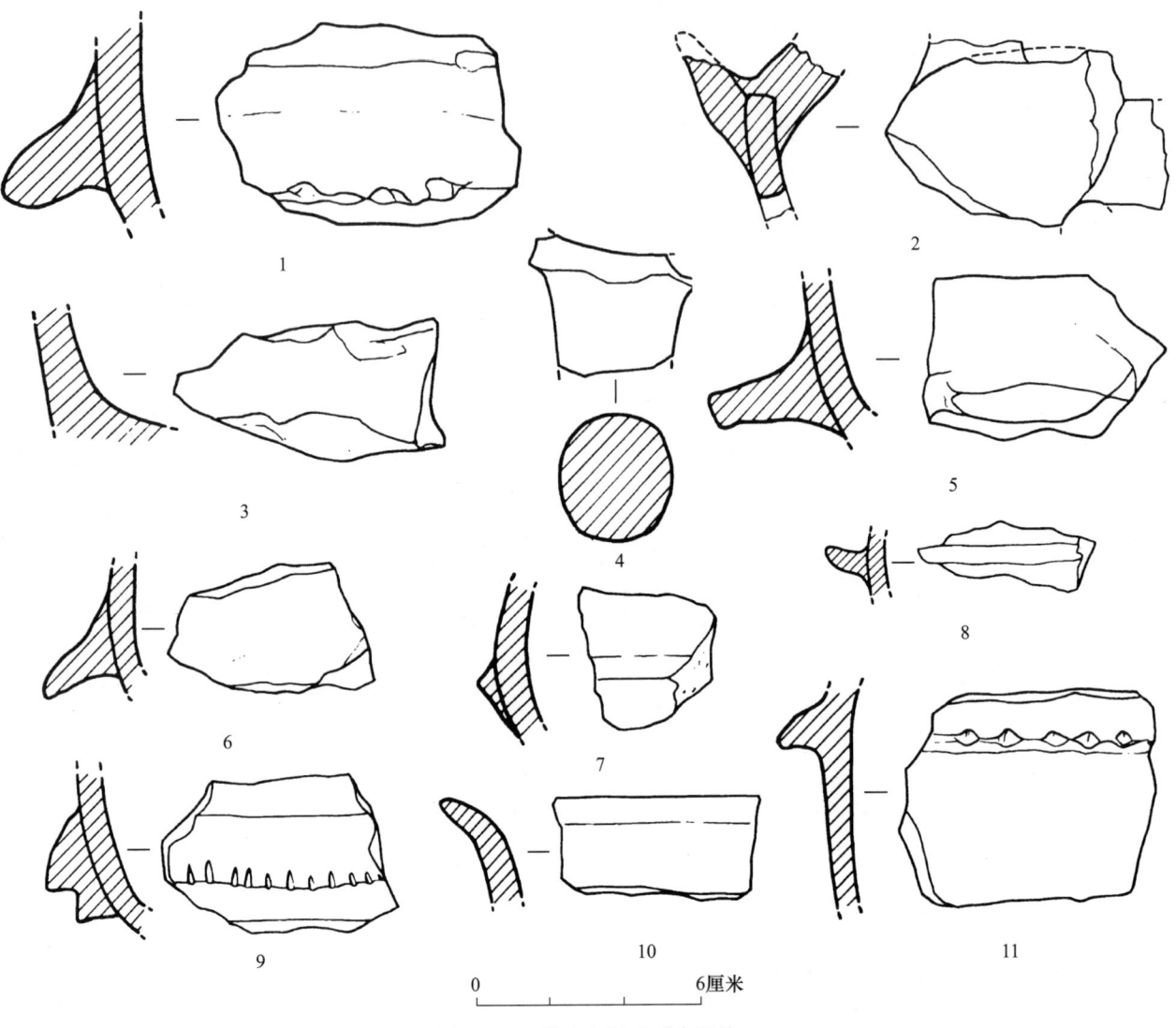

图 3-7-12 张家甸遗址采集遗物

1、2、5~9、11. 釜（A01P1③：2、A01P1③：3、A01H1①：1、A01H1①：11、A01H1①：10、A01H1①：12、A01H1①：5、A01H1①：6） 3. 器底（A01H1①：6） 4. 把手（A01P1③：1） 10. 口沿（A01H1①：4）

C01：7，夹蚌红陶，外红内黑，褐胎，饰锯齿状附加堆纹腰沿。残高 5、厚 0.6 厘米（图 3-7-14，7）。

C02：1，腰沿，夹蚌褐陶，褐胎。附加一周窄条腰沿。残高 3.6、厚 0.3 厘米（图 3-7-16，7）。

C02：2，夹蚌红褐陶，褐胎，腹外附加泥条把手。残高 6.3、厚 0.8 厘米（图 3-7-16，1）。

C02：3，夹蚌红褐胎，红胎，腹部一周窄条附加堆纹腰沿，上腹有刻划纹。残高 3~6、厚 0.8~1.2 厘米（图 3-7-15，5）。

D01：2，夹蚌红陶，红胎，胎质疏松，腹部一周附加泥条腰沿。残高 3.6、厚 0.6 厘米（图 3-7-15，1）。

D01：3，夹蚌红褐陶，褐胎，饰宽片状腰沿。残高 5、厚 1 厘米（图 3-7-17，5）。

D02：3，夹蚌红陶，外红内黑，褐胎，饰宽片状腰沿。残高 6.5、厚 0.9 厘米（图 3-7-17，3）。

D02：4，夹蚌褐陶，褐胎，窄条形錾手。残高 8.4、厚 0.9 厘米（图 3-7-17，2）。

D02：5，夹蚌红陶，外红内黑，红胎，附加泥片腰沿，饰双线菱形刻划纹。残高 3.6、厚 1.1~1.4 厘米（图 3-7-14，6）。

D02：6，夹蚌红褐陶，褐胎，附加宽泥片状腰沿。残高 5.4、厚 0.8 厘米（图 3-7-15，8）。

D02：9，夹蚌褐陶灰胎，饰刻划纹。残高 6、厚 0.6~1.2 厘米（图 3-7-14，3）。

E01：1，夹蚌红陶，外红内黑，褐胎，饰一周附加堆纹腰沿。残高 7.9、厚 0.6 厘米（图 3-7-17，1）。

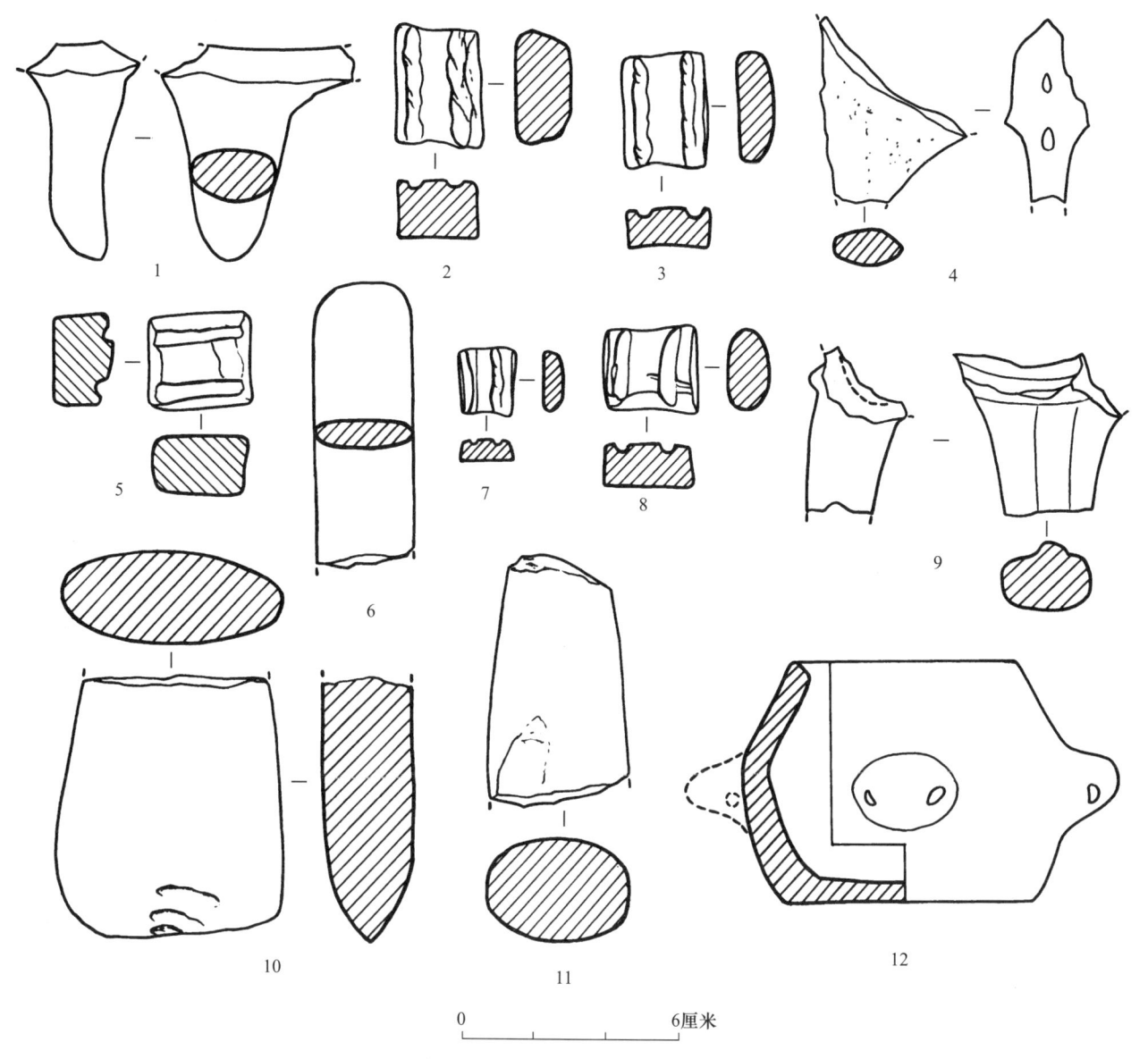

图 3-7-13 张家甸遗址采集遗物
1、4、9. 器足（A03：6、A03：5、B03：2） 2、3、5、7、8. 网坠（C01：8、C01：9、A02：4、B04：1、E04：1）
6. 石研磨棒（A02：1） 10、11. 石斧（D01：1、D02：1） 12. 三系罐（D02：2）

E03：1，夹蚌红褐陶，褐胎，饰锯齿状附加堆纹腰沿。残高 2.5、厚 0.6 厘米（图 3-7-15，3）。

E04：2，夹蚌红陶，外红内黑，红胎，饰附加堆纹腰沿。残高 4、厚 0.8 厘米（图 3-7-16，6）。

器底 1件。

A01H1①：6，夹植物红陶，红胎。残高 3.4 厘米（图 3-7-12，3）。

把手 1件。

A01P1③：1，夹蚌褐陶，褐胎，柱形。残长 3 厘米（图 3-7-12，4）。

口沿 5件。

A01H1①：4，夹蚌褐陶，褐胎，素面。残高 3、厚 0.8 厘米（图 3-7-12，10）。

A02：5，夹蚌红陶，褐胎，素面。残高 5、厚 0.8 厘米（图 3-7-16，2）。

A03：2，夹蚌红陶，红胎，敞口，素面。残高 3.4、厚 0.7 厘米（图 3-7-16，5）。

A03：3，夹蚌红陶，红胎，敞口，素面。残高 5.4、厚 0.6 厘米（图 3-7-16，3）。

B05：1，泥质黑陶，褐胎，敛口，口外一周戳印纹。残高 3.2、厚 0.2~0.5 厘米（图 3-7-16，4）。

器足 3件。

图 3-7-14 张家甸遗址采集陶釜
1.A03:7 2.A02:7 3.D02:9 4.C01:3 5.C01:2 6.D02:5 7.C01:7 8.C01:1

A03:6，夹蚌红陶，红胎，舌形足，足尖外撇，素面。残高 6 厘米（图 3-7-13，1）。

A03:5，夹蚌红陶，褐胎，装三角形，足跟处两侧有刻槽。残高 4.8 厘米（图 3-7-13，4）。

B03:2，夹粗砂褐陶，褐胎，附加条形堆纹。残高 4.2 厘米（图 3-7-13，9）。

网坠 5 件。

C01:8，泥质红陶，红胎，器身一面有压印的两条平行凹槽。长 3.4、宽 2.3、厚 1.5 厘米（图 3-7-13，2；图版 65，7 左二）。

C01:9，泥质红陶，红胎，器身一面有压印的两条平行凹槽。长 3.2、宽 2.3、厚 1.1 厘米（图 3-7-13，3；图版 65，7 右一）。

A02:4，泥质红陶，红胎，器身一面有压印的两条平行凹槽。长 2.8、宽 2.2、厚 1.7 厘米（图 3-7-13，5；图版 65，7 左一）。

B04:1，泥质红陶，红胎，器身一面有压印的两条平行凹槽。长 1.7、宽 1.6、厚 0.5 厘米（图 3-7-13，7）。

第三章 调查材料

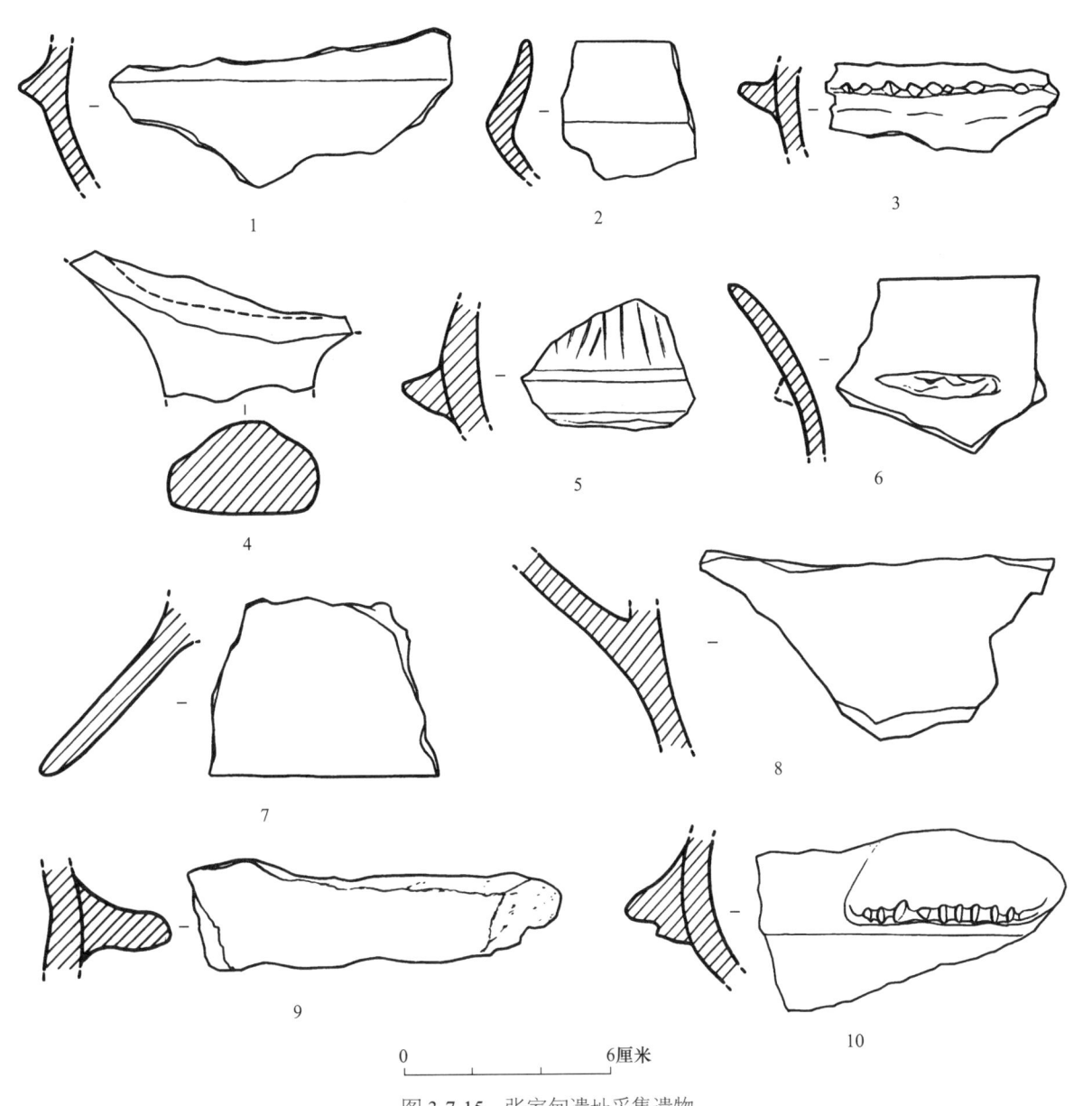

图 3-7-15 张家甸遗址采集遗物
1、3、5、6、8～10. 釜（D01：2、E03：1、C02：3、A03：4、D02：6、A02：8、A01H1①：2） 2. 豆（B05：2）
4. 鼎足（E03：3） 7. 圈足（E01：3）

E04：1，泥质红陶，红胎，器身一面有压印的两条平行凹槽。长2.4、宽2.2、厚1厘米（图3-7-13，8）。

石研磨棒　1件。

A02：1，长条形，体扁平，通体粗磨。长7.6、厚0.8厘米（图3-7-13，6；图版65，5右）。

石斧　2件。

D01：1，梯形，横断面为椭圆形，通体磨光，刃部有使用痕迹。残长6.9、宽6.6、厚2.5厘米（图3-7-13，10；图版65，5左）。

D02：1，梯形，横断面为椭圆形，磨制。残长6.5、宽3.8、厚2.7厘米（九五，11）。

三系罐　1件。

D02：2，夹蚌褐陶，褐胎，敛口，鼓腹，平底，素面。口径6.2、底径7、残高6.4、厚0.5厘米（图3-7-13，12；图版65，4）。

豆　2件。

B05：2，泥质黑陶，褐胎，敛口，素面。厚0.4~0.8厘米（图3-7-15，2）。

B05：1，泥质黑陶，褐胎，敛口，素面。厚0.3~0.5厘米（图3-7-16，9）。

· 149 ·

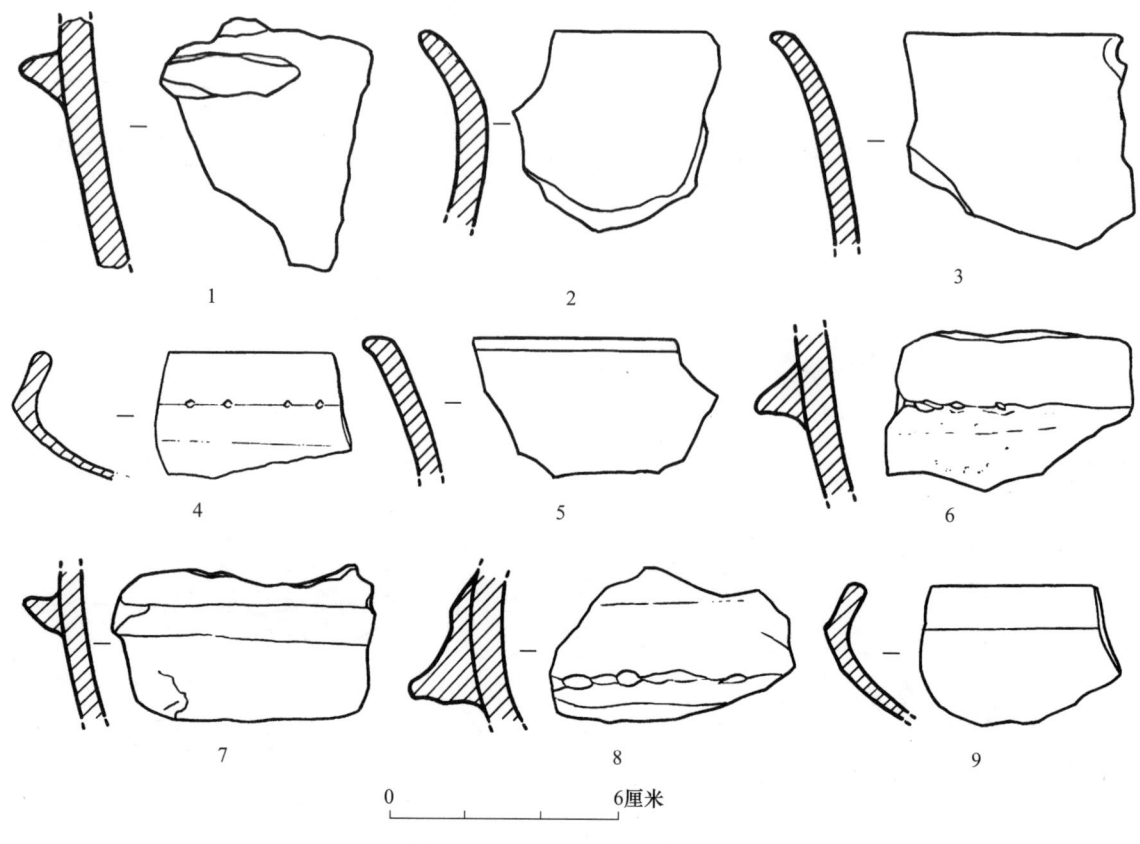

姑溪河—石臼湖流域先秦时期聚落考古调查与研究

图 3-7-16 张家甸遗址采集遗物
1、6~8.釜（C02：2、E04：2、C02：1、C01：4） 2~5.口沿（A02：5、A03：3、B05：1、A03：2） 9.豆（B05：1）

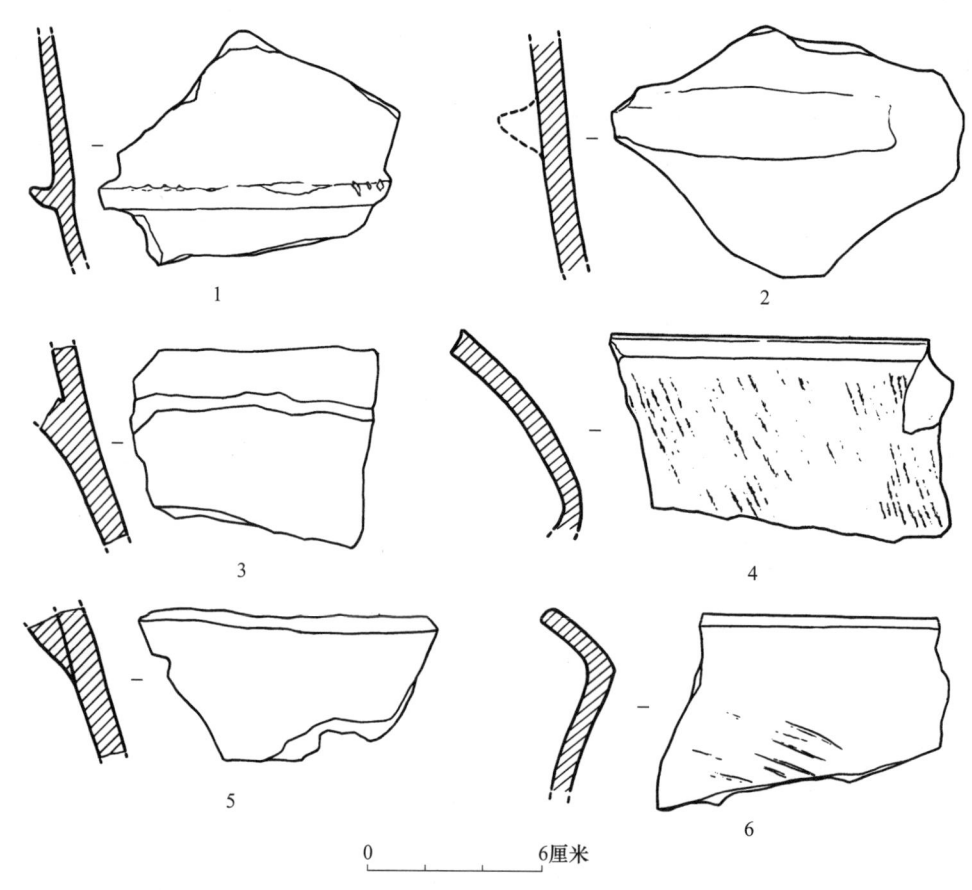

图 3-7-17 张家甸遗址采集遗物
1~3、5.釜（E01：1、D02：4、D02：3、D01：3） 4.罐（A02：2） 6.鬲（B03：1）

· 150 ·

鼎足　1件。

E03：3，夹蚌红陶，红胎，素面。残高 4.5 厘米（图 3-7-15，4）。

圈足　1件。

E01：3，夹蚌褐陶，褐胎，素面。残高 5 厘米（图 3-7-15，7）。

鬲　1件。

B03：1，夹细砂褐陶，褐胎，胎内含砂量极大，折沿，侈口，器表有刮抹痕迹。厚 0.6 厘米（图 3-7-17，6）。

罐　1件。

A02：2，罐，泥质褐陶，灰胎，宽折沿，绳纹。厚 0.8 厘米（图 3-7-17，4）。

五、戎塘遗址

1. 遗址概况（0812DTXSRT）

位于新市镇戎塘村北部，海拔 10.2 米，高出周围地表约 1.5 米。遗址坐落在山前岗地的近河边缘向平原过渡的低丘上，丘顶有近椭圆形墩型遗址，遗址西部被进戎家村的土路破坏，且地势渐低并辟为水田。西部临一条南北向的河，此河在五里桥处注入五里。现在戎家村所在地，也为两处椭圆形台地，高出周围 2～3 米，但被村庄覆盖，未采集到遗物也未发现遗迹现象（图 3-7-18；图版 45，1）。

2. 聚落

包含三个时期的聚落，新石器时代末期的聚落面积约 4100 平方米，湖熟文化时期的聚落面积约 7400 平方米，周代的聚落面积约 15000 平方米。各期聚落都靠近河边分布。

3. 遗物

口沿　1件。

E02：1，夹粗砂褐陶，褐胎，敛口，口外有鋬手，素面。厚 1～1.8 厘米（图 3-7-19，1）。

鬲足　2件。

B01：1，夹粗砂红陶，红胎，尖锥形足，素面。残高 5.7 厘米（图 3-7-19，2）。

C01：1，夹粗砂红陶，红胎，尖锥形足，素面。残高 4.4 厘米（图 3-7-19，3）。

鼎足　2件。

C01：2，夹粗砂褐陶，红胎，双目锥形足。残高 4.3 厘米（图 3-7-19，4）。

B01：2，夹粗砂褐陶，褐胎，侧装，侧面有四个按窝。残高 9.4 厘米（图 3-7-19，6）。

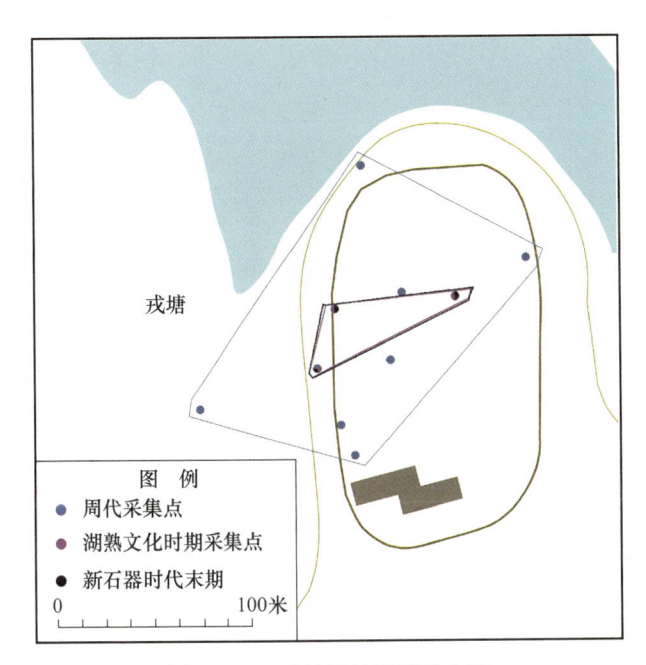

图 3-7-18　戎塘遗址聚落分布图

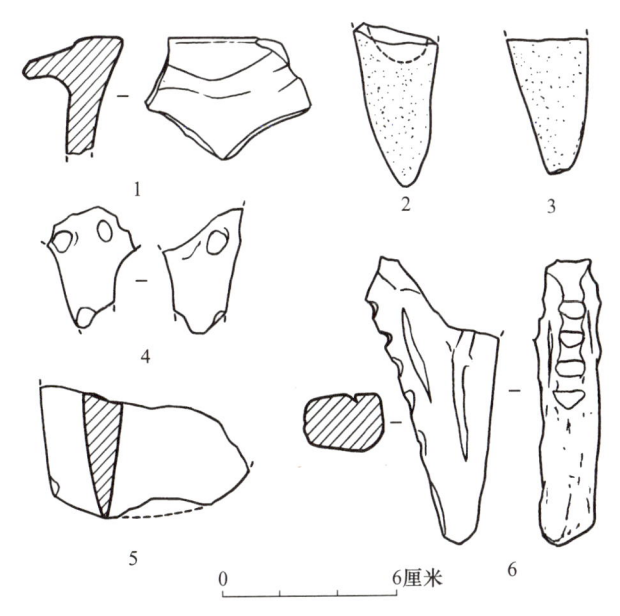

图 3-7-19　戎塘遗址采集遗物

1. 口沿（E02：1）　2、3. 鬲足（B01：1、C01：1）　4、6. 鼎足（C01：2、B01：2）　5. 石斧（E01：1）

石斧 1件。

E01：1，灰色，双面刃，刃部残断，精磨。残高4.4厘米（图3-7-19，5）。

第八节 Ⅷ区博望河流域（博望镇）

此区域位于石臼湖北岸，遗址多分布在博望河支流的河谷内，尤其是山前岗地的边缘地带。姑溪河流域最大的土墩墓群就在北部横山的长条状山岗上。共发现遗址7处，其中新石器时代末期聚落2处，湖熟文化时期聚落1处，周代聚落8处。这些遗址的海拔在10.5～52米之间，土墩墓地位于海拔最高的山岗上。由于这个区域的山岗间缺乏开阔的河谷平原，遗址的数量相对较少（图3-8-1）。

一、小村遗址

1. 遗址概况（081226DTBWXC）

位于博望镇花园村西南，独立的椭圆形土墩，面积约10000平方米，遗物分布面积约6300平方米，海拔10.5米，高出地表约2米。土墩位于博望河支流Y形河流交汇的三角区内，西南高，东北较低，西侧3000米为横山，东侧、南侧有河流自东北向西南流经，对岸是山前岗地地貌。遗址被现代村落覆盖，保存较好，主要包含西周到东周时期遗存（图3-8-2；图版45，2）。

2. 聚落

含马家浜文化晚期的采集点一处，聚落面积400平方米，周代的聚落面积为6300平方米（图3-8-2）。

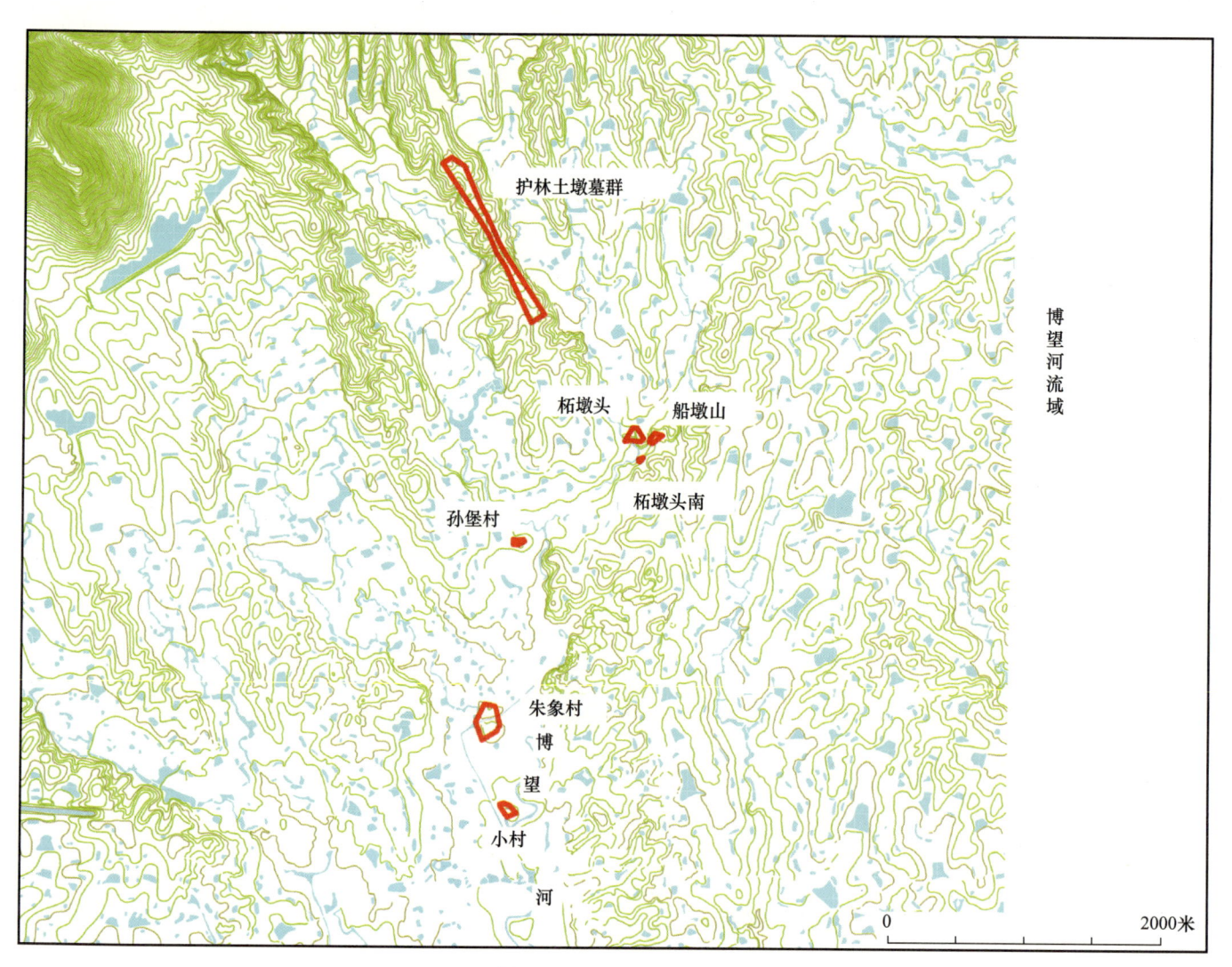

图3-8-1 Ⅷ区遗址分布图

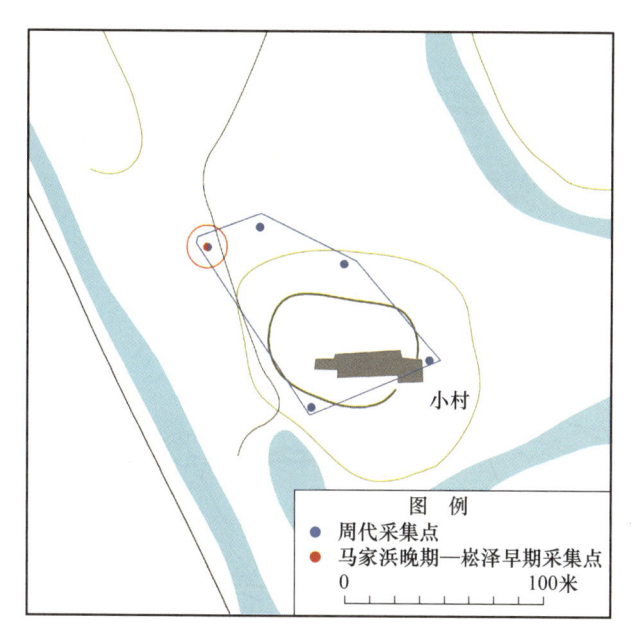

图 3-8-2 小村遗址聚落分布图

3. 遗物

罐　3件。

B01：1，泥质灰陶，褐胎，素面，内壁有轮修痕迹。厚 0.6 厘米（图 3-8-3，1）。

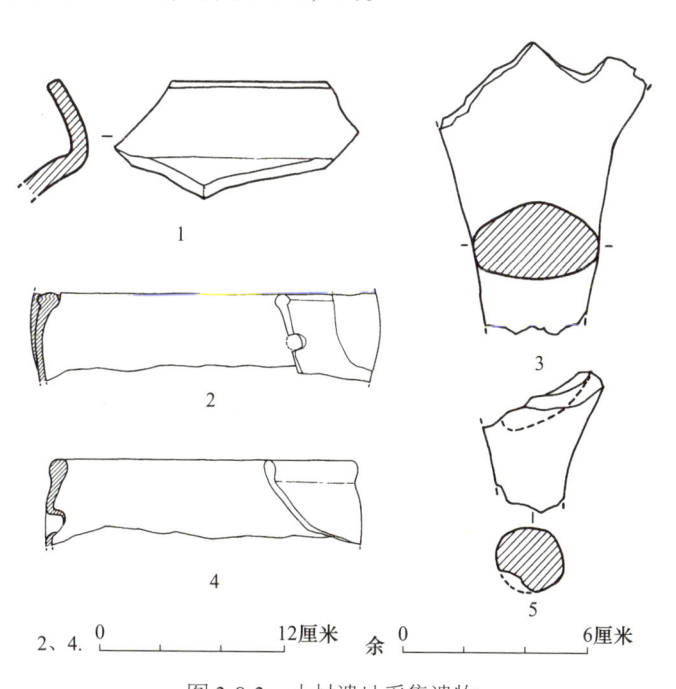

图 3-8-3　小村遗址采集遗物
1、2、4. 罐（B01：1、B03：3、B03：2）3. 鼎足（B03：1）5. 鬲足（A01：1）

B03：3，夹粗砂红陶，灰胎，胎内含小石子，敛口，口部有一处镂孔，素面，口部还有附加泥片，似为提梁。复原口径 22.4、残高 5.6 厘米（图 3-8-3，2）。

B03：2，夹粗砂红陶，红胎，敛口，口部有一处镂孔，素面。复原口径 20、残高 5.2 厘米（图 3-8-3，4）。

鼎足　1件。

B03：1，夹粗砂红陶，褐胎，扁柱形足，素面。残高 9.4 厘米（图 3-8-3，3）。

鬲足　1件。

A01：1，夹细砂褐陶，灰胎，柱形足，素面。残高 4.4 厘米（图 3-8-3，5）。

采集陶片纹饰见图 3-8-4。

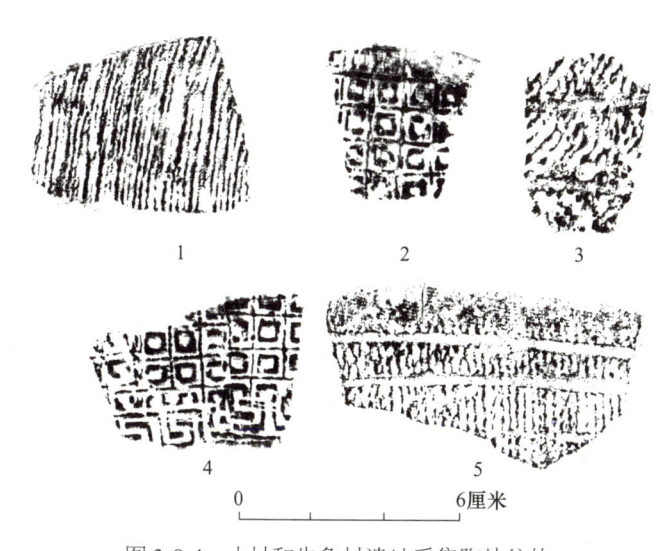

图 3-8-4　小村和朱象村遗址采集陶片纹饰
1. 绳纹（朱 D03：2）2. 回纹（朱 D01：2）3、5. 弦断绳纹（小 F02：2、朱 D03：1）4. 回纹和云雷纹（小 B01：2）

二、朱象村遗址

1. 遗址概况（081226DTBWZXC）

位于博望镇朱象村所在地，近圆形土墩，海拔 12.8 米，相对高度 4 米，遗物分布面积约 30000 平方米。属于河谷平原地貌，墩子西部较陡，东部较缓，中部被一条东西向水渠拦腰截断，分成南北两部分。东临博望河，现在河道已经很窄。遗址保存较好，包含新石器末期、湖熟文化时期和西周三个时期的遗存（图 3-8-5；图版 46，1）。清理剖面一处，堆积情况如下（图 3-8-6；图版 46，2；图版 66，4~8；图版 67，4、5）：

P1①：灰黄土，耕土，水平状堆积。厚约 0.3 米。

P1②：灰黄土，硬，含烧土颗粒。厚约 0.47 米。

P1③：灰红土，坚硬，含烧土颗粒，粒径约 0.6 厘米。未清理到底。

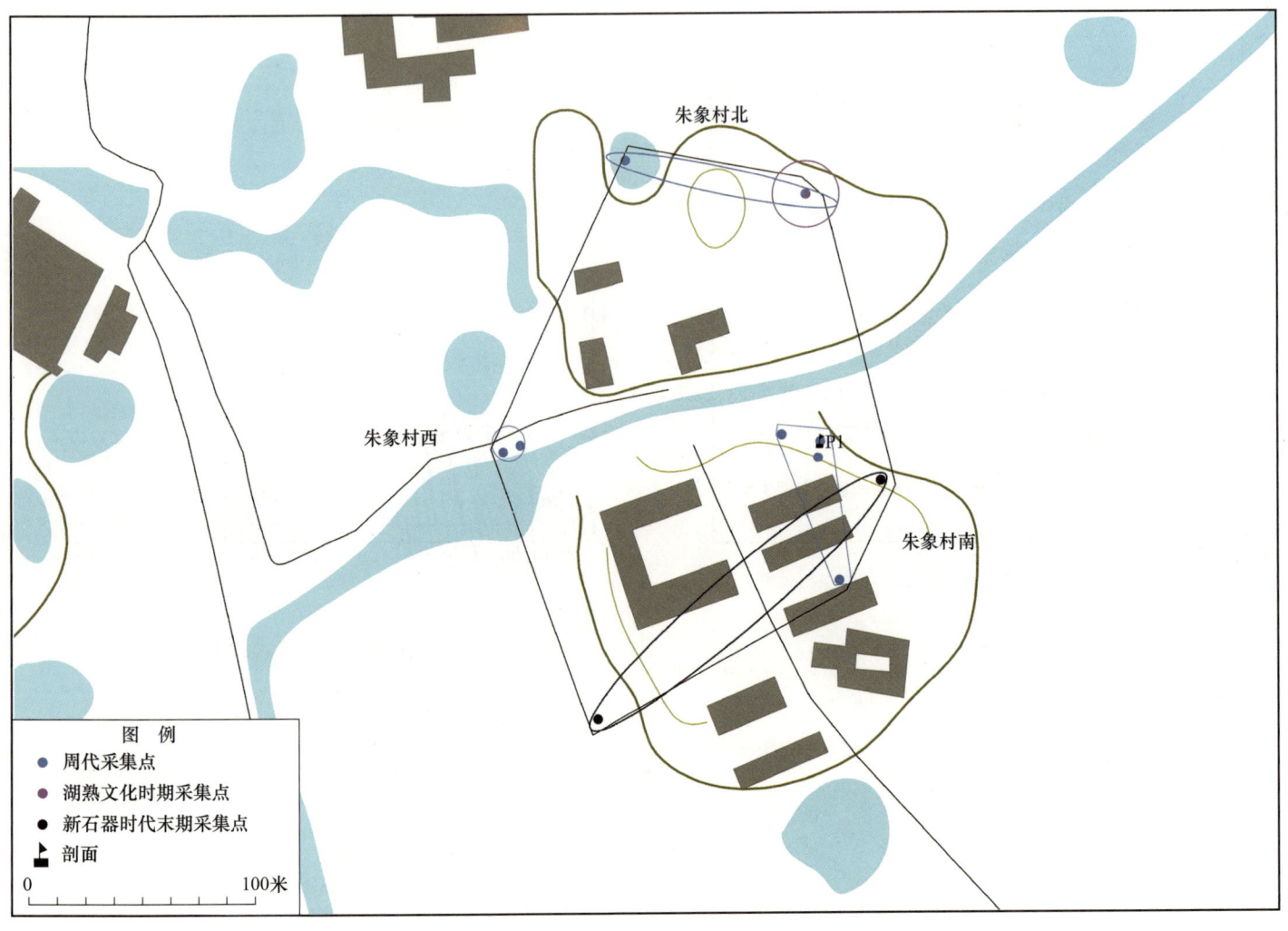

图 3-8-5　朱象村遗址聚落分布图

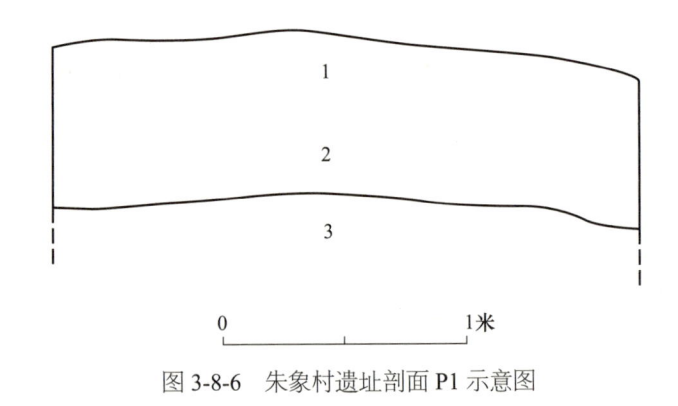

图 3-8-6　朱象村遗址剖面 P1 示意图

2. 聚落

遗址包含三个时期的聚落。新石器代末期的采集点有 2 处，均位于遗址南端，聚落面积 3000 平方米；湖熟文化的采集点一处，位于遗址的东北角；周代的聚落可以分成三个，北部的为 1000 平方米，南部约为 1100 平方米，西部还有 2 处采集点距离太近，面积为 400 平方米（图 3-8-5）。

3. 遗物

鬲　1 件。

B03:1，夹细砂红陶，红胎，卷沿，口沿边有一周凹弦纹。残高 4.2、厚 0.5 厘米（图 3-8-7，1；图版 66，7 左）。

盆　2 件。

B01:1，夹细砂红陶，红胎，敛口，素面。厚 0.7 厘米（图 3-8-7，2）。

D03:1，泥质褐陶，红胎，腹部饰弦断绳纹。残高 8、厚 0.6 厘米（图 3-8-7，8；图版 67，5）。

甗　1 件。

B02:2，夹粗砂红陶，红胎，侈口，素面。残高 3.8、厚 0.4~0.8 厘米（图 3-8-7，3）。

口沿　3 件。

B02:1，夹细砂褐陶，红胎，卷沿，素面。厚 0.6 厘米（图 3-8-7，4）。

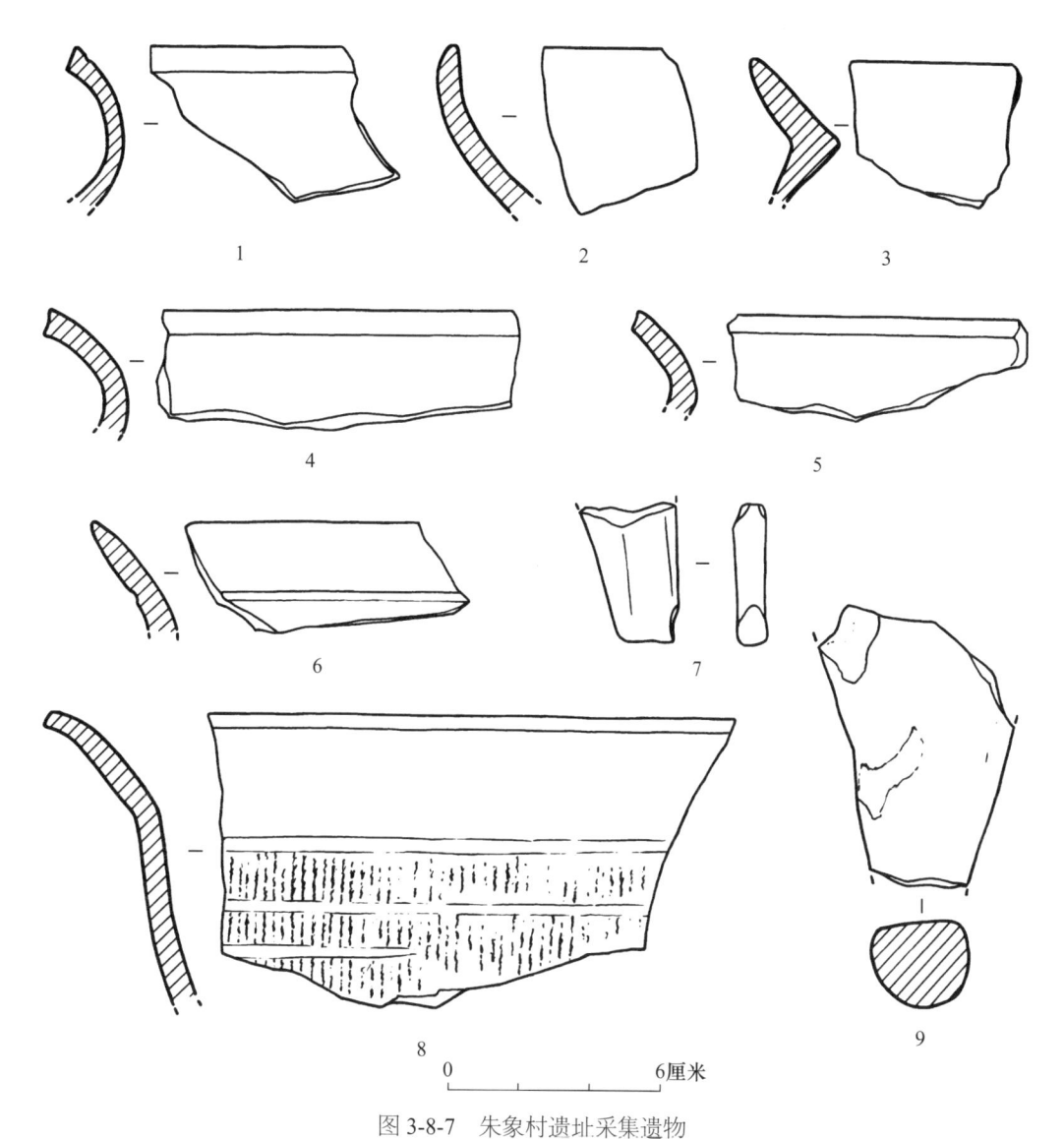

图 3-8-7　朱象村遗址采集遗物

1. 鬲（B03:1） 2、8. 盆（B01:1、D03:1） 3. 甗（B02:2） 4～6. 口沿（B02:1、A03:3、A03:2）
7. 鼎足（A03:1） 9. 鬲足（A02:1）

A03:3，夹细砂褐陶，红胎，折沿，素面。厚 0.6 厘米（图 3-8-7，5；图版 66，8 上右）。

A03:2，夹粗砂灰陶，灰胎，胎内含小石子，口外一周凹弦纹。厚 0.8 厘米（图 3-8-7，6；图版 66，8 下右）。

鼎足　1 件。

A03:1，夹细砂红陶，红胎，侧装扁足，足尖有捏痕。残高 3.9 厘米（图 3-8-7，7；图版 67，4）。

鬲足　1 件。

A02:1，夹粗砂红陶，红胎，锥柱形足，素面。残高 7.4 厘米（图 3-8-7，9）。

采集陶片纹饰见图 3-8-4。

三、孙堡村遗址

1. 遗址概况（081226DTBWSBC）

位于博望镇孙堡村东与张兰村之间。近圆形土墩，高出周围地表约 3 米，海拔 16 米，遗物分布面积约 2300 平方米。东部遭取土破坏，被分成两个墩子，南高北低。遗址位于山前岗地舌状边缘，东、北、西三面环山，仅南面较为开阔。清理了两处剖面，可见文化层厚度大于 1.5 米，遗址主要包含东周时期的遗存（图 3-8-8；图版 47，1；图版 67，6~8）。

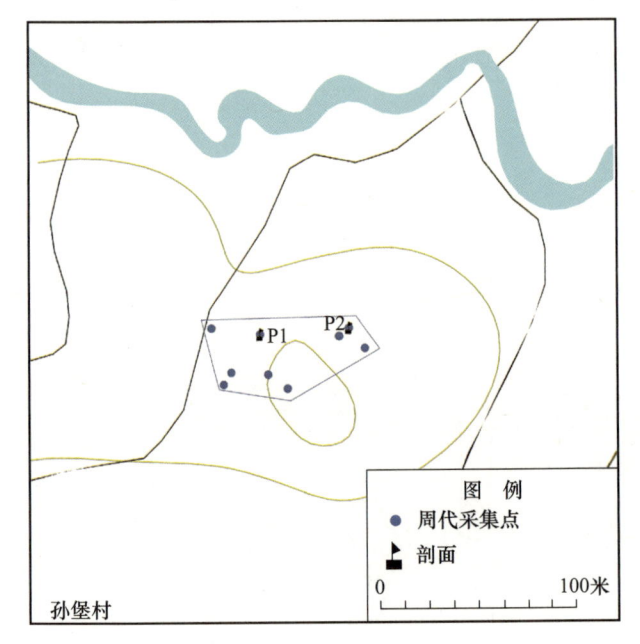

图 3-8-8　孙堡村遗址聚落分布图

剖面 P1 堆积情况如下（图 3-8-9；图版 47，2）。

P1 ①：耕土，黄灰色土。

P1 ②：灰褐色土，包含大量烧土块，未见出土物。最厚约 0.65 米，距地表深约 1 米。

P1 ③：黄褐色土，含少量烧土块，较纯净、未清理到底。

剖面 P2 堆积情况如下（图 3-8-10）。

P2 ①：耕土，灰黄色，水平堆积，厚约 0.3 米。

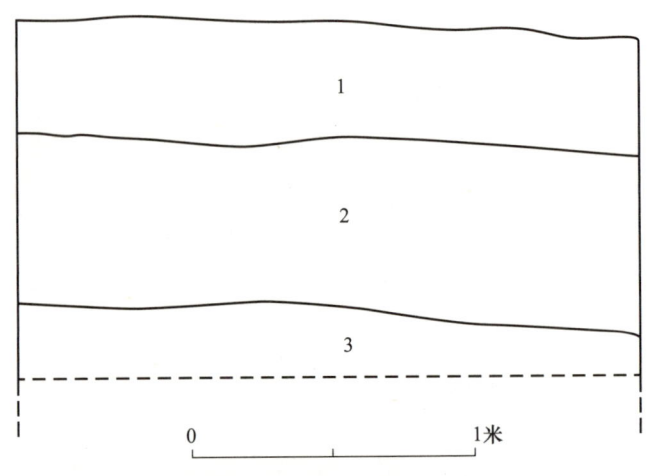

图 3-8-9　孙堡村遗址剖面 P1 示意图

H1 ①：黄灰花土，较硬，锅底状堆积，未清理到底。

H1：开口于 1 层下，打破 2~5 层。未清理至底，口大底小。

P2 ②：深灰黄土，坡状堆积。厚约 0.3 米。

P2 ③：红灰杂土，坡状堆积，含烧土和陶片。厚约 0.2 米。取有土样。

P2 ④：灰黑土，坡状堆积。厚约 0.2 米。

H2 ①：浅灰土，坑状堆积。

H2：开口于 4 层之下，打破第 5 层，未清理到底，斜壁坑。

P2 ⑤：红褐色花土，水平堆积。厚约 0.25 米（图 3-8-10）。

2. 聚落

遗址包含周代的聚落，聚落面积为 2700 平方米。

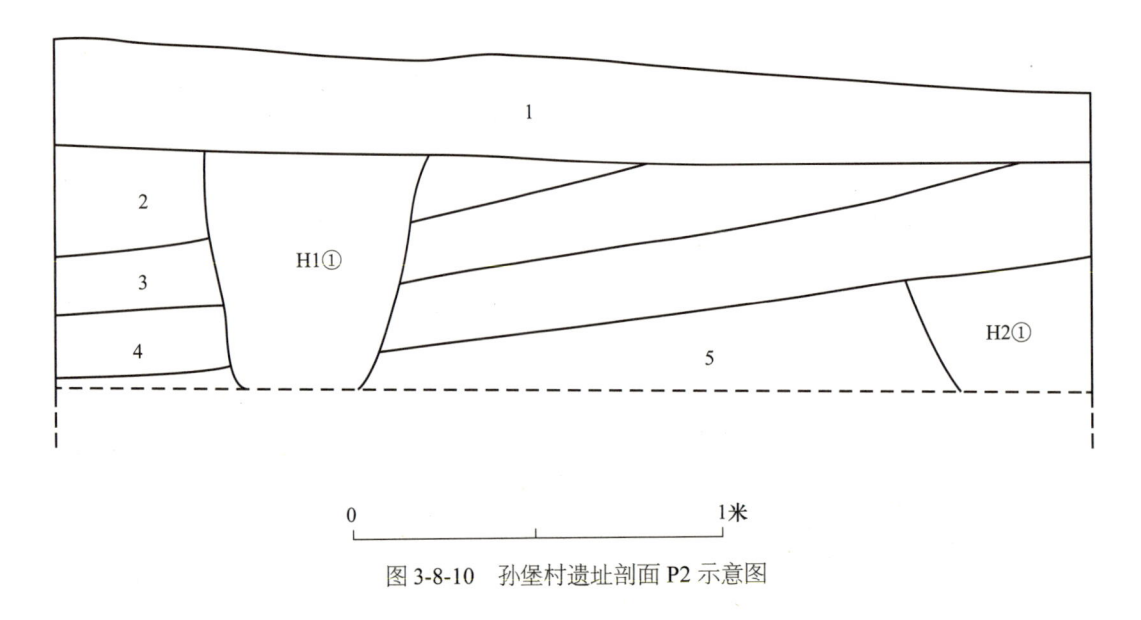

图 3-8-10　孙堡村遗址剖面 P2 示意图

· 156 ·

从 P2H1 的 7 升填土内浮选出 2 粒水稻、1 粒粟和 1 粒小麦。水稻的测年落入西周晚期的范围，说明当时的农业作物的多样性（图 3-8-8）。

3. 遗物

口沿　4 件。

E02∶2，夹粗砂褐陶，灰胎，素面，侈口、厚 0.2~1.4 厘米（图 3-8-11，1）。

E02∶1，夹粗砂褐陶，褐胎，素面，折沿、厚 0.6~1.2 厘米（图 3-8-11，2）。

E01∶3，夹粗砂褐陶，红胎，素面，折沿、厚 0.4~0.8 厘米（图 3-8-11，8）。

E02∶3，夹粗砂红陶，仅余折沿部分，残高 1.6 厘米（图 3-8-11，3）。

鬲足　4 件。

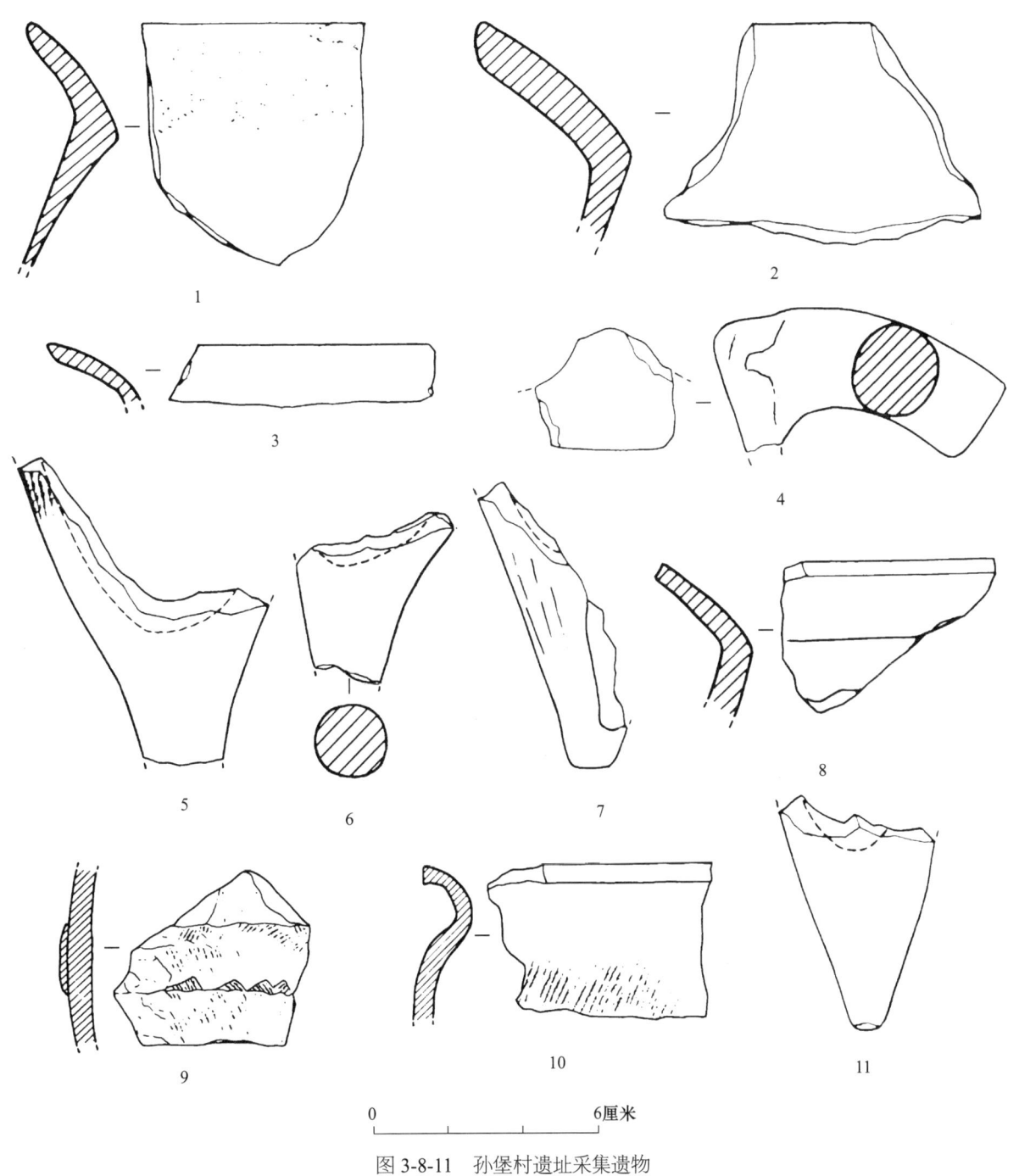

图 3-8-11　孙堡村遗址采集遗物

1~3、8. 口沿（E02∶2、E02∶1、E02∶3、E01∶3）　4. 把手（D02∶1）　5~7、11. 鬲足（E01∶2、A01∶2、B01∶1、E01∶1）
9、10. 罐（D03P2④∶1、D03P2③∶1）

A01：2，夹粗砂红陶，红胎，素面，柱形。残高4.4厘米（图3-8-11，6）。

B01：1，夹粗砂褐陶，褐胎，素面，近锥形，足身有竖向刮抹痕迹。残高8.2厘米（图3-8-11，7）。

E01：1，夹粗砂红陶，红胎，锥形足，素面。残高6.2厘米（图3-8-11，11；图版67，6右）。

E01：2，夹粗砂褐陶，红胎，足部素面，腹部绳纹，柱形。残高8厘米（图3-8-11，5；图版67，6左）。

罐　2件。

D03P2③：1，夹砂红陶，褐胎，饰绳纹和附加堆纹。卷沿、厚0.5厘米（图3-8-11，10；图版67，7左、8上左）。

D03P2④：1，红色泥质陶，红胎，饰附加堆纹。残高4.4厘米（图3-8-11，9；图版67，7右）。

把手　1件。

D02：1，夹细砂红陶，褐胎，素面（图3-8-11，4）。

四、柘墩头遗址

1. 遗址概况（081224DTBWZDT）

位于博望镇柘墩头村东南，华富路东侧，与船墩山相对。亚腰形土墩，腰部现在被水渠破坏，推测其原型接近圆形土墩，南高北低。遗址南部为山前岗地，此遗址原应与其相连，出于排水需求，先民把其与山岗断开，形成遗址四面环水的格局。现存的墩子被称为"瓜子墩"，高出地表约4.5米，海拔20米，墩子残存面积约2500平方米，遗物分布面积约8000平方米。位于博望河几条支流交汇处，沿河流两侧均为山前岗地。遗址已经有部分被破坏，地表采集的遗物有印纹硬陶和鼎足、夹砂陶罐等，包含新石器、西周到东周时期的遗存（图3-8-12；图版48，5）。

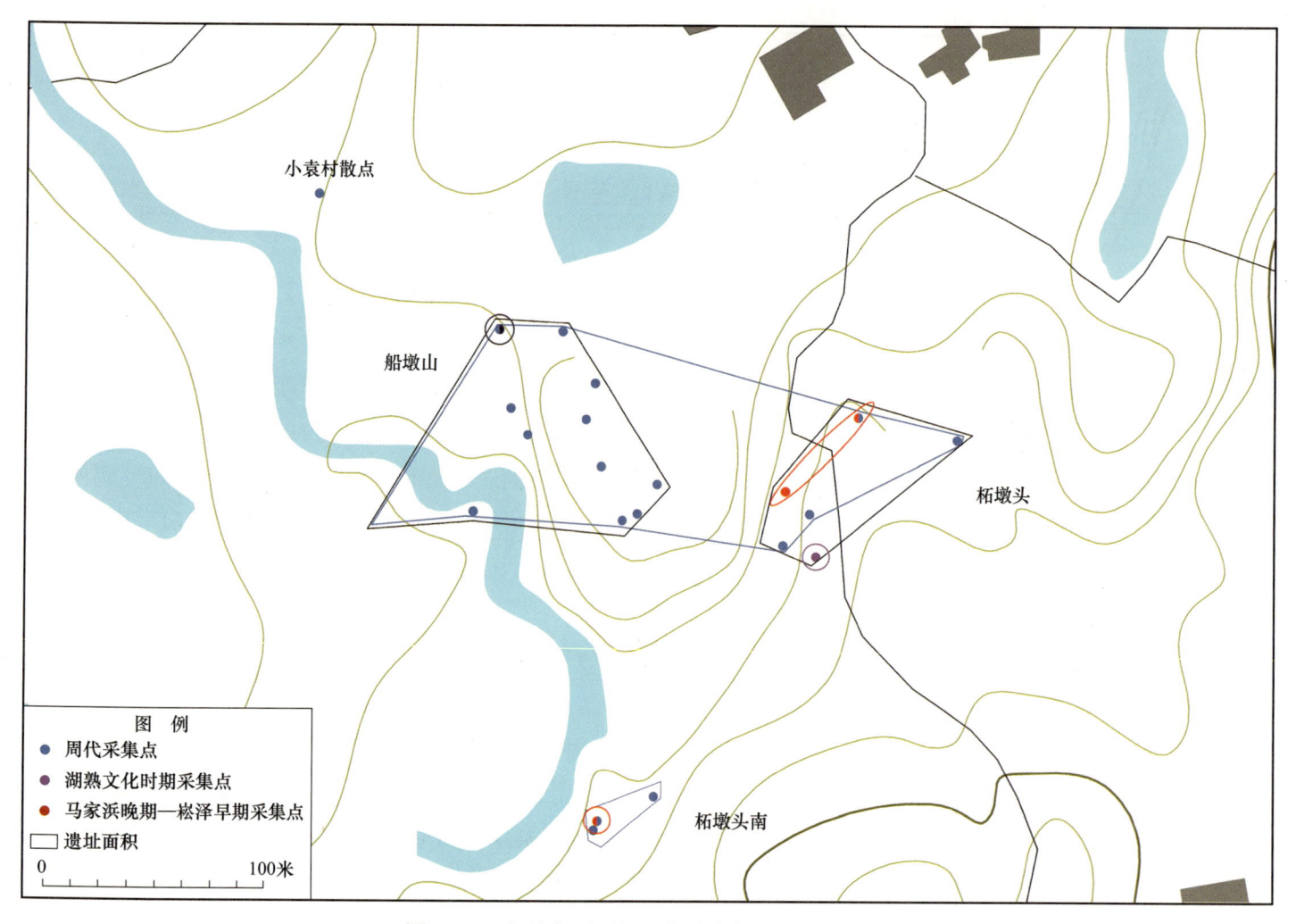

图3-8-12　柘墩头、船墩山和柘墩头南遗址聚落分布图

2. 聚落

包含四个时期的聚落，马家浜晚期崧泽早期两处采集点，面积约 7200 平方米。新石器时代末期的采集点仅一处。湖熟文化时期采集点一处，计聚落面积 400 平方米。周代时，聚落面积超过遗址本身，把东南部的船墩山遗址包含在内，总体聚落面积约 16000 平方米（图 3-8-12）。

3. 遗物

D04∶1，罐，粗泥红褐陶，红胎，素面。残高 4.6、复原口径 20 厘米（图 3-8-13，1）。

D02∶3，口沿，泥质红陶，红胎，敞口，素面。厚 0.5 厘米（图 3-8-13，2）。

D02∶1，鼎，夹细砂红陶，红胎，横装扁柱形足。残高 5.5 厘米（图 3-8-13，3）。

D01∶1，鬲足，夹砂红陶，红胎，锥柱形足，素面。残高 7.8 厘米（图 3-8-13，4）。

采集陶片纹饰见图 3-8-14。

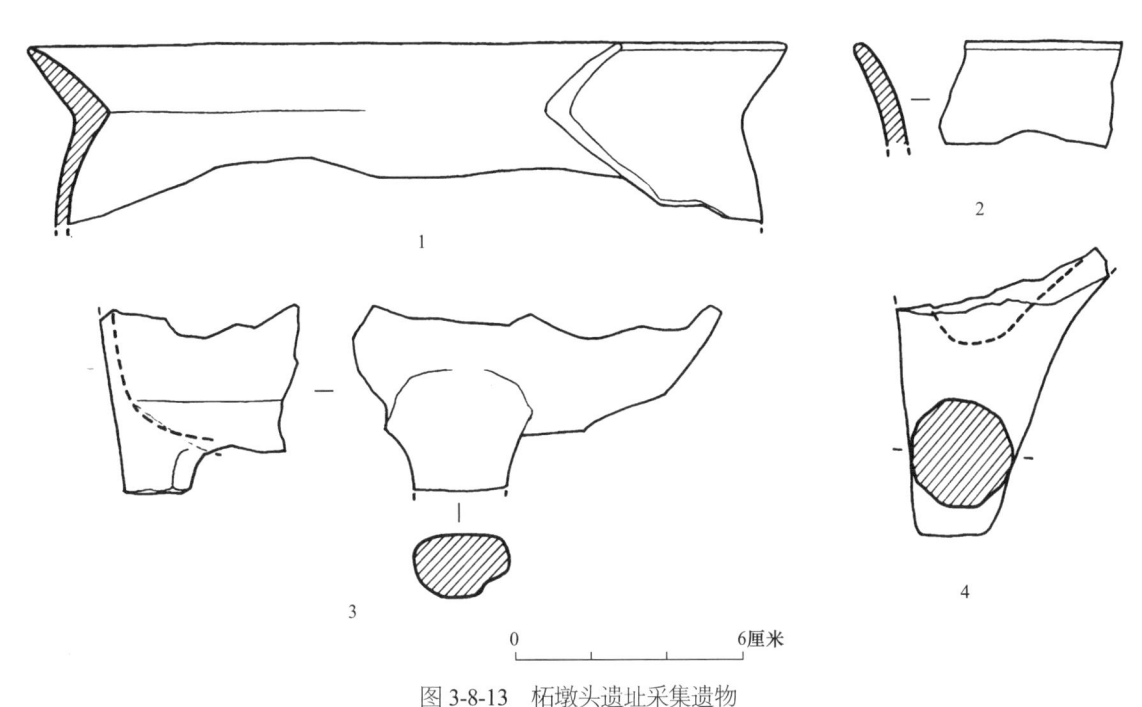

图 3-8-13 柘墩头遗址采集遗物
1. 罐（D04∶1） 2. 口沿（D02∶3） 3. 鼎（D02∶1） 4. 鬲足（D01∶1）

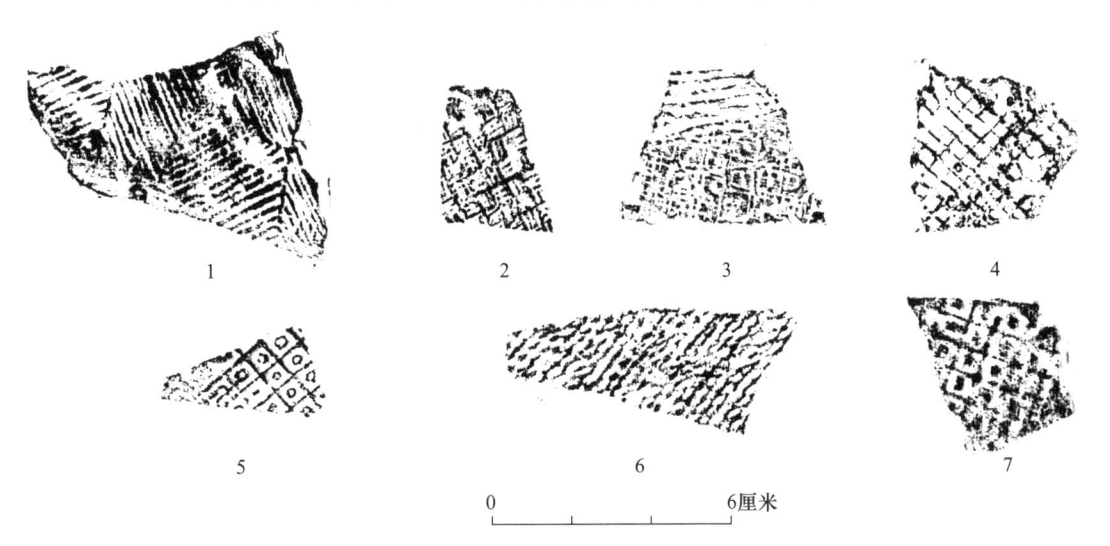

图 3-8-14 柘墩头和柘墩头南遗址采集陶片纹饰
1. 蕉叶纹（柘 C03∶1） 2. 席纹（南 C02∶4） 3、5. 回纹（柘 C02∶4、柘 A01∶2） 4. 筛格纹（南 C02∶3）
6. 绳纹（柘 A01∶1） 7 填线口字纹（柘 D02∶2）

五、柘墩头南遗址

1. 遗址概况（081224DTBWZDTN）

位于博望镇柘墩头遗址南部，与其隔河相望。面积约500平方米，海拔15米，属于山前岗地的边缘，背山面水。

2. 聚落

包含两个时期的聚落，马家浜文化晚期时聚落面积约400平方米。周代聚落面积约500平方米。应当是依附于北部的柘墩头—船墩山聚落的小聚落（图3-8-12）。

3. 遗物

采集陶片纹饰见图3-8-14。

六、船墩山遗址

1. 遗址概况（081224DTBWCDS）

位于当涂博望华富路西侧，柘墩头村南。近椭圆形土墩，南北宽100、东西长约150米，海拔20米。高出周围4~5米，土墩面积为7500平方米，遗物分布面积为3500平方米。位于博望河两条支流汇聚之处，北面约2000米处为横山，南部为连续的岗地，东部紧邻柘墩头遗址。遗址所在的环境基本上是山间河谷地貌（图3-8-12；图版48，1）。遗址年代为周代。钻探一处，文化层厚约2.8米，详情如下：

探孔Z1：

0.1米：耕土。

0.8米：灰黄色土，夹少量炭粒和烧土。

1.2米：灰黄土，较纯净。

2.4米：灰色淤泥，含锈斑和少量的炭粒及植物根茎。

2.8米以下：生土。

2. 聚落

周代时这个遗址和西北的柘墩头遗址构成一个聚落，聚落面积约16000平方米（图3-8-12）。

3. 遗物

采集的遗物有鼎足和印纹陶。

C02：1，鬲足，夹粗砂褐陶，灰胎，锥柱形足，素面。残高12.2厘米（图3-8-15，1）。

B03：1，鬲口沿，夹细砂褐陶，红胎，卷沿，饰弦纹和绳纹。残高3.3、厚0.6厘米（图3-8-15，2）。

C02：2，鼎足，夹粗砂褐陶，灰胎，横装扁足。残高4.4厘米（图3-8-15，3）。

采集陶片纹饰见图3-8-16。

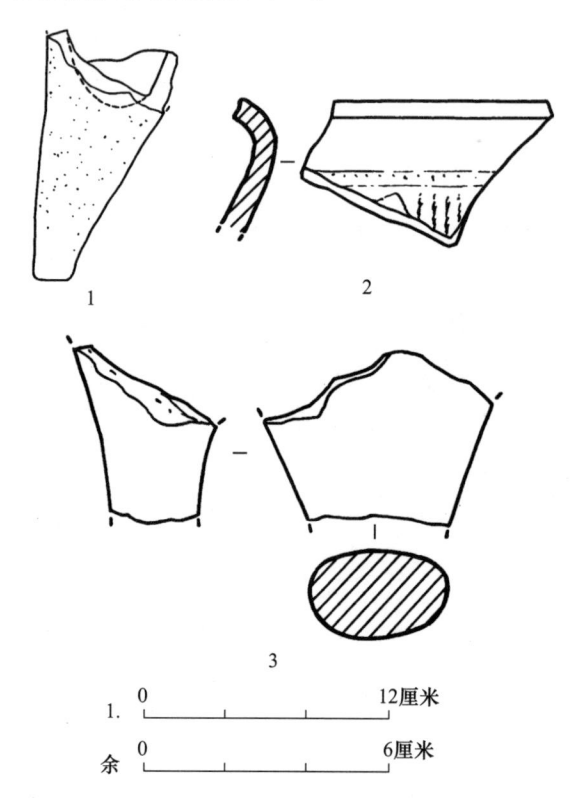

图3-8-15 船墩山遗址采集遗物
1. 鬲足（C02：1） 2. 鬲口沿（B03：1） 3. 鼎足（C02：2）

图3-8-16 船墩山遗址采集陶片纹饰
1. A03：1 2. D01：3 3. E02：1 4. B01：1 5. B02：2
6. A02：2 7. E01：2 8. E01：1

七、护林土墩墓群

1. 墓群概况（081226DTBWYLC）

位于博望镇护林村东南，近西北—东南向长条形岗地上，现在村村通公路顺着岗地最高处通过，土墩墓分布在路两侧，约有10多座，封土直径在8～20米之间，均成组分布，较为集中，分布面积约12000平方米。其中采集点1的土墩墓遭到村民和变电站取土已经被破坏，高约5米，残存四分之三的土墩，直径约20米，在被破坏的土墩墓东侧还有两个馒头状封土，其中一个也已经破坏。长条山岗北部为横亘的山地。南部为岗地面平原的过渡地带。从采集的印纹硬陶器物来判断，土墩墓的年代当在西周晚期到春秋早期（图3-8-17）。

M1，封土堆积可以分成4层。第1层为深褐色土，致密坚硬。第2层为黄土，较为坚硬，水平堆积。第3层为灰白土和黄色土混合，呈夹心层状，凸透镜形堆积。第4层为黄褐色土。被破坏的封土中出土印纹硬陶罐、泥质灰陶豆、印纹红陶罐。此墓的东侧还有一个封土堆，保存较好，但是直径较小。在这两个墓之间被平整的土地上还采集有印纹硬陶片，推测此处原先也有一墓。也有可能这些陶片来自于其他墓葬，是被搬运至此（图版48-2；图版66，1~3）。

2. 遗物

罐 6件。

D01:2，印纹软陶，红陶，红胎，卷沿，直颈，鼓腹，饰席纹和填线菱形格纹。残高11.2、复原口径8.6厘米（图3-8-18，1；图版66，3）。

D01:3，印纹硬陶，褐陶，紫胎，底微凹，颈部饰弦纹，腹部饰席纹。口径6、腹径9.2、底径6.7、高5.8厘米（图3-8-18，2；图版66，2）。

D01:1，罐底，印纹硬陶，红陶，紫胎，细方格纹。复原底径、残高4.4厘米（图3-8-18，3）。

D02:1，印纹硬陶，灰陶，紫胎，小口，直颈，弦纹。复原口径6.3、残高1.6厘米（图3-8-18，6）。

D01:4，印纹硬陶，褐陶，褐胎，底微凹，小口，直颈，颈部饰弦纹，腹部饰席纹。口径5.5、腹径9.6、底径7.4、高5.8厘米（图3-8-18，7；图版66，4）。

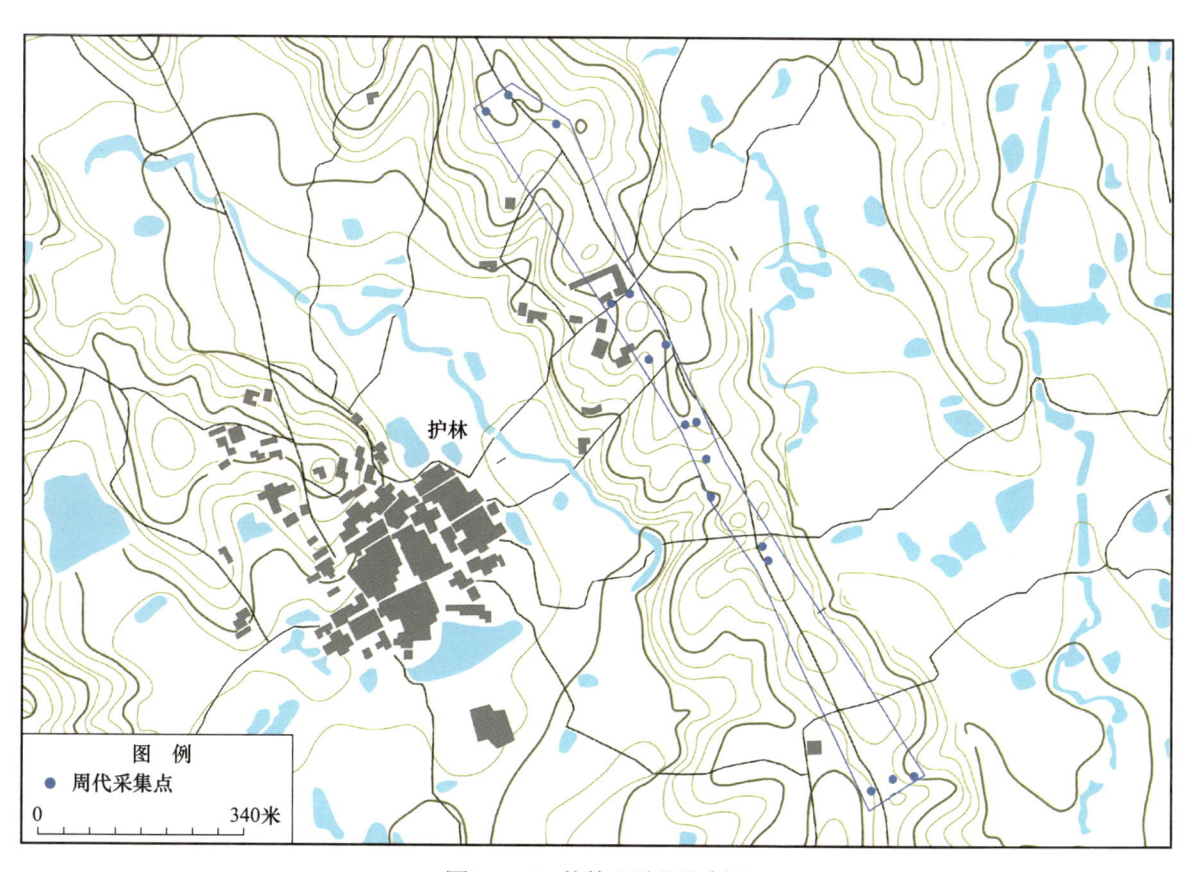

图3-8-17 护林土墩墓分布图

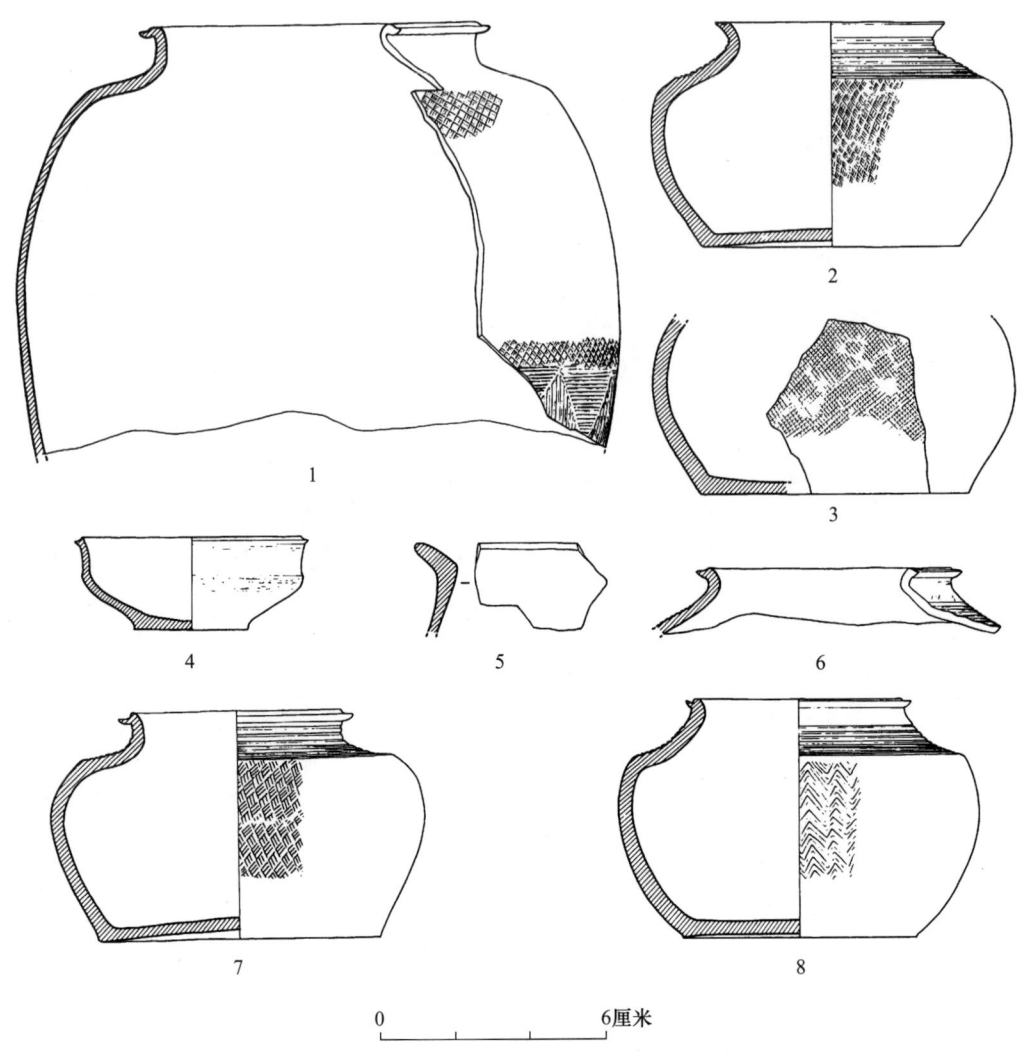

图 3-8-18　护林土墩墓群采集遗物
1～3、6～8.罐（D01：2、D01：3、D01：1、D02：1、D01：4、D01：6）　4.碗（D01：5）　5.口沿（D01：8）

D01：6，印纹硬陶，褐陶，褐胎，底微凹，小口，直颈，颈部饰弦纹，腹部饰折线纹。口径5.2、腹径9.4、底径6.1、高6.2厘米（图3-8-18，8；图版66，5）。

碗　1件。

D01：5，泥质灰陶，硬陶，紫胎碗，素面，内底部轮制痕迹。口径5.8、底径3、高2.4厘米（图3-8-18，4；图版66，1）。

口沿　1件。

D01：8，夹粗砂红陶，褐胎，侈口，素面。厚0.2～0.5厘米（图3-8-18，5）。

八、散　点

1. 花园村

博望镇花园村村西北约170米处，河谷平原地貌。海拔9米左右。

2. 七里亭

博望镇七里亭南，海拔30米，为山前岗地地貌，有一处遗物采集点，时代当为两周之际。

3. 小新庄

位于博望镇小新庄村的东北部，属于山前岗地边缘地貌，海拔22米左右，有两个采集点，时代均为西周时期。

4. 塘沿头

位于博望镇塘沿头村东南150米的土墩上，海拔22米左右，为山前岗地边缘地貌，仅一个采集点，时代为周代。

5. 臧木村

位于博望镇臧木村南100米处，海拔10米左右的河谷平原上，仅一处采集点，时代为周代。

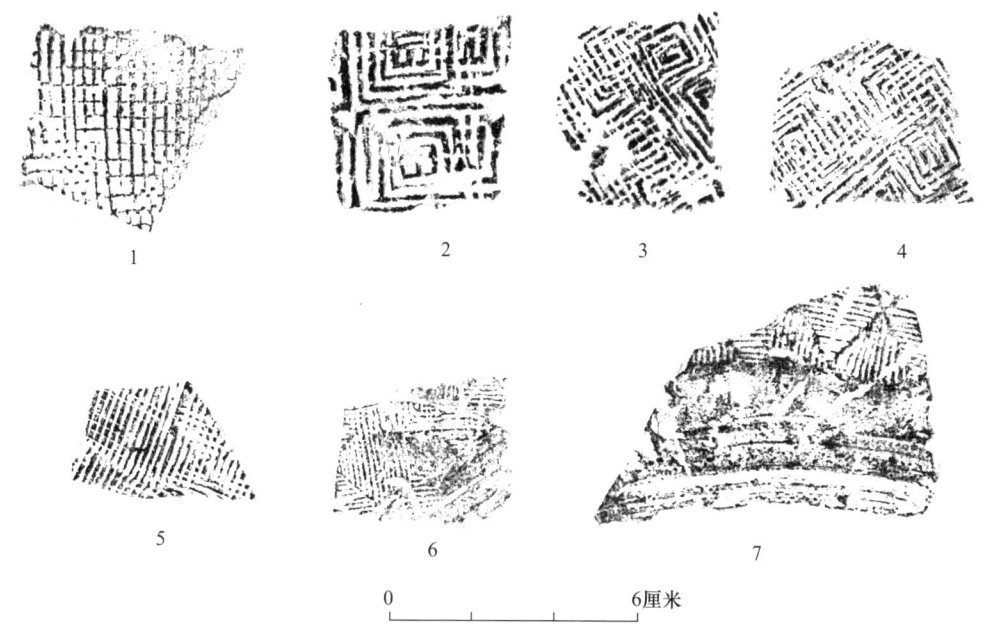

图 3-8-19　小新庄、小袁村、塘沿头、花园村和七里亭地点采集陶片纹饰
1. 筛格纹（小新庄 B01：1）　2～5. 复线回纹（花 D01：1、小新庄 A01：1、七 D01：1、塘 A02：1）　6、7. 蕉叶纹（七 D01：2、小袁村 D01：1）

6. 小袁村

博望镇柘墩头遗址的西北 100 米处，海拔约 18 米，一处采集点，采集有印纹硬陶等陶片，时代为周代（图 3-1-46，8～10）。

采集陶片纹饰见图 3-8-19。

第九节　芜湖附近地区

在姑溪河流域调查的同时，我们还利用空闲时间对周边芜湖地区两处较为重要的遗址进行了复查。蒋公山遗址曾经采集过多孔石刀和石钺，出自半山腰处，遗址可能为一处石器制作场地。楚王城遗址地处黄池河入长江的咽喉处，其城墙保存依旧较好，对于其修建和使用的年代，张敏先生认为楚王城年代为西汉早期，为西汉丹阳郡的芜湖县城，而非西周—春秋时期的鸠兹城。

一、楚王城遗址

1. 遗址概况（090331WHHCCWC）

位于芜湖市黄池乡城西村黄池汽渡南约 1000 米处。现仍可见高出地表的一周城墙（图版 48-3）。城依托东南部山岗的西部边缘建成。长方形，南北长约 390 米，东西 480 米，面积约 170000 平方米，较为方正和规整。城北、西侧开阔平坦，北部 1000 米处即为水阳江，东南部临山岗。城内东高西低。现城内因窑厂取土破坏，东部已经挖出一个大水坑，城墙有北、西、南三个缺口，应当为城门，北门和南门不对称，均偏西（图版 48-4）。城墙没有东门，应当与东部为山岗有关，交通不方便。遗址上采集的标本有印纹硬陶和粗绳纹陶片以及绳纹瓦。城墙的建造年代未能通过调查确定，南墙依托原自然山岗，在东南角与其外的山岗挖断，独立出来。东墙因原先岗地较低，后又堆土建成，西、北墙亦如是。城内东部可见较多的砖瓦块。城墙底部宽约 20 米，上部残宽约 10 米。关于楚王城的年代与性质，张敏认为是汉代所筑的芜湖县城，可能是建在鸠兹城之上。根据采集的绳纹板瓦来看，更似战国时期瓦的风格（图 3-9-1）。

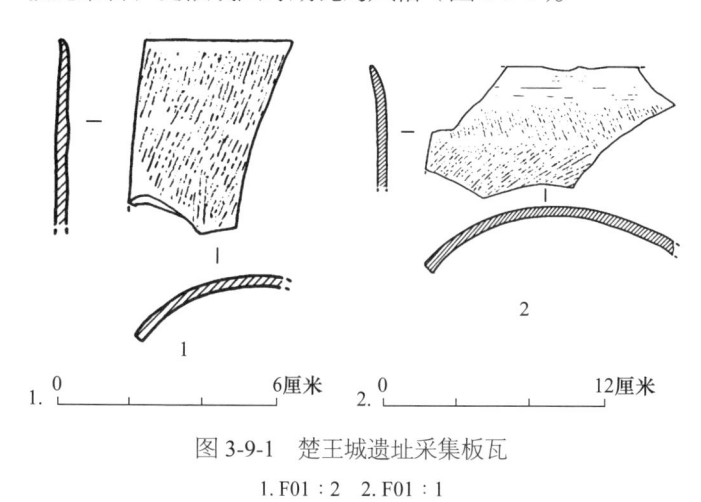

图 3-9-1　楚王城遗址采集板瓦
1. F01：2　2. F01：1

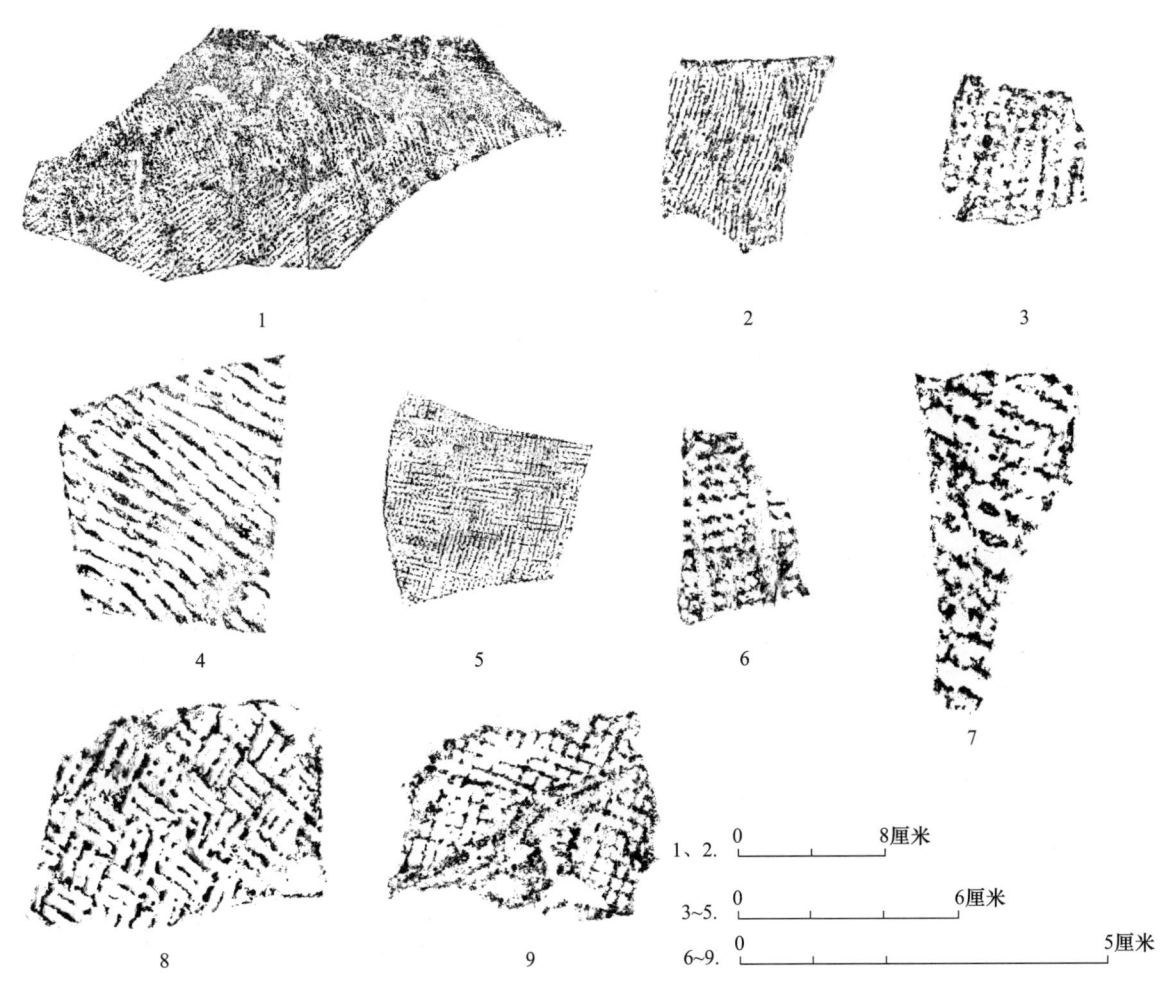

图 3-9-2 楚王城遗址采集陶片纹饰

2. 采集遗物

F01：2，板瓦，泥质灰陶，灰胎，绳纹。厚约 0.5 厘米（图 3-9-1，1；图版 68，8）。

F01：1，板瓦，泥质灰陶，灰胎，绳纹，瓦的一端，被抹成素面。厚 0.6 厘米（图 3-9-1，2；图版 68，7）。

采集陶片纹饰见图 3-9-2。

二、蒋公山遗址

1. 遗址概况（090331WHJGS）

位于芜湖市荆山镇，荆山北侧，青弋江西侧。系高出周围地表近 20 米的孤丘，南部为近东西向的大荆山和小荆山，现仍有采石场，据传此采石场已有 300 年历史。20 世纪 80 年代时调查此遗址，曾经采集到三孔石刀等石器，并可见文化层堆积。清理了一处断面。

剖面 P1 堆积情况如下：

P1 ①：黄色土，与碎石子混合，已经烧结，坚硬。

P1 ②：灰色土，与碎石片混合，疏松，坡状堆积。

P1 ③：红色土，碎石片较多，疏松，坡状堆积。

P1 ④：灰色土，疏松，含有少量烧土渣和石块，水平状堆积。

P1 ⑤：红土与灰土混合，土质疏松，含较多的石片，坡状堆积。

P1 ⑥：红土与灰土混合，疏松，含较多石片。

P1 ⑦：红土与灰土混合，疏松，含较多石片。

2. 遗物

此次地表仅见夹蚌陶和夹砂红陶，且很破碎。

遗址及散点的具体情况见表 3-9-1。

表 3-9-1 遗址及散点登记表

编号	遗址名称	位置	采集点总数	先秦时期标本总数	微地貌特征	地形面积（平方米）	遗物分布面积（平方米）	海拔（米）	相对高度（米）
1	渡口	太白镇	15	78	墩型	20000	14000	10	4
2	金家	太白镇	8	17	岗地边缘	6200	4200	12	4
3	庙墩	城关镇	8	18	墩型	2500	1300	8	/
4	窑墩	太白镇	17	145	墩型	9000	9600	11	6
5	船村	太白镇	5	10	岗地边缘	2000	700	10	4
6	船头	太白镇	7	22	岗地边缘	7200	3400	12	3
7	三界村	太白镇	2	7	岗地边缘	/	3000	9.5	/
8	船头村	太白镇	11	16	墩型	22000	35000	12	3
9	包子山	太白镇	7	25	岗地边缘	4000	6500	12.4	6
10	船头山	太白镇	15	78	墩型	7500	7800	12	4
11	高家屋	太白镇	7	20	墩型	7000	6700	10	2
12	大庙	太白镇	8	16	墩型	4500	4000	13	5
13	新庄	太白镇	5	19	岗地边缘	1500	600	12	4
14	孙家村	太白镇	4	17	墩型	700	1600	9.8	3
15	公场	太白镇	5	10	墩型	3000	1800	8	3
16	孙家庄	太白镇	16	47	岗地边缘	25000	22000	7.2	1.5
17	薛村	护河	12	72	墩型	7500	6000	12	4
18	王大下	护河	6	11	墩型	2700	2700	10	3
19	郑家	护河	15	36	高岗	10000	13000	36	10
20	钓鱼台	城关	5	10	残丘边缘	2000	7600	9	/
21	五星山	城关	3	6	高岗	1500	900	21.1	12
22	坨塘	城关	11	54	墩型	4500	5000	11	6
23	陆家甸	城关	3	16	高岗	4000	500	19.9	15
24	浦塘	城关	16	78	岗地边缘	13000	12000	12	2
25	浦塘西	城关	8	17	墩型	/	3700	10	1.5
26	高田	城关	3	13	墩型	950	700	9	3
27	甘家坳	城关	3	10	高岗	300	800	30	20
28	戴马	城关	5	15	墩型	4000	4200	6	2
29	前高	城关	15	28	墩型	1600	3600、900、800	9.5	1.5
30	立新	城关	9	139	墩型	5700	3000	10.6	3
31	杭大村	城关	3	7	岗地边缘	100	920	11	2
32	尹家村	城关	14	42	岗地边缘	14000	22000	9	1~2
33	大唐庄	城关	5	15	墩型	1500	2800	9	1.5
34	小唐庄	城关	1	2	墩型	1000	1000	9	/
35	前进村	城关	10	35	墩型	3000	4100	19	5
36	周陶村	城关	14	28	墩型	7700	11000	9	2
37	四围	城关	21	142	墩型	7500	10000	12.2	5
38	老坝	城关	6	13	墩型	600	600	10	1.5
39	老坝头	城关	4	12	岗地边缘	2600	2200	12.2	1.5
40	山上村	城关	8	27	高岗	3500	3000	39	/

续表

编号	遗址名称	位置	采集点总数	先秦时期标本总数	微地貌特征	地形面积（平方米）	遗物分布面积（平方米）	海拔（米）	相对高度（米）
41	杨塘坟	城关	34	129	岗地边缘	45000	47000	19.4	8
42	陈墩	城关	20	25	墩型	14000	8700	17	7
43	老坟山	城关	14	31	岗地边缘	7900	8900	34.6	10
44	团团山	城关	5	16	岗地边缘	1600	2200	32.2	8
45	朱岗渡	新市	17	76	岗地边缘	45000	60000	14.5	7
46	周村	新市	13	26	墩型	7000	6700	10.9	3
47	袁岗	新市	6	13	岗地边缘	4000	4800	14.6	8
48	小岗头	丹阳	11	30	墩型	1500	1500	12	2～3
49	船墩头	丹阳	23	46	墩型	20000	23000	27.2	5～6
50	小船墩	丹阳	16	45	复合型	16000	24000	28	10
51	小庄	丹阳	8	13	墩型	2500	2700	12.7	5
52	小坟山	丹阳	9	15	岗地边缘	4000	2200	10.7	3
53	登庄	丹阳	10	34	墩型	26000	20000	13	4
54	三甲村	丹阳	8	53	墩型	26000	18000	13	4
55	栗山	丹阳	16	98	墩型	8200	5200	13	6
56	诸家坊	丹阳	5	11	岗地边缘	/	1500	13	4
57	吕村	丹阳	5	14	岗地边缘	1000	500	13	2
58	龙山	江宁	19	84	复合型	16000	17000	22.2	4～10
59	猪山	江宁	9	20	复合型	14000	8200	18.4	3
60	锤墩山	丹阳	5	25	高岗	2800	1200	21.1	10
61	新庄	江宁	15	40	岗地边缘	6500	4800	19	1.5
62	小陈塔	江宁	3	3	岗地边缘	100	9000	20	/
63	小楼山	江宁	5	14	墩型	500	600	14.9	4
64	大楼山	江宁	9	17	墩型	4000	3800	14.9	3
65	小耳墩	江宁	5	5	岗地边缘	550	3000	15.7	3
66	老庄Ⅰ	江宁	5	21	岗地边缘	3100	10000	12.7	3
67	老庄Ⅱ	江宁	3	14	岗地边缘	4600	1000	15	3.5
68	团林	江宁	5	21	墩型	1800	2400	16	4
69	洪塘坝	丹阳	12	23	墩型	1400	1500	16	5
70	上河东	丹阳	4	6	岗地边缘	3000	2800	16.5	3
71	泉墩	新市	11	29	墩型	5800	3700	23	6.5
72	夏村	新市	5	11	岗地边缘	/	11000	16	/
73	廖家甸	新市	13	52	墩型	4800	3500	14	3
74	黄花坝	新市	8	11	高岗	/	23000	14.2～16.9	/
75	釜山	新市	7	14	残丘边缘	15000	10000	7.2～11.2	1～2
76	周家村	新市	7	28	墩型	18000	6200	21.8	10
77	东夏庄	新市	5	17	墩型	6000	1700	13.2	5～6
78	张家甸	新市	17	127	复合型	37000	23000	14.6	5
79	戎塘	博望	10	26	复合型	25000	15000	10.2	1.5
80	朱象村	博望	11	38	墩型	60000	30000	12.8	4

续表

编号	遗址名称	位置	采集点总数	先秦时期标本总数	微地貌特征	地形面积（平方米）	遗物分布面积（平方米）	海拔（米）	相对高度（米）
81	孙堡村	博望	9	25	墩型	7500	2300	16	3
82	柘墩头	博望	11	25	岗地边缘	2500	8000	20	4.5
83	柘墩头南	博望	3	11	岗地边缘	/	500	15	/
84	船墩山	博望	12	35	岗地边缘	7500	3500	20	4～5
85	护林墓群	博望	2	19	高岗	/	97000	38	/
86	小村	博望镇	7	15	墩型	10000	6300	10.5	2
87	上兴隆	丹阳	3	5	岗地边缘	/	3500	21	5

编号	散点	所属市镇	采集点数量	采集区面积（平方米）
1	花园村	博望	1	400
2	李龙北	博望	2	800
3	七里亭	博望	1	400
4	塘沿头	博望	1	400
5	小袁村	博望	1	400
6	小新庄	博望	2	800
7	大塘	城关	2	800
8	白马塘东	城关	1	400
9	大桥	丹阳	1	400
10	董塘	丹阳	1	400
11	谷家涧	丹阳	1	400
12	何碾	丹阳	1	400
13	下兴隆	丹阳	1	400
14	乌龟山	丹阳	2	800
15	诸家坊西南	丹阳	1	400
16	周塘	姑孰	1	400
17	青山中学	护河	2	1200
18	庙甸	护河	1	400
19	孙家南窑	护河	1	400
20	新庄后	江宁	1	400
21	宏福	太白	1	400
22	三花庄	太白	2	800
23	太白墓园	太白	1	400
24	下埠	太白	1	400
25	张家碾	太白	1	400
26	双梅	太白	1	400

续表

编号	散点	所属市镇	采集点数量	采集区面积（平方米）
27	臧木村	新市	1	400
28	李老村	新市	1	400
29	水东	新市	1	400
30	沱塘	新市	1	400
31	衙头村	新市	1	400

注　释

[1] 当涂县文物管理所提供的材料。
[2] 张敏：《吴国都城初探》，《南方文物》2009年第2期。

第四章 区域考古学文化与聚落分析

姑溪河所在区域属于宁镇地区的南缘，其东部为环太湖地区，西部为江淮之间巢湖流域，南部为皖南丘陵地区。区域系统调查一般在考古学文化谱系较为清晰的区域开展，对不同时期聚落的划分是基于地表采集遗物年代判定的基础上。但是由于姑溪河流域的考古学文化序列并不清楚，所以在调查过程中，我们对遗物年代的初步判断还是参照周围地区的文化谱系。通过调查，我们发现本地新石器时代的文化还是具有地方特征的，但却没有稳定延续发展，而是受周围不同地区文化的影响，文化面貌时有变化，在整理过程中，对采集遗物的年代判断还需要再审视，因此有必要对这个区域的考古学文化进行一个较为系统的梳理，为我们对聚落的划分奠定基础。

第一节 先秦时期区域考古学文化发展序列及性质

在姑溪河—石臼湖流域，考古学文化谱系最为清楚的是环太湖地区，新石器考古文化发展序列为马家浜文化—崧泽文化—良渚文化—钱山漾文化—广富林文化，其后是相当于夏商时期的马桥文化；宁镇地区的新石器时代考古学文化大体分为三期：第一期以丁沙地早期遗存为代表，左湖新石器时代遗存[1]、北阴阳营H68和H70也属于这个时期，相当于马家浜文化早期。第二期以北阴阳营文化二期和三期文化为代表，相当于太湖流域的马家浜文化晚期崧泽文化时期。第三期以城头山—朝墩头遗存为代表，相当于太湖流域的良渚文化时期。夏商周时期的考古学文化序列为点将台文化—湖熟文化—吴文化[2]。在长江西部江淮之间，新石器时代目前所知年代最早的为含山大城墩类型，之后为凌家滩文化，再往西，皖西南地区就是黄鳝嘴文化—薛家岗文化—张四墩文化分布的区域。马鞍山、芜湖一带，已知新石器时代最早的遗存，是繁昌缪墩遗址，年代在距今7000年左右；月堰、烟墩山遗址为代表的遗存相当于崧泽良渚文化时期。位于石臼湖南岸的薛城遗址，含马家浜文化中晚期到崧泽文化中晚期的遗存，因其文化面貌独具特色，结合历史地理中丹阳泽的位置，张敏先生提出过丹阳湖文化区，认为在古丹阳湖（含石臼湖）区域的史前考古学文化因自然地理环境影响，应该存在一个亚文化区[3]。我们主要参照环太湖和宁镇地区的文化序列，结合周围新石器时代遗存的发现情况，通过初步整理，挑选了几个遗址，这些遗址基本上能够代表区域内各个时期的遗存，以此建立区域内的先秦时期年代框架，同时也会讨论对不同时期文化性质的认识。

张家甸遗址，陶器中以夹蚌红褐陶占绝对多数，陶器外红内黑，器型以釜、豆、罐居多，陶釜多在腰部施附加堆纹，以锯齿状刻划纹为多，常与鸡冠状耳或窄条形耳搭配，且多见在陶釜腹部施刻划纹者。从陶系和器类来看，该遗存与马家浜文化接近，窄腰沿釜和尊形釜亦见于溧阳神墩早期和宜兴骆驼墩遗址早期遗存[4]，三系罐在北阴阳营（M173：5）[5]和薛城遗址中层（M1：1）[6]均有出土，但是这两个遗址出土罐的三系都靠近口部，而张家甸的三系位于腹部，可能张家甸的时代略早。张家甸遗址上发现的小方形网坠与神墩遗址早期遗存出土的相近，在金坛三星村也有发现，带突脊的鼎足见于薛城遗址下层堆积（T1⑤：35）[7]，也见于金坛三星村。张家甸遗址发现的颇具特色的刻划纹腰沿釜为其他遗址所不见，应是属于本地文化的特征。我们从剖面 P1 的 H1 ①内浮选出不成熟稻，经过北京大学科技考古实验室加速器质谱碳 -14 测年，又经树轮校正，得到 95% 置信度的年代区间为公元前 5000～前 4800 年。P1 ②层的样本经校正过的年代为公元前 4550～前 4440 年（88.5%）。我们推测遗址的主体年代当在马家浜文化早、中期（距今 7000～6500 年）。

朱岗渡遗址，堆积较为单纯，以含砂量较高的夹粗砂红陶为特征，也有夹蚌陶。夹砂红陶表面常施红褐色陶衣。纹饰以戳印纹、锯齿状附加堆纹和镂孔居多。器型可见鼎、窄腰沿釜、施红衣豆、管状盉、彩陶钵等。采集到的横装带按窝的鼎足及足尖横向捏制的凿形足在北阴阳营文化可以见到，但是北阴阳营的锥形足足尖并不外撇（M125：5），三足罐与薛城遗址下层[8]近似，云雷纹在金坛三星村陶豆（M248：3）上也有发现[9]，口沿施红彩的敛口钵在北阴阳营墓地也颇为常见。管状流的盉在神墩遗址晚期堆积中常见（T1234 ④：4），泥质小罐与薛城遗址下层（H2：17）出土相似，腰沿釜也与薛城下层 H2：60 特征相似。朱岗渡遗址采集的喇叭形圈足陶豆很有特点，几乎都是夹砂陶质，外表施红衣，以锯齿状附加堆纹、戳印纹和镂孔装饰。总体看来，朱岗渡遗址的主体年代相当于薛城遗址下层，马家浜文化中晚期。

立新遗址，采集到大量宽扁式横装带槽的鼎足，与西溪遗址第 2 层和神墩遗址晚期（H32：12）[10]、宜兴骆驼墩遗址晚期遗存出土的相同，夹粗砂红陶鸭头形带槽的柱形足并不多见，釜形鼎与西溪遗址第 2 层、安徽怀宁孙家城遗址[11]最早期的类似。其年代当在马家浜文化晚期向崧泽文化早期过渡的阶段。

釜山遗址，出土的陶鬶与薛家岗文化早期陶鬶形态一致，夹粗砂红陶簋形器在东山村墓地（M92：13）[12]也有发现，条形石凿和扁平梯形小锛也常见于这两处墓地。但是由于这几件器物成组出现，可能出自同一墓葬，不能代表整个遗址的年代，我们只能判断釜山遗址包含崧泽文化晚期的遗存。

汤家楼窑墩遗址，出现大量的捏尖侧装扁鼎足，足跟饰按窝，足与腹部交接处常有椭圆形凹窝，腹部还有交错的绳纹。另外一种侧装三角形的带刻划纹的较为宽厚的鼎足，在赵家窑团山第 11 层、点将台下层。这两种鼎足不仅见于长江下游的广富林文化，在江淮之间的兴化南荡和高邮周邶墩遗址均有发现，应该是这个时期的时代特征，可能是来自河南龙山文化王油坊类型的影响。此外，窑墩遗址上还采集到 T 形鼎足和饰变形三角和圆形镂孔组合的细柄陶豆，这些是良渚文化的因素，窑墩遗址应该还包含良渚文化时期的遗存，但是在遗址上清理的剖面内并没有找到这个时候的堆积，窑墩遗址清理的剖面堆积基本都是商周时期的，但是地表可以采集大量公元前 2000 年左右的遗物，可能良渚文化时期的堆积很薄。

杨塘坟遗址，采集的罐形鼎、甗、刻槽盆等与点将台遗址下层、赵家窑团山遗址第 11 层出土的同类器物相似[13]。尖锥状鬲足、折线纹印纹硬陶罐、锥形半实心足和锥柱形鬲足又是周代的特征。总体看来，杨塘坟遗址含有点将台下层文化时期、湖熟文化和周代的遗存。

金楼船头山遗址，主体年代应在周代，采集鬲足均为夹粗砂红褐陶系，有些素面经刮抹，或施绳纹，以较高的细柱形和锥柱形多见。这种刮抹的特征在铜陵师姑墩遗址也有发现[14]。

通过对调查材料的初步整理与分析，我们先建立了一个大致的框架。

第一期，为马家浜文化早中期。此期遗存仅在张家甸遗址发现，分布在丹阳湖的北岸，聚落面积与溧阳神墩遗址和宜兴西溪遗址相当，约 30000 平方米。从考古学文化面貌上来看受到来自太湖西部地区的影响，同时又具有浓厚的地方性特征。与此同时，在周围，宁镇地区发现有丁沙地文化，但是从文化面貌来看，差异颇大。

第二期，相当于马家浜文化中晚期，以朱岗渡遗址为代表，也仅此一处遗址发现这时期的堆积。朱岗渡遗址距离张家甸遗址 5 千米左右。从文化面貌上看，与薛城下层的特征较为接近。

第三期，相当于马家浜文化晚期到崧泽文化早期（可称为马家浜文化末期）。以立新遗址为代表，这时期的文化面貌，地方性特征仍然明显，但随着宁镇地区北阴阳营文化的异军突起，环太湖地区马家浜文化的发展，这个区域又与宁镇和环太湖地区联系颇多，文化面貌上看受环太湖地区的影响应该更多。

第四期，为崧泽文化时期，以釜山遗址为代表。这个时候随着宁镇地区的考古学文化衰落而趋于衰落，仅发现釜山一处遗址，位于丹阳湖北岸。文化面貌可见薛家岗文化和崧泽文化的影响。

第五期，良渚文化时期，以汤家楼窑墩遗址为代表，也仅在青山河流域见此一处遗址包含此期遗存。

第六期，为新石器时代最末期，公元前2000年左右的遗存[15]。从文化面貌上来看，与点将台下层文化和广富林文化均有相同的因素，可能都是受河南龙山文化王油坊类型的影响，与之前的考古学文化关系基本断裂。这一期聚落数量也突然增加，居住范围的拓展，考古学文化面貌的断裂似乎都说明外来文化的进入，但是调查中很少发现此期堆积，可能是我们未能清理出来，也可能因此期的存续时间并不长所致。

第七期，为湖熟文化时期，是湖熟文化的分布范围，这个区域已经融入宁镇地区的发展洪流中去。

第八期，为周代的遗存，文化面貌上看与宁镇地区是一致的，属于吴文化的分布区域，根据鬲足的形态以及印纹硬陶的变化，应该可以进一步分期，如果进行细分的话，可以分出西周中晚期、西周晚期—春秋早期、春秋早中期、春秋战国之际这几个大的时期，总体上看是包含西周晚期—春秋早期遗存的遗址数量最多。到春秋晚期战国初期的时候，本地文化又进入了一个大萧条的时期。

总体看来，本地在新石器时期考古学文化发端较早，距今7000年就有先民居住，根据有限的宁镇地区相当于这个时期的材料和环太湖西部马家浜文化的发现来看，这个时期有鲜明的地方特征，姑溪河—石臼湖一带应该是存在一个亚文化区。到马家浜文化晚期时，随着北阴阳营文化的兴起，在姑溪河—石臼湖一带，宁镇地区因素大量出现之后，马家浜文化末期时本地区文化与环太湖地区相似的因素更多，然而到巢湖一带凌家滩文化和西部薛家岗文化兴起之时，本地的聚落数量迅速衰减，从文化面貌上看与凌家滩和薛家岗文化更为接近，也有不少环太湖地区的影响。之后，良渚文化时期，本地也一直没有发展起来，文化面貌上看受良渚文化影响还是很大。如果说连接长江中下游的"太湖中道"通过姑溪河—石臼湖流域，那么在马家浜文化时期，这条通道在崧泽文化晚期到良渚文化时期基本是不太顺畅的。至新石器时代末期，外部移民由北部通道从宁镇地区涌入后，本地才逐步复兴，之后一直与宁镇地区的湖熟文化有着频繁的交流。直至周代，达到鼎盛时期，这与吴国的建立及长期的稳定发展有着莫大的关系，战国时期的衰落与吴、越、楚之间的争霸也是有关的。

我们当时选择这个区域做调查的缘由之一便是与"中江"这条通道相关，此区域介于长江中、下游之间，又是沟通宁镇地区、环太湖流域和长江中游的中介区域，抛却历史上对中江的各种争论不说，至少我们从考古学上是否有证据推断这条通道的存在？通过调查，我们发现这个区域的考古学文化，自马家浜文化晚期以来就渐渐失去了本地的特色，纳入到周围的文化体系中去，随着强势文化而变化着自身的面貌。文化发展的不连续、脆弱性正是体现了其作为"廊道"的特征，这条廊道在马家浜文化晚期和崧泽文化早期一度频繁地使用，在崧泽良渚文化时期，调查结果显示本区域的遗址数量骤减，可能这个时期，此条通道并不是长江中下游沟通的主要通道。新石器时代末期到湖熟文化、周代期间，这条通道主要是沟通了宁镇地区的往来。

姑溪河—石臼湖流域的区域系统调查，发现的遗址数量较已知数量比翻番还多，证明这种方法在江南丘陵水网地带还是有可行性的。调查为研究宁镇地区考古学文化、苏皖浙交界地区考古学文化均提供了较为系统丰富的材料。调查发现了马家浜文化中期的遗存，填补了本区新石器考古学文化的空白。我们根据调查材料，初步建立了本地先秦时期考古学文化序列，对各个时期的考古学文化面貌有了初步了解，也为研究周代江南普通的聚落形态提供了较为系统的材料。但是，由于调查材料本身的局限性，我们并不能准确把握这些遗址的整体年代跨度，对于本地区遗址的具体分期，还需科学的考古发掘来进行验证。

第二节 聚落景观与变迁

一、聚落景观

古代人们所居住的地方，与当时周围的自然环境、资源分布和景观都是密切相关的。我们尝试分析各时期聚落选址的特点，在我们进行聚落选址分析时，没法绕开的就是古丹阳湖在先秦时期的范围，以及人类对环境的适应。

各期聚落遗址的地貌类型，目前看来主要有以下几种：①岗地边缘型，一般为舌形长条岗地的边缘，紧邻河道，或者为不规则岗地边缘紧邻河道处，总之是一种延续型的地貌，也有个别聚落可明显看出是刻意挖断与母体山岗的联系，在遗址周围连通自然河道，形成环壕，这一类我们都称为岗地边缘型聚落；②墩型，是指那些形状独立、人工堆筑的土墩，往往都呈圆形，且堆筑地区周围海拔都较低平，新石器时期的墩型聚落相对高度都较低，周代的墩型聚落往往更高；③河旁孤丘型，指依靠独立的残丘、紧邻河道者，尤其是在姑溪河干流的聚落类型；④复合型，这类是从墩型遗址中分离出来的，因为这类聚落往往选择在微隆的岗地之上再堆筑墩型遗址，且往往下部的微丘是新石器时代的聚落遗址；⑤高岗型，选址位于海拔较高的岗地之上，离河道较远，一般土墩墓多位于这种地貌中。我们根据遗址周围的景观，区分了五种聚落类型，但是从调查涉及的所有时期的聚落来看，古人择居有一条标准从未改变，那就是"临水而居"。河流不仅是生活取水之源，也是更为快捷的交通要道，所以不管遗址微地貌怎么变化，总是围绕着水为中心展开的。

从马家浜文化早中期的情况来看，仅在丹阳湖北岸（Ⅶ区）的一条支流汇入处发现1处聚落，遗址的地貌特点为河旁较为低矮的自然岗丘，海拔最高处14.6米（含周代土墩的高度，新石器时代遗址的海拔要低于此）。在石臼湖南岸，时代相近的薛城遗址，聚落所处地貌也是紧邻湖边的岛形自然岗地（图4-2-1）。

马家浜文化晚期时，仅朱岗渡遗址位于姑溪河最大的支流之一花津河的河旁（Ⅵ区），同样也是选取河边较高处，此处岗丘海拔也在14.5米左右，东南处为连续的山岗，遗址本身与山岗隔断。朱岗渡遗址背靠山岗，有助于人们在水大的时候，对抗水患。张家甸和朱岗渡遗址在周代仍被沿用。周代的堆积都在更高的地方，张家甸尤其明显，西周的墩子坐落在新石器聚落遗址之上，我们推测，在马家浜早中期时丹阳湖的水面比周代时要低（图4-2-1）。

马家浜文化晚期到崧泽文化早期的时候，遗址的数量大幅增加到13处，但是在之前朱岗渡和张家甸聚落所在的区域——丹阳湖北岸（Ⅶ区）却并没有发展起来，可见当时这两个小区域内适宜居住的地方不多，此时的聚落选址多集中在山前临河地带，其中墩型遗址6处，岗地边缘型遗址6处，孤丘型遗址1处（图4-2-1）。

崧泽文化中晚期到良渚文化时期，聚落数量衰减，姑溪河干流北岸（Ⅶ区）发现孤丘类型聚落1处，青山河沿岸（Ⅰ区）发现墩型遗址1处，且这个时期之后，直到新石器时代最末期，未在本区内发现有人居住的线索，这时期仅存的两处聚落，我们通过还原当时的水位发现，当湖面水位达到10米时，这两处是少有的还可以居住的地方。故我们推测这个时期的衰变，与丹阳湖水位的变化有关（图4-2-1）。

经过几百年的空白期，直到新石器时代最末期，姑溪河再次繁荣起来，聚落数量达23处，外来的移民为区域的发展注入了新鲜血液，姑溪河北部的遗址分布区域不断扩展，位于北部通往宁镇地区通道上的第Ⅵ区遗址数量增加，岗地边缘型10处，墩型11处，复合型1处，高岗型1处（图4-2-2）。

湖熟文化时期聚落共20处，聚落分布的范围和前一期近同，墩型遗址这时已经超过岗地边缘类型的遗址，有13处，其他类型的聚落中岗地型5处，复合型2处（图4-2-3）。

周代，聚落数量猛增到83处，其中墩型遗址47处，岗地边缘型遗址23处，高岗型8处，复合型4处，残丘型1处。墩型遗址已经成为主流，可能因为堆筑的墩型遗址适应性比较强。另外，我们看到周代的聚落分布，尤其是在Ⅱ区和Ⅴ区，较前一期增多，可能是因为

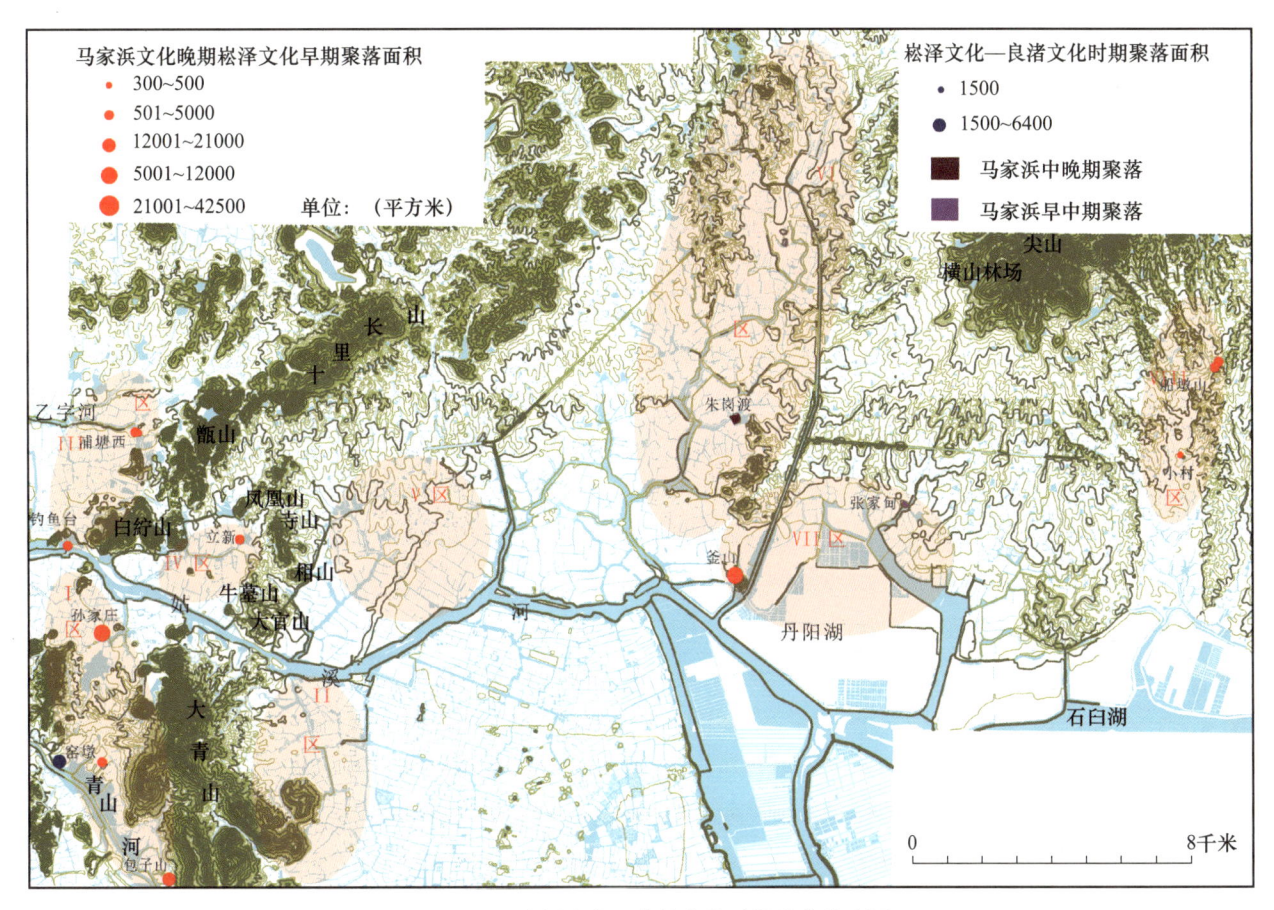

图 4-2-1　马家浜文化—良渚文化时期聚落分布图

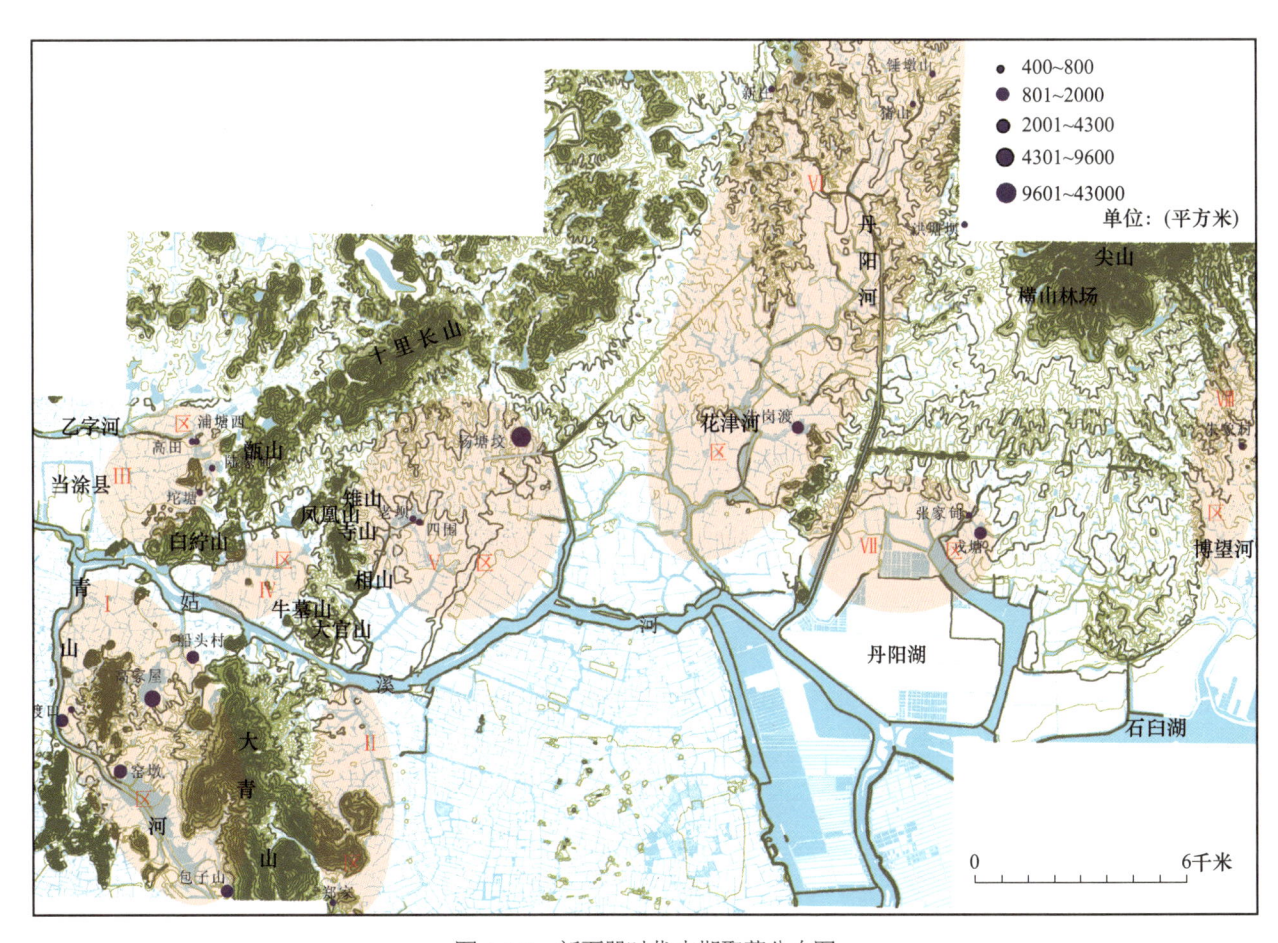

图 4-2-2　新石器时代末期聚落分布图

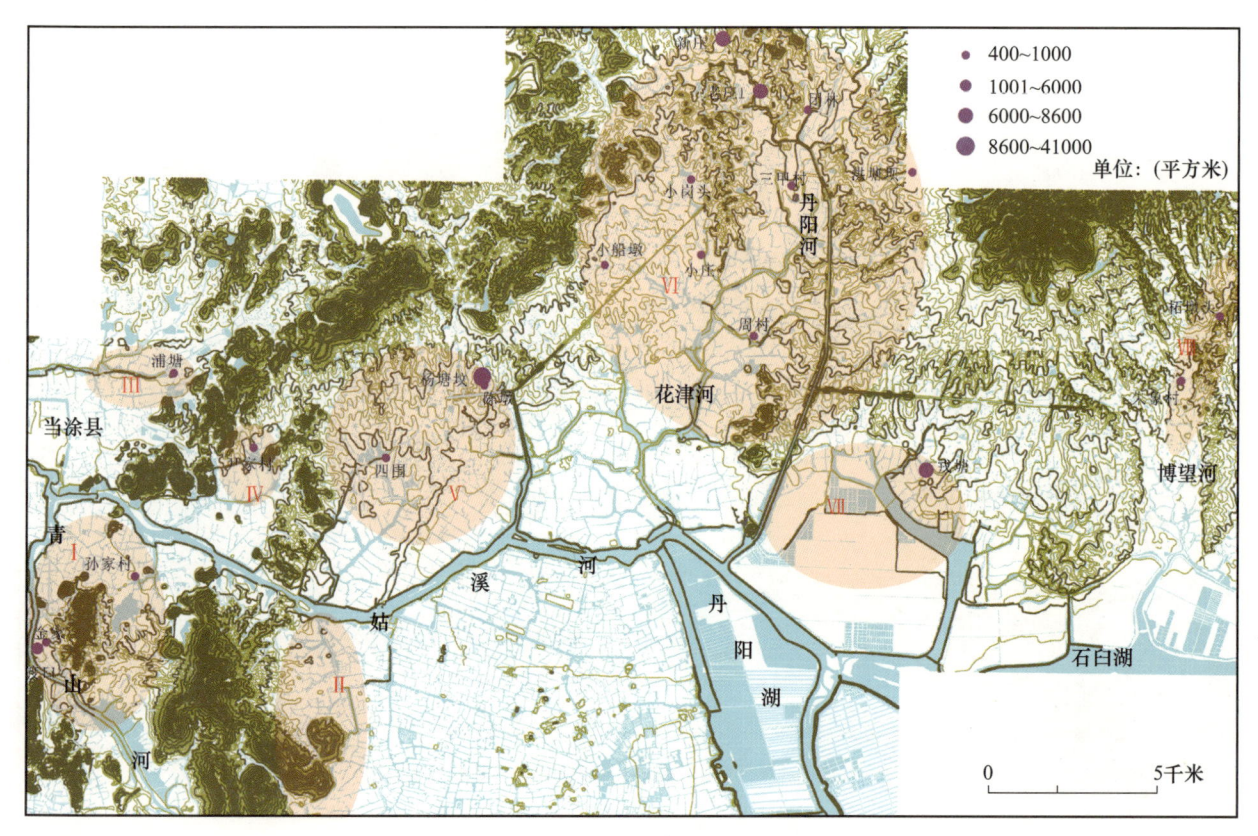

图 4-2-3　湖熟文化时期聚落分布图

周代丹阳湖的水域较前期回缩了一些（图4-2-4）。

马家浜文化时期，遗址的海拔都为14~15米，马家浜文化晚期崧泽文化早期，聚落海拔在10~18米之间，平均海拔11米。在聚落数量增加而居住的大致范围没变的情况下，随着人口增加，聚落类型呈现多样化趋势，在海拔较低的平原，古人利用堆墩的方式，筑高墩而居，如立新遗址，周围海拔仅有7.6米；或者尽可能地利用河边高处的残丘作为依靠，如钓鱼台遗址。此后，崧泽文化晚期到良渚文化时期，两处聚落海拔均为11米。新石器时代末期，大多数聚落分布于海拔20米以下，最低海拔9米，最高36米，平均海拔14米；湖熟文化时期，聚落分布在海拔9~28米的区间内，平均海拔还是14米，只是20米以上的数量增加了；进入周代，聚落分布在海拔6~39米的区间内，平均海拔是15米，最低海拔的遗址比前一期还要低3米，海拔25米以上的遗址数量增加。这反映了从新石器时代末期以来，人口增长，人类不断扩展生存空间，尽管聚落分布范围越来越广，然而丹阳湖周围尤其是姑溪河干流南北两侧，遗址分布的边界线却一直较为稳定，推测丹阳湖在新石器时期的水面是较为稳定的，一定比现在的水域面积要大，至少在现在的姑溪河干流以南，丹阳湖农场以西，直到西部大青山山前地带都是湖的范围。直到周代，才开始有人在自然岗地之上堆筑土墩而居，且周代海拔最高的遗址也是在大青山南缘，此线遗址以东当为丹阳湖的范围，姑溪河干流北部，尤其是十里长山南部的第V区和花津河下游地区（VI区的南部），一直到新石器末期以后，才逐渐有人居住，可以看到聚落的分布也是沿着山前岗地呈现出弓形的分布状态，这应该与当时丹阳湖的水域范围密切相关。丹阳湖的北部岸边，从新石器时期便开始有人居住的釜山、张家甸、朱岗渡等遗址，在新石器时代末期以来聚落数量大幅增加的时候，也没有开拓出更多适宜居住的地方，这里应当就是当时的湖岸。如此看来，丹阳湖在先秦时期，水域是相当疏阔的，所谓的姑溪河应该都不存在。

从各期遗址选址的比例来看，马家浜文化早中期时古人还居住在丹阳湖岸边，到中晚期迁往北部支流的上游，都还是选择河湖沿岸高出的岗丘，利用自然高地居住。在马家浜文化向崧泽文化过渡的时候，墩型聚落才开始出现，且数量已经和岗地边缘型的聚落相当，干流边的孤丘型聚落也是肇始于此期。新石器时代末期以

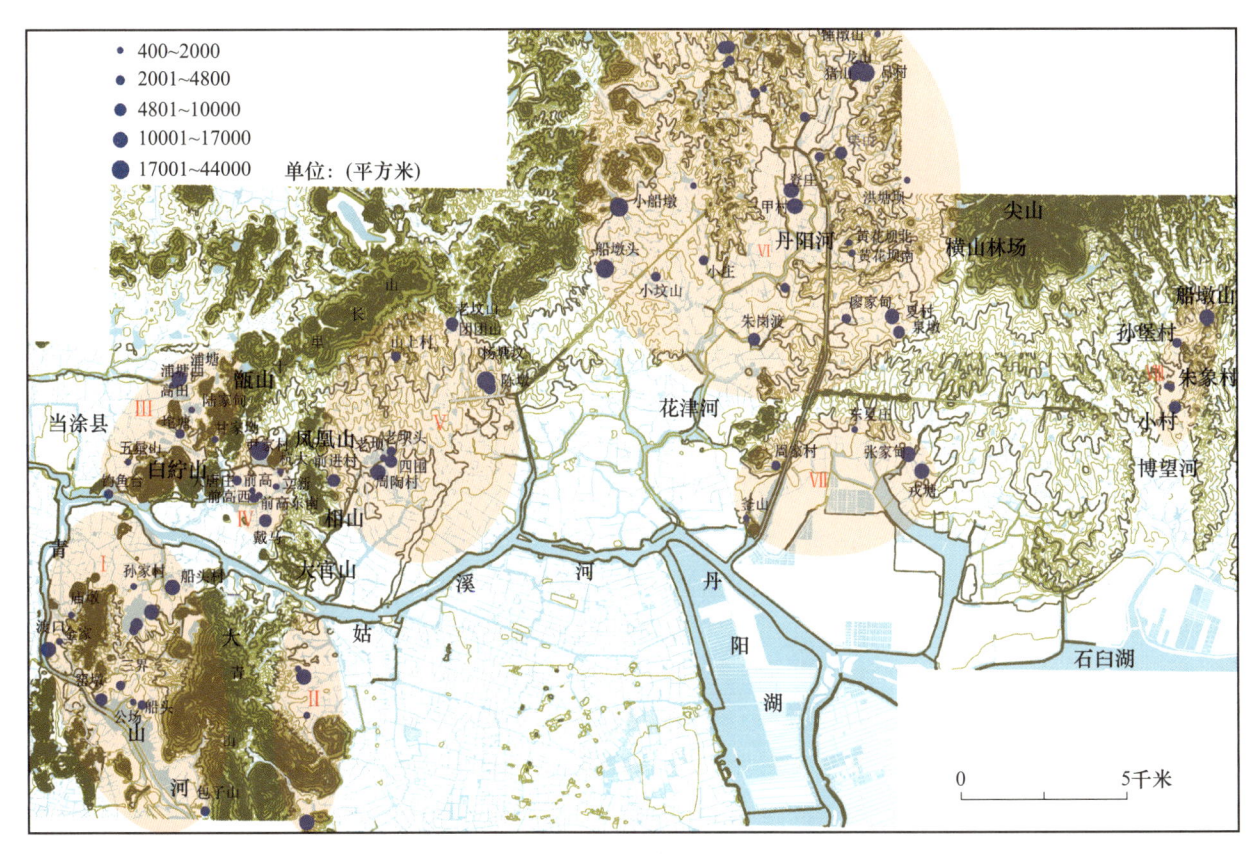

图 4-2-4 周代聚落分布图

后，墩型遗址数量一直维持在所有类型中的最高比例。周代还出现高岗型以及高岗和墩型复合型的遗址，不过墩型聚落已经是主流了（图4-2-5、图4-2-6）。如此看来墩型遗址的形成，与人类对环境的适应策略有关，事实情况是否如此呢？我们也通过不同地貌类型的聚落遗址的数量和遗址密度，进行了统计学的检验，来看先秦时期姑溪河—石臼湖流域先民居住选址是否具有倾向性（表4-2-1）。

此处采用的是实体按名称变量进行分布检验，提出原假设 Ho 为：先秦时期姑溪河流域聚落选址与地貌无关；备择假设为居民选址有倾向性。其中护林土墩墓遗存不纳入聚落选址的讨论。

期望遗址分布的频次 Ei 正比于相应地貌区域被调查的面积占总面积的百分比 Ri=Si/∑Si（调查的诸地貌类型区域面积总和，即70.87万平方米）。每种地貌类型区域的期望遗址数为调查面积比例 Ri×87，同理计算出第六列的诸行数据。

通过计算 $\chi^2=(2-2.2)^2/2.2+(42-35.7)^2/35.7+(5-10.9)^2/10.9+(7-5.3)^2/5.3+(30-32.5)^2/32.5=5.06$

由于讨论的地貌分为五类，则上述计算的 χ^2 值服从于自由度为4的 χ^2 分布。

查表 χ^2 0.05=7.81，7.81＞4.98，因此，在显著性水平 α=0.05 时，则接受"先秦时期姑溪河—石臼湖流域先民选择居住地对地貌环境无倾向性"的原假设，故我们认为在95%的置信度下，先秦时期，姑溪河流域的古人在择地而居时是随遇而安的。这个结果与我们先前按照聚落数量统计的结果是不同的，虽然墩型和岗地边缘型遗址的数量占比较高，但是通过统计学检验，结果却呈现相反的情况。

总的来看，姑溪河流域各时期聚落分布的特点是：逐水而居，沿河串珠状分布，大散居，小聚居（指一大聚落拖着几个小聚落的居住形态，即一大拖几小）。由于近水而居的需要，先民因地制宜，出现墩型、高岗型、复合型的聚落微地貌形态，其中墩型遗址是先民创造性地适应冲积或湖积平原，以地势低平、湖沼密布为特点，这种墩型遗址（也有称之为台地遗址），是宁镇地区商周时期最常见的遗址类型。

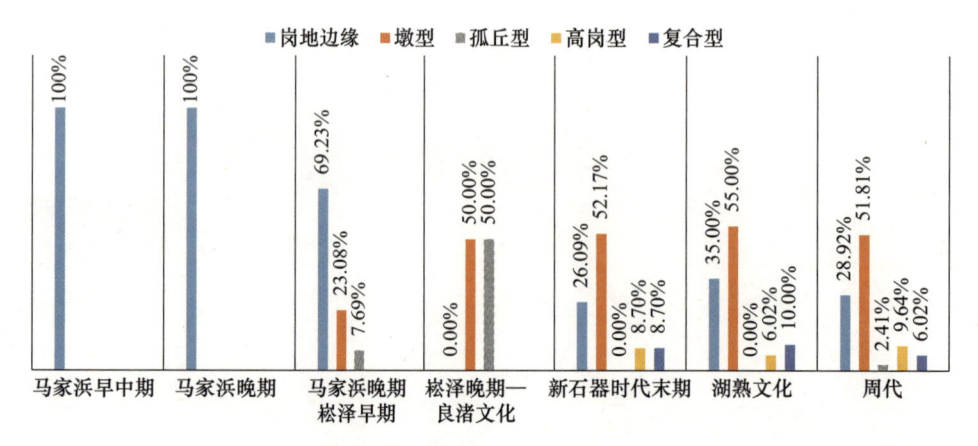

图 4-2-5　各期聚落遗址地貌类型比例直方图

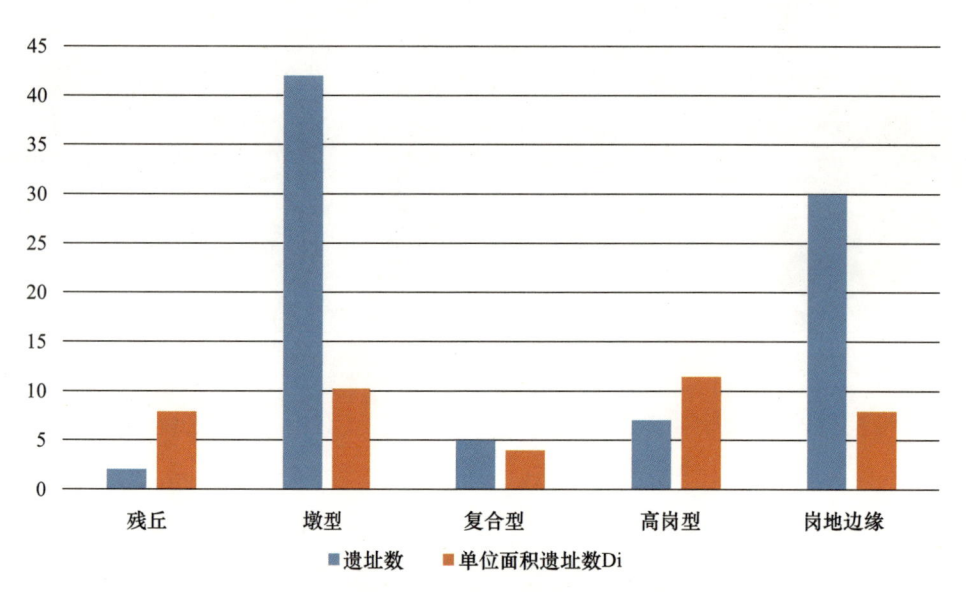

图 4-2-6　先秦时期不同地貌类型遗址数量和密度

表 4-2-1　聚落选址统计表

地貌类型	遗址数	调查面积（万平方米）	调查面积比例 Ri	单位面积遗址数 Di	H0假设下的期望遗址数 Ei
残丘	2	1.76	2.54%	7.9	2.2
墩型	42	28.44	41.02%	10.2	35.3
复合型	5	8.72	12.58%	4.0	10.8
高岗型	7	4.24	6.12%	11.4	5.3
岗地边缘	30	26.17	37.75%	7.9	32.5
总计	86	69.33	/	/	/

二、聚落变迁

1. 各期聚落数量与面积

在新石器时代，聚落数量在马家浜文化早中期到晚期是比较稳定的，但也最少，各1处。马家浜文化晚期到崧泽文化早期阶段，聚落的数量出现第一次较大幅度的增长，达13处，随后崧泽文化晚期到良渚文化时期，聚落数量呈现明显的急剧衰减，仅2处。新石器时代末期之时，聚落数量再次激增，且超过了之前最繁盛期的数量，为23处，在接着到来的湖熟文化时期，聚落数量维持与前期相当的水平，略有减少，约为20处。进入西周以来，本地区进入了一个较长的稳定发展时期，聚落数量更是前一期的3倍，达83处，且几乎绝大部分的聚落都包含西周至春秋早中期的遗存，所以即使把周代聚落分期更细化，聚落数量仍然是之前的三倍还多（图4-2-7）。

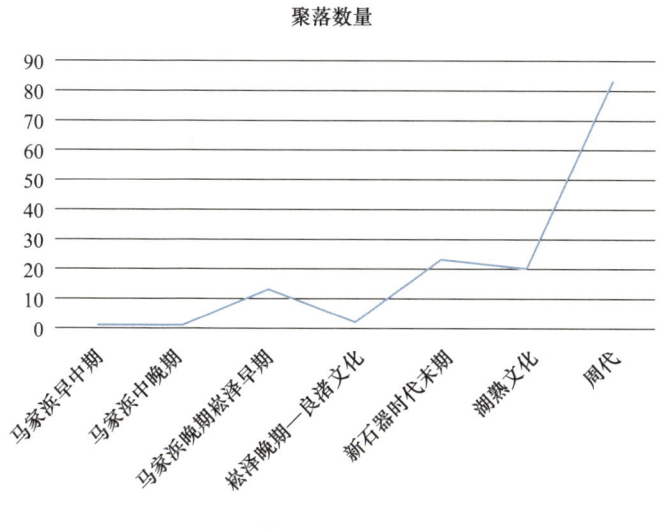

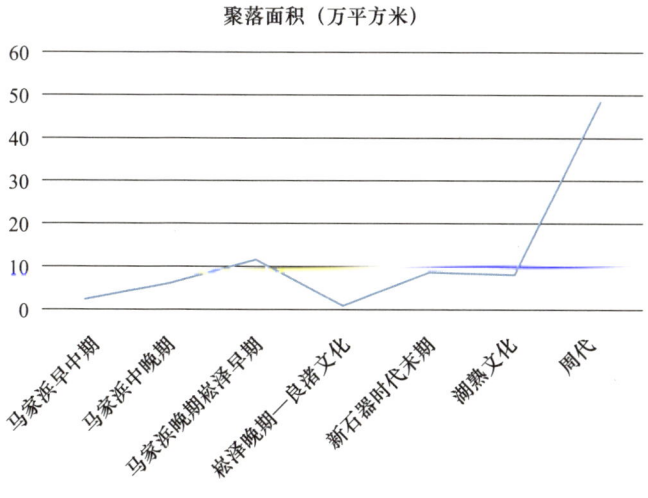

图4-2-7 各期聚落数量和聚落总面积

各时期聚落总面积的变化趋势与聚落数量变化几乎相同（图4-2-7），马家浜文化早中期时，在丹阳湖北岸（Ⅶ区）的一条支流汇入处发现1处聚落，面积约23000平方米（图4-2-1）。

马家浜文化晚期时，在张家甸遗址西北约5千米处，花津河流域（Ⅵ区）的朱岗渡遗址出现一处面积约60000平方米的聚落，同时，在我们调查的区域之南端，位于石臼湖南岸的薛城聚落面积也为60000平方米左右（根据遗址所在岛形岗地面积测出）。这个面积可能是当时聚落普遍的规模（图4-2-1）。

马家浜文化晚期到崧泽文化早期时，聚落总面积约为13.5万平方米，平均面积值为8784平方米。面积最大者为朱岗渡聚落，达40000平方米以上，10000～40000平方米之间的聚落有4处，分别为釜山、孙家庄、船头、立新，5000～10000平方米的遗址有3处，1000～5000平方米的也有3处，1000平方米以下的为4处（图4-2-1、图4-2-8）。

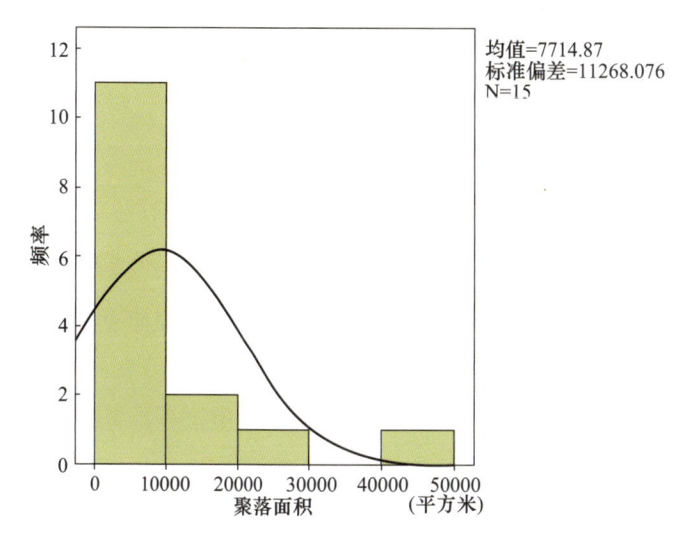

图4-2-8 马家浜文化晚期崧泽文化早期聚落面积频次分布直方图

崧泽文化晚期到良渚文化时期，聚落数量大幅衰减至2处，丹阳湖北岸（Ⅶ区）和青山河沿岸（Ⅰ区）各发现1处聚落。聚落总面积为7900平方米，平均值为3950平方米。釜山遗址在20世纪80年代建校舍之时，发现了崧泽文化晚期的墓葬，窑墩遗址则是在地表采集到良渚文化时期的陶片，量很少。这个时期反而是崧泽文化和良渚文化向外影响力最强的时期，此区域的衰落可能表明这条通道的废弃。然而在芜湖、马鞍山一带则发现有这一时期的遗址，月堰、烟墩山都是代表，且薛家岗文化也是这个时期发展起来的。

新石器时代末期，聚落数量猛增，但是各聚落的采集点都不多，聚落总面积为96000平方米，面积平均值为3704平方米，最大聚落面积为43000平方米，最小者为400平方米。一半以上的聚落仅有一个采集点，面积计为400平方米，其次为2000～5000平方米的聚落，

· 177 ·

有 7 处，占 26%。400~1000 和 5000~10000 平方米的聚落各 2 处，40000 平方米的聚落仅一处（图 4-2-2、图 4-2-9）。

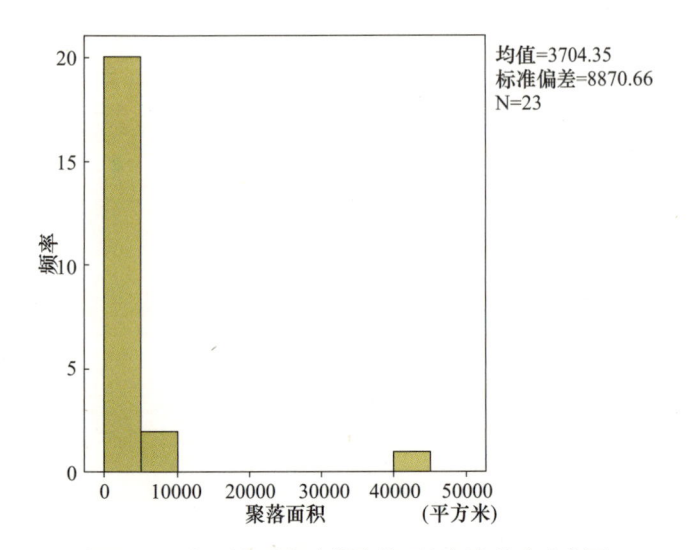

图 4-2-9 新石器时代晚期聚落面积频次分布直方图

我们在统计时会出现这样的问题，近一半的聚落仅有一处采集点，如果含有这个时期采集点的地点，还有早期遗存或者晚期遗存同时存在，哪怕仅一个采集点，我们仍旧判断该遗址含有这个时期的聚落。这个时期的地表遗物分布较少，我们推断，聚落数量的激增，分布范围的扩展，说明人口的大幅增加，但是单一聚落内遗物采集点少可能反映了此处并非古人长期定居产生的堆积。这种人口的突增，很难理解为本地居民的正常增长速度，应是有大量的外部移民涌入。从考古学文化因素的角度也可以看出，之前的良渚文化并没有继续发展下去，取而代之的是用"捏尖鼎足"的文化[16]，这种鼎足从南荡遗存到广富林文化，再到龙山文化王油坊类型，甚至到长江中游，都有使用，应该是公元前 2000 年前后的一个大的时代特征。如果我们此处把可能低估的数据，即最小面积判断为 400 平方米的聚落舍弃，然后把杨塘坟这个面积最大的舍弃，那么这一时期聚落面积大体呈正态分布，我们可以计算出这个时期的总体平均值，60% 置信度的总体平均值区间为 4500~11000 平方米，这应是这一时期普通聚落面积的平均值范围（图 4-2-2、图 4-2-9）。

湖熟文化时期，聚落总面积为 80100 平方米，样本平均值为 4005 平方米，最大聚落面积约为 41000 平方米，最小者为 400 平方米。聚落数量较前期略有增加，70% 以上为 400 平方米的聚落，即仅有一处采集点的聚落。10000~40000 平方米这组没有，5000~10000 平方米的聚落占 20%，40000 平方米以上的聚落和 1000~5000 平方米的聚落各一处，各占 5%。如果把 400 平方米这一档的聚落舍弃统计，那么这时期的样本聚落面积分布也呈正态分布，我们采用 60% 置信度，总体样本的平均值为 5000~13500 平方米（图 4-2-3、图 4-2-10）。

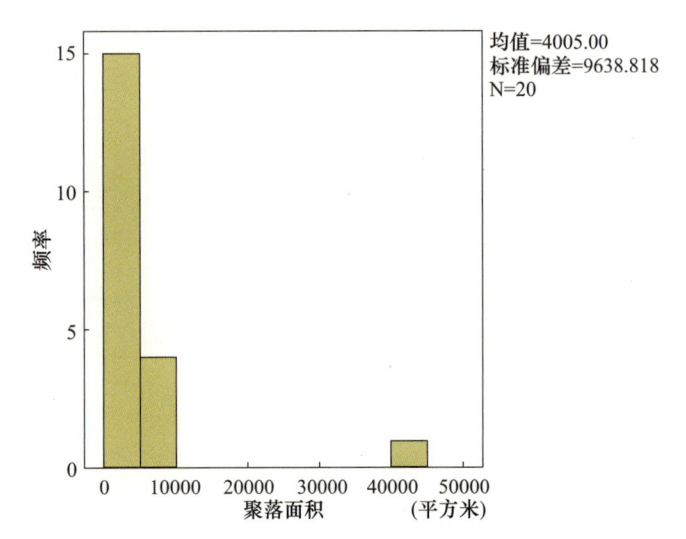

图 4-2-10 湖熟文化聚落面积频次分布直方图

周代聚落数量达 83 处，聚落总面积为 483120 平方米，样本平均值约为 5820 平方米，最大聚落面积为 43000 平方米，最小的为 400 平方米。近 40% 的聚落面积落入 1000~5000 平方米，其次为 400~1000 平方米的聚落，约占 23%，5000~10000 平方米的聚落占 16%，10000~15000 平方米的聚落约占 12%，15000 平方米以上的几个等级的聚落依次减少。周代聚落面积划分时，可以看到更多的级别，不再像之前几期的聚落面积分布（图 4-2-4、图 4-2-11）。

由上可以看出在各个时期中，聚落总面积在新石器时代呈现出两个高峰：一是马家浜文化晚期至崧泽文化早期阶段，一是新石器时代末期，崧泽文化晚期至良渚文化时期为低潮期，之后到周代迎来了面积的暴增期（图 4-2-12；表 4-2-2）。但是伴随着聚落总面积和聚落数量的增加，如图 4-2-12 所示，根据计算所得的各期聚落面积的平均值显示，似乎是马家浜早中期到晚期之间，以及马家浜文化晚期崧泽文化早期之间有个极大的

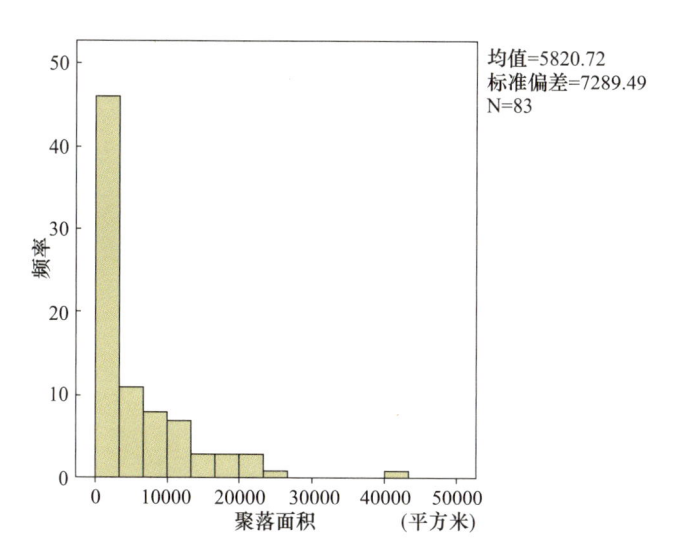

图 4-2-11　周代聚落面积频次分布直方图

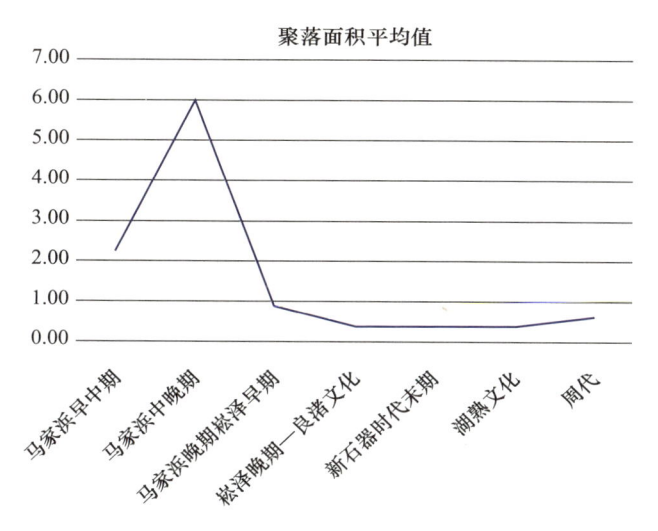

图 4-2-12　各期聚落面积平均值

变化，实际上由于前两期聚落数量仅有一处，平均值计算是有问题的。由于样本量的问题，这几期的聚落数据，也只有马家浜晚期崧泽早期、新石器末期、湖熟、周代的数据可以相互比较。如图显示，马家浜晚期至崧泽早期聚落面积平均值到新石器时代末期呈现略有下降的趋势，湖熟文化时期较新石器末期变化不大，周代则

较湖熟文化时期有所提升（表4-2-2）。另外我们也尝试比较了不同聚落面积的中位数，图4-2-13则显示马家浜晚期崧泽早期（新石器其余各期聚落数量太少，不方便比较）聚落的中位数也是高于其他几期，周代的聚落面积中位数也高于湖熟文化时期，这是真实的情况吗？我们能否证明区域内这几个时期聚落规模真的有较大的差异？聚落面积平均值在缩小，基层社会组织也在不断地小型化吗？

由于观测到的样本数量无法直接代表其所在的总体，在此，我们用统计学的方法去检验各期聚落面积（总体）变化是否显著。新石器时代，马家浜文化早中期和晚期的聚落数量都只有一处，不纳入讨论，从马家浜文化晚期到崧泽早期开始，我们进行检验，由于样本容量除了周代均小于30，属于小样本，且通过制作各个时期聚落面积分布的p-p图，我们发现这些数据均不服从正态分布，故我们只能采取非参数检验的办法来进行检验。

我们采取了中位数检验的方式，通过把四期的聚落数据分组排序，计算出中位数前段和后端数据数量，基于中位数检验的基本思想"若两个样本来自同一个总体"的假设成立，则每个样本的实体在中位数前后出现的次数应该大致相等。计算统计量：

$$\chi^2 = \frac{n(ad-bc)^2}{(a+b)(c+d)(a+c)(b+d)}$$

这个统计量服从于自由度等于1的χ^2分布，各组数据都选显著性水平为0.05，查自由度等于1的卡方函数表，得$\chi^2_{0.05}$（df=1）=3.84，各组数据χ^2的值见表4-2-3～表4-2-5，我们提出的原假设都是对比的两期聚落的面积中位数相差不大，备择假设都是对比的两期聚落面积有较大差异。

表 4-2-2　各期样本聚落面积平均值

时代	聚落数量	聚落总面积（平方米）	平均值（平方米）	标准差（平方米）
马家浜早中期	1	23000	23000	/
马家浜中晚期	1	60000	60000	/
马家浜晚期崧泽早期	13	114200	8784	11781
崧泽晚期—良渚文化	2	7900	3950	3463
新石器时代末期	23	85200	3704	8870
湖熟文化	20	80100	4005	9638
周代	83	483120	5820	7289

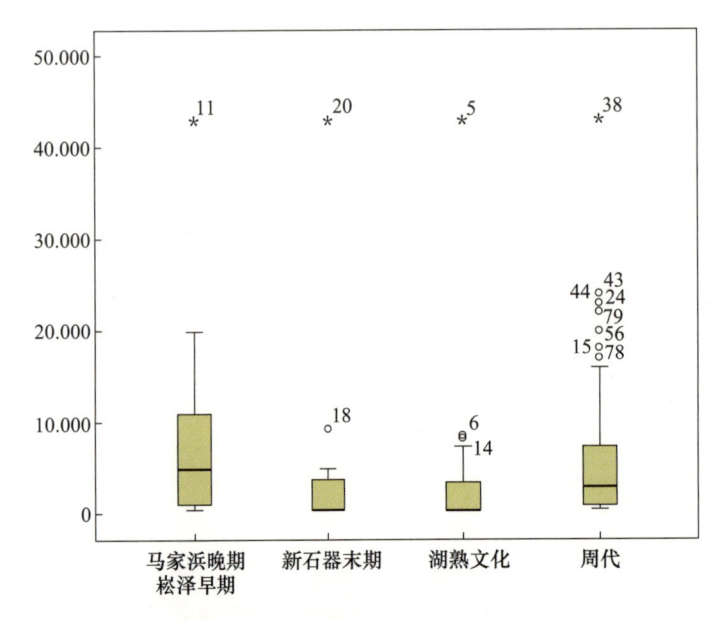

图 4-2-13 各期聚落面积中位数比较

表 4-2-3　各期聚落面积平均值和标准差

	前半部出现的聚落	后半部出现的聚落	合计
马家浜晚期崧泽早期	a=6	b=7	13
新石器末期	c=12	d=11	23
合计	18	18	n=36
χ^2=0.12			
显著性水平 =0.05	自由度 =1 的卡方函数表	$\chi^2_{0.05}$（df=1）=3.84	
接受原假设	差异不大		

表 4-2-4　各期聚落面积平均值和标准差

	前半部出现的聚落	后半部出现的聚落	合计
新石器末期	a=12	b=11	23
湖熟文化	c=13	d=7	20
合计	25	18	43
χ^2=7.23			
显著性水平 =0.05	自由度 =1 的卡方函数表	$\chi^2_{0.05}$（df=1）=3.84	
拒绝原假设	差异很大		

表 4-2-5　各期聚落面积平均值和标准差

	前半部出现的聚落	后半部出现的聚落	合计
湖熟文化	a=13	b=7	20
周代	c=40	d=43	83
合计	53	50	n=103
χ^2=1.82			
显著性水平 =0.05	自由度 =1 的卡方函数表	$\chi^2_{0.05}$（df=1）=3.84	
接受原假设	差异不大		

通过计算，我们发现新石器时代末期的聚落面积中位数与马家浜文化晚期崧泽文化早期的聚落面积的中位数相比差异不大，新石器时代末期和湖熟文化时期则有很大的差异，周代与湖熟文化时期的聚落面积相比差异又不大。在2×2列联表中，每一个数据都大于5，且我们显著性水平选择的是0.05，所以这个结论的可靠性还是很高的。各期聚落平均值（图4-2-12）显示的趋势，除去马家浜文化晚期崧泽文化早期那次大变化，新石器时代末期较前期也有较大的跌幅，湖熟文化、周代与前期的变化并不明显。通过中位数检验，发现湖熟文化时期聚落面积较前期有较明显的变化。这对我们更细致地理解各期聚落面积的变化是有帮助的。

从各时期的聚落总面积来看，随着聚落的数量增加，人类居住的范围日益增大，只是在崧泽文化晚期到良渚文化时期，这个区域不管是数量还是总面积都出现了突然的衰减。随后，整个社会进入了一个持续的上升期，尽管湖熟文化时期聚落的数量略有减少，但是其平均值却是在增加的。在社会组织小型化之后，我们看到这个小型化的社会组织也在社会发展中逐步增大。

2. 聚落的变迁与社会演变

我们按照发现的遗址分布状态，把调查区域分成了8个小区。不同时期聚落在8个小区内的分布，数量、规模上都有差异，且不同时期，区域发展的中心还有转移。

马家浜文化早中期，本区年代最早的聚落位于丹阳湖北岸（Ⅶ区）；到马家浜文化晚期，唯一的一处朱岗渡聚落也仍旧位于丹阳湖北部花津河下游（Ⅵ区）；在马家浜晚期崧泽早期时，西部青山河流域（Ⅰ区）无论是从聚落数量还是总面积来看都是远远超出其他几个区域，且从聚落分布上看，可以看到Ⅴ区和Ⅵ区间存在大面积空白地带。姑溪河—石臼湖流域这个时候其实可以分成西、东两个大区，西区最大的聚落为孙家庄，东区为朱岗渡，朱岗渡聚落面积是孙家庄的一倍，但是其所在的小区域没有见到其他聚落，孙家庄聚落面积虽然有20000平方米，但却并没有显著地高于其周围的遗址，从聚落面积上看不出聚落分化的现象。西部青山河流域（Ⅰ区）应当是发展相对繁荣的区域（图4-2-1；表4-2-6、表4-2-7）。

崧泽文化晚期—良渚文化时期，区域内仅2处聚落，仍旧是东西各1处。西部位于Ⅰ区，东部位于Ⅶ区（图4-2-1；表4-2-6、表4-2-7）。

新石器时代末期以来，北部丹阳河流域（Ⅵ区）突然发展起来，和西部青山河（Ⅰ区）流域呈现出并驾齐驱的态势，且原先空白的Ⅱ区和Ⅴ区也有人居住了，这个时期面积最大的聚落位于Ⅴ区这个新开发的小区域内，此聚落的位置，是在西部几个小区和东部几个区域的中间（图4-2-2；表4-2-6、表4-2-7）。

湖熟文化以后，丹阳河流域（Ⅵ区）发展迅速，遗址数量是Ⅰ区的三倍，此时Ⅰ区聚落数量较前期减少了一半，可以看出东北通往宁镇地区的通道变得日益重要起来（Ⅵ区），Ⅰ区的发展放缓（图4-2-3；表4-2-6、表4-2-7）。

周代时，聚落总数猛增，每个小区聚落的数量较前期都有增加，丹阳河流域（Ⅵ区）仍然是聚落数量最多的区域，青山河流域（Ⅰ区）的聚落数量较前期也有大幅的增加，规模最大的仍然是位于Ⅴ区的杨塘坟聚落。

表4-2-6　分期分区聚落数量

分期＼分区	Ⅰ区	Ⅱ区	Ⅲ区	Ⅳ区	Ⅴ区	Ⅵ区	Ⅶ区	Ⅷ区	总计
马家浜早中期	/	/	/	/	/	/	1	/	1
马家浜晚期	/	/	/	/	/	1	/	/	1
马家浜晚期崧泽早期	5	/	3	1	/	1	3	/	13
崧泽晚期—良渚文化	1	/	/	/	/	/	1	/	2
新石器末期	6	/	4	/	3	7	2	1	23
湖熟文化	3	/	1	1	3	9	1	2	20
周代	15	2	8	8	9	28	6	7	83
位置	西							东	

表 4-2-7　分期分区聚落面积　　　　　　　　　　　　　　　　　　　　　　　　　　　　（单位：平方米）

分期\分区	Ⅰ区	Ⅱ区	Ⅲ区	Ⅳ区	Ⅴ区	Ⅵ区	Ⅶ区	Ⅷ区	总计
马家浜早中期	/	/	/	/	/	/	23000	/	23000
马家浜晚期	/	/	/	/	60000	/	/	/	60000
马家浜晚期崧泽早期	43000	/	8300	11000	43000	/	8700	/	114000
崧泽晚期—良渚文化	1500	/	/	/	/	/	6400	/	7900
新石器时代末期	24300	400	2000	/	1200	7200	4500	3000	42600
湖熟文化	7400	/	400	400	43900	19800	7400	800	80100
周代	87600	27000	21700	32120	90200	181560	27500	28640	496320
总计	163800	27400	32400	43520	135300	311560	68800	41140	823920

同时我们看到，有几个区域，自始至终都没有发展起来，那就是Ⅱ、Ⅴ、Ⅶ、Ⅷ区，这几个区域除了Ⅷ区，其余都是环湖地区，即便在水域缩小的时期，在湖沼平原上可以居住的空间也还是有限。Ⅷ区没有发展起来，可能与其交通不便的地理位置有关。丹阳河流域（Ⅵ区）和青山河流域（Ⅰ区）在不同的时期内，不论从聚落规模还是数量来看都是这个区域内的中心，只是在不同时期发展各有侧重，Ⅰ区位于长江与青弋江沟通的要道，倘若古丹阳湖水面果真如我们推测的那么疏阔，那这条通道就是绕行丹阳湖往太湖地区的便捷途径了。Ⅵ区则是沟通宁镇地区的重要通道，可以说是畅通无阻，这个小区的兴起，与宁镇地区古代文化的兴衰近乎同步（图4-2-4；表4-2-6、表4-2-7）。

聚落平均面积在不断缩小，同时聚落数量却大幅增加，是自马家浜晚期崧泽早期开始呈现的趋势，与周代比十分明显，可以说这是区域内社会组织逐渐小型化的表现。到周代，我们能更清楚地看到小聚居的这种基层组织形态，即一个大聚落拖几个小聚落，沿着各条支流呈串珠状分布。我们很难推断一条河流分布的聚落群代表着怎样的社会组织，但是小聚居的这种形态应该是代表了社会最基层的组织，推测是血缘关系的家族组织。

如前所述，我们可以看到不同阶段，区域发展的中心在小区之间转移，但是值得注意的是，杨塘坟聚落自新石器末期开始，在Ⅴ区出现之后，一直是这个区域内面积最大的聚落，我们也很关注这个聚落出现是否伴随着对周围聚落的整合，可是自新石器末期，杨塘坟聚落在之前罕有人居的区域出现以后，周围的聚落数量都在逐步增长，尤其是前期就有发展基础的Ⅰ区，还有后来居上的丹阳河流域（Ⅵ区）的社群。这两个区域的发展并没有受杨塘坟聚落的影响，区域内社会稳定，人口激增，呈现出一派自然发展的繁荣景象。我们已经推测新石器时代末期区域的复兴源自于外来人口和文化的影响，结合杨塘坟聚落的地理位置来看，其北部丹阳河流域是沟通宁镇的要道，其西部青山河一带是沟通长江下游的捷径，杨塘坟又是连接这两个区域的枢纽。这才应该是其出现并发展壮大的原因。

上述聚落变迁与本地考古学文化的变迁节奏几乎可以吻合，新石器时期，马家浜文化晚期到良渚文化时期，聚落数量逐步减少，这个时期也正是宁镇地区北阴阳营文化衰落、西部凌家滩和薛家岗兴起之际，可以看出这个区域与北阴阳营文化的密切关系，在衰落之后，西部区域兴起之时，或许被整合，人口迁徙到大型中心聚落的附近。新石器时代末期的区域复兴，是伴随着一种全新的考古学文化面貌的出现而发生的，使用"捏尖鼎足"的人们迁徙到这个区域来，这可能是源自龙山文化王油坊类型的移民，在漫长的南迁过程中，到达了姑溪河。在之后的湖熟文化时期，随着宁镇地区湖熟文化的繁盛，本区也逐渐融合到这个潮流中去，文化面貌上已然是湖熟文化的样子。再之后，进入西周时期，本地的聚落也进入了一个长期稳定的发展过程，我们很难在一个遗址上区分出西周晚期和春秋早期的遗物，但是随着政局的动荡，吴越楚之间的战争，本地的聚落数量开始衰减，这个地方是"吴头楚尾"，战略要地，战争的影响此时方才显现。

3. 本区聚落变迁与周围区域的关系

放入新石器时代晚期长江下游大的时空框架内去看，距今 7000 年以来，宁镇地区丁沙地文化、太湖西部地区骆驼墩文化的聚落开始出现，姑溪河流域张家旬聚落也出现了。虽然三个区域间文化的差异还很明显，但是姑溪河—石臼湖流域也在这个时期率先开启了新石器时代文化的序幕。其他几个区域无区域系统调查材料可据，但据现有的材料来看，其他两个区域的聚落数量也比此时姑溪河—石臼湖流域的聚落数量要多。总之，在长江下游地区新石器时代文化晚期，宁镇地区发展起来时，这个小区域也紧跟着时代步伐发展起来了。

到了马家浜文化晚期时，本地区聚落数量并无增加，朱岗渡遗址表现出与北阴阳营文化类似的方面，同时也保持了地方的特色。宁镇地区北阴阳营文化发展起来，考古材料显示了这一时期高超的玉石器制作工艺；环太湖地区此时马家浜文化的聚落已经广泛分布于太湖北部和东部区域，随着马家浜文化晚期的发展，到向崧泽文化过渡的阶段，受太湖地区文化的影响，本区域达到了新石器时代中最为繁盛的时期之一（再次繁盛已是新石器时代最末期）。然而在崧泽文化晚期时，随着宁镇地区的衰落，本区域也走下坡路，此时我们看到在西部，凌家滩聚落已经崛起，其面积达 140 万平方米，墓葬出现了分化，大型墓葬随葬上百件玉石器，凌家滩聚落是这个时期长江下游面积最大的聚落，也是长江下游制玉、用玉的中心。到良渚文化时期，良渚修建水坝、建造古城时，这个中心转移到了东部良渚古城，而皖西南地区薛家岗文化也以发达的石器制作业而繁盛于西部。在良渚文化时期，本区的聚落数量衰减，文化面貌上自身特征不明显，也是多见薛家岗文化、良渚文化的影响。宁镇地区作为长江下游玉石器制作业兴起的区域（本区域也属于宁镇地区），非但没有出现大型的聚落，连聚成群都很难，仅是散布在整个区域。直到新石器时代最末期，公元前 2000 年左右，本区域在外部移民涌入之际才出现复兴。这种"跷跷板式的"聚落变迁背后原因耐人寻味，吴卫红曾经对此有过精彩的分析（见后文），此处不再赘述。

先秦时期姑溪河流域的聚落变迁的特点，我们观察到的是变化大于延续发展，这与区域的地理位置是相关的。地理位置上的"廊道"同样也是文化交流的重要通道，"廊道"的特点正是如此。由于此通道并没有在新石器时期伴随长江中下游文化最发达的时期而发展起来，我们判断这个通道在当时并不是长江中下游沟通的主要渠道。

第三节　聚落人口估算

区域系统调查研究中对于聚落人口的讨论，最常用到的方法如下：

人口数 = 人数/间 × 房屋数量

人口数 = 聚落占据面积 ÷ 人均占地面积

人口数 = 平均人数/公顷 × 总人口面积

人口数与房间内的家用器物组合联系在一起，根据器物数量来统计[17]。

赤峰调查采取了人口指数的计算方式，通过计算不同时期陶片分布密度，计算每一期的陶片总数/陶片总数 × 每一个采集点的地表陶片分布密度（总陶片数/总采集面积），最后将这个数据乘以采集点的总采集面积，得出人口指数，用来表示各时期人口数量的增减[18]。我们需要注意的是，这种通过陶片密度作为推算人口指数的指标，是基于一个假设之上，即人口多少与采集陶片多少具有正相关的关系，人口增加，陶器使用量增加，所以遗留下来的陶器残片量增加。当然，现在我们都意识到，野外采集的陶片数量未必代表了遗址本身陶片的丰富程度[19]，遗址地表的陶片密度取决于遗址的破坏程度，也取决于农民的耕作方式，中国农民讲究精耕细作，很多陶片都会被农民捡拾出去，保存好的遗址，往往地表不见陶片，不过这仍然是值得尝试的一种分析方法。实际上我们并不认为通过上述方法估算的人口数十分精确，但是在同一个标准下，同一区域，跨时段的比较，还是能看出一个人口规模发展的趋势。

由于调查材料的局限，通过房间数、房间内家用器物来推算人口的办法都不可行。鉴于有经过发掘的聚落遗址，且经过了完全揭露，我们可以根据这样的聚落材料来推算当时的人口。我们将尝试以下三种方式估算人口情况：第一种，即人口数＝聚落占据面积÷人均占地面积；第二种，为人口数＝平均人数/公顷×总人口面积；第三种，参照赤峰项目人口推算的办法，分别进行计算。人均占地面积或者每一万平方米容纳人数的数据，往往是根据保存较好并揭露完全的聚落内的房子来进行推算，很多研究者会选择保存较好、揭露较为完全的姜寨和尉迟寺遗址作为例子，来计算每一万平方米容纳的人数[20]。我们考虑到地貌的多样性对遗址规模以及单个聚落人口数量的影响（即便在当今也是如此），我们选取了江淮之间的一处墩型遗址作为参照——霍邱堰台遗址，该遗址经过了全面揭露，在面积为3000余平方米的遗址上，共发现了西周到春秋时期不同阶段的房址共17座[21]。此外还有若干基槽，这些房屋之间仅有两组有打破关系，其余皆沿着台地一周分布。虽然我们很难确定这些房址的共存性，报告中根据房址的层位关系，认为聚落的基本格局是在二期形成的，三期、四期没有大的变化，但考虑到后面的阶段可以延续使用前期的房址，我们推测，在第四期时，排除掉被叠压的3座前面的房屋（F9、F11叠压F3和F17，F12被F15叠压），至少有14座房址曾经共时过，它们都是沿着台地外沿建立，是有规划的行为。根据报告给出的房屋面积，除了F15和F16面积不明，F8面积仅5平方米可能用于仓储以外，其余11座房屋面积均在10平方米以上，推测F8并非用于日常居住，我们排除掉F8计算出的房屋面积均值为15平方米，推测这样的面积正常可以容纳3～5人生活，发掘所获的房屋数量肯定小于当时的实际数量。我们根据考古资料中可能共存的14间房屋，按照10平方米左右每间3～5人，20平方米每间容纳5～8人计算，面积约3000平方米的堰台遗址，可以承受41～67人同时生活，人均占地面积44.8～73.2平方米（表4-3-1）。

按照霍邱堰台推算出的人口密度，我们对各时期的聚落人口进行了估算，如图4-3-1和表4-3-2。

表4-3-1 霍邱堰台聚落房址人口估算

房址编号	面积（平方米）	可容纳最少人数	可容纳人数
F1	10.2	3	5
F2	12	3	5
F3	20.3	5	8
F4	20	5	8
F5	20	5	8
F6	22	5	8
F7	20	5	8
F8	5	/	/
F9	16	3	5
F10	16	3	5
F11	14	3	5
F12	14	3	5
F13	12	3	5
F14	16	3	5
F15	/	/	/
F16	/	/	/
F17	/	/	/
总计	/	49	80

图 4-3-1　各期绝对人口估算

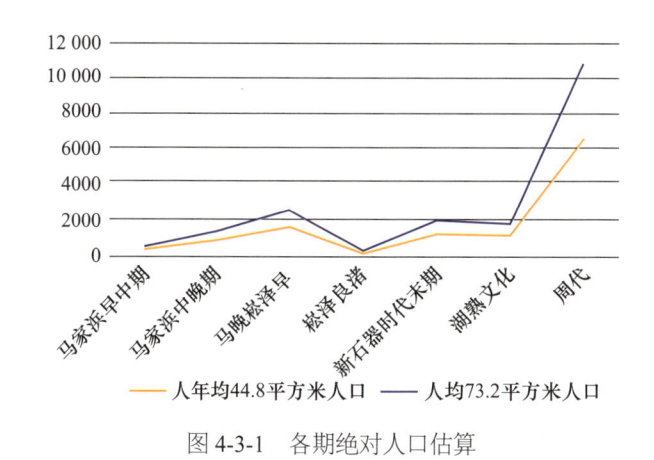

第二种算法，按照霍邱堰台 0.3 万平方米聚落面积容纳 41~67 人计算，则每一万平方米可容纳 137~223 人，远远高于日照的调查项目利用现代人口密度对古代人口进行估计的数值，日照采用的人口密度为 72 人 / 万平方米[22]。伊洛河流域调查的人口估计，乔玉通过对姜寨和蒙城尉迟寺遗址的房址面积数量的分析，采用每一万平方米 57 人的标准[23]。由于环境对聚落的规模和人口密度都会产生重要的影响，我们主要参考霍邱堰台的数据，同时也按照日照标准和伊洛河调查人口标准的结果列入表 4-3-3，进行比较。

可以看出，三种标准算出的人口数量差距很大，我们认为这与环境对聚落规模人口密度的影响有关，如果按照现代人口密度来看，马鞍山地区的人口密度也是高于河南洛阳一带的，所以此处，我们接受用霍邱堰台遗址材料估算的每公顷容纳的人数。

第三种计算方法，由于采集遗物方法上的差异，我们在利用赤峰人口估算模式时略做调整。具体的步骤还是先算出采集区内陶片分布的总密度 = 总片数 / 采集区总面积，其次要计算各时期聚落陶片分布的密度 = 各时期陶片数 / 总片数，最后用分期的陶片密度 × 总体陶片密度 × 聚落面积作为人口水平指数（图 4-3-2；表 4-3-4）。

通过计算可以看出人口指数水平的变化，但是具体的人口数量，我们还是要想办法把人口水平指数转换为绝对人口数字，这里还是采用堰台的数据，每一万平方米 137~223 人。以周代为例，每公顷 190.64 片陶片是密度最高者，这意味着整个周代 830（公元前 1046~前 256 年）年，用 190.64 片除以周代持续的 790 年即 7.9 个一百年，则得出的该聚落相对人口指数是 24.13，结

表 4-3-2　各期人口估算（按照霍邱堰台遗址的人均占地面积计算）

分期	聚落总面积（平方米）	人均占地面积（平方米）	人年均44.8平方米人口	人均面积（平方米）	人均73.2平方米人口
马家浜早中期	23000	44.8	513	73.2	314
马家浜中晚期	60000	44.8	1339	73.2	820
马晚崧泽早	114200	44.8	2549	73.2	1560
崧泽良渚	7900	44.8	176	73.2	108
新石器时代末期	85200	44.8	1902	73.2	1164
湖熟文化	80100	44.8	1788	73.2	1094
周代	483100	44.8	10783	73.2	6600
总计	853500	/	19050	/	11660

表 4-3-3　各期绝对人口估算（不同地区每一万平方米人口标准比较）

分期	聚落总面积（万平方米）	137~223/万平方米（堰台）	57人/万平方米（伊洛河）	72人/万平方米（日照）
马家浜早中期	2.3	315~513	131	166
马家浜中晚期	6	822~1339	342	432
马家浜晚崧泽早期	11.42	1564~2549	651	822
崧良时期	0.79	108~176	45	57
新石器末期	8.52	1167~1890	486	613
湖熟文化时期	8.01	1097~1786	457	577
周代	48.31	6618~10773	2754	3478

姑溪河—石臼湖流域先秦时期聚落考古调查与研究

表 4-3-4　各期相对人口指数和绝对人口极值

期别	马家浜早期	马家浜晚期	马家浜晚期崧泽早期	崧泽晚期—良渚文化	新石器末期	湖熟文化	周代
相对人口指数	382	617.84	729	19.39	256.93	95.25	2322.38
绝对人口最小值	2292	3707	4374	116	1542	572	13934
绝对人口最大值	3438	5561	6561	175	2312	857	20901

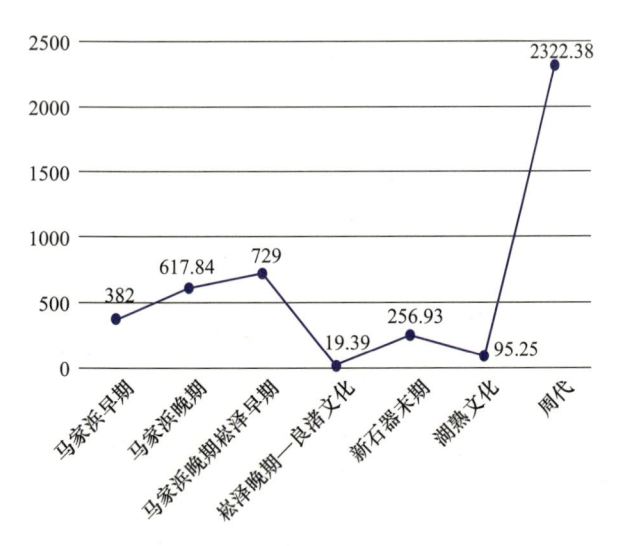

图 4-3-2　各期相对人口指数

合堰台的人口估算数字，每一万平方米 137～223 人，这两个数字是周代该聚落相对人口指数的 6 倍和 9 倍，我们用 6 和 9 作为利用周代相对人口指数水平计算出绝对人口数量最小值和最大值需要相乘的系数，然后我们用周代总相对人口指数分别乘以 6 和 9，得到 13394 人和 20901 人。以此类推算出其他各时期人口绝对数量的最小值和最大值，如图 4-3-3。

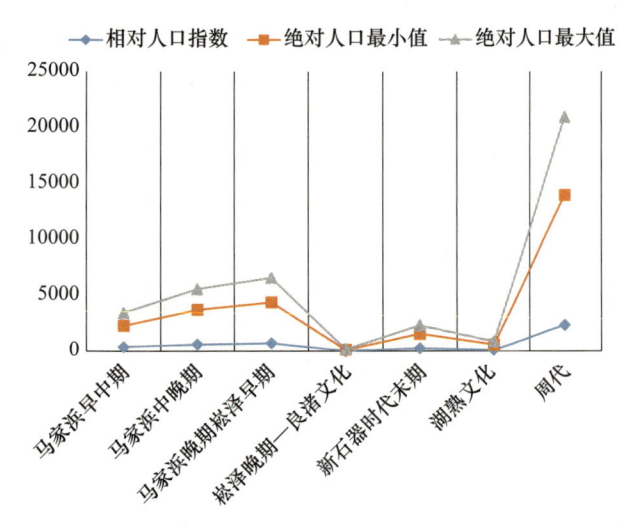

图 4-3-3　各期相对人口指数与绝对人口值曲线

通过比较，我们发现由于方法一和方法二采用的标准都是霍邱堰台遗址用遗址面积和房间面积计算出来的，所以计算的结果相同。方法三在陶片分布密度计算出的相对人口指数水平之上乘以系数，得出的人口数量结果比前两种方法高出许多。但是，三种方法计算出来的人口增减的趋势是相同的，新石器时代，马家浜文化晚期崧泽文化早期，是人口的最高峰，崧泽良渚文化时期出现了一个急剧的缩减，至新石器时代末期又有所回升，一直到周代，本区人口才出现了爆发性的增长，这样的人口发展趋势与聚落规模的变迁以及考古学文化面貌的分析结果是吻合的。在绝对人口估计上，由于方法三与前两种方法计算的人口数相差甚大，究竟哪一种方法才是更合适的是需要进一步讨论的，但是在选取参考的标准时，我们认为选择地貌类型相近地区全面揭露的聚落数据更为可靠。

第四节　聚落经济

由于调查材料的限制，我们讨论聚落经济生活的材料一是源自采集的遗物，二是来自调查中浮选的数据。本区域在马家浜文化早中期时，采集到较多的网坠，陶器中夹蚌陶占采集陶片的绝对比例，表明当时人们对淡水资源的较多利用，同时也通过浮选发现有炭化稻米，说明姑溪河沿岸在马家浜文化时期也开始栽培水稻，到崧泽文化时期，浮选发现得最多的是炭化稻米和芡实，这两种植物资源也是常见于同时期长江下游其他遗址的。此后的阶段，我们只有周代的浮选数据，这个时候有些遗址上出现了小麦、粟和大豆的组合，有的遗址上水稻和小麦同出。我们大致可知在周代时，长江流域的人们是水稻和小麦都利用的。小麦在南方的应用，之前见于江淮之间霍邱堰台遗址，我们调查区域位于江南，扩展了已知小麦在周代分布的范围。虽然材料有限，但是也为本区域内各时期的生业经济背景提供了重要的信息。

注　释

[1] 南京博物院：《江苏句容丁沙地遗址试掘钻探简报》，《东南文化》1990年第12期；南京博物院、镇江博物馆：《江苏镇江左湖遗址发掘简报》，《考古》2000年第4期；南京博物院：《北阴阳营新石器时代及商周时期遗址发掘报告》，文物出版社，1993年。

[2] 张敏：《宁镇地区青铜文化研究》，《长江流域青铜文化研究》，科学出版社，2002年。

[3] 张敏：《薛城遗址的发现与古芜湖文化区》，《中国文物报》1998年7月8日；张敏：《改革开放以来的江苏考古新成果与新理念》，《东南文化》2009年第1期。

[4] 南京博物院、宜兴市文物管理委员会：《江苏宜兴骆驼墩遗址发掘报告》，《东南文化》2009年第11期。

[5][8] 南京博物院：《北阴阳营——新石器时代及商周时期遗址发掘报告》，文物出版社，1993年。

[6][7] 南京市文物局等：《江苏高淳县薛城新石器时代遗址发掘简报》，《考古》2000年第5期。

[9] 江苏省三星村联合考古队：《江苏金坛三星村新石器时代遗址》，《文物》2004年第2期。

[10] 南京博物院等：《江苏溧阳神墩遗址发掘简报》，《东南文化》2009年第5期；南京博物院等：《溧阳神墩》，文物出版社，2016年。

[11] 安徽省文物考古研究所、怀宁县文物管理所：《安徽怀宁孙家城新石器时代遗址发掘简报》，《文物》2014年第5期。

[12] 南京博物院等：《江苏张家港市东山村新石器时代遗址》，《考古》2010年第8期；安徽省文物考古研究所：《潜山薛家岗》，文物出版社，2004年。

[13] 团山考古队：《江苏丹徒赵家窑团山遗址》，《东南文化》1989年第1期。

[14] 安徽省文物考古研究所：《安徽铜陵县师姑墩遗址发掘简报》，《考古》2013年第6期。

[15] 本期的遗存以侧装三角厚刻划纹鼎足、侧装捏尖鼎足为特征，这种特点的鼎足在点将台下层文化、广富林遗址以及良渚遗址群内文家山遗址等都有发现，这期遗存的年代大约在公元前2000年前后。

[16] 鼎足的足尖处都有手捏的痕迹。

[17] Yanxi Wang. Guan River Valley Regional Archaeological Survey, Chaper6, PHD Dissertation, University of Georgia.

[18] 赤峰中美联合考古队：《内蒙古东部（赤峰）区域考古调查阶段性报告》，科学出版社，2003年，第66页。

[19] 戴向明：《区域聚落考古的比较分析》，《中国聚落考古的理论与实践（第一辑）——纪念新砦遗址发掘30周年学术研讨会论文集》，科学出版社，2010年，第66~78页。

[20][23] 乔玉：《伊洛河地区裴李岗至二里头文化时期复杂社会的演变——地理信息系统基础之上的人口和农业可耕地分析》，《考古学报》2010年第4期。

[21] 安徽省文物考古研究所：《霍邱堰台——淮河流域周代聚落发掘报告》，科学出版社，2010年。

[22] 方辉、〔美〕加里·弗曼、文德安、琳达·尼古拉斯：《日照两城地区聚落考古：人口问题》，《华夏考古》2004年第2期。

附 表

附表一 遗址登记表

名称			编号	
位置				
坐标	X Y		面积	
地貌特征与环境	高度 遗址类型 所处环境			
堆积情况	文化层厚度 清理剖面 堆积特征			
采集标本	陶____ 石____ 骨____ 角____			
土样				
时代推测			保存现状	
遗址性质	居址☐ 墓地☐ 作坊☐ 稻田☐ 其他：____			
草 图			备 注	

填表人： 填表时间： 年 月 日

附表二 采集点数据登记表

编号	坐标		遗迹					遗物		时代	位置	备注
	X	Y	灰坑	窑址	墓葬	红烧土	房址	陶片	石器			

附表三 剖面登记表

遗址名称		剖面编号	
剖面位置			
层位关系			
堆积描述			
采样			
草图			
备注			

附表四 浮选登记表

样本编号	所属遗址	所属单位	体量（升）	浮选	重选	操作者	操作时间

附表五 钻探登记表

填表人：　　　　　　　　　　　　　　　　　　　　　填表时间：　年　月　日

探孔编号			所属遗址	
坐标		X：	Y：	
距地表深度（米）	土质土色	包含物	性质	时代

附表六 加速器质谱（AMS）碳-14 测试报告

送样单位	中国国家博物馆考古部					
Lab 编号	样品	样品原编号	出土地点	碳-14 年代（BP）	树轮校正后年代	
					1δ（68.2%）	2δ（95.4%）
BA131242	稻残片	样1-08DTSBC-S2	孙堡村遗址 P2④	2640±25	820BC(68.2%)795BC	840BC(95.4%)785BC
BA131243	不成熟稻	样2-08DTZJD-S3	张家甸遗址 P1②	5645±25	4515BC(1.0%)4510BC 4505BC(67.2%)4450BC	4550BC(88.5%)4440BC 4420BC(6.9%)4370BC
BA131244	不成熟稻	样3-08DTZJD-S4	张家甸遗址 H1①	6020±30	4950BC(68.2%)4840BC	5000BC(95.4%)4830BC
BA131245	小麦残片	样4-11DTDK-S1	渡口遗址 P1H1①	2450±25	740BC(22.9%)680BC 670BC(6.5%)640BC 550BC(25.3%)480BC 470BC(13.5)410BC	760BC(26.4%)680BC 670BC(10.9%)610BC 600BC(58.1%)400BC
BA131246	稻	样5-DTYD-S1	窑墩 P1H1①S1	2510±30	770BC(11.3%)740BC 690BC(11.9%)660BC 650BC(45%)550BC	790BC(95.4%)520BC
BA131247	稻	样6-DTHTBS3	洪塘坝 P2H1①S1	2510±25	770BC(11.7%)740BC 690BC(12.8%)660BC 650BC(43.7%)550BC	790BC(22.9%)710BC 700BC(72.5%)530BC
BA131248	小麦	样7-11DTGJF	顾家坟 P1H2①S1	2760±25	930BC（38.3%）890BC 880BC(29.9%)840BC	980BC(95.4%)830BC
BA131249	不成熟稻	样8-09DTYTF	杨塘坟 P1H1①S1	2625±35	825BC(68.2)785BC	900BC(1.6%)870BC 850BC(93.8%)760BC
BA131250	小麦	样9-09DTXLSS2	小楼山 P1⑤	2645±30	830BC(68.2%)795BC	900BC(4.1%)870BC 850BC(91.3%)780BC
BA131251	兽骨	样10-09DTZGDS1	朱岗渡地表采集	2205±30	360BC（9.0%）340BC 330BC(28.3%)270BC 260BC(30.9%)200BC	380BC(95.4%)190BC
BA140799	炭化稻残片和芡实残片	DTCGLXA02P2⑦S1	立新遗址 P2⑦	4785±25	3640BC（7.4%）3620BC 3580BC(60.8%)3530BC	3640BC(14.6%)3620BC 3610BC(80.8%)3520BC

注：所用碳-14 半衰期为 5568 年，BP 为距今 1950 年的年代。树轮校正所用曲线为 IntCal04（1），所用程序为 OxCal v3.10(2)。1.Reimer P J, Baillie M G L, Bard E, Bayliss A, Beck J W, Bertrand C, Blackwell P G, Buck C E, Burr G, Cutler K B, Damon P E, Edwards R L, Fairbanks R G, Friedrich M, Guiderson T P, Hughen K A, Kromer B, Mc Cormac F G, Manning S, Bronk C Ramsey, Reimer R W, Remmele S, Southon J R, Stuiver M, Talamo S, Taylor F W, van J der Plicht, and Weyhenmeyer C E. 2004 Radiocarbon 46: 1029-1058. 2. Christopher Bronk Ramsey 2005, www.rlaha.ox.ac.uk/orau/oxcal.html

附表七　各期聚落信息表

聚落名称	聚落面积（平方米）	分期采集点个数	分期采集区面积平方米）	采集区面积（万平方米）	遗址总采集点数	遗址总采集区面积	分期标本个数	遗址总标本数	分期陶片密度	遗址采集区陶片密度（片/万平方米）	人口指数（人/万平方米）	绝对人口（73.2）	绝对人口（44.8）	遗址地貌类型	聚落分期
张家甸	20000	15	6800	0.68	17	6800	112	127	0.88	186.76	329	273	446	复合型	马家浜文化早中期
朱岗渡	60000	6	2400	0.24	16	6400	70	75	0.93	312.50	1750	820	1339	岗地	马家浜文化晚期
高田	400	1	400	0.04	3	1200	2	13	0.15	325.00	2	5	9	墩型	马晚崧早
浦塘西	2900	5	2000	0.2	7	2800	1	17	0.06	85.00	1	40	65	岗地边缘	马晚崧早
船村	3200	4	1600	0.16	4	1600	9	10	0.90	62.50	18	44	71	墩型	马晚崧早
钓鱼台	5047	2	800	0.08	4	1600	9	10	0.90	125.00	57	69	113	墩型	马晚崧早
柘墩头	7147	2	800	0.08	6	2400	9	25	0.36	312.50	80	98	160	墩型	马晚崧早
包子山	7624	3	1200	0.12	7	2800	3	25	0.12	208.33	19	104	170	岗地边缘	马晚崧早
立新	10542	6	2400	0.24	9	3600	4	139	0.03	579.17	18	144	235	岗地边缘	马晚崧早
船头	12157	6	2400	0.24	6	2400	7	22	0.32	91.67	35	166	271	岗地边缘	马晚崧早
孙家庄	19851	9	3600	0.36	11	4400	9	47	0.19	130.56	50	271	443	岗地边缘	马晚崧早
朱岗渡	42468	11	4400	0.44	16	6400	30	76	0.39	172.73	290	580	948	墩型	马晚崧早
小村	1123	1	400	0.04	5	2000	1	15	0.07	375.00	3	15	25	墩型	马晚崧早
柘墩头南	400	1	400	0.04	3	1200	1	11	0.09	275.00	1	5	9	岗地边缘	马晚崧早
窑墩	1500	2	800	0.08	17	6800	5	145	0.03	1812.50	9	20	33	墩型	崧晚良渚
釜山	6400	5	2000	0.2	7	2800	8	14	0.57	70.00	26	87.2	143	孤丘	崧晚良渚
张家甸	400	1	400	0.04	17	6800	1	127	0.01	3175.00	1	5	9	岗地	新石器时代末期
三甲村	400	1	400	0.04	8	3200	3	53	0.06	1325.00	3	5	9	墩型	新石器时代末期
四围	400	1	400	0.04	21	8400	2	142	0.01	3550.00	2	5	9	墩型	新石器时代末期
高田	400	1	400	0.04	3	1200	2	13	0.23	325.00	3	5	9	岗地	新石器时代末期
坨塘	400	1	400	0.04	11	4400	1	54	0.02	1350.00	1	5	9	岗地	新石器时代末期
新庄	400	1	400	0.04	14	5600	1	19	0.05	475.00	1	5	9	墩型	新石器时代末期
金家	400	1	400	0.04	8	3200	1	17	0.06	425.00	1	5	9	岗地	新石器时代末期
郑家	400	1	400	0.04	13	5200	2	36	0.06	900.00	2	5	9	复合型	新石器时代末期
锤墩山	600	2	800	0.08	5	2000	1	25	0.04	312.50	1	8	13	岗地	新石器时代末期
浦塘西	800	1	400	0.04	7	2800	1	17	0.06	425.00	2	11	18	高岗	新石器时代末期
包子山	2000	3	1200	0.12	7	2800	4	25	0.16	208.33	7	27	45	岗地	新石器时代末期
朱象村	3000	2	800	0.08	10	4000	2	38	0.05	475.00	8	41	67	墩型	新石器时代末期
渡口	3600	2	800	0.08	15	6000	4	78	0.05	975.00	18	49	80	岗地	新石器时代末期
朱岗渡	400	2	800	0.08	16	6400	1	76	0.01	950.00	1	5	9	墩型	新石器时代末期
戎塘	4100	3	1200	0.12	10	4000	3	26	0.12	216.67	10	56	92	墩型	新石器时代末期
船头村	4300	3	1200	0.12	7	2800	1	16	0.06	133.33	4	59	96	岗地	新石器时代末期
登庄	5000	2	800	0.08	10	4000	6	34	0.18	425.00	38	68	112	墩型	新石器时代末期
窑墩	9300	14	5600	0.56	17	6800	83	145	0.57	258.93	138	127	208	墩型	新石器时代末期
高家屋	4700	5	2000	0.2	7	2800	6	20	0.30	100.00	14	64	105	墩型	新石器时代末期
杨塘坟	43000	7	2800	0.28	30	12000	8	129	0.06	460.71	123	587	960	墩型	新石器时代末期
陆家甸	400	2	800	0.08	3	1200	2	16	0.13	200.00	1	5	9	高岗	新石器时代末期
老坝	400	1	400	0.04	3	1200	3	13	0.23	325.00	3	5	9	岗地边	新石器时代末期
洪塘坝	400	1	400	0.04	11	4400	1	23	0.04	575.00	1	5	9	墩型	新石器时代末期

续表

聚落名称	聚落面积（平方米）	分期采集点个数	分期采集区面积平方米）	采集区面积（万平方米）	遗址总采集点数	遗址总采集区面积	分期标本个数	遗址总标本数	分期陶片密度	遗址采集区陶片密度（片/万平方米）	人口指数（人/万平方米）	绝对人口（73.2）	绝对人口（44.8）	遗址地貌类型	聚落分期
戎塘	7400	3	1200	0.12	10	4000	2	26	0.08	216.67	12	101	165	墩型	湖熟文化
四围	500	2	800	0.08	21	8400	3	142	0.02	1775.00	2	7	11	墩型	湖熟文化
小船墩	400	1	400	0.04	13	5200	1	45	0.02	1125.00	1	5	9	复合型	湖熟文化
朱象村	400	1	400	0.04	10	4000	2	38	0.05	950.00	2	5	9	墩型	湖熟文化
杨塘坟	41000	14	5600	0.56	30	12000	1	129	0.01	230.36	7	560	915	岗地	湖熟文化
老庄Ⅰ	8600	4	1600	0.16	5	2000	3	21	0.14	131.25	16	117	192	墩型	湖熟文化
团林	400	1	5600	0.56	5	2000	17	21	0.81	37.50	1	5	9	墩型	湖熟文化
金家	1000	2	1600	0.16	8	3200	6	17	0.35	106.25	4	14	22	岗地	湖熟文化
渡口	6000	3	400	0.04	15	6000	3	78	0.04	1950.00	45	82	134	墩型	湖熟文化
孙家村	400	1	800	0.08	3	1200	3	17	0.18	212.50	2	5	9	岗地	湖熟文化
尹家村	400	1	1200	0.12	14	5600	3	42	0.07	350.00	1	5	9	岗地	湖熟文化
浦塘	400	1	400	0.04	15	6000	1	78	0.01	1950.00	1	5	9	墩型	湖熟文化
陈墩	400	1	400	0.04	9	3600	1	25	0.04	625.00	1	5	9	墩型	湖熟文化
新庄	8300	5	400	0.04	14	5600	1	19	0.05	475.00	21	113	185	墩型	湖熟文化
小岗头	400	1	400	0.04	11	4400	1	30	0.03	750.00	1	5	9	墩型	湖熟文化
三甲村	400	1	2000	0.2	8	3200	6	53	0.11	265.00	1	5	9	墩型	湖熟文化
洪塘坝	400	1	400	0.04	11	4400	1	23	0.04	575.00	1	5	9	墩型	湖熟文化
周村	400	1	400	0.04	11	4400	1	26	0.04	650.00	1	5	9	墩型	湖熟文化
柘墩头	400	1	400	0.04	6	2400	1	25	0.04	625.00	1	5	9	墩型	湖熟文化
小庄	500	2	400	0.04	7	2800	1	13	0.08	325.00	1	7	11	墩型	湖熟文化
渡口	11136	15	6000	0.6	15	6000	68	78	0.87	130.00	126	152	249	墩型	周代
金家	2005	6	2400	0.24	8	3200	11	17	0.65	70.83	9	27	45	岗地边缘	周代
公场	1798	5	2000	0.2	4	1600	9	18	0.50	90.00	8	25	40	墩型	周代
三界村	3000	2	800	0.08	2	800	1	7	0.14	87.50	4	41	67	岗地边缘	周代
包子山	400	1	400	0.04	7	2800	1	25	0.04	625.00	1	5	9	岗地边缘	周代
窑墩	7031	16	6400	0.64	17	6800	6	145	0.04	226.56	7	96	157	墩型	周代
船头	4219	6	2400	0.24	6	2400	1	22	0.05	91.67	2	58	94	岗地边缘	周代
郑家	14000	13	5200	0.52	13	5200	36	36	1.00	69.23	97	191	313	岗地边缘	周代
王大下	1100	5	2000	0.2	5	2000	8	11	0.73	55.00	4	15	25	墩型	周代
薛村	13000	12	4800	0.48	12	4800	66	72	0.92	150.00	179	178	290	墩型	周代
高家屋	3215	4	1600	0.16	7	2800	8	20	0.40	125.00	16	44	72	墩型	周代
船头山	7700	15	6000	0.6	15	6000	4	78	0.05	130.00	5	105	172	墩型	周代
大庙	11500	14	5600	0.56	14	5600	25	35	0.71	62.50	51	157	257	墩型	周代
孙家村	1500	3	1200	0.12	3	1200	8	17	0.47	141.67	10	20	33	墩型	周代
船头村	17000	5	2000	0.2	7	2800	2	16	0.13	80.00	17	232	379	墩型	周代
庙墩	1343	7	2800	0.28	7	2800	5	18	0.28	64.29	2	18	30	墩型	周代
钓鱼台	2300	2	800	0.08	4	1600	8	10	0.80	125.00	23	31	51	残丘边缘	周代
五星山	1000	3	1200	0.12	3	1200	5	6	0.83	50.00	4	14	22	高岗型	周代

聚落名称	聚落面积（平方米）	分期采集点个数	分期采集区面积（平方米）	采集区面积（万平方米）	遗址总采集点数	遗址总采集区面积	分期标本个数	遗址总标本数	分期陶片密度	遗址采集区陶片密度（片/万平方米）	人口指数（人/万平方米）	绝对人口（73.2）	绝对人口（44.8）	遗址地貌类型	聚落分期
坨塘	4466	11	4400	0.44	11	4400	2	54	0.04	122.73	2	61	100	墩型	周代
陆家甸	500	3	1200	0.12	3	1200	5	16	0.31	133.33	2	7	11	高岗型	周代
浦塘	11700	15	6000	0.6	15	6000	49	78	0.63	130.00	96	160	261	墩型	周代
浦塘西	1345	4	1600	0.16	7	2800	11	17	0.65	106.25	9	18	30	高岗型	周代
高田	400	2	800	0.08	3	1200	68	13	5.23	162.50	34	5	9	墩型	周代
尹家村	22100	14	5600	0.56	14	5600	7	42	0.17	75.00	28	302	493	墩型	周代
大唐庄	2676	5	2000	0.2	5	2000	10	15	0.67	75.00	13	37	60	墩型	周代
前高	3900	7	2800	0.28	7	2800	23	23	1.00	82.14	32	53	87	岗地边缘	周代
前高西	800	2	800	0.08	2	800	2	2	1.00	25.00	2	11	18	墩型	周代
前高东南	900	2	800	0.08	2	800	3	3	1.00	37.50	3	12	20	墩型	周代
立新	400	1	400	0.04	8	3200	1	139	0.01	3475.00	1	5	9	墩型	周代
杭大	920	3	1200	0.12	3	1200	2	7	0.29	58.33	2	13	21	岗地边缘	周代
前进村	7000	9	3600	0.36	9	3600	3	35	0.09	97.22	6	96	156	墩型	周代
周陶村	11000	14	5600	0.56	14	5600	6	28	0.21	50.00	12	150	246	墩型	周代
戴马	4200	5	2000	0.2	5	2000	31	15	2.07	75.00	65	57	94	墩型	周代
四围	10000	20	8000	0.8	21	8400	130	142	0.92	177.50	163	137	223	墩型	周代
老坝头	2200	4	1600	0.16	4	1600	10	12	0.83	75.00	14	30	49	墩型	周代
老坝	600	2	800	0.08	6	2400	9	13	0.69	162.50	7	8	13	岗地边缘	周代
山上村	3000	7	2800	0.28	8	3200	8	27	0.30	96.43	9	41	67	墩型	周代
杨塘坟	43000	28	11200	1.12	30	12000	21	129	0.16	115.18	81	587	960	岗地边缘	周代
陈墩	8200	9	3600	0.36	9	3600	20	25	0.80	69.44	46	112	183	墩型	周代
小坟山	2200	8	3200	0.32	8	3200	12	15	0.80	46.88	8	30	49	岗地边缘	周代
老坟山	8900	10	4000	0.4	14	5600	22	31	0.71	77.50	49	122	199	岗地边缘	周代
团团山	900	6	2400	0.24	6	2400	10	16	0.63	66.67	4	12	20	岗地边缘	周代
小船墩	24000	13	5200	0.52	13	5200	27	45	0.60	86.54	125	328	536	复合型	周代
船墩头	23000	19	7600	0.76	19	7600	13	46	0.28	60.53	39	314	513	墩型	周代
小庄	2700	6	2400	0.24	7	2800	13	13	1.00	54.17	15	37	60	墩型	周代
小岗头	1500	10	4000	0.4	11	4400	26	30	0.87	75.00	10	20	33	墩型	周代
新庄	6800	10	4000	0.4	14	5600	12	19	0.63	47.50	20	93	152	墩型	周代
大楼山	3800	7	2800	0.28	7	2800	12	17	0.71	60.71	16	52	85	墩型	周代
小楼山	600	5	2000	0.2	5	2000	12	14	0.86	70.00	4	8	13	墩型	周代
小耳墩	3000	6	2400	0.24	6	2400	5	5	1.00	20.83	6	41	67	墩型	周代
老庄Ⅰ	400	1	400	0.04	5	2000	3	21	0.14	525.00	3	5	9	岗地边缘	周代
老庄Ⅱ	1048	3	1200	0.12	3	1200	3	14	0.21	116.67	3	14	23	岗地边缘	周代
团林	2400	5	2000	0.2	5	2000	5	21	0.24	105.00	6	33	54	墩型	周代
上河东	3600	4	1600	0.16	4	1600	6	6	1.00	37.50	14	49	80	岗地边缘	周代
栗山	5700	12	4800	0.48	12	4800	15	98	0.15	204.17	18	78	127	墩型	周代
猪山	6800	6	2400	0.24	6	2400	13	20	0.65	83.33	37	93	152	墩型	周代
龙山	18000	19	7600	0.76	19	7600	77	83	0.93	109.21	182	246	402	墩型	周代

续表

聚落名称	聚落面积（平方米）	分期采集点个数	分期采集区（面积平方米）	采集区面积（万平方米）	遗址总采集点数	遗址总采集区面积	分期标本个数	遗址总标本数	分期陶片密度	遗址采集区陶片密度（片/万平方米）	人口指数（人/万平方米）	绝对人口（73.2）	绝对人口（44.8）	遗址地貌类型	聚落分期
吕村	800	5	2000	0.2	5	2000	12	14	0.86	70.00	5	11	18	墩型	周代
洪塘坝	860	8	3200	0.32	12	4800	16	23	0.70	71.88	4	12	19	墩型	周代
锤墩山	1146	5	2000	0.2	5	2000	14	25	0.56	125.00	8	16	26	墩型	周代
黄花坝北	1600	4	1600	0.16	7	2800	4	11	0.36	68.75	4	22	36	高岗型	周代
黄花坝南	1200	3	1200	0.12	7	2800	7	11	0.64	91.67	7	16	27	高岗型	周代
廖家甸	3500	9	3600	0.36	9	3600	6	52	0.12	144.44	6	48	78	墩型	周代
夏村	11000	4	1600	0.16	4	1600	3	11	0.27	68.75	21	150	246	岗地边缘	周代
泉墩	3700	7	2800	0.28	7	2800	27	29	0.93	103.57	36	51	83	墩型	周代
柘墩头南	500	3	1200	0.12	3	1200	8	11	0.73	91.67	3	7	11	岗地边缘	周代
船墩山	16000	12	4800	0.48	12	4800	27	35	0.77	72.92	90	219	357	墩型	周代
孙堡村	2700	9	3600	0.36	9	3600	9	25	0.36	69.44	7	37	60	墩型	周代
朱象村北	1600	2	800	0.08	10	4000	17	38	0.45	475.00	34	22	36	墩型	周代
朱象村南	1100	4	1600	0.16	10	4000	19	38	0.50	237.50	13	15	25	墩型	周代
朱象村西	400	2	800	0.08	10	4000	6	38	0.16	475.00	3	5	9	墩型	周代
小村	6300	5	2000	0.2	5	2000	13	15	0.87	75.00	41	86	141	墩型	周代
东夏庄	1700	5	2000	0.2	5	2000	4	17	0.24	85.00	3	23	38	墩型	周代
张家甸	400	4	1600	0.16	17	6800	12	127	0.09	793.75	3	5	9	复合型	周代
戎塘	15000	8	3200	0.32	10	4000	14	26	0.54	81.25	66	205	335	墩型	周代
甘家坳	800	3	1200	0.12	3	1200	8	10	0.80	83.33	5	11	18	高岗型	周代
周家村	3300	6	2400	0.24	6	2400	12	28	0.43	116.67	17	45	74	墩型	周代
周村	6700	10	4000	0.4	11	4400	9	26	0.35	65.00	15	92	150	墩型	周代
三甲村	18000	6	2400	0.24	8	3200	28	53	0.53	220.83	210	246	402	墩型	周代
登庄	20000	10	4000	0.4	10	4000	26	34	0.76	85.00	130	273	446	墩型	周代
袁岗	4800	4	1600	0.16	4	1600	8	13	0.62	81.25	24	66	107	墩型	周代
小唐庄	1000	1	400	0.04	1	400	2	2	1.00	50.00	5	14	22	墩型	周代
柘墩头	2000	4	1600	0.16	6	2400	6	25	0.24	156.25	8	27	45	岗地边缘	周代
孙家庄	400	1	400	0.04	11	4400	2	47	0.04	1175.00	2	5	9	岗地边缘	周代
釜山	400	1	400	0.04	7	2800	1	14	0.07	350.00	1	5	9	残丘边缘	周代

注：马晚崧早指马家浜晚期崧泽早期，崧晚良渚指崧泽晚期—良渚文化时期，聚落面积、人口计算及采集点等有关内容的详细的解释与划分，参见正文第9、184页

附录一 区域聚落考古的比较分析

戴向明

（中国国家博物馆田野考古研究中心）

一、区域聚落考古概说

本文所界定的区域聚落考古的概念，包括区域调查和遗址发掘两部分，即点与面的结合，也可以说是微观与宏观聚落考古的结合。由这样一种思路设计出的考古项目，应具有明确的学术目的、系统的田野工作方法和研究路径，而且一般规模较大、耗时较长，适宜解决大的学术课题。

区域聚落考古的实施，可以是围绕某一学术目标先做调查，然后再选择重点遗址进行发掘；也可以是先针对某个已知的重要遗址进行发掘，然后再根据其内容组织适当范围的调查。一切皆可视具体情形而定。调查可以是全覆盖式的系统调查，也可以是带有某种特殊目的的其他方式的调查。除了一般性的遗址调查，还可有针对性地包括诸如土地、矿产、动植物、石器原料等环境资源方面的调查。而遗址的发掘则可视学术目的、研究内容和人力与财力条件进行规模不等、方法不同的设计。在某些情况下，有的区域聚落考古只限于区域调查，而不进行遗址发掘。凡此种种，并无定制。但无论如何，区域聚落考古应是超出单个遗址发掘之外的、具有一定地域范围的聚落考古作业方案。

一般认为，区域聚落形态研究始于20世纪40年代美国学者戈登·威利在秘鲁维鲁河谷的聚落考古调查[1]，后经20世纪60~70年代在西亚的美索不达米亚、中美的墨西哥盆地和奥哈卡谷地，以及南美洲、美国西南部等地成果显著的聚落考古工作[2]，以田野调查为主导的区域聚落考古逐步发展成熟，其中尤以墨西哥高地持续多年的大规模系统调查最富影响力[3]。经过多年实践，全覆盖区域系统调查的方法逐渐显示出其优越性，并被越来越多的考古学家所接受和使用。

中国的区域聚落考古的探索可追溯到20世纪80年代后期。从1987年到1991年，北京大学考古系等数家单位组成的考古队在严文明先生主导下选择湖北天门石家河遗址群进行发掘和系统调查，并最终发现了一座从屈家岭文化晚期到石家河文化时期的大型城址[4]。此后的10余年间又陆续有内蒙古岱海周围遗址的调查与发掘[5]、浙江良渚遗址群的调查与发掘[6]、山西垣曲盆地遗址的调查与发掘[7]，乃至针对汉魏遗址群的黑龙江七星河流域的考古调查与勘探[8]，等等，细数起来，此类工作已有十几项之多。但以全覆盖式系统调查为主的区域聚落考古则始于20世纪90年代中期。从1995年中美合作的山东日照地区考古调查开始[9]，几个连续开展起来的中外合作项目将全覆盖区域系统调查的方法引入中国。在这一背景下，其后又出现了以河南偃师为中心的洛阳盆地的调查，和近年在山西运城盆地东部开展的大规模区域系统调查等项目。

本文着重讨论近些年国内采用全覆盖系统调查方法所做的区域聚落考古的研究，选取时代跨度长、地域范围广的四个区域调查项目进行比较。除前面提到的山东日照地区，另外还有河南巩义的伊洛河流域和洛阳盆地、内蒙古赤峰地区、山西运城盆地的调查。洛阳盆地的调查与巩义伊洛河流域的调查地域相邻、方法相近，故此合并在一起讨论。本文的重点在于各区域调查方法的比较分析，特别是对这些调查所反映出的几个突出问题加以辨析。最后，笔者还将就调查之后区域聚落考古的后续开展简要地谈谈自己的看法。

二、区域系统调查的目的与方法

迄今所知国内几项全覆盖区域系统调查都有着大致相同的目的，即探讨一个区域内长时段聚落形态的变迁及其反映的社会形态的变化，或复杂社会的形成与发展，其中或可涉及人口规模的测算与评估、社会与环境的互动关系、资源的获取与利用等方面的内容。

诸项调查的方法虽有差别，但大体都涵盖如下一般的步骤。

首先是根据课题需要选定一个调查区域，最好是考古研究基础较好（考古学文化面貌与年代序列都较清楚）、地理上可构成一个相对独立单元的区域（如盆地、流域等）。调查前要准备好必要的工具和设备，除各种清理、测绘、照相、记录用的工具用品，还包括对讲机、全球定位仪（GPS）、越野汽车等现代化设备，而大比例地形图则是必不可少的（目前各项调查皆通行使用1∶10000的地形图或航片）。调查队伍的组成多在10人左右，人数多时可分组行进；调查队员之间的间隔一般为30～50米或更小，按规划好的路线拉网式前进。对发现的遗迹和遗物皆按各自规定的统一标准记录（如采集单位的大小、陶片的时代与分期尺度等），以保证资料收集的系统性。最后是室内的整理与分析，其中最要紧的是将图上标注的属于同一时期的采集单位按一定的标准圈划成该期的聚落；很多情况下一个遗址会包含有多个时期的聚落，而区分一个遗址不同时期聚落的大小范围是此种调查的主要目的之一。上面这些方法步骤已有人做过详细的总结说明[10]，此处不必多赘。

尽管存在上述大致相似的步骤和方法，但各项目在田野调查和资料记录与分析的具体路径方面却仍有一些差异。这主要体现在确认遗址的最低标准、采集单位的大小、记录的方式与内容（对采集单位是否都使用GPS定位并与矢量化地图配套使用，是否按单位记录各期陶片的数量或密度等）、勾画各时期聚落范围的标准、分析资料的手段等。下面根据各自的调查研究报告，概述各区域调查与分析的方法。

（一）山东日照地区[11]

如果我们的理解不误，日照地区的调查以直径100米的范围为一个采集区（collection area），在此范围内即便只有一块陶片也做记录。如果采集区之间的距离超过100米，就会另外界定一处遗址；但100米原则并非是固定不变的，要视野外的具体情况而定。所发现的遗存（陶片、石器和各种遗迹等）现场标注于地图上，并对每处遗址或不同采集区陶片的相对密度做记录和统计。最后在室内整理分析时确定标本的时代和文化属性，并在图上最终确认各时期遗址（聚落）的范围和分布。

（二）河南巩义伊洛河流域[12]与洛阳盆地[13]

伊洛河下游巩义调查及以偃师为中心的洛阳盆地调查先后完成，但两者方法近似。两者皆以100米距离内至少有3～5块同时期的陶片作为界定一个遗址的最低标准，但同时也重视其他的背景因素，如遗址的形成过程和微景观因素的考察。在绝大多数情况下，都以各种遗迹现象的存在作为确定遗址的确切依据。另据陈星灿先生相告，如果同时期的陶片间隔在100米以上，则划分为不同的遗址，但实际上这种情况很少见，一般可借助各种文化堆积，以及台地边缘、冲沟、断崖、河道等对遗址的分割作用来确定遗址（聚落）的范围。遗址（聚落）边界的最终划定也是在调查完毕和遗物的年代确定以后，主要依据陶片的分布在地图上加以确认。总的来看，该地区的调查方法与日照地区的近似。此外，巩义的调查还包括针对古环境和地貌变迁进行的地质学方面的调查，通过采集大量土样、浮选进行的古植物学方面的研究，以及有关石器生产与分配等方面的调查和分析。

（三）内蒙古赤峰地区[14]

为了避免人为规定的标准对确定遗址的主观性影响，赤峰调查另辟蹊径，以不同的方式记录和分析处理资料，其重点集中于对人口规模的测算、评估和比较分析。调查时记录的基本单位是采集单元（collection unit），每个单元最大为100米×100米，在此范围内至少要有3块以上的陶片才被记录为一个单位。采集单元的实际范围是根据可见陶片的散布界限在比例尺为1∶10000的放大的卫星影像图上画出，也就是说一个单元的实际大小可在1万平方米范围内有相当大的变化。为测算人口密度，在陶片分布较密集的单元内还常设直径为3米的采集区进行系统采集，统计不同时期陶片的数量。与其他地区的调查不同，赤峰调查虽然也划定遗址，即一组空间上相邻的采集单元被称为一个"遗址"，但这只是为方便资料记录，在随后的分析中遗址并不发挥进一步的作用。赤峰调查分析的基本单位是"地方社区（local community）"，其确认是借助统计学软件将采集单元分布的非平滑表面（unsmoothed surface）展现通过聚丛分析而勾画出的，类似于其他调查中的聚落。在此基础上，又根据数学模式建立的平滑表面展示图进行聚丛分析，将相关的集中分布的地方社区进一步聚集为更大的超地方性社群（supra-local community）或政区（district）[15]。这种图形模式还可显示地表陶片集中分布的面积和密度。基于面积-密度两种要素，并参照有关已发掘遗址的人口密度，最终计算出各单元不同时期的大约人口数，进而再将这种人口规模的测算扩大到各地方社区和更大的社群，然后进行进一步的比较分析。比较的基点是不同时期的人口密度、规模。

（四）山西运城盆地[16]

运城盆地东部的调查是我们所实施的国家博物馆运城区域聚落考古项目的一部分。田野调查中采集、记录遗存的基本单位为20米×20米的采集点（或称采集单元），一个地点即使只有一块陶片也做记录，每个采集点都记录有关遗存的种类、陶片的文化属性或时代、不同数量反映的丰贫程度等内容，并使用GPS进行较精确的定位，记下地理坐标。所有这些信息都输入设计好的数据库内，最后依托有关的GIS软件和矢量化地图进行综合整理和分析。遗址与聚落的最终确认也是在室内整理、分析时将相关的采集点依据一定的标准圈划而成。任何一组间隔在300米以内的同时期的采集点被串连在一起而形成一个聚落。构成一个聚落的最低标准为只有一个包含遗迹的采集点，或至少两个没有遗迹暴露的、但相互间隔不超过300米的同时期的采集点。以上所述为划分聚落的一般原则，在实际操作中还要参考诸如断崖、冲沟、河道等微地貌景观而有相应的灵活调整。在运城盆地，各时期聚落都有聚集成群、组分布的明显迹象，因此我们在聚落分析时进行了聚落组、群的划分，而聚丛的依据是聚落间的间隔距离、地形特征以及群体内聚落大小的构成情况。在该调查的后期，我们还专门进行了有关早期铜矿的开采和冶炼等方面的调查。

三、区域系统调查中若干问题的讨论

通过对以上各区域系统调查的比较，并结合我们所了解的其他一些调查项目，这里对一些大家普遍关注或颇多争议的问题进行分析讨论。

（一）各区域调查结果之间的可比性

尽管上述各项调查的方法和分析手段存在一定差别，但目的都是为了尽可能搞清各自不同时期聚落（或社区）的大小、范围、数量、分布等情况，使其尽量接近本地的实际情形，然后进行共时性与历时性聚落形态的比较分析。不管在采集单位的大小、确认遗址的最低标准和划分聚落的标准方面有何不同，它们都是根据本地情况和资料记录的特点，通过实际的摸索实验而确定的，或是像赤峰调查那样建立了一套有效的数理统计分析模式；因各调查在其项目内皆按统一的标准实施，所以至少在每个区域内部，各自的资料都具有系统性和可比性。

现在所要提出的问题是，不同调查以不同的方式收集、记录和分析资料，它们的研究结果相互间是否具有可比性？这个问题对于依据系统调查的结论进行不同区域间聚落形态和社会结构的比较研究是非常关键的。毫无疑问，如果以不同的方法和标准对一个区域实施调查与分析，在所确认遗址的数量、大小等方面肯定会出现一定的差别，那么这种差别是否会影响到对该区域聚落和社会形态的总认识？

我们通过一个比较研究可以基本回答这个问题。由前面的叙述可以看出，赤峰调查与其他几项调查的方法，特别是处理分析资料的方法差异较大，其集中于人口密度与规模评估的研究路径有别于其他调查；而从采集单元的大小、划分遗址的标准等方面看，运城盆地的调查又与其他项目差异较大。恰是在这两个差别最大的调查之间，我们对双方各自的资料进行了彼此的分析比较，即以各自的方法分析对方的资料。结果，尽管两种方法对两个地区不同时期聚落结构、特别是聚落群（或政区）划分的认识不可避免地存在许多细节上的差别（如数量多少、具体范围等方面），但对各时期聚落形态和社会组织结构的总认识却基本一致，细节的差异并不影响对整体的评估[17]。由此可见，通过上述各项调查所得出的认识，是可以放在一起进行比较分析的。

目前国内已实施的全覆盖区域系统调查所应用的方法彼此间存在不同程度的差别，尚处于探索阶段。今后是否可以考虑，在地理环境和遗址分布特点相似的情况下，此种调查皆按同一标准实行，确立一套统一的收集、记录和分析资料的方法，如采集单元的大小、记录遗物或判定遗址的最低标准、遗存记录的内容与方式、划分聚落的标准等，这样或可使得不同人员在不同区域完成的此种调查皆建立在统一标准基础上，从而为不同区域间的比较研究提供更加精确的资料。当然，这种统一是否必要、是否有可能、按何种标准实施，还需广泛深入的讨论和实践的检验。

（二）遗址的真实性与聚落范围的准确性

上述各区域调查都有一个共同之处，即遗址只是资料记录的依托单位，真正的分析单位是各时期的聚落（或社区）；与传统调查的主要不同在于确认同一遗址不同时期聚落的范围。当然，在许多情况下遗址与聚落的范围是重合的，如遗址的内涵较单一，或在很多小型遗址内难以区分不同时期聚落分布的差异；但在许多大型或较大的遗址，不同时期聚落的范围却往往相异。本文所涉及的几处区域调查无一例外都以地表陶片的分布作为划定遗址和聚落范围的标准，由此产生的第二个问题是，由这样的标准确定的遗址是否都能成立、是否都是真实的？与此相关联，如此界定的遗址面积、聚落范围是否准确？如果答案是否定的，那么会对聚落形态的分析产生怎样的影响？

按常识我们即可想见，单纯依据地表陶片的存在和分布来判定遗址的有无，对一些只有很少陶片而无文化堆积暴露的地点，很可能是不准确的。就像人们普遍注意到的，在农村因各种原因挖掘取土、进而将土里的包含物搬运散布到别处的事会经常发生；比如最常见的是通过取土垫圈、施肥而将某些遗址的陶片等遗物带到其他地点，从而可能会人为地形成一些虚假的"遗址"，造成遗址数量的增加。但这样的"假遗址"在各调查区域应主要限于少数只有零星陶片分布的微小的遗址（这样的小遗址中同样还有很多是真实的）。同时，遗址的范围有时也会受到一些因素的干扰，如近现代大规模修整梯田，或流水冲刷等自然力的侵蚀搬运作用，造成次生堆积而导致遗址范围的扩大。除此之外，还有些因素会导致遗址数量减少、范围缩小。例如，有些遗址全部或局部被压在现代城镇、村庄或工厂等建筑群的下面，有些已被各种人类活动局部或全部毁坏，还有些因河流泛滥、风沙沉积而被淤埋，或被水库所淹没，凡此种种，皆会造成遗址数量的减少或面积的缩小。所以，即便是非常细致的全覆盖拉网式调查，也难以发现一个地区全部的遗址、确认所有遗址真实的大小范围。

然而，人为或自然因素对遗址造成大的影响，主要是在现代化进程中高度开发的地带，以及河流泛滥淤积较为严重的地带，在这样的地区做调查需要具体评估遗址受影响的程度。除此之外，一般而言，多数地区各种因素的干扰应是较轻微或次要的，无论是遗址数量的增减还是面积的缩放，应都是少数现象且程度有限，特别是大型遗址受到的影响相对会更少一些。以我们在运城地区的工作为例，根据调查结果，我们先后选择了夏县辕村、绛县周家庄两个大型遗址进行发掘，同时做了规模不等的钻探，至少都部分达到了遗址的边缘，发现遗址的边界与地表陶片分布的范围基本相符。

不过，为力求遗址面积的准确性，有些调查试图通过追踪、观察文化堆积的剖面，或通过钻探来确认所有遗址的范围，而非单纯依靠地表陶片的分布。这两种方法在有些情形下可行，但在很多情形下却行不通。比如在有的地区（主要是在南方），史前及先秦的遗址有规律地分布在岗丘、台地或隆起的土墩子上，遗址大多较小，四周常有文化层等遗迹暴露，这样的遗址是不难辨认并确定其范围的。还有些地方的遗址大都比较单纯（如东北、内蒙古和南方的某些地区），单一的文化堆积可以保证通过钻探所探知的遗址范围即为某一时期聚落的范围。但在很多地区，特别是北方黄河流域（尤以黄河中游为甚），除有些遗址可凭隆起的地貌和暴露出的遗迹确定范围（这样的遗址大多较小），还有很多遗址（特别是大型遗址）分布在开阔平缓的台塬、缓坡、漫岗乃至平原地带，难以在四周都有充分的遗迹暴露，而且通常含有多个时期的遗存。对于这种遗址，很难通过剖面清理确认其范围；通过钻探也许可以探明整个遗址的范围，但不大可能搞清每个时期聚落的范围，因为多数情况下钻探只能判断是否有文化堆积，但难以判定堆积的时代。总之，如果有足够的时间和力量将调查做得非常细致，通过上述两种方法及其他手段（如试掘）或许可以解决遗址的真实性问题，但却解决不了很多遗址内不同时期聚落的真实范围问题。

其实，如果我们调查、研究的主要目的不是为了确定遗址的精确数量和面积的大小，而是重在宏观聚落形态的比较分析，那么可以肯定地说，只要我们调查和分析的方法本身得当，由各种其他因素导致的遗址数量、面积上的误差就不足以对总体的认识结果造成实质性的负面影响。目的与手段相一致，我们也就没有必要在几乎不可能的情况下，去刻意追求那些并不十分关键的精确性。

上述各项调查主要根据地表陶片的分布确认遗址、划分聚落和测算聚落面积，如前所述，按此确定的聚落及其大小与实际情况可能不会完全相符，但同时其误差应是有限的。在这样的前提下，重要的是，在这些调查系统中要做进一步的聚落分析，往往需要确立一个依据采集单元划分聚落的标准，而前述标准都是各自对整个调查资料总结分析后确定的较为可行的方案（并不是说都是最佳方案，有的或许还可以调整得更好一些），并且这为把握、分析资料提供了一个可以实际操作的平台。即便出现与实际情况不符的误差，也是在同一标准下的误差，因而具有可比性。这样做当然含有主观的成分，但这里需要强调的是，我们所看重的是在同一标准下宏观聚落形态的可比性，而非追求细节上的精确性。

（三）聚落的共时性

这是一个长期以来聚落考古中颇受关注的问题，涉及微观和宏观两个层面。当我们探讨某一时期的聚落布局、结构时，不管是一个遗址内部还是一个区域的宏观考察，当然希望分析的对象——各种遗迹现象或各聚落本身，都是同时存在的，某种程度上这也是得出正确认识的必要前提。从微观上说，具体到一个遗址，最理想的是通过地面的连接来确认共时的遗迹单位[18]。如果能够通过发掘现场的仔细清理来判定相关遗迹间的年代关系，当然是最好的结果。但并非所有的遗址都能保存大面积可确认的地面，也并非所有的发掘都能揭示出有意义的地面，特别是当一个遗址有多个时期的多种遗迹呈现复杂的叠压打破关系的情况下，靠地面清理来连接和判断共时的遗迹现象是很困难的。因此，通过对出土遗物进行精细的年代分期，并结合相关的层位关系，以使同期的遗迹尽可能接近同时或至少部分同时共存的状态，仍是基本的方法。如迄今有关墓地与居址的排序和结构布局的研究，绝大多数都是通过这一途径。

对于主要基于调查资料进行的宏观聚落形态研究，聚落共时性的把握更容易出现偏差。这里有一个时间尺度的问题。一般而言，单凭调查中采集到的陶片，很难像遗址发掘那样做到较细致的年代分期，只能做到较粗疏的文化归类或年代划分。在这种情况下，一是要尽量使用较小的分期尺度，以减小聚落共时性的偏差；另外重要的一点是，应使各参与比较的文化期在时间跨度上尽可能接近，如此才能保证各期聚落数量等方面具有可比性或可比性较强。以运城地区为例，我们根据当地可把握的分期尺度，将新石器到早期青铜时代的考古遗存划分为7个文化期，即仰韶早期、仰韶中期、仰韶晚期、庙底沟二期、龙山期、二里头期和二里冈期（新石器早、中期的遗存暂无发现）。这些文化期的大部分跨年都在500年左右（其中仰韶早期更长一些，二里冈

· 199 ·

期则稍短），相互间应具有较大可比性。其中有的文化期单凭陶片还可进一步细分（如二里冈期），但这样会拉大与其他文化期的时间差距，因此并没有这样做。相反，如果笼统地将仰韶遗存合并为一个文化期，那么整个仰韶文化期跨越大约2000年，以如此长时间段内的遗址同其他约500年或更小时间段的遗址进行比较，无论是在遗址数量还是聚落分布等方面可比性就相对较弱。

同前两个问题相似，聚落的共时性也只是一个相对的概念，而不必追求绝对的精确性。我们真正要分析比较的是稳定的聚落结构，即相互间有关联意义的遗迹组合或聚落群体，而非相同时间段里的遗迹现象。假如我们能够认识和把握这样一种稳定的聚落状态，就可忽视其时间上的差异。反过来说，当我们尚未知晓这种聚落形态时，较小的时间尺度和相似的时间跨度还应是比较好的选择。

（四）依据聚落大小划分聚落等级的可靠性

聚落等级的划分是区域聚落形态研究中的一项重要内容，是考察一个地区社会组织结构、社会性质的主要途径之一。在目前已知的区域聚落考古中，除少数经过多年勘查发掘确认出的大型高等级遗址，如石家河城址、良渚城址、陶寺城址等，其他绝大部分遗址都是凭面积大小来确定等级的。对此有人不免产生一些疑问：单凭聚落面积的大小来判断其等级是否可靠？因为通常来说，高等级的聚落不仅面积大，还应有普通聚落所不见的高规格设施和器物，如宫殿建筑、贵族大墓、精美的奢侈品，等等。

理想的状态当然是通过细致的勘探乃至发掘，对一个区域内每个遗址，或至少是那些大型遗址都搞清其内涵，然后再确定等级；在这一点难以做到的情况下，根据聚落规模的大小来划分等级，仍然是可行的。聚落大小与等级高低密切相关，这一点实际上可以得到很多考古工作的证实。如大家熟知的仰韶中期的西坡，仰韶晚期的大地湾，龙山期的陶寺、石家河、良渚，夏商时期的二里头、二里冈等，这些高等级的遗址无不是当时当地规模宏大的中心聚落。相反，那些数量众多的小遗址则很少有这些大遗址所见的大型公共建筑、夯土台基、高等级大墓和精美的器物。历史的延续性使得中国现代的聚落形态仍保持着这种等级次序，从国家级的大都市到省、市、县、乡、村，各自的规模基本都与其级别相对应。因此我们有理由相信，在发掘资料尚不充分的情况下，根据调查所知聚落规模的大小来划分等级应是足备分析之用的。这样做虽不能避免绝对的误差，但应该能够反映总体的概况。

需要补充的是，区域调查应不只限于遗址的大小，在可能的情况下还应包括聚落布局、结构、功能等方面的内容。在条件较好的地区，如内蒙古、东北等地，遗址堆积大多比较单纯，而且许多遗址地表暴露有大量的遗迹现象，通过仔细勘查、简单清理即可获取上述很多信息；在这样的地区做调查，方法和路径上可有不同的设计。但在很多地区，特别是中原地区，往往不具备这样的条件，单凭调查对遗址的内部结构往往了解甚少，所以依据面积大小进行聚落分级就成了一项主要的内容。

（五）人口测算的问题

根据一个遗址的发掘资料来测算某一聚落的人口数，这在中外聚落考古中都不乏其例；尤其是当一个遗址的房屋或墓葬被充分揭露的情形下，只要方法得当，人口的测算应是基本可信的。在特别重视数理统计和量化分析的西方学术界，微观聚落与宏观区域的人口分析都很常见，为此甚至有专门的著作出版[19]。借助于发掘过的遗址所计算出的单个聚落的人口密度，有些研究试图对一个区域或遗址群的人口数进行估算，这种宏观的分析却常常引起争议。

如前所述，在本文所举的几项区域系统调查中，赤峰调查认为人为认定的遗址随意性较大，转而注重人口规模的统计和分析。其具体的方法是在调查中记录和统计各采集单元不同时期陶片的数量与比例，通过将采集点分布的面积和地表陶片分布的密度结合，计算出不同时期的人口指数，然后参照有关已发掘遗址的人口密度，得出各社区和社群（政区）的大约人口数[20]。

这种分析方法借助统计学模式，看起来似乎更显科学，但其结论的准确性却至少受到两个因素的影响。其一，这种分析的前提是假定地表陶片的分布能够真实反映地下遗存的埋藏情况及居住人口的密度。也许这样一个前提条件适用于赤峰地区，但不一定每个地区都如此。以我们在晋南黄土地带工作的经验，有的遗址地表陶片很丰富，但发掘后发现遗迹却较稀少；有的遗址地表陶片很稀少，但发掘揭示其地下遗存却很丰富。不同地形、不同的埋藏情况和破坏程度都会影响地表陶片的分布。因此，地表暴露的陶片等遗存究竟在多大程度上能够反映当地的人口数量与密度，需要根据不同情形做出具体的评估。其二，不管设计好的分析模式如何严密，最后似乎都要借助已知遗址的人口密度进行换算（迄今国内最常被引用的是发掘最充分的姜寨遗址），而这种经过充分发掘、可以较准确计算人口的遗址，大多是规模较小、房屋或墓葬较集中的遗址；以这样的遗址得出的人口密度，去按比例换算大型遗址的人口数量，恐怕会出现较大的误差。因为大型遗址大多会包括复杂多样的功能区，如居址、墓地可能有多处，其间或许会夹杂着诸如祭祀区、不同种类的手工业作坊区，甚至园圃和田地等，很难说其人口密度与那些小遗址的就相同。何况人口密度在不同时期、不同地区间还可能存在较大的差异。因此，受包括上述两种因素在内的各种因素的影响，目前考古上所知的各种区域人口分析模式都不是没有问题的。

此外，即便像赤峰项目那样以人口规模的重建作为聚落形态研究的基础，其实最后仍脱离不开以社区（聚落）为分析比较的单位，包括对各时期社区数量与人口规模的评估。对于人口的估算，也不可能给出一个十分精确的数字，而是表示为最小值与最大值间的浮动。并且，根据我们对赤峰与运城调查的比较研究，用两种方法分析同样的资料，即人口统计与根据聚落大小分析得出的总结论并无根本的差异[21]。由此可知，人口分析在聚落考古中的应用也只是方法之一，而非唯一正确的途径。

但另一方面，反过来说，虽有上述各种因素干扰，运城与赤峰比较的事例又说明，一个好的人口分析模式对人口规模的估算似乎也不会偏差太远，所以若依此方法实行，也未尝不可。有时为了某种研究目的，需要对一个聚落乃至一个区域的人口得出具体的认识，那么这种人口的测算与分析就仍是必要的。

总之，任何一种即便是优秀的区域调查方法、分析手段都有其局限性。区域系统调查的优势在于长时段、大空间的比较分析，可考察宏观聚落形态的特征与变化。有时一定程度的不精确或模糊性是容许存在的。

四、专门性调查及典型遗址的发掘——区域聚落考古的深入开展[22]

本文所涉及的四个全覆盖区域系统调查项目所取得的直接成果，是对各地区早期聚落形态的特征和变化有了基本的了解，并由此对各地社会组织结构的变化和复杂社会发展的进程取得了初步的认识。但由于受各地调查范围和所处地域的影响，其结果对各阶段总体社会状况的认识可能仍有程度不同的局限性，需要将来放到更大的区域背景中进行考察研究。例如，日照地区的调查显示，大汶口文化时期该地区聚落数量较少，等级分化并不明显，而在大汶口文化分布的其他地区特别是核心区域却并非如此，那么对整个大汶口文化（尤其是其中晚期）社会应怎样认识？又如伊洛流域及洛阳盆地，已有的调查表明，聚落的等级分化大约出现在仰韶晚期，但直到龙山时期都没有出现诸如层级增多、有超大聚落整合大范围区域组织的现象，这与晋南地区不同，在豫中地区是否具有普遍意义？再如，赤峰地区的调查揭示，红山文化时期社会分化已经开始，并形成了众多小规模的区域政体，但晚到夏家店下层文化时期都未出现能够统摄整个区域的超大型聚落，从而形成规模更大的区域政体，这与其他很多地区也不相同，在整个燕辽文化圈里是否是一种普遍现象？还有，运城盆地东部复杂社会的出现始于仰韶中期，随后经过长时间若干小规模群体的对峙、碰撞与融合，到龙山时期形成了有超大聚落统辖的大规模区域政体，最后又融入了中原早期国家系统之中，这样一种社会演进的历程在晋南豫西是否具有普遍性，该地区与相邻地区如临汾盆地的关系如何？这些问题的存在说明，一定范围的区域系统调查往往会引申出相关的一系列新问题，而这些问题的解决需要在一个调查项目完成之后，继续有针对性地做进一步的深入研究。

除上述所举超出各调查区之外的一系列新课题，在各调查区之内，也可以有目的地开展一些专门性研究，以将区域聚落考古引向深入，解决一些深层次的问题。如追寻各区域文明的起源和早期国家的出现，是区域聚落考古的一个重点内容，围绕这一目标，许多地区选择了龙山时代前后的大遗址或特殊遗址进行了规模不等的发掘，或对某些重要资源的来源、生产与控制等方面进行了专门调查。

有些专门性调查是在区域调查项目开始时就设计好并同时或先后进行的；有些是根据调查过程中所揭示的新问题、新发现，又针对诸如手工业生产与分配、特殊资源的获取与利用等相继开展的专门性调查和研究。如巩义伊洛河流域的调查，开始的设计就包括了关于古地貌和环境变迁的地质考古学及古植物学的调查，其后又开展了关于灰咀遗址石制品原料来源及与二里头遗址石器关系的调查和研究。又如我们在运城盆地的调查，在田野踏查中发现数处二里头和二里冈期的遗址出有铜炼渣（个别的可能早到龙山时期），待拉网式调查结束后，我们又专门组织了对此类遗址的调查，并深入到中条山铜矿区试图寻找早期冶铜遗址，目的是要探索本地区是何时开始开发和利用铜、何时将铜作为一种重要的政治经济资源加以控制的。

在区域聚落考古中，很多学术课题，包括基于调查而产生的新问题，都需要通过发掘来解决。比如根据规模大小可以确认出许多不同时期的中心聚落，那么这些中心聚落与普通聚落有什么不同？较理想的做法当然是选择不同层级的聚落进行大规模的发掘和对比研究；如这样的状态难以达到，则应选取有代表性的大型中心聚落或功能特殊的遗址进行发掘，以期经由最短途径认识当时社会所到达的实际水平或特有的内容。目前所知在区域系统调查基础上，开展较大规模发掘的有日照两城镇遗址[23]和运城绛县周家庄遗址[24]。这两处遗址都是当地龙山时期的大型中心聚落，在国家起源探索中占有不容忽视的重要地位。

以周家庄的发掘为例。经过调查我们认识到，周家庄为运城盆地东部龙山时期唯一一处规模超大的遗址，那么其爆发性的增长在大范围的区域政治整合中扮演了什么样的作用？其聚落构成又有什么特殊的地方？为解答这些问题，探索周家庄遗址的内涵与功能作用，深入剖析本地龙山时代的社会，从2007年秋季始，我们对周家庄遗址展开了持续的大规模勘探和发掘。周家庄龙山时期地表陶片散布的面积约450万平方米，通过数次发掘和大规模钻探，目前已发现在其聚落中存在大型环护的壕沟（壕沟的南面暂缺，或许因地势原因当初就没有修建，其余三面可基本相连），并且壕沟范围有一个从小到大的扩展过程，壕沟内最大面积可达200余万平方米。在壕沟内已揭露出一些房子、墓葬、陶窑、灰坑等遗迹现象。此项工作还将持续进行下去。待将来对周家庄的发掘和研究取得一定进展之后，还应将其置于一个范围广大的背景中进行考察，如此才能对其在当时社会发展的历史进程所占有的地位和所起到的作用有更清楚的认识。

总之，我们所开展的区域聚落考古的一个总思路，就是在一个所知有限的地区，利用已知的线索，先由面到点（从系统调查到选点发掘），再从点到面（对一个地区、一个或数个中心聚落取得突破性认识后，再扩大到范围更广的比较研究），层层展开。基于这种考古理念对文明与国家起源、社会演化过程所进行的探索，将是一个长期的、艰苦的历程。

附记：本文写于2009年，分析比较的四个调查区域皆分布在黄河流域和北方地区，当时尚缺乏发表的南方地区的区域系统调查资料。但实际上从2008年开始我们已在长江以南安徽马鞍山的姑溪河流域启动了此类调查。华南的地理环境、遗址分布的地貌特征与华北有着很大的不同，尤其是在水稻田遍布的地表条件下进行拉网式全覆盖系统调查会有很大的困难，因此具体的调查方法和行进路线都要有不同的设计，这些在报告中都有说明。尽管如此，本文所讨论的基本调查方法、记录与分析方法，以及其中涉及的区域聚落考古中的一些问题，都具有广泛的普遍性，可以为相关类似的区域系统调查提供参考。故此，本人同意将本文作为附录收入报告中。

注　释

[1] Willey Gordon R. Prehistoric Settlement Patterns in the Viru Valley. Bulletin No. 155. Washington DC: Bureau of American Ethnology, 1953.

[2] Banning E B. Archaeological Survey. Kluwer Academic / Plenum Publishers, New York. 2. Sabloff, Jeremy A. and Wendy Ashmore. An Aspect of Archaeology's Recent Past and Its Relevance in the New Millennium. In Archaeology at the Millennium: A Sourcebook, edited by Gary M. Feinman and Douglas T. Price. New York: Kluwer Academic/Plenum Publishers, 2001: 11-32.

[3][10]　方辉：《对区域系统调查法的几点认识与思考》,《考古》2002年第5期。

[4] 严文明：《石家河考古记》,《肖家屋脊》, 文物出版社, 1999年；石家河考古队：《石家河遗址群调查报告》,《南方民族考古》第五辑, 四川科学技术出版社, 1993年。

[5] 内蒙古文物考古研究所等：《岱海考古》（一）、（二）、（三）, 科学出版社, 分别于2000、2001、2003年出版。

[6] 浙江省文物考古研究所：《良渚遗址群》, 文物出版社, 2005年。

[7] 中国国家博物馆考古部：《垣曲盆地聚落考古研究》, 科学出版社, 2007年。

[8] 黑龙江省文物考古研究所：《七星河——三江平原古代遗址调查与勘测报告》, 科学出版社, 2004年。

[9] 中美两城地区联合考古队：《山东日照地区系统区域调查的新收获》,《考古》2002年第5期。

[11]　方辉、文德安、〔美〕加里·费曼、琳达·尼古拉斯、栾丰实、于海广：《鲁东南沿海地区聚落形态变迁与社会复杂化进程研究》,《东方考古》第4集, 科学出版社, 2008年；中美日照地区联合考古队：《鲁东南沿海地区系统考古调查报告》, 文物出版社, 2012年。

[12] 陈星灿、刘莉、李润权、华翰维、艾琳：《中国文明腹地的社会复杂化进程——伊洛河地区的聚落形态研究》,《考古学报》2003年第2期。

[13] 中国社会科学院考古研究所二里头工作队：《河南洛阳盆地2001~2003年考古调查简报》,《偃师二里头遗址研究》, 科学出版社, 2005年。

[14][20]　赤峰中美联合考古研究项目：《内蒙古东部（赤峰）区域考古调查阶段性报告》, 科学出版社, 2003年。

[15][17][21]　周南、戴向明：《运城盆地和赤峰地区的酋邦与国家：聚落系统的比较分析》,《东方考古》第7集, 科学出版社, 2010年。

[16] 中国国家博物馆田野考古研究中心、山西省考古研究所、运城市文物保护研究所：《运城盆地东部聚落考古调查与研究》, 文物出版社, 2011年。

[18] 赵辉：《遗址中的"地面"及其清理》,《文物季刊》1998年第2期。

[19] Fekri H. Demographic Archaeology. New York: Academic Press, 1981.

[22] 本节所涉及的各区域调查的参考文献可见前文索引, 这里不再重复。

[23] 中美两城地区联合考古队：《山东日照市两城镇遗址1998~2001年发掘简报》,《考古》2004年第9期。

[24] 戴向明、王月前、庄丽娜：《2007~2008年山西绛县周家庄遗址钻探与发掘》,《2008中国重要考古发现》, 文物出版社, 2009年。

附录二　崧泽时代的皖江两岸[*]

吴卫红

(安徽省文物考古研究所)

一、地理特点与时代背景

皖江作为整个长江在安徽的一段，全长约400千米，地处长江中游与下游三角洲之间，其西北有大别山及其余脉，南有皖南丘陵，河谷的发育受自然条件的限制，各段宽窄不一，呈藕节状特点，流域内地势整体上由南北两侧向中央呈阶梯状下降。若以皖江为轴，沿江两岸为地势低平的沿江平原，海拔一般在7～20米；平原两侧为起伏的岗地和丘陵，其间分布有大小不等的盆地，海拔一般在20～40米；再往外侧的丘陵低山大多数海拔在150～300米，比高低于150～200米；而最外侧的中低山区海拔多数在600米以上，比高一般超过500米。皖江流域面积达到6.6万平方千米，约占整个长江流域的4%，占安徽省总面积的47.3%。

在皖江流域内部，北岸自西向东主要有皖河流域、巢湖（裕溪河）流域，并有滁河流域延伸至南京附近；南岸主要有秋浦河、青弋江（含水阳江）两个较大的小流域以及其他小流域。根据地形的差异，大体上以铜陵为界可以划分为两个大的自然区域：西部是由大别山、九通山、皖南丘陵夹成的狭长通道，沿江一带地势低洼，湖泊、河流众多，向两侧地势渐高，有山前平原、丘陵低山、中低山等地貌；东部则地势较为开阔，以低矮的丘陵、岗地、平原为主。

在皖江的东端有以茅山为主体的宁镇丘陵和长江三角洲平原；西端有江汉平原、洞庭湖平原；在皖江的北面则为广袤的淮河流域，绝大部分属平原；而其南面则为皖南丘陵和山地，交通不便，仅在西南角有鄱阳湖流域一角，山地、平原相间。

这一区域是长江中游和下游三角洲之间重要的交通走廊，历史上对长江中下游的经济、文化交流起到了十分重要的作用。与东、西、北三面不同的是，由于自然条件的特点，这里并未形成一个相对封闭和统一、持久的区域文化，在历史上人口迁移和变动频繁，因此其文化发展总是处于一种动态多变的状态中，也就是说其文化发展一直与人口迁移以及与之直接相关的文化交流有着密切关系。因此，无论是从地理概念还是文化概念的角度分析，皖江流域都既具有较多共性、又存在多样化的倾向[1]。

在距今6000～5000年之间，中国各地文化出现了一场波澜壮阔的大融合或兼并，也是多元一体文化形成的第一个关键时期[2]，其中最突出的表现发生在黄河中游与长江下游，前者以庙底沟彩陶为代表，以花瓣、勾连纹样为核心，波及范围北达蒙古高原，南抵长江沿岸，东至沂蒙山麓，因此有学者将黄河中游这一时段的文化现象称为"庙底沟时代"[3]；后者则以崧泽及其同时期诸文化的玉石器、陶器为代表，并以钺为核心形成

---

[*] 本项目受"中华文明探源及其相关文物保护技术研究（2013～2015）：中华文明起源过程中区域聚落与居民研究（课题编号：2013BAK08B05）"资助。本文已发表于《崧泽文化学术研讨会论文集》（2014），文物出版社，2016年。

了一次大规模文化因素扩张[4]，在整个长江下游形成了风格相似、水平相近的多个文化群体[5]，并进一步影响到南北两侧其他文化区域及长江中游，从而在东南地区形成了本文所谓的"崧泽时代"[6]。

崧泽时代是长江中下游第一个文化大融合时代，它与庙底沟的扩张一样，为中华文明的最终融合首次奠定了各区域的基础。在这一过程中，皖江两岸[7]作为沟通长江中游与下游三角洲的中介甚至是必经之路，不可避免地参与到其中，那么该区域的文化究竟是怎样的？

二、田野工作与研究概况

在1979年之前，皖江两岸的田野考古工作基本限于极少量调查[8]，崧泽时代的遗存几无发现，研究工作近乎空白。1979年春以潜山薛家岗、含山大城墩两处遗址的发掘为起点，皖江两岸相继开展了一系列的史前遗址发掘工作。与此同时，围绕着薛家岗、大城墩的发现，20世纪80年代初期在相应的两个区域中还开展了较大范围的调查，20世纪80年代中期随着全国"二普"工作的进行，又陆续发现了一批史前遗址。通过上述工作，崧泽时代的遗存也陆续被发现，迄今共发掘了这一时期的遗址或墓地10余处，诸如北岸的潜山薛家岗、肥西古埂、怀宁孙家城、含山凌家滩，以及南岸的马鞍山烟墩山、芜湖月堰等，据不完全统计，发掘总面积至少超过1.7万平方米（表一），其中超过半数的地点以墓地材料为主。近十余年来，作者还在多个区域实地踏查或组织开展了大范围复查，此外又在4个区域采用了区域系统调查方法，面积超过1000平方千米（表二）[9]。虽然上述工作在地域上具有不平衡性，主要集中在北岸的东部巢湖流域和西部皖河流域、南岸的东部姑溪河流域及青弋江流域，其他区域工作很少，但面貌还是逐渐呈现并清晰起来（图一）。

表一 主要发掘地点统计表

序号	遗址名称	年度	发掘次数	发掘面积（平方米）	属崧泽时代的遗存	材料出处
1	潜山薛家岗	1979~2000	6	≈2300	薛家岗文化早期	《潜山薛家岗》，文物出版社，2004年
2	含山大城墩	1979~1984	4	≈1000	大城墩下文化层	《安徽含山大城墩遗址第四次发掘报告》，《考古》1989年第2期
3	宿松黄鳝嘴	1981~1984	3	370	黄鳝嘴文化	《宿松黄鳝嘴新石器时代遗址》，《考古学报》1987年第4期
4	潜山天宁寨	1982、1984	2	264	薛家岗文化早期	《安徽潜山天宁寨新石器时代遗址》，《考古》1987年第11期
5	太湖王家墩	1983	1	75	王家墩一期	《太湖县王家墩遗址试掘》，《文物研究》总第2辑，黄山书社，1986年
6	肥西古埂	1983、1987	2	400	古埂下层	《安徽肥西县古埂新石器时代遗址》，《考古》1985年第7期
7	含山凌家滩	1987~2014	7	≈3500	凌家滩文化	《凌家滩——田野考古发掘报告之一》，文物出版社，2006年；《安徽含山县凌家滩遗址第五次发掘的新发现》，《考古》2008年第3期
8	青阳仓园垱	1991	1	≈30	崧泽晚期墓地	未发表
9	望江黄家堰	1997	1	≈1000	薛家岗文化早期	《望江黄家堰遗址发掘成果丰硕》，《中国文物报》1998年5月10日第1版
10	马鞍山烟墩山	2003	1	950	烟墩山下层	《安徽马鞍山烟墩山遗址发现新石器至西周文化遗存》，《中国文物报》2004年6月11日第1版
11	芜湖月堰	2007	1	≈6000	月堰早期	《安徽芜湖月堰新石器时代墓葬发掘简报》，《文物》2009年第8期
12	怀宁孙家城	2007、2008	2	≈600	黄鳝嘴文化、薛家岗文化早期	《安徽怀宁孙家城新石器时代遗址发掘简报》，《文物》2014年第5期
13	含山韦岗	2013	1	230	凌家滩文化	《安徽含山县韦岗遗址新石器时代遗存发掘简报》，《考古》2015年第3期
	合计			>17000平方米		

注：因部分资料尚未发表，本表为不完全统计。以下文中涉及各遗址的发掘材料大都出自本表"材料出处"，一般不再另注。仓园垱信息由青阳博物馆朱献雄提供，特此致谢

表二　近十余年的调查区域统计简表

序号	具体区域	调查方式	年度	次数	调查面积（平方千米）	覆盖面积（平方千米）
1	裕溪河上中游	区域系统调查	2008.12～2013.12	8	≈400	
2	姑溪河流域	区域系统调查	2008.12～2011.12	3	≈400	
3	大沙河中游	区域系统调查	2009.12～2010.01	1	≈140	
4	杭埠河中游	区域系统调查	2010.12～2011.01	1	≈100	
1～4项合计调查面积					≈1040	
5	柘皋河上中游	据二普资料全面复查	2005	1		>40
6	南淝河下游	据二普资料全面复查+零散调查	2006～2007	1		>100
7	丰乐河中下游	据二普资料全面复查	2006.07	1		>500
8	皖河中下游	据二普资料全面复查	2004.02～12	1		>2000
9	武昌湖周边	据二普资料全面复查	2003.11～2004.01	1		>500
10	绣肃河中游、盛桥河下游	据二普资料局部复查	2006.12	1		>5
11	黄浒河下游、漳河中下游	据二普资料全面复查	1998.12～1999.01	1		>600
5～11项合计覆盖面积						>3745

注：覆盖面积指调查各遗址时涉及的各区域面积总和，而非全部踏查过的面积，本表覆盖面积仅为参考数

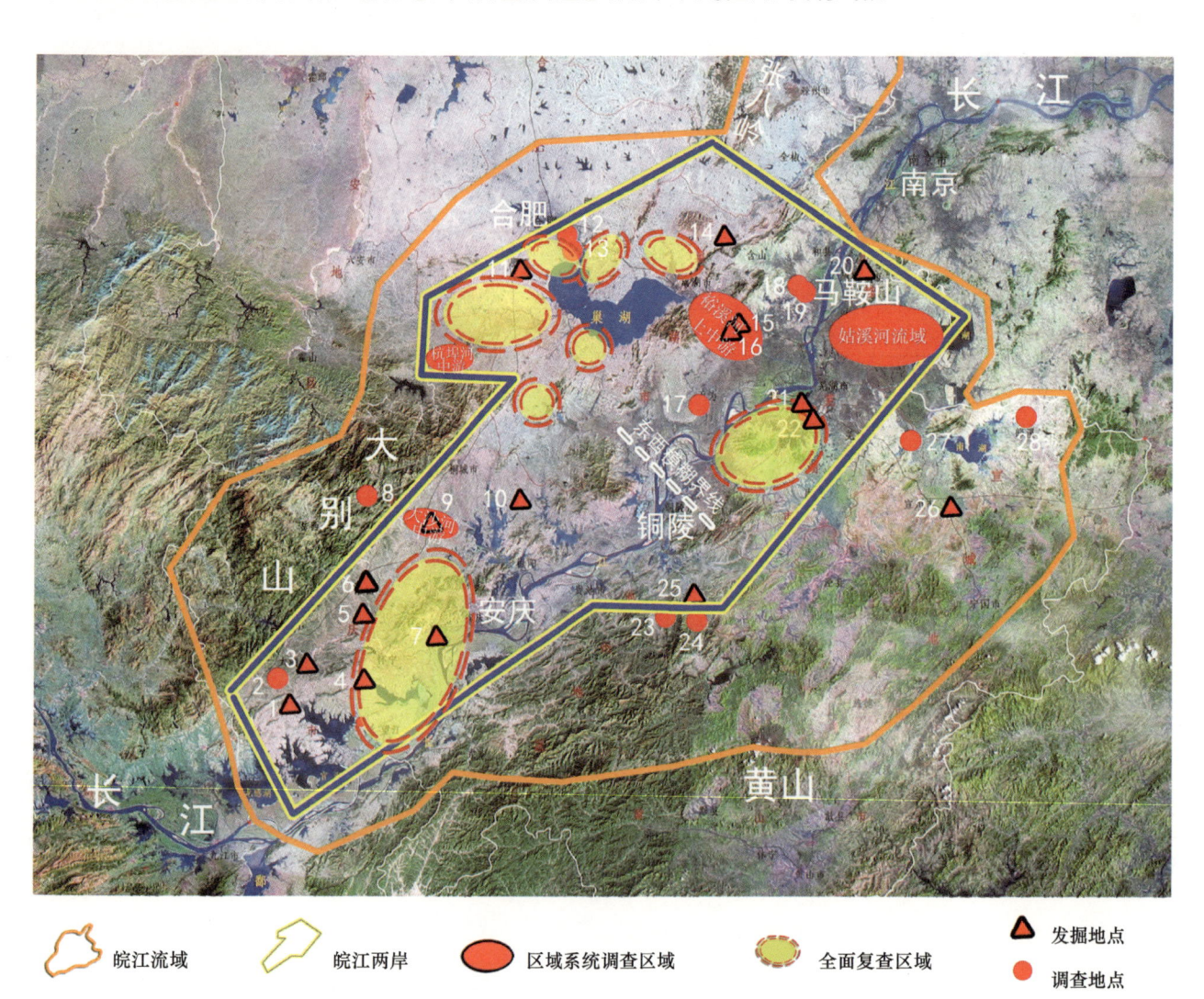

图一　皖江两岸已发掘地点与调查区域分布示意图

1.黄鳝嘴　2.戴嘴　3.王家墩　4.黄家堰　5.薛家岗　6.天宁寨　7.墩头　8.蜈蚣岗　9.孙家城　10.小柏墩　11.古埂　12.岗赵　13.药刘　14.大城墩　15.韦岗　16.凌家滩　17.杭西墩　18.李村　19.乔家庄　20.烟墩山　21.红灯　22.月堰　23.中平　24.杨田　25.仓园塝　26.孙埠　27.方杨　28.欧墩

随着材料的丰富，相关研究逐渐深入，与周边文化的关系受到关注，最早自 1978 年安徽省博物馆和苏秉琦先生将这一区域的文化与宁镇地区关联[10]之后一直成为研究的主要内容。20 世纪 80 年代"薛家岗文化"得以确立，"大城墩类型"或"古埂类型"也已提出，到 20 世纪 90 年代初，皖江两岸崧泽时代的年代框架初步建立，但文化源流并未明确，一般认为与宁镇地区关系密切但又具有自身独立性，也有认为是源于北阴阳营文化[11]，或者是脱胎于"青莲岗文化"[12]。但有关文化年代、关系等方面的研究因为缺乏新的材料很快趋于沉寂，并因凌家滩玉器的新发现，热点迅速转移到玉器研究[13]。

从 21 世纪之初开始，有关皖江两岸崧泽时代的研究有了明显的变化：一是随着《凌家滩玉器》图录的出版，对玉器方面的研究兴趣继续高涨，除玉器型态研究外，对内涵的解读成为主要内容[14]；二是石器工艺与产地等方面的研究也随之开展起来[15]；三是文化内涵与变迁的研究重新受到重视，特别是随着《潜山薛家岗》《凌家滩》的出版，研究继续深入[16]；四是全国探索文明起源的热潮与本区域文明化的进程研究有所涉及[17]；五是随着全国聚落考古研究的进一步发展，对聚落与文化有了更深入的研究，但这类研究缺乏个案研究，一般都附属于更大区域、更长时空框架的研究之中[18]；六是科技考古有了较多的应用，包括玉石器制作工艺、陶器制作工艺、植物考古与环境研究等方面[19]。

三、环境制约与聚落分布

1. 环境背景

从图一和前述地理特点可以了解到，皖江北岸沿桐（城）—太（湖）断裂带的大别山东南麓和张八岭将皖境内的整个江淮地区分割为南、北两大片，而南片的皖江北岸又有大别山余脉断续延伸和张八岭南延而形成的条状山脉穿缀其间，形成平原、岗地、丘陵相间的地貌；皖江南岸为广袤的山地、丘陵，东部有大范围的长江冲积平原，中、西部则为狭长的沿江平原，在铜陵以西因紧邻山区更是十分狭促。

目前的诸多研究成果都表明包括皖江两岸在内的长江中下游在崧泽时代有过明显的升温—降温过程，气候波动频繁，并在距今 5500 年前后发生了一次降温事件，虽然各地变化时间略有早晚，但大趋势基本相同[20]。根据对巢湖湖内钻芯的研究[21]，并通过 AMS 测年（表三），最终较好地反映了附近地区距今 1 万年来的气候环境变化过程，涉及崧泽时代的大体如下（表四）。

表三 巢湖湖泊钻芯测年表

钻芯深度（cm）	127	189	227	287	387	487
年代 aB.P.（cal.）	2550±40	3720±130	4565±55	5475±95	6590±130	9770±40

表四 巢湖湖泊钻芯反映的气候变化

时代	年代 aB.P.(cal.)	气候变化	表现
崧泽时代前	6060～6030	气候变干冷	湖面有缩小的波动变化
崧泽时代	5840～5500	达到最盛的暖湿期	长江洪水位高发生期
	5375～4930	降温，转为干冷	榆树衰退期，湖面缩小
崧泽时代后	4860 开始	温度、湿度大降，温和略干期	

注：本表据《巢湖湖泊沉积记录的早—中全新世环境演化研究》编制，测年系依据该文湖相沉积的整段平均沉积速率并利用外推内插法按钻芯深度推断出，供参考

微观环境研究得到的结论与之大体相同。通过对凌家滩遗址及其东北侧 2 千米外的韦岗遗址植被研究，以栲属、栎属、榛属和榆属为建群树种反映这一时期该小区域呈现出亚热带常绿—落叶阔叶混交林的温暖湿润景观，而香蒲、芦苇则反映遗址附近存在明显的浅水沼泽湿地[22]。韦岗遗址 TG1 第 11～17 层均属凌家滩文化时期，从该探沟中采样的 P1 植硅体序列显示自生土层以来，总体呈现的是较为温暖的气候环境，但仍存在小幅

暖—冷变化,从11层(据第13层测年判断该层应晚于距今5500年)开始则明显转冷,或可能反映了降温事件。

因此,整个崧泽时代皖江两岸的气候变化,大体上以距今5500年左右为节点,呈现出干冷—暖湿—干冷的变化趋势。

2. 聚落分布规律

1)总体分布特点

依据"二普"、"三普"调查资料及作者十余年来调查的结果分析,皖江两岸崧泽时代聚落的总体分布呈现出明显的哑铃形,即两端多,中间少。这种分布特点与地形有着直接关系:东部的皖江两岸均以大面积平原、间有岗丘的地形为主,而西部则以皖河、大沙河流域相对平缓的平原、岗地及湖区为主,适合人类更自由地生存和迁徙;中间近乎空白处的长江北岸是古巢湖和长江之间的泛滥地带[23],南岸是皖南丘陵、山区的边缘,地形狭促,均不适合较大规模的人口聚集。值得注意的是该时期聚落分布在东部的两岸数量均较多,而自铜陵以西仅见于北岸,南岸骤减不见,在东、西两地的文化存在明显交流而非隔绝的状态下,这种现象应是文化传播和人的迁徙中受地理限制,或止于此地或横江而渡所致。

2)各区域分布特点

几个区域的系统调查更可以了解到聚落分布的详细情况。如在姑溪河流域400余平方千米的调查中[24],发现崧泽时代10余处聚落,大都依山岗边缘分布,可明显划分为东、西两个小区,分别以横山以南至石臼湖北岸之间、大青山至甑山一线为中心,相距20千米左右,自马家浜文化时期一直到汉代两个小区都具有十分稳定的布局。西小区崧泽时代聚落密度明显大于东小区,且出现两两相伴的聚群形态,各小群间距5千米左右(图二)。

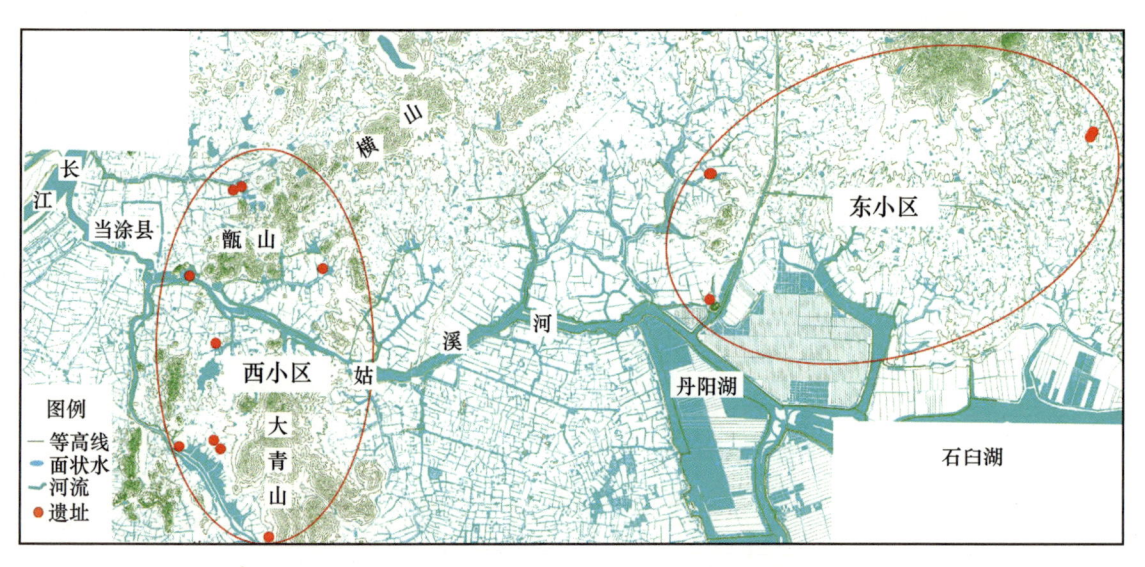

图二 姑溪河流域崧泽时代聚落分布示意图

裕溪河上中游约400平方千米的调查中,崧泽时代聚落超过20处,主要分布在山岗边缘的平地或岗缘。上游因中间地势低洼,聚落较为稀疏,尚未出现聚落群,间距在5千米以上。中游则相当密集,可分3个明显的聚落群:一是裕溪河(后河)北岸[25]以凌家滩为中心,以线状的沿河分布为主,沿河北岸延绵6千米以上,间距近者1千米、远者2千米左右,唯韦岗偏离主河而位于其支流旁。中心聚落凌家滩面积可达100多万平方米,其他聚落均仅万余或几万平方米,这种特殊的线状聚落群形态应与中心聚落的功能或性质有关。二是在凌家滩东南的裕溪河(后河)南岸以王坛、单王桥两处为核心。三是在凌家滩西南的裕溪河(前河)南岸以黄图寺、满挡两处为核心。后两个聚落群呈聚群分布形态,是以小型聚落为主,面积最大者不超过2万平方米,群内各聚落间距1~2千米[26]。上述3个群体或还可分为几个更小的群体(图三)。

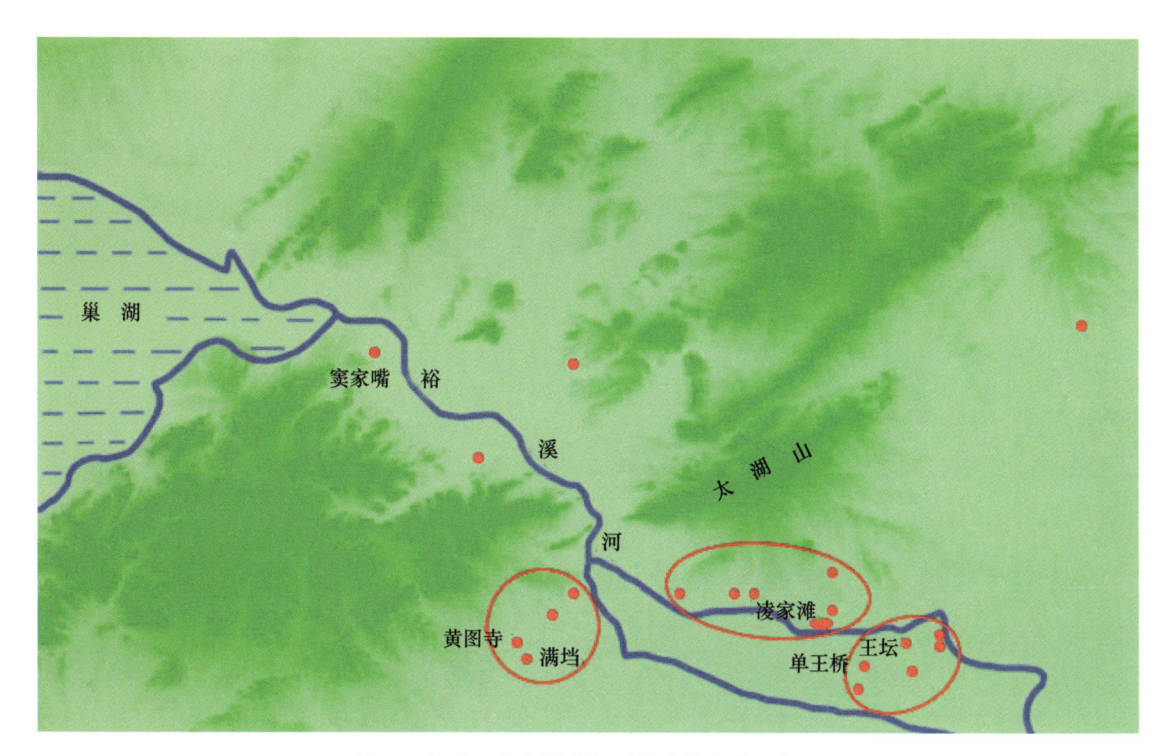

图三　裕溪河上中游崧泽时代聚落分布示意图

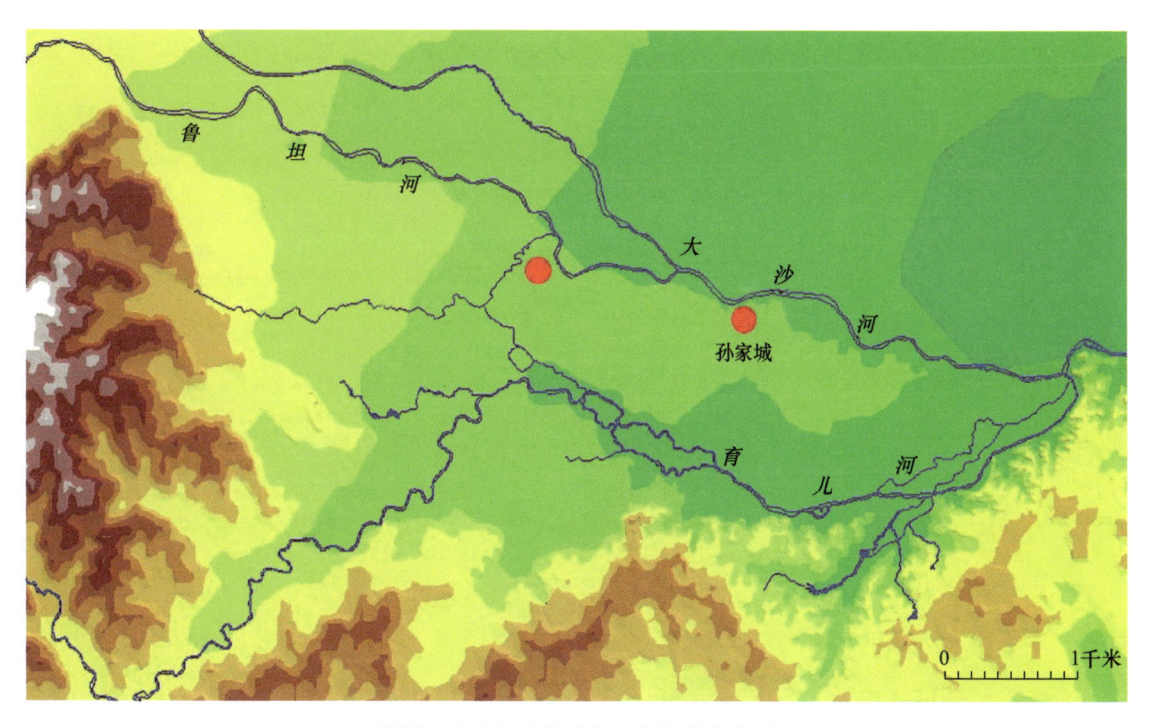

图四　大沙河中游崧泽时代聚落分布图

大沙河中游140余平方千米的调查中，归属崧泽时代的聚落2处，同样分布于山岗边缘或近岗平地，沿大沙河及其支流分布，但密度较小，聚落群形态尚不明显[27]（图四）。

较为特殊的是，杭埠河中游调查发现的聚落均晚于崧泽时代[28]，乃是一有趣现象。

若将时间轴略微扩大到崧泽时代及其前后一段时期，可以看出皖江两岸聚落变迁的总体趋势是：崧泽时代之前一段时期皖江两岸的聚落数量很少，主要分布于东部姑溪河流域一带。崧泽时代聚落数量增加十分明显，但东部明显多于西部，尤以巢湖以东、石臼湖以西的皖江两岸最为密集，聚落群的结构较为稳定清晰；南岸分布向西止于铜

· 209 ·

陵、青阳一线，再往西则基本不见；北岸的西部有一定分布，但密度明显不如东部，聚落群结构不明显。而崧泽时代之后，东部的聚落数量急剧减少；西部聚落数量明显增加，以北岸的皖河流域、大沙河流域最为密集，南岸的铜陵以西因受到皖河流域的文化影响聚落数量也有所增加。

因此，从时间、空间两轴观察整个崧泽时代皖江两岸的聚落分布密度，有从东向西呈此伏彼起的趋势，这种趋势一直到距今4000多年前的新石器时代最末期才又倒转过来。此外，大型中心聚落的出现情况与聚落分布数量和密度直接相关，但在南岸尚未发现（表五）。

表五　崧泽时代前后各区域聚落变化情况

	崧泽时代之前	崧泽时代	崧泽时代之后
聚落分布区域	皖江东部南岸为主	皖江东部两岸为主	皖江西部北岸为主
聚落数量	很少	东部多，西部少	西部多，东部少
中心聚落	无	东部有大中心	西部有小中心

3. 聚落选址特点[29]

因自然地理西高东低的原因，东部与西部选址的海拔不同，总体在5～30米之间，高于或低于此数的聚落十分少见[30]。不同区域的聚落选址对海拔、地形的需求以及聚群程度等方面既有相同也有不同。

1）宏观选址比较

各聚落选址相同之处体现为如下三点：

（1）大多数聚落均依托相对独立的平缓岗地或略高起的微观地貌，靠近河流。基本上不存在对已有地形的人为干预。

（2）聚落分布的微观位置与周边平地的相对高差一般不超过5米，有些就在平地之上。

（3）多数聚落的文化堆积年代较为单一，即每个聚落的延续时间不是太长，且重复利用程度相对较低。少数聚落所在的遗址虽然延续时间较长，但各期文化之间存在较大缺环，具有一定的间歇性。

不同之处则表现多样，既有东部、西部之差别，也有微观地形差别，还有时间差别。

东部：两岸平原区聚落海拔一般5～10米，以中、小型支流形成的冲积平原边缘靠近山岗处为主。南岸丘陵区的聚落分布大都因地就势，但一般在河流弯曲处平坦宽阔的一、二级阶地，或指状岗地伸向河边的尽头，或低矮独立岗丘上，在一些海拔略高的丘陵低山区的山间小盆地中也偶有分布。

西部：早期阶段聚落一般在岗地、丘陵区内的中、小型河流旁或沿湖高地，除安庆墩头地处平地之中较为特殊外，其余海拔一般20余米。晚期阶段分布大致有三种形态：一是与早期相似，大多数在沿河、沿湖的高地上或岗丘边缘地带，海拔大都在15～25米；二是在近水的平地上，地势平坦，较为开阔，海拔大都在10米左右，但离聚落不远处都有岗丘或低山，其上也有分布，这类聚落数量较少但单个面积较大；三是在近水的丘陵或独立岗丘上，面积不大，海拔25～35米。各聚落文化堆积厚薄不一，一般只有几十厘米，部分可达1米多。

值得注意的是，西部的聚落主要分布于两个地带：一是沿大别山东南麓自桐城南部到宿松的山前平原地带；二是东部自武昌湖到白荡湖之间长条带状山脉的山前平原地带。

2）微观选址类型

若从微观角度对上述现象进行概括，按聚落所处的地形大体可分四个选址类型：

（1）独立岗丘型。数量较少。在平坦的冲积平原或盆地中存在一些独立的岗丘，其平缓的岗坡处既适合日常生活，又有趋高、避水之利，成为聚落选址的良好位置，但岗顶一般遗存甚少。此类聚落一般面积都很小，多数不到2万，最小仅数千平方米[31]（图五）。

（2）岗地边缘型。数量最多。皖江两岸经过长期的侵蚀切割，形成了大面积的波状平原（习惯上将高隆地带称为岗地），微缓的高地和低地交替出现，地表没有固定倾斜方向，因而河流纷乱复杂，周边低地成为积水洼地，而岗上的坡度平缓。此外在一些山前地带，因地势倾斜方向一致、长期侵蚀切割还形成一种特殊地形——手指状长条形岗地，岗地尽头常有河流经过。这两类岗地是皖江两岸的主要地表形态，崧泽时代聚落选址也大多数依托此类地形。

在具体方位选择上，多数聚落都考虑到阳光、河水流向的因素，以岗地东、南边缘或西、南边缘的缓坡为主，岗顶也有分布，周边平地上偶有分布却仅限于邻近岗缘的狭长区域，但少量聚落因需避开正面的河水冲击，在方位选择上并不考虑南面的正向迎水坡，而倾向于岗地其他方向的背水坡。此类聚落分布面积也不大，大多数只有 1 万～2 万平方米或更小，其中指状岗地的尽头靠近河道处是最合适的选址地点（图六）。

（3）平地型。数量最少。实际上绝大多数只是位于岗地边缘之外，距岗地很近，一部分仍然是稍高于周边的地形，从选址上看依旧不能完全摆脱对岗地的依赖。这类聚落一般面积略大，多数可达 1 万～2 万平方米或以上（图七）。

（4）岗地-平地复合型。数量较少，也即在岗地及其周边的平地上均有大面积分布。此类聚落面积均较大，一般可达 5 万以上、最大可达 100 万平方米以上，在多数情况下都是本区域内的中心聚落，最著名的当推凌家滩遗址（图八）。

上述情况表明无论微观还是宏观选址特点，都说明在距今 5800 年以后，这些聚落的形成明显受到地形与水环境的影响；而地理通道的限制对选址和文化的传布影响尤大。地理因素决定了它们只能沿着岗地边缘寻找最合适的生存地点，这也正是这一时期聚落分布的明显规律。

图五　独立岗丘型聚落选址（当涂县釜山遗址）

图六　岗地边缘型聚落选址（巢湖市墓基墩遗址）

图七 平地型聚落选址（巢湖市窦家嘴遗址）

图八 岗地-平地复合型聚落选址（含山县凌家滩遗址）

四、单体聚落结构

因发掘的遗址数量有限，经全面钻探的遗址更少，目前对这一时期聚落的结构布局和内涵还缺乏深入了解（表六）。

可以知道的是，崧泽时代的普通聚落面积都不大，以1万～2万平方米为最普遍规模，也应是当时基层社会的真实写照，中心聚落则是普通聚落规模的5～10倍甚至更大。聚落内的生界与冥界已出现了相互独立的趋向，虽然生活居住区情况还不太清楚，但存在数量不多的灰坑。据孙家城、韦岗二处发掘材料来看，当时聚落边缘应有壕沟或小水沟之类的洼地（图九），而凌家滩则出现了工程巨大的环壕，将生活居住区包围，大型墓地处在环壕之外并以大型祭坛为核心分布，生死两界划分清晰，但墓地正南有一个通道仍可与生活居住区相连[32]（图一〇）。到目前为止，各聚落的手工业作坊、农耕区等尚未发现。

1. 居住形态

因为发掘工作有限，对居住具体形态的了解严重不足，但已有发现还是略可反映一些基本情况。鉴于聚落

表六 钻探、发掘所获各遗址崧泽时代聚落信息

	黄鳝嘴	薛家岗	天宁寨	王家墩	孙家城	黄家堰	古埂	大城墩	凌家滩	韦岗	烟墩山	月堰	仓园塝
集中的墓地	●	●	●			●			●		●	●	●
垃圾场所					●				●	●			
壕沟、自然沟			●						●	●			

●表示已了解到有此信息

图九 韦岗遗址南缘的 G3 及相关遗迹

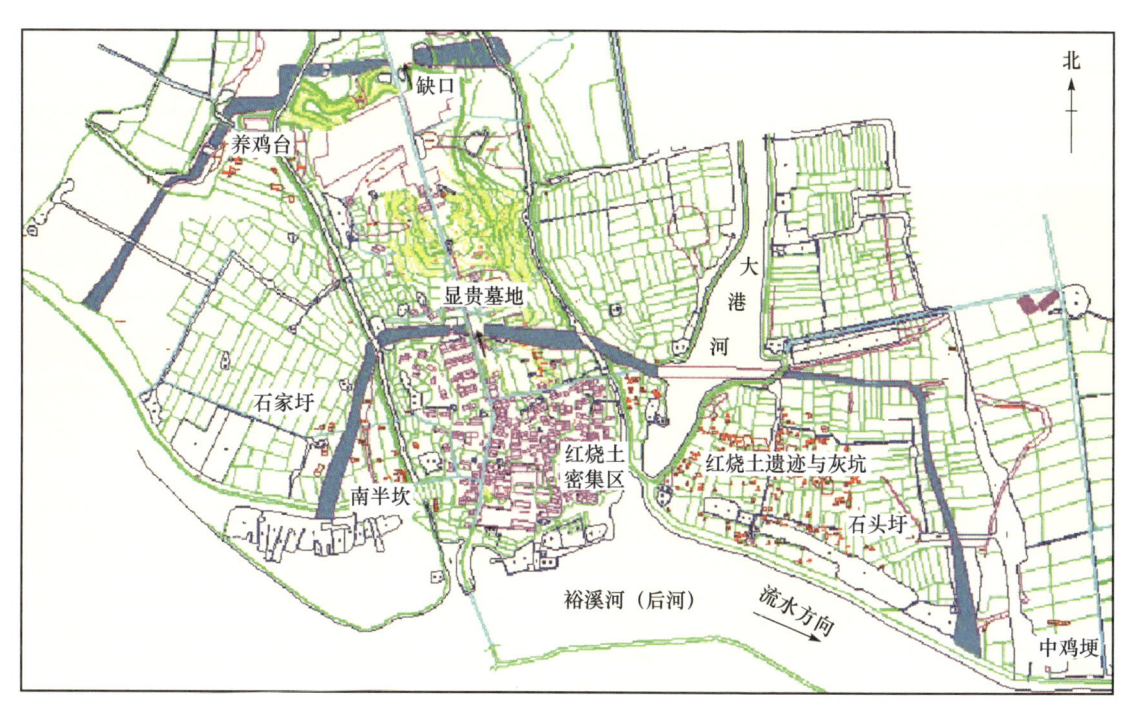

图一〇 凌家滩聚落结构示意图

选址多在近水缓坡或平地上，尚未发现低于地表的地穴式建筑，也未发现耗时耗力的干栏式建筑，而以地面建筑为主，挖槽、填础、立墙、覆顶应为基本建筑程序，其中以红烧土填入基槽为一种最常见的形式，从多个遗址发现的残碎红烧土块保留的半圆形凹痕分析，以木、竹、芦苇等为主要材料的木骨泥墙应是当时的主要墙体或屋顶形式[33]（图一一）。

图一一　凌家滩居住区的红烧土块

2. 垃圾倾倒场所

日常生活垃圾一般都是就近倾倒于低洼之处，本区域已发现的狭义上的灰坑罕见，各种斜坡处是倾倒垃圾的理想场所，而环壕或自然小沟在具有一定防卫或泄水等主要功能的同时，因有较大容量也成为垃圾集中倾倒的主要场所，这种方式在现今各地的多数农村仍广泛存在（图一二）。在已发现的靠近居住区的沟状遗存中，其内坡位置（近居住区方向）和沟底都有丰富的遗物，如在孙家城遗址仅50平方米发掘区域的沟内坡上便发现和修复了近70件陶器和大量遗物；韦岗遗址南缘的G3中也发现了大量的遗物；凌家滩内环壕西段TG1中所见同样如此，但北段的TG2中由于远离生活居住区而接近墓葬区，日常活动较少，无论内坡还是外坡遗物都很少。这些情况都直接反映了日常生活垃圾倾倒的行为方式。

这些垃圾集中倾倒场所的遗物以破碎陶片为大宗，此外还常有大量的碎红烧土块，以及较多的炭块或炭末、禽兽类骨骼。在孙家城遗址的沟内坡上发现了较多的陶器，以鼎、罐为主，大都基本完整但又缺局部如口沿、鼎足，出土时呈倒置、正置或斜置，其中倒置更是一种较为特殊的现象（图一三，1~3）；韦岗遗址属G3内的堆积中则发现了大量石块、砺石或磨石（图一三，4）；凌家滩内环壕西段TG1的壕沟内坡上也倾倒有大量陶片、红烧土块及较多骨骼（图一三，5）。

3. 埋葬死者场所

在聚落内，墓葬已基本摆脱了房前屋后埋葬的习俗，聚群埋葬成为主要的形式，大多数出现了相对独立的墓地。墓地一般选择在地势相对高亢的岗地之上，范围大小不等，墓葬排列较为齐整，打破关系较少，大型墓地存在明显的分区，并有多个墓群、墓列，应是经过了一定程度的规划（图一四），但也有部分墓地中的墓葬没有明显的排列规律。同一墓地中随葬品数量、质量已开始出现差异，可以划分出大型墓与小型墓，但是差异并不明显，除凌家滩墓地之外的其他绝大多数墓地未出现明显以等级为特征的墓区分离现象，而是埋葬在一起，总体上应是血缘关系亲疏不同的反映。

图一二　现代农村的垃圾沟

1. 孙T3⑬层完整陶器分布
2. 孙T3⑬：6倒置罐形鼎
3. 孙T3⑧：11倒置罐
4. 韦TG2扩⑧层出土砺石
5. 凌TG1东段55号土块遗物

图一三 垃圾的倾倒
1～3.孙家城遗址 4.韦岗遗址 5.凌家滩遗址

但就地域而言，不同区域还是存在着一定的差别。东部已发掘的墓地中，烟墩山、仓园塝等墓地面积较小，而月堰、凌家滩墓地则较大，一般墓地中已出现了等级差异，但分化尚不太明显。只有凌家滩显得十分特殊，作为该区域最大的聚落，出现了以显贵为核心的专有墓地，面积达上千平方米，整个墓地以石筑祭坛为核心，具有明显的分区[34]。显贵墓主全部占据在祭坛南侧呈东—西线分布，祭坛西、西北侧则以拥有玉石器制造专业技能者为主。该墓地延续时间并不长久，但既有随葬大量精美玉、石器的高等级墓，也有只随葬几件遗物的低等级墓，以及随葬有较多石器、玉边角料或玉（石）钻芯、少量小件玉器的墓，呈现出一种既有等级结构、但规范程度达未完善的景象[35]，反映出这一时期社会分化的变革尚未达到稳定状态。

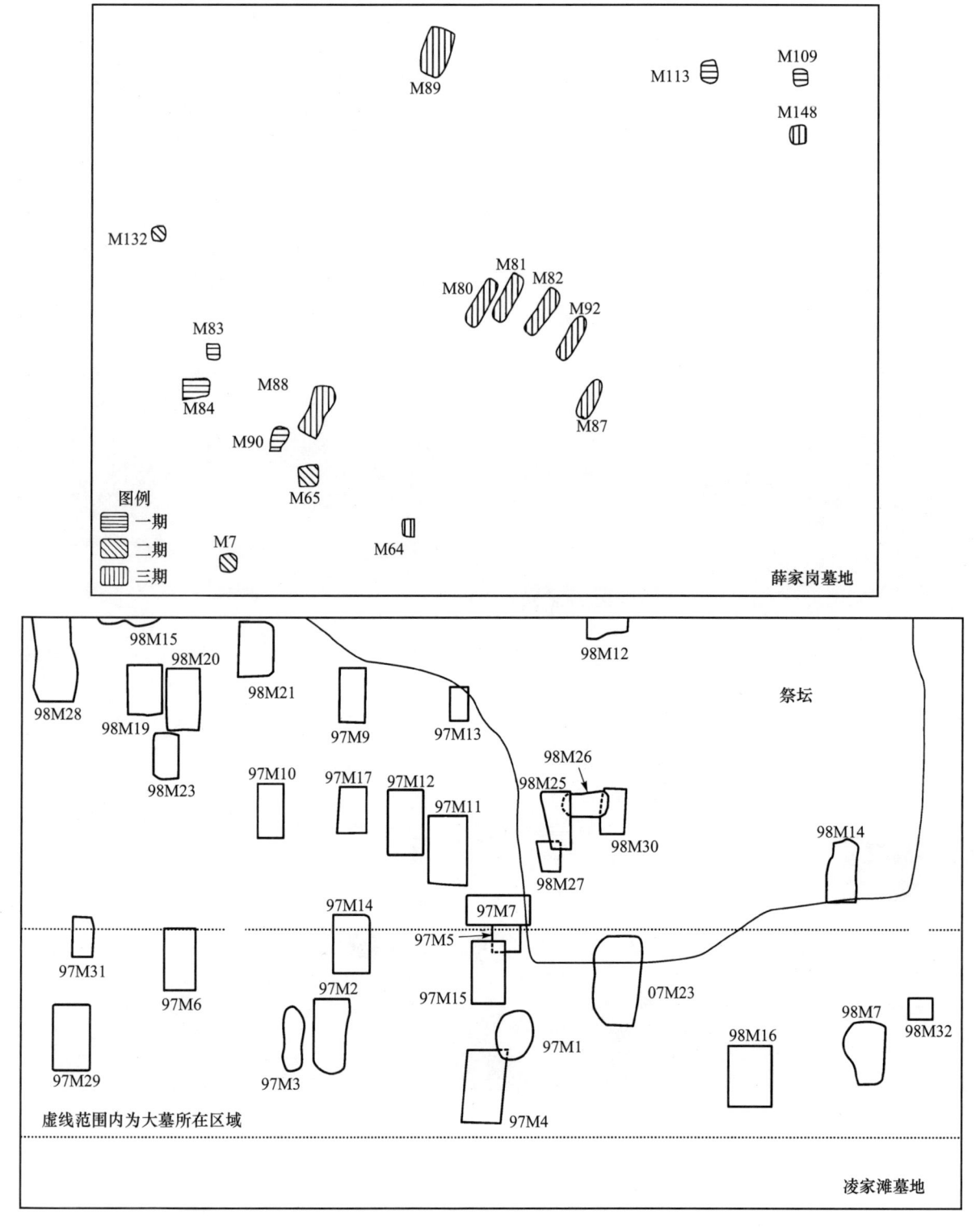

图一四　薛家岗、凌家滩墓地局部分布简图

在西部的黄鳝嘴、薛家岗、天宁寨、黄家堰，也都出现了专门的墓地，但面积都较小，随葬品差异不大，玉、石器随葬很少，只是到崧泽时代之后墓地面积和随葬品差异才有明显的扩大。薛家岗墓地中这一时期的墓葬主要分布于墓地的南半部和西部，也具有分区埋葬现象，随葬品数量、质量都较为接近[36]。孙家城是否有专门的墓地目前尚未发现，但M1埋葬于生活居住区边缘，虽然有各种可能原因，但也显示出在皖江西部墓葬与居住区的分界仍未十分严格，生活居住区内或其边缘埋葬死者的习俗并未彻底废弃。

全域已发现的该时代墓葬基本为土坑墓[37]，一般都是近长方形，也有一些不规则形。除个别墓外（如凌家滩07M23等大型墓），以墓口长2～2.5、宽0.5～1、残存坑深0.1～0.3米多见，少数深度则可达0.5米以上。墓坑内的填土中羼杂少量红烧土颗粒既是当时的一种常见习俗，也是发掘中判断墓坑的一个重要依据。

在单个墓地中，墓坑的方向大多数具有一致性，但不同区域的墓向则有一定规律。据不完全统计[38]，东部以南—北向为主，东—西向为次，基本不见东北—西南向；西部则以东北—西南向为主，东—西向很少，基本没有南—北向，也就是说假如从皖江逆流而上，则南—北向越少，东北—西南向越多，中间则4种墓向均有（表七；图一五），对表七整合后得到的各墓地不同墓向的百分比数据也显示同样的趋向（图一六），这一现象反映出不同人群之间的习俗差异，也可作为文化影响方向的依据之一。

表七 墓葬信息简表

区域	墓地	已报道的墓葬总数	墓向					葬式	葬具	葬品摆放	是否葬钺	是否葬镞	合葬
			南—北	东—西	东南—西北	东北—西南	未知						
东部	烟墩山	9	8				1		M13板灰痕	身体两侧			
	凌家滩	68	58	10							Y	N	
	月堰	24	1	2	17	4		M31北墓仰直		多数沿中线	Y	N	M31、34
	仓园塝			2						身体两侧或堆放	Y	N	
西部	天宁寨	6		1			5			合葬的身体两侧	N	N	M9
	薛家岗	39	1			13	25						
	黄家堰				东北—西南为主								
	黄鳝嘴	17			5	12					N	N	

注：薛家岗墓地早期墓葬中的大部分无法确定墓向，黄家堰无确切数据；Y表示是；N表示否

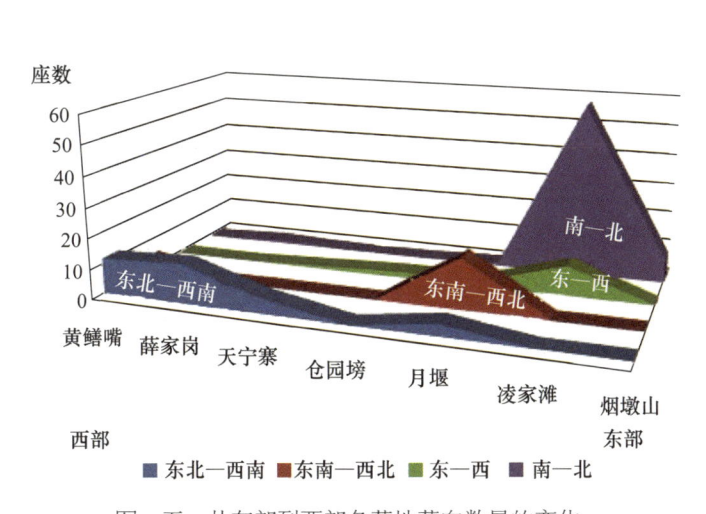

图一五 从东部到西部各墓地墓向数量的变化

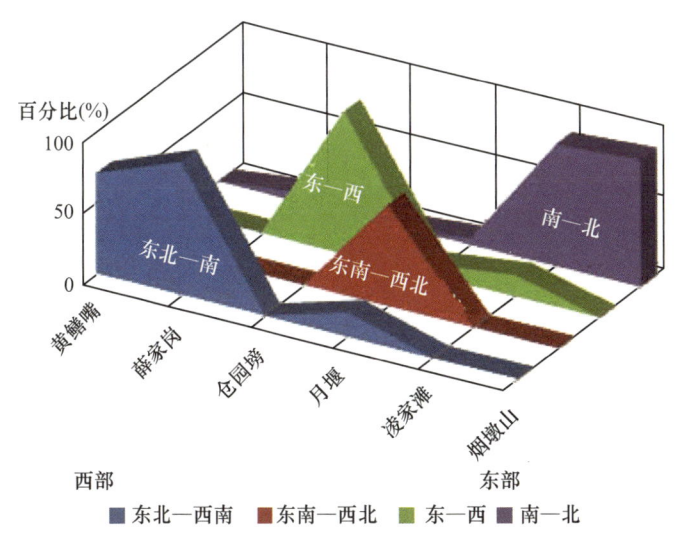

图一六 从东部到西部各墓地墓向百分比的变化

由于本区域普遍存在酸性土壤的缘故，人骨保存均不佳，葬式难以了解，唯从个别墓中残存的牙齿以及头部饰品的位置、随葬品分布分析，基本为单人葬，仅有天宁寨M9和月堰M31、M34据报道为合葬，前者的三人合葬实可能为两人合葬，另一或为打破关系；后者年代已近崧泽时代的末期或更晚一点。葬具也基本上未发现，仅在烟墩山M13发现少量板灰痕，另在凌家滩07M23中发现长方形棺痕，底部较平，其上铺有20余

件石锛和凿，大致呈水平排列，棺内应为平底。

随葬品的摆放各地没有统一的规律，但多数呈直线状置于墓主的两侧、一侧或墓主上方，另有置于墓坑两端者。其中凌家滩墓地的摆放相对规律，多数置于墓主两侧，玉、石器距身体较近，而陶器则略远；置于墓主两侧的玉、石钺多数直立或斜依在棺（或墓坑）边缘，刃部朝向墓主身体或反向，或为带柄放置，少数在墓主胸腹部上方放置1件石钺的现象较为特别；有在棺底铺石锛或凿的习俗；一些较大的墓葬会在墓室的一角随葬1件陶缸（图一七）。

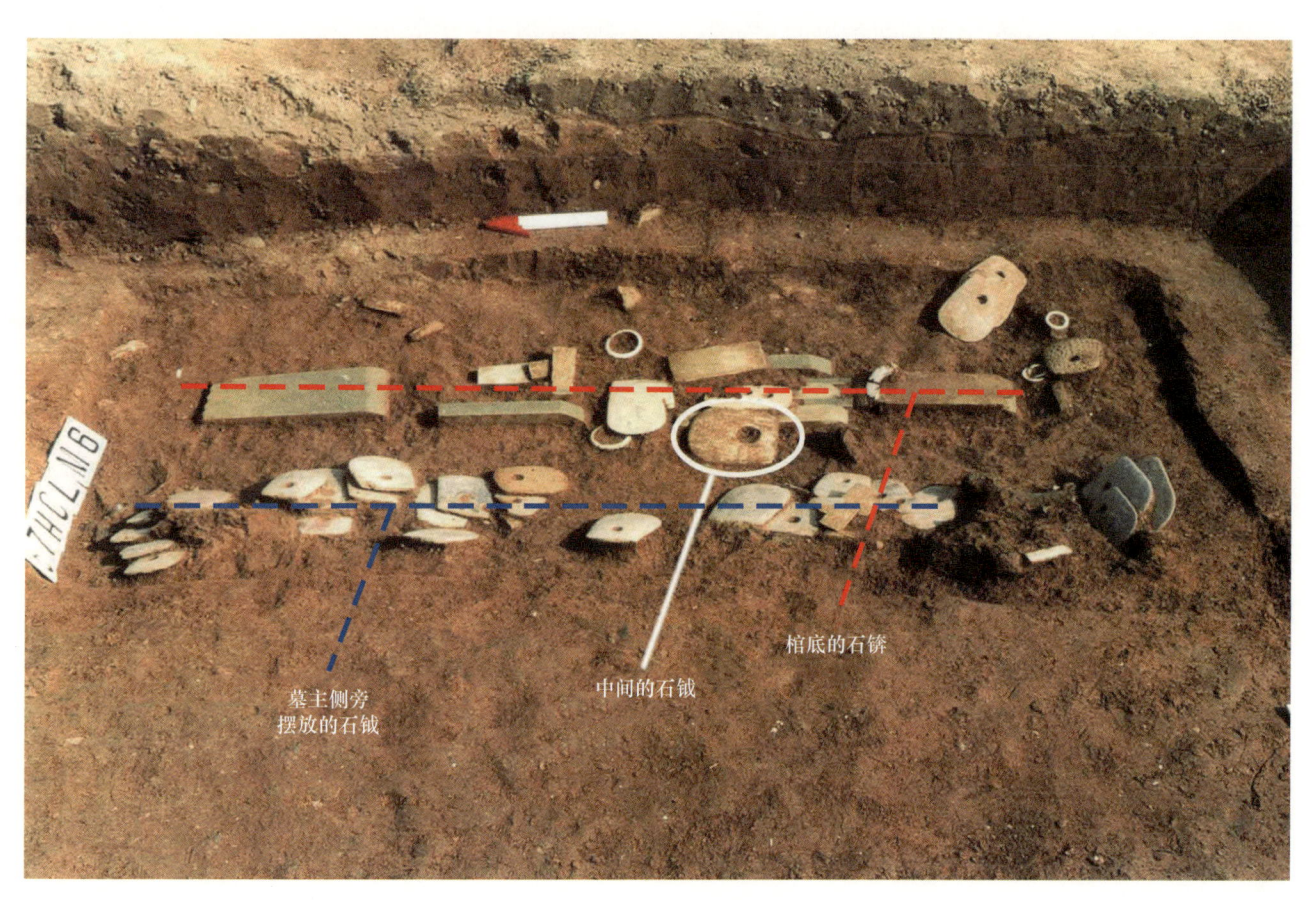

图一七　凌家滩87M6石钺摆放

五、区域划分与绝对年代

1. 两区划分

从聚落分布规律一节中可以知道，崧泽时代皖江两岸东部、西部的地理环境、聚落分布特点都有所不同，两地文化虽然具有较多一致性，但差别也同样存在。1988年高蒙河从整个史前文化角度曾将其分为巢湖水系区和大别山东麓区[39]，根据近年一系列新发现并综合地理环境因素，目前可以明确地将崧泽时代的文化总归为两个较大区域：一是以姑溪河、裕溪河为核心的东区，包括铜陵以东皖江支流的青弋江等小流域；二是以皖河、大沙河流域为核心的西区，包括铜陵以西的秋浦河流域、白荡湖周边等。铜陵及其西侧沿现长江南岸一带因目前尚未发现这一时期的遗存，尚不能明确归属何区，但从之后的文化面貌看与西区关系更密切一些；而其南面青阳县境内所见文化因素在崧泽时代偏向于东区，之后则出现明显的西区文化因素，因此黄浒河、青通河小流域及其附近所属区域应是两区之间的过渡地带，在不同时间段其文化趋向有所不同[40]（图一八）。

2. 绝对年代

如篇始所述，本文所及的各聚落年代基本上相当于崧泽文化时期，或略有早晚，相对年代的讨论在此不赘述。因崧泽文化的起始及结束的划分标准与年代尚未形成一致意见，在此对皖江两岸这一时期的绝对年代略加讨论。

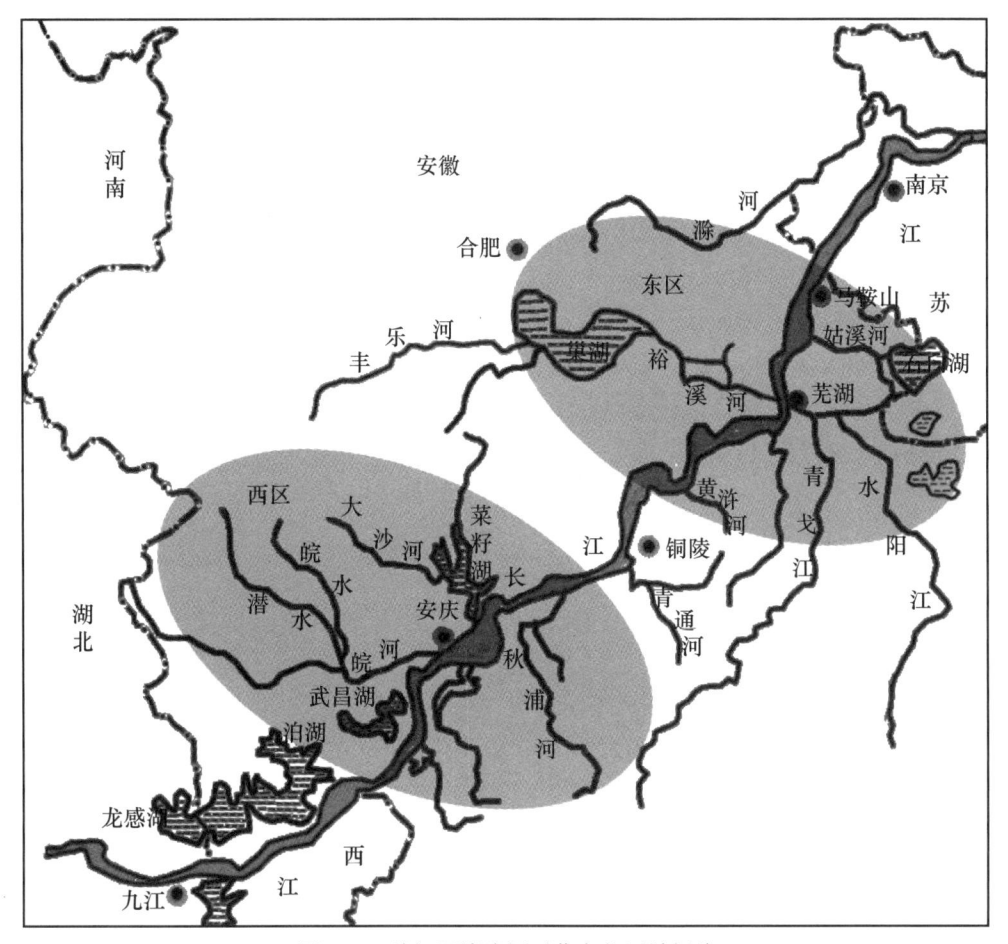

图一八 皖江两岸崧泽时代文化区域划分

近年获得的一批新数据，使得皖江两岸这一时期的绝对年代逐渐清晰。炭样均来自于西区的怀宁孙家城和东区的含山凌家滩、韦岗三处遗址中分析推定为相当于崧泽时代的堆积单位中，共计41个有效数据，均由北京大学加速器质谱实验室、第四纪年代测定实验室完成，经OxCal v4.1.7校正后如下图所示（图一九）。

凌家滩2007年墓地发掘的8个数据中，07M23中的3个炭样在公元前3800～前3530年间，样品采集点均在墓葬的棺痕之外；但被其打破的祭坛第2层炭样测年却为公元前3470（53.1%）～前3370年，与墓内炭样倒差二三百年，祭坛之东与坛体年代相近的H18内炭样测年也为公元前3500（40.8%）～前3430年或另一可能公元前3380（27.4%）～前3340年。由此推测M23的测年样品或与棺椁之类的遗留有关而不能反映墓葬年代，墓葬年代同于或晚于祭坛，数值取整后即应在公元前3500～前3350年。

凌家滩2013年在石头圩区域发掘的一处大型红烧土建筑遗迹测定了5个有效数据，除其中TE23N06⑥炭样超过公元前4000年，TE23N05⑤下红烧土层中的炭样在公元前4000～前3800年[41]，其余的均在公元前3700～前3350年之间。

韦岗2013年发掘的20个样品测年数据，除TG2扩⑥、TG2扩⑧炭样落入春秋时期的年代范围，当属野外操作时明显有误，陶片红烧土堆2有一个在公元前4000～前3700年之间，其余均在3700～3350年之间，特别是集中在公元前3700～前3500年。

孙家城2007年发掘的费屋地点早期文化堆积中有8个数据，也均集中在公元前3700～前3350年。

因此，以这几处遗址为代表的皖江两岸崧泽时代的聚落，主体年代应在：

起始年代：公元前3700年左右；结束年代：公元前3350年左右。

起始和结束年代或略有延伸，大体上以公元前3500年为界，可分为早、晚两个时期。

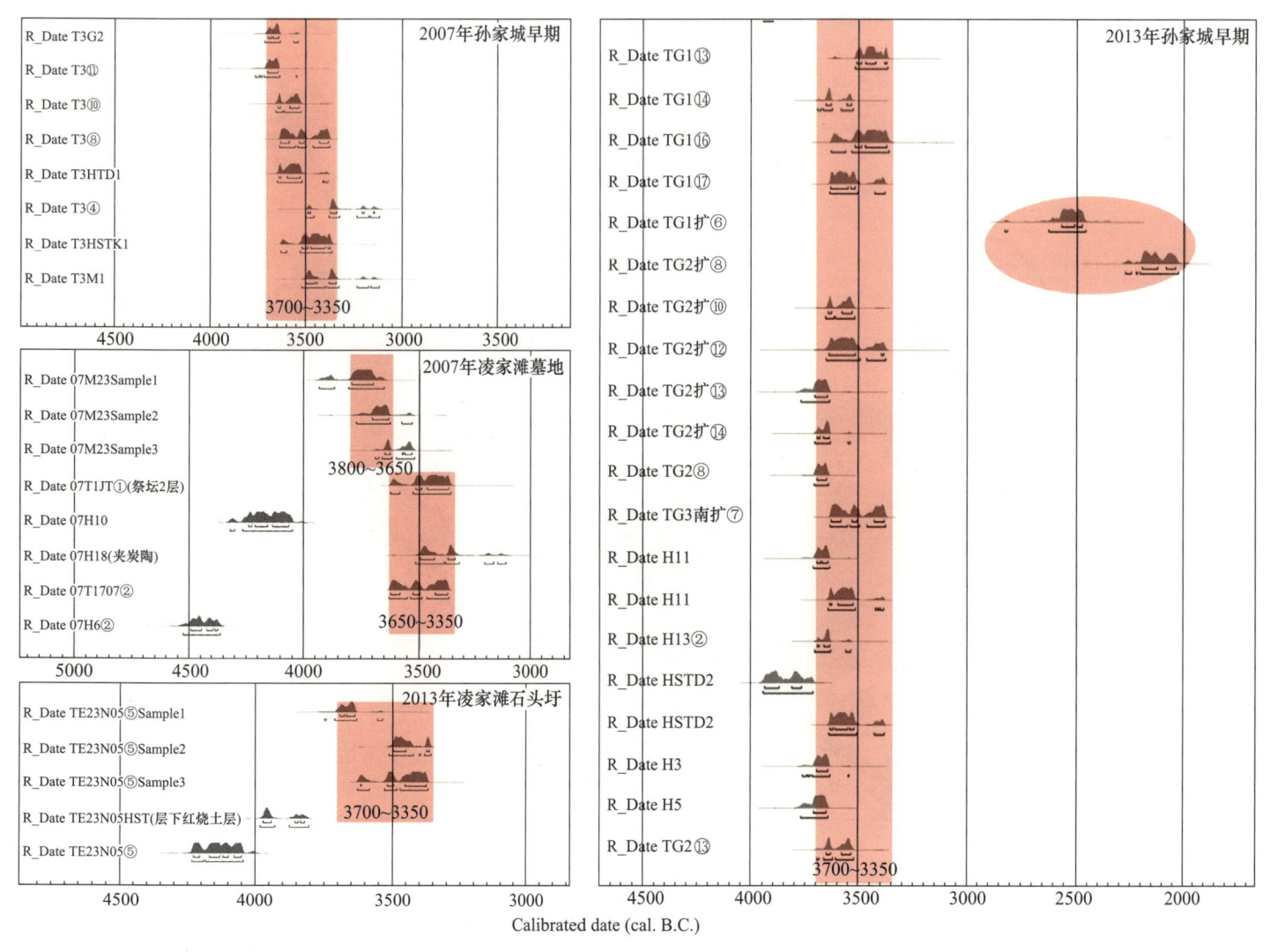

图一九 孙家城、凌家滩墓地及石头圩、韦岗遗址测年的校正数据分析

[据 OxCal v4.1.7 Bronk Ramsevy（2010）: r: 5 Atmospheric data from Reimer et al.（2009）]

六、文化面貌与趋向

1. 文化面貌

皖江两岸最早的史前文化目前有据可知的只有距今7000年左右的繁昌缪墩[42]，但之后的文化传承并不清楚。大略从马家浜早中期开始，太湖流域的马家浜文化开始向西影响，在邻近的姑溪河流域出现少量聚落。陶器工艺中羼合蚌末成为最主要的特点，如张家甸遗址系统调查采集的陶片中此类占98%。这种陶器质地疏松，外表多孔隙呈麻点状（图二〇）。可能由于陶器烧造中对窑焰、氧气的掌控还不成熟，火候不高，陶色一般外表呈红褐色、内表呈黑色。炊器基本上为夹蚌末的陶釜，腹部加一圈窄条状腰沿或有器鋬，陶罐时有系耳（图二一）。据张家甸剖面P1采集的炭样经AMS测年，H1①内稻粒数据为公元前5000～前4800年（95%），P1②层为公元前4550～前4440年（88.5%）[43]。

图二〇 张家甸遗址采集的夹蚌陶片

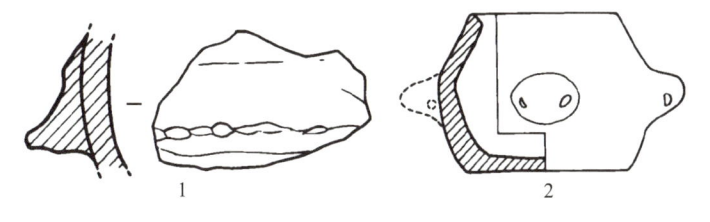

图二一 马家浜时期的陶釜、罐
1. D01:4 2. C02:2
（张家甸采集）

到崧泽时代早期，东区的聚落数量明显增多，而西区黄鳝嘴文化的聚落也陆续出现，因各自所处的地理位置不同，与其他文化交流各有偏向，文化面貌各有特点。

这一时期墓葬发现较少，尚不足以了解详情，随葬品中虽有明器，但实用器还是较多，以陶器为主，石器较少，而玉器罕见。

在具体物质表现上，总体而言，玉、石器制造业逐渐发展起来，但尚未达到发达程度，无论是生活区还是墓葬中出土的玉、石器数量均较少，基本上为石斧、石锛等农业和木作工具，以及极少量玉玦、璜，制作工艺也并不成熟。如西区黄鳝嘴17座墓葬的94件随葬品中仅有玉器2件、石器6件，但韦岗和凌家滩遗址发掘材料显示，东区以凌家滩为中心的周边区域在偏晚时期石器制造业已经有了明显的发展，仅韦岗遗址便发现了大小不一多达80余块残砺石以及部分砺石原料，彰显了石器制造业的快速起步（图二二），石器制造在这一时期是优于玉器制造的。

图二二 黄鳝嘴、韦岗的玉玦、砺石
1. 玉玦（黄鳝嘴M9:6） 2. 砺石（韦岗TG1 ⑰:2）

陶器制造业则发展较快，在提高实用性和美观性两方面都有了较大的改变。根据器物功能不同，各种实用性工艺被发明或进一步发展。无论东区还是西区，虽然继承了马家浜时期的夹蚌工艺，但大量应用的夹植物工艺很快取代了夹蚌，并使之成为风靡一时的特点。如东区的韦岗遗址这一时期最多可占到一半左右，但随后出现了衰减（表八）；西区孙家城早期文化最早时期虽然夹砂陶数量不少，但随后夹植物陶数量也呈现出十分快速的增长趋势。通过对孙家城出土的夹植物陶的研究，可知羼和料主要有植物碎屑、炭化颗粒，还有一些蚌末、粉砂粒。植硅体分析得知这些植物中以水稻双峰型为主，且存在较多二级以上的双峰型，由于一般土壤中存在的水稻双峰型植硅体主要为单个（即一级），二级以上很少出现，因此夹植物陶应是人为有意识添加水稻颖壳的结果[44]（图二三、图二四）。这种工艺是否具有炊煮功能或热能吸收上的改变还未可知，刘莉曾提出"在多雨和潮湿的地区，将植物羼合料加进湿陶坯也可以加快陶坯的干燥速度"[45]或可有助于思考。与此同时，陶器工艺中夹石英、夹砂、纯泥质陶也都一并发展起来，特别是东区出现的夹石英和粗砂红陶成为一大亮点（图二五，1）。

表八 韦岗遗址TG1崧泽时代各单位夹植物陶数量

堆积单位	夹植物陶片数	陶片总数	夹植物陶片所占百分比
⑪	308	826	37.29%
⑫	132	388	34.02%
H11	132	397	33.25%
⑬	217	561	38.68%
⑭	27	72	37.50%
⑮	214	618	34.63%
⑯	257	481	53.43%
H12	13	19	68.42%
⑰	141	357	39.50%
H13①	6	29	20.69%
H13②	2	17	11.76%
H13③	4	18	22.22%

鼎足横截面

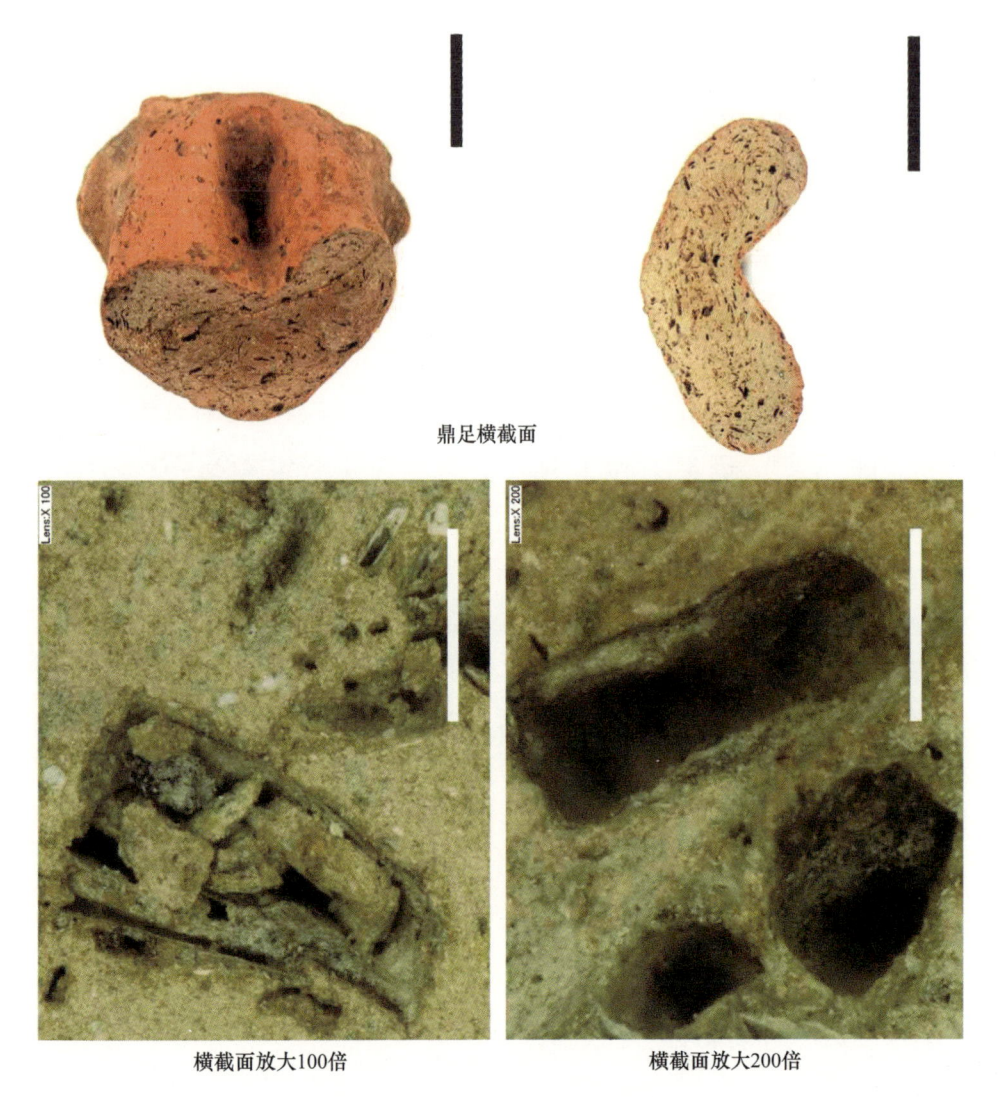

横截面放大100倍　　　　　　横截面放大200倍

图二三　孙家城夹植物陶微观结构

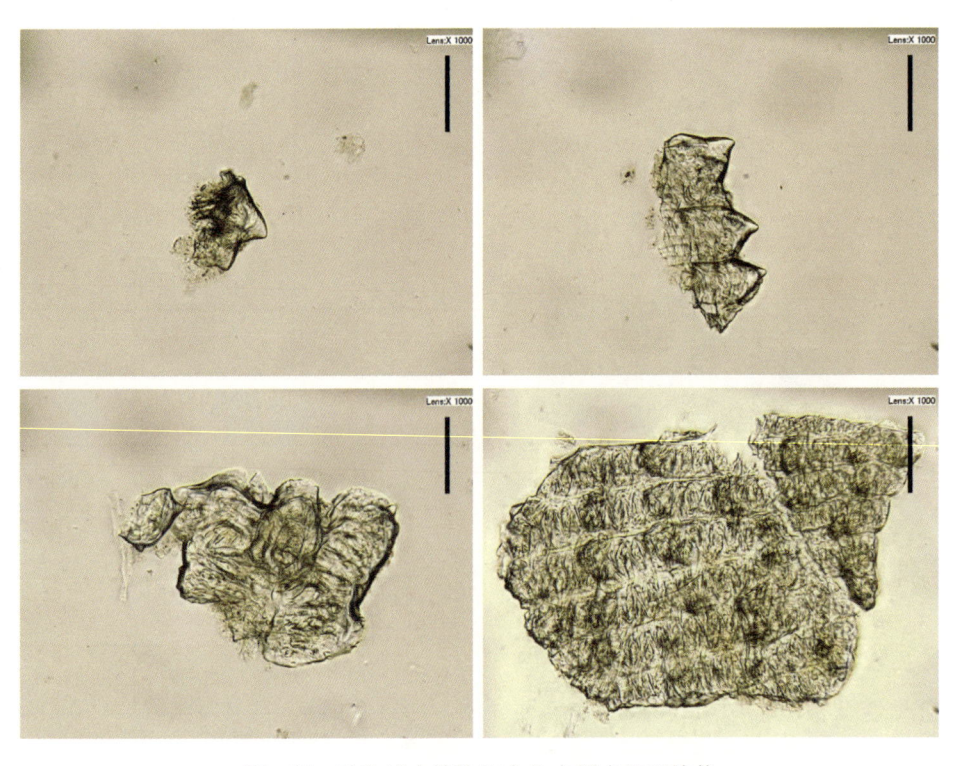

图二四　孙家城夹植物陶中的水稻多级双峰体

图二五　各种制陶工艺与纹饰
1. 夹石英粗砂红陶缸底（韦岗TG1 ⑯：12） 2. 泥质红胎刷浆红皮陶（韦岗TG1 ⑰：53） 3. 多角星纹陶片（黄鳝嘴T1 ②：7） 4. 彩绘陶片（孙家城T3 ⑪采：2）

审美观念在这一时期也得到了明显提升，烧造陶器的氧化焰、还原焰以及渗炭工艺技术都有了相当的提高，使陶器美观性更加多样化。在器表敷上一层较薄细泥的抹泥刷浆工艺被广泛使用，一方面可以使器体更加光滑，减少孔隙，另一方面也有利于器表的进一步装饰。在此基础上，通过再次刷浆并改变泥浆的含铁量和三价铁的转化，使器表呈现鲜红色的红皮（衣）开始大量出现，甚至在一些夹粗砂陶器上也有运用。绘彩也随之逐渐发展起来，一般都为外表施彩，有红、黑两色，大都施于泥质陶豆、罐类器物上，在个别盆的内表偶施内彩，也是由于盆在使用中视野更关注内表而难及外表的原因。但绘彩的总量依然较少，纹样仍显单调，以条带纹、波浪纹、网格纹为主。渗炭工艺技术的提高使黑皮或黑衣陶广泛应用，但与器类配伍尚未形成定制，除盆、豆类器物外，一些夹细砂或粉砂的精致陶鼎甚至于其他器类上也都时有应用。此外利用戳印等方式在器表装饰出如多角星纹、组合圆圈等纹样时有所见；刻划、镂孔、按窝、附堆、压印等技术施用于各种器物之上，既增加了陶器的牢固性，也增强了美观性（图二五，2~4）。

随着工艺的进步和生活需求的改善，陶器种类与之前相比有了很大增长，以鼎、罐、盆、碗、豆为主，另有器盖、钵、壶、缸、纺轮等，东区还有少量釜、盉，并以夹石英和粗砂厚胎缸为特色，西区则有较多陶杯。两区共有的最突出特点是陶鼎具有高度一致性，无论是质地还是器型基本上具有同步变化，均以夹砂陶罐形鼎、夹植物釜形鼎为典型特征，鼎足都大量存在夹植物宽扁凹面或凹槽足、夹砂锥状或弯曲状足，其中以鼎足根部饰按窝或戳印纹成为标志性特点。在陶质与器类的匹配上也具有一定的规范，如夹植物（或蚌末）基本上与宽扁凹面足釜形鼎匹配，夹砂陶则多与锥状足或弯曲状足罐形鼎匹配，泥质灰胎黑皮陶多与豆匹配，泥质红陶多与盆、碗、钵匹配（图二六）。

崧泽时代晚期是皖江两岸急剧变化的时期，也是蓬勃发展的时期。东区聚落大体维持原有格局，西区则在地域上有了明显扩展。

这一时期墓葬发现的数量明显增多，如东区的凌家滩、烟墩山、月堰，西区的薛家岗、天宁寨、黄家堰以及中部的仓园塝等诸多遗址都有发现，规模性的墓地越来越多，随葬品数量、质量差距逐步增大。在凌家滩出现的大型祭坛与显贵墓葬表明当时社会发展已到了一个变革阶段。随葬品也逐步摆脱了随葬实用器的旧习，开始出现较多专门制作的明器，虽然在形态上仍旧模仿实用器型，但在形体大小、制作工艺上有所不同，相比于生活用器而言大都较为精致、形体略小，唯凌家滩陶器与实用器相比则显得较为粗糙简陋。

随葬品种类的差异在不同墓地中表现不同。总体而言，骨器等有机质遗物各地均极少[46]，其他玉、石、陶类无机质随葬品数量则均呈现出从东部向西部明显递减的趋势。虽然凌家滩因是聚落中心等一系列特殊原因导致玉、石器大量随葬，但玉器在东部的烟墩山、月堰等一般墓地中也均有数量不等的发现，是一种略为普遍的现象，说明玉器已在东部成为一种既珍贵而又竞相崇尚的随葬品，而西部发现的数量却极少，体现出明显的区域差异。

· 223 ·

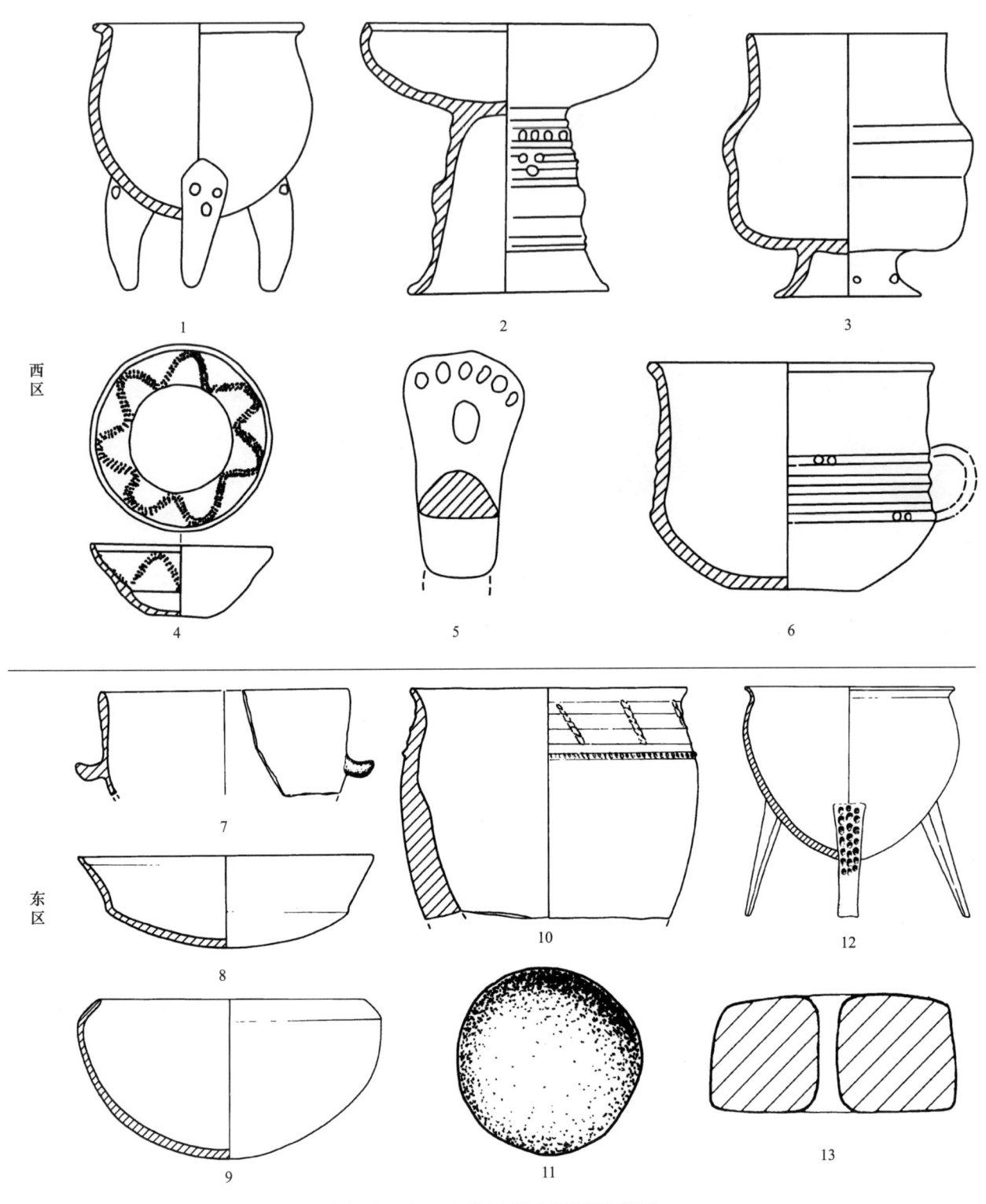

图二六 东、西两区崧泽时代早期陶器图

1、12. 鼎（黄 M5：5、韦 TG2 ⑭：3） 2. 豆（黄 M6：3） 3. 壶（黄 M5：8） 4. 碗（黄 M14：1） 5. 鼎足（黄 T6 ②：12） 6. 杯（黄 M3：4）
7. 釜（TG1 ⑬：7） 8. 豆盘（陶片红烧土堆 2：1） 9. 盆（TG1 ⑬：3） 10. 缸（TG2 ⑭：2） 11. 陶球（TG3 ⑧：1） 13. 纺轮（陶片红烧土堆 2：3）
（1~6 黄鳝嘴遗址，7~13 韦岗遗址）

器物种类尤其是玉、石、陶器的比重出现了明显变化，这种变化在东、西两区的表现更是明显。东区随葬石器数量明显增多，如月堰 24 座墓葬随葬品共 219 件，其中陶器占 59.8%，石器占 38.4%，玉器占 1.4%，骨器只占 0.45%；烟墩山 9 座墓葬也发现 10 余件玉器。最为突出的当属凌家滩墓地，前三次发掘的 44 座墓葬中随葬玉器超过 1/2，石器和陶器只各占 1/4 左右。可以认为在东区石器、玉器作为随葬品总体上已呈明显上升趋势，石器种类略有增多，有斧、钺、锛、凿、刀，基本组合似为钺、锛（或凿），玉器种类较多。但此时西区则仍然维持了传统习俗，以陶器为主要随葬品；石器的随葬数量很少，器类以锛、钺为主，其他少见；玉器数量极少，偶见璜和小饰品。如薛家岗遗址可确认为早期的36座墓葬中，陶器约占84%，石器约14%，玉器0.6%，其他更少（图二七）。东部陶器数量虽然偏多但与石器数差较小，而西部陶器占绝对优势，体现出两地在手工业发展方向上具有不同的趋向，经济结构差异较大，只是在崧泽时代之后，西部在东部的影响下才迅速转型并赶超上来。

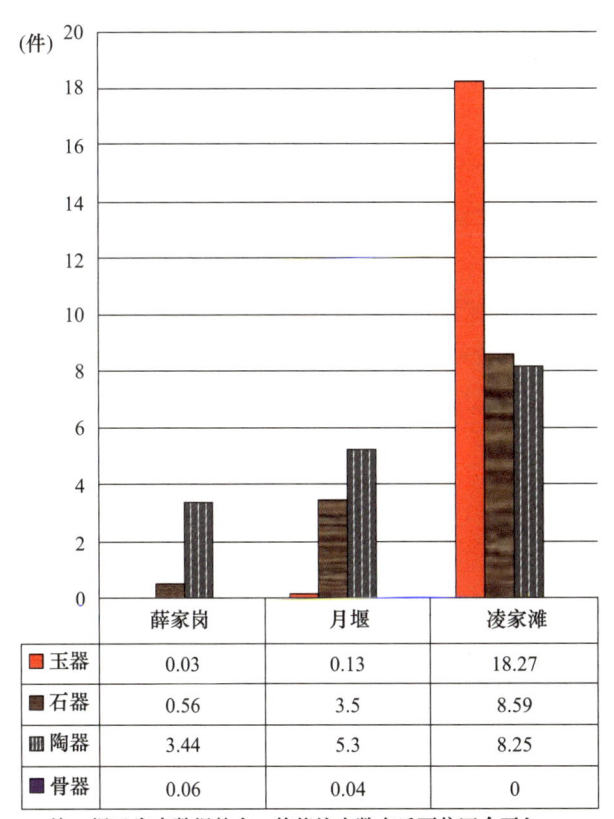

图二七 三地墓葬随葬品每墓均值

	薛家岗	月堰	凌家滩
玉器	0.03	0.13	18.27
石器	0.56	3.5	8.59
陶器	3.44	5.3	8.25
骨器	0.06	0.04	0

注：据已发表数据整合。均值按小数点后两位四舍五入

这种情况反映出玉、石器制造业在东区发展是优于西区的，其原因在于东区在崧泽时代早期依靠地缘优势选择发展起来的玉石器制造业，在中晚期得到了普遍推广，并形成了以凌家滩为代表的玉石器产业中心，而西区则稍慢一步。但无论如何，两区的玉、石器制造相比之前都有了快速的发展。

特别是凌家滩玉、石器制造工艺十分复杂，制作精美，切割、打磨、钻孔、阴刻、浮雕、圆雕、透雕、减地、抛光等各个程序都达到了当时的最高水准，具备了后世玉器制作的绝大部分工艺技术。只是玉器选料还未稳定，虽以透闪石和阳起石类软玉为主，但也有其他多种质料。器型多样更是凌家滩玉器最突出的特点，除玉斧、钺、环镯、璜、玦、璧、管、珠外，还有肖生类的龟、龙、凤鸟、鹰、兔、人等，以及刻图玉版、三角形玉片及其他奇异形态，通观这批玉器，不少重器只有1件，各种玉器在墓中的配伍并不稳定，反映出其处于玉器使用变革之初的创新时期，礼仪重器还缺乏规范。此外，玉器的制作比较偏重于立体形态的表现，是以"形"的塑造来展示其特点，而"纹"的应用还显得很简约[47]。石器有斧、钺、锛、凿几大类，此外还有少量的砺石和石钻。

较之于玉、石器制造的快速进步，这一时期的陶器则相对逊色，基本上继承了早期工艺而有所发展，泥质灰胎黑皮或黑衣陶使用更为广泛，薄胎纯黑陶略有增多，慢轮产品在偏晚时期开始出现，就目前材料而言虽然实物证据数量仍显不足，但可能已出现了快轮拉坯工艺。纹饰种类略有增加，诸如凸棱、凹弦、镂孔、压印、刻划、戳印，而三角形镂孔或戳印纹已然流行，其中横向长方形镂孔、圆镂孔成为主要的镂孔形式，成对的三角形镂孔或三角形夹成对小圆孔也已出现（图二八）；彩绘仍较少且纹样简单。与前一时期不同的是，器物种类大大增加，有鼎、豆、壶、罐、钵、碗、盘、盆、杯、鬶、匜、器盖、球、纺轮、缸等，鼎、豆、壶、碗组合已较为稳定。在多样化的基础上，东、西两区有所分化而形成了各有特点的文化面貌。

东区的陶器中三足器、圈足器较多，基本上都是手制，虽然陶色并不单一，黑皮或黑衣陶盛行，但红陶比例比西区要高。器类与器型与太湖流域更为接近，特别是鼎、豆、壶，以及粗矮柄小杯、双折腹壶、鸡形壶等，部分器型如折腹釜形鼎、扁平高足盘、高圈足壶（或称豆壶）等与淮河下游文化则有类同，而碗、鬶等则与西区的薛家岗文化早期相近。随葬品与生活用品的分化较为明显，虽然多个墓地随葬品并不比生活用器逊色，但凌家滩墓地则表现出重玉、石器而轻

图二八　崧泽时代晚期纹饰
1. 韦岗 TG3⑦　2~5. 凌家滩 TG1 东㉒　6. 凌家滩 TG1 东㊷

陶器的倾向，一般火候较低，胎质疏松，器壁较薄，器物体量较小。

西区的陶器较之东区而言发达一些，多见平底器和三足器，圈足器呈逐步增加趋势。陶器均为手制，到晚期出现个别轮制产品及少量薄胎纯黑陶。陶器主要有夹砂红陶、泥质灰或黑皮（衣）陶两大类。器物组合以鼎、豆、壶、鬶、碗为主，陶球数量较多且具有特色。西区的随葬品与生活用品有一定分化，但与东区不同的是随葬品制作更为精致，这也体现出东、西两区在随葬品取向上的不同，东区更偏重于玉、石器，而西区更偏重于陶器（图二九）。

2. 文化趋向

两区的文化面貌反映出自崧泽时代早期开始，整个皖江两岸与长江三角洲、太湖流域的文化关系渐趋密切，来自邻近的北阴阳营文化影响较为明显，最主要表现在玉、石器制作上，崧泽文化的影响仅仅处于起步状态。同一时期的反向影响也同时存在，黄鳝嘴文化中的戳印多角星纹盆、单把杯等若干因素与北阴阳营文化高度相似，但随着空间距离增大，在崧泽文化中几乎不见；黄鳝嘴文化的分布向西已到达长江中游的鄂东一隅，并与大溪文化发生了接触。

在文化影响的趋向上，最明显的特征是地缘影响力的变化十分明显：东区文化面貌更接近于宁镇地区；而西区受到宁镇的影响相对较弱，但与长江中游的文化有较多联系。

至崧泽时代晚期，皖江两岸的文化已处于一种较为开放的状态，吸收了周边多个文化的因素，并形成了自身的一些特质，在东部已出现个别如凌家滩的大型中心聚落，形成了独树一帜的以发达的玉、石器为典型特点的凌家滩文化；西部则由黄鳝嘴文化渐渐演化为薛家岗文化，以陶、石器最具特色。此时北阴阳营文化已经式微，而崧泽文化则继之向西具有了强烈的影响，其中陶器工艺应该是传播的主要因素。与此同时，淮河下游龙虬庄文化甚或更北的大汶口文化因素也有些许南下，只是表现得较为微弱且影响所及以东区为主；西面的长江中游油子岭一类文化也与西区的薛家岗文化早期互有往来。但总观这一时期皖江两岸的文化变化，在既形成自身特质的同时，全域更表现出了明显的"崧泽化"趋势。

崧泽时代晚期整个长江中下游都进入到一个互动更

图二九　东、西区崧泽时代中晚期陶器图

1、2、8.鼎（天M6:5、薛M65:6、凌87M10:27）　3、9.豆（天M10:8、凌98M19:10）　4、10、11.壶（天M11:1、凌98M8:6）
5.鬶（天M10:7）　6、13.碗（薛M81:2、凌87M9:41）　7.钵（薛M116:4）　12.三足盘（凌87M15:4）　14.盆（凌98M28:24）
（1~5天宁寨，6、7薛家岗，8~14凌家滩）

加频繁的时代。在崧泽化过程中，东区凌家滩文化玉、石器因素及西区薛家岗文化陶、石器因素无疑先后对太湖流域崧泽文化也有明显影响，崧泽文化晚期玉器的较多出现及良渚文化早期玉器的爆发式增长、凿形鼎足的出现当属此影响的结果[48]，最突出的当属崧泽文化北缘东山村墓地所见现象[49]，其中的部分玉饰、陶鬶等与凌家滩、薛家岗早期遗物别无二致。对西向的长江中游之影响主要体现在薛家岗早期文化的分布上，大致与黄鳝嘴文化的分布相近。

此时在东、西区之间，也存在一定的相互影响，凌家滩所见陶鬶、碗便具有典型的薛家岗文化早期特征，而天宁寨玉璜、出廓的坠饰与凌家滩也应存在联系，只是这种影响在崧泽化的大趋势中表现得不那么显眼而已。

大致从崧泽末期开始，皖江东部一带出现了明显衰落，聚落数量急剧减少，文化的地域特征减弱，已发掘的几个墓地中器物的崧泽化趋势更为明显。但本区原有的玉石器工艺传统明显向东南、西南两侧流传，其中向东南的流传更为引人注目，成为之后良渚文化玉器制造工艺的渊源之一[50]。西部则以薛家岗晚期文化为代表而繁荣起来，玉石器制造在得到凌家滩传承之后，获得了长足的发展，特别是石器制造工艺成为最突出代表，并陆续影响到周边文化，皖江两岸这种独特的文化变迁过程便是"玉石分野"景观[51]。

总而言之，崧泽时代晚期的皖江两岸以凌家滩为代表的玉石器和以薛家岗为代表的石器制造工艺达到了前所未有的高峰，并逐渐成为整个长江中下游玉石器制造业的代表[52]。

七、生产与生活

这一时期有关生产方面的信息并不充分，目前大体可以知道涵盖了农业、手工业、渔猎、养殖、建筑，至于贸易方面的信息当已有存在但还没有足够的证据。

1. 食物生产

是整个经济的基础。包括农业、渔猎、养殖、采集等多种途径，相关信息较为零散，但仍可归纳出大致的状况。在东、西两区诸个遗址中，都发现了水稻遗存，至少证明水稻种植应是一种较为普遍的行为了。

西区的怀宁孙家城遗址 T3 浮选样品里，于多个早期地层中发现了共 7 粒炭化稻，虽然数量很少，但水稻植硅体数量多、出现频率高（图三〇，4、5），反映了水稻在聚落植物性食物结构中的优势地位；炭化植物遗存除了水稻外，还有豆科和藜科的种子[53]。

东区的凌家滩遗址也发现过残碎的炭化稻（图三〇，2），红烧土块中发现过水稻颖壳印痕（图三〇，3），但石头圩区域内大型红烧土遗迹所在的 TE23N05 ⑥层中水稻扇形和水稻双峰形植硅体仅有少量发现，加之钻探土样的分析，或许表明凌家滩的稻作农业生产应该具有专门的功能区[54]。

韦岗遗址也发现了数粒炭化稻（图三〇，1），TG1

图三〇 水稻遗存
1、2. 炭化稻（韦岗 TG2（13）、凌家滩 TE22N05 ⑤） 3. 红烧土中的水稻颖壳（凌家滩）
4. 水稻扇形植硅体（孙家城） 5. 水稻哑铃形植硅体（孙家城）

内柱状采样剖面 P1 下部属该时期的 9 个连续堆积文化层的花粉总浓度平均 6888 个/克干样，水稻型花粉在韦岗遗址表现出百分比很高且较为稳定（13%~14%）、浓度先升后降的特点，暗示水稻栽培在凌家滩文化时期已经较为稳定，其浓度自下而上也逐渐升高，第 12~17 层间甚至达到或远高于用于判断古水田的标准（5000 个/克干样水稻扇形植硅体），表明水稻的栽培和利用已经较为成熟[55]（图三一）。植硅体分析显示自生土层中即大量存在水稻扇形植硅体，说明当时应该有野生稻分布。

但农业生产中必需的农具，目前发现仍然很少，究其原因既有木、骨类工具不易保存的因素，也有石质工具使用较少的可能。石斧等砍伐工具与土地前期的开垦、平整相关，石钺虽然可起到类似石铲的翻土作用，也还缺乏相关深入研究以获得证据，其他如翻土、播种、中耕、收割各环节的工具诸如耒耜、点种棒、镰刀或其他刀类都极少见或不见，在环太湖地区崧泽文化晚期中较多出现的石犁也未曾见（薛家岗文化晚期的石刀与分体石犁两翼相似，但是否具有类似功能未知，且年代最早也只能入崧泽时代之末）[56]。

除稻作农业外，渔猎和养殖也是食物生产的主要部分。在凌家滩、韦岗、孙家城均发现了鹿角，凌家滩、韦岗还发现一定数量的鸟禽类管状肢骨，这些需经捕猎获得的动物应是肉类食物的主要来源。肉类食物的另一来源是渔猎，各遗址发掘中未发现水产品遗存，虽然可能与土壤保存环境相关，凌家滩玉龟也可以从侧面反映捕捉龟类动物的行为，但作为捕获最主要的水产品鱼类可保存下来的工具——网坠，迄今发现数量极少，或许说明存在着渔猎行为但其在食物生产中的比重并不大。养殖业在这一时期应该有所发展，主要品种为猪，各遗址中都有猪骨骼或牙的发现，韦岗、凌家滩的发现尤多；孙家城还发现猪的泥塑形象，但同时也有背上有鬃似为野猪的泥塑，凌家滩 07M23 填土上方的长獠牙玉石猪雕也是野猪的特征（图三二）。

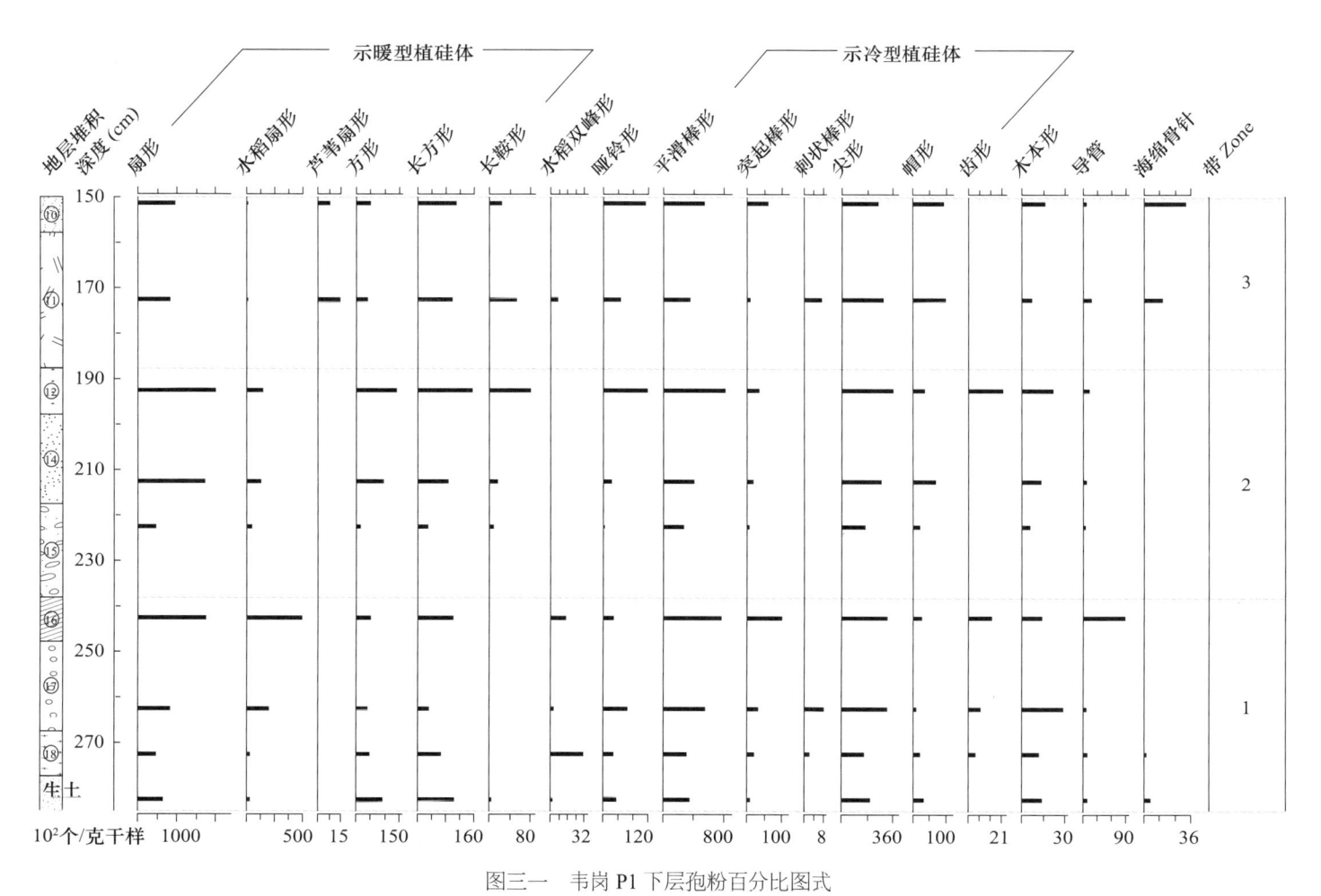

图三一　韦岗 P1 下层孢粉百分比图式

图三二　玉石雕和泥塑猪形象
1. 玉石猪雕（凌家滩 M23）　2、3. 泥塑猪（孙家城 T2 ⑩：22、孙家城 T3 ⑪：51）

这些证据说明当时食物生产中水稻确已成为一种主要农产品，但是否能够满足日常生活需求尚未可知，渔猎和养殖应当是当时食物生产的重要组成部分，饮食结构上存在一定量动物类食品的倾向，而孙家城发现的豆科和藜科植物可能与采集野生食物作为食物补充有关。

2. 手工业生产

目前可以了解到的主要包括纺织、玉石器制造、陶器制造几大门类。

1）纺织

是可以确认的手工业种类之一，大致分为纺纱与编织两道工序，但在整个经济结构中的比重并不大。纺纱较为简单，工具主要是石、陶质纺轮，较易保存下来，但在诸个遗址中，发现的纺轮数量并不多，凌家滩TG1、韦岗TG2、TG3，孙家城T2、T3三处明显具有垃圾堆积性质的地点都很少出土纺轮，各墓地中的出土量占随葬品总数也都在1%以下（表九；图三三）。编织则是一种相对复杂的工艺，织机上必备的木刀、分绞棒、卷布棍等编织工具还难以发现，虽然也有学者认为薛家岗等地出土的多孔石刀可能是打纬刀（机刀）[57]，但缺乏足够的证据，目前仅备一说。

表九　各墓地出土纺轮比例

墓地名称	墓葬总数	石纺轮 占石器（%）	石纺轮 占全部随葬品（%）	陶纺轮 占陶器（%）	陶纺轮 占全部随葬品（%）	备注
凌家滩	44	0.5	0.13	2.7	0.54	
月堰	24			4.6	0.27	
薛家岗	36			4.8	0.79	
黄鳝嘴	17			4.7	0.43	地层中有7件

就史前纺织生产而言，无纺技术也可纳入到广义的纺织范畴。在南中国和东南亚南岛语系分布地区常见的树皮布便是代表，其中的主要工具——石拍多有发现[58]。在皖江两岸并不排除此类产品存在的可能，但至今还未发现或确认。作为纺织产品后续步骤的缝织，其工具如骨针之类也应当存在，但均未能存留。纺织的最终产品迄今难有发现，凌家滩玉人所刻的头冠上横向线条当属系绳类，腰带的宽度和斜向线条可能具有布类产品的片状特征，只是还不能确定它们是利用自然线绳还是通过纺织得到此类产品。

纺织的原料虽然来源有多种，但从全国各地发现情况看，大都以麻类植物为重要来源，树皮布则以桑科植

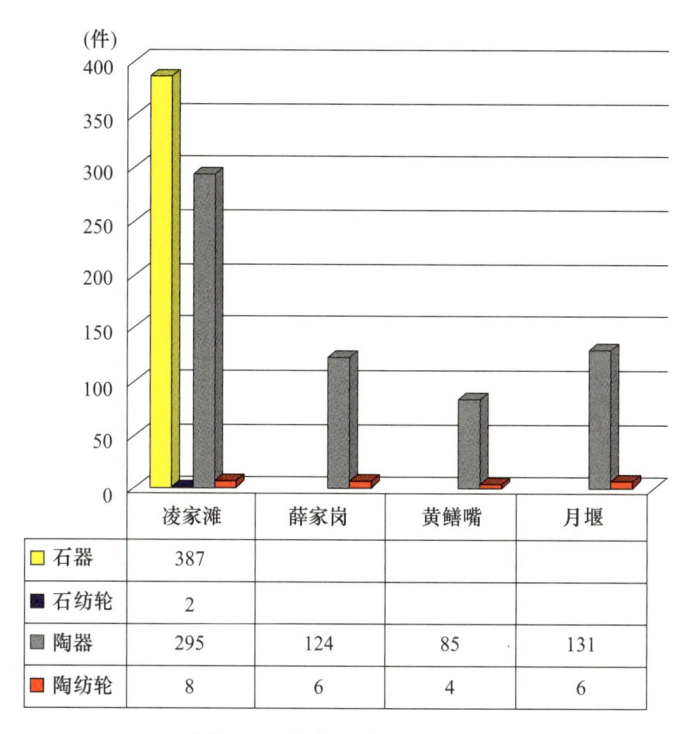

图三三　各墓地纺轮出土数量

	凌家滩	薛家岗	黄鳝嘴	月堰
石器	387			
石纺轮	2			
陶器	295	124	85	131
陶纺轮	8	6	4	6

物为主。这两类植物在本区域已发掘的几个遗址中，通过浮选、花粉分析都暂未发现，植硅体则分辨不到，当时的原料问题还有待解决。

概而言之，在整个手工业系统中，这一时期的纺织似乎并不太发达，当时是否拥有织机类的复杂机械？产品消费群体是普通人群还是特殊阶层？都需要对当时的纺织水准和衣着状况有进一步认识。

2）玉石器制造

是这一时期最具特色的手工业，在整个经济结构中占有较大比重。如前文所述，玉石器手工业虽然在东、西两区都存在，但从发展到发达的过程并不同步，而是东区发达较早，西区发达较晚，有自东向西传递的过程。

玉石器制造业在东区有一个短暂的起步，早期开始时并不发达，主要种类为石锛、石凿、石斧等木作工具，数量较少，以实用器为多，玉器少见。稍后一段时间（以韦岗TG2扩⑧层为节点）似乎骤然发展起来，到晚期已相当发达，石器品种以锛、凿、钺为主，玉器品种丰富，以璜、环镯、管、玦为多；凌家滩钺的数量也较多，并出现个别玉人、龙、龟、鹰等肖生类和玉版等特殊器物，随葬礼器的制作大规模发展。而同一时期的西区，玉石器制造业却一直未发展起来，这种状况到薛家岗晚期时才有了迅速改变，石刀、石钺、石锛成为主要品种，玉器品种和数量明显增多。值得注意的是无论是早期还是晚期，各聚落中农业工具都很少发现，这既可能与发掘的偶然性有关，也可能与粮食生产中农业的发达与否有关。

与之相适应的是，东区的玉石器制作工艺在晚期也有了长足的发展，管钻、雕刻、抛光工艺尤为突出。制作规范有了进一步提高，其中以大理岩、火山角砾岩、火山岩等材质较硬的原料制作圆角大孔钺成为突出特点，这种源自北阴阳营的选料趋向在东区特别是凌家滩得到了最为充分的体现，而板岩的使用很少。但总体而言石器用料还是呈现出多样化，且每种器类并没有相对稳定的原料选择，如凌家滩经鉴定的一部分石料达21种，仅钺的用料竟达14种。

已发现的制作工具主要是砺石，包括一定数量的未曾使用、形态不整的砺石原料。以韦岗遗址发掘材料为例，大多数为灰色（少数红褐色）砂岩、粉砂岩，个别遗址有类似石锤的砸击工具（图三四），从各堆积单位砺石变化情况可以看出，其数量呈现出阶段性增多的现象，尤以遗址的晚期阶段为多（图三五）。此外还在凌家滩98M23发现砺石与钻头、石芯共存的现象（图三六），以及多墓中随葬大量玉石芯、边角料、部分玉石原料。这些遗物一方面成为玉、石器当地制造的充分证据，另一方面也说明玉、石原料的珍贵性，但至今尚未发现明确的玉石器作坊证据，当时的生产方式是有组织的社会化生产亦或个体或家族式生产，仍不得而知。

值得注意的是，在现已发掘的几处遗址中，成品大多数发现于墓葬之中，仅在年代稍晚的月堰遗址一般地层中存在较多石器残次品、半成品，其他几处垃圾堆积中无论是成品还是残次品、半成品均少见，虽然有发掘面积和位置的局限，但也有限地折射出产品的流向、废弃产品的处理等诸多问题。如果大量产品不仅仅或者不一定是为了满足自身的消费需求，那么商品贸易是否存在也是一个值得思考的视角[59]。

图三四　韦岗 TG2 扩⑧部分砺石、石锤

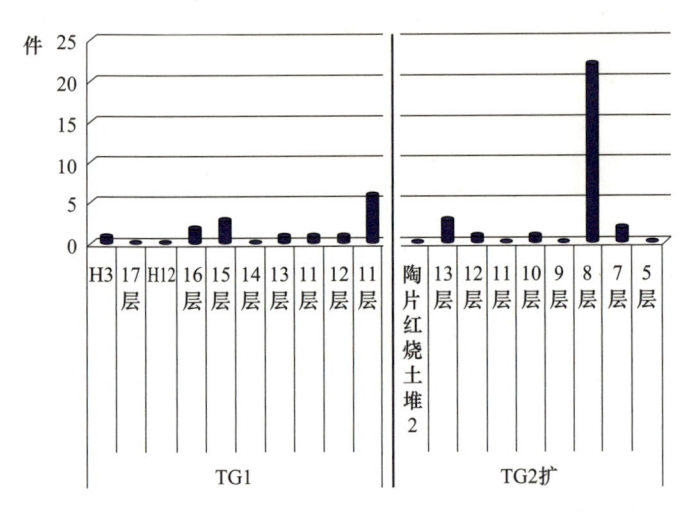

图三五　韦岗遗址 TG1、TG2 扩各堆积单位砺石数量变化情况

3）陶器制造

是与日常生活关系最密切的产业，也是这一时期最主要的手工业。从早期开始，烧窑所需的氧化焰、还原焰及特殊的渗炭工艺都已存在，但后两者所获产品的数量很少，绝大多数是氧化焰的红陶系产品，只是到了晚期阶段，还原焰及渗炭工艺才大量运用到陶器制造中，因此灰陶、黑（皮）陶的数量大增，并有超过红陶系的趋势，这一点在韦岗和凌家滩遗址中表现尤为明显。

早期东区的陶胎中，源自更早时期夹蚌末工艺虽未消失但已明显式微，而夹植物工艺代之呈现快速上升的趋势，并大量应用于陶鼎、盆、罐等主要器类的生产中；几乎与此同时，将石英岩或石英砂岩破碎成颗粒状，再羼和到陶胎中的夹石英工艺也显得十分突出，主要应用在厚胎缸等器物上。

为了弥补陶胎粗而带来的不利影响，在粗胎表面再抹一层厚的细泥的刷浆工艺开始盛行，成为这一时期的重要特征，这种工艺广泛存在于史前各个时期的陶器中，只是以往易于忽视而已，其目的是使陶器表面更加光滑、填实泥胎的孔隙，并便于进一步处理、装饰。它不仅广泛应用在夹砂、夹石英、夹植物陶中，泥质陶因涂红皮（衣）、绘彩盛行之需也有较多应用。

陶器成形仍为手制，主要以泥条盘筑或圈筑技术成形，间有贴塑法、捏制法使用，成形后会对器表刮抹平整。器类以鼎为大宗，较多数量的缸成为一大特征，次为盆、罐类，豆的数量并不多，此外还有少量盖等。精致器物的制造从早期开始便已存在，诸如泥质红皮陶盆、夹细砂黑皮陶鼎、磨光黑皮陶豆等，但除盆类外其他数量都很少。纹饰以各类戳印、刻划为主。

到晚期时，慢轮修整已较多应用，快轮拉坯已露端倪。伴随着社会变化而导致陶器种类变化，早期的多种工艺已较为少见，夹石英则基本上改为夹粗砂且数量大减，夹植物陶、红皮（衣）、绘彩均明显减少，灰陶黑皮成为主流。器类与早期相比出现了一些变化，除鼎、盆、罐、壶、盖外，缸的数量急剧减少，到偏晚时期豆的数量大增，还新出了觚形杯、鬶等酒水器。三

图三六　凌家滩 98M23 出土的制造工具与石芯
1. 工具出土现场　2. 石芯（98M23：7-1）　3、4. 砺石（98M23：8、98M23：9）　5. 石钻（98M23：6）

角形与圆形镂孔成为最主要的纹饰，从"印"到"镂"实际上反映了视觉感官从注重平面布局到注重立体通透的转变，也是一个重要的变化迹象。

从陶胎处理工艺的宏观演变史来看，从粗到细是总的脉络，但在陶胎细化处理技术已不存在问题的这一时期，却盛行起"粗"的工艺，当与陶器使用方式发生变化有关，也或与审美观念变化有关；从红皮、绘彩到灰陶黑皮的演变、从"印"到"镂"也凸显了审美观念在这一时期发生了重大变化。这种变化无论是技术进步原因还是审美观念原因，其根本都是社会对陶器功能的需求发生了一系列改变所致。

西区的变化趋势大致与东区相同，但早期的夹石英类产品较少，彩绘纹样比东区复杂。

3. 生活

已有的材料还不足以全面勾勒这一时期的完整生活场景，但大体可以了解到若干关键内容。房屋多数应是以挖槽、填红烧土为基、木骨泥墙为基本结构的地面建筑，在西区或存在少量半地穴式，从薛家岗材料看房内应有灶。

饮食呈现为多样化，既有种植的稻米也有采集的食物，并有猪、鸟禽和水产为补充，当然这些肉食是日常供给还是在某些节日（如夸富宴）才能享用目前还不能知晓。在食物处理方式上，毫无疑问是以熟食为主，以鼎为最主要炊器，从早期开始釜似乎已很快退出历史舞台。垃圾堆积中的鼎在早期一般都比较大，直径在二三十厘米以上（也有少量精致小鼎），其容量足供数人之用，反映出食物的炊煮阶段是为了共餐而非独食，之后鼎的容量有缩小的趋势。各类盛食器（碗、钵等）如果确为盛食所用的话，其大小则可供一人所需，这种大鼎、大碗组合的进餐方式或可表述为"共炊分食"方式，从一定角度而言也是原始共产主义的体现。但在墓葬的随葬品中很少存在这种组合，却是以小鼎、大碗搭配（图三七），虽然有些应是明器而体量较小，但两者比例并未同步缩小，是否反映在冥界是以独食为特点，这种区别既可能是当时在生界已有个体私有观念，也可能是表达出逝者在冥界不再与他人共同生活（与合葬风俗的瓦解意义相似）。凌家滩TG1发掘的壕沟内，晚期阶段出现一定数量的带流刻槽盆，应是块根类食物处理的另一种方式，即粉糊状食品的制作已产生。

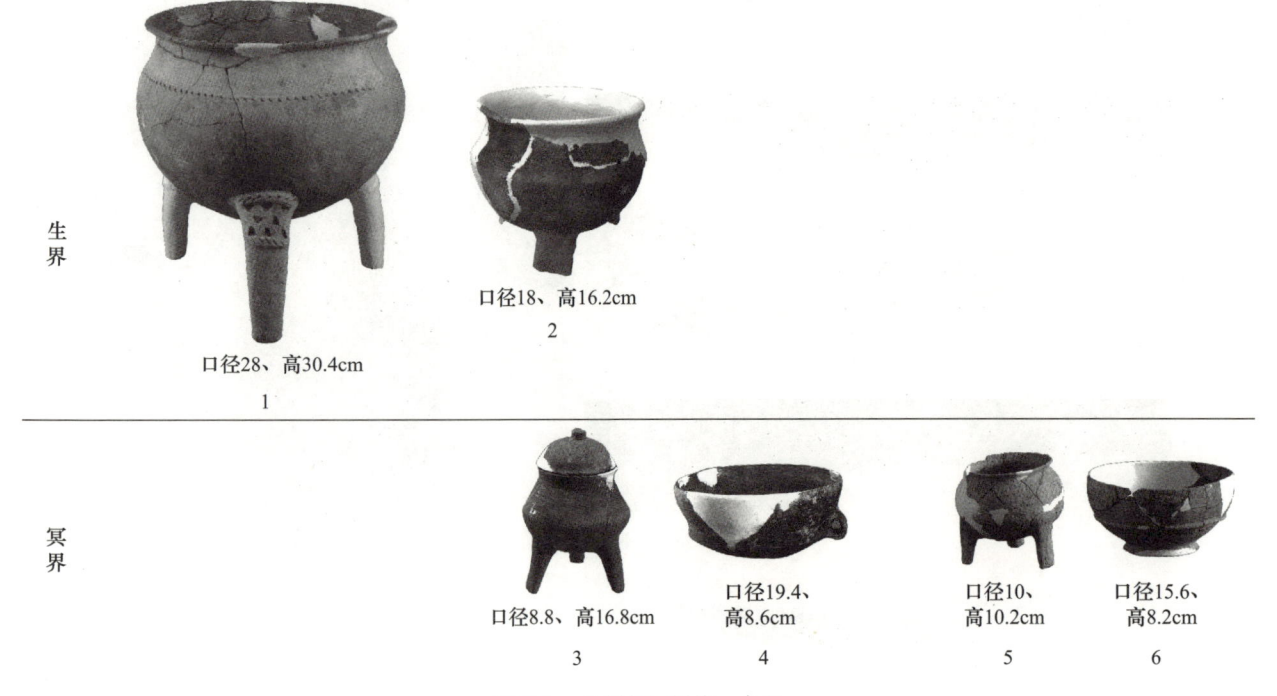

生界

口径28、高30.4cm
1

口径18、高16.2cm
2

冥界

口径8.8、高16.8cm
3

口径19.4、高8.6cm
4

口径10、高10.2cm
5

口径15.6、高8.2cm
6

图三七　生界与冥界炊、食器
1. 韦T3（13）：8　2. 韦TG3（7）：1　3. 薛M5：5　4. 薛M5：6　5. 月M25：2　6. 月M25：1
（韦：韦岗，薛：薛家岗，月：月堰。各图均按比例缩小）

在早期阶段，生活应该还不够丰富多彩，豆、盘类少见，但晚期阶段数量增加，或许说明在主餐之外有了更多的食品供给；而觚形杯、鬻类酒水器的配套出现，无论其作为饮水亦或饮酒之具，都应该表达了生活方式的变化，至少说明在某种场合这种行为已不再简单化（如一瓢饮），而可能有一定的规制（图三八）。

除上述生产生活方面的信息外，有关礼仪与宗教方面的材料还较为缺乏，研究也较为薄弱，但略可知的是这一时期在重要场合中，佩玉之风较为盛行，玉质的环镯、玦、璜、管成为佩饰的主要器型，龟卜已经出现，丧葬礼仪从简单走向了规范，最终形成了一定的规制[60]。在凌家滩还出现了人工堆筑的石祭坛，成为上层社会通天与丧葬的主要场所[61]。

觚形杯　　　鬻

杯　　　豆

图三八　晚期盛食与酒水器
（均孙家城M1）

八、皖江两岸的影响与意义

通过对聚落、文化、年代、生产生活各方面的讨论，可以大致了解到崧泽时代皖江两岸史前文化的轮廓。在其形成、发展过程中，曾受到东、西两侧同时期文化的影响，以及淮河中下游文化的影响，到晚期阶段全域"崧泽化"趋向较为明显，地缘影响力十分突出。但晚期阶段的反向影响也不可忽视，这种影响最核心内容体现在以下两个方面：

1. 高端手工业与技术的影响

最集中体现在玉石器制造业。除砣切割以外的各种专业技术在此时此地已大体形成并充分发展，使得以凌家滩为代表的玉石器制造业达到了当时的高峰，并对崧泽晚期和良渚早期玉石器的发展起到了明显的促进作用。

2. 钺的意义

作为玉石器制造的主要种类，玉、石质钺在社会中具有越来越重要的象征意义，虽然这种意义并不局限于皖江两岸，但在这一区域中却得到了充分的发扬，逐渐强化、推广，成为整个中国东方地区的代表性器类。在随后东方地区钺的全面扩张中，中原地区逐渐接受了这一器类和其蕴含的意义，最终成为三代王朝权力的象征。

因此，崧泽时代的皖江两岸在中国文明形成的过程中，具有明显的承上启下作用，站在三代王朝的时空点上回溯，这里的文化只是历史长河中的昙花一现，但也有着昔日的辉煌，积淀的文化基因已熔入早期文明的熔炉之中。

附记：本文系依2014年杭州"崧泽文化学术研讨会"的发言扩充而成，部分内容应《东南文化》之约先行刊发于2015年第1期上，之后以该文为基础进行了较多扩充完善，并对已刊内容中的不足之处略作修订。这项研究是作者在皖江流域先秦考古十年工作的基础上，对崧泽时代的皖江文化所做的一次小结，感谢十年来默默支持或直接参与这一研究工作的安徽省文物考古研究所同事、安徽省各级文物部门以及中国国家博物馆、中国文化遗产研究院等兄弟单位的友好合作，感谢参与调查、发掘的全国十余所高校近百位同学的艰苦工作及其老师们的大力支持。

2015年5月9日于凌家滩工地

注　释

[1] 本小节内容参见安徽省计划委员会、安徽省地质矿产局：《安徽省国土资源遥感应用研究》，地质出版社，1996年；朔知：《皖江区域考古的意义》，《文物研究》总第14辑，黄山书社，2004年。

[2] 诸多学者对此有详论，参见苏秉琦：《中华文明的新曙光》，《东南文化》1988年第5期；严文明：《中国史前文化的统一性与多样性》，《文物》1987年第3期；张光直：《中国相互作用圈与文明的形成》，《庆祝苏秉琦考古五十五年论文集》，文物出版社，1989年；赵辉：《以中原为中心的历史趋势的形成》，《文物》2000年第1期；许永杰：《距今五千年前后文化迁徙现象初探》，《考古学报》2010年第2期；戴向明：《黄河流域新石器时代文化格局之演变》，《考古学报》1998年第4期；等等。

[3] 韩建业：《庙底沟时代与"早期中国"》，《考古》2012年第3期；陈星灿：《庙底沟时代：早期中国文明的第一缕曙光》，《中国社会科学报》2013年6月21日第5版；等等。

[4] 朔知：《花与钺：从西坡出土玉钺谈起（纲要）》，《中国社会科学院古代文明研究中心通讯》第22期，2012年。

[5] 仲召兵：《"崧泽文化圈"的形成、原因及其意义》，《崧泽文化学术讨论会会议资料》，2014年。

[6] 对崧泽文化的绝对年代还有不同认识，可参见刘斌：《崧泽文化的分期及与良渚文化的关系》，《庆祝张忠培先生七十岁论文集》，科学出版社，2004年；张敏：《崧泽文化三题》，《东南文化》2015年第1期。本文以距今5800～5300年为崧泽时代的主体，在具体研究中或向两端略有延伸，也即在公元前第4千纪范围内。

[7] 本文未涉及整个皖江流域而是仅言"两岸"，系结合地形特征、文化表现，更主要是兼顾到历年考古工作所能提供的有效研究资料，对研究区域的人为划定。以现有皖江为轴，江淮分水岭以南的大别山东南麓及其余脉、皖南山区以北的以沿江平原区为主体、涵盖两侧丘陵低山的狭长区域，范围小于皖江流域。

[8] 华东文物工作队：《四年来华东区的文物工作及其重要的发现》，《文物参考资料》1954年第8期；安徽省博物馆：《安徽新石器时代遗址的调查》，《考古学报》1957年第1期；南京博物院：《江苏仪六地区湖熟文化遗址调查》，《考古》1962年第3期。

[9] 部分调查成果参见安徽省文物局、安徽省文物考古研究所：《杭埠河中游区域系统调查报告》，文物出版社，2012

年；中国国家博物馆、安徽省文物考古研究所：《安徽省当涂县姑溪河流域区域系统调查简报》，《东南文化》2014年第5期。

[10] 苏秉琦：《略谈我国东南沿海地区的新石器时代考古——在长江下游新石器时代文化学术研讨会上的一次发言提纲》，《文物》1978年第3期；安徽省博物馆：《试谈安徽新石器时代文化与长江中下游诸文化的关系》，《文物集刊——长江下游新石器时代文化学术研讨会论文集》，文物出版社，1980年。

[11] 杨德标：《谈薛家岗文化》，《中国考古学会第三次年会论文集（1981）》，文物出版社，1984年，另有多篇论文讨论薛家岗文化问题，纪仲庆：《宁镇地区新石器时代文化与相邻地区诸文化的关系》，《中国考古学会第三次年会论文集（1981）》，文物出版社，1984年；何长风：《关于安徽原始文化研究中的几个问题》，《文物研究》总第5辑，黄山书社，1989年；曾骐、蒋乐平：《长江下游新石器时代文化的考古学编年》，《中国原始文化论集——纪念尹达八十诞辰》，文物出版社，1989年；严文明：《安徽新石器文化发展谱系的初步观察》，《文物研究》总第5辑，黄山书社，1989年；杨德标：《安徽江淮地区新石器时代文化》，《文物研究》总第7辑，黄山书社，1991年；吴汝祚：《薛家岗遗址和北阴阳营遗址的关系以及有关问题的探讨》，《文物研究》总第9辑，黄山书社，1994年；等等。

[12] 邹厚本、谷建祥：《青莲岗文化再研究》，《东南文化》1992年第1期。

[13] 此类论文数量较多，如钱伯泉：《凌家滩新石器时代遗址出土的玉制式盘》，《文物研究》总第7辑，黄山书社，1991年；王育成：《论含山凌家滩玉龟、玉版》，《文物研究》总第7辑，黄山书社，1991年；张敬国：《试论中国玉器时代——谈含山凌家滩出土玉器》，《跋涉集——北京大学历史系考古专业七五届毕业生论文集》，北京图书馆出版社，1998年；田名利：《凌家滩墓地玉器渊源探寻》，《东南文化》1999年第5期；等等。

[14] 安徽省文物考古研究所：《凌家滩玉器》，文物出版社，2000年，书中并附有张忠培、严文明、俞伟超三位先生有关墓地和玉器的研究论文；李修松：《试论凌家滩玉龙、玉鹰、玉龟、玉版的文化内涵》，《安徽大学学报（哲学社会科学版）》2001年第6期；武家璧：《含山玉版上的天文准线》，《东南文化》2006年第2期；杨晶：《苏皖平原地区史前玉器的研究》，《新世纪的考古学——文化、区位、生态的多元互动》，紫禁城出版社，2006年；方向明：《凌家滩遗址出土玉器型和纹饰的相关问题讨论》，《凌家滩文化研究》，文物出版社，2006年；王仁湘：《中国史前的纵梁冠——由凌家滩遗址出土玉人说起》，《中原文物》2007年第3期。

[15] 张弛：《大溪、北阴阳营和薛家岗的石、玉器工业》，《考古学研究（四）》，科学出版社，2000年；朔知、杨德标：《薛家岗石刀钻孔定位与制作技术的观测研究》，《中国历史文物》2003年第6期；庄丽娜：《薛家岗文化石料利用特点及产源初探——兼及石器产地的讨论》，《南方文物》2008年第3期。

[16] 朔知：《皖西南新石器时代文化的变迁》，《南方文物》2006年第2期；另有多篇探讨玉器的文化因素交流论文。

[17] 朔知：《从凌家滩文化看中国文明的起源》，《安徽史学》2000年第3期；杨立新：《江淮地区史前文明化进程初探》，《中国社会科学院古代文明研究中心通讯》第5期，2003年；朔知：《长江下游地区文明化进程散论》，《长江下游地区文明化进程学术研讨会论文集》，上海书画出版社，2004年；宋建：《江淮地区早期文明进程的断裂与边缘化》，《中国社会科学院古代文明研究中心通讯》第13期，2007年。

[18] 张弛：《长江中下游新石器时代的区域经济与聚落变迁》，《古代文明研究通讯》总第十一期，2001年；高蒙河：《长江下游考古地理》，复旦大学出版社，2005年。

[19] 朱勤文、张敬国：《安徽凌家滩出土古玉器软玉的化学成分特征》，《宝石和宝石学杂志》2002年第4卷第2期；张敬国、杨竹英、陈启贤：《凌家滩玉器微痕迹的显微观察与研究——中国砣的发现》，《东南文化》2002年第5期；张敬国、李乃胜：《五千年前陶质建材的测试研究》，《文物保护与考古科学》2004年第16卷第2期；王荣、冯敏、吴卫红、高飞、王昌燧：《拉曼光谱在薛家岗古玉测试分析中的应用》，《光谱学与光谱分析》2005年第9期；吕利亚、毛振伟、朔知、王昌燧：《薛家岗遗址出土古陶的产地分析》，《中原文物》2007年第5期；王心源、吴立等：《巢湖凌家滩遗址古人类活动的地理环境特征》，《地理研究》2009年第28卷第5期；等等。

[20] 施雅风主编：《中国全新世大暖期气候与环境》，海洋出版社，1992年；杨怀仁、徐馨、杨达源、黄家柱：《长江中下游环境变迁与地生态系统》，河海大学出版社，1995年；刘金陵、William Y B Chang：《根据孢粉资料推论长江三角洲地区1200年以来的环境变迁》，《古生物学报》1996年第35卷第2期；等等。

[21] 参见王心源、张广胜、张恩楼等：《巢湖湖泊沉积记录的早-中全新世环境演化研究》，《科学通报》2008年第53卷增刊Ⅰ；吴立、王心源、张广胜等：《安徽巢湖湖泊沉积物孢粉-炭屑组合记录的全新世以来植被与气候演变》，《古地理学报》2008年第10卷第2期；等等。

[22] 邱振威、朔知、蒋洪恩、饶慧芸、胡耀武：《凌家滩文化时期植被景观与稻作农业初步研究》，待刊。

[23] 这种地貌的详细形成年代还不清楚。若是崧泽时代之前形成，本区域恐难有聚落存在；若是崧泽时代之后形成，也可将原可能存在的聚落址覆盖而难以调查确认，但据选址规律来看应以前者可能性为大。

[24] 中国国家博物馆、安徽省文物考古研究所：《安徽省当涂县姑溪河流域区域系统调查简报》，《东南文化》2014年第5期。另参考卞建秋、郑双武主编：《文明积淀六千年——马鞍山市第三次全国文物普查成果汇编》，南京出版社，2011年。

[25] 现裕溪河为人工改道后的较直河段，也称"前河"，凌家滩遗址南侧的裕溪河是一条自然河，也称为"后河"。关于后河在凌家滩文化时期是否与现状相近尚无直接证据，但据钻探资料显示，在凌家滩遗址最南端现河床的北缘，生土面从岸边往河中急降4米以上，或可旁证当时的河流位置。

[26] 资料尚未整理完毕，个别数据和认识将来或可能调整。

[27] 参见怀宁县文物管理所、安徽省第三次全国文物普查办公室：《怀宁考古记——基于"三普"调查的考古发现与研究》第四章，文物出版社，2011年。因资料尚未整理完毕，个别数据和认识将来或可能调整。

[28] 安徽省文物考古研究所：《杭埠河中游区域系统调查报告》，文物出版社，2012年。

[29] 本小节部分内容引自朔知：《安徽新石器时代遗址分布特点与考古调查方法》，《道远集——纪念安徽省文物考古研究所成立五十周年文集》，黄山书社，2008年。有关选址的概念和特点参考了高蒙河：《长江下游考古地理》，复旦大学出版社，2005年。

[30] 本文所指聚落海拔均为目前遗址中的崧泽时代遗存表面而非遗址本身表面，至于历史上是否存在局部沉降或抬升等构造运动则无法考虑。据以往多年调查结果分析，除山区中的遗址外，本区域中超过30米海拔的地带极少有遗址分布，因此4处区域系统调查的区域基本上是以海拔30米等高线为界，也即大体上与周边平地的相对高差在0~25米，除个别值得怀疑的地段外其他均属调查的舍弃区范围。本文在此界限以上的聚落分布情况系据其他调查方式了解。

[31] 调查获得的聚落面积计算问题争议很大，本文在此并不讨论。数值为据地表所见陶片所圈出的最大范围估算所得，部分经过钻探的以文化堆积分布为确认标准，不包括外围可能的农耕区、活动区等聚落要素。

[32] 安徽省文物考古研究所钻探资料和2014年发掘资料。

[33] 凌家滩2013年度考古材料，待刊。

[34] 严文明：《文明化进程中的一个实例——凌家滩》，《中华文明的始原》，文物出版社，2011年。

[35] 有关凌家滩墓地分化研究，可参看宋建：《从凌家滩墓地看古国的社会分化》，《中国社会科学院古代文明研究中心通讯》第二十四期，2013年。

[36] 安徽省文物考古研究所：《潜山薛家岗》第五章，文物出版社，2004年。

[37] 20世纪80年代薛家岗遗址发掘后曾提出"平地堆土掩埋"方式，但之后各遗址发掘的墓葬大都发现墓坑，虽然囿于发掘经验，在墓坑辨识上尚有不足，但仍可表明土坑墓是一种普遍的形式，当然也不排除个别墓葬在某种情况下堆土掩埋的可能。

[38] 由于只能了解到凌家滩、月堰、黄鳝嘴、仓园垱的全部、烟墩山绝大多数（9座中的8座，另一座据发掘者告知也应为南北向）、薛家岗的部分（另有无法确认墓向），天宁寨只发表了1座特殊墓（合葬）的信息，本文只依已发表或能了解到的为统计依据，与真实情况或有少许误差。

[39] 高蒙河：《苏皖平原地区新石器时代遗存的研究》，《文物研究》总第7辑，黄山书社，1991年。

[40] 巧合的是，皖江两岸最初开展的两个较大规模的发掘——潜山薛家岗与含山大城墩，便分别位于西区和东区，也算是机缘。

[41] 但原检测报告附的OxCal v3.1校正数据则为公元前3460（51.3%）~前3370年，待求原因。

[42] 徐繁：《繁昌县缪墩遗址调查简报》，《文物研究》总第7辑，黄山书社，1991年。另据笔者在遗址地表采集的一件当年河床治理时翻上的骨骼标本经北京大学AMS测年（BA10769），1δ（68.2%置信度）为公元前5025~前4940年，也佐证了该遗址的年代。

[43] 中国国家博物馆、安徽省文物考古研究所：《安徽省当涂县姑溪河流域区域系统调查简报》，《东南文化》2014年第5期。

[44] 邱振威、朔知、王涛、王昌燧：《安徽怀宁孙家城遗址夹植物陶器初步研究》，待刊。

[45] 刘莉：《植物质陶器、石煮法及陶器的起源：跨文化的比较》，《西部考古》第一辑，三秦出版社，2006年。

[46] 出现这种现象一是可能确实无随葬此类器物的习俗；二是墓葬均在相对高处，无饱水环境及酸性土壤之故。

[47] 朔知：《凌家滩玉器综论》，《玉魂国魄——凌家滩文化玉器精品展》，浙江古籍出版社，2011年。

[48] 田名利、甘恢元：《凌家滩文化与崧泽-良渚文化玉器的初步认识》，《玉魂国魄——中国古代玉器与传统文化学术讨论会文集（四）》，浙江古籍出版社，2010年；方向明：《凌家滩玉文化的东渐与良渚文化早期玉器》，《玉魂国魄——中国古代玉器与传统文化学术讨论会文集（五）》，浙江古籍出版社，2012年；刘斌：《崧泽文化的分期及与良渚文化的关系》，《庆祝张忠培先生七十岁论文集》，科学出版社，2004年。

[49] 南京博物院、张家港市文物管理委员会、张家港博物馆：《张家港东山村新石器时代遗址发掘报告》，《考古学报》2015年第1期。

[50] 方向明：《凌家滩玉文化的东渐与良渚文化早期玉器》，《玉魂国魄——中国古代玉器与传统文化学术讨论会文集（五）》，浙江古籍出版社，2012年；田名利、甘恢元：《凌家滩文化与崧泽——良渚文化玉器的初步认识》，《玉魂国魄——中国古代玉器与传统文化学术讨论会文集（四）》，浙江古籍出版社，2010年。

[51] 朔知:《长江下游的"玉石分野"与社会变革》,《考古学研究(九)——庆祝严文明先生80寿辰论文集》,文物出版社,2012年。

[52] 张弛:《大溪、北阴阳营与薛家岗的石、玉器工业》,《考古学研究(四)》,科学出版社,2000年。

[53] 王育茜、靳桂云:《繁昌鹭鸶墩和怀宁孙家城遗址植物考古初步结果》,未刊。

[54][55] 邱振威、朔知、蒋洪恩、饶慧芸、胡耀武:《凌家滩文化时期植被景观与稻作农业初步研究》,待刊。

[56] 石犁是否为农耕用具还有不同看法,参见方向明:《长江下游新石器时代晚期的石犁及其相关问题》,《岭南考古研究》第13辑,2013年;刘莉、陈星灿等:《新石器时代长江下游出土的三角形石器是石犁吗?——昆山遗址出土三角形石器微痕分析》,《东南文化》2013年第2期。

[57] 宋兆麟:《民族文物通论》,上海古籍出版社,2006年。

[58] 邓聪:《史前蒙古人种海洋扩散研究——岭南树皮布文化发现及其意义》,《东南文化》2000年第11期。

[59] 张弛:《大溪、北阴阳营和薛家岗的石、玉器工业》,《考古学研究(四)》,科学出版社,2000年;何驽:《长江流域文明起源商品经济模式新探》,《东南文化》2014年第1期;何驽:《关于崧泽文化商品经济的思考》,《东南文化》2015年第1期。

[60] 张弛:《社会权力的起源——中国史前葬仪中的社会与观念》,文物出版社,2015年。

[61] 朔知:《凌家滩祭坛遗迹试论》,《凌家滩文化研究》,文物出版社,2006年。

附录三　姑溪河流域考古调查植物遗存分析

邓振华

（北京大学考古文博学院）

为了了解姑溪河流域新石器时代至商周时期的植物利用状况，本次调查中对10个遗址的16个单位进行了土样采集和浮选，浮选土样共125升。其中新石器时代遗址3处，共7份样品；商周时期遗址7处，共9份样品。浮选在当地使用水桶法进行，收集轻浮物的筛网孔径为0.3毫米，所有轻浮物阴干后送至北京大学考古文博学院植物考古实验室进行分选、鉴定和统计。

一、浮选结果概述

姑溪河流域调查所获16份浮选样品中共计出土各类植物遗存578个，分属18种不同类别的植物，大部分可鉴定到属或种，部分只能鉴定到科，还有个别未鉴定种子。各样品出土植物遗存数量都较少，大部分样品每10升土样出土植物遗存数量少于13个，但来自丹阳洪塘坝遗址P1④b层和下龙库小楼山遗址P1⑤层的两份商周时期样品，种子密度分别达到每10升242粒和250粒，样品间差别非常大（图版69，1~8）。

依据各类植物与人类的关系及自身特点，可将姑溪河流域调查发现的植物遗存分为三大类，即谷物类、果实类和杂草类，其中杂草类又可进一步分为禾本科杂草和其他杂草。

从绝对数量来看，谷物类占所有植物遗存的54.6%，包括稻（*Oryza sativa*）、粟（*Setaria italica*）和小麦（*Triticum* cf. *aestivum*）三种。果实类包括菱角（*Trapa* sp.）和接骨木（*Sambucus williamsii*）两种，其中菱角仅发现一个残片，而接骨木并不具有食用价值，且只在1份样品中发现2个。

杂草类共发现260个，占所有植物遗存的45.1%，主要包括极少量禾本科的狗尾草属（*Setaria* sp.）、马唐属（*Digitaria* sp.）和牛筋草（*Eleusine indica*）种子，以及蓼属（*Polygonum* sp.）、碎米莎草（*Cyperus iria*）、粟米草科（Molluginaceae）、马齿苋科（Portulacaceae）、十字花科（Brassicaceae）、藜属（*Chenopodium* sp.）、拉拉藤属（*Galium* sp.）、酢浆草（*Oxalis corniculata*）和铁苋菜（*Acalypha australis*）等其他科属的杂草。数量最多而且分布最为普遍的是藜属、铁苋菜、酢浆草和碎米莎草的种子，其他大部分杂草种子的出土数量都不到10粒。从保存状况来看，这些非禾本科杂草的种子大多数应当是晚期或现代混入的，而非古代遗存。

二、各时期作物结构的基本认识

虽然本次浮选所得植物遗存数量非常有限，各时期谷物遗存数量不足以进行系统的定量分析和比较。不过，目前安徽东南部地区缺乏植物考古研究工作，本次所得数据几乎是当前了解这一地区新石器时代和商周时期作物结构基本信息的唯一材料，因此仍然具有一定的价值。

新石器时代各遗址样品中仅发现稻、粟两种作物，其中水稻见于张家甸和窑墩遗址的3份样品中，包括完整稻米、稻米残片和不成熟稻米3类，共7个，粟仅见于立新遗址的1份样品中，且只有1粒。此外，张家甸遗址还发现有1个菱角残片，显示马家浜文化早中期本地在谷物农业之外，或许还存在着对水生植物资源的利用。

就这一地区所处位置而言，水稻在当地新石器时代遗址中的发现并不意外，但立新遗址出土的粟是否确实属于崧泽早期，而非晚期扰动的结果，尚需更多证据的支持。如果这一发现的年代可以得到确认，将是目前为止邻近地区最早出现粟的遗址，以此为线索在这一地区开展系统的植物考古研究工作，将有助于认识北方作物在新石器时代中晚期向南传播的过程。

商周时期的作物种类包括稻、粟和小麦三种。其中丹阳洪塘坝遗址P1④b层出土13个稻米、157个稻米残片和3个稻属穗轴，下龙库小楼山遗址P1⑤层出土64个较完整的小麦和38个小麦残片。若排除这两个数量相对异常的样品，出土稻、粟、小麦的样品数均为4个，数量依次为10个、7个和7个。与新石器时代比较的话，小麦是商周时期新出现的作物。结合小楼山遗址的发现来看，小麦在当时或许已经有了一定规模的利用。整体上，由于各遗址发现植物遗存数量都十分有限，商周时期各类作物在当地农业结构中所占的比重并不清楚。

三、稻米与小麦的粒型分析

虽然已有的研究显示，谷物的粒型会受到基因、生长环境、人为选择等多种因素的影响，因此这一指标既不能直接用于野生与驯化作物或者不同亚种之间的判别，也不适合通过跨区域直接对比来探讨作物传播和区域联系等问题[1]。尽管如此，粒型本身仍然能够反映特定地域和时段内谷物的种群特征，大量数据的积累也能够为探讨区域内部的特征和区域间的差异等问题提供数据基础。

本次区域调查所得植物样品中，部分遗址出土的稻米和小麦保存状况较好，可以进行粒型测量，包括新石器时代的窑墩遗址出土的1粒稻米，商周时期洪塘坝遗址的9粒稻米和小楼山遗址的10粒小麦。

从测量结果看[表一；图一（a）]，洪塘坝遗址的炭化稻米长度均在4.8~5.7毫米，宽度在2.3~2.9毫米，厚度范围为1.9~2.5毫米。窑墩遗址的1粒稻米粒型数据基本落在洪塘坝遗址的测量值分布范围之内，只是长度略小。

表一　窑墩与洪塘坝遗址出土稻米测量数据

遗址名	编号	长/毫米	宽/毫米	厚/毫米
窑墩	10	4.798	2.883	2.092
洪塘坝	1	5.079	2.837	2.277
	2	5.631	2.724	2.377
	3	5.62	2.901	2.463
	4	5.112	3.613	1.927
	5	5.145	2.385	2.163
	6	5.23	2.457	2.034
	7	5.208	2.709	2.161
	8	4.967	2.683	2.192
	9	4.863	2.819	2.214

已有研究对长江中下游地区新石器时代遗址出土稻米的测量数据分析结果显示，长江下游地区大部分遗址出土的稻米粒长均值分布在4.5~6毫米之间[2]，而东山村[3]、茅山遗址早期[4]及尖山湾[5]遗址出土的稻米则以粒长均值小于4.5毫米为特征，因而被称为"小粒型"稻米。两类稻米的粒宽均值都在2~2.5毫米之间，粒厚均值范围为1.5~2毫米。与之不同的是，长江中游地区大部分遗址出土的稻米粒型基本都属于短圆形，粒长均值范围为4~4.5毫米，粒宽均值为2.2~2.7毫米，粒厚均值为1.5~2毫米[6]。

如将窑墩与洪塘坝遗址出土稻米的测量数据与长江中下游已有的数据进行比较的话，不难看出，其整体特征

附录三　姑溪河流域考古调查植物遗存分析

接近长江下游地区，但宽度和厚度都比新石器时代的长江下游地区更大。这或许一定程度上受到了区域差别的影响，但不能忽视的另一个影响因素是时代差别。由于长江下游地区缺乏商周时期的稻米测量数据，而本次调查区域内仅1粒新石器时代稻米可以测量，因此目前不能对这种差异进行更为深入的分析，不过这种"大粒型"的特点仍然值得关注。

小麦是距今4000年前后才逐步传入我国境内的外来农作物，有研究者对我国境内出土的早期小麦与西亚、中亚、印度等地进行粒型对比，结果显示小麦在传入我国特别是中东部地区的过程中出现了粒型逐渐变小的趋势，西北地区的小麦粒型比中东部地区大。对于这一现象出现的原因，研究者认为可能是为了适应当地的饮食传统而强化选择的结果[7]。

小楼山遗址10粒小麦的长度范围是2.3~3.6毫米，宽度为1.8~2.8毫米，厚度为1.6~2.6毫米，长、宽、厚的均值分别为3.1毫米、2.5毫米和2.2毫米（表二）。与国内其他遗址已有测量数据进行比较的话，不难看出，小楼山出土炭化小麦的长度确实偏小，宽度相比于周原及邻近的霍邱堰台遗址略大，但整体上仍符合前有研究提出的中东部地区早期小麦粒型偏小的结论（图二）。

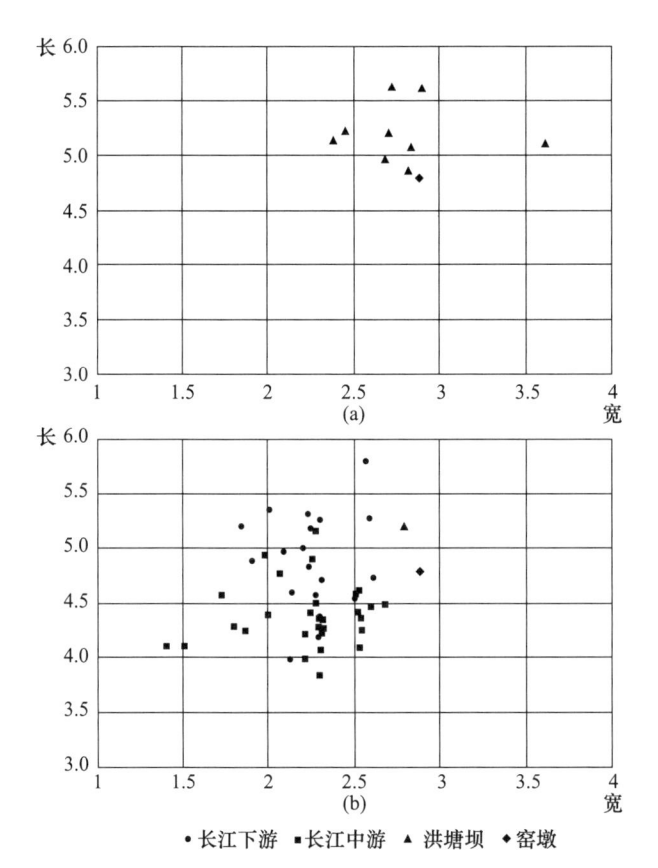

图一　姑溪河流域考古调查与长江中下游其他遗址出土稻米粒型对比图

（a）洪塘坝与窑墩遗址稻米粒型散点图；（b）洪塘坝、窑墩与长江中下游其他遗址稻米粒型对比图（长江中下游及洪塘坝遗址数据均为各遗址不同时期稻米长、宽均值；长江下游遗址包括跨湖桥、田螺山、龙虬庄、绰墩、东山村、茅山、玉架山、莫角山、尖山湾，长江中游遗址包括贾湖、八十垱、八里岗、城头山、青龙泉、计家湾、金营、郭家道子、下王岗、三房湾、谭家岭、城子山、蟹子地）

表二　小楼山遗址出土小麦测量数据

编号	长/毫米	宽/毫米	厚/毫米
1	3.535	2.652	2.384
2	3.1	2.761	2.46
3	3.637	2.781	2.558
4	2.339	1.809	1.662
5	3.168	2.309	2.007
6	3.236	2.553	2.261
7	3.367	2.271	2.355
8	2.833	2.649	2.45
9	3.172	2.257	2.253
10	3.064	2.47	1.75

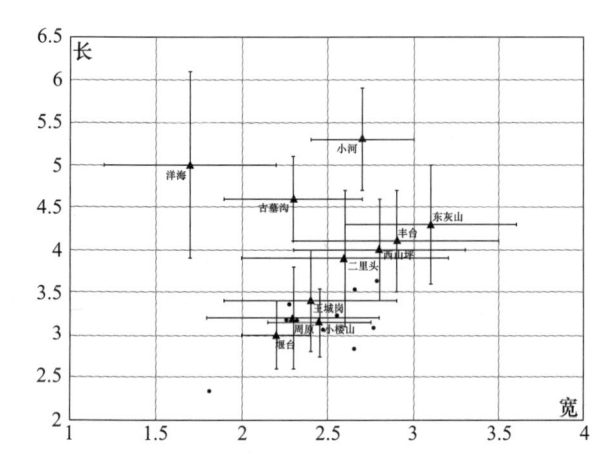

图二 小楼山遗址与国内其他遗址出土小麦粒型对比图
（各遗址点数据为小麦的长宽均值，误差线为标准差范围；蓝色圆点为小楼山遗址出土小麦的粒型分布范围）

四、小　结

本次调查所获植物遗存数据虽然十分有限，但作为安徽东南部地区目前唯一开展过的植物考古研究工作，仍为我们认识这一地区的早期植物利用状况提供了基本的信息。

（1）依据现有数据，当地自马家浜时期到崧泽良渚时期的作物结构可能是以水稻为主，这与整个宁镇地区的已有认识是一致的。立新遗址崧泽早期地层发现的粟或许也说明了当地因地形条件等其他原因，在作物结构方面与邻近地区有所差别，只是这一证据是否可靠，尚需今后在这一地区开展更多的工作。

（2）商周时期多种作物结构的出现，与这一时期各个区域在作物种类方面的变化趋势相同，但要全面认识各类农作物在当时农业结构中的地位同样需要今后在各个考古发掘的遗址开展系统的研究工作。

（3）洪塘坝遗址稻米的测量结果表明该遗址商周时期的稻米属于"大粒型"，但由于数据量有限，且同时期可对比数据不多，对其特殊性的认识尚需今后更多工作的开展。小楼山遗址出土的小麦整体上属于小粒型，与国内其他遗址测量结果所反映的趋势一致。

注　释

[1] 秦岭：《中国农业起源的植物考古研究与展望》，《考古学研究（九）》，文物出版社，2012年，第260～315页。

[2][4] 高玉：《环太湖地区新石器时代植物遗存与生业经济形态研究》，北京大学硕士学位论文，2012年。

[3] 秦岭：《东山遗址出土植物》，《东山村——新石器时代遗址发掘报告》，文物出版社，2016年。

[5] 游修龄、郑云飞：《从历史文献看考古出土的小粒炭化稻米》《中国农史》2006年第1期。

[6] 邓振华：《汉水中下游史前农业研究》，北京大学博士学位论文，2015年。

[7] Liu X, Lister D L, Zhao Z, et al. The virtues of small grain size: Potential pathways to a distinguishing feature of Asian wheats. Quaternary International, 2016, 426: 107-119.

附表　姑溪河流域考古调查出土植物遗存统计表

样本编号	Sample NO.	081230DTBWZJDP②	081230DTBWZJDP1HP	20111223DTCGLX·A02	20111223DTCGLX·A02
遗址	Site name	张家甸	张家甸	立新	立新
时代	Period	马家浜早中期	马家浜早中期	崧泽早期	崧泽早期
单位号	Context NO.	P1②	剖面灰坑	P2③·S1	P2⑥·S1
浮选体积/L	Sample vol.	10	10	9	8
轻浮体积/mL	Flot vol.	107	17.5	5	5.1
轻浮重量/g	Flot weight	5.54	2.9	0.3	0.53
作物类	**Cereals**				
稻米	*Oryza sativa*				

附录三 姑溪河流域考古调查植物遗存分析

续表

样本编号	Sample NO.	081230DTBWZJDP②	081230DTBWZJDP1HP	20111223DTCGLX·A02	20111223DTCGLX·A02
稻残片	*Oryza sativa* frags				
不成熟稻	*Oryza sativa* immature	2	1		
水稻穗轴	*Oryza* spikelet base				
小麦	*Triticum* cf. *aestivum*				
小麦碎片	*Triticum* cf. *aestivum* frags				
粟	*Setaria italica*				1
不成熟粟	*Setaria italica* immature				
果实类	**Fruits**				
菱角	*Trapa* sp.		1		
接骨木	*Sambucus williamsii*				
禾本科杂草	**Grasses**				
狗尾草属	*Setaria* sp.				
马唐属	*Digitaria* sp.				
牛筋草	*Eleusine indica*			1	
其他杂草	**Other weeds**				
蓼属	*Polygonum* sp.				
酸模叶蓼	*Polygonum* cf. *lapathifolium*				
碎米莎草	*Cyperus iria*			1	
粟米草科	Molluginaceae			2	
马齿苋科	Portulacaceae				
十字花科	Brassicaceae				
藜属	*Chenopodium* sp.			20	9
拉拉藤属	*Galium* sp.				
酢浆草	*Oxalis corniculata*				
铁苋菜	*Acalypha australis*		1		
未鉴定	unidentified seeds				
现生未鉴定种子	unidentified modern seeds				
残片	unidentified frags				
合计	Total counts	2	3	24	10

续表

续表

样本编号	Sample NO.	20111223DTTBDK·A01	20111223DTCGLX·A02	20111217DTTBTJLYD·A01	20111210DTHHGJFP1H2①·S1
遗址	Site name	立新	立新	窑墩	顾家坟
时代	Period	崧泽早期	崧泽早期	崧泽良渚	商周
单位号	Context NO.	P1H1①·S1	P2⑦·S1	P1H1·S1	P1H2①·S1
浮选体积/L	Sample vol.	5	8	11	5
轻浮体积/mL	Flot vol.	22	5.1	35	20
轻浮重量/g	Flot weight	10.11	0.53	5.76	3.81
作物类	Cereals				
稻米	*Oryza sativa*			2	
稻残片	*Oryza sativa* frags			2	
不成熟稻	*Oryza sativa* immature				
水稻穗轴	*Oryza* spikelet base				
小麦	*Triticum* cf. *aestivum*				4
小麦碎片	*Triticum* cf. *aestivum* frags				
粟	*Setaria italica*				4
不成熟粟	*Setaria italica* immature				
果实类	Fruits				
菱角	*Trapa* sp.				
接骨木	*Sambucus williamsii*			2	
禾本科杂草	Grasses				
狗尾草属	*Setaria* sp.				2
马唐属	*Digitaria* sp.				
牛筋草	*Eleusine indica*				
其他杂草	Other weeds				
蓼属	*Polygonum* sp.				
酸模叶蓼	*Polygonum* cf. *lapathifolium*				
碎米莎草	*Cyperus iria*			1	
粟米草科	Molluginaceae		1	1	
马齿苋科	Portulacaceae			1	
十字花科	Brassicaceae				
藜属	*Chenopodium* sp.		35	6	19
拉拉藤属	*Galium* sp.			1	
酢浆草	*Oxalis corniculata*				
铁苋菜	*Acalypha australis*			14	1
未鉴定	unidentified seeds				
现生未鉴定种子	unidentified modern seeds				
残片	unidentified frags				
合计	Total counts	0	36	30	30

附录三　姑溪河流域考古调查植物遗存分析

续表

样本编号	Sample NO.	090329DTGSYTF·E02	090329DTGSYTF·E02	090308DTDYLCE02P1H①	081226DTBWSBCP2H④·S1
遗址	Site name	杨塘坟	杨塘坟	吕村	孙堡村东
时代	Period	商周	商周	周	周
单位号	Context NO.	P1H1①·S1	P1②·S1	P1H①·S1	P2H④·S1
浮选体积 /L	Sample vol.	5	4	9	7
轻浮体积 /mL	Flot vol.	15	32	122	34
轻浮重量 /g	Flot weight	2.3	4.24	28.15	5.33
作物类	Cereals				
稻米	*Oryza sativa*		4		2
稻残片	*Oryza sativa* frags		3		
不成熟稻	*Oryza sativa* immature				
水稻穗轴	*Oryza* spikelet base				
小麦	*Triticum* cf. *aestivum*				
小麦碎片	*Triticum* cf. *aestivum* frags				1
粟	*Setaria italica*		2		1
不成熟粟	*Setaria italica* immature				
果实类	Fruits				
菱角	*Trapa* sp.				
接骨木	*Sambucus williamsii*				
禾本科杂草	Grasses				
狗尾草属	*Setaria* sp.		2		
马唐属	*Digitaria* sp.				
牛筋草	*Eleusine indica*				
其他杂草	Other weeds				
蓼属	*Polygonum* sp.				1
酸模叶蓼	*Polygonum* cf. *lapathifolium*			1	
碎米莎草	*Cyperus iria*				
粟米草科	Molluginaceae				
马齿苋科	Portulacaceae				
十字花科	Brassicaceae				
藜属	*Chenopodium* sp.	1	1		6
拉拉藤属	*Galium* sp.				
酢浆草	*Oxalis corniculata*				
铁苋菜	*Acalypha australis*	4	6		9
未鉴定	unidentified seeds	1			
现生未鉴定种子	unidentified modern seeds		21	√	√
残片	unidentified frags		√		
合计	Total counts	6	39	1	20

续表

样本编号	Sample NO.	090221DTDYHTBE03P1S2	090224DTDYHTB·A01	090311JNHXZXLKXLSE02P1⑤S1	20111223DTTBDK·A01
遗址	Site name	洪塘坝	洪塘坝	小楼山	渡口
时代	Period	周	周	周	周
单位号	Context NO.	P1④b	P2H1①·S1	P1⑤·S1	P1H1①·S1
浮选体积/L	Sample vol.	10	10	5	9
轻浮体积/mL	Flot vol.	17	50	8	22
轻浮重量/g	Flot weight	7.44	8.5	1.49	10.1
作物类	**Cereals**				
稻米	*Oryza sativa*	13			
稻残片	*Oryza sativa* frags	157			1
不成熟稻	*Oryza sativa* immature				
水稻穗轴	*Oryza* spikelet base	3			
小麦	*Triticum* cf. *aestivum*			64	
小麦碎片	*Triticum* cf. *aestivum* frags			38	2
粟	*Setaria italica*			5	
不成熟粟	*Setaria italica* immature			3	
果实类	**Fruits**				
菱角	*Trapa* sp.				
接骨木	*Sambucus williamsii*				
禾本科杂草	**Grasses**				
狗尾草属	*Setaria* sp.				
马唐属	*Digitaria* sp.			1	
牛筋草	*Eleusine indica*				
其他杂草	**Other weeds**				
蓼属	*Polygonum* sp.				
酸模叶蓼	*Polygonum* cf. *lapathifolium*			1	
碎米莎草	*Cyperus iria*	11	2		
粟米草科	Molluginaceae	2		1	
马齿苋科	Portulacaceae				
十字花科	Brassicaceae	11			
藜属	*Chenopodium* sp.	4	1	11	
拉拉藤属	*Galium* sp.				
酢浆草	*Oxalis corniculata*	39			
铁苋菜	*Acalypha australis*	2	2		1
未鉴定	unidentified seeds		1	1	
现生未鉴定种子	unidentified modern seeds				
残片	unidentified frags			√	
合计	Total counts	242	6	125	4

后 记

自姑溪河流域第一次区域系统调查至今已十余载，报告整理与编写工作断断续续，在此报告付梓之际，回首调查过程，对很多事情的记忆都已模糊，但是来自各方的支持与帮助，却清晰地印在脑海。

这项调查缘自戴向明留学归国后申请的"安徽巢湖流域史前文化与聚落变迁"课题（国家人事部资助支持的回国留学人员优秀科研项目），恰逢当时吴卫红正在探索巢湖到太湖间的通道问题，经过双方的交流与讨论，萌生了开展姑溪河—石臼湖流域调查的想法，并最终立项，项目负责人为戴向明。该项目后来得到了中国国家博物馆考古专项经费的大力资助，由笔者负责具体实施。戴向明先生与安徽省文物考古研究所吴卫红（朔知）先生指导了项目规划、实施到报告编写、出版的全程工作。几乎每次调查，吴卫红先生都会到现场参与和指导工作，甚至在刚做完手术还没有完全恢复之际也不例外，在报告编写过程中，他还几次专程来京讨论报告大纲事宜。而笔者当时刚入职一年，能够得到领导的信任，负责这个课题的实施，能得良师指导，得到这样的学习和锻炼机会，是何等幸运。

作为与安徽省文物考古研究所的合作项目，在项目实施过程中，安徽省文物考古研究所的宫希成副所长也给予了莫大的关怀与帮助，使我们的调查顺利开展。也同样要感谢叶润清研究员，他曾抽时间指导我们对调查标本进行断代。感谢马鞍山市文物局王俊局长，感谢当涂县文物管理所杨少华所长、罗海明所长，以及参与了我们调查的钱兵兵同志。感谢参与调查的三位技师，王文武、申红俊和吕赵力。关注中国国家博物馆考古工作的同仁可能会发现，这三位技师经验丰富，几乎参与了我们部门所有重要考古项目的工作。也感谢时为安徽大学研究生的齐泽亮、缪鹏、申学国、孟庆龙、许晶晶、袁增箭和汪鹏飞，首都师范大学研究生吴洋洋和北京大学博士生汤超参与了调查或整理工作，共事的时间不长，却都十分愉快。

感谢中国国家博物馆王春法馆长将此报告纳入国博出版计划。感谢陈成军副馆长，对此报告提出了许多宝贵的修改意见，他对报告出版工作的重视和要求，远远超出预期，这都将化为笔者继续努力工作的动力；感谢中国国家博物馆同事王力之、田伟、冯峰，在报告编写过程中，笔者曾多次与他们讨论，受益匪浅；也感谢博物馆考古院党总支书记王月前，他在报告的修改阶段给予诸多帮助与支持。感谢科学出版社雷英与刘能两位编辑的辛勤付出。还有很多提供过帮助的人，此处不能一一具名。正是在这些帮助与支持下，才有了此报告的面世。

由于报告编写工作持续时间长，整理和编写过程中笔者又承担了其他田野考古项目，受个人精力与能力所限，不能尽善尽美。文中细节部分没有与戴向明、吴卫红二位先生进行沟通，文责自负。

庄丽娜
2019.2.28

图　版

图版1

1. 队员排队调查

2. 复查杨塘坟遗址（由前至后：庄丽娜、吴卫红、王文武）

3. 杨塘坟遗址剖面清理（由左至右：王文武、庄丽娜、吴卫红、齐泽亮）

4. 猪山遗址钻探（由左至右：缪鹏、吕赵力、申红俊）

5. 护林土墩墓清理（由左至右：王文武、吕赵力、钱兵兵）

6. 绘制遗址堆积剖面图（王文武）

调查工作照

图版2

1. 釜山遗址钻探（由左至右：戴向明、申红俊、吕赵力、吴卫红）

2. 发现朱岗渡遗址（庄丽娜）

3. 复查蒋公山遗址（由左至右：庄丽娜、王文武、缪鹏、齐泽亮）

4. 清理团林遗址剖面（缪鹏）

5. 清理登庄遗址剖面（齐泽亮）

调查工作照

图版 3

1. 难得的合影（由左至右：缪鹏、齐泽亮、申红俊、吕赵力）

2. 填写标签（缪鹏）

3. 小耳墩遗址工作照（由左至右：王文武、齐泽亮、申红俊）

4. 剖面采集遗物（庄丽娜）

5. 植物浮选（由左至右：袁增箭、许晶晶）

6. 植物浮选（由左至右：庄丽娜、袁增箭）

调查工作照

图版4

1. 室内整理（由左至右：吴卫红、王文武、吕赵力）

2. 标本拍摄（汪鹏飞）

3. 标本拍摄（郭梦涵）

4. 修复陶器（申红俊）

室内整理工作照

图版5

1. 渡口遗址远景（南→北）

2. 渡口遗址剖面P1（北→南）

渡口遗址

图版6

1. 窑墩遗址近景（西北→东南）

2. 窑墩遗址剖面P1（北→南）

窑墩遗址

图版7

1. 金家遗址（西北→东南）

2. 金楼和高家屋遗址远景（东→西）

3. 公场遗址（东→西）

金家、金楼、高家屋及公场遗址

图版8

1. 船村遗址（东北→西南）

2. 船头村遗址（西南→东北）

船村、船头村遗址

图版9

1. 船头山遗址近景（西北→东南）

2. 船头山遗址剖面（西→东）

船头山遗址

图版10

大庙遗址　新庄遗址

1. 大庙与新庄遗址（南→北）

2. 庙墩遗址（东北→西南）

大庙、新庄及庙墩遗址

图版11

1. 孙家村遗址（南→北）

2. 孙家庄远景（东南→西北）

孙家村、孙家庄遗址

图版12

顾家坟　　喜鸭墩

1. 薛村遗址之双墩（西北→东南）

2. 薛村遗址之顾家坟剖面P1

3. 青山中学地点（西南→东北）

薛村遗址及青山中学地点

图版13

1. 王大下遗址远景（西→东）

2. 郑家遗址（东南→西北）

王大下、郑家遗址

图版14

1. 钓鱼台遗址（东南→西北）

2. 五星山遗址（西南→东北）

钓鱼台、五星山遗址

图版15

1. 坨塘遗址（西北→东南）

2. 陆家甸遗址（西→东）

坨塘、陆家甸遗址

图版16

1. 浦塘遗址（东南→西北）

2. 浦塘遗址剖面P1（南→北）

浦塘遗址

图版17

1. 浦塘西遗址（西北→东南）

2. 高田遗址（北→南）

浦塘西、高田遗址

图版18

1. 甘家坳遗址（西→东）

2. 戴马遗址（东南→西北）

甘家坳、戴马遗址

1. 前高遗址（东北→西南）

2. 前高东南（西北→东南）

3. 前高村西（西→东）

前高遗址

图版20

1. 立新遗址远景（东北→西南）

2. 立新遗址剖面P1

3. 立新遗址剖面P2

立新遗址

图版21

1. 杭大遗址（东南→西北）

2. 尹家村遗址（西南→东北）

3. 大、小唐庄遗址（东北→西南）

杭大、尹家村及大、小唐庄遗址

图版22

1. 山上村遗址附近断面

2. 前进村遗址（东→西）

3. 周陶村遗址（南→北）

山上村、前进村及周陶村遗址

图版23

1. 四围遗址（东→西）

2. 四围遗址剖面P1

3. 四围遗址剖面P2

四围遗址

图版24

1. 老坝遗址（东南→西北）

2. 老坝头遗址（南→北）

老坝、老坝头遗址

图版25

1. 杨塘坟、陈墩遗址远景（西南→东北）

2. 杨塘坟遗址剖面P1

3. 杨塘坟遗址剖面P2

杨塘坟、陈墩遗址

图版26

1. 老坟山遗址（西南→东北）

2. 陈墩遗址（西南→东北）

3. 陈墩遗址剖面P1

老坟山、陈墩遗址

图版27

1. 团团山和老坟山遗址远景（西→东）

2. 团团山遗址剖面P1

3. 团团山遗址P1红烧土地面近景

团团山、老坟山遗址

图版28

1. 朱岗渡遗址（西北→东南）

2. 周村遗址（南→北）

3. 袁岗遗址（东北→西南）

朱岗渡、周村及袁岗遗址

图版29

1. 小岗头遗址（南→北）

2. 小船墩遗址（西→东）

小岗头、小船墩遗址

图版30

1. 船墩头遗址（南→北）

2. 船墩头遗址剖面P1

船墩头遗址

1. 小庄遗址（东北→西南）

2. 小坟山遗址（东北→西南）

小庄、小坟山遗址

图版32

1. 三甲村近景（东→西）

2. 三甲村和登庄遗址（东→西）

三甲村、登庄遗址

1. 栗山遗址（东北→西南）

2. 龙山遗址（东北→西南）

栗山、龙山遗址

图版34

1. 吕村遗址（北→南）

2. 吕村遗址剖面P1

吕村遗址

图版35

1. 诸家坊远景（东南→西北）

2. 猪山遗址远景（东→西）

3. 锤墩山遗址所在岗地

诸家坊、猪山及锤墩山遗址

图版36

1. 小陈塔遗址（西南→东北）

2. 新庄遗址（东南→西北）

3. 大楼山遗址（东北→西南）

小陈塔、新庄及大楼山遗址

图版37

1. 小楼山遗址（东→西）

2. 小楼山遗址剖面P1

3. 小楼山遗址剖面上的螺蛳壳

小楼山遗址

图版38

1. 小耳墩遗址（东→西）

2. 小耳墩遗址剖面P1

小耳墩遗址

1. 团林遗址（西→东）

2. 团林遗址剖面P1

团林遗址

图版40

1. 老庄Ⅰ遗址（东北→西南）

2. 泉墩遗址（东→西）

老庄Ⅰ、泉墩遗址

图版41

1. 洪塘坝遗址（西南→东北）

2. 洪塘坝遗址P1红烧土堆积

洪塘坝遗址

图版42

1. 廖家甸遗址（东南→西北）

2. 釜山遗址（西南→东北）

廖家甸、釜山遗址

图版43

1. 周家村遗址（西北→东南）

2. 东夏庄遗址远景（东→西）

周家村、东夏庄遗址

图版44

1. 张家甸遗址近景（东南→西北）

2. 张家甸遗址剖面P1

张家甸遗址

图版45

1. 戎塘遗址近景（西北→东南）

2. 小村遗址（东南→西北）

戎塘、小村遗址

图版46

1. 朱象村遗址（西南→东北）

2. 朱象村遗址剖面P1

朱象村遗址

1. 孙堡村遗址（西→东）

2. 孙堡村遗址剖面P1

孙堡村遗址

图版48

1. 船墩山遗址远景（南→北）

2. 护林土墩墓M1（东北→西南）

3. 楚王城遗址南墙外河道（北→南）

4. 楚王城遗址北门通道（西南→东北）

5. 柘墩头遗址（西→东）

船墩山、楚王城、柘墩头遗址及护林土墩墓

图版49

1. P1采集陶鬲（C06P1H1①：1）

2. 陶鬲足（左C06P1H1①：4、右C06P1H1①：5）

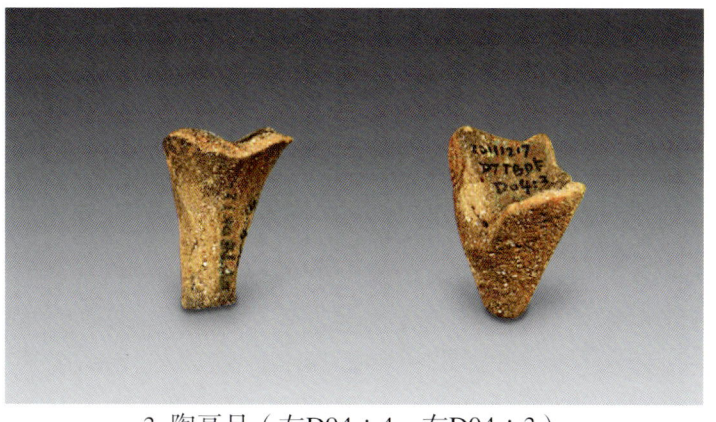

3. 陶鬲足（左D04：4、右D04：3）

4. 印纹硬陶片（C06P1H1①：6）

5. P1采集陶鬲（C06P1H1①：2）

6. 纹饰陶片（上左B04：1、上右B04：4、下左B04：3、下右B04：2）

7. 陶口沿（左C04：2、右C04：3）

8. 陶口沿（左C05：4、右C05：2）

渡口遗址采集遗物

图版50

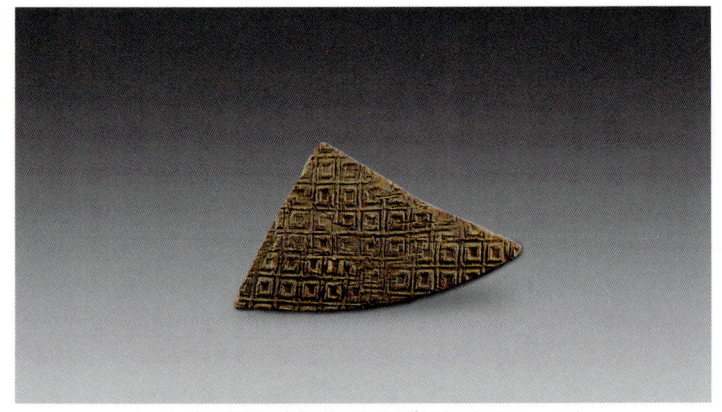

1. 金家遗址采集印纹硬陶片（B03:1）

2. 金家遗址采集陶片
（上左C01:1、上右C01:2、下C01:3）

3. 金家遗址采集陶片（左B01:1、右B03:2）

4. 金家遗址采集印纹硬陶片（C02:1）

5. 庙墩遗址采集陶鬲足（左D01:2、右D01:1）

6. 庙墩遗址采集陶鬲足（B02:1）

7. 庙墩遗址采集陶鬲足
（左B01:2、中B01:1、右B01:3）

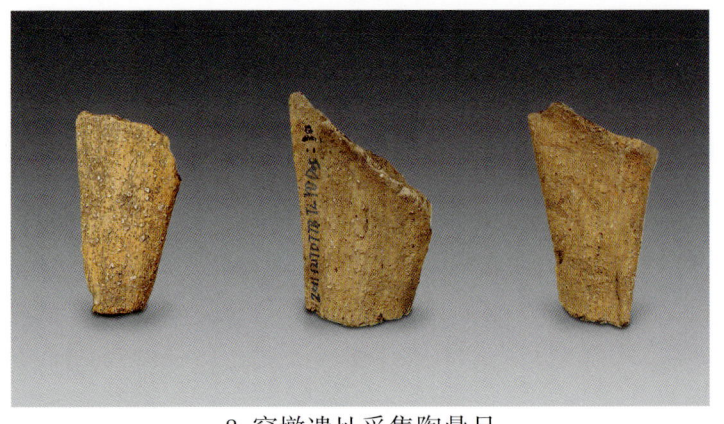

8. 窑墩遗址采集陶鼎足
（左D03:4、中D05:10、右D05:2）

金家、庙墩及窑墩遗址采集遗物

图版51

1. 陶鼎足（左C04:3、中C04:6、右C04:1）

2. 陶豆柄（D05:5）

3. 陶鼎足（左D05:7、右D05:6）

4. 陶鼎足（C04:5）

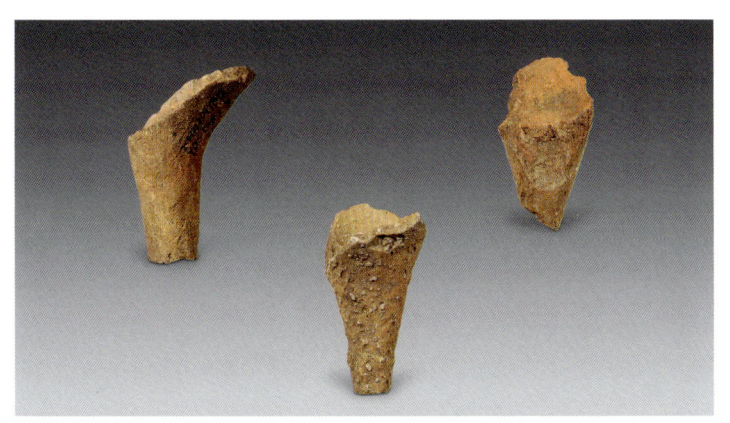

5. 陶鬲足（左D05:3、中D05:10、右D05:9）

6. 陶鼎足（左C02:2、右C02:3）

7. 陶口沿（D05:1）

8. 陶鼎足（左D02:1、右D02:2）

窑墩遗址采集遗物

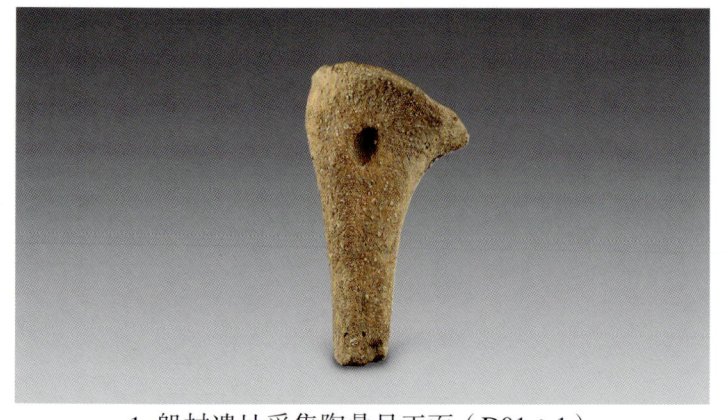

图版52

1. 船村遗址采集陶鼎足正面（D01:1）
2. 船村遗址采集陶鼎足侧面（D01:1） 
3. 船村遗址采集陶鼎足（C01:1） 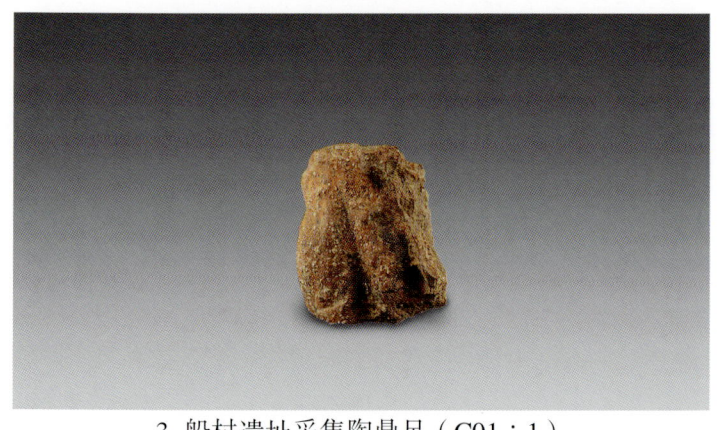
4. 船头遗址采集陶鼎足（D02:1） 
5. 船头遗址采集陶鼎足正面（B04:1） 
6. 船头遗址采集陶鼎足侧面（B04:1） 
7. 船头遗址采集陶鼎足（左B04:2、右B04:3） 
8. 船头遗址采集陶鼎足（C06:1） 

船村、船头遗址采集遗物

图版53

1. 船头遗址采集陶鼎足（D01：1）

2. 船头遗址采集陶鼎足（D01：5）

3. 船头遗址采集陶鼎足（B03：1）

4. 三界村遗址采集陶片（上左C02：1、上右C02：3、下左C02：4、下右C02：5）

5. 船头村遗址采集陶鬲足（C02：1）

6. 船头村遗址采集陶鬲足（B02：1）

7. 船头村遗址采集陶鬲足（D01：1）

8. 船头村遗址采集陶鼎足（左B03：1、右B03：2）

船头、三界村及船头村遗址采集遗物

图版54

1. 船头村遗址采集陶鬲足（B04:3）

2. 船头村遗址采集陶鼎足（B01:1）

3. 船头村遗址采集陶鼎足（B04:1）

4. 包子山遗址采集陶鼎足（D01:1）

5. 包子山遗址采集陶鼎足（D03:2）

6. 包子山遗址采集陶口沿（C08:5）

7. 包子山遗址采集陶鼎足（左B02:1、右B02:2）

8. 包子山遗址采集陶鋬手（D01:4）

船头村、包子山遗址采集遗物

图版55

1. 陶鬲足（左B03∶1、右B03∶2）

2. 陶鬲足（左D03∶9、中D03∶10、右D03∶2）

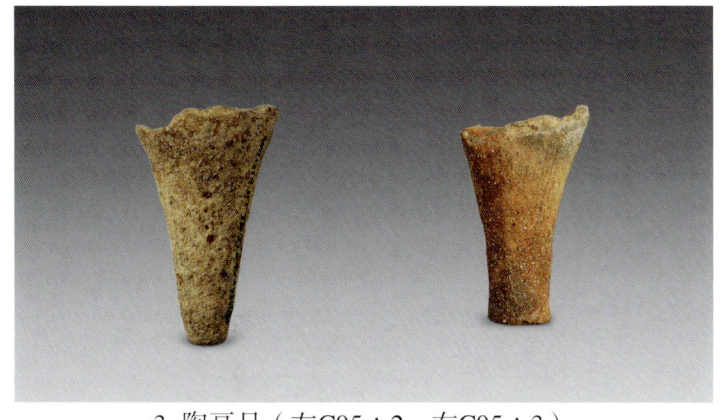

3. 陶鬲足（左C05∶2、右C05∶3）

4. 陶鬲足（左C02∶4、右C02∶2）

5. 陶鬲足（左D05∶5、右D05∶4）

6. 印纹硬陶片（左B04∶1、右A04∶2）

7. 陶鬲足（左C04∶3、中D02∶4、右C04∶2）

8. 陶鬲足（左D04∶4、中D04∶5、右D04∶6）

船头山遗址采集遗物

图版56

1. 高家屋遗址采集陶片
（左上D02：4、左下D02：3、右D02：2）

2. 高家屋遗址采集陶鼎足（左C01：1、右C01：4）

3. 大庙遗址采集陶鬲足（左C05：2、右C01：3）

4. 孙家庄遗址采集陶鼎足（左C03：1、右C03：2）

5. 孙家庄遗址采集陶釜和陶鼎（左C01：2、右C01：1）

6. 孙家庄遗址采集陶釜（上B05：1、下B05：2）

7. 孙家庄遗址采集陶片（左C05：3、右C05：2）

8. 孙家庄遗址采集陶鼎足（D03：1）

高家屋、大庙及孙家庄遗址采集遗物

图版57

1. 孙家庄遗址采集陶片和陶鼎足（左C05:3、右C05:2）

2. 孙家庄遗址采集陶片（C05:1）

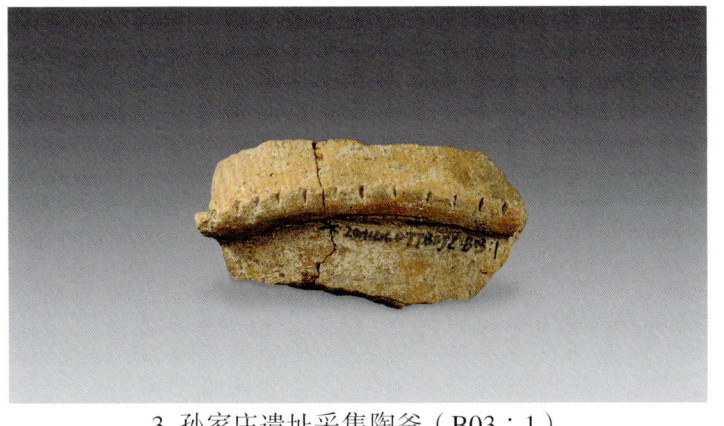

3. 孙家庄遗址采集陶釜（B03:1）

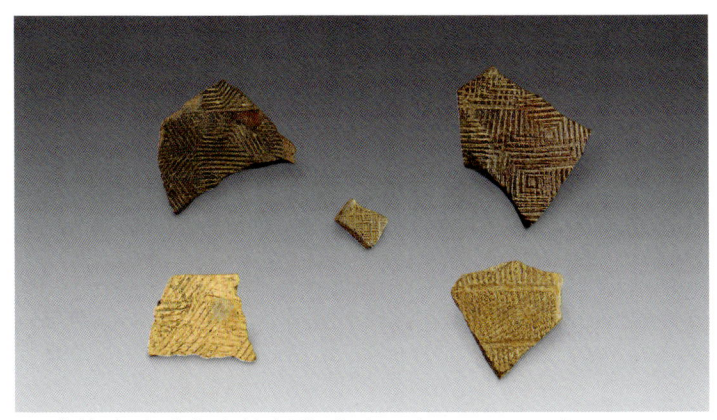

4. 浦塘遗址采集印纹硬陶片（上左B04:9、中B04:11、上右B04:8、下左B04:7、下右B04:10）

5. 浦塘遗址采集陶盉把手（B03:1）

6. 浦塘遗址采集陶鬲足（C02:1）

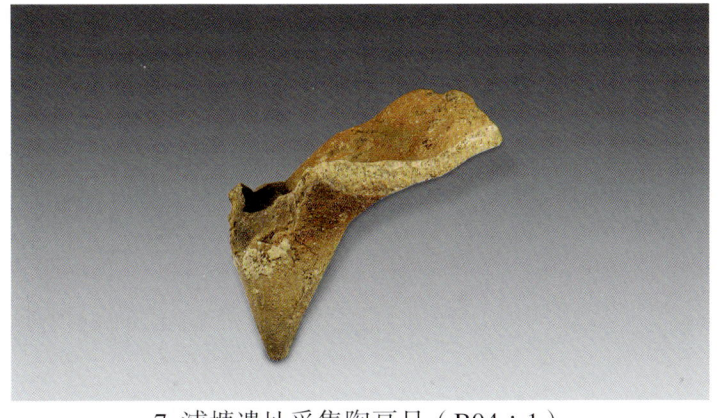

7. 浦塘遗址采集陶鬲足（B04:1）

8. 浦塘遗址采集陶鬲足（C05:1）

孙家庄、浦塘遗址采集遗物

图版58

1. 立新遗址采集陶片
（上左B01∶5、上右B01∶6、下B01∶7）

2. 立新遗址采集陶饼（A02P2⑦∶2）

3. 立新遗址采集陶釜
（上左A02P2⑦∶1、上右A01P1③∶17、下A01P1③∶4）

4. 立新遗址采集陶鼎足（上左A02P2⑦∶4、
上右A02P2⑦∶3、下左A02P2⑦∶5、下右A02P2⑦∶39）

5. 立新遗址采集陶鼎足（C01∶3）

6. 立新遗址采集陶片
（左A01P1③∶3、中A01P1③∶1、下A01P1③∶2）

7. 尹家村遗址采集印纹硬陶片（上左C03∶4、
上右C03∶1、下左C03∶2、下中C03∶5、下右C03∶3）

8. 尹家村遗址采集陶罐（B03∶1）

立新、尹家村遗址采集遗物

图版59

1. 尹家村遗址采集陶鬲足（B02：1）

2. 尹家村遗址采集陶罐（左C02：2、右B02：2）

3. 尹家村遗址采集陶碗（D05：1）

4. 四围遗址采集陶平底罐（E05：1）

5. 四围遗址采集石器（A02：40）

6. 四围遗址采集陶刻槽盆（C01：1）

7. 四围遗址采集石锛（A02：52）

8. 四围遗址采集陶口沿（左E02：7、右E02：1）

尹家村、四围遗址采集遗物

图版60

1. 石器（A02：41）

2. 陶甗腰（左A02：9、右A02：10）

3. 陶甗腰（左上A02：31、左下A02：32、右A02：42）

4. 陶鬲足（上左A02：28、上中A02：51、上右A02：46、下左A02：16、下右A02：12）

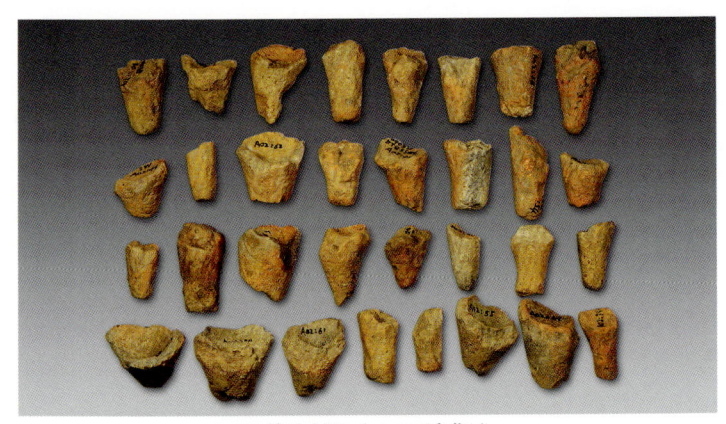

5. 陶鬲足（A02采集）

6. 陶盆（F01：3）

7. 陶鼎足（左A02：1、右A02：7）

8. 陶鬲足（F02：2）

四围遗址采集遗物

图版61

1. 陶鼎足（F06:3）
2. 陶鬲足（上左E03:3、上右E03:1、下左E05:2、下右E05:1） 
3. 陶鬶足和甗足（左F03:12、右C04:3） 
4. 陶鬶足和鬲足（左F03:1、中F03:10、右F03:9） 
5. 陶凹底罐（F01:3） 
6. 陶口沿及腹片（左F06:1、右F06:5） 
7. 印纹硬陶罐（E02:1） 
8. 泥质陶罐和豆圈足（左F03:11、右F03:4） 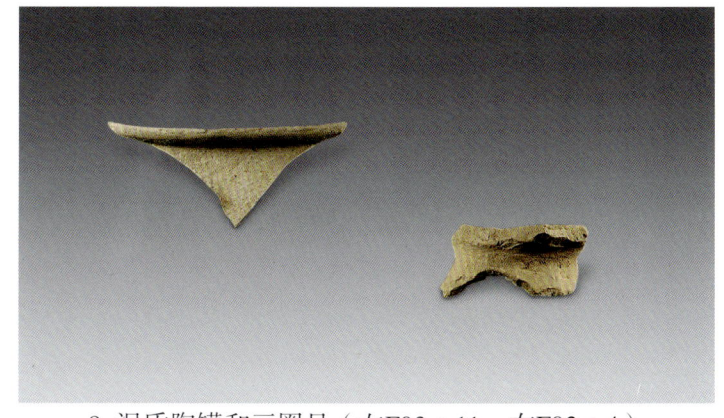

杨塘坟遗址采集遗物

图版62

1. 陶豆柄的不对称镂孔一侧（A01：5）

2. 陶豆柄的不对称镂孔另一侧（A01：5）

3. 陶鼎足（B06：3）

4. 陶器足（左A01：8、中A01：14、右A01：15）

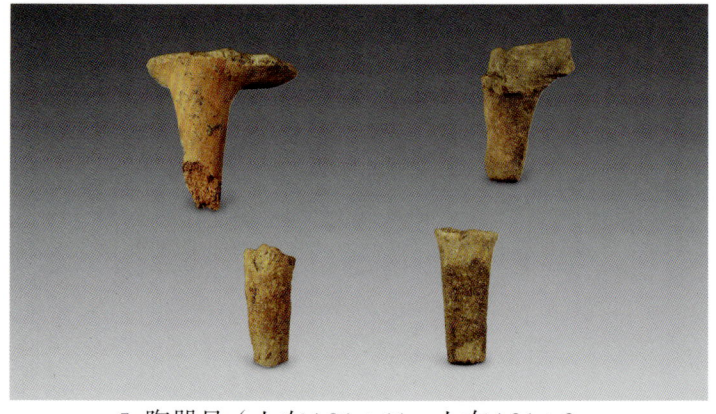

5. 陶器足（上左A01：11、上右A01：3、下左A01：30、下右A01：18）

6. 陶豆柄（A01：4）

朱岗渡遗址采集遗物

图版63

1. 陶豆柄（B05:1）

2. 陶罐钵类（上左A01:16、上右A01:12、下左A01:21、下右A01:20）

3. 陶罐口（上A01:1、下A01:9）

4. 陶罐口（B04:1）

5. 陶鍪手（左A01:17、右A01:13）

6. 陶盉流（B05:10）

7. 陶片（左B06:1、右B06:2）

8. 陶器足（左A01:10、右A01:2）

朱岗渡遗址采集遗物

图版64

1. 陶簋

2. 陶簋

3. 石锛

4. 石锛和石凿

5. 陶壶

6. 陶鬶

釜山遗址采集遗物

图版65

1. 陶釜（A01H1①：1）

2. 陶釜（上左A01H1①：12、上右A01H1①：11、下左A01H1①：6、下右A01H1①：5）

3. 陶釜（A01H1①：2）

4. 陶带系罐（D02：2）

5. 石器（左D01：1、右A02：1）

6. 陶釜（左A01P1③：2、右A01P1③：3）

7. 陶网坠（左一A02：4、左二C01：8、右一C01：9、右二C01：19）

8. 陶釜（左A02：7、右A02：8）

张家甸遗址采集遗物

图版66

1. 护林土墩墓采集印纹硬陶碗（D01：5）
2. 护林土墩墓采集印纹硬陶罐（D01：3） 
3. 护林土墩墓采集印纹软陶罐（D01：2） 
4. 护林土墩墓采集印纹硬陶罐（D01：4） 
5. 护林土墩墓采集印纹硬陶罐（D01：6） 
6. 朱象村遗址采集陶口沿（D03：2） 
7. 朱象村遗址采集陶口沿（左B03：1、右B03：3） 
8. 朱象村遗址采集陶片（上左A03：5、上右A03：3、下左A03：4、下右A03：2） 

护林土墩墓及朱象村遗址采集遗物

图版67

1. 小船墩遗址采集陶管（B04：7）

2. 小船墩遗址采集陶鬲足（左C02：1、右C02：2）

3. 小船墩遗址采集陶鬲足（D02：1）

4. 朱象村遗址采集陶鼎足（A03：1）

5. 朱象村遗址采集陶罐口沿（D03：1）

6. 孙堡村遗址采集陶鬲足（左E01：2、右E01：1）

7. 孙堡村遗址采集陶口沿（左D03P2③：1-1、右D03P2④：1）

8. 孙堡村遗址采集陶片（从上至下D03P2③：1-2、D03P2③：5、D03P2③：6、D03P2③：7、D03P2③：2、D03P2③：8、D03P2③：3、D03P2③：9、D03P2③：4）

小船墩、朱象村及孙堡村遗址采集遗物

图版68

1. 登庄遗址采集陶鬲足（左D01∶1、中C01∶1、右C01∶2）

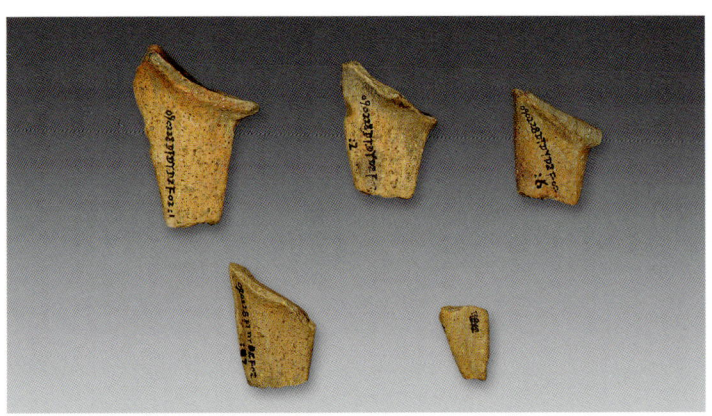

2. 登庄遗址采集陶鼎足（上左F02∶1、上中F02∶2、上右F02∶6、下左F02∶7、下右F02∶4）

3. 三甲村遗址采集陶鬲足（左E02P1②∶1、中D01∶3、右D01∶2）

4. 三甲村遗址采集陶片（上左F01∶3、上中F01∶1、下左F01∶2、下中F01∶4、下右F01∶5）

5. 三甲村遗址采集陶鬲足（左D02∶5、右D02∶1）

6. 三甲村遗址采集陶鬲足（左D02∶2、右D02∶4）

7. 楚王城遗址采集陶片（F01∶1）

8. 楚王城遗址采集陶片（F01∶2）

登庄、三甲村及楚王城遗址采集遗物

图版69

1. 马唐属（*Digitaria* sp.）
（小楼山E02P1⑤·S1）

2. 牛筋草（*Eleusine indica*）
（立新A01P1⑤·S1）

3. 碎米莎草（*Cyperus iria*）
（洪塘坝E03P1④b）

4. 蓼属（*Polygonum* sp.）
（孙堡村D03P2④·S1）

5. 藜属（*Chenopodium* sp.）
（小楼山E02P1⑤·S1）

6. 铁苋菜（*Acalypha australis*）
（洪塘坝E03P1④b）

7. 拉拉藤属（*Galium* sp.）
（窑墩A01P1H1·S1）

8. 十字花科（Brassicaceae）
（洪塘坝E03P1④b）

浮选出的植物种子